텔레 마케팅 관리사

1차 필기 기출문제해설

시대에듀

머리글

한번 나온 문제는 반드시 다시 나온다!

텔레마케팅관리사 수험생들 중에는 학점을 취득하기 위해 시험을 준비하는 분이 많습니다. 그래서 학교를 다니면서, 직장을 다니면서, 군복무를 하면서 짧은 시간 안에 텔레마케팅관리사 자격증을 취득하고자 합니다.

텔레마케팅관리사 자격증을 준비하시는 분들께 "효율적으로 공부하려면 어떻게 해야 합니까?"라는 질문을 많이 받습니다. 그럴 때 "기출문제부터 보십시오."라고 답변하곤 합니다. 기출문제를 공부하면 출제 경향이 눈에 보이고, 어떤 내용이 중요한지 알게 되어 학습 시간을 절약할 수 있기 때문입니다.

그렇다면 기출문제는 어떻게 공부하는 것이 좋을까요? 텔레마케팅관리사 1차 필기시험은 한번 나온 문제가 또다시 나오는 경우가 많습니다. 그러므로 자주 출제된 문제를 중심으로 공부하는 것이 좋습니다. 단, 공부를 할 때 답만 외우지 말고 나머지 선지가 답이 되지 않는 이유와 문제의 핵심 내용을 함께 살펴보시기 바랍니다. 이런 방식으로 기출문제를 공부하면 중요한 내용을 빠르게 정리하실 수 있을 것입니다.

시대에듀에서는 1차 필기시험의 기출문제를 공부하는 수험생들에게 좋은 길잡이가 되도록 다음과 같은 특징을 지닌 본서를 기획하였습니다.

> **첫째** 최근 5개년 기출문제를 수록하였습니다.
>
> **둘째** 정확하고 자세한 해설로 수험생들이 쉽게 이해할 수 있도록 하였습니다.
>
> **셋째** 과목별 핵심 내용으로 중요한 내용을 빠르게 정리할 수 있도록 하였습니다.

2차 실기시험까지 합격하여야 텔레마케팅관리사 자격증을 취득할 수 있으므로 1차 필기시험은 자격증 취득의 첫 관문인 셈입니다. 열심히 준비하셔서 꼭 한 번에 합격하시길 기원합니다.

편저자 일동

텔레마케팅관리사 안내

⬡ 개요

전문 지식을 바탕으로 컴퓨터를 결합한 정보통신 기술을 활용하여 고객에게 필요한 정보를 즉시 제공하고 신상품 소개, 고객의 고충사항 처리, 시장조사, 인바운드와 아웃바운드 등 다양한 기능을 수행하는 숙련된 기능 인력을 양성하기 위해 텔레마케팅관리사 자격 제도를 제정하였다.

⬡ 수행 직무

통신수단을 이용하여 이루어지는 상품 또는 서비스에 대한 판매 및 고객 관리를 의미하며 시장환경 분석, 상품개발 기획, 전략 수립, 조직운영 관리, 성과 관리, 고객관계 관리, 판매 관리, 인·아웃바운드 마케팅, 텔레마케팅 시스템 운용의 업무를 수행한다.

⬡ 시험 구성

구분	1차 필기시험	2차 실기시험
시험 과목	1. 고객 관리 2. 시장환경조사 3. 마케팅 관리 4. 조직운영 및 성과 관리	실무
검정 방법	객관식(CBT 방식)	주관식
문항 수	과목당 25문항(총 100문항)	20~25문항
시험 시간	2시간 30분	2시간 30분
합격 기준	100점을 만점으로 하여 과목당 40점 이상, 전과목 평균 60점 이상	100점을 만점으로 하여 60점 이상

⬡ 응시 자격

제한 없음

⬡ 시행처

한국산업인력공단(www.q-net.or.kr)

※ 2022년 제3회부터 1차 필기시험 방식이 CBT 방식으로 변경되었습니다. 자세한 내용은 한국산업인력공단으로 문의하시기 바랍니다.

※ 2023년부터 텔레마케팅관리사 출제 기준(과목명, 주요 항목 등)이 변경되었습니다. 자세한 내용은 한국산업인력공단으로 문의하시기 바랍니다.

텔레마케팅관리사 안내

🔷 1차 필기시험 현황

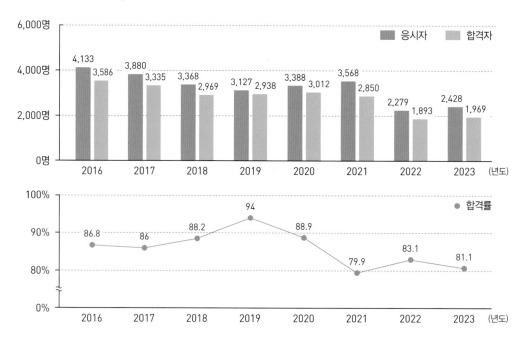

🔷 2차 실기시험 현황

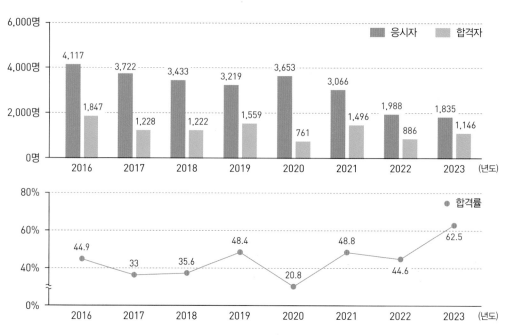

출제 기준

※ 적용 기간: 2023.1.1.~2025.12.31.

※ 국가직무능력표준(NCS)을 기반으로 하여 출제 기준(과목명, 주요 항목 등)이 직무 중심으로 개편되었습니다.
※ 출제 기준에 따라 시험 과목의 순서와 내용이 변경되었습니다. 학습에 참고하시기 바랍니다.

고객 관리(25문항)

주요 항목	세부 항목	세세 항목	
1 고객 분석과 데이터 관리	1. 대상 고객 선정	① 분류 기준 설정 ③ 대상 고객 선정	② 고객 데이터 추출
	2. 고객 정보 분석	① 분석 기준 설정 ③ 고객 정보 분석	② 분석 방법 결정
	3. 고객 유형 결정	① 고객 범위 결정 ③ 고객 가치 측정 방법	② 고객 세분화 및 유형 분류
	4. 고객 데이터 수집 및 유지	① 데이터 유형 분류 ③ 데이터 정제 ⑤ 개인정보 관련법	② 데이터 수집 경로 및 방법 결정 ④ 데이터 관리지침
2 고객지원과 고객 관리 실행	1. 고객 요구사항 파악	① 요구사항 파악	② 요구사항 분류
	2. 고객 요구사항 이력 관리	① 고객 요구 분석	② 고객 만족도 조사
	3. 고객 응대	① 고객 응대 기술 ③ 유관기관 교섭	② 고객 유형별 상담 기술
	4. 고객관계 유지	① 커뮤니케이션 전략	② 고객관계 유지 활동
	5. 고객관계 강화	① 수익성 예측	② 고객이탈 방지 활동
3 고객 필요정보 제공	1. 필요정보 산출	① 소비자 행동과 성향 분석	② 자사와 경쟁사 비교 분석
	2. 경로별 정보 제공	① 매체 유형 및 특성	② 마케팅 커뮤니케이션 전략
4 통신판매 고객관계 관리	1. VOC 관리	① VOC 수집 ③ VOC 분석	② VOC 처리
	2. 우수 고객 관리	① 고객 가치의 개념 ③ 고객생애가치	② RFM 분석 ④ 고객 충성도 강화
5 통신판매 고객 상담	1. 고객 접점 응대유형 파악	① 고객 만족 개념 ③ 비대면 커뮤니케이션 개념	② 고객 접점 개념 ④ 통신판매 접점 채널에 대한 지식
	2. 고객 니즈 파악	① 라포 ③ 매슬로우의 욕구 이론	② 경청 기법 ④ 질문 기법
	3. 고객 응대	① 설득 화법 ③ 스트레스 개념 ⑤ 감정노동자 보호법	② 국어 표준 화법 ④ 스트레스 관리 방법
6 영업 고객 불만 관리	1. 불만사항 수집 및 분석	① 불만사항 수집	② 불만사항 분석
	2. 불만사항 해결	① 불만사항 해결방안	② 소비자 관련법

출제 기준

마케팅 관리(25문항)

주요 항목	세부 항목	세세 항목
1 통신판매 전략 수립	1. 판매촉진 계획	① 판매촉진 유형 ② 고객 구매 행태 및 선호도 분석 ③ 판매촉진 효과 분석
	2. 데이터베이스 활용 계획	① 데이터베이스 마케팅 ② 데이터 마이닝
2 STP 전략 수립	1. 시장세분화 및 목표시장 선정	① 시장세분화 ② 목표시장 선정 ③ 마케팅 전략 수립
	2. 포지셔닝	① 포지셔닝 의의 ② 포지셔닝 전략 수립 과정 ③ 포지셔닝 전략
3 마케팅믹스 전략 수립	1. 제품 전략 수립	① 제품 수명 주기 ② 신상품 기획
	2. 가격 전략 수립	① 가격과 소비자 행동 ② 가격 결정 방법 ③ 제품 원가에 따른 손익 분석 ④ 가격차별화 관리
	3. 유통 전략 수립	① 유통경로 유형 및 정의 ② 유통경로 설계 ③ 신유통경로 마케팅
	4. 촉진 전략 수립	① 촉진 의의와 목적 ② 촉진 체계 유형 ③ 촉진 방법 ④ 통합적 마케팅 커뮤니케이션 전략 　(Intergrated Marketing Communication)
4 인·아웃바운드 판매 채널 운영 관리	1. 인바운드	① 인바운드 채널별 개념 ② 인바운드 업무 유형별 프로세스
	2. 아웃바운드	① 아웃바운드 채널별 개념 ② 아웃바운드 업무 유형별 프로세스
	3. 스크립트 활용	① 스크립트 개념 ② 스크립트 작성 ③ 스크립트 활용

출제 기준

조직운영 및 성과 관리(25문항)

주요 항목	세부 항목	세세 항목
1 통신판매 조직운영 관리	1. 인력 관리	① 채용계획 수립 ② 채용절차 ③ 면접 기법 ④ 인사 및 노무 지식 ⑤ 리더십 이론
	2. 교육훈련 실시	① 교육훈련 계획 ② 교육과정 설계 ③ 교육과정 평가
	3. 인사 평가	① 평가지표 설정 ② 평가계획 ③ 평가시행 및 성과보상 ④ 경력경로 관리
2 통신판매 시스템 운용	1. 인바운드 시스템 활용	① 인바운드 시스템 지식 ② 인바운드 지표
	2. 아웃바운드 시스템 활용	① 아웃바운드 시스템 지식 ② 아웃바운드 지표
	3. 시스템 문제 대응	① 문제 상황 대응 프로세스
3 마케팅 성과 측정과 활용	1. 마케팅 성과 측정	① 마케팅 성과 측정 계획 ② 마케팅 성과 측정 기준 ③ 마케팅 성과 측정
	2. 마케팅 결과 활용	① 마케팅 결과 분석 ② 마케팅 결과 활용
4 통신판매 성과 관리	1. 목표 설정	① 성과 관리 개념 ② 목표 설정 이론
	2. 성과 평가	① 업적 및 역량 평가 ② 다면 평가 ③ 개인 및 집단 평가 ④ 상대 및 절대 평가
	3. 보상하기	① 동기부여 이론 ② 인센티브 제도 ③ 보상 재원 관리
	4. 모니터링	① 모니터링 유형 및 정의 ② QA(Quality Assurance/품질보증) 관리 기술

시험 응시 유의사항

기본 유의사항

❶ 시험 시작 시간 이후에는 입실 및 응시가 불가합니다.

❷ 수험표 및 접수 내역을 사전에 확인하여 시험장 위치와 시험장 입실가능 시간을 숙지하시기 바랍니다.

❸ 공단 인정 신분증과 수험표를 반드시 지참하시기 바랍니다.

❹ 시험 중 다음과 같은 행위를 하는 자는 국가기술자격법 제10조 제6항의 규정에 따라 당해 검정을 중지 또는 무효로 하고 3년간 국가기술자격법에 의한 검정을 받을 자격이 정지됩니다.

- 다른 수험자와 시험과 관련된 대화를 하거나 답안지를 교환하는 행위
- 다른 수험자의 답안지 또는 문제지를 엿보고 답안을 작성하거나 작품을 제작하는 행위
- 다른 수험자를 위하여 답안을 알려 주거나 엿보게 하는 행위
- 문제 내용과 관련된 물건을 휴대하여 사용하거나 이를 주고받는 행위
- 시험장 내외의 자로부터 도움을 받아 답안지를 작성하거나 작품을 제작하는 행위
- 다른 수험자와 성명 또는 수험 번호를 바꾸어 제출하는 행위
- 대리 시험을 치르거나 치르게 하는 행위
- 전자 · 통신기기를 사용하여 답안지를 작성하거나 다른 수험자를 위하여 답안을 송신하는 행위
- 그 밖에 부정한 방법 또는 불공정한 방법으로 시험을 치르는 행위

❺ 시험 중 전자 · 통신기기를 비롯한 불허물품 소지가 적발되는 경우 퇴실 조치되며 당해 시험은 무효 처리됩니다.

CBT 유의사항

❶ CBT(Computer Based Test)란 인쇄물 기반 시험인 PBT와 달리 컴퓨터 화면에 문제가 표시되어 응시자가 마우스를 이용해 풀어 나가는 컴퓨터 기반의 시험을 말합니다.

❷ 입실 전 반드시 본인의 좌석을 확인한 뒤 착석하시기 바랍니다.

❸ 전산으로 진행되므로 안정적인 운영을 위해 입실 후 감독위원 안내에 적극 협조하여 응시해 주시기 바랍니다.

❹ 최종 답안을 제출한 뒤에는 수정이 절대 불가하오니 충분히 검토한 뒤 제출하시기 바랍니다.

❺ 답안 제출 후 본인의 점수를 확인한 뒤에 퇴실하시기 바랍니다.

❻ 필요시 계산용 연습지를 배부하나 퇴실 시 제출해야 합니다.

❼ CBT 문제는 비공개를 원칙으로 하며, 문제나 본인이 작성한 답안을 수험표 등에 옮겨 적을 수 없습니다.

※ 유의사항은 변경될 수 있습니다. 정확한 내용은 한국산업인력공단으로 문의하시기 바랍니다.

무엇이든 물어보세요!

텔레마케팅관리사 1차 필기시험은 공부를 하지 않아도 붙는다고 들었습니다.
소문이 사실인가요?

1차 필기시험의 합격률이 86%에 육박하기 때문에 그런 소문이 난 것이 아닌가 합니다.
하지만 반대로 생각하면 10명 중 1~2명은 떨어지는 시험입니다. 이왕이면 한 번에 합격
하는 것이 좋겠죠?

시간이 별로 없는데 1차 필기시험을 어떻게 준비하면 좋을까요?

공부할 시간이 별로 없는 분들께는 최근 기출문제부터 순서대로 풀어 보는 방법을 권해
드립니다. 텔레마케팅관리사 시험은 기존에 출제되었던 문제들이 반복해서 출제되는 경우
가 많기 때문입니다.

2차 실기시험은 합격률이 낮던데 어떻게 준비해야 할까요?

2차 실기시험은 1차 필기시험과 달리 주관식입니다. 핵심 내용을 외우지 않으면 시험을
통과하기 어렵습니다. 1차 필기시험과 마찬가지로 기출문제를 중심으로 공부해야 합니다.
먼저 기출문제를 외우고, 그와 관련된 내용을 확장해서 공부하는 방법을 권해 드립니다.

시험을 준비할 때 강의를 꼭 들어야 할까요?

강의를 꼭 들으실 필요는 없습니다. 시험에서 좋은 결과를 얻기 위해 가장 중요한 것은
기출문제를 조금이라도 더 풀어 보는 것이기 때문입니다. 그러나 차근차근 공부하면서
이해하는 것이 더 도움이 된다고 생각하신다면 강의를 활용하시는 것도 좋습니다. 1차
필기시험은 쉽게 합격하더라도 2차 실기시험은 꼼꼼히 공부해야 최종 합격을 할 수 있
기 때문이지요.

이 책의 구성과 특징

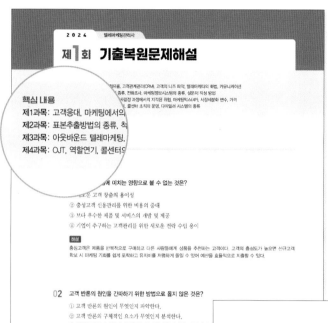

2024년 제1회부터 2020년 제4회까지의 5개년 기출문제를 수록하였습니다. 또한 각 회차별로 출제된 내용을 쉽게 파악할 수 있도록 과목별 핵심 내용을 정리하였습니다.

※ 2024년 제1회~제3회, 2023년 제1회 ~제3회, 2022년 제3회는 기출문제를 복원하여 수록하였습니다.

혼자서도 학습할 수 있도록 자세한 해설을 수록하였습니다. 이해하기 쉽게 풀이된 해설로 잘 모르는 문제나 헷갈리는 문제를 확실히 잡을 수 있습니다.

※ 뒤표지 안쪽에 있는 쿠폰 번호를 시대에듀 합격시대 홈페이지에 등록하시면 온라인(CBT) 모의고사에 응시하실 수 있습니다. 온라인 모의고사의 문항들은 기출복원문제를 바탕으로 구성되며, 구성 방식(랜덤)에 따라 각 회차별로 문항이 일부 중복될 수 있습니다.

이 책의 목차

2024년

합격의 공식 시대에듀 www.sdedu.co.kr

최신 기출문제

※ 2024년 제1회~제3회는 시대에듀에서 기출복원한 문제입니다.
  저작권법에 의해 보호를 받는 저작물이므로 무단전재나 복제를 금합니다.

행운이란 100%의 노력 뒤에 남는 것이다.

– 랭스턴 콜먼 –

2024 텔레마케팅관리사

제1회 기출복원문제해설

핵심 내용
제1과목: 고객응대, 마케팅에서의 점유율, 고객관계관리(CRM), 고객의 니즈 파악, 텔레마케터의 화법, 커뮤니케이션
제2과목: 표본추출방법의 종류, 척도의 종류, 전화조사, 마케팅정보시스템의 종류, 설문지 작성 방법
제3과목: 아웃바운드 텔레마케팅, 구매의사결정 과정에서의 지각된 위험, 마케팅믹스(4P), 시장세분화 변수, 가격
제4과목: OJT, 역할연기, 콜센터의 성과지표, 콜센터 조직의 운영, 다이얼러 시스템의 종류

제1과목 고객관리

01 충성고객이 기업에 미치는 영향으로 볼 수 없는 것은?

① 새로운 고객 창출의 용이성
② 충성고객 신용관리를 위한 비용의 증대
③ 보다 우수한 제품 및 서비스의 개발 및 제공
④ 기업이 추구하는 고객관리를 위한 새로운 전략 수립 용이

해설

충성고객은 제품을 반복적으로 구매하고 다른 사람들에게 상품을 추천하는 고객이다. 고객의 충성도가 높으면 신규고객 확보 시 마케팅 기회를 쉽게 포착하고 유지비를 저렴하게 들일 수 있어 예산을 효율적으로 지출할 수 있다.

02 고객 반론의 원인을 간파하기 위한 방법으로 옳지 않은 것은?

① 고객 반론의 원인이 무엇인지 파악한다.
② 고객 반론의 구체적인 요소가 무엇인지 분석한다.
③ 정확한 설명과 설득을 위해서는 강경한 대화 충돌을 감수해야 한다.
④ 아무리 성가신 상황에서도 능숙하게 대처하며 결코 짜증을 내지 않는다.

해설

강경한 대화로는 정확한 설명과 설득이 되지 않으며, 또한 고객의 감정이 상하게 되어 좋지 않은 결과를 유발할 수 있다.

03 텔레커뮤니케이션의 중요한 세 가지 요소가 아닌 것은?

① 신속   ② 정확
③ 논리   ④ 친절

해설

텔레커뮤니케이션(전화응대)의 세 가지 요소

신속	• 전화를 빨리 받는 것이 친절한 응대이다. • 전화벨이 세 번 울리기 전에 받는 것이 좋다. • 시간이 지체되는 경우 중간 보고를 한다.
정확	• 정확한 업무 내용은 전화 서비스를 완성시킨다. • 제대로 요점이 전달되었는지 확인한다.
친절	• 친절성은 고객이 가장 기대하는 사항이다. • 텔레커뮤니케이션의 업무는 음성에만 의존하므로 목소리에 미소를 담는다. • 고객의 요구를 충족시키기 위해 노력하는 모습을 전달한다.

04 비언어의 기능이 아닌 것은?

① 반복 기능   ② 보완 기능
③ 대체 기능   ④ 차별 기능

해설

비언어적 커뮤니케이션의 기능
• 보완 및 강조 기능: 언어적 메시지를 보완하고 강조한다.
• 규제 및 조절 기능: 언어적 상호작용을 규제하고 통제한다.
• 대체 기능: 언어적 메시지를 대신하여 효과적으로 표현한다.
• 반복 기능: 언어적 메시지를 반복해서 전달한다.
• 부정 기능(이중 구속): 의도적으로 언어적 메시지와 다른 비언어적 메시지를 표현하여 언어적 메시지를 부정한다.

05 고객을 효율적으로 설득하기 위해 필요한 전략에 관한 설명으로 옳은 것은?

① 정서적인 호소보다는 논리적인 호소가 더 효과적이라는 실증자료가 많이 있다.
② 고객의 사전정보를 많이 가지고 있으면, 설득자의 양면적 주장이 더 효과적이다.
③ 단일 경험의 개인적 실례보다는 논리적이고 일반적인 통계자료가 더 효과적이다.
④ 고객의 사전태도가 설득자의 주장과 반대 방향이면, 설득자의 일면적 주장이 더 효과적이다.

해설

논리적이고 일반적인 통계자료를 기반으로 한 상담은 상담내용에 대한 신뢰도를 높여 고객을 효율적으로 설득할 수 있다.

06 고객관계관리(CRM; Customer Relationship Management)를 위한 필요사항이 아닌 것은?

① 고객 통합 데이터베이스 구축

② 데이터베이스 마케팅의 기능 축소

③ 고객 특성 분석을 위한 데이터마이닝 도구 준비

④ 마케팅 활동 대비를 위한 캠페인 관리용 도구 준비

> **해설**
> CRM은 데이터베이스에 저장된 고객의 정보를 분석·활용하므로, 데이터베이스 마케팅의 기능이 확대된다. CRM을 위해서는 고객통합 데이터베이스 구축, 고객 특성 분석을 위한 데이터마이닝 도구, 마케팅 활동 대비를 위한 캠페인 관리용 도구가 필요하다.

07 텔레마케터가 응답자에게서 응답을 이끌어 낼 때 할 수 있는 말로 알맞지 않은 것은?

① "여기에 맞거나 틀린 답은 없어요. 생각하시는 부분을 말씀해 주시면 됩니다."

② "급하게 생각하시지 않아도 됩니다. 여유를 가지고 편하게 말씀해 주시면 됩니다."

③ "제가 여쭈어 본 내용에 대해서만 말씀해 주세요. 다른 부분은 말씀하시지 마시고요."

④ "말씀하시기 불편하시면 꼭 대답하시지 않아도 됩니다. 말씀하실 수 있는 부분만이라도 말씀해 주시면 됩니다."

> **해설**
> 응답자가 말하는 내용에 제한을 두면 응답을 이끌어 내기 어렵다.

08 다음 중 표적집단면접조사(FGI)를 이용하여 조사하기에 적합하지 않은 경우는?

① 향후 시장 변화 예측에 대한 정보 수집

② 신상품 개발 기회를 찾기 위한 상세한 시장 정보 수집

③ 새로운 시장의 마케팅이나 광고 전략을 수립하기 위한 정보 수집

④ 현 시장 내에서 자사 및 경쟁 사업자의 시장점유율 및 경제적 집중도 정보 수집

> **해설**
> 표적집단면접조사(FGI)
> 어떤 장소에 6~12명의 소비자들을 모아 놓고 조사하고자 하는 주제에 대해 서로 토론하도록 하는 정성적 탐사조사 방법이다. 신제품에 대한 아이디어, 소비자의 제품 구매 및 사용 실태에 대한 이해, 제품 사용의 문제점 등을 파악할 수 있고, 소비자의 독창적 아이디어를 이끌어 낼 수 있다.

정답   03 ③   04 ④   05 ③   06 ②   07 ③   08 ④

09 신상품 및 서비스가 나오면 내부 직원들을 대상으로 먼저 사용하는 테스트는?

① 알파 테스트
② 베타 테스트
③ 샘플 테스트
④ 파일럿(Pilot) 테스트

해설

알파 테스트는 새로운 제품 개발 과정에서 이루어지는 첫 번째 테스트로 내부 직원을 대상으로 하는 성능시험이다.
② 베타 테스트는 하드웨어, 소프트웨어의 개발 단계에서 제품을 상용화하기 전에 실시하는 일종의 검사 작업이다.
④ 파일럿 테스트는 프로그램 등 최신 기술을 실제 상황에 적용하기 전 소규모로 시험 작동해 보는 것이다.

10 분석 CRM의 본질적인 역할을 수행하기 위해 고려해야 하는 요소가 아닌 것은?

① 데이터마트
② 데이터마이닝
③ 데이터 웨어하우스
④ 데이터베이스 마케팅

해설

데이터베이스 마케팅의 경우는 운영 CRM의 고려요소에 해당한다.

11 고객을 가치 기준으로 분류한 것이 아닌 것은?

① 우수고객
② 신규고객
③ 잠재고객
④ 노년기고객

해설

노년기고객은 생애 단계에 기반을 둔 고객 분류(유년기, 청년기, 장년기, 노년기)이다.
고객 가치에 의한 고객 분류
기업이 다양한 고객 가치 측정 모델을 통해 추출한 고객 가치로 고객을 분류하는 방법이다. 고객 가치 측정 모델에 따른 분류를 할 때 필요에 따라서는 기업에서 필요로 하는 변수를 추가하여 분류하기도 한다.

12 다음 설명에 해당하는 점유율은?

> 광고나 상품, 기업에 대한 소비자 인식상의 점유율을 의미하는 것으로, 어떤 분야에서 고객에게 최고의 회사가 어딘지 물었을 때 특정 회사를 떠올리는 정도를 뜻한다.

① 마음점유율
② 고객점유율
③ 시장점유율
④ 일상점유율

해설

점유율의 종류
- 마음점유율: 어떤 제품을 생각할 때 특정 회사나 브랜드를 떠올리는 정도를 의미한다.
- 고객점유율: 한 고객이 오랜 기간 동일한 상품의 카테고리 중 특정 제품의 구입을 위해 지출하는 비용의 비율을 뜻한다.
- 일상점유율: 소비자의 생활 속에 기여하는 정도를 의미한다.
- 시장점유율: 특정 회사의 제품 매출액이나 판매량이 시장 전체에서 차지하는 비율을 의미한다.

13 CRM의 목적은 고객의 이익 극대화와 이를 통한 기업의 수익성 극대화이다. 다음 중 CRM의 목적 달성을 위한 특성이 아닌 것은?

① 목표시장과 목표고객에 대한 고객 관계의 집중화에 노력한다.
② 기존고객 및 잠재고객을 위한 마케팅 전략을 통해 고객 점유율을 높이는 전략이 필요하다.
③ 고객에 대한 이해와 반응을 분석하고 고객의 욕구를 파악하여 고객이 원하는 상품을 만든다.
④ 고객과 관계를 유지하는 것보다는 다양한 상품 및 할인 정책을 제시하여 보다 더 많은 고객을 획득하는 것을 주목적으로 한다.

해설

CRM은 고객 획득보다 기존고객의 유지에 중점을 둔다.

14 불만고객에 대한 응대 표현으로 옳지 않은 것은?

① 고객의 감정을 존중하고 있다는 것을 표현하는 경우: " 무슨 말씀이신지 충분히 이해됩니다."

② 제공해 줄 수 있는 것을 강조할 때: " 고객님, 이렇게 하시면 어떨까요? 이 부분은 가능할 것 같습니다."

③ 불만 발생 원인을 개인화시킬 때: "누가 처리했는지 모르지만, 제 생각으로는 안내가 잘못된 것 같습니다."

④ 고객에게 정확한 사실을 알려줄 경우: "고객님 그 서비스를 추가하신다면 비용이 추가로 발생합니다. 괜찮으시겠습니까?"

해설

불만 고객을 응대할 때에 불만 발생 원인을 개인화하여 책임을 회피해서는 안 된다.

불만족한 고객에 대한 상담기법
• 고객이 만족할 수 있는 방법을 제시한다.
• 전문기관을 알선한다.
• 개방형 질문을 한다.
• 충분히 배려한다.
• 보상받기를 원하는 것이 무엇인지 질문한다.
• 공감을 하면서 경청한다.
• 긍정하면서 상담원 측의 이야기를 한다.

15 기업에서 고객만족을 위해 고객서비스를 중요하게 고려해야 하는 이유로 가장 옳은 것은?

① 인터넷의 대중화로 판매자와 고객 간의 대면기회가 감소하고 있기 때문이다.

② 내부고객에 대한 고객서비스가 외부고객에 대한 고객서비스로 연결되기 때문이다.

③ 전반적인 고객서비스에 대한 고객의 기대가 핵심제품에 대한 기대보다 높기 때문이다.

④ 제품의 물리적 품질에 큰 차이가 없으면 소비자들은 고객서비스를 통해 전체 품질을 평가하기 때문이다.

해설

고객 만족의 3요소로는 제품 요소, 서비스 요소, 기업 이미지 및 신뢰성 요소가 있다. 이들 세 가지 요소가 잘 믹스되고 업그레이드될 때 고객이 만족감을 느낄 수 있다. 제품의 물리적 품질에 큰 차이가 없으면 소비자들은 고객 서비스를 통해 전체 품질을 평가하므로 기업은 고객 서비스를 중요하게 고려해야 한다.

16 새로운 패러다임의 요구에 의해 고객관계관리(CRM)의 중요성이 부각되었다. 고객관계관리가 기업운영에 있어서 중요하게 등장한 이유로 거리가 먼 것은?

① 컴퓨터 및 IT 기술의 급격한 발전으로 인해 기업의 외적인 환경이 형성되었다.
② 광고를 비롯한 마케팅커뮤니케이션 방식에서 획일적인 매스 마케팅 방식의 요구가 커졌다.
③ 고객의 기대와 요구가 다양해지고 끊임없이 더 나은 서비스나 차별화된 대우를 요구하게 되었다.
④ 시장의 규제가 완화되면서 새로운 시장으로의 진입 기회가 늘어남에 따라 동일 업종에서의 경쟁이 치열하게 되었다.

> **해설**
> 매스 마케팅의 비효율성으로 CRM이 등장하게 되었다.

17 로열티고객이 가져다주는 이점으로 적절치 않은 것은?

① 고객관리 유지비용이 절감되며, 기본적으로 제품 및 서비스의 누계이익 기여도가 높아지고 불평, 불만, A/S 건수가 줄어든다.
② 특정인의 이름이나 직위 등 입수된 정보를 활용하여 커뮤니케이션을 시도하며, 접촉하는 개개인에 따라 각기 다른 메시지를 전달할 수 있다.
③ 자사 제품과 서비스를 구입하여 애용해 주는 로열티고객의 사전기대를 정확하게 파악하고 끊임없이 이를 상회하는 제품과 서비스를 제공할 수도 있다.
④ 추천성이 높아 고객 창출이 용이해진다. 고객 확보의 매력은 기존고객이 자사에 제품 및 서비스를 다른 잠재고객에게 추천함으로써 새로운 로열티 고객을 창출할 수 있다는 점이다.

> **해설**
> 로열티고객이 가져다주는 이점에는 고객관리 유지비용 절감, 높은 추천성으로 인한 고객 창출 용이, 사전기대 파악으로 이를 상회하는 제품과 서비스 제공 가능 등이 있다.

18 텔레마케터가 고객의 욕구를 정확히 파악하고 고객의 불만사항을 신속하게 해결하기 위한 방법으로 가장 적합한 것은?

① 고객의 욕구를 정확히 파악하기 위해서는 고객의 이야기 도중에 질문한다.
② 전달력을 높이기 위해 음성의 변화(음성의 고저, 장단, 강약 등) 없이 말한다.
③ 고객의 정확한 이해를 위해 통화의 끝부분에서 중요 부분을 요약하여 전달한다.
④ 고객이 사용하는 사투리, 속어 등을 사용함으로써 보다 친근하고 신속하게 응대한다.

> **해설**
> ① 고객의 욕구를 정확하게 파악하기 위해서는 고객의 이야기를 끊지 말고 경청해야 한다.
> ② 텔레마케터의 억양 변화는 소비자의 집중력을 강화시키므로 전달력을 높이기 위해서는 음성에 변화를 주어야 한다.
> ④ 텔레마케터는 고객과의 전화에서 사투리나 속어의 사용을 피하고 표준어를 사용하는 것이 좋다.

19 고객의 구체적 욕구를 알아내기 위한 질문기법으로 가장 거리가 먼 것은?

① 질문을 구체화, 명료화시킨다.
② 다양하고 방대한 양의 질문을 한다.
③ 가급적이면 긍정적으로 질문을 한다.
④ 고객이 쉽게 이해할 수 있도록 질문한다.

> **해설**
>
> 다양하고 방대한 양의 질문은 고객을 지치고 지루하게 만들 수 있으므로, 더 좋은 서비스를 제공하기 위해 소비자가 확실히 원하는 것을 찾아내는 질문을 한다.
> 고객의 구체적 욕구를 파악하기 위한 질문 기법
> • 상대방의 말을 비판하지 않는다.
> • 가능하면 긍정적인 질문을 한다.
> • 구체적으로 질문한다.
> • 더 좋은 서비스를 제공하기 위해 소비자가 확실히 원하는 것을 찾아내는 질문을 한다.

20 텔레마케터의 바람직한 음성 연출로 가장 거리가 먼 것은?

① 알맞은 음량
② 또렷한 목소리
③ 동일한 목소리 톤
④ 적당한 말의 속도

> **해설**
>
> 목소리 톤에 변화를 주면 소비자의 집중력을 강화시킬 수 있다.

21 다음 중 상담원의 감성 화법으로 가장 바람직하지 않은 것은?

① 문제 해결을 위해 고객과 강하게 다툴 필요도 있다.
② 고개를 끄덕이고 맞장구를 치며 적극적으로 경청한다.
③ 고객과 반대의 의견이 있을 경우, 고객의 의견을 긍정하고 난 뒤에 그에 반대되는 자신의 의견을 제시한다.
④ 상품에 대한 부정과 긍정의 내용을 모두 말해야 할 경우, 부정의 내용을 먼저 말한 뒤 긍정의 내용을 말한다.

> **해설**
>
> 고객이 불만을 표시하더라도 고객의 입장에서 공감하며 문제를 해결할 수 있도록 노력해야 한다.

22 상담 화법에 대한 설명으로 옳지 않은 것은?

① 상담 화법은 의사소통의 과정이다.

② 말하기의 대부분은 음성언어로 이루어진다.

③ 상담 화법은 대화상대, 대화목적에 따라 변화되지 않아야 한다.

④ 상담 화법은 대인 커뮤니케이션과 밀접한 상관관계를 지니고 있다.

> **해설**
>
> 상담 화법은 고객의 욕구와 상황의 변화에 따라 적절하게 선택하여야 한다.

23 커뮤니케이션에 대한 설명으로 가장 적합한 것은?

① 의사결정을 하는 데 있어 혼란을 초래한다.

② 커뮤니케이션을 통해 고객 불만이 증가한다.

③ 고객으로부터 정확한 정보를 얻기 위한 수단이다.

④ 원만하고 친밀한 인간관계의 형성은 커뮤니케이션의 역기능이다.

> **해설**
>
> 상담원은 고객과의 원활한 커뮤니케이션을 통해 친밀감과 신뢰감을 기반으로 하는 긍정적 관계를 형성한다. 또한 고객으로부터 정확한 정보를 얻어 적절한 응대를 가능하게 하여 고객의 불만을 감소시키는 데 기여한다.

24 고객 불만 및 VOC를 효과적으로 처리하였을 때 얻을 수 있는 이점으로 볼 수 없는 것은?

① 고객 유지율 증가

② 제품 마케팅 비용 감소

③ 신뢰성 상승으로 인한 홍보효과

④ 법적 처리비용 등 사후처리 비용 감소

> **해설**
>
> 기업은 고객의 불만을 효과적으로 해결하는 과정에서 좋은 기업이라는 이미지를 구축할 수 있으며 고객 유지율이 향상될 수 있다. 하지만 이는 마케팅 비용의 감소와는 관련이 없다.

25 소비자의 구매과정 중 구매 전 단계에서의 커뮤니케이션 목표와 거리가 가장 먼 것은?

① 구매 위험의 감소

② 상표 인지의 증대

③ 구매 가능성의 증대

④ 반복 구매 행동의 증대

해설

반복 구매 행동의 증대는 구매 후 단계에서의 커뮤니케이션 목표이다.

제2과목 시장환경조사

26 층화표본추출방법에 대한 설명으로 알맞은 것은?

① 모집단의 각각의 요소 또는 사례들이 표본으로 선택될 가능성이 동일한 방법이다.

② 일정한 특성에 의해 모집단을 층화하고 각 층에서 일정 수를 무작위 표출하는 방법이다.

③ 모집단 추출 틀에서 단순 무작위로 하나의 단위를 선택하고 그다음 k 번째 항목을 하나씩 표본으로 추출하는 방법이다.

④ 모집단을 동질적인 여러 소그룹으로 나눈 후 특정 소그룹을 표본으로 추출하고, 선택된 전체를 조사 대상으로 삼아 조사하는 방법이다.

해설

①은 단순무작위표본추출방법, ③은 계통표본추출방법, ④는 군집(집락)표본추출방법에 대한 설명이다.

27 측정 도구의 타당도에 관한 설명으로 옳지 않은 것은?

① 내용타당도(Content validity)는 전문가의 판단에 기초한다.

② 구성타당도(Construct validity)는 예측타당도(Predictive validity)라 한다.

③ 동시타당도(Concurrent validity)는 신뢰할 수 있는 다른 측정 도구와 비교하는 것이다.

④ 기준관련타당도(Criterion-related validity)는 내용타당도보다 경험적 검증이 용이하다.

구성타당도(개념타당도)
구성 또는 변수 간의 관계를 논리적인 근거에 맞추어 예측하는 것으로, 측정값 자체보다는 측정하고자 하는 속성에 초점을 맞춘 타당성이다. 각 구성은 성격에 있어서 정반대의 구성과 상호관계를 파악함으로써 그 특수성을 보다 명백하게 할 수 있다.

예측타당도
기준타당도의 한 종류로서, 어떠한 행위가 일어날 것이라고 예측한 것과 실제 대상자 또는 집단이 나타낸 행위 간의 관계를 측정하는 것이다.

28 인과관계를 규명하는 모형이 포함된 변수에 해당되지 않는 것은?

① 독립 변수

② 종속 변수

③ 대체 변수

④ 매개 변수

인과관계를 규명하기에 적절한 모형은 실험법이다. 실험법이 포함된 변수에 대체 변수는 해당되지 않는다.
① 독립 변수: 마케팅 조사 설계의 기본 요소로서 일반적으로 마케팅 관리자가 통제하는 변수이며, 관찰하고자 하는 현상의 원인이라고 가정한 변수이다.
② 종속 변수: 독립 변수의 변화에 따라 값이 결정되는 다른 변수이다.
④ 매개 변수: 독립 변수와 종속 변수의 사이에서 독립 변수의 결과인 동시에 종속 변수의 원인이 되는 변수이다.

29 조사 결과가 응답자의 의도보다 과장해서 나오며 순서에 따라 편견을 유도하는 문제점이 있는 설문 형식은?

① 다지선다형

② 양자택일형

③ 자유응답형

④ 체크리스트

양자택일형은 두 가지 중 하나를 선택하게 하는 극단적인 방법으로, 분석·자료 처리가 편리하고 조사자의 영향을 배제할 수 있지만, 분석 결과가 응답자의 의견보다 강하게 나올 수 있고 순서에 따라 편견을 유도한다는 문제점이 있다.

정답 25 ④ 26 ② 27 ② 28 ③ 29 ②

30 스타펠 척도에 대한 설명으로 적절한 것은?

① 척도 양극점에 상반되는 표현을 제시하고 소비자의 생각을 측정하는 방법이다.

② 어의차이 척도의 확장으로서 각 질문에 대한 동의 또는 반대의 정도를 표시하도록 하는 방법이다.

③ 척도를 나타내는 수가 등간일 뿐만 아니라 의미 있는 절대 영점을 가지고 있는 경우에 이용되는 방법이다.

④ 어의차이 척도의 한 변형으로서 양극단의 수식어 대신에 하나의 수식어만을 평가 기준으로 측정하는 방법이다.

> **해설**
> ① 어의차이 척도
> ② 리커트형 척도
> ③ 비율 척도

31 횡단조사의 구매 관련 자료에 대한 조사 항목으로 거리가 먼 것은?

① 구매의사

② 선호상표

③ 고객 개인정보

④ 상표 및 광고 인지도

> **해설**
> 고객 개인정보는 종단조사의 조사 항목이다.

32 비확률표본추출방법에 해당하지 않는 것은?

① 층화표본추출방법

② 편의표본추출방법

③ 판단표본추출방법

④ 할당표본추출방법

> **해설**
> 비확률표본추출방법에는 편의표본추출방법, 판단표본추출방법, 할당표본추출방법이 있다. 층화표본추출방법은 확률표본추출방법에 해당한다.

33 모집단을 구성하고 있는 추출 단위가 표본으로 추출될 확률을 사전에 알고 있는 추출방법으로, 표본오차의 추정이 가능한 방법은?

① 판단표본추출방법
② 편의표본추출방법
③ 확률표본추출방법
④ 할당표본추출방법

해설

확률표본추출방법
모집단에 속한 모든 요소가 표출됨에 있어 같은 확률을 가진다는 것이 전제가 되며, 표본오차의 추정이 가능하다.

34 설문지를 작성할 때 유의할 사항으로 옳지 않은 것은?

① 응답하기 어려운 질문은 설문지의 뒤쪽에 배치한다.
② 설문지의 표지에 연구목적, 연구기관, 연구자 연락처를 포함한다.
③ '항상', '반드시', '언제나'와 같은 용어는 사용하지 않는 것이 좋다.
④ 응답자가 질문을 쉽게 이해할 수 있도록 은어나 구어체 표현을 사용하는 것이 좋다.

해설

설문지를 작성할 때에는 은어나 구어체 사용을 피하고, 개념이 오해를 불러일으키지 않도록 명확한 것을 사용해야 한다.

35 측정의 신뢰성을 높이는 방법에 대한 설명 중 틀린 것은?

① 측정 항목의 모호성을 제거한다.
② 하나의 질문에 여러 가지 답이 나올 수 있는 질문을 한다.
③ 중요한 질문은 동일하거나 유사한 질문을 통해 2회 이상 한다.
④ 조사 대상자가 잘 모르거나 전혀 관심이 없는 내용은 측정하지 않는다.

해설

측정의 신뢰성을 높이는 방법
• 측정 항목의 모호성을 제거한다.
• 중요한 질문의 경우 동일하거나 유사한 질문을 2회 이상 한다.
• 조사 대상자가 잘 모르거나 전혀 관심이 없는 내용은 측정하지 않는다.
• 측정 항목의 수를 늘린다.
• 설문지의 문항별 설명을 명확히 하여 응답자별로 해석상의 차이가 발생하지 않도록 한다.
• 조사원들에 대한 교육을 강화하여 설문을 명확히 이해하도록 하고, 질문 방식 등을 표준화한다.
• 성의가 없거나 일관성 없게 응답한 경우 설문지 자체를 폐기하여 위험 요소를 없앤다.
• 측정 방식을 일관성 있게 한다.
• 측정 시의 날씨, 분위기, 기분에 따라 신뢰성이 달라지지 않도록 유의한다.

36 다음과 같이 표현하는 척도의 종류는?

성별, 인종, 직업 분류, 운동선수의 등번호, 주민등록번호

① 명목 척도

② 순위 척도

③ 서열 척도

④ 등간 척도

명목 척도
개체나 사람이 다르다는 것을 보이기 위해 이름이나 범주를 대표하는 숫자로 부여하는 방식의 척도이며, 각 반응에 대해 무작위로 수를 할당하므로 부여된 숫자는 연구자가 자료를 수집하고 분석하는 데 편리하도록 하기 위한 명칭이나 부호로서의 의미를 가질 뿐 그 자체로서는 의미가 없다. 예 인종, 성별, 상품 유형별 분류, 시장 세분 구역 분류 등

37 전화조사에서 발생될 수 있는 무응답 오류로 가장 적합한 것은?

① 데이터 분석 시 나타나는 오류

② 응답자의 전화 거부로 나타나는 오류

③ 적합하지 않은 질문으로 인하여 나타나는 오류

④ 조사와 관련 없는 응답자를 선정하여 나타나는 오류

무응답 오류
표본으로 선정하였지만, 응답자의 거절이나 비접촉으로 데이터를 조사할 수 없어서 발생하는 관찰 불능에 의한 오류로, 전화조사에서는 응답자의 전화 거부로 나타나는 오류이다.

38 전화조사에서 응답률(Response rate)의 의미로 맞는 것은?

① 전화를 걸었을 때 신호가 가는 비율

② 전화를 걸었을 때 누군가 받는 비율

③ 전화를 걸었을 때 조사 대상자가 받는 비율

④ 전화를 걸었을 때 원하는 정보를 얻어내는 비율

전화조사에서 응답률이란 전화를 걸었을 때 원하는 정보를 얻어내는 비율을 말하는데, 전체적으로 응답률이 높은 편이지만 지역적으로 또는 직업에 따라 응답률에 차이가 생길 수 있다.

39 조사의 신뢰성을 높이기 위해 대상을 일정한 시간을 두고 동일한 측정 도구로 반복 측정해 그 결과를 비교하는 방법은?

① 반분법　　　　　　　　　　② 재시험법
③ 복수양식법　　　　　　　　④ 요인분석법

해설

① 반분법: 다수의 측정 항목을 서로 대등한 두 개의 그룹으로 나누고, 두 그룹의 항목별 측정치 사이의 상관관계를 조사하여 신뢰도를 측정하는 방법이다.
③ 복수양식법: 대등한 두 가지 형태의 측정 도구를 이용하여 동일한 측정 대상을 동시에 측정하고 두 측정값의 상관관계를 분석하는 방법이다.
④ 요인분석법: 많은 변수를 상관관계가 높은 몇 개의 공통된 집단으로 묶어 주는 방법으로, 자료를 요약하거나 변수들 내에 존재하는 상호 독립적인 특성을 파악한다.

40 시장조사를 위한 조사 설계 시 고려해야 할 사항으로 거리가 먼 것은?

① 향후 고객들의 기대 예측
② 예산의 편성과 조사일정 계획 수립
③ 규정된 문제에 대한 종합적인 검토
④ 자료 수집절차와 자료 분석기법 결정

해설

향후 고객들의 기대 예측은 조사 설계 시 고려사항이 아니다. 오히려 고객들의 기대를 예측하고 조사 설계를 하면 객관적 조사가 어려울 수 있다.

41 다음 조사 설계에서 목표로 하는 집단으로 설정하기에 알맞은 집단은?

> 오후 2시에 유선전화를 통해 조사를 하였을 때 응답률이 높은 집단을 대상으로 조사를 설계하려고 한다.

① 10대 학생　　　　　　　　② 20~30대 직장인
③ 40~50대 자영업자　　　　④ 60대 이상 성인

해설

오후 2시에 유선전화를 통해 조사를 하였을 때 응답률이 높으려면 유선전화를 소유하고 있으면서 오후 2시에 실내에 머무르는 집단을 대상으로 조사하여야 한다. ①은 유선전화를 소유하지 않으면서 오후시간에 실내에 머무르지 않는 경우가 많고, ②ㆍ③은 유선전화는 소유하지만 오후시간에 실내에 머무르지 않는 경우가 많다.

정답　36 ①　37 ②　38 ④　39 ②　40 ①　41 ④

42 전수조사에 비해 표본조사가 가지는 특징으로 볼 수 없는 것은?

① 비용이 적게 든다.

② 비표본오차가 높다.

③ 결과에 신뢰성이 높다.

④ 정보를 빠른 시간 내에 산출한다.

> **해설**
> 전수조사의 경우 모집단 전체를 조사하므로 표본오차는 작으나, 조사 대상자가 많음에 따른 시간, 비용의 증가와 조사 시행과정에서 발생하는 비표본오차가 증가한다.

43 시장조사를 활용한 활동으로 볼 수 있는 것은?

① 회사의 매출을 파악하기 위하여 회계자료를 분석한다.

② 회사의 규모를 파악하기 위하여 직원현황을 분석한다.

③ 광고의 인지도를 파악하기 위해 전화조사를 실시한다.

④ 새로 만든 다리의 이름을 짓기 위해 주민들에게 다리 이름을 공모한다.

> **해설**
> 기업이 마케팅 의사결정에 필요한 정보를 입수하기 위해 목표시장, 경쟁사 등에 대한 각종 자료를 수집하고 분석하는 활동이다.
> ① · ②는 기존 자료를 분석한 2차 자료 활용, ④는 공모전에 해당한다.

44 특정한 시기에 태어났거나 동일 시점에 특정 사건을 경험한 사람들을 대상으로 이들이 시간이 지남에 따라 어떻게 변화하는지를 조사하는 방법은?

① 사례조사

② 패널조사

③ 코호트조사

④ 전문가의견조사

> **해설**
> 코호트연구
> 시간의 변화에 따른 특정 하위 모집단의 변화를 관찰하는 연구로서, 특정 경험을 같이하는 사람들이 가지는 특성들에 대해 두 번 이상의 다른 시기에 걸쳐서 비교·연구하는 방법이다. 📌 베이비부머의 정치 성향 변화를 파악하기 위해 이들이 성년이 된 후 10년마다 50명씩 새로운 표집을 대상으로 조사하여 그 결과를 비교하는 방법

45 소비자로부터 직접 수집한 자료를 이용하여 마케팅 문제를 해결하는 시스템은?

① 마케팅조사시스템
② 마케팅정찰시스템
③ 마케팅고객정보시스템
④ 마케팅내부정보시스템

해설

기업이 직면한 마케팅 문제의 해결을 위해 소비자를 통해 직접적으로 자료를 수집하는 시스템은 마케팅조사시스템이다.

46 마케팅정보시스템 중 마케팅 관리자가 마케팅 계획을 수립하고 기존의 마케팅 계획을 조정하기 위하여 마케팅 환경에서 일어나고 있는 여러 가지 변화와 추세에 관한 일상적인 정보를 체계적으로 수집하는 시스템은?

① 마케팅조사시스템(MRS; Marketing Research System)
② 마케팅인텔리전스시스템(MIS; Marketing Intelligence System)
③ 마케팅내부정보시스템(MIIS; Marketing Internal Information System)
④ 마케팅고객정보시스템(MCIS; Marketing Customer Information System)

해설

마케팅인텔리전스시스템(마케팅정찰시스템, MIS; Marketing Intelligence System)
경쟁사에 대한 정보를 수집하기 위하여 외부 자료를 많이 활용하는 정보 시스템으로, 기업을 둘러싼 마케팅 환경에서 발생하는 일상적인 정보를 수집하기 위해 기업이 사용하는 절차와 정보원의 집합이다.

47 다음 실험에 관한 설명으로 알맞지 않은 것은?

> 음주가 자동차 운전행동에 미치는 영향을 연구하기 위하여 실험을 실시하였다. 한 집단(집단 A)은 알코올이 포함된 술을 마시게 하고, 다른 집단(집단 B)은 알코올 냄새가 나지만 알코올이 포함되지 않은 음료를 마시게 한 후 운전행동을 측정하였다.

① 독립 변수는 알코올 섭취 여부이다.
② 종속 변수는 운전행동에 관한 측정치이다.
③ 이 설계에서는 위약 효과(Placebo effect)를 통제할 수 없다.
④ 알코올이 운전행동에 영향을 미치는 인과관계를 분명하게 알 수 있다.

해설

집단 A는 알코올이 포함된 술을 마셨지만 집단 B는 알코올이 포함되지 않고 냄새만 나는 음료를 마시게 하였으므로 음주에 대한 위약 효과를 통제하고 있다.

48 다음 사례에 해당되는 표본추출방법은?

> A 마트에서는 고객들이 영업시간 연장을 선호하는지 알고 싶어 한다. 해당 자료를 수집하기 위해, A 마트에서는 개점 후 처음으로 마트를 방문하는 100명의 고객에게 해당 내용을 물어봤다고 한다.

① 통계적 추론방법
② 확률표본추출방법
③ 기준표본추출방법
④ 비확률표본추출방법

해설

조사자가 임의대로 조사 대상자 선정기준을 정하여 추출하였으므로 비확률표본추출에 해당한다.

비확률표본추출방법
모집단 요소의 추출확률을 모를 경우에 사용하는 방법으로 모집단에 대한 정보나 목록이 없을 때 이용된다.
- 편의(임의)표본추출방법(Convenience sampling): 조사자가 편리한 대로 표출하며 우연적 표집이라고도 한다.
- 판단(목적)표본추출방법(Judgement sampling): 조사 목적에 적합하다고 판단되는 소수의 인원을 조사자가 선택하며 유의 표집이라고도 한다.
- 할당표본추출방법(Quota sampling): 일정한 특성을 기준으로 모집단의 구성비에 맞춰 편의 표출한다.
- 눈덩이(누적)표본추출방법(Snowball sampling): 특정 집단에 대한 조사를 위해 조사자가 적절하다고 판단하는 조사대상자들을 선정한 다음, 그들로 하여금 또 다른 대상자들을 추천하도록 하는 표본추출방법이다.

49 측정 대상 간의 순서 관계를 밝혀 주는 척도로서 측정 대상을 특정한 속성으로 판단하여 측정 대상 간의 대소나 높고 낮음 등의 순위를 부여해 주는 척도는?

① 명목 척도
② 서열 척도
③ 등간 척도
④ 비율 척도

해설

서열 척도에 대한 설명이다. 서열 척도는 순위 척도로, 그 측정 대상을 속성에 따라서 서열이나 순서를 매길 수 있도록 수치를 부여한 척도이다. **예** 순서, 순위, 등급, 상표선호순위, 상품품질순위도, 사회계층, 시장지위 등

50 설문지 문항 작성 시 개별 항목의 작성원칙으로 볼 수 없는 것은?

① 응답자들에 대한 가정이 내포되어야 한다.

② 가능한 한 쉽고 의미가 명확하게 구분되는 단어를 이용한다.

③ 하나의 항목으로 두 가지 내용의 질문을 하여서는 안 된다.

④ 다지선다형 응답에 있어서는 가능한 응답을 모두 제시해 주어야 한다.

해설

설문지 작성 시 임의의 가정을 두는 질문은 사실 확인이 어려우므로 피해야 한다.

제3과목 마케팅관리

51 인바운드 스크립트에 대한 설명으로 가장 거리가 먼 것은?

① 인바운드 스크립트는 주어진 상황을 잘 반영해야 한다.

② 상품의 판매나 주문으로 결부시켜 가는 것이 비교적 쉽다.

③ 기업의 이미지 형성 및 고객만족 향상에 크게 공헌할 수 있다.

④ 고객주도형으로 정형적인 스크립트를 작성하는 것이 비교적 쉽다.

해설

인바운드 텔레마케팅은 전화를 걸어 온 고객이 무엇을 말할 것인가를 예상할 수 없는 고객주도형으로 정형적인 스크립트를 작성하는 것이 매우 어렵다.

52 데이터베이스 설계 시 고려되어야 할 사항이 아닌 것은?

① 통합성

② 즉시성

③ 유연성

④ 장기적인 비전

해설

데이터베이스 설계 시 고려사항
장기적인 비전, 통합성, 유연성

53 아웃바운드 텔레마케팅의 특징으로 옳지 않은 것은?

① 통화 콜 수를 통제하기 어렵다.

② 공격적이며 성과지향성이 강하다.

③ 스크립트를 활용하는 경향이 높다.

④ 데이터베이스 마케팅 기법을 활용할수록 위력적이다.

해설

아웃바운드 텔레마케팅은 기업이 고객에게 전화를 거는 기업주도적이고 능동적인 마케팅이므로 콜 수를 통제하기 어렵지 않다.

54 다음 중 마케팅믹스의 구성요소(4P)에 해당하지 않는 것은?

① 제품 ② 가격

③ 고객 ④ 유통

해설

마케팅믹스의 구성요소(4P)

Product(제품)	소비자 조사, 제품 개발, 디자인 · 포장 및 애프터서비스 결정
Price(가격)	가격 설정
Place(유통)	유통경로 · 유통업자 파악 및 결정
Promotion(촉진)	광고 기획의 책정, 광고 매체의 선정, 홍보 방법의 결정, 판매원 관리

55 아웃바운드 텔레마케팅의 특성으로 틀린 것은?

① 아웃바운드에서는 고객리스트가 반응률을 결정하며 기본적으로 고객주도형이다.

② 고정고객 관리는 신규고객 획득에 비해 시간과 비용면에서 경제적이고 효과도 크다.

③ 아웃바운드는 무차별적 전화 세일즈와는 달리 전화를 걸기 위한 사전준비가 필요하다.

④ 아웃바운드가 인바운드보다 상대적으로 고도의 기술을 요하며 마케팅 전략, 통합기법 등의 노하우, 상담원의 역량 등에 큰 영향을 받는다.

해설

아웃바운드 텔레마케팅

텔레마케팅 운용주체가 외부의 잠재고객 및 기존의 고객에게 전화를 거는 것으로 기업주도형이고 능동적이며 목표지향적인 마케팅이다.

56 소비재 제품의 분류 중 다음 설명에 해당하는 것은?

> 소비자가 품질, 가격, 색깔, 크기, 스타일, 디자인 등을 중심으로 여러 유통채널을 통해 대체 상품을 비교한 후에 이 중 어느 하나를 선택하는 성향의 제품을 뜻한다.

① 편의품
② 전문품
③ 선매품
④ 비탐색품

해설

선매품

- 제품을 구매하기 전에 제품의 질 등과 같은 제품 특성을 토대로 제품 대안들을 비교 평가한 다음 구매하는 제품이다.
  예 겉옷, 주요 가전제품, 가구 등의 소비용품(Consumer products)
- 소비자가 자신의 사회적 · 재정적 측면을 나타낼 수 있는 상품을 구매하는 경향이 있다.
- 편의품에 비해 구매 단가가 높고 구매 횟수가 적다.
- 소매점의 명성이 중요하며 생산자와 소매상의 직결된 유통경로를 가지는 것과 점포 내 판매원의 역할이 중요하다.
- 지역별로 소수의 판매점을 통해 유통되는 선택적 유통경로 전략이 유리하다.

57 제품 · 시장 확장 그리드(Product · market expansion grid)에 관한 설명으로 틀린 것은?

① 시장개발(Market development)은 시장을 개발하여 기존제품을 판매하는 것이다.
② 시장침투(Market penetration)는 기존제품을 변경하여 기존고객에게 더 많이 판매하는 것이다.
③ 다각화(Diversification)는 기존제품과 기존시장 밖에서 새로운 사업을 시작하거나 매입하는 것이다.
④ 제품개발(Product development)은 기존시장을 대상으로 수정된, 혹은 새로운 제품을 제공하는 것이다.

해설

시장침투(Market penetration)는 기존제품을 수정 · 변형하지 않고 기존시장 내에서 많이 판매하여 성장을 추구하는 전략이다.

제품 · 시장 확장 그리드(Product · market expansion grid)

서비스＼시장	기존고객	신규고객
기존제품	시장침투 전략(점유구축 전략)	시장개발 전략(시장확장 전략)
신제품	제품개발 전략(품목확장 전략)	다각화 전략(신규사업 전략)

58 신제품을 통해 시장에 진입할 때 초기 고가 전략을 적용하기에 적절한 경우는?

① 신제품에 대한 규모의 경제가 가능한 경우

② 신제품에 대한 극심한 경쟁이 예상되는 경우

③ 신제품에 대한 대규모의 시장이 존재하는 경우

④ 신제품이 소비자가 원하는 탁월한 특성을 갖고 있는 경우

해설

고가 전략의 조건
- 시장수요의 가격탄력성이 낮을 때
- 시장에 경쟁자의 수가 적을 것으로 예상될 때
- 규모의 경제효과를 통한 이득이 미미할 때
- 진입장벽이 높아 경쟁기업의 진입이 어려울 때
- 높은 품질로 새로운 소비자층을 유인하고자 할 때

59 소비자가 서비스 구매의 의사결정과정에서 접할 수 있는 일반적인 위험 유형에 관한 설명으로 옳지 않은 것은?

① 심리적 위험 – 구매로 인해 소비자의 자존심이 손상받을 가능성

② 사회적 위험 – 구매로 인해 소비자의 사회적인 지위가 손상받을 가능성

③ 물리적 위험 – 구매했던 의도와 달리 기능을 제대로 발휘하지 못할 가능성

④ 재무적 위험 – 구매가 잘못되었거나 서비스가 제대로 수행되지 않았을 때 발생할 수 있는 금전적인 손실의 가능성

해설

물리적 위험이란 안전하지 못한 제품을 구매하여 신체에 해를 입힐 가능성이다. 구매했던 의도와 달리 기능을 제대로 발휘하지 못할 가능성은 기능적 위험에 관한 설명이다.

소비자 구매의사결정 과정에서의 지각된 위험
- 재무적 위험(Financial risk): 제품 구매에 수반될 수 있는 금전적 손실의 가능성
- 기능적 위험(Functional risk): 구매한 제품이나 서비스가 구매했던 의도와 달리 기능을 제대로 수행하지 못할 가능성
- 심리적 위험(Psychological risk): 구매한 제품이나 서비스가 소비자의 이미지나 가치관과 맞지 않을 가능성
- 사회적 위험(Social risk): 구매한 제품이 자신의 준거 집단에 의하여 인정되지 못할 가능성
- 물리적 · 신체적 위험(Physical risk): 안전하지 못한 제품을 구매하여 신체에 해를 입힐 가능성
- 시간적 위험(Time risk): 제품에 하자가 있을 경우 수선이나 대체에 소요될 시간적 손해의 가능성

60 일정 기간 반응이 없는 고객리스트나 입수한 지 상당 기간이 지난 고객리스트의 데이터를 체계적으로 추리고 최신 데이터를 체크·관리하는 것은?

① 데이터마이닝

② 리스트 클리닝

③ 리스트 스크리닝

④ 데이터 웨어하우스

해설

① 데이터마이닝: 축적된 고객 관련 데이터에 숨겨진 규칙이나 패턴을 찾아내는 것이다.

③ 리스트 스크리닝: 기존의 고객 리스트 중에서 판매 목적에 맞는 우량고객 또는 가망고객만을 추출하는 것이다.

④ 데이터 웨어하우스: 기업 내 의사결정 지원 애플리케이션들을 위해 정보 기반을 제공하는 하나의 통합된 데이터 저장 공간이다.

61 촉진수단에 관한 설명으로 옳지 않은 것은?

① 광고는 비대면 커뮤니케이션이므로 인적 판매에 비해 세부 정보를 전달하는 기능이 떨어진다.

② 인적 판매는 소비자의 욕구를 보다 직접적으로 알 수 있으며 또한 그에 대한 즉각적인 반응이 가능하다.

③ 판매촉진은 인지도 제고, 기업이나 제품 이미지 제고 등 장기적인 목표를 달성하기 위한 투자가 대부분이다.

④ 홍보는 촉진 수단으로서 뉴스, 행사 등을 활용하므로 일반적으로 광고보다 더 믿을 만하다고 여기는 것으로 알려져 있다.

해설

판매촉진은 단기적이고, 직접적인 판매를 목적으로 한다.

판매촉진

• 매출증가에 직접적인 영향을 끼친다.

• 주목률이 높아 단기적인 매출증가에 효과적이다.

• 망각률이 높아 장기적인 효과는 거의 없다.

62 시장세분화의 변수 중 소비자를 사회 계층, 라이프스타일 또는 개성과 관련된 특징을 근거로 구분하는 것은?

① 지리적 변수

② 비차별적 변수

③ 심리분석적 변수

④ 인구통계학적 변수

시장세분화 변수

구분	내용
지리적 변수	지역, 인구 밀도, 도시의 규모, 기후 등
인구통계적 변수	나이, 성별, 가족 규모, 가족생활주기, 소득, 직업, 학력, 종교 등
심리분석적 변수	라이프스타일, 사회 계층, 개성, 관심, 활동 등
행동분석적 변수	추구하는 편익, 구매준비단계, 사용경험, 가격민감도, 사용량 등

63 데이터베이스 마케팅의 특징으로 옳지 않은 것은?

① 쌍방향 의사소통

② 단기간의 고객관리

③ 고객의 데이터베이스화

④ 고객과의 1:1 관계의 구축

데이터베이스 마케팅의 특성

• 고객 개개인과의 장기적인 관계 구축을 위한 마케팅 전략을 수립하고 집행하는 활동이다.

• 장기적인 이익을 창출할 수 있다.

• 시장의 1차 데이터를 수집 · 분석하여 그 기초로 마케팅 전략을 수립한다.

• 발달된 정보기술을 효과적으로 분석하여 고객유지에 비중을 둔다.

• 가망고객의 확인은 판매 전에 가능하고, 개별적으로 접근하여 설득이 가능하다.

64 생산 및 공급업자에 대한 소매업의 역할이 옳지 않은 것은?

① 물적 유통기능을 수행한다.

② 판매활동을 대신하는 역할을 한다.

③ 금융기능 및 촉진기능을 수행한다.

④ 제조업자의 재고수준을 감소시키기 위해 대신해서 재고를 보유한다.

해설

소비자에 대한 소매업의 역할 중 필요한 상품의 재고를 유지하는 역할이 있다. 이는 소매업의 사회 · 경제적 기능 중 하나로 개개의 소비 욕구에 기민하게 대응할 수 있는 자세가 필요하고 적절한 재고의 확보 · 유지가 요구되는 것으로, 제조업자의 재고 수준을 감소시키기 위해 대신해서 재고를 보유하는 것과는 다르다.

생산 및 공급업자에 대한 소매업의 역할

판매활동을 대신하는 역할, 올바른 소비자정보를 전달하는 역할, 물적 유통기능을 수행하는 역할, 금융기능을 수행하는 역할, 촉진기능을 수행하는 역할, 생산노력을 지원하는 역할

65 가격결정에 영향을 미치는 요인 중 내부적 요인에 해당하지 않는 것은?

① 마케팅 목표

② 경쟁사 가격

③ 마케팅믹스 전략

④ 목표시장 점유율

해설

경쟁사 가격은 가격결정에 영향을 미치는 요인 중 외부적 요인이다.

가격결정에 영향을 미치는 요인

• 내부요인: 마케팅 목표, 마케팅믹스 전략, 원가, 조직의 특성, 기업의 가격정책 등
• 외부요인: 수요상황, 경쟁자의 상황, 법적 · 제도적 요인

66 제품 포지셔닝(Positioning)에 대한 설명으로 틀린 것은?

① 한번 정한 포지셔닝은 바꿀 수 없다.

② 포지셔닝 맵을 사용하여 분석할 수 있다.

③ 경영자에게 신제품 개발이나 광고활동에서의 방향성을 제시해 줄 수 있다.

④ 기업이 시장세분화를 기초로 정해진 표적시장 내 고객들의 마음속에 전략적 위치를 계획하는 것을 말한다.

해설

포지셔닝을 정했더라도 여러 상황의 변화에 따라 포지셔닝을 바꿀 수 있다.

재포지셔닝(Repositioning)

소비자 욕구의 변화, 상권 내 역학구조의 변화, 소매기업 내 각종 상황의 변화 등의 요인에 의하여 그동안 유지해 왔던 포지셔닝을 바꿈으로써 상권의 범위와 내용, 목표 소비자를 새롭게 조정하는 활동이다.

정답 62 ③ 63 ② 64 ④ 65 ② 66 ①

67 심리적 기능을 고려한 가격책정 방법 중 구매자가 어떤 상품에 대해 지불할 용의가 있는 최고가격은?

① 유보가격
② 명성가격
③ 단수가격
④ 최저수용가격

해설

유보가격

어떤 상품에 대해 지불할 용의가 있는 최고가격으로, 상품의 가격이 유보가격 이하이면 구매를 하지만 유보가격을 넘어가면 가격이 너무 비싸다고 판단하여 구매를 유보하게 된다.

68 마케팅정보시스템의 하위 시스템에 속하지 않는 것은?

① 내부정보시스템
② 고객정보시스템
③ 경영정보시스템
④ 마케팅조사시스템

해설

마케팅정보시스템(MIS; Marketing Information System)은 경영정보시스템(Management Information System)의 하위 시스템으로, 마케팅 경영자가 의사결정 시 사용할 수 있도록 정확한 정보를 적시에 수집, 분류, 분석, 평가, 배분하도록 기획, 설계되어 지속적으로 상호작용하는 것을 말한다. 마케팅정보시스템을 통해 마케팅 경영자는 마케팅관리를 보다 효율적으로 수행할 수 있다.

69 일반적으로 고객은 어떤 상품이나 서비스에 대해 의문이나 불만사항이 있을 경우, 고객상담실로 전화를 걸어 물어본다. 이런 경우 일반적으로 고객이 가장 중요하게 생각하는 것은?

① 응답의 신속성
② 상담의 효율성
③ 상담원의 전문성
④ 고객접촉채널의 다양성

해설

고객이 의문이나 불만사항으로 전화를 거는 것은 빠른 답변을 받고 싶어서인 경우가 많다. 고객에게 신속한 서비스를 제공하는 대응성은 콜센터 서비스의 품질요소이기도 하다.

콜센터 조직이 갖추어야 할 조직의 특성
• 고객지향성: 콜센터는 고객을 중심으로 고객에게 편리함, 신뢰성, 편익을 제공할 수 있는 조직체이다.
• 유연성: 고객과의 커뮤니케이션이 빈번하게 일어나는 공간이므로 조직구성원의 사고와 상황대응능력이 유연해야 한다.
• 응답의 신속과 민첩성: 콜센터의 생명은 고객 니즈에 부응하되, 신속·정확하게 대응하는 것이 중요한 요소이다.

70 다음이 설명하는 표적시장 선정 전략은?

> 큰 시장에서 낮은 점유율을 유지하는 대신에 자신에게 가장 알맞은 하나 혹은 몇 개의 세분시장을 선택한 후 이 세분시장에 집중함으로써 보다 높은 점유율을 확보하는 데 유용한 전략이다.

① 순차적 마케팅
② 차별화 마케팅
③ 집중화 마케팅
④ 비차별화 마케팅

해설
② 차별화 마케팅: 두 개 혹은 그 이상의 시장 부문에 진출할 것을 결정하고 각 시장 부문별로 별개의 제품 또는 마케팅 프로그램을 세우는 전략으로 각 시장 부문에서 더 많은 판매고와 확고한 위치를 차지하려고 하며 시장 부문별로 소비자들에게 해당 제품과 회사의 이미지를 강화할 수 있다.
④ 비차별화 마케팅: 대량 마케팅이라고도 하며, 기업이 하나의 제품이나 서비스를 가지고 시장 전체에 진출하여 가능한 한 다수의 고객을 유치하려는 전략이다.

71 일반적인 아웃바운드 텔레마케팅의 활용 분야로 볼 수 없는 것은?

① 직접 판매
② 가망고객 획득
③ 반복구매 촉진
④ 컴플레인 접수

해설
아웃바운드 텔레마케팅은 텔레마케팅 운용 주체인 기업에서 외부의 잠재고객, 기존고객에게 전화를 거는 마케팅 유형으로, 컴플레인 접수에는 적절하지 않다. 컴플레인 접수는 인바운드 텔레마케팅에 해당한다.

72 고객서비스를 지향하는 인바운드 텔레마케팅 도입 시 점검사항과 가장 거리가 먼 것은?

① 목표고객의 리스트
② 성과 분석과 피드백
③ 고객정보의 활용 수준
④ 소비자 상담창구 운영 능력

해설
인바운드 텔레마케팅은 고객으로부터 걸려 오는 전화를 처리하는 것으로, 목표고객의 리스트를 점검하기보다는 고객의 전화용건을 통해 니즈를 파악하는 것이 중요하다.

73 다음 중 고객 충성도(Customer loyalty) 형성에 영향을 미치는 요소와 가장 거리가 먼 것은?

① 구매횟수

② 구매방법

③ 이용실적

④ 이용기간

해설

고객 충성도 형성에 영향을 미치는 요소로 구매횟수, 이용실적, 이용기간 등이 있으며, 추가적으로 주위 추천 정도 등이 적용될 수 있다.

RFM 분석

고객의 성향을 분석해 고객의 등급을 계산하는 기법이다. 고객 충성도 관리의 전략으로 활용된다.

• R(Recency): 최근 구매일. 얼마나 최근에 구매했는가?

• F(Frequency): 구매 빈도. 일정 기간 동안 얼마나 자주 구매했는가?

• M(Monetary): 구매 금액. 일정 기간 동안 얼마나 많은 액수를 구매했는가?

74 기업이 시장에서 재포지셔닝(Repositioning)을 필요로 하는 상황이 아닌 것은?

① 이상적인 위치를 달성하고자 했으나 실패한 경우

② 경쟁자의 진입에도 차별적 우위를 지키고 있는 경우

③ 시장에서 바람직하지 않은 위치를 가지고 있는 경우

④ 유망한 새로운 시장 적소나 기회가 발견되었을 경우

해설

재포지셔닝(Repositioning)은 기존의 영업 방법상 특징을 변화시켜 상권의 범위, 내용, 목표 소비자를 새로이 조정하는 활동이다. 시장에서 차별적 우위를 가지고 있는 경우에는 기존 포지션을 유지하여야 하고, 경쟁자의 진입으로 시장 내의 차별적 우위 유지가 힘들어진 경우에는 재포지셔닝을 검토해야 한다.

75 다음 중 비교적 동질적인 잠재적 소비자들의 집합을 가리키는 것은?

① 세분시장

② 최종소비자

③ 조직구매자

④ 인구통계적 군집

해설

시장세분화는 비슷한 성향을 가진 사람들을 하나의 집단으로 묶는 과정으로, 전체 시장을 일정한 기준에 따라서 동질적인 세분시장으로 나누는 것이다. 세분시장 내의 구매자들이 유사하게 반응할 수 있도록 세분한다.

76 텔레마케터의 성과관리 방법으로 가장 적합하지 않은 것은?

① 개인의 성과는 팀의 성과에 연계되어 평가되어야 한다.

② 다양한 방법의 포상이 텔레마케터에게는 더 효과적이다.

③ 판매 권유 콜센터의 경우 성과에 대한 보상 차등폭을 최소화해야 한다.

④ 모니터링은 교육 및 동기부여를 위한 긍정적인 피드백으로 활용되어야 한다.

해설

판매 권유 콜센터의 경우 성과에 대한 보상 차등폭을 크게 함으로써 동기부여를 한다.

77 조직의 성과관리를 위한 개인평가 방법을 상사평가 방식과 다면평가 방식으로 구분할 때 상사평가 방식의 특징으로 볼 수 없는 것은?

① 상사의 책임감 강화

② 간편한 작업 난이도

③ 평가 결과의 공정성 확보

④ 중심화, 관대화 오류 발생 가능성

해설

상사평가 방식은 한 명의 상사가 부하직원을 평가하는 것으로 다수의 평가자가 여러 각도에서 부하직원을 평가하는 다면평가제에 비해 공정성을 보장하기 어렵다.

78 텔레마케터 교육훈련을 위한 역할연기에 관한 설명으로 가장 적합하지 않은 것은?

① 조직의 응집력과 단결력을 강화할 수 있다.

② 텔레마케터의 자신감과 상황대응 능력을 향상시킬 수 있다.

③ 실제 상황대로 스크립트를 가지고 연습함으로써 다양한 실전 경험을 할 수 있다.

④ 텔레마케터는 응대 업무와 관련한 개인적인 문제점을 구체적으로 피드백받을 수 있다.

해설

역할연기(Role playing)의 목적
커뮤니케이션 능력 향상, 텔레마케팅 능력 향상, 예기치 못한 상황대처능력 향상

역할연기(Role playing)의 효과
- 텔레커뮤니케이션의 교육을 일정하게 유지시킬 수 있다.
- 텔레마케터의 기술을 향상시킬 수 있다.
- 다른 사람의 입장에 서서 다양한 문제 상황을 이해하고 경험해 볼 수 있다.
- 텔레마케터 스스로 반성의 기회를 가질 수 있다.
- 문제 해결 능력을 기를 수 있다.

79 텔레마케팅 용어에 대한 설명이 옳은 것은?

① ANI – 외부에서 걸려 온 전화를 일시 거부하는 기능

② ARS – 외부에서 전화가 걸려 오면 자동으로 응답하는 기능

③ VMS – 상담사에게 업무별 특성에 맞도록 콜을 라우팅하는 기능

④ ACD – 텔레마케터와 고객의 통화내용을 모니터할 수 있는 기능

해설

ARS는 자동응답시스템으로서 24시간 연중 고객서비스가 가능하다는 이점이 있다.
① ANI(Automatic Number Identification): 외부에서 걸려 온 전화번호를 추적하는 기능
③ VMS(Voice Mail System): 상담원에게 음성 메시지를 남기는 기능
④ ACD(Automatic Call Distribution): 상담원에게 콜(Call)을 균등하게 배분하는 기능

80 콜센터의 임시직원을 채용하는 경우에 얻는 이점과 가장 거리가 먼 것은?

① 스케줄링에 융통성이 있다.

② 교육 · 훈련 예산을 절감할 수 있다.

③ 정규직 전환 시 검증된 우수인력을 확보할 수 있다.

④ 임시직원이 직무에 적합하지 않을 경우 대체가 용이하다.

해설

채용과 공고, 교육 및 훈련비용의 발생은 센터에서 가장 많은 부분을 차지해 인건비를 증가시키는 요인이다.

81 콜센터의 효율적인 운영을 위해 고려해야 할 요소로 볼 수 없는 것은?

① 관련 부서와의 긴밀한 협조
② 콜센터 조직구성원 간의 신뢰
③ 고객의 요구 수준에 부합한 서비스 제공
④ 동료 간의 철저한 경쟁을 통한 성과급 지급 체계

해설

공정한 성과평가 및 보상이 이루어져야 한다. 성과급은 철저한 경쟁을 통하는 것이 아니라, 성과에 따라 지급되어야 하며 성과에 따른 보상은 차등이 명확하여야 한다.

82 콜센터 조직의 특성으로 옳은 것은?

① 고객과 비대면 접촉이 일반화된 조직이다.
② 초기 조직적응이 비교적 덜 중시되는 조직이다.
③ 아웃소싱 활용의 보편화로 인해 이직률이 낮은 조직이다.
④ 직업에 대한 만족감, 적극성, 고객응대 수준 등 상담원의 개인 차이가 별로 나지 않는 조직이다.

해설

콜센터 조직은 1:1 비대면으로 접촉하는 조직이다.

83 직장 내 교육훈련(OJT; On the Job Training)의 장점이 아닌 것은?

① 종업원의 동기부여에 기여할 수 있다.
② 상사와 부하 간의 이해와 협동심을 촉진시킬 수 있다.
③ 많은 종업원을 대상으로 동시에 체계적인 교육훈련이 가능하다.
④ 별도의 시설 없이 적은 비용으로 경제적인 교육훈련의 실시가 가능하다.

해설

OJT는 많은 종업원을 동시에 교육하기 어렵다.

정답 78 ① 79 ② 80 ② 81 ④ 82 ① 83 ③

84 다음 중 고객 니즈 파악 과정에 대한 설명으로 가장 거리가 먼 것은?

① 자사의 상품 및 서비스를 제공받을 고객을 사전에 정의한다.

② 각 접점 단위별로 고객의 요구 품질 VOC 등을 통해 조사한다.

③ 고객 접점 분석을 통해 업무 단위 및 고객 동선 등 서비스 프로세스를 분석한다.

④ 상담 코드 및 VOC 코드 등을 세분화하는 것보다는 통합하여 고객의 니즈를 파악한다.

> **해설**
>
> 고객 니즈 기반 세분화는 고객의 숨어 있는 니즈나 고객들의 주요 생활 양식을 포착하여 고객을 분류하는 것을 말한다. 현대 사회는 하나의 거시 트렌드 속에서도 수많은 마이크로 트렌드가 존재하며 다양한 성향과 니즈를 가진 세분 집단이 존재한다. 또한 소수의 세분 집단이 거대한 시장을 창출할 수도 있으므로 니즈별로 구분되는 소규모 집단에도 주목할 필요가 있다. 최근 자기중심적 소비, 가치 소비의 부상으로 고객 니즈에 기반을 둔, 보다 정교한 고객세분화의 중요성이 증대되고 있다.

85 우수한 고객관계관리를 통한 기업의 이득이 아닌 것은?

① 경쟁기업의 성장

② 고객의 상품 재구매

③ 고객만족과 직원만족

④ 기업에 대한 긍정적 이미지 형성

> **해설**
>
> 우수한 고객관계관리는 기업에 대한 긍정적 이미지 형성에 기여하므로 이를 통해 경쟁기업과의 경쟁에서 우위를 점할 수 있게 된다.

86 콜센터의 성과지표에 관한 설명 중 틀린 것은?

① 포기율은 콜센터 구성원의 성과지표에 사용할 수 있는 척도이다.

② 평균 처리시간은 평균 통화시간과 평균 후 처리시간을 합산한 것이다.

③ 응답시간은 즉시 처리할 필요가 없는 상담에서 성과지표로 사용된다.

④ 업무 프로세스상 반드시 전환되어야 하는 콜이라 해도 FCR에는 포함하지 않는다.

> **해설**
>
> 포기율은 인입콜 중 상담사가 응답하기 전에 고객이 전화를 끊은 콜의 비율을 말하므로 콜센터의 성과지표로 사용할 수 없다.

87 텔레마케터 모니터링의 평가 항목에 포함되지 않는 것은?

① 텔레마케터의 음성
② 텔레마케터의 전문성
③ 텔레마케터의 주관적인 사고
④ 텔레마케터의 표현 및 구술 능력

해설

모니터링의 평가 항목으로는 고객과의 친밀감 형성, 스크립트의 효과적 사용, 발음의 명확성, 업무의 정확성, 응대의 친절성 및 신속성 등이 있다. 텔레마케터의 주관적 사고는 평가 항목과 관련이 없다.

88 OJT에 관한 설명으로 틀린 것은?

① 실시가 용이하며, 훈련비용이 적게 든다.
② 종업원의 개인적 능력에 따른 훈련이 가능하다.
③ 많은 종업원에게 통일된 훈련을 시킬 수 있다.
④ 상사와 동료 간에 이해와 협동정신을 강화시킨다.

해설

OJT는 많은 종업원을 동시에 교육하기 어렵고, 업무와 교육훈련에 모두 철저할 수도 없으며, 교육훈련 내용의 체계화가 쉽지 않다는 단점이 있다.

89 집단면접법에 관한 설명으로 틀린 것은?

① 집단의 규모는 8~15명으로 구성한다.
② 면접은 편안한 분위기로 자발적인 참여를 유도한다.
③ 집단의 성격은 다양한 의견을 위해 이질적으로 구성한다.
④ 집단 구성원 간의 자유로운 참여를 유도하는 진행자의 역할이 중요하다.

해설

집단의 성격은 조사의 목적에 따라 이질적이 될 수도 있고 동질적이 될 수도 있다.

90 다음에서 설명하는 리더십 유형은?

> 중요한 의사결정 시 조직구성원의 조언과 협의 과정을 거치며, 객관적이고 타당한 기준을 설정하여 업적이나 상벌 등의 규정을 수립하는 형태

① 민주형 리더십
② 독재형 리더십
③ 자유방임형 리더십
④ 인간관계중심형 리더십

해설

의사결정 방식에 따른 리더십 구분으로는 독재형, 민주형, 자유방임형 리더십이 있으며, 의사결정 태도에 따른 리더십 구분으로는 직무중심형, 인간관계중심형 리더십이 있다.
② 독재형 리더십: 조직의 목표와 계획 수립 및 모든 경영 활동에서 조직구성원의 의견을 수렴하지 않고, 리더가 독단적으로 의사결정을 하며, 조직의 모든 기능을 독점하려는 형태이다.
③ 자유방임형 리더십: 조직의 계획이나 의사결정에 거의 관여하지 않고 수동적인 입장에서 행동하며 모든 일을 조직구성원에게 방임하고 책임을 전가하는 형태이다.

91 인적자원관리의 목적이 아닌 것은?

① 인재 확보
② 인재 육성
③ 근로조건 정비
④ 종업원의 경영참가 배제

해설

인적자원관리는 기업의 종업원을 기업의 자원으로 인식하여 인재 확보 및 육성을 통해 기업의 자원 가치를 증대시키고자 하는 것이므로 종업원의 경영참가 배제는 목적과 무관하다.

92 인적자원개발을 위한 교육훈련 절차로 옳은 것은?

① 목표 설정 → 직무 분석 → 교육 시행 → 성과평가 → 보상과 개선
② 직무 분석 → 목표 설정 → 교육 시행 → 성과평가 → 보상과 개선
③ 직무 분석 → 목표 설정 → 성과평가 → 교육 시행 → 보상과 개선
④ 목표 설정 → 교육 시행 → 직무 분석 → 성과평가 → 보상과 개선

해설

인적자원개발을 위한 교육훈련 절차
직무 분석 → 목표 설정 → 교육 시행 → 성과평가 → 보상과 개선

93 다음에서 설명하는 다이얼러 시스템의 종류는?

> 고객과의 통화가 종료된 후 통화내용에 대한 후처리과정의 평균시간을 미리 입력하여 그 시간이 지난 후
> 에는 자동으로 다음 고객에게 다이얼링을 하도록 하는 시스템으로, 연결에 필요한 시간 낭비를 줄일 수
> 있다.

① 프리뷰 다이얼링(Preview dialing)
② 트랜스퍼 다이얼링(Transfer dialing)
③ 프리딕티브 다이얼링(Predictive dialing)
④ 프로그레시브 다이얼링(Progressive dialing)

해설

Progressive dialing(프로그레시브 다이얼링)
• Preview dialing 시스템에서 한 단계 진화한 시스템이다.
• 고객과의 통화가 종료된 후에 통화내용에 대한 후처리과정의 평균시간을 미리 입력하여 그 시간이 지난 후에는 자동으
  로 다음 고객에게 다이얼링을 하도록 하는 시스템이다.
• 상담사가 후처리작업을 완료하는 동시에 다음 고객과 자동으로 연결되므로 연결에 필요한 시간 낭비를 줄일 수 있다.
• 응대할 상담사가 있을 때 발신하여 통화된 전화만 상담사에게 연결한다. 고객 불만은 해소되나 생산성이 많이 떨어진다.

94 역할연기(Role playing) 전개 순서로 옳은 것은?

> 가. 스크립트 및 매뉴얼 수정
> 나. 상황 설정
> 다. 역할극 대상자 선정
> 라. 역할내용 검토 및 평가
> 마. 반복훈련 및 효과상승 체크

① 나 → 다 → 라 → 가 → 마
② 다 → 나 → 라 → 가 → 마
③ 다 → 나 → 마 → 가 → 라
④ 나 → 다 → 마 → 라 → 가

해설

역할연기법은 주제에 따른 역할을 연출시켜 훈련효과를 높이는 방법이다.

역할연기의 진행순서
역할연기 대상자 선정 → 상황 설정 → 배역 지정 → 연기실시 → 역할내용 검토 및 평가 → 스크립트 및 매뉴얼 수정 →
반복훈련 및 효과상승 체크

95 다음 중 훈련의 효과성 평가에 관한 설명으로 틀린 것은?

① ROI 평가를 통해 훈련 투자에 대한 수익에 대해 평가한다.

② 학습평가는 학습자의 학습내용 숙지 여부를 평가하는 것이다.

③ 반응평가는 주로 훈련 프로그램이 끝났을 때 강사의 평가로 이루어진다.

④ 적용평가를 통해 응용을 촉진 또는 방해하는 요인에 대한 규명이 이루어진다.

해설

반응평가는 피교육자들의 설문으로 이루어지며, 설문을 통해 피교육자가 교육을 어떻게 생각하는지 조사한다.

96 텔레마케팅 조직구성원의 역할이 잘못 연결된 것은?

① 슈퍼바이저 – 텔레마케터의 스케줄을 관리한다.

② 모니터링담당자 – 텔레마케터가 고객과 통화한 내용을 분석한다.

③ 교육담당자 – 텔레마케터의 경력개발을 위한 교육 프로그램을 개발한다.

④ 시스템담당자 – 텔레마케터가 효율적으로 업무를 할 수 있도록 스크립트를 개발한다.

해설

스크립트 개발은 슈퍼바이저의 역할이다.

97 고객의 전화가 상담사에게 연결되는 동시에 상담사의 컴퓨터 화면에 고객정보가 나타나는 기능은?

① 라우팅(Routing)

② 다이얼링(Dialing)

③ 스크린 팝(Screen pop)

④ 음성 사서함(Voice mail)

해설

스크린 팝

기존에 거래하였거나 회원으로 등록된 고객에게 전화가 오면 고객정보를 상담원이 알 수 있도록 화면에 띄워 주는 것이다. 외부의 고객에게 신상자료를 물어보기 전에 화면에 이미 그 고객의 자료가 조회되어 있으므로 다시 물어보지 않아도 되고, 고객은 상담원에게 자신의 신상을 말하지 않고도 원하는 업무를 신속하게 처리할 수 있다. 기존 업무처리속도보다 2배 이상 빠른 효과가 있다.

② 다이얼링(Dialing): 상담원에게 메시지를 남기는 기능이다.

④ 음성 사서함(Voice mail): 지정된 전화번호로 자동 연결시키는 기능이다.

98 CTI(Computer Telephony Integration) 시스템에서 측정 가능한 성과지표로 틀린 것은?

① 서비스 레벨

② 평균 통화시간

③ 통화품질 만족도

④ 통화 포기율

해설

CTI(컴퓨터 통신 통합체계) 시스템

- 보유하고 있는 DB를 활용하여 고객에게 각종 편의를 제공하고 기업의 업무효율화를 증대시킬 수 있다.
- 고객 확인, 요구 접수, 정보 입수, 거래처 등 단위업무를 컴퓨터와 통신, DS, 지능형 정보처리장치가 분담처리함으로써 획기적으로 이미지를 개선할 수 있다.
- DB 마케팅 및 컴퓨터를 이용하여 총체적 마케팅이 가능하다.
- 평균 통화시간, 통화 포기율(Abandon Rate), 서비스 레벨 등을 측정할 수 있다.

99 인바운드 콜센터의 성과지표가 아닌 것은?

① 성공 콜

② 서비스 레벨

③ 스케줄 준수율

④ 평균 후처리시간

해설

인바운드 콜센터의 성과지표

콜 처리율, 스케줄 준수율, 품질 평가, 평균 후처리시간, 서비스 레벨, 고객 만족도, 통화품질평가점수, 첫통화 해결률, 상담원 착석률, 평균 통화시간 등

100 텔레마케팅의 특성에 대한 설명으로 옳지 않은 것은?

① 시스템과 유기적으로 결합해야 한다.

② 데이터베이스 마케팅 중심으로 수행한다.

③ 공중통신망을 이용한 소극적 마케팅이다.

④ 고객의 LTV(Life Time Value)를 존중한다.

해설

텔레마케팅은 공중통신망을 이용한 적극적 마케팅이다.

제**2**회 기출복원문제해설

핵심 내용
제1과목: 사례기반 추론, 고객응대, 인바운드 상담, 고객 니즈의 파악, 감정노동, 고객 설득 전략
제2과목: 개방형 질문, 폐쇄형 질문, 표본, 신뢰도, 타당도, 면접방법, 전화조사
제3과목: 구매의사결정 과정에서의 지각된 위험, 인바운드 텔레마케팅, 아웃바운드 텔레마케팅, 촉진 전략
제4과목: 인사평가방법의 종류, OJT, 텔레마케터 교육, 80:20의 법칙

제1과목 고객관리

01 CRM의 등장 배경에 관한 설명 중 틀린 것은?

① 정보기술의 변화

② 고객의 욕구 다각화

③ 상품의 차별성 확보

④ 고객 통합 데이터베이스 구축의 필요성 대두

해설

CRM이 등장하게 된 원인
• 고객의 개성화 및 고객 니즈 다각화
• 정보기술의 변화
• 매스 마케팅의 비효율성
• 기업들의 지속적인 성장 유지 노력
• 고객 통합 데이터베이스 구축의 필요성 대두

02 사례기반 추론에 관한 내용으로 옳지 않은 것은?

① 구조가 간단하고 이해가 용이하다.

② 문제를 해결하기까지 시간이 적게 소요된다.

③ 과거 사례의 결과를 바탕으로 새로운 사례의 결과를 예측하는 기법이다.

④ 문제가 복잡하더라도 비교적 적은 정보로 의사결정과 문제 해결을 할 수 있다.

해설

일반화를 위한 학습과정과 해결이 동시에 일어나므로 많은 시간이 소요된다.

사례기반 추론
과거 사례들의 결과를 바탕으로 새로운 사례 결과를 예측하는 방법이다. 해결하고자 하는 새로운 사례와 가장 유사한 사례를 검색한 후, 유사한 사례의 해결책을 바탕으로 당면한 문제의 해결책을 제안하는 과정으로 진행한다.

03 다음에서 설명하는 고객의 가치는?

> 특정 고객이 어떤 기업에 최초로 가입한 날(또는 최초 거래일)로부터 현재까지 누적적으로 그 기업에 기여한 순이익가치를 말한다.

① 상품가치
② 기업 이미지
③ 고객산출가치
④ 고객생애가치

해설

고객생애가치(LTV; Life Time Value)
• 개별고객이 최초로 기업과의 거래를 시작한 시점부터 마지막으로 구매할 것이라고 판단되는 시점까지 구매가 가능한 제품이나 서비스의 누계액이다.
• 현재까지 누적된 수익가치뿐만 아니라 미래의 평생가치에 대한 예측분까지 합산한 고객의 총 평생가치개념이다.
• 진정한 우량고객을 파악하기 위해서는 수익성 외에도 기업에 대한 적합성과 관계지향에 대한 성향을 현재와 미래를 고려한 고객의 수익기여도와 함께 복합적으로 고려해야 한다.

04 소비자조사를 통해서 고객을 평가하는 항목으로 가장 거리가 먼 것은?

① 구매 빈도
② 구매 품목
③ 구매 금액
④ 최근 구매일자

해설

RFM은 고객의 성향을 분석하여 고객의 등급을 계산하는 점수 기준이다. R(Recency)은 구매 최근성, F(Frequency)는 구매 빈도, M(Monetary)은 구매 금액이다.

05 고객의 경계심과 망설임을 없애는 방법과 가장 거리가 먼 것은?

① 고객의 참여 유도
② 철저히 업무적인 응대
③ 상담원의 편으로 만들기
④ 데이터의 제시와 비교판단

해설

전체 상담의 원활한 진행과 분위기를 위해 고객의 말에 적극적인 동감 표현을 하고, 긍정적인 관심을 갖는 것이 중요하다.

정답 01 ③ 02 ② 03 ④ 04 ② 05 ②

06 인바운드 상담절차를 바르게 나열한 것은?

> A. 상담 준비
> B. 전화응답과 자기소개
> C. 문제 해결
> D. 고객 니즈 간파
> E. 동의와 확인
> F. 종결

① A → C → D → B → E → F
② D → A → C → B → E → F
③ A → B → D → C → E → F
④ A → D → B → C → E → F

> **해설**
>
> 인바운드 상담절차
> 착신 통화의 준비(상담 준비) → 전화응답과 자기소개 → 용건 파악(고객 니즈 파악) → 상담(해결책 제시) → 동의와 확인 → 사후 처리와 피드백(종결)

07 고객 불만(Complain)에 따른 기업의 긍정적인 측면과 가장 거리가 먼 것은?

① 신속한 불만 처리로 회사의 이미지를 상승시킨다.
② 고객으로부터 상품에 대한 중요한 정보를 수집한다.
③ 고객의 생활 수준을 평가하는 유용한 자료로 활용한다.
④ 자사 상품(서비스)을 평가하는 유용한 자료로 활용한다.

> **해설**
>
> 고객 불만을 효과적으로 처리한다고 해서 고객의 생활 수준을 평가하는 자료로 활용할 수는 없다.

08 고객 유형별 응대 포인트로 옳은 것은?

① 우유부단형 : 논리 정연하게 설명하며 요점을 간결하게 근거를 명확히 한다.
② 신중형 : 잘 경청하고 당당하게 대하며 너무 조르거나 스트레스를 주지 않는다.
③ 이론형 : 세일즈 포인트를 비교하여 설득하며 "이것이 좋습니다."라고 조언한다.
④ 변덕형 : 말씨나 태도를 공손히 하며 동작이나 설명을 천천히 하여 기다리게 한다.

① 우유부단형: 세일즈 포인트를 비교하여 설득하며 "이것이 좋습니다."라고 조언한다.
③ 이론형: 논리 정연하게 설명하며 요점을 간결하게 근거를 명확히 한다.
④ 변덕형: 말씨나 태도를 공손히 하며 동작을 기민하게 하여 기다리지 않도록 한다.

09 일반적인 고객 욕구에 대한 설명으로 옳지 않은 것은?

① 소비자가 원할 때 적시에 서비스를 제공받기를 원한다.

② 자신의 문제에 공감을 얻고 공정하게 처리되기를 원한다.

③ 책임 당사자인 제삼자에게 업무를 넘겨서 처리해 주기를 원한다.

④ 개인적으로 알아주고 관심과 정성이 담긴 서비스를 제공받기를 원한다.

고객은 유능하고 책임감 있는 일 처리를 기대하지 제삼자에게 업무를 넘기는 것을 원하지는 않는다.

10 다음 중 불만족한 고객을 대상으로 상담할 때의 응대 요령으로 적합하지 않은 것은?

① 고객의 기분을 충분히 배려한다.

② 고객과 상담 시 폐쇄형 질문을 한다.

③ 고객이 만족할 수 있는 방법을 제시한다.

④ 고객의 말에 공감을 하면서 적극적인 경청을 한다.

불만족한 고객을 대상으로 상담할 때에는 고객이 불만에 대한 자세한 정보를 말하여 문제의 근원을 파악할 수 있도록 개방형으로 질문을 하여야 한다.

불만족한 고객을 대상으로 상담할 때의 응대 요령
• 고객이 만족할 수 있는 방법을 제시한다.
• 고객의 기분을 충분히 배려한다.
• 개방형 질문을 한다.
• 고객의 말에 공감을 하면서 적극적으로 경청한다.
• 전문 기관을 알선한다.
• 보상받기를 원하는 것이 무엇인지 질문한다.

11 개인정보보호법상 정보주체의 권리로 볼 수 없는 것은?

① 개인정보의 처리에 관한 정보를 제공받을 권리

② 개인정보의 처리 정지, 정정 · 삭제 및 파기를 요구할 권리

③ 개인정보에 대하여 열람(사본의 발급은 제외)을 요구할 권리

④ 개인정보의 처리로 인하여 발생한 피해를 신속하고 공정한 절차에 따라 구제받을 권리

> **해설**
> 정보주체는 개인정보의 처리 여부를 확인하고 개인정보에 대하여 열람(사본의 발급을 포함)을 요구할 권리가 있다.

12 상품을 구매한 고객을 대상으로 응대할 때의 업무 내용으로 틀린 것은?

① 구매 행동을 위한 대안 제시

② 지불, 환불, 교환에 관한 응대

③ 구매 만족 여부 확인 및 해피콜

④ 고객의 불만과 문제 접수 및 해결

> **해설**
> 구매 행동을 위해 대안을 제시하는 것은 아직 상품을 구입하기 전의 고객을 대상으로 응대할 때의 업무 내용이다.

13 고객세분화의 목적이 아닌 것은?

① 고객관리 면에서의 경쟁우위 확보

② 고객과 기업 간의 우호적 관계 유지

③ 고객 집단별 차별화된 마케팅의 전개

④ 이탈고객의 허용을 통한 관리비용의 절감

> **해설**
> 이탈하려는 고객은 설득하여 존속하도록 해야 한다. 고객세분화의 목적은 새로운 마케팅 기회를 효과적으로 포착하기 위함이다.

14 다음 중 감정노동으로 인한 스트레스 증상을 완화하기 위해 개인이 직접적으로 참여하는 방법은?

① 감정노동 문제 예방 및 해결을 위한 법제화 노력

② 소비 주체로서의 잘못된 인식 개선 및 소비윤리 함양

③ 감정노동 수행에 따른 고충 및 애로사항에 대한 표출

④ 감정노동에 대응하기 위한 관리자의 역할 부여 및 시스템 마련

> **해설**
>
> 감정노동으로 인한 스트레스 증상 완화법
> - 자신의 감정 털어놓기
> - 자기주장 훈련
> - 복식 호흡과 근육 이완법 훈련
> - 긍정적으로 생각하기
> - 생활 습관 개선

15 다음 중 고객 니즈 파악 과정에 대한 설명으로 가장 거리가 먼 것은?

① 자사의 상품 및 서비스를 제공받을 고객을 사전에 정의한다.

② 각 접점 단위별로 고객의 요구 품질 VOC 등을 통해 조사한다.

③ 고객 접점 분석을 통해 업무 단위 및 고객 동선 등 서비스 프로세스를 분석한다.

④ 상담 코드 및 VOC 코드 등을 세분화하는 것보다는 통합하여 고객의 니즈를 파악한다.

> **해설**
>
> 고객 니즈 기반 세분화는 고객의 숨어 있는 니즈나 고객들의 주요 생활 양식을 포착하여 고객을 분류하는 것을 말한다. 현대 사회는 하나의 거시 트렌드 속에서도 수많은 마이크로 트렌드가 존재하며 다양한 성향과 니즈를 가진 세분 집단이 존재한다. 또한 소수의 세분 집단이 거대한 시장을 창출할 수도 있으므로 니즈별로 구분되는 소규모 집단에도 주목할 필요가 있다. 최근 자기중심적 소비, 가치 소비의 부상으로 고객 니즈에 기반을 둔, 보다 정교한 고객세분화의 중요성이 증대되고 있다.

16 고객생애가치에 영향을 미치는 요소 중 신규고객 유지율, 기존고객 보유율, 고객 반복 이용률 등의 효과를 측정하는 데 필수적인 요소는?

① 고객 기여도

② 고객 반응률

③ 고객 신뢰도

④ 고객 성장성

> **해설**
>
> 고객 반응률은 신규고객 유지율, 기존고객 보유율, 고객 반복 이용률 등의 효과를 측정하는 데 사용되는 척도이다.

정답 11 ③ 12 ① 13 ④ 14 ③ 15 ④ 16 ②

17 감정노동에 대한 설명으로 옳지 않은 것은?

① 감정노동은 주로 고용주가 직원에게 일을 시키는 과정에서 발생한다.

② 감정노동이란 자기감정을 억누르고 통제하는 일이 수반되는 노동을 말한다.

③ 감정노동자는 실제 감정과 다른 감정을 반복적으로 표현하면서 피로감이 증가한다.

④ 억눌린 감정을 해소하지 못하면 화병에 시달리거나 업무에서 소진을 경험할 수 있다.

해설

감정노동은 주로 고객, 환자, 승객, 학생 및 민원인 등을 직접 대면하거나 음성 대화 매체 등을 통하여 상대하면서 상품을 판매하거나 서비스를 제공하는 고객응대 업무 과정에서 발생한다.

18 상담자가 상담 초기에 파악해야 하는 고객의 기본적 상담 자료와 가장 거리가 먼 것은?

① 상담 목적

② 고객 인적사항

③ 이전 상담 경험

④ 상담 후 고객만족도

해설

상담 초기에는 고객만족도를 확인하기 어려우며 상담이 완료된 후 파악할 수 있다.

19 고객 유형별 대응 방식에 대한 설명으로 옳지 않은 것은?

① 분석형 고객은 구체적인 데이터를 요구하는 만큼 정확한 정보를 제공해야 한다.

② 주도형 고객은 결과보다 과정을 중요시하는 만큼 과정에 대한 상세한 설명이 필요하다.

③ 온화형 고객은 의사결정을 도울 수 있도록 주요 내용을 요약하여 핵심내용을 전달해야 한다.

④ 사교형 고객은 일의 심각성을 느낄 수 있도록 문제의 심각성에 대해 주의를 환기시켜 줄 필요가 있다.

해설

주도형은 결과 중심적이므로 과정보다는 결론을 먼저 말한다.

20 의사소통(Communication)에 대한 설명으로 옳지 않은 것은?

① 욕구 충족을 위한 인간의 행동이다.

② 특정 대상에게 구체적인 정보나 감정을 전달하는 것이다.

③ 의사소통의 방법에는 언어적 방법과 비언어적 방법이 있다.

④ 의사소통의 과정은 '의사표현 → 반응 → 부호화 → 해독'의 순서로 이루어진다.

> **해설**
>
> 의사소통은 '발신자 → 부호화 → 메시지 → 해독 → 수신자 → 반응 → 피드백 → 발신자'의 과정이 순환적으로 일어난다.

21 다음에서 설명하는 고객의 유형은?

> 자사의 제품이나 서비스를 알고는 있으나, 아직 구매행동으로까지 연결되지 않았고 마케팅이나 접촉활동을 전개하면 실질적인 고객으로의 전환이 가능하다고 예상되는 고객

① 단골고객

② 가망고객

③ 로열티고객

④ 비활동고객

> **해설**
>
> ① 자사의 상품이나 서비스를 반복적으로 구입하는 고객이다.
> ③ 지속적으로 자사의 상품을 구입할 뿐만 아니라 다른 사람에게 적극적으로 사용을 권유하여 간접적인 효과를 발생시키는 핵심고객이다.
> ④ 활동하고 있지 않은 고객이다.

22 소비자의 구매의사결정에 영향을 미치는 요인으로 볼 수 없는 것은?

① 사회적 요인

② 정치적 요인

③ 개인적 요인

④ 심리적 요인

> **해설**
>
> 소비자 구매행동의 결정 요인
> • 개인적 요인: 라이프스타일, 연령, 직업, 라이프사이클 등
> • 심리적 요인: 동기, 자각, 학습, 신념과 태도 등
> • 사회적 요인: 준거집단, 가족 역할과 사회적 지위 등
> • 문화적 요인: 문화, 하위문화, 사회계층 등
> • 마케팅 요인: 마케팅 자극, 마케팅 전략 등

정답 17 ① 18 ④ 19 ② 20 ④ 21 ② 22 ②

23 고객을 효율적으로 설득하기 위해 필요한 전략에 관한 설명으로 옳은 것은?

① 정서적인 호소보다는 논리적인 호소가 더 효과적이라는 실증자료가 많이 있다.

② 고객의 사전정보를 많이 가지고 있으면, 설득자의 양면적 주장이 더 효과적이다.

③ 단일 경험의 개인적 실례보다는 논리적이고 일반적인 통계자료가 더 효과적이다.

④ 고객의 사전태도가 설득자의 주장과 반대 방향이면, 설득자의 일면적 주장이 더 효과적이다.

해설

논리적이고 일반적인 통계자료를 기반으로 한 상담은 상담내용에 대한 신뢰도를 높여 고객을 효율적으로 설득할 수 있다.

24 다음 중 고객 충성도(Customer loyalty) 평가에 영향을 미치는 요소가 아닌 것은?

① 구매 빈도

② 통화시간

③ 제품 구매량

④ 지속적 구매 기간

해설

고객 충성도 평가에 영향을 미치는 요소로 제품 구매량, 지속적 구매 기간, 구매 빈도, 구매 금액, 고객 소개 등이 있다.

25 CRM 도입에 따른 기대효과로 가장 거리가 먼 것은?

① 고객 DB의 분산

② 고객 DB의 적극적 활용

③ 고객서비스 프로세스 개선

④ 다양한 고객 요구에 대한 적극적 대처

해설

CRM 도입의 기대효과
• 고객 DB의 적극적 활용
• 다양한 고객 요구에 대한 적극적 대처
• 산재되어 있는 고객 DB의 통합으로 고객서비스 프로세스 개선 및 다양한 고객 요구에 대한 적극적 대처 가능

제2과목 시장환경조사

26 다음에서 나타나는 측정의 오류는?

> 아동 100명의 몸무게를, 실제 몸무게보다 항상 1kg이 더 나오는 불량 체중계를 사용하여 측정한다.

① 타당성이 없다.
② 대표성이 없다.
③ 안정성이 없다.
④ 일관성이 없다.

해설

타당도는 측정하고자 하는 개념이나 속성을 정확히 측정하였는가의 정도를 의미하므로, 불량 체중계로는 정확한 측정이 어려우므로 타당성이 없다.

27 설문지법으로 조사를 할 때 제한된 답변이나 예상 가능한 몇 개의 답을 제시하고 물어보는 이유로 알맞지 않은 것은?

① 양적 연구에 적합하다.
② 자료의 코딩이 용이하다.
③ 응답 관련 오류가 개방형 질문에 비해 적다.
④ 개방형 질문에 비해 새로운 사실을 발견할 가능성이 크다.

해설

폐쇄형 질문
• 채점과 코딩이 간편하다.
• 응답 항목이 명확하고 신속한 응답이 가능하여 응답 관련 오류가 적고, 시간이 절감된다.
• 응답 외에 새로운 정보를 얻기는 어렵다.

28 다음 중 외적 타당도를 저해하는 요인은?

① 특정 사건의 영향
② 사전 검사의 영향
③ 조사 대상자의 차별적 선정
④ 반작용 효과(Reactive effects)

> **해설**
> 반작용 효과(Reactive effects)
> 실험적 처리를 하고 있다는 것을 실험 대상자가 알고 있음으로 해서 실험적 처리의 효과에 영향을 미칠 수 있다는 것이다.
> 즉 조사 대상자가 특정한 조사 연구의 대상이 되고 있음을 인식하여 자연스레 행동하지 않는다면 이로 인해 결과에 영향을
> 미치게 된다는 것이다.

29 다음 중 개방형 질문의 장점이 아닌 것은?

① 질문에 대한 대답이 표준화되어 있으므로 비교가 가능하다.
② 질문지에 열거하기에는 응답 범주가 너무 많을 경우에 사용하면 좋다.
③ 몇 개의 범주로 압축할 수 없을 정도로 쟁점이 복합적일 때 적합하다.
④ 응답자로 하여금 그가 원하는 방향으로 자세히 응답하게 함으로써 창의적인 자기표현의 기회를 줄 수
  있다.

> **해설**
> 질문에 대한 대답이 표준화되어 있어 비교가 가능한 것은 폐쇄형 질문의 장점이다.

30 다음 중 모집단에 관한 설명으로 틀린 것은?

① 모집단은 자료의 흩어진 정도를 나타내지 않는다.
② 모집단은 조사자가 추론하고자 하는 모든 자료들의 집합을 말한다.
③ 전화조사 시 조사원이 어떤 사람들에게 전화할 것인가를 추출하는 기초자료이다.
④ 모집단을 설정할 때는 전화 걸 대상, 응답자 역할의 구체화, 직업 등을 고려해야 한다.

> **해설**
> 모집단
> 통계적인 관찰의 대상이 되는 집단 전체를 말한다. 어떤 집단을 통계적으로 관찰하여 평균이나 분산(흩어진 정도) 등을 조
> 사할 때, 관찰의 대상이 되는 집단 전체를 조사하는 것이 어려울 경우 전체에서 일부를 추출하여 그것을 조사함으로써 전
> 체의 성질을 추정한다. 이때 원래의 집단 전체를 모집단이라 하고, 추출된 일부를 표본이라고 한다.

31 조사의 신뢰성을 높이기 위해 대상을 일정한 시간을 두고 동일한 측정 도구로 반복 측정해 그 결과를 비교하는 방법은?

① 반분법

② 재시험법

③ 복수양식법

④ 요인분석법

32 기업의 전략적 사업 단위를 분석하는 데 이용되는 BCG(Boston Consulting Group) 매트릭스에서 시장점유율은 높으나, 시장성장률이 낮은 유형은?

① Dog

② Star

③ Cash cow

④ Question mark

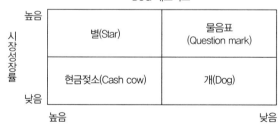

33 표본오차와 표본의 크기에 대한 설명으로 알맞지 않은 것은?

① 표본크기가 클수록 표본오차는 증가한다.

② 표본추출방법이 표본크기 결정에 영향을 미친다.

③ 요구되는 신뢰 수준이 높을수록 표본크기는 커야 한다.

④ 모집단의 구성요소가 이질적인 경우에는 동질적인 경우에 비해 표본크기가 커야 한다.

`해설`

표본크기가 클수록 표본오차는 감소한다.

34 표본의 사례 수가 증가하면 표본은 정규분포를 따르게 되는데 그 이유로 가장 적당한 것은?

① 회귀경향성

② 무선화 원리

③ 중심극한 정리

④ 최소자승의 원리

`해설`

중심극한 정리

모집단에서 취한 표본 평균값의 분포는 표본수가 커질수록 평균값을 중심으로 하는 정규분포에 가까워진다. 즉, 표본의 사례수가 증가하면 표본은 정규분포를 따르게 된다.

35 명목 척도의 특성으로 옳지 않은 것은?

① 질적 변수로 구성되어 있다.

② 우열을 표시하는 것이 아니다.

③ 정보의 수준이 가장 높은 척도이다.

④ 상호 배타적인 범주로 구분하기 위하여 사용한다.

`해설`

척도의 정보 수준 서열

비율 척도>등간 척도>서열 척도>명목 척도

36 시장조사의 중요성으로 옳지 않은 것은?

① 마케팅 전략 수립 및 집행에 필요한 모든 정보를 적절한 시기에 입수할 수 있다.

② 고객의 특성, 욕구, 그리고 행동에 대한 정확한 이해를 통해 고객지향적인 마케팅 활동을 가능케 해준다.

③ 시장조사는 타당성과 신뢰성 높은 정보의 제공을 통해 의사결정의 기대가치를 높일 수 있는 수단이 된다.

④ 정확한 시장 정보와 경영 활동에 대한 효과 분석은 기업 목표의 달성에 공헌할 수 있는 자원의 배분과 한정된 자원의 효율적인 활용을 가능케 한다.

> **해설**
>
> 마케팅 전략 수립 및 집행에 필요한 다양한 정보를 얻을 수는 있지만 필요한 모든 정보를 시장조사를 통해 얻는 것은 아니다.
>
> 시장조사의 역할 및 중요성
> • 고객의 특성, 욕구나 행동적 특성 간파를 통한 고객지향적 마케팅 활동에 도움을 준다.
> • 타당성과 신뢰성 높은 정보의 제공으로, 의사결정 기대치를 제고하고 기업의 전략 경영 실행에 공헌한다.
> • 기업의 문제 해결 및 목표 달성에 도움을 주는 정확한 시장 정보를 통해 자원의 배분과 효율적 활용 가능성을 제공한다.

37 경청의 방해 요인을 상담사의 개인적 요인과 외부 환경 요인으로 구분할 때 개인적 요인이 아닌 것은?

① 편견

② 잡념

③ 신체 상태

④ 사무실 집기 소음

> **해설**
>
> 사무실 집기 소음은 외부 환경에 의한 경청의 방해 요인이다.
>
> 외부 환경에 의한 경청의 방해 요인
> 외부 소음공해, 전화벨이 자주 크게 울리는 것, 다른 상담자가 갑자기 들어올 경우 등

38 비확률표본추출방법에 해당하지 않는 것은?

① 편의표본추출방법

② 층화표본추출방법

③ 판단표본추출방법

④ 할당표본추출방법

> **해설**
>
> 비확률표본추출방법에는 편의표본추출방법, 판단표본추출방법, 할당표본추출방법이 있다. 층화표본추출방법은 확률표본추출방법에 해당한다.

33 ① 34 ③ 35 ③ 36 ① 37 ④ 38 ②

39 다음 내용에서 설명하는 오류를 무엇이라고 하는가?

> 어떤 연구에서 "65세 이상의 노년층 인구가 많은 도시가 65세 이상의 노년층 인구가 적은 도시보다 1인당 여가활동에 지출하는 액수가 많다."는 결과를 얻었을 때, 이러한 연구결과로부터 "67세의 노인이 63세의 노인보다 여가활동에 더 많은 비용을 지출한다."고 결론을 내렸다.

① 조건화 오류
② 일반화 오류
③ 생태학적 오류
④ 개인주의적 오류

해설

생태주의(생태학적) 오류
실제 분석단위는 개인이 아니라 집단임에도 불구하고, 개인에 대해서도 똑같을 것이라고 가정할 때 발생하는 오류이다.

40 내용상의 타당도 또는 외견상의 타당도라고도 불리는 것은?

① 논리적 타당도
② 경험적 타당도
③ 구조적 타당도
④ 기준 관련 타당도

해설

논리적 타당도
외견상의 타당도 또는 내용상의 타당도라고도 하는데 이는 주로 작성된 측정 도구의 항목들이 조사자가 측정하고자 하는 내용을 논리적으로 포함하고 있는지 검토하는 것이다.

41 설문지 작성 시 질문의 순서를 결정하기 위한 일반적인 사항으로 옳지 않은 것은?

① 갑작스러운 논리의 전환이 이루어지지 않도록 질문의 순서를 정하여야 한다.
② 문항이 담고 있는 내용의 범위가 좁은 것에서부터 점차 넓어지도록 문항들을 배열하는 것이 좋다.
③ 첫 번째 질문은 응답자의 부담감을 덜어줄 수 있도록 쉽고 재미있으며 응답자가 관심을 가질 수 있는 내용이면 좋다.
④ 응답자들은 일반적으로 인구통계학적인 질문(직업, 성별, 연령 등)에 대해 응답을 회피하므로, 가능한 한 설문지의 마지막 부분에 배치하는 것이 좋다.

해설

질문을 배열할 때에는 주어진 조사 주제에 대한 전반적인 질문에서 구체적이거나 특수한 질문으로 옮겨가는 것이 좋다.

설문지 작성 시 고려사항
• 답변이 쉽고 흥미를 끄는 질문은 설문지의 앞부분에 배치한다.
• 민감한 질문이나 회피 가능성이 있는 인구통계학적인 질문 등은 후반부에 배치한다.
• 갑작스런 논리의 전환이 전개되지 않도록 자연스럽게 질문의 순서를 배치한다.
• 앞의 질문이 뒤에 나올 질문의 대답에 영향을 줄 수 있는 경우 분리하여 배치한다.

42 마케팅믹스 프로그램을 수립하고 실행하는 데 유용한 정보를 제공하는 마케팅조사 분야에 해당하지 않는 것은?

① 경쟁구조에 대한 조사

② 광고 매체에 대한 조사

③ 상표 애호도에 대한 조사

④ 판촉수단의 효과에 대한 조사

해설

마케팅믹스 프로그램은 마케팅믹스 4P 전략으로 경쟁구조는 마케팅조사 분야가 아니다.

43 다음은 어떤 면접방법에 관한 설명인가?

> 훈련된 면접진행자가 소수의 응답자들을 일정한 장소에 모이게 한 후, 비체계적이고 자연스러운 분위기 속에서 조사 목적과 관련된 대화를 유도하여 응답자들이 자유롭게 의사를 표시하도록 하는 면접 방식

① 전화면접 ② 심층면접

③ 가구방문면접 ④ 표적집단면접

해설

표적집단면접법(FGI; Focus Group Interview)
어떤 장소에 6~12명의 소비자들을 모아 놓고 조사하고자 하는 주제에 대해 서로 토론하도록 하는 방법으로 이를 위해서는 토론 진행 과정을 살필 수 있는 장비(폐쇄회로, 일면 유리창)와 녹음기나 오디오 등이 필요하다.

44 우편조사와 전화조사의 공통적인 장점으로 옳은 것은?

① 비교적 비용이 적게 든다.

② 복잡한 질문을 다룰 수 있다.

③ 조사에 소요되는 시간이 짧다.

④ 방대한 양의 자료를 수집할 수 있다.

해설

우편조사의 장점
조사 대상의 다양성, 비용의 절약, 편견적 오류의 감소, 시간의 절약, 익명성, 사려 깊은 응답성 등
전화조사의 장점
경제성 · 편리성 · 신속성 · 효율성 · 획일성 · 솔직성, 직업별 적용에 유리, 통제 가능, 완전 자동화 가능, 면접이 어려운 경우 가능, 높은 응답률 등

45 일반적인 마케팅조사의 과정으로 옳은 것은?

① 문제의 제기 → 마케팅조사 설계 → 자료 분석 → 결과발표

② 문제의 제기 → 자료 수집 → 자료 분석 → 자료설계 → 결과발표

③ 문제의 제기 → 마케팅조사 설계 → 자료 수집 → 자료 분석 → 결과발표

④ 문제의 제기 → 자료 수집 → 마케팅조사 설계 → 자료 분석 → 결과발표

해설

마케팅조사는 문제규명(조사 목적 설정) → 조사 설계 → 자료 수집 → 자료 분석 및 해석 → 보고서 작성(결과발표) 순서로 진행된다.

46 시장조사를 할 때 타당도를 올리는 방법으로 알맞지 않은 것은?

① 이미 타당성을 인정받은 측정 방법을 이용한다.

② 연구 담당자가 마케팅 전반에 대한 깊은 지식을 습득한다.

③ 측정 시 문항의 수를 적게 하여 자료의 측정 타당도를 높인다.

④ 사전조사를 통하여 상관관계가 낮은 항목들을 제거한 후 관계가 높은 변수들만을 개념측정에 이용한다.

해설

시장조사 시 타당성을 높이는 방법
• 담당자가 측정 대상 전반에 대해 충분한 지식을 습득한다.
• 기존 관련 연구에서 사용되어 타당성을 인정받은 측정 방법을 이용한다.
• 사전조사를 통하여 측정 대상과 이를 측정하는 문항들 간의 상관관계가 낮은 문항을 제거한다.

47 전화조사를 할 때 조사원이 지켜야 할 예의로 적절하지 않은 것은?

① 감정을 잘 관리해야 한다.

② 자리를 함부로 비우지 않는다.

③ 통화가 끝나면 조사원이 먼저 끊는다.

④ 전화 받는 즉시 자신의 신원을 밝힌다.

해설

응답자가 먼저 끊은 후 조사자가 끊는 것이 통화의 예의이다.

48 고객데이터베이스를 분석하는 기법에 대한 설명으로 틀린 것은?

① 판별 분석: 집단 간의 차이가 어떠한 변수에 의해 영향을 받는가를 분석하는 방법

② RFM(Recency, Frequency, Monetary): 제품에 대한 특성을 중심으로 분석하는 방법

③ 군집 분석: 몇 개의 변수를 기초로 여러 대상을 서로 비슷한 것끼리 묶어 주는 분석 방법

④ 회귀 분석: 영향을 주는 변수와 영향을 받는 변수가 서로 선형관계가 있다고 가정하여 이루어지는 분석 방법

> **해설**
>
> RFM 분석은 고객의 성향을 분석하여 고객의 등급을 계산하는 기법이다.
> - R(Recency): 최근 구매일
> - F(Frequency): 구매 빈도
> - M(Monetary): 구매 금액

49 일반적으로 알려진 네 가지의 척도 중 절대적인 기준인 영점이 존재하고, 모든 사칙연산이 가능한 척도는?

① 명목 척도

② 서열 척도

③ 등간 척도

④ 비율 척도

> **해설**
>
> 비율 척도
> 척도를 나타내는 수가 등간일 뿐만 아니라 의미 있는 절대 영점을 가지고 있는 경우에 이용되며 모든 사칙연산이 가능하다.

50 측정의 신뢰도와 타당도에 관한 설명으로 틀린 것은?

① 신뢰도는 측정치와 실제치가 얼마나 일관성이 있는지를 나타내는 정도이다.

② 타당도는 측정하고자 하는 개념이나 속성을 정확히 측정하였는가의 정도를 의미한다.

③ 외적 타당도는 측정된 결과가 과연 실험 변수의 변화 때문에 일어난 것인가에 관한 문제이다.

④ 타당도가 있는 측정은 항상 신뢰도가 있으며, 신뢰도가 없는 측정은 타당도가 보장되지 않는다.

> **해설**
>
> 타당도는 연구자가 측정하고자 하는 개념이나 속성을 정확히 측정했는지를 나타내는 개념으로, 검사점수가 검사의 사용목적에 얼마나 부합하느냐 하는 적합성과 관련된 문제이다. 타당도 측정 시 내적 타당도를 중심으로 해야 하며 외적 타당도는 연구결과가 다른 상황에서도 일반적으로 적용될 수 있느냐 하는 문제이다.

51 인바운드 스크립트의 특징으로 옳지 않은 것은?

① 상품의 판매나 주문으로 결부시켜 가는 것이 비교적 쉽다.

② 기업의 이미지 형성 및 고객만족 향상에 크게 공헌할 수 있다.

③ 고객주도형으로 정형적인 스크립트를 작성하는 것이 비교적 쉽다.

④ 문의 사항을 파악한 뒤 해결을 하거나 해결책을 제안하도록 한다.

> **해설**
>
> 인바운드 텔레마케팅은 전화를 걸어 온 고객이 무엇을 말할지 예상할 수 없는 고객주도형으로 정형적인 스크립트를 작성하는 것이 매우 어렵다.

52 가격결정의 다양한 원인 중 고정비에 해당하는 것은?

① 재료비

② 조립 작업비

③ 건물 임대료

④ 판매 수수료

> **해설**
>
> 건물 임차료, 기계장치의 임차료, 그리고 감가상각비는 고정비로 분류한다.
>
> 고정비와 변동비
> - 고정비: 매출액이나 생산량의 증감에 관계없이 일정하게 고정적으로 발생하는 비용으로, 감가상각비, 사무직원의 급여, 고정자산의 보험료, 부동산 임차료, 차입금의 지급이자, 재산세와 종합토지세 등이 이에 속한다. 고정비는 기간 총액으로는 고정적인 비용이나 제품단위당으로는 매출액 규모에 따라 변동한다.
> - 변동비: 제품의 생산량 증감에 따라 원가가 증감하는 비용으로, 재료비, 외주가공비, 판매 수수료, 포장비 등이 이에 속한다. 변동비는 기간총액으로는 매출액의 증감에 비례하여 증감하는 비용이지만 제품단위당으로는 변동하지 않는다.

53 소비자 구매의사결정 과정에서 접할 수 있는 일반적인 위험을 줄이기 위한 기업의 행동으로 알맞지 않은 것은?

① 소비자에게 제품을 무료로 준다.

② 신속한 상담 또는 A/S를 제공한다.

③ 광고나 홍보 등의 활동을 지속적으로 노출시켜 준다.

④ 신뢰할 수 있는 사람에게서 더 많은 정보를 탐색한다.

54 다음 소비재 중 가장 강한 상표 애호도를 가지는 것은?

① 편의품
② 선매품
③ 전문품
④ 비탐색품

해설

소비자들은 한번 결정한 편의품 상표에 대해 강한 애호도를 지닌다.

55 마케팅정보시스템의 하위 시스템에 해당하지 않는 것은?

① 내부정보시스템
② 경영정보시스템
③ 고객정보시스템
④ 마케팅조사시스템

해설

마케팅정보시스템(MIS; Marketing Information System)은 경영정보시스템(Management Information System)의 하위 시스템으로, 마케팅 경영자가 의사결정 시 사용할 수 있도록 정확한 정보를 적시에 수집, 분류, 분석, 평가, 배분하도록 기획, 설계된 것을 말한다. 마케팅정보시스템을 통해 마케팅 경영자는 마케팅 관리를 보다 효율적으로 수행할 수 있다.

56 마케팅 전략 수립의 과정에 포함되지 않는 것은?

① 시장세분화를 통해 나눈 시장 중에서 자사의 경쟁 상황을 고려했을 때 자사에 가장 좋은 기회를 제공할 수 있는 특화된 시장을 선정한다.

② 기업의 제품을 고객이 원하는 시간과 장소에 고객이 원하는 수량을 제공할 수 있도록, 고객에게 판매 또는 유통할 수 있는 지점을 결정하는 것이다.

③ 목표시장의 소비자에게 자사 상표 또는 제품을 어떻게 경쟁 제품보다 우수하다고 설득할 것인지에 대해 모색하며 유리한 포지션에 있도록 노력한다.

④ 특정 제품군에 대한 태도, 의견, 구매 행동 등에서 비슷하게 발견되는 사람들의 집단과 다른 성향을 지닌 사람들의 집단을 분리하여 하나의 집단으로 묶어서 고려한다.

해설

기업의 제품을 고객이 원하는 시간과 장소에 고객이 원하는 수량을 제공할 수 있도록, 고객에게 판매 또는 유통할 수 있는 지점을 결정하는 것은 유통 전략으로, STP 전략으로 마케팅 전략을 수립한 뒤 마케팅 활동을 수행하는 마케팅믹스의 전략에 해당한다.
① 목표시장 선정
③ 포지셔닝
④ 시장세분화

57 인바운드 상담 시 요구되는 기술과 거리가 먼 것은?

① 고객의 입장에서 말하고 듣는다.
② 자사 상품이 가지고 있는 장점을 강조한다.
③ 오감의 능력을 총동원하여 고객의 소리를 경청한다.
④ 고객에게 다양한 정보를 얻기 위해서 폐쇄형 질문을 한다.

해설

다양한 정보를 얻으려면 개방형 질문을 해야 한다.

58 다음에서 설명하고 있는 제품의 유통경로 유형은?

> 취급점포의 수를 최대한으로 높이는 경로 전략으로 충동구매의 증가, 상품에 대한 소비자 인식의 고취, 소비자의 편의성 제고 등의 이점이 있고 마진이 작고 소량주문이 되기 쉬우며 통제력이 적어진다는 단점이 있다.

① 제한적 유통경로(Limitary distribution)
② 선택적 유통경로(Selective distribution)
③ 개방적 유통경로(Intensive distribution)
④ 전속적 유통경로(Exclusive distribution)

해설

유통경로 전략

개방적 유통경로	• 자사의 제품을 누구나 취급할 수 있도록 개방 • 소매상이 많음 • 소비자에게 제품의 노출 최대화 • 유통비용의 증가 • 체인화의 어려움 • 식품, 일용품 등 편의품에 적용
전속적 유통경로	• 자사의 제품만을 취급하는 도매상 또는 소매상 • 소매상 또는 도매상에 대한 통제 가능 • 긴밀한 협조체제 형성 • 유통비용의 감소 • 제품 이미지 제고 및 유지 가능 • 귀금속, 자동차, 고급 의류 등 고가품에 적용
선택적 유통경로	• 개방적 유통경로와 전속적 유통경로의 중간 형태로, 일정 지역에서 일정 수준 이상의 자격요건을 지닌 소매점에만 자사 제품을 취급하도록 함 • 개방적 유통경로에 비해 소매상의 수가 적어 유통비용의 절감효과 • 전속적 유통경로에 비해 제품 노출 확대 • 의류, 가구, 가전제품 등에 적용

59 RFM 분석 전략으로 옳지 않은 것은?

① 고객이 얼마나 자주 구매하였는지 측정하는 항목이 포함된다.

② 고객이 구매 시 얼마나 많은 돈을 지불하는지 측정하는 항목이 포함된다.

③ 고객이 최근 구매한 날로부터 얼마나 지났는지 측정하는 항목이 포함된다.

④ 고객이 최근에 몇 번이나 제품이나 서비스를 구매했는지 측정하는 항목이 포함된다.

RFM 분석
고객의 성향을 분석하여 고객의 등급을 계산하는 방법이다. 고객 로열티 관리의 전략으로 활용한다.
• R(Recency): 최근 구매일
• F(Frequency): 구매 빈도
• M(Monetary): 구매 금액

60 기업이 다양한 상품을 많이 구비하고 있어 고객에게 기업에서 판매하고 있는 다른 제품이나 서비스를 안내하여 판매하는 전략은?

① 버저닝 　　　　　　　　　　② 연쇄판매

③ 번들판매 　　　　　　　　　④ 교차판매

① 버저닝(Versioning): 기존 제품의 버전을 다르게 하여 판매하는 방법이다.
② 연쇄판매(상향판매, Up selling): 판매액을 증가시키기 위하여 고객에게 상품이나 서비스를 더 권유하여 판매하는 방식이다.
③ 번들판매(묶음판매, Bundling): 두 개 이상의 다른 제품을 하나로 묶어서 단일가격으로 판매하는 방법이다.

61 소비자가 온라인, 오프라인, 모바일 등 다양한 경로를 통해 모든 제품을 검색하고 구매할 수 있도록 각 유통채널의 특성을 통합한 채널 전략은?

① 멀티채널(Multi channel)

② 옴니채널(Omni channel)

③ 직접채널(Direct channel)

④ 간접채널(Indirect channel)

① 멀티채널(Multi channel): 소비자가 제품을 검색, 구매할 수 있도록 마련된 다양한 유통채널을 구축하는 전략이다.
③ 직접채널(Direct channel): 기업에서 고객에게 직접 접촉하는 마케팅 채널이다.
④ 간접채널(Indirect channel): 기업에서 중간 관리자를 통해 고객에게 직접 접촉하지 않고 중간 관리자들에게 서비스와 관계된 연락을 취하도록 하는 것이다.

62 신제품을 통해 시장에 진입할 때 초기 고가 전략을 적용하기에 적절한 경우는?

① 신제품에 대한 규모의 경제가 가능한 경우

② 신제품에 대한 극심한 경쟁이 예상되는 경우

③ 신제품에 대한 대규모의 시장이 존재하는 경우

④ 신제품이 소비자가 원하는 탁월한 특성을 갖고 있는 경우

해설

고가 전략의 조건
- 시장수요의 가격탄력성이 낮을 때
- 시장에 경쟁자의 수가 적을 것으로 예상될 때
- 규모의 경제효과를 통한 이득이 미미할 때
- 진입장벽이 높아 경쟁기업의 진입이 어려울 때
- 높은 품질로 새로운 소비자층을 유인하고자 할 때

63 마케팅에 대한 설명으로 틀린 것은?

① 소비자에게 만족을 주고 이를 통해 기업의 이윤을 추구하는 활동이다.

② 마케팅이란 교환과정을 통하여 인간의 욕구와 필요를 충족시키고자 하는 활동을 말한다.

③ 유·무형품 중 유형품이 유통되는 과정에서 수반되는 활동을 총괄하는 것이다.

④ 마케팅은 제품과 서비스를 계획하고 그 가격을 결정하며, 이들의 구매 및 소비에 필요한 정보를 제공하고 유통시키는 데 소요되는 조화된 인간 활동의 수행이다.

해설

마케팅은 유·무형품 모두를 대상으로 한다.

64 기업이 시장세분화를 기초로 정해진 표적시장 내 고객들의 마음속에 자사의 제품을 부각시키기 위해 시장 분석, 고객 분석, 경쟁 분석 등을 기초로 하여 전략적 위치를 계획하는 것은?

① 표적시장

② 내부시장 분석

③ 차별화 마케팅

④ 제품 포지셔닝

해설

기업이 시장세분화를 기초로 정해진 목표시장 내에 시장 분석, 고객 분석, 경쟁 분석 등을 바탕으로 고객들의 마음속에 전략적 위치를 계획하는 것은 제품 포지셔닝이다.

정답 59 ④ 60 ④ 61 ② 62 ④ 63 ③ 64 ④

65 다음은 효과적인 시장세분화의 요건 중 무엇에 관한 설명인가?

> - 시장 부문의 규모가 크고 수익성이 커서 별도의 시장으로 개척할 가치가 있는 정도를 말한다.
> - 세분된 각 시장 부문에 대하여 상이한 마케팅 계획이 필요하고 이에 따라서 많은 비용이 소요되므로 하나의 시장 부문은 가능한 한 동질적 욕구를 지닌 다수의 소비자로 구성되어 이익을 거둘 수 있는 규모가 되어야 한다.

① 측정 가능성
② 접근 가능성
③ 유지 가능성
④ 실행 가능성

해설

시장 부문의 규모가 크고 수익성이 커서 별도의 시장으로 개척할 가치가 있는지를 파악하여 시장을 세분하는 요건은 유지 가능성이다. 규모의 경제성으로 부르기도 한다.

66 마케팅믹스의 구성요소인 4P로 옳지 않은 것은?

① Place
② Person
③ Product
④ Promotion

해설

마케팅믹스의 구성요소(4P)

Place(유통)	유통경로 · 유통업자 파악 및 결정
Price(가격)	가격 설정
Product(제품)	소비자 조사, 제품 개발, 디자인 · 포장 및 A/S 결정
Promotion(촉진)	광고 기획의 책정, 광고 매체의 선정, 홍보 방법의 결정, 판매원 관리

67 아웃바운드 텔레마케팅의 상담 흐름을 올바르게 나열한 것은?

> A. 고객에게 상품을 소개하고 이점을 제안한다.
> B. 자신과 회사 소개 및 전화를 건 이유를 말한다.
> C. 적극적인 종결을 통하여 판매를 성사시킨다.
> D. 고객의 욕구를 탐색한다.
> E. 끝인사 및 추후의 거래 등을 약속한다.

① A → B → C → D → E

② B → D → A → C → E

③ B → A → D → C → E

④ B → C → D → A → E

해설

아웃바운드 텔레마케팅의 상담 흐름
상담 준비 → 회사 소개와 첫인사 → 고객의 니즈 탐색 → 설명과 설득 → 문제 해결 → 동의와 종결

68 촉진 전략에 대한 것으로 옳지 않은 것은?

① 홍보

② 광고

③ 인적 판매

④ 재고 관리

해설

마케팅믹스의 촉진 전략에는 광고, 판매촉진, 인적 판매, 홍보(PR)가 있다.

69 고객데이터 분석 방법 중 고객의 평생가치를 기준으로 하는 것은?

① RFM

② MOT

③ VOC

④ LTV

해설

고객평생가치(LTV; Life Time Value)는 어떤 고객이 특정 기업의 상품이나 서비스를 최초로 구매하거나 이용한 시점부터 마지막으로 구매하거나 이용할 것이라고 예상되는 시점까지의 총 누계액이다.

70 고객서비스 지향적 인바운드 텔레마케팅 도입 시 점검사항과 가장 거리가 먼 것은?

① 목표고객 리스트
② 성과 분석과 피드백
③ 고객정보의 활용 수준
④ 소비자 상담창구 운영 능력

해설

인바운드 텔레마케팅은 고객으로부터 걸려 오는 전화를 처리하는 것으로, 목표고객의 리스트는 점검할 필요가 없으며, 고객의 전화 용건을 통해 니즈를 파악하는 것이 중요하다.

71 아웃바운드 텔레마케팅의 전략적 활용방안 중 판매촉진의 방법으로 볼 수 있는 것은?

① 소비동향 조사
② 수요예측 조사
③ 대금, 미수금 독촉
④ 신상품 정보 제공 및 구입 권유

해설

판매촉진은 기업이 제품이나 서비스의 판매를 증가시키기 위해 단기간에 직접적으로 중간상이나 최종 소비자를 대상으로 벌이는 광고, 홍보, 인적 판매 외의 모든 촉진활동을 의미한다. 그러한 활동 중 하나인 아웃바운드 텔레마케팅은 미리 선정된 고객의 DB를 갖추고 고객에게 전화를 걸어 기업의 상품이나 서비스를 적극적으로 안내 · 판매하는 마케팅 기법으로, 신상품 정보 제공 및 구입 권유 등의 촉진방법을 통해 판매율을 높일 수 있다.

72 시장세분화의 변수 중 고객의 나이, 직업, 성별로 구분하는 것은?

① 지리적 변수
② 사회심리학적 변수
③ 인구통계학적 변수
④ 제품사용 빈도 변수

해설

시장세분화의 변수
• 지리적 변수: 지역, 인구밀도, 도시의 규모, 기후 등
• 인구통계적 변수: 나이, 성별, 가족 규모, 가족생활주기, 소득, 직업, 학력, 종교 등
• 심리분석적 변수: 라이프스타일, 사회 계층, 개성, 관심, 활동 등
• 행동분석적 변수: 추구하는 편익, 구매 준비 단계, 사용 경험, 가격 민감도, 사용량 등

73 텔레마케팅이 기업에 주는 편익이 아닌 것은?

① 시장의 확대

② 원가의 효율성

③ 고객과의 관계 개선 및 유지

④ 제품이나 서비스에 대한 신속한 정보 제공

해설

신속한 정보 제공은 기업이 아닌 고객에게 주는 편익이다. 기업에 주는 편익인지 고객에게 주는 편익인지를 구분해야 한다.

74 텔레마케팅이 마케팅 전략 수행의 중요한 도구로 대두된 요인으로 보기 어려운 것은?

① 기업 간 경쟁 약화

② 마케팅 개념의 변화

③ 정보처리기술의 발달

④ 소비자 니즈의 다양화

해설

기업 간 국제적인 경쟁의 확대로 인해 경쟁 우위 확보를 위한 차별적인 마케팅 방법이 필요하게 되었고, 이를 배경으로 텔레마케팅이 마케팅 전략 수행의 중요한 도구로 대두되게 되었다.

75 콜센터의 성과향상을 위한 보상계획을 수립할 때 고려해야 할 사항으로 가장 거리가 먼 것은?

① 달성 가능한 목표 수준을 고려해야 한다.

② 계획수립 과정에 직원을 참여시켜야 한다.

③ 팀보다 개인의 성과에 초점을 맞추어야 한다.

④ 지속적이고 일관성 있는 보상계획을 수립해야 한다.

해설

팀의 성과와 개인의 성과에 모두 초점을 맞추어야 한다.

콜센터 성과향상을 위한 보상계획을 수립할 때 주의사항

• 지속적이고 일관성 있는 보상계획을 수립해야 한다.

• 달성 가능한 목표 수준을 고려해야 한다.

• 계획수립 과정에 직원을 참여시켜야 한다.

76 아웃바운드 텔레마케팅의 특성으로 옳지 않은 것은?

① 고객주도형의 마케팅 유형이다.

② 고객접촉률과 고객반응률을 중시한다.

③ 대상고객의 명단이나 데이터가 있어야 한다.

④ 고객에게 전화를 거는 능동적, 공격적, 성과지향적인 마케팅이다.

해설

아웃바운드 텔레마케팅은 텔레마케팅 운용 주체인 기업에서 외부의 잠재고객, 기존고객에게 전화를 거는 기업주도형 마케팅 유형이다.

77 조직의 성과관리를 위한 개인평가 방법을 상사평가 방식과 다면평가 방식으로 구분할 때 상사평가 방식의 특징으로 볼 수 없는 것은?

① 상사의 책임감 강화

② 간편한 작업 난이도

③ 평가결과의 공정성 확보

④ 중심화, 관대화 오류 발생 가능성

해설

상사평가 방식은 한 명의 상사가 부하직원을 평가하는 것으로 다수의 평가자가 여러 각도에서 부하직원을 평가하는 다면평가제에 비해 공정성을 보장하기 어렵다.

78 텔레마케터의 성과관리를 위한 목표 설정 시 유의할 사항으로 적합하지 않은 것은?

① 목표를 구체적으로 기술한다.

② 목표 달성 시점이 명시되어야 한다.

③ 목표는 매우 높은 수준으로 결정한다.

④ 목표 달성 여부를 측정할 수 있어야 한다.

해설

목표는 실현 가능한 수준으로 결정한다.

79 성공하는 텔레마케팅 조직의 특성으로 옳지 않은 것은?

① 직무별 목표와 책임이 분명하다.

② 공정한 성과평가 및 보상이 이루어진다.

③ 인력개발을 위한 교육프로그램이 마련되어 있다.

④ 생산성 향상을 위해 내부 커뮤니케이션은 최대한 제한되어 있다.

해설

생산성 향상을 위해 내부 커뮤니케이션이 적극 권장된다.

80 폐쇄형 질문은 Yes/No로 답변을 유도하는데, 이러한 질문 방식의 장점으로 옳은 것은?

① 응답자의 다양한 의견을 수렴할 수 있다.

② 고객 상황에 대한 명확한 이해가 용이하다.

③ 조사자가 원하는 방향으로 고객을 리드하는 것이 가능하다.

④ 응답자가 상세한 부분까지 언급할 수 있어 새로운 정보를 획득할 수 있다.

해설

① · ② · ④는 개방형 질문에 대한 설명이다.

81 텔레마케터 교육훈련을 위한 역할연기에 관한 설명으로 가장 적합하지 않은 것은?

① 조직의 응집력과 단결력을 강화할 수 있다.

② 텔레마케터의 자신감과 상황대응 능력을 향상시킬 수 있다.

③ 실제 상황대로 스크립트를 가지고 연습함으로써 다양한 실전 경험을 할 수 있다.

④ 텔레마케터는 응대 업무와 관련한 개인적인 문제점을 구체적으로 피드백받을 수 있다.

해설

역할연기의 목적은 실제 훈련과 피드백을 통한 상담 능력 향상에 있으며 조직의 응집력, 단결력과는 관련이 없다.

역할연기의 목적
커뮤니케이션 능력 향상, 텔레마케팅 능력 향상, 예기치 못한 상황 대처능력 향상

역할연기의 효과
• 텔레커뮤니케이션의 교육을 일정하게 유지시킬 수 있다.
• 텔레마케터의 기술을 향상시킬 수 있다.
• 다른 사람의 입장에 서서 다양한 문제 상황을 이해하고 경험해 볼 수 있다.
• 텔레마케터 스스로 반성의 기회를 가질 수 있다.
• 문제 해결 능력을 기를 수 있다.

정답 76 ① 77 ③ 78 ③ 79 ④ 80 ③ 81 ①

82 아웃바운드 텔레마케팅을 활용하는 마케팅 전략이 아닌 것은?

① 1:1 마케팅

② 다이렉트 마케팅

③ 바이러스 마케팅

④ 데이터베이스 마케팅

해설

바이러스 마케팅은 네티즌 간의 구전 효과를 이용한 판촉 기법으로 인터넷 이용자들 사이에 확산 효과를 노린 마케팅이다. 아웃바운드 텔레마케팅을 활용하는 마케팅 전략으로는 1:1 마케팅, 다이렉트 마케팅, 데이터베이스 마케팅이 있다.

83 OJT(On the Job Training)에 대한 설명으로 옳지 않은 것은?

① 실시가 용이하며, 훈련비용이 적게 든다.

② 상담원의 개인적 능력에 따른 훈련이 가능하다.

③ 많은 상담원에게 통일된 훈련을 시킬 수 있다.

④ 상사와 동료 간에 이해와 협동정신을 강화시킨다.

해설

OJT는 많은 종업원을 동시에 교육하기 어렵고, 업무와 교육훈련에 모두 철저할 수도 없으며, 교육훈련 내용의 체계화가 쉽지 않다는 단점이 있다.

84 텔레마케팅을 통한 판매에서 염두에 둬야 하는 '80:20의 법칙'이란?

① 20%의 고객이 80%의 수익을 창출한다.

② 전화를 걸면 20%는 응답을 하고 80%는 거절을 한다.

③ 전체 판매비용의 20%가 전화통화 비용의 80%를 차지한다.

④ 통화가 이루어진 고객 중 20%는 구매를 하고 80%는 구매를 하지 않는다.

해설

80:20의 법칙(V. Pareto's law, 파레토 법칙)

이탈리아의 경제학자 파레토가 발견한 법칙으로 전체 결과의 80%는 20%의 원인에서 비롯된다는 의미이다. 구성원의 20%가 80%의 업무를 하고 있으며, 상위 20%가 전체 80%의 부를 축적하고 있고, 기업의 상품 중 20%의 대표 상품이 전체의 80%에 해당하는 매출을 올리고, 20%의 소비자가 전체 매출의 80%를 차지하는 현상 등을 의미한다.

85 인사평가방법 중 절대평가에 해당하지 않는 것은?

① 대조표법

② 강제할당법

③ 평정 척도법

④ 서술식고과법

해설

절대평가에는 평정 척도법, 대조표법, 서술식고과법 등이 있으며, 강제할당법은 서열법과 함께 상대평가에 해당한다.

86 콜센터의 서비스 레벨(Service level)에 대한 설명으로 옳지 않은 것은?

① 30분, 15분 등 적절한 시간 간격으로 분석해야 한다.

② 상품의 질만을 측정하기 위한 성과지표라 할 수 있다.

③ 목표로 하는 시간 내에 응대가 이루어지는 콜의 비율이다.

④ 서비스 레벨은 ACD 시스템상의 보고서를 통해 알 수 있다.

해설

서비스 레벨은 인입된 콜 중에서 정해진 시간 내에 받아서 처리한 달성 내용을 나타낸 백분율로, 고객들의 통화대기시간에 대한 평균적인 수준을 가장 잘 나타내 주는 지표이다.

87 OJT(On the Job Training)를 실시할 때 지켜야 할 원칙이 아닌 것은?

① 체계적이고 지속적이어야 한다.

② 업무와 직접 관련된 교육을 실시한다.

③ 신입사원 입사 시에만 활용하는 교육이다.

④ 상담원의 능력을 극대화할 수 있는 방향으로 실시한다.

해설

OJT 실시가 적절한 시기로는 신입사원이 입사했을 때, 기존사원이 다른 팀에서 전보 왔을 때, 기존 사원의 실적이 떨어졌을 때 등이 있다.

88 텔레마케터의 능력 계발을 위한 교육 방법으로 적절하지 않은 것은?

① 교수자지향적인 교육이 이루어지게 한다.
② 실제 작업 환경과 같은 교육 환경을 제공한다.
③ 신상품이 출시될 경우 스크립트를 개발하여 제공한다.
④ 교육 결과에 대한 피드백을 주며 개인별 코칭을 실시한다.

해설

효과적인 교육을 위해서는 학습자지향적 교육이 이루어져야 한다.

89 허시–블랜차드(P. Hersey–K. Blanchard)의 리더십 상황 이론 중 리더의 행동 유형에 해당하지 않는 것은?

① 지시형 리더
② 위계형 리더
③ 설득형 리더
④ 참가형 리더

해설

허시–블랜차드(P. Hersey–K. Blanchard)의 리더십 상황 이론
• 지시형: 대부분의 의사소통의 초점이 목표 달성에 맞춰져 있으며, 상급자가 하급자의 역할을 결정하고 과업의 종류나 과업수행의 시기 및 방법을 지시한다.
• 위임형(위양형): 리더는 통제 · 계획 등의 활동을 줄이고, 수행업무에 대한 합의가 이루어지면 그 수행방법의 결정과 직무책임을 부하에게 위양하며 영향력을 거의 행사하지 않는다.
• 지원형(설득형): 리더는 구성원 간 상호협력이 필요하면 협조하여 문제를 해결하기 위해 이해관계자들을 모이게 하고, 협력하기 쉬운 문화를 만들어낸다.
• 참가형(코치형): 리더는 목표 달성에만 초점을 맞추지 않고 구성원들의 지원적 행동을 통해 과업달성을 하도록 능력발휘의 동기유발을 시도한다.

90 콜센터의 생산성을 향상시킬 수 있는 방안과 가장 거리가 먼 것은?

① 콜센터 인력을 신규인력으로 대폭 교체한다.
② 전반적인 업무 환경(콜센터 환경)을 개선한다.
③ 텔레마케터 성과에 대한 인센티브를 강화한다.
④ 콜센터의 인력(리더 및 상담원 등)에 대한 교육을 강화한다.

해설

인건비는 콜센터 운영비용에서 가장 많은 부분을 차지하는 항목이다. 인력을 신규인력으로 대폭 교체하는 것은 채용비용과 교육 및 재교육비용 등 인건비 또한 증가시키므로 생산성 향상에 도움이 되지 않는다.

콜센터 생산성 향상 방안
- 콜센터 인력(리더 및 상담원 등)에 대한 교육을 강화한다.
- 전반적인 업무 환경(콜센터 환경)을 개선한다.
- 텔레마케터 성과에 대한 인센티브를 강화한다.
- 성과에 대한 평가와 보상을 공정하게 한다.
- 관련 부서와 긴밀하게 협조한다.
- 콜센터 조직구성원 간에 신뢰가 쌓일 수 있도록 한다.

91 텔레마케팅의 특성을 가장 잘 설명한 것은?

① 텔레마케팅은 데이터베이스 마케팅을 지향하므로 시 · 공간적 제약이 많다.

② 즉시성과 인격성이 있으며, 효과적인 정보제공, 고객관계 구축이 가능하다.

③ 다양한 정보를 효과적으로 제공할 수는 있으나 고객정보 수집은 불가능하다.

④ 텔레마케팅은 전화매체를 통한 커뮤니케이션 활동이므로 상담원보다 시스템이 더욱 중요하다.

해설

텔레마케팅은 즉시성과 인격성이 있으며, 효과적인 정보제공, 고객관계 구축이 가능하다. 텔레마케팅을 통해 고객정보를 수집할 수 있으며, 텔레마케팅에 있어서 가장 중요한 요소는 상담원이다. 또한 텔레마케팅은 정보통신 기술 및 각종 통신 수단을 활용하여 시간, 공간, 거리의 장벽을 해소할 수 있다.

92 아웃바운드 텔레마케팅의 도입부에서 상담원이 할 말로 알맞지 않은 것은?

① 잠시 통화 가능하십니까?

② 안녕하십니까? 저는 ○○전자 상담원 ○○○입니다.

③ 이번에 ○○ 청소기의 반값 할인 행사가 있어서 전화드렸습니다.

④ ○○ 청소기는 손잡이가 유선형으로 되어 사용하기 편리하며, 무엇보다 진공이 강해서 청소가 깨끗하게 됩니다.

해설

아웃바운드 텔레마케팅의 도입부에서는 인사 및 자기소개, 상대방 확인 및 의사결정권자 확인, 전화 용건 전달 및 통화 가능 여부 확인, 고객 부재 시 대응이 이루어진다. ④는 상품 · 서비스 제안을 목적으로 상담원이 하는 말이다.
① 통화 가능 여부 확인
② 인사 및 자기소개
③ 전화 용건 전달

93 고객의 모든 정보를 전화 인입과 동시에 상담원의 모니터에 나타내 주는 시스템은?

① CSP

② ANI

③ ACD

④ ATT

해설

① CSR(Customer Service Representative): 실제 콜을 수ㆍ발신하고 고객과 커뮤니케이션하는 사람으로 내부고객이나 외부고객과 업무 상담을 하는 직원을 말한다.

③ ACD(Automatic Call Distributor, 자동호 분배시스템): 고객으로부터 걸려 오는 전화를 해당 시점에서 전화를 받고 있지 않은 상담원에게 순차적으로 균등하게 자동 분배해 주는 시스템이다.

④ ATT(Average Talk Time, 평균 통화시간): 상담원이 고객 한 사람과의 상담에 소요하는 평균적인 시간이다.

94 콜센터 운영에 있어 CTI(Computer Telephony Integration) 시스템을 적용할 경우에 대한 설명으로 옳지 않은 것은?

① 관리자가 상담원의 작업 현황을 모니터링할 수 있다.

② 상담원이 비생산적인 작업에 소요되는 시간을 크게 줄일 수 있다.

③ 상담원이 고객을 응대하는 과정에서 고객의 정보를 주관적으로 파악한다.

④ 각종 통계를 통해 운영상의 문제점을 찾아내 콜센터의 운영을 해결해 나갈 수 있다.

해설

CTI 시스템을 도입하면서 고객에게 자동으로 전화를 걸고 해당 고객의 정보를 상담원의 화면에 나타내 줌으로써 공격적인 마케팅이 가능하게 되었다. 그러므로 CTI 시스템을 적용할 경우 상담원은 고객을 응대하면서 정보를 파악해 가는 것이 아니라 상담원의 화면에 나타나는 고객의 정보를 보고 객관적으로 파악할 수 있다.

CTI

전화와 컴퓨터를 통합해 전화 업무와 컴퓨터 업무를 하나로 처리할 수 있게 구성된 지능형 통합전산기술이다.

95 다음 설명과 관련 있는 용어는?

> 고객이 전화를 했으나 콜센터 교환기까지 도달되지 못한 콜의 비율을 의미하며 콜센터에 통화를 시도한 콜로 분류된다.

① 불통률
② 콜 응답률
③ 평균 통화시간
④ 평균 마무리처리시간

해설

불통률(Blockage rate)
• 콜센터에 통화를 시도한 콜로 분류한다.
• 고객이 전화를 했으나 콜센터 교환기까지 도달되지 못한 콜의 비율이다.
• 이용 가능한 회선 수가 충분치 않아 차단된 통화율이다.
② 콜 응답률: 총 발신 건수에 대한 반응 비율이다.
③ 평균 통화시간: 상담원이 고객 한 사람과의 상담에 소요하는 평균적인 시간이다.
④ 평균 마무리처리시간: 평균 통화시간 이후 상담내용을 별도로 마무리처리하는 데 소요되는 평균적인 시간이다.

96 인하우스 텔레마케팅(In-house telemarketing)에 대한 설명으로 가장 옳은 것은?

① 소비자를 대상으로 텔레마케팅 활동을 하는 것이다.
② 기업을 소구 대상으로 하여 텔레마케팅 활동을 하는 것이다.
③ 자체적으로 텔레마케팅센터를 설치하여 텔레마케팅 활동을 하는 것이다.
④ 텔레마케팅 경험이 없는 경우에 외부에 위탁하여 텔레마케팅 활동을 하는 것이다.

해설

인하우스 텔레마케팅(In-house telemarketing)
• 기업 내에 콜센터 설비를 직접 구축하고 인원을 배치하여 기업의 모든 텔레마케팅 활동을 계획하고 실행하는 기법이다.
• 기업의 자체 제품을 판매하거나 마케팅을 하기 위하여 특별히 훈련된 기업 내부 인력에 의해 수행되는 텔레마케팅이다.

97 텔레마케터의 교육, 훈련, 개발에 대한 설명으로 옳지 않은 것은?

① 교육은 기초적인 직무 지식(Knowledge) 배양에 초점을 두고 이론적이고 개념적인 내용으로 구성한다.
② 훈련은 직무의 업무 기술(Skill) 배양에 초점을 두고 실무적인 내용으로 현재 업무기술의 결점보완 및 향상을 위해 구성한다.
③ 개발은 현재와 미래의 직무수행 능력(Ability) 배양을 위해 이론과 실무를 조화시켜 미래의 직무능력 향상에 이바지할 수 있도록 한다.
④ 교육과 훈련은 개별적으로 텔레마케터의 부족한 직무 관련 지식과 기술 습득에 초점을 두는 것이며 장기적이며 간접적인 효과를 볼 수 있다.

> **해설**
>
> 교육과 훈련은 단기적이며 직접적인 효과를 볼 수 있다.

구분	교육	훈련	개발
초점	기초적인 직무 지식 (Knowledge)	현재 직무의 업무기술 (Skill)	현재와 미래의 직무수행 능력(Ability)
대상	개별	개별, 집단	개별, 집단, 경영자
내용	이론적, 개념적	실무적, 기능적	이론과 실무
시간	직접적, (장)단기적	직접적, 단기간	간접적, 장기간

98 상담원에 대한 OJT 종료 후 평가에 관한 설명으로 틀린 것은?

① 계획, 실시, 결과의 단계별로 평가하면 효율적이다.
② OJT 평가결과에 대한 수용도가 낮으므로 평가결과에 대한 피드백은 개인에게 하지 않아야 한다.
③ OJT 종료 후에 개인별 및 전체적인 측면을 평가하여 업무나 경영에 적극적으로 반영해야 한다.
④ OJT 실시 중 기업의 전략, 업무, 영업방법 등이 변경되었을 때에는 평가기준에 대한 수정 여부를 검토해야 한다.

> **해설**
>
> OJT가 성공하기 위해서는 관리자가 개인에게 적시에 피드백해야 한다.

99 상담원 간에 통화내용을 서로 듣고 상담내용을 평가하는 모니터링 기법은?

① 실시간 모니터링
② 자가(Self) 모니터링
③ 동료(Peer) 모니터링
④ 역(Reverse) 모니터링

해설

동료 모니터링은 동료들끼리 서로의 상담내용을 모니터링하는 것으로, 모니터링에 대한 반감을 줄일 수 있으나, 잘못하면 동료 간 감시의 의구심을 불러일으켜 팀워크를 깨뜨릴 수 있다는 단점이 있다.

100 바람직한 콜센터 리더의 자세가 아닌 것은?

① 콜센터 내 긍정적인 분위기 활성화를 위해 항상 노력한다.
② 상담원의 업무능력 향상을 위해 정기적으로 교육훈련을 실시한다.
③ 생산성과 통화품질의 목표를 위해 조직적 계획을 세우고 실행한다.
④ 콜센터의 수익성을 높이기 위해 성과급 지급 등으로 팀 내의 경쟁심을 유발한다.

해설

팀 내의 경쟁심 유발이 과도해질 경우 상담원 간에 갈등이 발생하여 콜센터의 수익성에 악영향을 미칠 수 있다. 바람직한 콜센터 리더는 콜센터의 수익성을 높이기 위해 콜센터 내의 긍정적인 분위기를 활성화하여 상담원 간의 협력과 화합을 이끌어낸다.

제**3**회 기출복원문제해설

핵심 내용
제1과목: MOT, 고객의 유형, 소비자 행동연구, 전자상거래, 소비자 구매의사결정 과정, 인바운드 상담
제2과목: 1차 자료, 2차 자료, 시장조사, 표본추출방법, 조사 검정 방법, 척도의 종류
제3과목: 소비자 구매의사결정 과정에서의 지각된 위험, 마케팅믹스(4P), 유통경로, 구매 후 고객응대, 가격결정, 포지셔닝 전략
제4과목: OJT, 인바운드 콜센터의 성과지표, 아웃바운드 콜센터의 성과지표, 모니터링, 텔레마케팅 조직의 특성

제1과목 고객관리

01 커뮤니케이션의 장애 요인이 아닌 것은?

① 발신자의 목표의식이 부족하다.

② 수신자의 반응과 피드백이 부족하다.

③ 고정관념을 가지고 상황을 판단한다.

④ 커뮤니케이션에 대한 지식과 기술 수준이 높다.

> **해설**
> 커뮤니케이션에 대한 지식과 기술 수준이 높으면 커뮤니케이션에 도움이 된다.
> 커뮤니케이션 장애 요인
> • 일반적 커뮤니케이션 장애 요인: 언어상의 장애, 특정인 · 전문가의 편견, 지위 차이, 지리적 차이, 다른 직무로 인한 압박감, 발언자의 자기 옹호 등
> • 발신자에 의한 커뮤니케이션 장애 요인: 목적 · 목표의식 부족, 커뮤니케이션 스킬 부족, 발신자의 신뢰성 부족, 준거의 틀 차이, 타인에 대한 민감성 부족, 왜곡과 생략 등
> • 수신자에 의한 커뮤니케이션 장애 요인: 선입견, 평가적인 경향, 선택적인 청취, 반응과 피드백의 부족, 수용성 부족 등

02 MOT(Moments of truth)의 의미로 적절하지 않은 것은?

① 기업의 생존이 결정되는 순간

② 고객이 제품이나 서비스를 꾸준히 경험한 후 솔직한 감정을 가지게 되는 시점

③ 고객과 기업이 접촉하여 제공된 서비스에 대해 느낌을 갖는 15초간의 진실한 순간

④ 우리 회사를 선택한 것이 가장 현명한 선택이었다는 사실을 고객에게 입증해야 할 소중한 시간

> **해설**
> 제품이나 서비스를 꾸준히 경험한 후 솔직한 감정을 가지는 시점을 말하는 것이 아니라 고객이 기업을 접하여 느낌을 가지는 순간을 말한다.

03 반론처리 스크립트 작성 요령으로 옳지 않은 것은?

① Yes, but 기법을 활용한다.

② 고객의 반론을 질문으로 활용한다.

③ 3F(Feel, Felt, Found) 스킬을 활용한다.

④ 타사 제품과 비교·설명은 되도록 피한다.

해설

적절한 비교는 반론에 유용하다.

04 컴퓨터를 인간처럼 학습시켜 스스로 규칙을 형성할 수 있도록 하는 인공 지능 분야는?

① 머신러닝

② 클라우드

③ 웹 마이닝

④ 인공신경망

해설

컴퓨터가 인간처럼 스스로 학습하여 인공 지능의 성능을 향상시키는 기술은 머신러닝이다.
• 인공 지능: 사고나 학습 등 인간이 가진 지적 능력을 컴퓨터를 통해 구현하는 기술
• 딥러닝: 인간의 뉴런과 비슷한 인공신경망 방식으로 정보를 처리하는 것

05 자사의 제품이나 서비스를 알고는 있으나 아직 구매행동으로까지는 연결되지 않았고 마케팅이나 접촉 활동을 전개하면 실질적인 고객으로의 전환이 가능하다고 예상되는 고객은?

① 가능고객

② 단골고객

③ 로열티고객

④ 비활동고객

해설

② 자사의 상품이나 서비스를 반복적으로 구입하는 고객이다.
③ 지속적으로 자사의 상품을 구입할 뿐만 아니라 다른 사람에게 적극적으로 사용을 권유하여 간접적인 효과를 발생시키는 핵심고객이다.
④ 활동하지 않는 고객이다.

06 다음 중 잠재고객의 대상으로 거리가 먼 것은?

① 회사에 리스크를 초래하였거나 신용 상태, 가입 자격 등이 미달되는 고객
② 웹상에서 비록 회원가입은 하지 않았으나 자주 클릭하여 접촉을 하거나 하였다고 예측, 판단되는 고객
③ 특정 제품이나 서비스에 대해 문의를 하는 고객 또는 이 같은 고객이 자신의 신분이나 연락처를 밝히는 경우
④ 현재는 다른 경쟁업체를 이용하고 있으나 해당 기업의 제품이나 서비스에 대해 알고 있어 향후 자사 고객으로 확보할 수 있다고 판단되는 고객

해설
회사에 리스크를 초래하였거나 신용 상태, 가입 자격 등이 미달되는 고객은 부적격고객에 대한 설명이므로 적절하지 않다.

07 시대별 서비스 마인드에 대한 설명으로 틀린 것은?

① 미래 사회에서 서비스는 종적 관계로 고객과 서비스인은 상하 관계를 의미한다.
② 현대 사회에서 서비스는 고객과의 관계를 평등, 대등, 수평, 횡적 관계로 인식한다.
③ 미래적 서비스 마인드는 고객이 원하는 것을 세심히 관찰하여 고객의 요구에 앞서 대응해야 한다.
④ 미래를 대비하기 위해 서비스인들은 보다 능동적이며 적극적인 자세로 활기찬 서비스를 제공하려는 마인드를 지녀야 한다.

해설
서비스는 고객과 서비스인이 동등하게 의견을 주고받는 수평적 인간 관계를 토대로 한다.

08 고객응대 시 효과적인 경청(Listening) 방법으로 볼 수 없는 것은?

① 고객에게 적극적인 호응을 한다.
② 고객과의 공통 관심 영역을 찾는다.
③ 반대 의견을 제시하고 조목조목 따진다.
④ 고객의 대화상 실수를 너그럽게 이해한다.

해설
고객응대 시 비판하거나 평가하지 않는다.

09 충성고객이 기업에 미치는 영향으로 볼 수 없는 것은?

① 새로운 고객 창출의 용이성

② 충성고객 신용 관리를 위한 비용의 증대

③ 보다 우수한 제품 및 서비스의 개발 및 제공

④ 기업이 추구하는 고객 관리를 위한 새로운 전략 수립 용이

해설

충성고객은 제품을 반복적으로 구매하고 다른 사람들에게 상품을 추천하는 고객이다. 고객의 충성도가 높으면 신규고객 확보 시 마케팅 기회를 쉽게 포착하고 유지비를 저렴하게 들일 수 있어 예산을 효율적으로 지출할 수 있다.

10 다음과 같은 응대기법은 소비자의 어떤 욕구를 충족시키기 위한 것인가?

> − 손님께서 얼마나 실망하셨을지 잘 알겠습니다.
> − 그때 어떤 느낌을 갖게 되셨는지 이야기하고 싶은데요.
> − 손님의 요구가 무리한 것은 아니군요.

① 존경을 받고자 하는 욕구

② 공평하게 대접받고자 하는 욕구

③ 적시에 신속한 서비스를 받고자 하는 욕구

④ 자신의 문제에 대해 공감해 주기를 바라는 욕구

해설

공감대 형성을 위한 화법

• 고객과의 공감을 형성하는 데 도움을 주는 공통 화제를 선정하는 것이 중요하다.

• 고객의 신분에 맞는 존칭어를 사용한다.

• 전체 상담의 원활한 진행과 분위기를 위해 고객의 말에 적극적인 동감 표현을 하고, 긍정적인 관심을 갖고 적절한 질문을 한다.

11 매슬로우의 욕구 단계 이론 중 고객이 자신의 타고난 능력 혹은 성장 잠재력을 실행하려는 욕구는?

① 생리적 욕구

② 안정의 욕구

③ 자아실현의 욕구

④ 애정과 소속의 욕구

해설

개인의 타고난 능력 혹은 성장 잠재력을 실행하려는 욕구는 자아실현의 욕구로, 고객의 경우 자기표현을 하고 자기의 목적을 달성했을 때 자아를 실현했다고 느낀다.

12 다음 중 고객 충성도(Loyalty) 평가에 영향을 미치는 요소가 아닌 것은?

① 구매 빈도

② 통화시간

③ 제품 구매량

④ 지속적 구매 기간

해설

고객 충성도 평가에 영향을 미치는 요소로 제품 구매량, 지속적 구매 기간, 구매 빈도, 구매 금액, 고객 소개 등이 있다.

13 발달된 정보기술을 이용하여 다양한 고객정보를 효과적으로 획득하고 분석하며 신규고객의 확보보다 이탈 방지, 즉 고객의 유지에 비중을 두는 마케팅은?

① 게릴라 마케팅

② 네트워크 마케팅

③ 인다이렉트 마케팅

④ 데이터베이스 마케팅

해설

데이터베이스 마케팅의 특성

• 고객의 데이터베이스를 구축 · 활용하여 고객에게 제품을 판매하는 전략이다. 이때 고객마다 데이터를 구축해 업데이트하면서 확장해야 한다.

• 쌍방향 의사소통이며 고객을 장기적으로 관리한다.

• 효율적인 데이터베이스 관리를 위해 전산화가 필요하다.

• 장기적으로 릴레이션십(Relationship)을 개발 및 축적한다.

14 구매 후 기업의 소비자 상담의 역할이 아닌 것은?

① 기업 이미지 제고

② 소비자에게 책임 전가

③ 고객지향적 마케팅 활동 추진

④ 불만고객에게 신속한 피해 보상

해설

구매 후 소비자 상담이란 소비자가 재화와 서비스를 이용하는 과정에서 고객의 욕구와 기대에 어긋났을 때 발생하는 모든 일을 도와주는 상담을 말한다. 소비자가 불만을 가진다면 기업은 책임을 전가해서는 안 되며 소비자의 입장에서 공감하며, 불만의 해결을 위해 노력해야 한다.

15 소비자 행동연구의 의의가 아닌 것은?

① 소비자 권익을 옹호한다.

② 소비자의 동기부여를 이해하는 데 도움을 준다.

③ 일반 소비자들에게 구매의사결정 과정을 인식시킨다.

④ 기업의 광고 담당자로 하여금 광고 내용이 소비자를 어떻게 설득시켜 구매활동을 야기시킬 것인가를 분석할 능력을 부여한다.

해설

소비자 행동연구는 소비자의 권익을 옹호하기 위한 것이 아니라 다양한 소비자의 욕구를 발견하고 효과적으로 충족시킬 수 있는 마케팅 전략을 계획하여 수행하기 위한 것이다.

16 기업의 고객가치 향상을 위한 경영전략 관점에서의 지식 관리에 해당하지 않는 것은?

① 전자상거래

② 데이터마이닝

③ 데이터웨어하우스

④ 데이터베이스 마케팅

해설

전자상거래는 인터넷이나 PC통신을 이용해 상품을 사고파는 행위로서, 지식 관리에 해당하지 않는다.

② 데이터마이닝(Data mining): 데이터 웨어하우스에서 잠자고 있는, 이전에는 알려지지 않은 가능성 있는 정보를 도출해 내기 위한 지식 발견과정을 말한다.

③ 데이터 웨어하우스(Data warehouse): 기업 내 의사결정지원 애플리케이션을 위한 정보 기반을 제공하는 하나의 통합된 데이터 저장 공간을 말한다.

④ 데이터베이스 마케팅(Database marketing): 고객정보, 경쟁사정보, 산업정보 등 시장의 각종 1차 데이터를 직접 수집·분석하고 그것을 기초로 하여 마케팅 전략을 수립하는 전략을 말한다.

17 소비자의 구매과정 중 구매 전 단계에서의 커뮤니케이션 목표와 거리가 가장 먼 것은?

① 구매 위험의 감소

② 상표 인지의 증대

③ 구매 가능성의 증대

④ 반복 구매 행동의 증대

해설

반복 구매 행동의 증대는 구매 후 단계에서의 커뮤니케이션 목표이다.

정답 | 12 ② 13 ④ 14 ② 15 ① 16 ① 17 ④

18 고객 접점별로 고객이 느끼는 정신적, 육체적 상황을 의미하는 용어는?

① CPA(Call Progress Analysis)

② CSP(Customer Situation Performance)

③ CSR(Customer Service Representative)

④ CAT(Computer Assisted Telemarketing)

해설

고객 접점별로 전개될 수 있는 심리적인 상황 관계를 고객 상황 퍼포먼스(CSP; Customer Situation Performance)라고 한다. CSP는 고객이 느끼는 정신적 · 육체적 상황을 의미하며, 현재 이후에 벌어질 고객 행동의 예측도 포함할 수 있다.

① CPA(Call Progress Analysis): 전화응답 자동감지 기능으로 고객과 통화가 되었을 때만 상담원에게 연결해 주는 방식이다. 이 기법은 최신 다이얼링 기법으로 콜센터의 생산성을 극대화하면서 동시에 고객 불만 야기 위험을 최소화하는 데 목적을 둔다.

③ CSR(Customer Service Representative): 실제 콜을 수 · 발신하고 고객과 커뮤니케이션하는 사람으로 내부고객이나 외부고객과 업무 상담을 하는 직원을 말한다.

④ CAT(Computer Assisted Telemarketing): 컴퓨터 등 전문 소프트웨어와 하드웨어를 활용하여 텔레마케팅 업무를 강력하게 지원해 주는 체계이다.

19 다음 중 소비자 구매의사결정 과정을 바르게 나열한 것은?

A. 문제 인식

B. 정보 탐색

C. 구매 결정

D. 대체안 평가

E. 구매 후 행동

① A → B → D → C → E

② B → A → C → D → E

③ A → C → B → D → E

④ B → C → A → D → E

해설

소비자 구매의사결정 과정

문제 인식 → 정보 탐색 → 대체안 평가 → 구매 결정 → 구매 후 행동

20 CRM을 위한 고객정보를 분류한 것 중 정보의 원천이 다른 것은?

① 접촉 데이터

② 제휴 데이터

③ 직접 입수 데이터

④ 조사, 분석 데이터

해설

접촉 데이터는 반응고객정보이다. ② · ③ · ④는 회사 내부에 이미 보유하고 있는 정보로서, 내부고객정보이다.

21 텔레마케팅을 통한 고객관리의 특징이 아닌 것은?

① 즉각적인 상호작용이 가능하다.

② 비대면 중심의 커뮤니케이션이다.

③ 고객과 상담원 간의 쌍방향 커뮤니케이션이다.

④ 텔레마케팅에서는 비언어적인 메시지를 사용하지 않는다.

해설

텔레마케팅에서는 언어적 메시지와 비언어적 메시지를 동시에 사용할 수 있다.

22 다음 빅데이터 수집 방법 중에서 크롤링(Crawling)과 가장 관련이 있는 것은?

① 웹 로그(Web log)

② 웹 로봇(Web robet)

③ 웹 블로그(Web blog)

④ 웹 데이터마이닝(Web data mining)

해설

크롤링은 SNS, 뉴스, 웹 정보 등 인터넷에서 제공되는 웹 문서 정보를 수집하는 방법이다. 웹 로봇은 검색엔진에서 주로 사용되고 있으며, 웹 문서를 돌아다니면서 필요한 정보를 수집하고 이를 색인해 정리하는 기능을 수행한다.

23 인바운드 스크립트의 구성 내용 중 가장 먼저 이루어져야 하는 과정은?

① 고객 확인

② 고객 니즈 파악

③ 첫인사 및 자기소개

④ 정보 제공 및 문제 해결

해설

인바운드 스크립트의 구성

첫인사 및 자기소개 → 고객 확인 → 고객 니즈(문의 내용) 파악 → 정보 제공 및 문제 해결 → 동의와 확인 → 종결

24 일반적인 고객 욕구에 대한 설명으로 옳지 않은 것은?

① 소비자가 원할 때 적시에 서비스를 제공받기를 원한다.

② 자신의 문제에 대해 공감을 얻고 공정하게 처리되기를 원한다.

③ 책임 당사자인 제삼자에게 업무를 넘겨서 처리해 주기를 원한다.

④ 개인적으로 알아주고 관심과 정성이 담긴 서비스를 제공받기를 원한다.

해설

고객은 유능하고 책임감 있는 일 처리를 기대하지 제삼자에게 업무를 넘기는 것을 원하지는 않는다.

25 인바운드 상담절차로 옳은 것은?

① 상담 준비 → 전화응답과 자신의 소개 → 문제 해결 → 동의와 확인 → 고객 니즈 간파 → 종결

② 전화응답과 자신의 소개 → 상담 준비 → 고객 니즈 간파 → 동의와 확인 → 문제 해결 → 종결

③ 상담 준비 → 전화응답과 자신의 소개 → 고객 니즈 간파 → 문제 해결 → 동의와 확인 → 종결

④ 상담 준비 → 고객 니즈 간파 → 문제 해결 → 동의와 확인 → 전화응답과 자신의 소개 → 종결

해설

인바운드 상담절차

상담 준비(착신통화의 준비) → 전화응답과 자신의 소개 → 용건 파악(고객 니즈 간파) → 상담(문제 해결) → 동의와 확인 → 종결(사후처리와 피드백)

26 시장조사를 위한 자료 수집 중 1차 자료에 해당하지 않는 것은?

① 고객 행동에 대한 관찰

② 실험실 조사에서의 소비자 반응 측정

③ 대학이나 연구소의 일반 소비자 조사 자료

④ 일반 소비자나 유통점 주인들을 대상으로 한 서베이

해설

대학이나 연구소에서 일반 소비자를 조사한 자료는 조사 설계와 자료 수집계획을 수립하여 직접 자료를 수집한 것이 아니라 다른 집단이나 기관에서 이미 만들어 놓은 방대한 자료이므로 2차 자료에 속한다.

1차 자료
• 문제 해결을 위해 조사자가 직접 수집하는 자료이다.
• 조사자가 1차 자료를 수집하고자 할 때는 조사 설계와 자료 수집계획을 수립하여 직접 자료를 수집해야 한다.

27 조사자가 현재의 조사 프로젝트를 위하여 직접 수집한 자료가 아니라 어떤 조사 프로젝트의 다른 조사 목적과 관련하여 특정한 조사 주체에 의해 기존에 이미 작성된 자료는?

① 원 자료

② 1차 자료

③ 2차 자료

④ 현장 자료

해설

2차 자료
• 조사자가 현재의 조사 프로젝트를 위해 직접 수집한 자료가 아니라 어떤 조사 프로젝트의 다른 조사 목적과 관련하여 조직 내부 혹은 외부의 특정한 조사 주체가 기존에 이미 작성한 자료를 말한다.
• 시간과 비용을 절약할 수 있고, 수집 과정이 용이하다.
• 조사자는 기록자들의 표현 등에 조심하며 신뢰도와 타당도에 세심하게 주의해야 한다.

28 다음 내용이 설명하는 척도는?

> 척도에 포함될 문항들이 11개의 평가 범주 중 어느 위치에 속할 것인가를 판단하여 이를 바탕으로 척도에 포함될 적절한 문항들을 선정하여 척도를 구성한다.

① 평정 척도   ② 리커트 척도

③ 거트만 척도   ④ 서스톤 척도

해설

서스톤 척도
한 집단의 평가자로 하여금 척도에 포함될 문항들이 척도상의 어느 위치에 속할 것인가를 판단하게 한 다음, 조사자가 이를 바탕으로 척도에 포함될 적절한 문장들을 선정하여 척도를 구성하는 방법이다.

29 전화조사를 할 때 응답 대상의 전체집단 중 그 특성을 그대로 살리면서 소수의 적절한 응답자를 뽑은 대상을 무엇이라 하는가?

① 표본   ② 표집

③ 모수   ④ 모집단

해설

② 표집: 모집단의 특성을 그대로 살리면서 소수의 적절한 수를 뽑는 과정을 말한다.
③ 모수: 모집단의 특성을 나타내는 양적인 측도로서, 전수조사를 통해 직접 알아내거나 표본조사를 통해 얻게 되는 표본의 특성이다.
④ 모집단: 조사자가 추론하고자 하는 모든 자료들의 집합, 즉 조사의 전체 대상을 말한다.

30 표본의 사례 수가 증가하면 표본은 정규분포를 따르게 되는 것과 관계있는 것은?

① 회귀경향성   ② 무선화 원리

③ 중심극한 정리   ④ 최소자승의 원리

해설

중심극한 정리
모집단에서 취한 표본 평균값의 분포는 표본수가 커질수록 평균값을 중심으로 하는 정규분포에 가까워진다. 즉, 표본의 사례수가 증가하면 표본은 정규분포를 따르게 된다.

31 표본추출에 관한 설명으로 옳지 않은 것은?

① 표본의 대표성은 표본오차와 정비례한다.

② 전수조사에서는 모수와 통계치 구분이 불필요하다.

③ 표본추출단위와 분석단위가 일치하지 않을 수 있다.

④ 개인과 집단은 물론 조직도 표본추출의 요소가 될 수 있다.

> **해설**
> 표본의 대표성은 표본오차와 반비례한다.

32 마케팅정보시스템의 구성 요소에 관한 설명으로 옳지 않은 것은?

① 내부정보시스템: 기업 내부에서 정보를 모으는 시스템을 말한다.

② 마케팅의사결정지원시스템: 기업이 내·외부 환경변화에 적절히 대응할 수 있도록 의사결정을 돕는 시스템을 말한다.

③ 마케팅조사시스템: 특정한 문제를 해결하기 위하여 마케팅조사를 통해 자료를 수집하는 과정에 활용되는 시스템을 말한다.

④ 마케팅인텔리전스시스템: 내부 환경에 대한 정보를 입수하는 절차 및 내부 정보를 제공하는 정보원에 대한 시스템을 말한다.

> **해설**
> 마케팅인텔리전스시스템(마케팅정찰시스템; Marketing Intelligence System)
> • 경쟁사에 대한 정보를 수집하기 위하여 외부자료를 많이 활용하는 정보시스템이다.
> • 맥 레오드의 마케팅정보시스템 모형에서 입력 하위 시스템 중 하나에 해당한다.
> • 기업을 둘러싼 마케팅 환경에서 발생하는 일상적인 정보를 수집하기 위해 기업이 사용하는 절차와 정보원의 집합으로서 재판매업자, 관리자, 판매원 관련기관 보고서, 경쟁기업의 고용인 등이 MIS에 해당한다.

33 시장조사를 위한 조사 설계 시 고려해야 할 사항으로 거리가 먼 것은?

① 향후 고객들의 기대 예측

② 예산의 편성과 조사일정 계획 수립

③ 규정된 문제에 대한 종합적인 검토

④ 자료 수집절차와 자료 분석기법 결정

> **해설**
> 향후 고객들의 기대 예측은 조사 설계 시 고려사항이 아니다. 오히려 고객들의 기대를 예측하고 조사 설계를 하면 객관적 조사가 어려울 수 있다.

34 다음 중 질문의 표준화가 쉽게 이루어질 수 있고 비교적 비용이 저렴하며 신속하게 자료를 얻을 수 있는 조사 방법은?

① 전화조사
② 개인면접법
③ 심층면접법
④ 우편조사

해설

② 개인면접법: 설문지를 통해 자료를 수집하는 방법 중 조사 상황에 따라 신속하게 질문 방법, 절차, 순서, 내용을 바꿀 수 있는 자료 수집 방법이다.
③ 심층면접법: 진행에 앞서 미리 수집될 정보가 확정된 후 면접의 순서와 내용을 담은 면접지침이 작성되며 이를 통해 정보를 얻어내는 면접법이다.
④ 우편조사: 추출된 피조사자에게 질문지를 우송하여 응답자로 하여금 스스로 응답하게 한 다음 질문지를 다시 우편으로 받아 자료를 수집하는 방법이다.

35 비확률표본추출방법에 해당하는 것은?

① 군집표본추출방법
② 층화표본추출방법
③ 판단표본추출방법
④ 체계적 표본추출방법

해설

비확률표본추출방법의 종류
- 편의(임의)표본추출방법(Convenience sampling): 조사자가 편리한 대로 표출하며 우연적 표집이라고도 한다.
- 판단(목적)표본추출방법(Judgement sampling): 조사 목적에 적합하다고 판단되는 소수의 인원을 조사자가 선택하며 유의 표집이라고도 한다.
- 할당표본추출방법(Quota sampling): 일정한 특성을 기준으로 모집단의 구성비에 맞춰 편의 표출한다.
- 눈덩이(누적)표본추출방법(Snowball sampling): 특정 집단에 대한 조사를 위해 조사자가 적절하다고 판단하는 조사 대상자들을 선정한 다음, 그들로 하여금 또 다른 대상자들을 추천하도록 하는 표본추출방법이다.

36 다음 2차 자료의 종류 중에서 외부 자료에 해당하는 것을 모두 고른 것은?

> ㄱ. 정기 간행물
> ㄴ. 정부기관 간행물
> ㄷ. 산업협회 간행물

① ㄱ

② ㄴ

③ ㄱ, ㄴ

④ ㄱ, ㄴ, ㄷ

해설

2차 자료의 외부 자료
- 타 기관에서 생성된 모든 자료
- 정부기관 및 공공기관 또는 사설 단체 등의 보고서, 통계자료 등

37 설문지를 구조적 설문지와 비구조적 설문지로 분류하는 기준으로 옳은 것은?

① 적용 방법

② 질문 방법

③ 질문 구성 형식

④ 피조사자의 이름을 밝히는 여부

해설

형식과 절차를 미리 정해 둔 것은 구조적 설문지, 그렇지 않은 것은 비구조적 설문지이다. 그러므로 이 둘을 분류하는 기준은 질문 구성 형식이다.

38 질문의 순서와 배치에 관한 설명으로 옳지 않은 것은?

① 민감한 질문내용들은 마지막으로 구성한다.

② 질문내용은 자연스럽고 논리적인 순서로 구성한다.

③ 일반적인 질문내용에서 구체적인 내용순으로 구성한다.

④ 응답자의 인적사항에 대한 질문은 가능한 한 앞부분에 구성한다.

해설

응답자의 인적사항에 대한 질문은 뒤쪽에 배치한다.

설문지 구성요소의 순서
응답자에 대한 협조 요청문 → 필요한 정보 획득을 위한 문항 → 응답자 분류를 위한 문항 → 응답자의 신상기록 항목

정답　34 ①　35 ③　36 ④　37 ③　38 ④

39 신뢰도를 측정하는 방법에 대한 설명 중 틀린 것은?

① 반분법: 측정 도구를 임의로 반으로 나누어 독립된 두 개의 척도로 사용한다.

② 재검사법: 동일한 상황에 상이한 측정 도구를 사용하여 일정 간격을 두고 두 번 측정한 후 결과를 비교한다.

③ 복수양식법: 최대한 비슷한 두 가지 형태의 측정 도구를 이용해 동시에 측정하고 측정값 간 상관관계를 분석한다.

④ 내적 일관성: 동일한 개념의 측정을 위해 여러 항목을 이용할 경우 크론바흐 알파계수를 통해 신뢰도를 저해하는 항목을 측정 도구에서 제외한다.

해설

재검사법
조사의 신뢰성을 높이기 위해 일정한 시간을 두고 동일한 측정 도구로 반복 측정해 그 결과를 비교하는 방법이다.

40 다음 중 내적 타당도를 저해하는 요인이 아닌 것은?

① 특정 사건의 영향

② 사전검사의 영향

③ 조사 대상자의 차별적 선정

④ 반작용 효과(Reactive effects)

해설

반작용 효과(Reactive effects)는 외적 타당도를 저해하는 요인에 해당된다.

41 사전조사에 관한 설명으로 옳지 않은 것은?

① 설문지의 내용이 적절하게 배치되어 있는가를 체크할 수 있다.

② 본조사를 위하여 응답자의 장소, 조사장소의 분위기, 응답에 필요한 시간, 응답자 표본의 크기 등이 적절한가를 검토한다.

③ 사전조사는 가급적 간접조사 방식을 취한다.

④ 사전조사로 파악된 응답자의 의견을 반영하여 조사의 문제점을 보완, 수정한다.

해설

사전조사(Pretest)
질문지가 완성되면 본조사를 실시하기 전에 미리 질문지 내용의 타당성, 조사의 문제점 등을 검토하기 위해 소수의 표본을 대상으로 직접조사를 통하여 실시하는 시험적인 조사이다.

42 다음에서 설명하는 표본추출방법은?

> 조사에 참여한 응답자들이 그 조사에 참여할 가능성이 있는 잠재적 응답자들을 추천하도록 함으로써 표본을 추출하는 방법이다.

① 할당표본추출방법(Quota sampling)
② 판단표본추출방법(Judgment sampling)
③ 눈덩이표본추출방법(Snowball sampling)
④ 편의표본추출방법(Convenience sampling)

해설
눈덩이(누적)표본추출방법(Snowball sampling)은 특정 집단에 대한 조사를 위해 조사자가 적절하다고 판단하는 조사 대상자들을 선정한 다음 그들로 하여금 또 다른 대상자들을 추천하도록 하는 표본추출방법이다.
① 할당표본추출방법: 모집단을 일정한 카테고리로 나눈 다음, 이들 카테고리에서 필요한 만큼의 조사 대상을 작위적으로 추출하는 방법으로, 표본의 규모가 비교적 큰 상업적 조사에서 가장 보편적으로 사용된다.
② 판단표본추출방법: 유의표집이라고도 하며, 조사 목적에 적합하다고 판단되는 소수의 인원을 조사자가 선택하는 방법이다.
④ 편의표본추출방법: 우연적 표집이라고도 하며, 조사자가 편리한 대로 추출하는 방법이다.

43 세탁기 회사에서 가족 규모와 세탁기 크기의 관련성을 알아보기 위하여 세탁기 사용자들을 대상으로 다음과 같이 설문조사를 하였다. 다음의 조사와 관련 있는 검정 방법은?

> 1. 귀하의 가족 구성원은 모두 몇 명입니까?
> ① 1~2명 　　② 3~4명 　　③ 5~6명 　　④ 7~8명
> 2. 귀하가 사용하시는 세탁기의 크기는 다음 중 어디에 해당합니까?
> ① 소형 　　② 중형 　　③ 대형

① Z test
② χ^2 test
③ T test
④ Anova test

해설
χ^2 test(카이제곱 검정)
관찰된 빈도가 기대되는 빈도와 의미 있게 다른지의 여부를 검증하기 위해 사용되는 검증 방법으로 한 모집단 안에 하나의 명목 척도를 가진 자료 분석에 이용되며 두 변수 간의 관련성을 분석하는 방법이다.

정답 39 ② 40 ④ 41 ③ 42 ③ 43 ②

44 다음 실험에 관한 설명으로 알맞지 않은 것은?

> 음주가 자동차 운전행동에 미치는 영향을 연구하기 위하여 실험을 실시하였다. 한 집단(집단 A)은 알코올이 포함된 술을 마시게 하고, 다른 집단(집단 B)은 알코올 냄새가 나지만 알코올이 포함되지 않은 음료를 마시게 한 후 운전행동을 측정하였다.

① 알코올이 운전행동에 영향을 미치는 인과관계를 분명하게 알 수 있다.
② 독립 변수는 알코올 섭취 여부이다.
③ 종속 변수는 운전행동에 관한 측정치이다.
④ 이 설계에서는 위약효과(Placebo effect)를 통제할 수 없다.

해설

집단 A는 알코올이 포함된 술을 마셨지만 집단 B는 알코올이 포함되지 않고 냄새만 나는 음료를 마시게 하였으므로 음주에 대한 위약효과를 통제하고 있다.

45 효과적인 전화조사를 위한 커뮤니케이션 방법으로 적합하지 않은 것은?

① 응답자의 대답을 반복하거나 복창하여 답변을 확인한다.
② 응답자가 질문내용을 명확하게 알아들을 수 있도록 해야 한다.
③ 응답자를 후원하고 격려하여 응답자가 편안한 분위기에서 응답할 수 있도록 한다.
④ 질문에 대하여 효과적으로 답변할 수 있도록 조사자가 생각하는 답을 사전에 응답자에게 언급한다.

해설

조사자의 생각이나 의견을 응답자에게 드러내면 응답자의 답변에 영향을 줄 수 있으므로 좋지 않다.

효과적인 전화조사를 위한 커뮤니케이션 방법
• 응답자가 알아듣기 쉽도록 단순하고 명확하게 질문한다.
• 응답자가 친밀감과 편안함을 느끼도록 공감하고 격려한다.
• 응답자의 답변을 복창하여 재차 확인한다.

46 마트에서 와인 가격을 다음과 같이 설정했을 때 사용한 가격 결정 방법은?

> 마트에서 판매되는 와인 출시를 준비하던 C사는 처음에 와인 값을 60,000원으로 책정하였다가 시장조사를
> 한 뒤, 가격을 낮추어 출시하였다. 조사 결과, 와인을 A사는 30,000원에, B사는 50,000원에 판매하고 있었다.
> C사는 A사와 B사의 와인 판매 가격을 보고 와인의 가격을 그 중간 값인 40,000원으로 책정하였다.

① 가격 선도제
② 원가기준 가격결정법
③ 경쟁기준 가격결정법
④ 소비자 중심 가격결정법

해설

C사는 경쟁업자가 결정한 가격을 기준으로 가격을 결정하였으므로 '경쟁기준 가격결정법'을 사용하였음을 알 수 있다.

47 시장조사의 중요성으로 옳지 않은 것은?

① 마케팅 전략 수립 및 집행에 필요한 모든 정보를 적절한 시기에 입수할 수 있다.
② 시장조사는 타당성과 신뢰성 높은 정보의 제공을 통해 의사결정의 기대가치를 높일 수 있는 수단이
된다.
③ 고객의 특성, 욕구, 그리고 행동에 대한 정확한 이해를 통해 고객지향적인 마케팅 활동을 가능케 해
준다.
④ 정확한 시장정보와 경영활동에 대한 효과분석은 기업목표의 달성에 공헌할 수 있는 자원의 배분과 한
정된 자원의 효율적인 활용을 가능케 한다.

해설

마케팅 전략 수립 및 집행에 필요한 다양한 정보를 얻을 수는 있지만 필요한 모든 정보를 시장조사를 통해 얻는 것은 아니다.

시장조사의 역할 및 중요성
• 고객의 특성, 욕구나 행동적 특성 간파를 통한 고객지향적 마케팅 활동에 도움을 준다.
• 타당성과 신뢰성 높은 정보의 제공으로, 의사결정 기대치를 제고하고 기업의 전략 경영 실행에 공헌한다.
• 기업의 문제 해결 및 목표 달성에 도움을 주는 정확한 시장정보를 통해 자원의 배분과 효율적 활용 가능성을 제공한다.

48 표본오차와 표본의 크기에 대한 설명으로 알맞지 않은 것은?

① 표본크기가 클수록 표본오차는 증가한다.

② 표본추출방법이 표본크기 결정에 영향을 미친다.

③ 요구되는 신뢰수준이 높을수록 표본크기는 커야 한다.

④ 모집단의 구성요소가 이질적인 경우 동질적인 경우에 비해 표본크기가 커야 한다.

해설

표본크기가 클수록 표본오차는 감소한다.

49 독립 변수와 종속 변수의 사이에서 독립 변수의 결과인 동시에 종속 변수의 원인이 되는 변수는?

① 외생 변수

② 억압 변수

③ 선행 변수

④ 매개 변수

해설

① 외생 변수: 실험 변수 밖에서 결과에 영향을 미치는 변수

② 억압 변수: 두 변수가 상관관계가 있는데도 없는 것으로 나타나게 하는 제3의 변수

③ 선행 변수: 독립 변수보다 먼저 발생된 변수

50 다음 척도에 대한 설명 중 옳은 것은?

① 명목 척도는 절대적 크기를 비교한다.

② 비율 척도는 등간 척도와 같이 절대 영점을 가지고 있다.

③ 등간 척도의 숫자 간의 간격은 특성의 간격과는 다르다.

④ 서열 척도는 조작적으로 정의된 특징이나 속성에 관해 순서로 배열된 경우이다.

해설

① 명목 척도는 단순한 분류를 목적으로 무작위로 숫자를 부여한 것이다. 명칭이나 부호의 의미만 가질 뿐 그 자체로서의 의미가 없다. **예** 인종, 성별 등

② 비율 척도는 척도를 나타내는 수가 의미 있는 절대 영점을 가지고 있어 가감승제가 모두 가능하다. **예** 투표율, 월 소득액, 매출액, 시장점유율, 나이 등

③ 등간 척도는 측정 대상을 분류, 서열화할 수 있을 뿐만 아니라 범주 간 간격까지 측정할 수 있다. **예** 온도, 지능지수, 상표 선호도, 주가지수 등

51 라인확장(Line extension)과 복수상표화(Multibranding)에 관한 설명으로 틀린 것은?

① 복수상표화는 라인확장에 비해 마케팅 자원이 더 투입된다.

② 라인확장은 소매점 진열공간을 더 많이 차지하기 위해 사용할 수 있다.

③ 라인확장은 제품범주 내에서 새로운 특성을 추가로 도입하면서 기존 브랜드명을 사용하는 것이다.

④ 복수상표화는 한 제품라인에서 문제가 발생될 경우 전체에 타격을 입힐 위험성이 크다.

해설

복수상표화는 동일한 제품범주 내에서 두 개 이상의 다른 브랜드명으로 분산되어 있으므로 문제 발생 시 타격을 최소화할 수 있다.

상표 \ 제품	기존제품	신제품
기존상표	라인확장	상표확장
신상표	복수상표	신상품(개별상표)

52 스크립트 종결 부분에 들어가는 내용이 아닌 것은?

① 감사 인사를 한다.

② 제품의 이점에 대해 설명한다.

③ 고객의 의사결정을 재확인한다.

④ 추가로 궁금한 점이 있는지 확인한다.

해설

제품의 이점을 설명하는 것은 상담 진행 부분에 들어가는 내용이다.

53 소비자가 서비스 구매의 의사결정과정에서 접할 수 있는 일반적인 위험 유형에 관한 설명으로 옳지 않은 것은?

① 심리적 위험 – 구매로 인해 소비자의 자존심이 손상받을 가능성

② 사회적 위험 – 구매로 인해 소비자의 사회적인 지위가 손상받을 가능성

③ 물리적 위험 – 구매했던 의도와 달리 기능을 제대로 발휘하지 못할 가능성

④ 재무적 위험 – 구매가 잘못되었거나 서비스가 제대로 수행되지 않았을 때 발생할 수 있는 금전적인 손실의 가능성

해설

물리적 위험이란 안전하지 못한 제품을 구매하여 신체에 해를 입힐 가능성이다. 구매했던 의도와 달리 기능을 제대로 발휘하지 못할 가능성은 기능적 위험에 관한 설명이다.

소비자 구매의사결정 과정에서의 지각된 위험
- 재무적 위험(Financial risk): 제품 구매에 수반될 수 있는 금전적 손실의 가능성
- 기능적 위험(Functional risk): 구매한 제품이나 서비스가 구매했던 의도와 달리 기능을 제대로 수행하지 못할 가능성
- 심리적 위험(Psychological risk): 구매한 제품이나 서비스가 소비자의 이미지나 가치관과 맞지 않을 가능성
- 사회적 위험(Social risk): 구매한 제품이 자신의 준거 집단에 의하여 인정되지 못할 가능성
- 물리적 · 신체적 위험(Physical risk): 안전하지 못한 제품을 구매하여 신체에 해를 입힐 가능성
- 시간적 위험(Time risk): 제품에 하자가 있을 경우 수선이나 대체에 소요될 시간적 손해의 가능성

54 전통적인 마케팅 경로로 맞는 것은?

① 제조업자 → 소매상 → 도매상 → 소비자

② 도매상 → 소매상 → 제조업자 → 소비자

③ 도매상 → 제조업자 → 소매상 → 소비자

④ 제조업자 → 도매상 → 소매상 → 소비자

해설

전통적인 마케팅 경로는 제조업자가 독립적 유통업자인 도매상과 소매상을 통해 상품을 유통하는 일반적인 유통 방법을 의미한다.

55 마케팅믹스의 구성 요소인 4P로 옳지 않은 것은?

① Price

② Person

③ Product

④ Promotion

해설

마케팅믹스의 4P는 가격(Price), 제품(Product), 판매촉진(Promotion), 유통(Place)이다.

56 인바운드 텔레마케팅에 관한 설명으로 옳지 않은 것은?

① ARS 시스템 또한 인바운드 텔레마케팅의 한 분야이다.

② 고객이 전화를 거는 고객주도형이므로 판매나 주문으로 연결시키기가 비교적 용이하다.

③ 고객데이터베이스에 의존하여 제품이나 서비스를 판매하고 고객을 설득하는 적극적인 마케팅 기법이다.

④ 각종 광고활동의 결과로 외부(고객)로부터 걸려 오는 전화를 받는 것으로 마케팅활동이 일어나는 것이다.

해설

인바운드 텔레마케팅의 개념
• 고객이 기업의 광고나 우편에 직접 반응하여 기업에 전화하는 등 고객의 능동적인 활동이 일어난다.
• 텔레마케팅의 초보적인 단계로 기업의 영업 효율성을 높이기 위한 고객주도형의 마케팅 활동이다.

57 다음 설명에 해당되는 제품의 수명주기는?

– 판매가 절정에 이름　　　　　　　　– 경쟁력이 약한 기업의 도태 – 매우 강력한 경쟁　　　　　　　　　– 독특한 세분시장 – 판매량의 평준화　　　　　　　　　　– 산업 내 브랜드 등가(Parity)

① 도입기

② 성장기

③ 성숙기

④ 쇠퇴기

해설

성숙기의 특징
• 판매가 절정에 이르렀다가 감소하기 시작함
• 매우 강력한 경쟁과 판매량의 평준화
• 독특한 세분시장
• 산업 내 브랜드 등가(Parity)
• 경쟁력이 약한 기업의 도태

정답　53 ③　54 ④　55 ②　56 ③　57 ③

58 유통경로의 설계과정이 맞는 것은?

① 고객 욕구의 분석 → 주요 경로대안의 식별 → 경로대안의 평가 → 유통경로의 목표 설정
② 유통경로의 목표 설정 → 고객 욕구의 분석 → 주요 경로대안의 식별 → 경로대안의 평가
③ 유통경로의 목표 설정 → 주요 경로대안의 식별 → 경로대안의 평가 → 고객 욕구의 분석
④ 고객 욕구의 분석 → 유통경로의 목표 설정 → 주요 경로대안의 식별 → 경로대안의 평가

해설

유통경로의 설계과정
고객 욕구의 분석 → 유통경로의 목표 설정 → 주요 경로대안의 식별 → 경로대안의 평가

59 포지셔닝 전략 수립 과정으로 옳은 것은?

① 소비자 분석 및 경쟁자 확인 → 경쟁 제품의 포지션 분석 → 자사 제품의 포지셔닝 개발 → 포지셔닝 확인 → 재포지셔닝
② 포지셔닝 확인 → 자사 제품의 포지셔닝 개발 → 소비자 분석 및 경쟁자 확인 → 경쟁 제품의 포지션 분석 → 재포지셔닝
③ 소비자 분석 및 경쟁자 확인 → 포지셔닝 확인 → 경쟁 제품의 포지션 분석 → 자사 제품의 포지셔닝 개발 → 재포지셔닝
④ 포지셔닝 확인 → 소비자 분석 및 경쟁자 확인 → 자사 제품의 포지셔닝 개발 → 경쟁 제품의 포지션 분석 → 재포지셔닝

해설

포지셔닝(Positioning) 전략 수립절차
시장 분석(소비자 분석 및 경쟁자 확인) → 경쟁 제품의 포지션 분석 → 자사 제품과 포지셔닝 개발 → 포지셔닝의 확인 → 재포지셔닝

60 서비스 및 상품 구매 후 상담요령과 거리가 먼 것은?

① 사후관리에 따른 스케줄링을 한다.
② 서비스 가능성과 보상 여부를 판단한다.
③ 상담의 문제점 및 잘못된 점을 파악한다.
④ 합리적인 구매의사결정을 위해 정보를 제공한다.

해설

합리적인 구매의사결정을 위해 정보를 제공하는 것은 구매 시 고객상담의 유형이다.
구매 후 고객응대
고객이 구매 후 제품이나 서비스를 사용하는 과정에서 또는 배달 시스템을 활용할 경우에는 운송, 도착 과정에서 발생하는 문제의 해결과 사용 후에 발생하는 불만족이나 문제, 사후모니터링, 사후관리를 해결하기 위한 조치 단계라고 할 수 있다.

61 경쟁사와 대비하여 차별적인 우위를 누릴 수 있는 포지셔닝 전략과 적합하지 않은 것은?

① 제품 차별화

② 인적자원 차별화

③ 서비스 차별화

④ 기업환경 차별화

해설

포지셔닝 전략에서 차별적 우위전략에는 제품, 서비스, 기업의 인적자원의 차별화가 있으며, 기업환경의 경우는 경쟁사와 차별화가 어려운 영역이다.

62 판매 전략을 위한 시장세분화 변수 중 인구통계적 변수에 해당하지 않는 것은?

① 성별

② 개성

③ 연령

④ 교육수준

해설

개성은 심리분석적 변수이다.

시장세분화 변수

구분	내용
지리적 변수	지역, 인구밀도, 도시의 규모, 기후 등
인구통계적 변수	나이, 성별, 가족 규모, 가족생활주기, 소득, 직업, 학력, 종교 등
심리분석적 변수	라이프스타일, 사회 계층, 개성, 관심, 활동 등
행동분석적 변수	추구하는 편익, 구매준비단계, 사용경험, 가격민감도, 사용량 등

63 가격결정에 영향을 미치는 요인을 내적 요인과 외적 요인으로 구분할 때 내적 요인에 해당하지 않는 것은?

① 원가
② 마케팅의 목표
③ 시장과 수요
④ 마케팅믹스 전략

해설

가격결정 요인
• 내부 요인: 마케팅의 목표, 마케팅믹스 전략, 원가, 조직의 특성, 기업의 가격정책 등
• 외부 요인: 수요상황, 경쟁자의 상황, 법적 · 제도적 요인 등

64 고객 욕구의 차이점보다는 공통점을 맞추는 마케팅 전략은?

① 대량 마케팅(Mass marketing)
② 니치 마케팅(Niche marketing)
③ 집중적 마케팅(Concentrated marketing)
④ 차별적 마케팅(Differentiated marketing)

해설

대량 마케팅은 비차별화 마케팅이라고도 하며 기업이 하나의 제품이나 서비스를 가지고 시장 전체에 진출하여 가능한 한 다수의 고객을 유치하려는 전략이다.

65 다음 빈칸에 들어갈 알맞은 용어는?

> 가격결정 정책을 수립할 때 판매자는 반드시 활용 가능한 가격책정의 조건들을 모두 고려해야만 한다. 공급자의 비용에 대한 고려는 (   )이/가 된다.

① 변동비
② 원가경쟁
③ 가격의 범위
④ 가격 하한선

해설

가격결정 정책을 수립할 때 판매자는 반드시 활용 가능한 가격책정의 조건들을 모두 고려해야만 한다. 공급자의 비용에 대한 고려는 가격 하한선이 되고 고객의 수요에 대한 고려는 가격 상한선이 된다.

66 일반적으로 기업이 통제 가능한 마케팅 환경 요인은?

① 광고 환경

② 법률적 환경

③ 정치적 환경

④ 문화적 환경

`해설`

마케팅 환경 요인
- 기업이 통제 가능한 환경(내적 환경 요인): 사업 영역, 기업의 전반적인 목표, 기업 문화, 마케팅 부서의 역할, 기타 부서들의 역할, 표적시장과 마케팅 목표 선택, 마케팅 조직 구축, 마케팅믹스 구성과 마케팅 계획 통제, 광고 환경 등
- 기업이 통제 불가능한 환경(외적 환경 요인): 소비자, 경쟁자, 공급업자, 기술적 환경, 경제적 환경, 사회·문화적 환경, 법률적 환경, 정치적 환경 등

67 아웃바운드 판매 전략의 특성으로 옳지 않은 것은?

① 아웃바운드에서는 고객리스트가 반응률에 영향을 미친다.

② 아웃바운드는 고객에게 전화를 건다는 측면에서 소극적, 방어적 마케팅이다.

③ 아웃바운드에서 데이터베이스 마케팅 기법을 활용하면 더욱 효과가 증대된다.

④ 아웃바운드는 마케팅 전략이나 통화 기법 등의 노하우, 텔레마케터의 자질 등에 큰 영향을 받는다.

`해설`

아웃바운드 마케팅은 외부의 고객에게 전화를 거는 것으로 적극적이고 공격적인 마케팅 방식이다.

68 마케팅믹스의 구성요소 중 기업이 소비자, 중간 구매자 또는 기타 이해관계가 있는 대중에게 제품 또는 기업에 관해서 정보를 전달하는 기능은?

① 제품 기능

② 가격 기능

③ 유통 기능

④ 촉진 기능

`해설`

4P 중 Promotion(촉진)에 대한 설명이다.

마케팅믹스(4P)
- Product(상품)
- Place(유통)
- Promotion(촉진)
- Price(가격)

`정답` 63 ③ 64 ① 65 ④ 66 ① 67 ② 68 ④

69 포지셔닝 전략 유형이 아닌 것은?

① 재포지셔닝

② 경쟁 제품에 의한 포지셔닝

③ 사용 상황에 의한 포지셔닝

④ 제품 사용자에 의한 포지셔닝

해설

포지셔닝 전략은 기업이 시장 분석, 고객 분석, 경쟁 분석 등을 통하여 목표 소비자의 마음속에 자사 제품을 경쟁 제품 대비 유리한 위치에 정립시키는 전략이다. 이와 달리 재포지셔닝은 경쟁 상황과 소비자 욕구의 변화에 따라 제품의 포지션을 다시 설정하는 활동이다.

70 기존고객을 대상으로 하는 데이터베이스 마케팅 전략으로 거리가 가장 먼 것은?

① 고객유지 전략

② 교차판매 전략

③ 고객 애호도 제고 전략

④ 고객 무차별 마케팅 전략

해설

고객 무차별 마케팅 전략은 대량 마케팅이라고도 하며, 기업이 하나의 제품이나 서비스를 가지고 시장 전체에 진출하여 가능한 한 다수의 고객을 유치하려는 전략이다.

71 특정 기업이 자사 제품을 경쟁 제품과 비교하여 유리하고 독특한 위치를 차지하도록 하는 마케팅 전략은?

① 포지셔닝(Positioning)

② 표적시장 선정(Market targeting)

③ 1:1 마케팅(One to One marketing)

④ 관계 마케팅(Relationship marketing)

해설

포지셔닝(Positioning)이란 어떤 제품이 소비자의 마음속에서 경쟁 제품과 비교되어 차지하는 위치이다.

72 일반적인 텔레마케팅의 분류에 해당하지 않는 것은?

① 착 · 발신 주체에 따른 분류

② 대상에 따른 분류

③ 고객 니즈에 따른 분류

④ 운영 방법에 따른 분류

해설

① 인 · 아웃바운드 telemarketing

② B to C · B to B telemarketing

④ In-house · agency telemarketing

73 가격결정에 있어서 상대적으로 고가 가격이 적합한 경우가 아닌 것은?

① 수요의 탄력성이 높을 때

② 규모의 경제효과를 통한 이득이 미미할 때

③ 높은 품질로 새로운 소비자층을 유인하고자 할 때

④ 진입장벽이 높아 경쟁기업이 자사 제품의 가격만큼 낮추기가 어려울 때

해설

수요의 탄력성이 높을 때에는 저가 전략이 유리하다.

고가 전략이 적합한 경우

• 시장수요의 가격탄력성이 낮을 때

• 시장에 경쟁자의 수가 적을 것으로 예상될 때

• 규모의 경제 효과를 통한 이득이 미미할 때

• 진입장벽이 높아 경쟁기업의 진입이 어려울 때

• 높은 품질로 새로운 소비자층을 유인하고자 할 때

• 품질 경쟁력이 있을 때

74 통화품질에 대한 설명으로 가장 거리가 먼 것은?

① 콜센터의 통화에 대한 종합적인 품질의 정도를 말한다.

② 불만고객과의 의사소통 수단으로 사용하는 DM 활동이다.

③ 하드웨어적인 품질과 소프트웨어적인 품질로 구분할 수 있다.

④ 기업과 고객 간에 이루어지는 통화에서 느껴지는 품질의 정도를 말한다.

해설

통화품질은 고객만족과 고객욕구 파악을 통해 고객 충성도와 수익성을 향상시키기 위한 고객 만족관리 수단이라 할 수 있다.

정답 69 ① 70 ④ 71 ① 72 ③ 73 ① 74 ②

75 텔레마케팅의 도입 효과로 볼 수 없는 것은?

① 매출액 증대

② 고객 서비스 향상

③ 면대면 서비스의 강화

④ 상품, 서비스 홍보 효과

해설

텔레마케팅은 전화장치를 이용한 비대면 중심의 커뮤니케이션 행위이다.

제4과목 조직운영 및 성과관리

76 콜센터에 대한 설명으로 옳지 않은 것은?

① 콜센터는 기업의 마케팅 정보 창고이다.

② 고객과 거리를 두고 객관적으로 매출을 분석할 수 있다.

③ 상담원의 역할에 따라 기업 전체의 매출에 큰 영향을 준다.

④ 고객에 대한 최고의 서비스는 매출 증대라는 결과를 만들어 낸다.

해설

콜센터는 고객과 가장 가까운 위치에서 고객과 커뮤니케이션을 진행한다.

77 다음 빈칸에 들어갈 알맞은 용어는?

( )은/는 신규 종업원에게는 직무환경에 자신의 능력을 적응시켜 효과적인 직무수행에 도움을 주고 기존 종업원에게는 새로운 기술과 능력을 증진시켜 변화하는 환경에 능동적으로 대처하게 한다.

① 교육훈련

② 인사이동

③ 경력개발

④ 보상관리

해설

② 인사이동: 각 직무에 배치되어 있는 직원을 필요에 따라서 현재의 직무에서 다른 직무로 바꾸어 재배치하는 것

③ 경력개발: 개인의 경력목표를 설정하고 목표를 달성하기 위한 경력계획을 수립하여 각 개인의 경력을 개발하는 활동

④ 보상관리: 임금 등의 보상과 관련하여 고용자와 노동자의 이해관계를 조정하여 상호이익을 추구하고 기업의 생산성 증진과 근로자들의 생활 향상을 달성하는 활동

78 미스터리 콜(Mystery call)에 대한 설명으로 옳은 것은?

① 답변하기 어려운 내용의 전화

② 내용을 정확하게 파악하기 어려운 전화

③ 누가 전화를 받았는지 알 수 없는 전화

④ 통화 품질 측정을 위해 고객을 가장하여 거는 전화

해설

미스터리 콜이란 고객을 가장하여 상담원에게 전화를 걸어 평가하는 것을 말한다.

79 콜센터 조직에서 상담사에게 필요한 동기부여의 조건이 아닌 것은?

① 칭찬과 인정

② 자부심과 소속감

③ 상사의 권위적 리더십

④ 업무에 몰입할 수 있는 분위기 조성

해설

상사의 권위적 · 독재적인 리더십은 단기적인 효과는 있을지 모르지만, 장기적으로는 오히려 생산성에 역효과를 가져올 수 있다.

텔레마케팅 전문 인력의 동기부여 방안
• 칭찬과 인정
• 자부심과 소속감
• 업무에 몰입할 수 있는 분위기 조성

80 텔레마케팅의 구성 요소에 해당하지 않는 것은?

① 고객(Customer)

② 스크립트(Script)

③ 콜센터(Call center)

④ 데이터베이스(Database)

해설

텔레마케팅의 구성 요소
콜센터(Call center), 텔레마케팅 운용요원(텔레마케터, 관리자, 총책임자), 스크립트(Script), 데이터베이스(Database)

81 콜센터에서 QAA의 기본적인 자격요건이 아닌 것은?

① 평가

② 태도

③ 지식

④ 기술

QAA(Quality Assurance Analyst)
· 텔레마케터의 상담내용을 모니터링하여 상담원의 평가를 통하여 상담품질을 향상시키는 업무 및 교육 지원을 담당한다.
· 텔레마케터들의 통화내용에 대해 평가하고 개선점을 찾아내 개선할 수 있도록 도와주는 역할을 한다.
· 기본적인 자격요건에는 업무지식, 뛰어난 경청능력, 태도, 기술 등이 있다.

82 텔레마케팅의 특징으로 옳은 것은?

① 타 매체와의 연동이 어렵다.

② 일방향 커뮤니케이션이 이루어진다.

③ 전화 및 통신장치 등을 활용하여 비대면으로 접촉한다.

④ 비대면이므로 피드백은 즉각적이고 직접적이기보다는 간접적으로 이루어진다.

콜센터는 전화 및 통신장치 등을 활용하여 1:1 비대면으로 접촉한다.
① 텔레마케팅은 다른 매체와의 연동성이 좋다.
② 텔레마케팅은 고객과의 1:1 관계를 기초로 하는 쌍방향 커뮤니케이션 마케팅 수단이다.
④ 텔레마케팅은 비대면 커뮤니케이션이지만 즉각적이고 직접적인 피드백이 이루어진다.

83 인바운드 텔레마케팅 수행 시 특정 상담원에게 콜(Call)이 집중되지 않고 균등하게 처리될 수 있도록 하는 시스템은?

① ACD

② ANI

③ IVR

④ VMS

ACD(Automatic Call Distributor, 자동호 분배시스템)
고객으로부터 걸려 오는 전화를 해당 시점에서 전화를 받고 있지 않은 상담원에게 순차적으로 균등하게 자동 분배해 주는 시스템이다.

84 OJT(On the Job Training)에 관한 설명으로 틀린 것은?

① 업무 중심의 현장 훈련을 의미한다.

② 종업원의 개인적 능력에 따른 훈련이 가능하다.

③ 교육훈련의 내용을 체계화하기가 쉽다.

④ 종업원은 직무에 종사하면서 지도 교육을 받으므로 업무 수행이 중단되지 않는다.

해설

OJT는 많은 종업원을 동시에 교육하기 어렵고, 업무와 교육훈련에 모두 철저할 수도 없으며, 교육훈련 내용의 체계화가 쉽지 않다는 단점이 있다.

85 텔레마케터에 대한 교육훈련(OJT) 방법으로 적합하지 않은 것은?

① 기존 상담원과 동반근무 실습

② 우수 상담원의 녹취록을 통한 훈련

③ 타 업종의 외부전문가 공개 실무 강좌 참가

④ 모니터링을 통한 슈퍼바이저와의 일대일 코칭

해설

OJT는 실무교육을 의미하므로 타 업종의 실무 강좌는 실무교육으로 볼 수 없다.

86 직장 내 교육훈련(OJT)의 장점이 아닌 것은?

① 종업원의 동기부여에 기여할 수 있다.

② 많은 종업원을 동시에 교육할 수 있다.

③ 상사와 부하 간의 이해와 협동심을 촉진시킬 수 있다.

④ 별도의 시설 없이 적은 비용으로 경제적인 교육훈련의 실시가 가능하다.

해설

OJT는 많은 종업원을 동시에 교육하기 어렵다.

87 인바운드 콜센터의 운영 성과측정지표에 관한 설명으로 옳지 않은 것은?

① 고객만족도는 고객이 콜센터에 대해 느끼는 만족도를 측정하는 항목이다.

② 품질평가는 '목표 서비스 기간 내에 총 인입된 콜의 몇 %를 응답했는가?'를 측정하는 항목이다.

③ CPH(Call Per Hour)는 '텔레마케터가 시간당 인입콜을 얼마나 많이 처리하였는가?'를 측정하는 항목이다.

④ 스케줄 고수율은 '(콜 처리시간+콜 처리준비가 되어 있는 시간)/업무를 하도록 스케줄된 시간'을 측정하는 항목이다.

> **해설**
> '목표 서비스 기간 내에 총 인입된 콜의 몇 %를 응답했는가?'를 측정하는 항목은 서비스 레벨이다.

88 아웃바운드 텔레마케팅의 성과지표가 아닌 것은?

① 콜 접촉률

② 콜 응답률

③ 평균 포기 콜

④ 건당 평균 매출금액

> **해설**
> 아웃바운드 콜센터의 성과지표
> 콜 응답률, 시간당 판매량, 평균 판매가치, 시간당 접촉 횟수, 판매 건당 비용, 고객 DB 소진율, 고객 DB 사용 대비 고객 획득률, 1콜당 평균 전화비용, 총매출액, 콜 접촉률, 건당 평균 매출금액
> 인바운드 콜센터의 성과지표
> 콜 처리율, 스케줄 준수율, 품질 평가, 평균 후처리시간, 서비스 레벨, 고객만족도, 통화품질평가점수, 첫 통화 해결률, 상담원 착석률, 평균 통화시간

89 다음 중 보상을 통한 동기부여 방안으로 옳지 않은 것은?

① 급여 차등 지급

② 진급 우선 혜택

③ 근태 불량자 중점 관리

④ 유급 휴가 및 조기 퇴근 등 복무규정의 차등

> **해설**
> 근태 불량자 중점 관리는 보상을 위한 동기부여 방안이 아니라 처벌을 통한 관리이다.

90 콜량 예측 시 필요한 데이터와 가장 관련이 없는 것은?

① 대화시간

② 마무리시간

③ 콜량예측시간

④ 평균 처리시간

해설

콜량 예측 시 필요한 데이터

대화시간(Talk time), 마무리시간(Wrap-up), 평균 처리시간(AHT ; Average Handling Time)

91 아웃바운드 콜센터에서 상담원 개인별 성과를 나타내는 양적 지표가 아닌 것은?

① 1인당 매출액

② 시간당 성공 콜 수

③ 시간당 통화 콜 수

④ 표준작업일 평균 통화 수

해설

아웃바운드 텔레마케팅 성과 분석을 위한 지표 분석 기준

콜 응답률, 시간당 판매량, 평균 판매가치, 판매 건당 비용, 고객 DB 소진율, 고객 DB 사용 대비 고객획득률, 1콜당 평균 전화비용, 총매출액, 콜 접촉률

인바운드 상담원의 성과관리 평가지표

평균 통화처리시간, 평균 통화시간, 표준작업일 평균 통화 수

92 모니터링의 목적으로 적절하지 않은 것은?

① 고객 욕구 파악

② 서비스 품질 관리

③ 텔레마케터의 교육

④ 평과 결과에 따른 인사 조치

해설

모니터링은 서비스 사항을 정확히 준수하는지를 확인·평가하는 활동으로, 평가 결과를 인사 관리에 반영하여 그에 상응하는 인사 조치를 취하는 것은 목적에 해당하지 않는다.

93 성과가 낮은 경우 콜센터 관리자들이 점검해야 할 사항으로 거리가 먼 것은?

① 상담원의 개인적 성향 및 경제적 수준 등을 점검

② 텔레마케터가 근무 스케줄을 잘못 알고 있는지 점검

③ 응대 준비의 중요성에 대한 직원교육 및 동기부여의 실패 여부 점검

④ 신입직원에 대한 슈퍼바이저의 지원 및 코칭이 유용하지 않은지 점검

해설

상담원의 개인적 성향 및 경제적 수준은 근무 성과와 관련이 없으므로 성과가 낮다고 하더라도 상담원의 개인적 성향과 경제적 수준을 점검하는 것은 적합하지 않다.

94 인바운드 콜센터의 성과지표가 아닌 것은?

① 총매출액

② 서비스 레벨

③ 스케줄 준수율

④ 평균 후처리시간

해설

총매출액은 아웃바운드 콜센터의 성과지표에 해당한다.

인바운드 콜센터의 성과지표

콜 처리율, 스케줄 준수율, 품질 평가, 평균 후처리시간, 서비스 레벨, 고객만족도

95 모니터링 평가 시 고려 요소의 하나로서 고객들이 실제로 상담원에게 어떻게 대우를 받았는지에 대한 서비스 평가와 서비스 모니터링 점수가 일치해야 하는 것을 의미하는 것은?

① 모니터링의 객관성

② 모니터링의 차별성

③ 모니터링의 타당성

④ 모니터링의 대표성

해설

① 모니터링의 객관성: 편견 없이 객관적인 기준으로 평가해 누구든지 인정할 수 있어야 한다.

② 모니터링의 차별성: 모니터링 평가는 서로 다른 기술 분야의 차이를 반드시 인정하고 반영해야 한다.

④ 모니터링의 대표성: 모니터링 대상 콜을 통해 전체 콜센터의 특성과 수준을 추정할 수 있어야 한다.

96 텔레마케팅을 통한 고객상담에 대한 설명으로 옳지 않은 것은?

① 통신장비를 활용한 비대면 중심의 커뮤니케이션이다.

② 언어적인 메시지와 비언어적인 메시지를 동시에 사용할 수 있다.

③ 고객을 직접 만나는 것이 아니므로 응대의 결과와 반응이 잘 드러나지 않는다.

④ 고객과 텔레마케터 간에 제품구매 또는 서비스거래 등의 커뮤니케이션 행위가 일어난다.

해설

고객을 직접 만나는 면대면 방식은 아니지만 응대의 결과와 반응은 즉각적으로 나타난다.

97 성공하는 텔레마케팅 조직의 특성으로 옳지 않은 것은?

① 직무별 목표와 책임이 분명하다.

② 공정한 성과평가 및 보상이 이루어진다.

③ 인력개발을 위한 교육프로그램이 마련되어 있다.

④ 생산성 향상을 위해 내부 커뮤니케이션은 최대한 제한되어 있다.

해설

성공하는 텔레마케팅 조직은 생산성 향상을 위해 내부 커뮤니케이션이 적극 권장된다.

98 역할연기를 실시할 때 진행하지 않는 단계는?

① 상황 설정

② 반복 훈련

③ 스크립트 수정

④ 스크립트 작성

해설

역할연기는 작성된 스크립트를 활용하여 고객과의 대화를 실제처럼 연습하는 것이므로 '스크립트 작성'은 진행하지 않는다.

99 텔레마케팅으로 판매할 때 염두에 둬야 하는 '80:20의 법칙'이란?

① 20%의 고객이 80%의 수익을 창출한다.

② 전화를 걸면 20%는 응답을 하고 80%는 거절을 한다.

③ 전체 판매비용의 20%가 전화통화 비용의 80%를 차지한다.

④ 통화가 이루어진 고객 중 20%는 구매를 하고 80%는 구매를 하지 않는다.

해설

80:20의 법칙(V. Pareto's law, 파레토 법칙)

이탈리아의 경제학자 파레토가 발견한 법칙으로 전체 결과의 80%는 20%의 원인에서 비롯된다는 의미이다. 구성원의 20%가 80%의 업무를 하고 있으며, 상위 20%가 전체 80%의 부를 축적하고 있고, 기업의 상품 중 20%의 대표 상품이 전체의 80%에 해당하는 매출을 올리고, 20%의 소비자가 전체 매출의 80%를 차지하는 현상 등을 의미한다.

100 인사선발도구 중 면접의 방식에 관한 설명으로 옳은 것은?

① 순차면접은 여러 계층에 있는 관리자들이 피면접자를 면접하는 방식이다.

② 집단면접은 다수의 면접관이 한 명의 피면접자에게 질문을 하면서 진행되는 방법이다.

③ 구조적 면접은 면접관에게 폭넓은 권한을 부여하여 특별한 형식 없이 피면접자가 원하는 질문을 하는 방식이다.

④ 스트레스면접은 면접관에게 스트레스를 주어 스트레스 상황 하에서 피면접자의 반응을 살펴보면서 면접을 하는 방식이다.

해설

② 집단면접: 각 집단 단위별로 특정 문제에 따라 자유 토론을 할 수 있는 기회를 부여하고, 토론 과정에서 개별적으로 적격 여부를 심사·판정하는 방법이다.

③ 구조적 면접: 직무 명세서를 기초로 하여 미리 질문 목록을 준비해 면접관이 피면접자에게 차례로 질문하되, 준비한 내용에서 벗어나는 질문은 하지 않는 방법이다.

④ 스트레스면접: 면접관이 매우 공격적인 태도를 취하거나 피면접자를 무시하는 태도를 보이는 등 피면접자를 방어적이고 좌절하게 만들어 스트레스 상황에서 피면접자의 감정적 안정성과 인내도 등을 관찰하는 방법이다.

2023년

최신 기출문제

합격의 공식 시대에듀 www.sdedu.co.kr

※ 2023년 제1회~제3회는 시대에듀에서 기출복원한 문제입니다.
저작권법에 의해 보호를 받는 저작물이므로 무단전재나 복제를 금합니다.

제 1 회 기출복원문제해설
제 2 회 기출복원문제해설
제 3 회 기출복원문제해설

교육은 우리 자신의 무지를 점차 발견해 가는 과정이다.

– 윌 듀란트 –

2023 텔레마케팅관리사

제1회 기출복원문제해설

핵심 내용
제1과목: 고객 불만, 데이터베이스 마케팅, 인바운드 상담 절차, MOT, LTV, 빅데이터, 고객관리
제2과목: 척도, 확률표본추출방법, 비확률표본추출방법, 타당도, 설문지 작성, 변수
제3과목: 고가 전략, 콜센터 성과지표, 제품수명주기, 고객상담 기술, 시장세분화, 재포지셔닝
제4과목: 라포, 리더, 역할연기, OJT, 콜센터 조직 구성원

제1과목 고객관리

01 영업사원이 다음과 같은 응대기법을 통해 충족시키고자 하는 고객의 욕구는?

> – 고객님께서 얼마나 실망하셨을지 잘 알겠습니다.
> – 그 당시 어떤 느낌을 갖게 되셨는지 이야기하고 싶습니다.
> – 고객님 요구가 무리한 것이 아니었습니다.

① 존경받고자 하는 욕구
② 공평하게 대접받고자 하는 욕구
③ 적시에 신속한 서비스를 받고자 하는 욕구
④ 자신의 문제에 대해 공감해 주기를 바라는 욕구

해설

주어진 내용은 고객의 감정을 알고 이해하려는 공감적 응대기법이 사용되었다. 이를 통해 자신의 문제에 공감해 주기를 바라는 고객의 욕구를 충족시킬 수 있다.

02 발달된 정보기술을 이용하여 다양한 고객정보를 효과적으로 획득하고 분석하며 신규고객의 확보보다 이탈 방지, 즉 고객의 유지에 비중을 두는 마케팅은?

① 게릴라 마케팅

② 데이터베이스 마케팅

③ 인다이렉트 마케팅

④ 네트워크 마케팅

해설

데이터베이스 마케팅의 특성

- 고객이 특정 회사의 제품이나 서비스를 처음 구매했을 때부터 시작해서 마지막으로 구매할 것이라고 판단되는 시점까지 구매가 가능한 제품이나 서비스의 누계액을 의미한다.
- 쌍방향 의사소통이며 고객을 장기적으로 관리한다.
- 효율적인 데이터베이스 관리를 위해 전산화가 필요하다.
- 장기적으로 릴레이션십(Relationship)을 개발 및 축적한다.

03 고객 불만 처리의 중요성에 대한 설명으로 적절하지 않은 것은?

① 소송 등으로 인한 법적 비용을 줄일 수 있다.

② 좋지 않은 평판을 미리 막을 수 있다.

③ 고객의 생활수준을 평가하는 유용한 자료로 활용할 수 있다.

④ 고객 유지율이 향상되어 장기적이고 지속적으로 이윤을 증대시킬 수 있다.

해설

고객 불만을 처리한다고 해서 고객의 생활수준을 평가하는 자료로 활용할 수는 없다.

고객 불만 처리의 중요성

- 고객 불만을 효과적으로 처리하여 기업의 대외 이미지를 향상시킬 수 있다.
- 마케팅 및 경영 활동에 유용한 정보를 얻을 수 있다.
- 고객 불만을 효과적으로 처리하면 고객 유지율이 향상되어 이윤을 장기적이고 지속적으로 증대시킬 수 있다.
- 고객의 요구를 적극적으로 수용하고 관리하여 불만고객을 충성고객으로 만들 수 있다.
- 고객으로부터 신뢰를 얻음으로써 구전 효과를 꾀할 수 있다.
- 소송 등으로 인한 법적 비용을 줄일 수 있다.
- 좋지 않은 평판을 미리 막을 수 있다.

04 시대별 서비스 마인드에 대한 설명으로 틀린 것은?

① 현대 사회에서 서비스는 고객과의 관계를 평등, 대등, 수평, 횡적 관계로 인식한다.

② 미래 사회에서 서비스는 종적 관계로 고객과 서비스인은 상하 관계를 의미한다.

③ 미래적 서비스 마인드는 고객이 원하는 것을 세심히 관찰하여 고객의 요구에 앞서 대응해야 한다.

④ 미래를 대비하기 위해 서비스인들은 보다 능동적이며 적극적인 자세로 활기찬 서비스를 제공하려는 마인드를 지녀야 한다.

<u>해설</u>
서비스는 고객과 서비스인이 동등하게 의견을 주고받는 수평적 인간관계를 토대로 한다.

05 고객이 텔레마케터에게 가지는 '인정, 존중, 수용'의 욕구를 충족시킬 수 있는 고객응대 방법은?

① 고객의 사소한 질문을 지적한다.

② 고객의 이름을 부르며 의견을 경청한다.

③ 텔레마케터의 생각을 일방적으로 이야기한다.

④ 항상 반론을 제기한다.

<u>해설</u>
고객의 이름을 부르는 등 고객이 친밀도와 편안함을 느끼도록 하고 의견을 경청하여 라포를 형성한다.

06 다음 중 잠재고객의 대상으로 거리가 먼 것은?

① 현재는 다른 경쟁업체를 이용하고 있으나 해당 기업의 제품이나 서비스에 대해 알고 있어 향후 자사 고객으로 확보할 수 있다고 판단되는 고객

② 특정 제품이나 서비스에 대해 문의를 하는 고객이 자신의 신분이나 연락처를 밝히는 경우

③ 웹상에서 비록 회원가입은 하지 않았으나 자주 클릭하여 접촉을 하거나 하였다고 예측, 판단되는 고객

④ 회사에 리스크를 초래하였거나 신용 상태, 가입 자격 등이 미달되는 고객

<u>해설</u>
회사에 리스크를 초래하였거나 신용 상태, 가입 자격 등이 미달되는 고객은 부적격고객에 대한 설명이므로 적절하지 않다.

정답 02 ② 03 ③ 04 ② 05 ② 06 ④

07 다음 중 블랙컨슈머에 해당하지 않는 소비자는?

① 식기세척기를 구매하여 작동시켜 보았지만 물이 제대로 나오지 않자 수리나 환불을 요구하는 소비자

② 은행에서 통장 계좌를 개설한 뒤 창구직원이 도장 뚜껑을 닫아 주지 않았다고 사과와 보상을 요구하는 소비자

③ 겨울용 방한코트를 구매하여 겨울 내내 착용한 뒤, 실밥이 느슨하게 제봉되어 있다며 환불을 요구하는 소비자

④ 냉장고를 구매하여 반복적으로 전원을 껐다 켰다 한 뒤, 냉장고 안의 음식물이 상했다며 작동 불량으로 보상을 요구하는 소비자

해설

구매한 제품이 제대로 작동하지 않았다면 수리나 환불을 요구할 수 있으므로 블랙컨슈머가 아니다.

블랙컨슈머
악성을 뜻하는 Black과 소비자를 뜻하는 Consumer의 합성어로, 구매한 상품의 보상금을 목적으로 하여 기업에 고의적 · 상습적으로 악성 민원을 제기하는 소비자이다.

08 인바운드 상담절차를 바르게 나열한 것은?

A. 상담 준비
B. 전화응답과 자신소개
C. 문제 해결
D. 고객 니즈 간파
E. 동의와 확인
F. 종결

① A → C → D → B → E → F
② D → A → C → B → E → F
③ A → B → D → C → E → F
④ A → D → B → C → E → F

해설

인바운드 상담절차
착신 통화의 준비(상담 준비) → 전화응답과 자신소개 → 용건 파악(고객 니즈 파악) → 상담(해결책 제시) → 동의와 확인 → 사후 처리와 피드백(종결)

09 불만족고객의 심리 상태에 대한 설명으로 옳지 않은 것은?

① 자신의 말을 들어주길 원한다.

② 감정적이고 분노하고 있다.

③ 모든 것에 대해 수용적이다.

④ 심리적으로 보상받기를 원한다.

> **해설**
>
> 불만족고객은 감정적이고 분노하고 있으므로 모든 것에 비수용적이다.

10 고객응대에 있어서 Moments Of Truth(결정적 순간, 진실의 순간)의 의미로 가장 적합한 것은?

① 고객이 제품을 구매하여 처음 사용해 보는 순간

② 고객과 기업이 상호 접촉하여 커뮤니케이션을 하는 매 순간

③ 고객이 제품 사용을 통해 제품의 장단점을 실제로 깨달은 순간

④ 고객이 만족할 만한 응대가 끝난 시점

> **해설**
>
> Moments Of Truth(결정적 순간, 진실의 순간)
> • MOT(Moments Of Truth)란 고객이 조직의 어떤 일면과 접촉하는 접점으로서, 서비스를 제공하는 조직과 그 품질에 대해 어떤 인상을 받는 순간이나 사상을 말한다.
> • 일반적으로 MOT는 고객이 기업과 만나는 모든 장면에서 기업에 대한 고객의 경험과 인지에 영향을 미치는 결정적인 순간을 의미한다.

11 아웃바운드 텔레마케팅을 활용하는 마케팅 전략이라고 볼 수 없는 것은?

① 매스 마케팅   ② 1:1 마케팅

③ 다이렉트 마케팅   ④ 데이터베이스 마케팅

> **해설**
>
> 아웃바운드 텔레마케팅은 고객데이터베이스를 바탕으로 개별고객을 직접 응대하는 마케팅 수단이다. 매스 마케팅(대중 마케팅)은 고객을 동일한 집단으로 대우하여, 모든 구매자를 대상으로 하나의 제품을 대량 생산해 유통하고 대량 촉진하는 형태이므로 아웃바운드 텔레마케팅을 활용하지 않는다.
> 매스 마케팅의 특징
> • 고객을 동일한 집단으로 대우한다.
> • 적당한 가격으로 고품질의 상품과 서비스를 제공함으로써 수익을 창출한다.
> • 신속한 배달 등의 서비스로 경쟁력을 확보하여 많은 고객을 유치한다.
> • 할인 쿠폰을 제공한다.
> • 광고를 실시한다.

정답 07 ① 08 ③ 09 ③ 10 ② 11 ①

12 CRM 성공전략 중 시스템 통합수준의 성공 요인이 아닌 것은?

① 후방조직 영역 활동의 종합적 관리
② 전방조직 영역의 CRM 활동의 자동화
③ 조직 내 다른 정보시스템과의 개별화
④ 고객중심 업무처리절차 확립

해설
CRM은 고객과 관련된 기업 내 모든 정보를 통합하여 분석 및 관리하고 이를 전략적으로 활용한다.

13 텔레마케팅의 특성과 가장 거리가 먼 것은?

① 쌍방향 커뮤니케이션이 이루어진다.
② 전화 및 통신장치 등을 활용하여 비대면으로 접촉한다.
③ 언어적인 메시지와 비언어적인 메시지를 동시에 사용한다.
④ 비대면이기 때문에 피드백은 즉각적이고 직접적이기보다는 간접적으로 이루어진다.

해설
텔레마케팅은 비대면 커뮤니케이션이지만 즉각적이고 직접적인 피드백이 이루어진다.

14 다음의 설명에 해당하는 고객 유형은?

- 낙관적이며 표현력이 좋다.
- 외향적이며 다른 사람을 잘 사귄다.
- 열정적이며 감정이 풍부하다.

① 주도형
② 사교형
③ 온화형
④ 분석형

해설
사교형 고객은 외향적이고, 사람들과 관계를 잘 맺는 편이므로 상담원은 응대 시 고객과 친밀감을 형성하여 신뢰 관계를 맺을 수 있도록 한다. 그 과정에서 대화가 본래의 주제에서 벗어나지 않도록 주의해야 한다.

15 상담대화 모델에서 대화 진행 중 상담원과 고객이 주고받는 메시지에 포함되지 않는 것은?

① 성과
② 정보
③ 감정
④ 태도

해설

성과는 상담원과 고객이 주고받는 메시지와는 무관하며, 상담원과 관리자(상사)가 주고받는 메시지와 관련이 있다.

16 다음 빅데이터 수집 방법 중에서 크롤링(Crawling)과 가장 관련이 있는 것은?

① 웹 로봇(Web robot)
② 웹 로그(Web log)
③ 웹 데이터마이닝(Web data mining)
④ 웹 블로그(Web blog)

해설

크롤링은 SNS, 뉴스, 웹 정보 등 인터넷에서 제공되는 웹 문서 정보를 수집하는 방법이다. 웹 로봇은 검색엔진에서 주로 사용되고 있으며, 웹 문서를 돌아다니면서 필요한 정보를 수집하고 이를 색인해 정리하는 기능을 수행한다.

17 소비자 행동연구의 의의가 아닌 것은?

① 소비자 권익을 옹호한다.
② 소비자의 동기부여를 이해하는 데 도움을 준다.
③ 일반 소비자들에게 구매의사결정 과정을 인식시킨다.
④ 기업의 광고 담당자로 하여금 광고 내용이 소비자를 어떻게 설득시켜 구매활동을 야기시킬 것인가를 분석할 능력을 부여한다.

해설

소비자 행동연구는 소비자의 권익을 옹호하기 위한 것이 아니라 다양한 소비자의 욕구를 발견하고 효과적으로 충족시킬 수 있는 마케팅 전략을 계획하여 수행하기 위한 것이다.

18 고객생애가치에 영향을 미치는 요소 중 고객접촉채널별 이용의 편의성, 고객 불만 처리 정도 등을 수시로 평가할 수 있는 것은?

① 고객반응률

② 고객신뢰도

③ 고객기여도

④ 고객성장성

해설

고객생애가치(LTV; Life Time Value)

고객이 특정 회사의 제품이나 서비스를 처음 구매했을 때부터 시작해서 마지막으로 구매할 것이라고 판단되는 시점까지 구매가 가능한 제품이나 서비스의 누계액을 의미한다.

고객생애가치에 영향을 미치는 요소

• **고객반응률**: 신규고객유지율, 기존고객보유율, 고객반복이용률 등의 효과를 측정하는 데 필수적이다.

• **고객신뢰도**: 추상적이기는 하지만 고객접촉채널별 이용의 편의성, 고객 불만 처리 정도 등을 수시로 평가할 수 있다.

• **고객기여도**: 고객의 누적된 기여도인 만큼 고객에게 다양한 선택과 참여기회를 제공함으로써 교체비용과 추가비용을 줄여준다는 점에서 큰 의미가 있다.

• **고객성장성**: 규모 성장성과 로열티 성장성으로 구분하여 관리하고 측정해야 한다.

19 복잡한 빅데이터 속에서 의미 있는 정보와 가치들을 찾아내어 사람들이 쉽게 직관적으로 알 수 있도록 표현하는 기술은?

① 실시간(Real time) 분석

② 준 실시간(Quasi-real time) 분석

③ 텍스트 마이닝(Text mining)

④ 빅데이터 분석 시각화(Visualization)

해설

빅데이터 분석 시각화(Visualization)에 대한 설명이다. 데이터 분석 결과를 쉽게 이해할 수 있도록 시각적으로 표현하고 전달하는 기술로, 도표를 이용하여 정보를 보다 명확하고 효과적으로 전달한다.

20 텔레마케팅을 통한 고객관리의 특징이 아닌 것은?

① 고객과 상담원 간의 쌍방향 커뮤니케이션이다.

② 전화장치를 활용한 비대면 중심의 커뮤니케이션이다.

③ 텔레마케팅에서는 비언어적인 메시지를 사용하지 않는다.

④ 고객 상황에 맞추어 융통성 있는 커뮤니케이션이 가능하다.

해설

텔레마케팅에서는 언어적 메시지와 비언어적 메시지를 동시에 사용할 수 있다.

21 우유부단한 고객에 대한 경청의 자세가 아닌 것은?

① 고객 대신 결정을 하여 고민을 덜어 준다.

② 상대방을 먼저 칭찬하면서 경청한다.

③ 주의 깊게 경청한다.

④ 인내심을 가지고 경청한다.

해설

상담 경험적 통계로 A안과 B안 중 A안이 더 유리하다고 의견을 제시할 수는 있지만 결정을 대신할 수는 없다.

22 다음 중 고객 충성도(Customer loyalty) 평가에 영향을 미치는 요소가 아닌 것은?

① 구매 빈도

② 통화시간

③ 제품 구매량

④ 지속적 구매 기간

해설

고객 충성도 평가에 영향을 미치는 요소로 제품 구매량, 지속적 구매 기간, 구매 빈도, 구매 금액, 고객 소개 등이 있다.

23 고객 접점별로 고객이 느끼는 정신적, 육체적 상황을 의미하는 용어는?

① CPA(Call Progress Analysis)

② CSP(Customer Situation Performance)

③ CSR(Customer Service Representative)

④ CAT(Computer Assisted Telemarketing)

> **해설**
> 고객 접점별로 전개될 수 있는 심리적인 상황 관계를 고객 상황 퍼포먼스(CSP; Customer Situation Performance)라고 한다. CSP는 고객이 느끼는 정신적 · 육체적 상황을 의미하며, 현재 이후에 벌어질 고객 행동의 예측도 포함할 수 있다.
> ① CPA(Call Progress Analysis): 전화응답 자동감지 기능으로 고객과 통화가 되었을 때만 상담원에게 연결해 주는 방식이다. 이 기법은 최신 다이얼링 기법으로 콜센터의 생산성을 극대화하면서 동시에 고객 불만 야기 위험을 최소화하는 데 목적을 둔다.
> ③ CSR(Customer Service Representative): 실제 콜을 수 · 발신하고 고객과 커뮤니케이션하는 사람으로 내부고객이나 외부고객과 업무 상담을 하는 직원을 말한다.
> ④ CAT(Computer Assisted Telemarketing): 컴퓨터 등 전문 소프트웨어와 하드웨어를 활용하여 텔레마케팅 업무를 강력하게 지원해 주는 체계이다.

24 고객에게 제품이나 서비스를 설명하는 방법으로 틀린 것은?

① 고객의 상황을 파악해 가면서 정확하게 핵심을 전달한다.

② 전달하고자 하는 주요 내용을 명확하게 설명한다.

③ 구체적으로 정확한 수치나 관련 사례를 들어가며 설명한다.

④ 제품이나 서비스의 특성을 전문용어로 설명한다.

> **해설**
> 고객과의 효율적인 커뮤니케이션을 위해서는 전문용어의 사용을 최대한 줄이고, 고객 수준에 맞는 어휘를 사용하여 고객의 입장에서 서비스를 제공해야 한다.

25 다음 중 고객만족의 중요 요소와 가장 거리가 먼 것은?

① 상품

② 광고

③ 서비스

④ 이미지

> **해설**
> 고객만족의 3요소는 제품 요소, 서비스 요소, 기업 이미지 및 신뢰성 요소이다. 이들 3가지 요소가 잘 믹스되고 업그레이드 될 때 고객이 만족을 느낄 수 있다.

26 마케팅정보시스템 중 마케팅 환경으로부터 수집한 정보를 해석하고, 마케팅 의사결정의 결과를 예측하기 위해 사용되는 관련 자료, 소프트웨어, 분석도구 등을 통합한 것은?

① 마케팅조사시스템

② 마케팅내부정보시스템

③ 마케팅의사결정지원시스템

④ 마케팅인텔리전스시스템

해설

마케팅의사결정지원시스템

• 최고경영자의 의사결정을 도와주는 시스템으로, 정형적인 문제는 의사결정 규칙에 의해 자동으로 해결 방법을 제시하고, 비정형적인 문제는 문제를 분석하여 최종 결정에 도움이 되는 정보를 제공한다.

• 각종 요인 변화에 대해 결과를 즉시 요약 · 제시하는 정보시스템으로, 의사결정을 쉽게 할 수 있도록 지원한다.

27 인과관계 분석에서 독립 변수가 명목이면서 종속 변수가 등간 또는 비율인 경우 사용하는 방법은?

① 회귀 분석

② 분산 분석

③ 교차 분석

④ 로지스틱 회귀 분석

해설

① 회귀 분석: 독립 변수가 등간 또는 비율이면서 동시에 종속 변수도 등간 또는 비율인 경우 사용한다.

③ 교차 분석: 독립 변수와 종속 변수가 모두 명목인 경우 사용한다.

④ 로지스틱 회귀 분석: 독립 변수가 등간 또는 비율이면서 종속 변수가 명목인 경우 사용한다.

28 변인에 대한 설명으로 틀린 것은?

① 독립 변인 이외에 종속 변인에 영향을 주는 모든 변인이 매개 변인이다.

② 조작적 정의에 따라 관찰 가능하고 측정 가능한 실체가 있는 변인이 관찰 변인이다.

③ 인과관계를 분석할 목적으로 수행되는 연구에서 원인이 되는 변인이 독립 변인이다.

④ 독립 변인과 종속 변인의 관계에서 직접적인 인과관계가 아닌 제3변인의 효과를 포함하는 경우의 제 3변인이 중재 변인이다.

해설

독립 변인 이외에 종속 변인에 영향을 주는 변인은 외생 변인이다. 매개 변인은 독립 변인과 종속 변인의 사이에서 독립 변인의 결과인 동시에 종속 변인의 원인이 되는 변수로, 독립 변인의 효과를 변화시킨다.

29 시장조사 시 조사 항목을 선정할 때의 원칙으로 적합하지 않은 것은?

① 조사에 직접 관련되는 항목만을 선정해야 한다.

② 조사 항목의 수는 최소한에 그쳐야 한다.

③ 응답하기 곤란한 문항도 포함시키는 것이 효율적이다.

④ 통계조사의 경우는 자료 처리나 통계를 염두에 두어야 한다.

해설

조사 항목을 선정할 때 지켜야 할 원칙
• 조사에 관계되는 질문만을 선정한다.
• 다른 곳에서 보다 정확한 자료를 수집할 수 있을 경우에는 항목에서 제외한다.
• 통계조사의 경우 항목은 통계표나 자료 처리를 염두에 둔다.
• 조사 항목의 수는 조사 목적을 달성할 수 있는 최소한의 수가 바람직하다.
• 응답자가 대답하지 않을 항목은 처음부터 포함시키지 않는다.

30 마케팅정보시스템 중 마케팅 관리자가 마케팅 계획을 수립하고 기존의 마케팅 계획을 조정하기 위하여 마케팅 환경에서 일어나고 있는 여러 가지 변화와 추세에 관한 일상적인 정보를 체계적으로 수집하는 시스템은?

① 마케팅내부정보시스템
② 마케팅고객정보시스템
③ 마케팅인텔리전스시스템
④ 마케팅조사시스템

해설

마케팅인텔리전스시스템(마케팅정찰시스템, MIS; Marketing Intelligence System)
경쟁사에 대한 정보를 수집하기 위하여 외부 자료를 많이 활용하는 정보시스템으로, 기업을 둘러싼 마케팅 환경에서 발생하는 일상적인 정보를 수집하기 위해 기업이 사용하는 절차와 정보원의 집합이다.

31 다음과 같은 것이 해당하는 척도는?

운동선수의 등번호

① 서열 척도　　　　　　　　　　② 명목 척도

③ 등간 척도　　　　　　　　　　④ 비율 척도

해설

명목 척도

개체나 사람이 다르다는 것을 보이기 위해 이름이나 범주를 대표하는 숫자로 부여하는 방식의 척도이다. 각 반응에 대해 무작위로 수를 할당하기 때문에 부여된 숫자는 연구자가 자료를 수집하고 분석하는 데 편리하도록 하기 위한 명칭이나 부호로서의 의미를 가질 뿐 그 자체로서는 의미가 없다. **예** 인종, 성별, 상품 유형별 분류, 시장 세분 구역 분류 등

32 다음 설명과 관련 있는 조사는?

- 조사 대상 전체를 빠짐없이 조사하기 때문에 원칙적으로 바람직하며, 모집단의 규모가 작고 추정의 정밀도가 높아야 하는 경우 이용된다.
- 모집단 전체를 조사하기 때문에 표본오차는 작으나 조사 대상자가 많아 시간, 비용이 증가하고, 조사 시행 과정에서 발생하는 비표본 오류가 증가한다.
- 전체오차를 최소한으로 줄인 조사가 필요한 경우 이용된다.

① 전수조사　　　　　　　　　　② 표본조사

③ 부분조사　　　　　　　　　　④ 층별조사

33 확률표본추출법에 대한 설명으로 알맞지 않은 것은?

① 시간과 비용이 많이 든다.

② 표본오차의 추정이 불가능하다.

③ 표본분석결과의 일반화가 가능하다.

④ 연구대상이 표본으로 추출될 확률이 알려져 있다.

해설

확률표본추출방법은 모집단에 속한 모든 요소가 표출됨에 있어 같은 확률을 가진다는 것이 전제되며, 비용이 많이 들고 불편하지만 표본오차의 추정이 가능하다.

34 시장조사를 할 때 타당도를 올리는 방법으로 알맞지 않은 것은?

① 연구 담당자가 마케팅 전반에 대한 깊은 지식을 습득한다.

② 이미 타당성을 인정받은 측정 방법을 이용한다.

③ 사전조사를 통하여 상관관계가 낮은 항목들을 제거한 후 관계가 높은 변수들만을 개념측정에 이용한다.

④ 측정 시 문항의 수를 적게 하여 자료의 측정 타당도를 높인다.

> **해설**
> 시장조사 시 타당성을 높이는 방법
> • 담당자가 측정 대상 전반에 대해 충분한 지식을 습득한다.
> • 기존 관련 연구에서 사용되어 타당성을 인정받은 측정 방법을 이용한다.
> • 사전조사를 통하여 측정 대상과 이를 측정하는 문항들 간의 상관관계가 낮은 문항을 제거한다.

35 표본오차와 표본의 크기에 대한 설명으로 알맞지 않은 것은?

① 모집단의 구성요소가 이질적인 경우 동질적인 경우에 비해 표본크기가 커야 한다.

② 표본크기가 클수록 표본오차는 증가한다.

③ 표본추출방법이 표본크기 결정에 영향을 미친다.

④ 요구되는 신뢰수준이 높을수록 표본크기는 커야 한다.

> **해설**
> 표본크기가 클수록 표본오차는 감소한다.

36 텔레마케터가 응답자에게서 응답을 이끌어 낼 때 할 수 있는 말로 알맞지 않은 것은?

① "여기에 맞거나 틀린 답은 없어요. 생각하시는 부분을 말씀해 주시면 됩니다."

② "급하게 생각하시지 않아도 됩니다. 여유를 가지고 편하게 말씀해 주시면 됩니다."

③ "제가 여쭈어 본 내용에 대해서만 말씀해 주세요. 다른 부분은 말씀하시지 마시고요."

④ "말씀하시기 불편하시면 꼭 대답하시지 않아도 됩니다. 말씀하실 수 있는 부분만이라도 말씀해 주시면 됩니다."

> **해설**
> 응답자가 말하는 내용에 제한을 두면 응답을 이끌어 내기 어렵다.

37 비확률표본추출방법에 대한 설명으로 옳지 않은 것은?

① 모집단을 정확하게 규정할 수 없는 경우에 활용하면 좋다.

② 층화표본추출방법, 편의표본추출방법, 할당표본추출방법 등이 있다.

③ 표집오차 추정이 불가능하기 때문에 오차가 큰 문제가 되지 않을 때 사용하는 것이 좋다.

④ 표본으로 추출될 확률을 전혀 알 수 없는 상태에서 사용 시 비용 절감의 효과가 있다.

해설

층화표본추출방법은 확률표본추출방법이다.

38 다음 실험에 관한 설명으로 알맞지 않은 것은?

> 음주가 자동차 운전행동에 미치는 영향을 연구하기 위하여 실험을 실시하였다. 한 집단(집단 A)은 알코올
> 이 포함된 술을 마시게 하고, 다른 집단(집단 B)은 알코올 냄새가 나지만 알코올이 포함되지 않은 음료를
> 마시게 한 후 운전행동을 측정하였다.

① 알코올이 운전행동에 영향을 미치는 인과관계를 분명하게 알 수 있다.

② 독립 변수는 알코올 섭취 여부이다.

③ 종속 변수는 운전행동에 관한 측정치이다.

④ 이 설계에서는 위약효과(Placebo effect)를 통제할 수 없다.

해설

집단 A는 알코올이 포함된 술을 마셨지만 집단 B는 알코올이 포함되지 않고 냄새만 나는 음료를 마시게 하였으므로 음주에 대한 위약효과를 통제하고 있다.

39 사안에 대한 소비자의 인식이나 태도를 측정하는 척도 중 상반되는 의미의 형용사를 양끝으로 하여 선택하도록 하는 질문의 형태를 이용하는 것은?

① 중요도 척도   ② 리커트 척도

③ 어의차이 척도   ④ 스타펠 척도

해설

어의차이 척도(=어의구별 척도, 의미분화 척도)

• 어의차이는 개념이 갖는 본질적인 뜻을 몇 개의 차원에 따라 측정함으로써 태도의 변화를 좀 더 정확하게 파악하는 척도이자 방법이다.

• 주로 심리학적 의미를 파악하기 위해 심리학 분야의 측정 도구로 사용해 왔지만 정치학 분야에서도 사회주의, 공산주의, 자유, 민주 등에 관한 어의를 명백히 하기 위해 정치가들에게 일정한 척도에 따라 답변하게 함으로써 진의를 파악하는 연구가 많이 행해졌다.

40 설문조사 시 질문의 용어를 결정할 때 유의사항으로 적절하지 않은 것은?

① 응답자들이 대답하기 곤란한 질문은 간접적으로 물어본다.

② 선택형 질문에 대해서는 응답이 가능한 항목을 모두 제시하여야 한다.

③ 선택형 질문의 경우 응답항목들 간에 내용상 중복이 있어서는 안 된다.

④ 응답자들이 전문용어를 이해할 것으로 가정하고 가능한 한 전문용어를 사용한다.

해설

설문조사 시 질문의 용어를 결정할 때에는 전문용어를 사용할 것이 아니라, 응답자의 수준에 맞는 언어를 사용해야 한다.

41 다음 중 변수에 대한 설명으로 옳지 않은 것은?

① 교육 수준에 따라 월평균소득에 차이가 있다면 월평균소득이 종속 변수가 된다.

② 연속 변수는 사람 · 대상물 또는 사건을 그들 속성의 크기나 양에 따라 분류하는 것이다.

③ 이산 변수는 시간, 길이, 무게 등과 같이 측정 시 최소한의 단위를 확정할 수 없을 때 사용하는 변수를 말한다.

④ 독립 변수는 한 변수(X)가 다른 변수(Y)에 시간적으로 선행하면서 X의 변화가 Y의 변화에 영향을 미칠 때 영향을 미치는 변수를, 즉 X를 의미한다.

해설

변수
- 이산 변수(불연속 변수): 정수의 값을 가지는 양적 변수로 소수 정수가 아니고 셀 수 있는 값을 가지는 변수 **예** 가족 수, 자녀 수 등
- 종속 변수: 독립 변수의 변화에 따라 값이 결정되는 변수
- 연속 변수: 사람 · 대상물 · 사건을 그들의 속성의 크기나 양에 따라 분류하는 것
- 독립 변수: 마케팅 조사설계의 기본요소로 일반적으로 마케팅 관리자가 통제하는 변수이며 관찰하고자 하는 현상의 원인이라고 가정한 변수

42 설문지 작성 시 유의사항으로 적절하지 않은 것은?

① 직접적 · 간접적 질문을 혼용하여 작성한다.

② 편견 또는 편의가 발생하지 않도록 작성한다.

③ 유도 질문을 회피하고 객관적인 시각에서 문항을 작성한다.

④ 조사 목적 이외에도 기타 문항을 삽입하여 응답자를 지루하지 않게 배려한다.

해설

설문지를 작성할 때에는 조사 목적에 맞는 질문만을 해야 한다.

43 마케팅조사를 실시할 필요가 없는 경우는?

① 마케팅조사를 통해 얻을 수 있는 정보가 이미 존재하는 경우

② 시장 내에서 자사의 경쟁우위를 누릴 타이밍이 도래한 경우

③ 시장의 변화가 빨라 제품(서비스 등) 판매 전략의 변화가 필요한 경우

④ 마케팅조사를 수행하는 데 소요되는 비용보다 조사를 통해 얻을 수 있는 가치가 큰 경우

해설

이미 마케팅조사에서 얻을 수 있는 정보를 확보한 경우 마케팅조사를 실시하는 것은 경제적이지 않다.

---

44 층화표본추출방법에 대한 설명으로 알맞은 것은?

① 모집단의 각각의 요소 또는 사례들이 표본으로 선택될 가능성이 동일한 방법이다.

② 일정한 특성에 의해 모집단을 층화하고 각 층에서 일정 수를 무작위 표출하는 방법이다.

③ 모집단 추출 틀에서 단순 무작위로 하나의 단위를 선택하고 그다음 k 번째 항목을 하나씩 표본으로 추출하는 방법이다.

④ 모집단을 동질적인 여러 소그룹으로 나눈 후 특정 소그룹을 표본으로 추출하고, 선택된 전체를 조사 대상으로 삼아 조사하는 방법이다.

해설

①은 단순무작위표본추출방법, ③은 계통표본추출방법, ④는 군집(집락)표본추출방법에 대한 설명이다.

---

45 척도를 이용한 측정 방법 중 두 개의 속성을 한 쌍으로 만들어 두 개 중 어느 한쪽을 선택하여 비교하게 하는 것은?

① 강제 순위법

② 비율 분할법

③ 쌍대 비교법

④ 어의차이 척도법

해설

① 강제 순위법: 응답자들에게 특정 속성에 대한 순위를 정하게 하는 방법이다.

② 비율 분할법: 대상들의 속성을 평가할 때 한 속성의 보유 정도에 따라 다른 속성들을 상대적으로 평가하도록 하는 방법이다.

④ 어의차이 척도법(=어의구별 척도, 의미분화 척도): 척도 양극점에 상반되는 표현을 제시하고 그 사이에서 선택하도록 하여 소비자의 생각을 측정하는 방법이다.

---

46 집단심층면접조사 방법에 대한 설명으로 가장 적합한 것은?

① 토론 형식으로 진행된다.

② 연령별, 지역별로 실시하는 전화조사의 한 방법이다.

③ 표적집단과 관계없이 불특정 다수를 대상으로 하는 조사 방법이다.

④ 표적집단에 대한 전화조사의 한 방법이다.

> **해설**
>
> 집단심층면접(표적집단면접, FGI; Focus Group Interview)
> • 토론 형식으로 진행되며 응답자들 간의 상호작용을 통하여 보다 유익한 정보를 도출할 수 있다.
> • 어떤 장소에 6~12명의 응답자를 모아 놓고 조사하고자 하는 주제에 대해 서로 토론하도록 하는 정성적 탐사조사 방법
>   이다. 진행자에 의해 면접이 진행되며, 토론 진행 과정을 살필 수 있는 장비와 녹음테이프나 비디오 등이 필요하다.

47 조사 보고서 작성 시 유의사항으로 알맞지 않은 것은?

① 최대한 길고 자세하게 작성한다.

② 보고서를 작성하는 이유를 명확하게 한다.

③ 보고하는 대상을 명확하게 선정한다.

④ 그림과 표를 주로 활용하여 작성한다.

> **해설**
>
> 보고서는 최대한 간단하게 작성한다. 보고서가 고도의 지식이 있어야 이해할 수 있게 작성된다면 쓸모없는 보고서가 될 가
> 능성이 있으므로 보는 사람이 내용을 이해하기 쉽게 작성해야 한다.

48 횡단조사의 구매 관련 자료에 대한 조사 항목으로 거리가 먼 것은?

① 구매의사

② 선호상표

③ 고객 개인정보

④ 상표 및 광고 인지도

> **해설**
>
> 고객 개인정보는 종단조사의 조사 항목이다.

49 조사 결과가 응답자의 의도보다 과장해서 나오며 순서에 따라 편견을 유도하는 문제점이 있는 설문 형식은?

① 다지선다형
② 양자택일형
③ 자유응답형
④ 체크 리스트

해설

양자택일형은 두 가지 중 하나를 선택하게 하는 극단적인 방법으로, 분석·자료 처리가 편리하고 조사자의 영향을 배제할 수 있지만, 분석 결과가 응답자의 의견보다 강하게 나올 수 있고 순서에 따라 편견을 유도한다는 문제점이 있다.

50 다음 조사 설계에서 목표로 하는 집단으로 설정하기에 알맞은 집단은?

> 유선전화를 통해 조사를 하였을 때 응답률이 높은 집단을 대상으로 조사를 설계하려고 한다.

① 10대 학생
② 20~30대 직장인
③ 40~50대 자영업자
④ 60대 이상 성인

해설

유선전화를 통해 조사를 하였을 때 응답률이 높으려면 유선전화를 소유하고 있으면서 실내에 오래 머무르는 집단이어야 한다. ①·②는 유선전화를 소유하지 않으면서 실내에 오래 머무르지 않는 경우가 많고, ③은 유선전화는 소유하지만 실내에 오래 머무르지 않는 경우가 많다.

51 대량의 콜을 관리하는 시스템인 ACD(Automatic Call Distribution)에 대한 설명으로 거리가 먼 것은?

① 통화를 효율적으로 처리하도록 하는 관제탑이다.

② 개인별 통화수, 매출액, 소요시간을 관리한다.

③ 텔레마케터들에게 콜을 균등하게 분배하는 장치이다.

④ 현재 통화 중인 텔레마케터들이 상대방의 콜을 어느 정도 기다리게 하는가를 알려 준다.

해설

개인별 통화수, 매출액, 소요시간을 관리하는 것은 생산성 관리 시스템이다.

ACD(Automatic Call Distribution)
- 특정 상담원에게 집중되는 콜을 균등하게 배분하여 상담원이 균등하게 업무를 처리할 수 있게 한다.
- 통화가 끝나는 즉시 비어 있는 상담원을 선택하여 콜을 빠르게 연결시킨다.
- 대량의 콜을 관리하는 시스템에서 중추적인 기능을 하는 시스템이다.

52 코틀러의 수준별 제품의 분류 중 당일 발송, 평생 무료 A/S, 전자 제품 무료 설치, 대금 지급 방식 등이 해당되며 핵심 혜택, 가시적 속성들을 제외한 부가적 서비스를 포함하는 제품은?

① 확장제품(Augmented product)

② 서비스제품(Service product)

③ 유형제품(Tangible product)

④ 핵심제품(Core product)

해설

코틀러(Kotler, P)의 수준별 제품의 분류
- 확장제품(Augmented product): 핵심제품과 실체제품에 추가적으로 있는 서비스와 이익들로서 품질보증, 애프터서비스, 제품 설치 등이 해당한다.
- 유형제품(Tangible product): 소비자들에게 핵심제품의 이익을 전달할 수 있도록 결합되는 제품의 부품, 스타일, 특성, 상표명 및 포장 등의 기타 속성이 해당한다.
- 핵심제품(Core product): 소비자들이 제품을 구입할 경우 그들이 실제로 구입하고자 하는 핵심적인 이익이나 문제를 해결해 주는 서비스가 해당한다.

53 다음은 제품 유형의 특성을 정리한 표이다. 빈칸 안에 들어갈 알맞은 것은?

항목	편의품	선매품	전문품
구매 전 지식	많음	적음	많음
구매 노력	(A)	보통(적음)	많음
대체제품 수용도	많음	(B)	적음
구매정보 탐색 정도	낮음	높음	(C)

	A	B	C
①	적음	보통	낮음
②	많음	적음	낮음
③	적음	적음	높음
④	많음	많음	높음

해설

제품의 특성 정리
- 편의품: 제품에 대한 완전한 지식이 있어 최소한의 노력으로 빠르고 쉽게 구매하는, 구매의 편의성이 높은 제품이다.
- 선매품: 제품 구매 전 가격, 품질, 형태, 욕구 등에 대한 적합성을 비교해 선별적으로 구매하는 제품이다.
- 전문품: 제품이 가지는 전문성이나 독특한 성격 때문에 대체품이 존재하지 않고 브랜드 인지도와 상표 충성도가 높은 제품이다.

54 가격을 결정할 때 상대적인 고가 전략이 적합하지 않은 경우는?

① 수요의 가격탄력성이 낮을 때
② 진입장벽이 높아 경쟁기업의 진입이 어려울 때
③ 규모의 경제효과를 통한 이득이 미미할 때
④ 경쟁기업에 비하여 원가우위를 확보하고 있을 때

해설

원가우위를 확보하고 있어 경쟁기업이 자사 제품의 가격만큼 낮추기 힘들 때는 상대적인 저가 전략이 적합한 경우이다.

55 한계고객에 대한 설명으로 적절한 것은?

① 고객에게서 얻는 수익보다 기업이 지불하는 비용이 더 많이 드는 고객이다.

② 자사 상품을 구매할 능력이 있는 모든 사람으로, 자사 상품 이용 여부가 불확실하다.

③ 아직 첫 거래는 하지 않은 상태이나 상품 구입 가능성이 높거나 스스로 정보를 요구하는 유망고객이다.

④ 구매 가능자 중에서 자사의 제품 서비스에 대하여 필요성을 느끼지 못하거나 구매할 능력이 없다고 확실하게 판단되는 고객이다.

해설

②는 구매 용의자, ③은 예상고객, ④는 비자격잠재자이다.

56 이치를 따지기 좋아하는 고객과의 상담 기법으로 알맞지 않은 것은?

① 맞서서 따지지 않는다.

② 우선 상대의 의견을 인정한다.

③ 협조를 구하며 상담을 진행한다.

④ 문제의 해결 방법은 제시하지 않는다.

해설

구체적인 사례를 근거로 들며 문제의 해결 방법을 제시한다.

57 인바운드 콜센터의 성과지표에 해당하지 않는 것은?

① 콜 처리율

② 고객만족도

③ 상담원 착석률

④ 상담원 이직률

해설

인바운드 콜센터의 성과지표

콜 처리율, 스케줄 준수율, 품질 평가, 평균 후처리 시간, 서비스 레벨, 고객만족도, 통화품질평가점수, 첫 통화 해결률, 상담원 착석률, 평균 통화시간

58 제품수명주기 중 도입기에 대한 설명으로 알맞지 않은 것은?

① 혁신적인 고객이 제품을 사며 경쟁자가 거의 없다.

② 제품이 처음으로 시장에 도입되는 기간으로 원가가 높다.

③ 판매의 성장이 완만하고 이익이 거의 발생하지 않거나 부(負)를 나타낸다.

④ 시장 수용이 급속하게 이루어져 판매와 이익이 현저히 증가하며 판매촉진의 비중이 감소한다.

해설

판매와 이익이 현저히 증가하고 판매촉진의 비중이 감소하는 것은 성장기의 특징이다.

59 인바운드 스크립트의 구성 요소로 적절하지 않은 것은?

① 인사 및 자기소개

② 통화 가능 여부 확인

③ 문의 내용 해결 및 제안

④ 상대방 확인(고객 본인 확인)

해설

인바운드는 고객이 콜센터로 전화를 걸어 오는 것이므로 통화 가능 여부 확인은 적절하지 않다. 통화 가능 여부를 확인하는 것은 아웃바운드 스크립트의 구성 요소이다.

60 RFM 분석에 대한 설명으로 틀린 것은?

① RFM 분석을 위해서는 고객데이터베이스의 축적과 가공이 필요하다.

② R은 최근성, F는 구매 빈도, M은 구입 총금액을 의미한다.

③ 기업마다 고객 특성은 동일하므로 RFM 점수를 일률적으로 적용할 수 있다.

④ RFM은 마케팅 담당자의 목적에 따라 각각 임의로 가중치를 부여할 수 있다.

해설

RFM 분석은 고객의 성향을 분석하여 고객의 등급을 계산하는 것이다. 기업에 따라 점수를 다르게 적용할 수 있다.
• R(Recency): 최근성. 가장 최근에 구매한 시점
• F(Frequency): 빈도성. 일정 기간 동안 구매한 빈도수
• M(Monetary): 구매액. 일정 기간 동안 구매한 총금액

61 고객데이터베이스 분석기법에 대한 설명으로 틀린 것은?

① 회귀 분석: 영향을 주는 변수와 영향을 받는 변수가 서로 선형관계가 있다고 가정하여 이루어지는 분석 방법

② 판별 분석: 집단 간의 차이가 어떠한 변수에 의해 영향을 받는가를 분석하는 방법

③ 군집 분석: 몇 개의 변수를 기초로 여러 대상을 서로 비슷한 것끼리 묶어 주는 분석 방법

④ RFM(Recency, Frequency, Monetary): 제품에 대한 특성을 중심으로 분석하는 방법

> **해설**
> RFM은 고객이 얼마나 최근에, 얼마나 자주, 얼마만큼의 금액을 구매하는가를 통해 고객가치를 측정하는 기법이다.

62 데이터베이스 마케팅에서 사용되는 고객속성 데이터가 아닌 것은?

① 나이

② 성별

③ 소득

④ 상품명

> **해설**
> 상품명은 거래속성 데이터에 해당한다.
>
> 고객속성 데이터
> 고객이 가지고 있는 고유한 성질의 데이터로 성명, 성별, 연령, 직업, 주민등록번호, 주소, 전화번호, 신용카드 보유 현황, 가구 소득, 가족 수, 거주 형태 등이 해당된다.

63 일정 기간 반응이 없는 고객리스트나 입수한 지 상당 기간이 지난 고객리스트의 데이터를 체계적으로 추리고 최신 데이터를 체크·관리하는 것은?

① 리스트 클리닝

② 리스트 스크리닝

③ 데이터마이닝

④ 데이터 웨어하우스

> **해설**
> ② 리스트 스크리닝: 기존의 고객리스트 중에서 판매 목적에 맞는 우량고객이나 가망고객만을 추출하는 것이다.
> ③ 데이터마이닝: 축적된 고객 관련 데이터에 숨겨진 규칙이나 패턴을 찾아내는 것이다.
> ④ 데이터 웨어하우스: 기업 내 의사결정 지원 애플리케이션들을 위해 정보 기반을 제공하는 하나의 통합된 데이터 저장 공간이다.

64 대중 마케팅과 데이터베이스 마케팅의 차이점으로 적절한 것은?

① 대중 마케팅은 고객을 개별적으로 대우하고 데이터베이스 마케팅은 고객을 동일한 집단으로 대우한다.

② 대중 마케팅은 정량적 측정을 통한 지속적인 개선을 하고 데이터베이스 마케팅은 정성적 측정 및 일회성 실행을 한다.

③ 대중 마케팅은 고객과의 쌍방적 관계를 근간으로 하고 데이터베이스 마케팅은 일회적인 거래를 근간으로 한다.

④ 대중 마케팅은 고객의 수를 극대화하는 판매 중심적 마케팅이고 데이터베이스 마케팅은 고객의 생애가치를 극대화하는 마케팅이다.

> **해설**
> 데이터베이스 마케팅은 고객을 개별적으로 대우하고 정량적인 측정을 통한 지속적인 마케팅 개선을 하고자 하며, 쌍방향의 커뮤니케이션을 지향하고, 고객의 생애가치를 극대화하는 데 목표를 두고 있다.

65 다음 내용의 신뢰도와 타당도에 대한 설명으로 적절한 것은?

> 실제 몸무게보다 1킬로그램이 적게 나오는 체중계가 있다. 이 체중계로 세 번을 측정하여 세 번 모두 같은 결과 값이 나왔다.

① 신뢰도와 타당도 모두 높다.

② 신뢰도와 타당도 모두 낮다.

③ 신뢰도는 낮고 타당도는 높다.

④ 신뢰도는 높지만 타당도는 낮다.

> **해설**
> 신뢰도는 시간적 간격을 두고 동일한 조건 아래에 있는 측정 대상을 반복하여 측정하였을 때 각 반복 측정치들 사이에 나타나는 일관성의 정도를 의미하는데 해당 체중계로 세 번을 측정하여 모두 같은 값이 나왔으므로 신뢰도가 높다. 타당도는 측정하고자 하는 개념이나 속성을 정확히 측정하였는가의 정도를 의미하는데 1킬로그램이 적게 나오는 체중계로는 정확하게 측정할 수 없으므로 타당도가 낮다.

66 텔레마케터가 잠재고객을 대상으로 판매에 성공하기 위해 해야 할 행위로 옳지 않은 것은?

① 현재고객으로부터 잠재고객의 정보를 얻는다.

② 잠재고객의 반대질문이 나오지 않도록 설명을 계속해야 한다.

③ 잠재고객의 기본적인 정보를 숙지하고 난 후 접촉해야 한다.

④ 제품 설명 시에 상품 구입의 합리적 이유뿐만 아니라 어느 정도 극적인 장면을 연출할 필요가 있다.

해설

잠재고객의 반대질문을 예상하고 그에 대한 답변을 미리 준비한다.

67 MOT에 대한 설명으로 옳지 않은 것은?

① SAS(스칸디나비아항공)사의 얀 칼슨이 주장하였다.

② 회사의 이미지나 비즈니스의 성공과는 관련이 없다.

③ 우리 회사를 선택한 것이 가장 현명한 선택이었다는 사실을 고객에게 입증시켜야 할 소중한 시간이다.

④ 고객이 기업과 만나는 모든 장면에서 기업에 대한 고객의 경험과 인지에 영향을 미치는 결정적인 순간을 의미한다.

해설

고객과 기업이 만나는 모든 순간이 회사의 이미지뿐만 아니라 비즈니스의 성공을 좌우한다.

68 시장세분화 변수 중 인구통계적 변수에 해당하지 않는 것은?

① 연령

② 성별

③ 지역

④ 종교

해설

지역은 지리적 변수에 해당한다.

69 AIO 분석을 할 때 기준으로 알맞지 않은 것은?

① 접근(Access)

② 관심(Interest)

③ 활동(Activity)

④ 의견(Opinion)

> **해설**
>
> AIO 분석
> 라이프스타일을 활동(Activity), 관심(Interest), 의견(Opinion)을 기준으로 세분화하여 분석하는 것이다.

70 시장세분화의 장점이 아닌 것은?

① 마케팅믹스를 보다 효과적으로 조합할 수 있다.

② 시장수요의 변화에 보다 신속하게 대처할 수 있다.

③ 세분시장의 욕구에 맞는 시장 기회를 보다 쉽게 찾아낼 수 있다.

④ 다양한 특성을 지닌 전체 시장의 욕구를 모두 충족시킬 수 있다.

> **해설**
>
> 시장세분화는 고객 집단별로 고객의 욕구에 알맞게 차별화된 마케팅을 하기 위한 것이다. 시장 전체의 욕구를 충족시키는 것은 시장세분화의 목적이 아니다.

71 유통경로의 설계 과정으로 적절한 것은?

① 고객 욕구의 분석 → 주요 경로대안의 식별 → 경로대안의 평가 → 유통경로의 목표 설정

② 유통경로의 목표 설정 → 고객 욕구의 분석 → 주요 경로대안의 식별 → 경로대안의 평가

③ 유통경로의 목표 설정 → 주요 경로대안의 식별 → 경로대안의 평가 → 고객 욕구의 분석

④ 고객 욕구의 분석 → 유통경로의 목표 설정 → 주요 경로대안의 식별 → 경로대안의 평가

> **해설**
>
> 유통경로의 설계 과정
> 고객 욕구의 분석 → 유통경로의 목표 설정 → 주요 경로대안의 식별 → 경로대안의 평가

정답 66 ② 67 ② 68 ③ 69 ① 70 ④ 71 ④

72 다음은 어떤 관점에서 고객과의 관계 창출을 설명하고 있는가?

> 오늘날 많은 제품과 서비스가 표준화된 상품으로 변함에 따라 기업은 고객가치를 창출하기 위해 새로운 시장 제공물에 관심을 돌리고 있다. 즉, 제공물의 차별화를 위해 기업은 단순히 제품과 서비스를 전달하는 것에서 한 걸음 더 나아가 자사 제품 또는 회사와 고객과의 관계를 창출하고자 한다.

① 필수품(Commodities)
② 가치(Value)
③ 사회적 책임(Social responsibility)
④ 고객 경험(Customer experience)

해설

고객 경험(Customer experience)은 여러 접점을 통해 고객과 기업이 관계를 이어 가면서 고객(사용자)이 경험하는 모든 체험을 말한다.
고객 경험관리(CEM ; Customer Experience Management)
기업과 소비자의 모든 접점에서 실시간으로 일어나는 현재 소비자의 경험을 특정한 후 이를 분석해 제품과 서비스 개발에 반영함으로써 소비자가 더 나은 경험을 할 수 있도록 전략을 수립하는 프로세스이다. 특히 고객 경험관리가 성공하기 위해서는 고객에게 차별적 경험을 제공할 수 있도록 디자인하여야 한다.

73 기업이 재포지셔닝을 필요로 하는 상황이 아닌 것은?

① 경쟁자의 진입에도 차별적 우위를 지키고 있는 경우
② 이상적인 위치를 달성하고자 했으나 실패한 경우
③ 시장에서 바람직하지 않은 위치를 가지고 있는 경우
④ 유망한 새로운 시장 적소나 기회가 발견되었을 경우

해설

재포지셔닝(Repositioning)은 기존의 영업방법상 특징을 변화시켜 상권의 범위, 내용, 목표 소비자를 새로이 조정하는 활동이다. 시장에서 차별적 우위를 가지고 있는 경우에는 기존 포지션을 유지하여야 한다.

74 다음은 제품의 수명주기 중 어떤 시기에 대한 설명인가?

> – 많은 잠재고객 혹은 참가자들이 이미 그 제품이나 프로그램을 구매했을 뿐 아니라 경쟁이 치열해져서 판매 증가율이 떨어지는 시기
> – 표적으로 하는 시장을 수정하거나 새로운 제품을 개발하는 마케팅믹스 전략이 요구되는 시기

① 도입기
② 성장기
③ 성숙기
④ 쇠퇴기

해설

성숙기는 판매가 절정에 이르렀다가 감소하기 시작하는 시기로, 기존 점유율 유지와 이익의 극대화를 위한 전략을 사용한다. 이때 기업은 시장점유율 방어와 이윤 유지, 상표재활성화(시장확대 전략, 제품수정 전략, 상표 재포지셔닝 전략), 경쟁사 대응의 방어적 가격, 광범위한 유통망 구축 전략을 사용한다.

75 구전효과를 이용한 판촉기법으로 인터넷 이용자들 사이에 확산효과를 노린 마케팅 기법은?

① 제휴 마케팅(Affiliate marketing)
② 바이러스 마케팅(Virus marketing)
③ 데이터베이스 마케팅(Database marketing)
④ 퍼미션 마케팅(Permission marketing)

해설

① 제휴 마케팅(Affiliate marketing): 둘 이상의 회사가 상호 제휴를 통해 역할을 분담하여 판매 실적을 높이는 마케팅이다.
③ 데이터베이스 마케팅(Database marketing): 발달된 정보기술을 이용하여 다양한 고객정보를 효과적으로 획득하고 분석하며 신규고객의 확보보다는 이탈 방지, 즉 고객의 유지에 비중을 두는 마케팅이다.
④ 퍼미션 마케팅(Permission marketing): 고객 자신이 스스로 구매정보를 수집하고자 커뮤니티에 가입하거나 회원으로 가입하여 개인정보를 허락함으로써 관심을 갖게 되는 마케팅이다.

제4과목 조직운영 및 성과관리

76 스크립트의 기대효과에 관한 설명으로 틀린 것은?

① 고객과의 상담업무에 체계적인 틀을 제공하여 업무에 대한 자신감을 제공한다.

② 고객이 자주 하는 질문의 경우, 스크립트를 생략할 수 있다.

③ 통화의 순서와 내용을 표준화하여 고객에게 신뢰감 있는 서비스 제공이 가능하다.

④ 교육에서 충분하게 숙지시키지 못했던 부분의 보완이 가능하다.

해설

자주 문의하는 내용일수록 스크립트를 활용하여 원활한 상담이 진행될 수 있게 해야 한다.

스크립트의 목적
• 표준화된 언어표현과 상담방법으로 모든 고객을 대할 수 있도록 도와준다.
• 콜센터 내의 생산성 관리를 도와준다.
• 고객에게 전화 목적에 대한 효율적인 전달과 일관된 흐름에 입각한 논리적인 상담이 진행될 수 있다.
• 상담원 스킬 향상에도 많은 영향을 미친다.

77 고객과 상담원 간의 공감대 형성을 위한 라포 형성기법에 관한 설명으로 옳은 것은?

① 고객의 적극적인 의사결정을 도우려는 것이다.

② 고객과 상담원 간의 친밀감 형성을 위해 고객의 커뮤니케이션 특성에 맞추어 진행하는 것이다.

③ 고객의 불만 해소나 문제 해결을 위한 방법을 제안하여 현재 요구를 확인시켜 주는 질문기법이다.

④ 판매종결에 필요한 정보를 파악할 수 있으며 가장 강조해야 할 상품의 특성을 파악할 수 있도록 하는 것이다.

해설

라포(Rapport)는 고객에게 관심을 갖고 고객의 욕구를 파악함으로써, 고객이 친밀감을 형성하여 신뢰감을 느끼도록 하는 기법이다. 라포 형성은 고객의 말을 긍정적으로 받아들이고 자신의 개성을 이용하여 성의 있는 관심을 표출했을 때 극대화 된다.

78 다음 중 우수한 리더의 특성으로 옳지 않은 것은?

① 솔직하고 즉각적인 감정 표현

② 상호 역할에 대한 이해

③ 팀원 행동에 대한 이해

④ 성과에 대한 공정한 평가

해설

리더는 즉각적으로 감정을 표현하는 것을 삼가야 한다.

79 콜센터 조직의 특성으로 맞는 것은?

① 기업중심적이다.

② 고객의 가치를 중시한다.

③ 1:1 대면 접촉이다.

④ 정보와 커뮤니케이션을 매개로 하지 않는다.

해설

① 고객지향적이다.
③ 1:1 비대면 접촉이다.
④ 정보와 커뮤니케이션을 매개로 마케팅 활동을 한다.

80 텔레마케팅 조직구성원의 역할이 잘못 연결된 것은?

① 교육담당자 – 텔레마케터의 경력개발을 위한 교육 프로그램을 개발한다.

② 모니터링담당자 – 텔레마케터가 고객과 통화한 내용을 분석한다.

③ 시스템담당자 – 텔레마케터가 효율적으로 업무를 할 수 있도록 스크립트를 개발한다.

④ 슈퍼바이저 – 텔레마케터의 스케줄을 관리한다.

해설

스크립트 개발은 슈퍼바이저의 역할이다.

81 다음 중 일반적인 역할연기(Role playing)의 진행 순서로 옳은 것은?

① 상황 설정 → 스크립트 및 매뉴얼 수정 → 역할내용의 평가 → 연기실시 → 반복훈련 및 효과상승 체크

② 상황 설정 → 스크립트 및 매뉴얼 수정 → 연기실시 → 역할내용의 평가 → 반복훈련 및 효과상승 체크

③ 상황 설정 → 연기실시 → 역할내용의 평가 → 반복훈련 및 효과상승 체크 → 스크립트 및 매뉴얼 수정

④ 상황 설정 → 연기실시 → 역할내용의 평가 → 스크립트 및 매뉴얼 수정 → 반복훈련 및 효과상승 체크

해설

역할연기법은 주제에 따른 역할을 연출시켜 훈련효과를 높이는 방법이다.

역할연기의 진행순서

역할연기 대상자 선정 → 상황 설정 → 배역 지정 → 연기실시 → 역할내용 검토 및 평가 → 스크립트 및 매뉴얼 수정 →
반복훈련 및 효과상승 체크

82 일반적인 텔레마케팅의 전개과정을 순서대로 바르게 나열한 것은?

① 기획 → 실행 → 측정 → 반응 → 평가

② 기획 → 측정 → 실행 → 평가 → 반응

③ 기획 → 측정 → 실행 → 반응 → 평가

④ 기획 → 실행 → 반응 → 측정 → 평가

해설

텔레마케팅의 전개과정

기획 → 실행 → 반응 → 측정 → 평가

83 일반적으로 고객은 어떤 상품이나 서비스에 대해 의문이나 불만사항이 있을 경우, 고객상담실에 전화를 걸어 물어본다. 이런 경우 일반적으로 고객이 가장 중요하게 생각하는 것은?

① 상담의 효율성

② 응답의 신속성

③ 상담원의 전문성

④ 고객접촉채널의 다양성

해설

고객이 의문이나 불만사항으로 전화를 거는 것은 빠른 답변을 받고 싶어서인 경우가 많다.

84 텔레마케터의 효과적인 성과관리 방법으로 가장 거리가 먼 것은?

① 다양한 방법의 포상이 텔레마케터에게는 더 효과적이다.
② 모니터링은 교육 및 동기부여를 위한 긍정적인 피드백으로 활용되어야 한다.
③ 개인의 성과는 팀의 성과에 연계되어 평가되어야 한다.
④ 제품 판매 콜센터의 경우 성과에 대한 보상 차등 폭을 최소화해야 한다.

`해설`

성과관리 동기부여를 위하여 성과에 대한 보상은 차등이 명확해야 한다.

85 텔레마케터의 성과관리를 위한 목표 설정 시 유의할 사항으로 적합하지 않은 것은?

① 목표를 구체적으로 기술한다.
② 목표 달성 시점이 명시되어야 한다.
③ 목표 달성 여부를 측정할 수 있어야 한다.
④ 목표는 매우 높은 수준으로 결정한다.

`해설`

목표는 실현 가능한 수준으로 결정한다.

86 텔레마케팅의 생산성 관리지표가 아닌 것은?

① 평균 처리시간(AHT)
② 자동호분배(ACD)
③ 평균 통화시간(ATT)
④ 평균 대기시간(ADH)

`해설`

ACD(Automatic Call Distribution)는 상담원에게 콜(Call)을 균등하게 배분하는 것이다.

87 고객 콜 대기시간이란?

① 고객 대기시간과 고객 연결시간의 합계
② 상담원이 콜을 처리할 수 있는 평균적인 서비스 수준을 비율로 표시한 것
③ 고객접촉 채널별, 시간대별로 인입된 총 콜 수
④ 평균 통화시간과 평균 마무리처리시간의 합계

> **해설**
> 고객 콜 대기시간(Queue time)은 콜 예측량 모델링을 위한 콜센터 지표로서 고객 대기시간과 고객 연결시간을 합한 시간이다.

88 OJT에 관한 설명으로 틀린 것은?

① 많은 종업원에게 통일된 훈련을 시킬 수 있다.
② 상사와 동료 간에 이해와 협동정신을 강화시킨다.
③ 종업원의 개인적 능력에 따른 훈련이 가능하다.
④ 실시가 용이하며, 훈련비용이 적게 든다.

> **해설**
> OJT는 많은 종업원을 동시에 교육하기 어렵고, 업무와 교육훈련에 모두 철저할 수도 없으며, 교육훈련 내용의 체계화가 쉽지 않다는 단점이 있다.

89 인적자원의 개발을 위한 교육훈련의 성과를 측정하는 평가방법에 관한 설명으로 옳지 않은 것은?

① 전이 평가 – 교육의 결과를 현업에서 얼마나 활용하고 있는지를 측정한다.
② 학습 평가 – 실제 교육을 통해 향상된 지식과 기술 및 태도를 측정한다.
③ 반응 평가 – 설문을 통해 피교육자가 교육을 어떻게 생각하는지 조사한다.
④ 효과성 평가 – 교육의 결과를 얼마나 동료에게 효과적으로 전달했는지 평가한다.

> **해설**
> 효과성 평가란 교육훈련의 목적이 어느 정도 달성되었는지 그 효과를 평가하는 것이다.

90 콜센터의 조직구성원 중 텔레마케터에 대한 교육훈련 및 성과관리 업무를 주로 수행하는 사람은?

① 센터장

② OJT 담당자

③ 슈퍼바이저

④ 통화품질관리자

> **해설**
>
> 슈퍼바이저의 역할
> • 모니터링을 통해 텔레마케터의 성과를 분석한다.
> • 텔레마케터의 능력 계발 요소를 분석한다.
> • 텔레마케터의 스케줄을 관리한다.
> • 텔레마케터들의 이직률 관리 업무를 중점적으로 수행한다.
> • 텔레마케팅 스크립트의 작성 및 개선을 수행한다.
> • 현장에서 텔레마케터들에 대한 교육 · 코칭을 실행한다.

91 콜 예측량 모델링을 위한 콜센터 지표에 대한 설명으로 옳은 것은?

① 평균 응대속도(ASA): 고객이 상담원과 대화 이전에 대기하고 있는 총시간을 응답한 총통화수로 나눈 값

② 평균 통화시간(ATT): 상담원이 고객 한 사람과의 상담에 소요하는 총통화시간

③ 평균 통화처리시간(AHT): 평균 통화시간 이후 상담내용을 별도로 처리하는 데 소요되는 평균적인 시간

④ 통화마무리처리시간(Wrap-up time): 평균 통화처리시간과 평균 마무리처리시간을 합한 시간

> **해설**
>
> ② 평균 통화시간(ATT)은 상담원이 고객 한 사람과의 상담에 소요하는 평균적인 시간이다.
> ③ 평균 통화처리시간(AHT)은 평균 통화시간과 평균 마무리처리시간을 합한 것이다.
> ④ 통화마무리처리시간(Wrap-up time)은 평균 통화시간 이후 상담내용을 별도로 처리하는 데 소요되는 평균적인 시간이다.

92 고객의 전화가 상담사에게 연결되는 동시에 상담사의 컴퓨터 화면에 고객정보가 나타나는 기능은?

① 스크린 팝(Screen pop)
② 음성 사서함(Voice mail)
③ 다이얼링(Dialing)
④ 라우팅(Routing)

해설

스크린 팝은 외부의 고객에게 신상자료를 물어보기 전에 화면에 이미 그 고객의 자료가 조회되어 있으므로 고객에게 다시 물어보지 않아도 되며, 고객은 상담원에게 자신의 신상을 말하지 않고도 원하는 업무를 신속하게 처리할 수 있다. 기존 업무처리 속도보다 2배 이상 빠른 효과가 있다.
②는 상담원에게 메시지를 남기는 기능이다.
④는 지정된 전화번호로 자동 연결시키는 기능이다.

93 다음 중 CTI(Computer Telephony Intergration)의 기능으로 옳지 않은 것은?

① CTI는 콜센터의 생산성 및 효율성을 향상시킬 수 있는 근원적 장치라고 할 수 있다.
② CTI는 콜센터에서 사용하는 많은 데이터 및 음성 시스템들을 통합하는 데 핵심적인 시스템이다.
③ CTI는 음성시스템(교환기, IVR 등)과 데이터시스템(고객정보, 제품정보 등)을 각각 분리할 수 있는 솔루션이다.
④ CTI는 콜센터로 고객의 콜이 인바운드될 때 발생되는 고객정보를 상담원에게 전달하여 정확한 정보를 고객에게 빠르게 제공할 수 있게 한다.

해설

CTI는 음성시스템(교환기, IVR 등)과 데이터시스템(고객정보, 제품정보 등)을 분리하는 것이 아니라 통합하는 솔루션이다.

94 아웃바운드 텔레마케팅의 특징으로 옳지 않은 것은?

① 공격적이며 성과지향성이 강하다
② 데이터베이스 마케팅 기법을 활용할수록 위력적이다.
③ 스크립트를 활용하는 경향이 높다.
④ 통화 콜 수를 통제하기 어렵다.

해설

아웃바운드 텔레마케팅은 기업이 고객에게 전화를 거는 기업주도적이고 능동적인 마케팅이므로 콜 수를 통제하기 어렵지 않다.

95 다음 중 보상을 통한 동기부여 방안으로 옳지 않은 것은?

① 급여 차등 지급

② 진급 우선 혜택

③ 근태 불량자 중점 관리

④ 유급 휴가 및 조기 퇴근 등 복무규정의 차등

해설

근태 불량자 중점 관리는 보상을 위한 동기부여 방안이 아니라 처벌을 통한 관리이다.

96 콜센터 시스템의 구성요소에 대한 설명으로 옳은 것은?

① 콜센터는 CTI를 통해 교환기로 전화회선을 수용한다.

② 다이얼러 모듈은 인바운드 서비스를 자동처리하는 시스템이다.

③ ARS는 적정 상담원에게 자동으로 전화를 배분하는 역할을 한다.

④ DB 서버는 교환기에 연결되는 모든 콜에 대해 데이터를 저장하고 관리한다.

해설

① CTI(Computer Telephony Integration): 전화 기술과 컴퓨터 기술을 통합한 것이다.
② 다이얼러 모듈: 아웃바운드를 자동으로 처리할 수 있는 캠페인관리 기능 및 다이얼러 기능을 수행한다.
③ ARS(Automatic Response System): 24시간 연중 고객서비스가 가능한 자동응답 시스템이다.

97 상담원 간에 서로의 통화내용을 듣고 상담내용을 평가하는 모니터링 기법은?

① 실시간 모니터링

② 역(Reverse) 모니터링

③ 동료(Peer) 모니터링

④ 자가(Self) 모니터링

해설

동료 모니터링은 동료들끼리 서로의 상담내용을 모니터링하는 것으로, 모니터링에 대한 반감을 줄일 수 있으나, 잘못하면 동료 간 감시의 의구심을 불러일으켜 팀워크를 깨뜨릴 수 있다는 단점이 있다.

98 콜센터 BSC 성과관리 관점과 그 항목의 연결이 틀린 것은?

① 재무적 관점: 원가 및 비용 절감

② 고객 관점: 생산성 향상

③ 내부 프로세스 관점: 조직구성 및 채널의 다양성

④ 성장과 학습 관점: 커뮤니케이션

해설

고객 관점은 어떻게 고객의 요구를 충족시킬 수 있을지에 대한 항목이 연결되어야 한다.

99 직무평가방법 중 가장 간단하고 사용하기 쉬운 방법으로, 평가요소를 기준으로 직무의 가치를 비교하여 평가된 가치의 순서대로 서열을 정하고 이에 따라 임금을 정하는 방법은?

① 요소비교법   ② 점수법

③ 서열법   ④ 분류법

해설

직무평가의 방법

• 서열법: 직무의 난이도, 책임의 대소, 직무의 중요도, 장점 등의 직무의 상대적 가치를 모두 고려하여 전체적으로 직무의 서열을 평가하는 방법이다.

• 분류법: 직무등급법이라고도 하며 전반적인 직무가치나 난이도 등의 분류기준에 따라 미리 여러 등급을 정하고 여기에 각 직무를 적절히 평가하여 배정하는 방법으로 서열법과 유사한 장단점이 있다.

• 점수법: 각 직무에 대하여 공동평가요소를 선정하고 여기에 가중치를 부여한 후 각 직무요소별로 얻은 점수와 가중치를 곱하고 이를 합계하여 그 점수가 가장 높은 직무를 가장 가치 있는 직무로 평가하는 방법이다.

• 요소비교법: 조직 내의 가장 중심이 되는 직무를 선정하고 요소별로 직무를 평가한 후 나머지 평가하고자 하는 모든 직무를 기준직무의 요소에 결부시켜 서로 비교하여 조직 내에서 이들이 차지하는 상대적 가치를 분석적으로 평가하는 방법이다.

100 직무분석(Job analysis) 결과 작성되는 직무기술서에 포함되는 내용으로 가장 거리가 먼 것은?

① 직무의 요건

② 직무와 직무의 비교

③ 직무의 내용

④ 직무의 개요

해설

직무기술서

• 개념: 직무의 내용, 직무수행과 관련된 과업, 직무행동, 개선점 등을 요약한 문서

• 강조사항: 직무특성 중점 작성

• 내용: 직무표식(명칭), 직무개요, 직무내용, 직무요건(고용조건, 임금구조 등)

제2회 기출복원문제해설

핵심 내용

제1과목: CRM, 서비스, 고객 상담, 고객 욕구, 소비자의 책임
제2과목: 불포함 오류, 탐색조사, 신뢰도, 표본추출, 횡단조사, 개인면접법
제3과목: 아웃바운드 텔레마케팅, 인바운드 텔레마케팅, 구매의사결정 과정, RFM, 시장세분화, 포지셔닝
제4과목: 콜센터 생산성 향상, OJT, 모니터링, 보상

제1과목 고객관리

01 CRM의 개념적 특성에 관한 설명 중 틀린 것은?

① 고객 획득 · 유지 · 강화 등의 진화단계 전체에 적용되어야 한다.

② 고객에게 직 · 간접적으로 영향을 미칠 수 있는 모든 활동을 포함한다.

③ 관계 마케팅을 근본적인 배경이론으로 한다.

④ 단기적인 관점으로 접근한다.

해설

CRM은 장기적인 관점으로 접근해야 한다.

CRM(Customer Relationship Management)

고객 관리에 필수적인 요소들(기술 인프라, 시스템 기능, 사업 전략, 영업 프로세스, 조직의 경영 능력, 고객과 시장에 관련된 영업 정보 등)을 고객 중심으로 종합, 통합하여 고객 활동을 개선함으로써, 고객과의 장기적인 관계를 구축하고 기업의 경영 성과를 개선하기 위한 새로운 경영 방식이다.

02 고객의 욕구를 네 가지 형태로 분류할 때 고객의 소속감, 즉 자신들의 지식이 인정받고, 영향력 있는 사람들이라고 인정받을 때의 감정을 중요시하는 욕구 유형은?

① 최상의 가격의 욕구

② 참신성 추구의 욕구

③ 참여의 욕구

④ 확실성 추구의 욕구

해설

참여의 욕구

고객이 기업의 활동에 참여하였을 때 자신들이 기업으로부터 인정받고 있다고 생각하며 소속감을 느끼는 것이다.

정답 01 ④ 02 ③

03 고객응대 시 제공하는 서비스의 특징에 해당되지 않는 것은?

① 서비스는 형태가 없는 무형의 상품으로 객관적으로 볼 수 없는 형태로 되어 있어 측정하기 매우 어렵다.

② 동질의 서비스를 제공하면 고객 개인별로 서비스를 평가하는 기준은 동일하다.

③ 서비스는 생산과 동시에 소멸되는 성격을 가지고 있다.

④ 서비스를 제공하는 장소, 인적자원에 따라 서비스의 품질이 달라진다.

> **해설**
>
> 서비스는 비표준성(이질성)을 가지고 있으며 동질의 서비스를 제공하더라도 고객 개인별로 서비스를 평가하는 기준이 다르다.
> ① 무형성
> ③ 소멸성
> ④ 가변성(변화성)

04 장기적인 고객관계 구축과 관련한 설명으로 옳지 않은 것은?

① 교차구매 개념을 개발·도입함으로써 고객의 욕구를 유도한다.

② 충성고객의 특징은 일반 고객들보다 구매 빈도가 낮다는 것이다.

③ 충성고객은 기존의 상품이나 서비스를 쉽게 업그레이드한다.

④ 고객의 다음 구매 욕구를 예측하여 신상품을 개발한다.

> **해설**
>
> 충성(Loyalty)고객은 높은 빈도로 자사의 상품을 구입할 뿐만 아니라, 다른 사람에게 적극적으로 사용을 권유하여 간접적인 광고 효과를 발생시키는 고객이다.

05 다음 중 비언어적 의사소통 도구에 해당하지 않는 것은?

① 미소

② 대화

③ 목소리

④ 얼굴 표정

> **해설**
>
> 대화는 언어적 의사소통 도구이다.

06 다음 중 소비자의 책임이라 할 수 없는 것은?

① 안전하게 행동해야 할 책임

② 자기가 구입하고자 하는 상품에 대해 정보를 얻으려 노력할 책임

③ 불만을 표현하고 이를 시정할 수 있도록 노력할 책임

④ 소비자 단체에 참여하고 단체의 활동을 지원할 책임

해설

소비자 스스로의 권익을 증진하기 위하여 단체를 조직하고 이를 통하여 활동할 수 있는 것은 소비자의 권리이다.

소비자의 책임(「소비자 기본법」 제5조)
- 소비자는 사업자 등과 더불어 자유 시장 경제를 구성하는 주체임을 인식하여 물품 등을 올바르게 선택하고, 제4조의 규정에 따른 소비자의 기본적 권리를 정당하게 행사하여야 한다.
- 소비자는 스스로의 권익을 증진하기 위하여 필요한 지식과 정보를 습득하도록 노력하여야 한다.
- 소비자는 자주적이고 합리적인 행동과 자원 절약적이고 환경 친화적인 소비 생활을 함으로써 소비 생활의 향상과 국민 경제의 발전에 적극적인 역할을 다하여야 한다.

07 커뮤니케이션 과정에서 전달과 수신 사이에 발생하며 의사소통을 왜곡시키는 요인을 의미하는 것은?

① 잡음(Noise)

② 해독(Decoding)

③ 피드백(Feedback)

④ 부호화(Encoding)

해설

② 해독(Decoding): 신호에 해당하는 물리적 자극을 일정한 형태의 기호들로 지각(식별)하는 활동이다.
③ 피드백(Feedback): 환송효과라고도 하며 한 체계가 과거의 성취 결과에 따라 체제 내에 재투입되어 그의 체제를 조절하는 방법이다.
④ 부호화(Encoding): 발신자가 전달하고자 하는 생각과 느낌을 언어, 어휘, 상징, 차트 또는 제스처와 같은 형태로 전환하는 구성과정이다.

08 고객의사결정 단계별 상담에서 구매 전 상담에 해당하는 것은?

① 상품 유통 후 혹시 발생할지도 모르는 고객의 불만을 사전에 예방하는 차원에서의 상담

② 소비자가 재화와 서비스를 사용하고 이용하는 과정에서 고객의 욕구와 기대에 어긋났을 때 발생하는 모든 일들을 도와주는 상담

③ 재화와 서비스의 사용에 관한 정보 제공, 소비자의 불만 및 피해구제, 이를 통한 소비자의 의견 반영 등에 관한 상담

④ 제품이나 서비스의 매출 증대를 위해 텔레마케팅 시스템을 도입하여 소비자에게 구매에 관한 정보와 조언을 제공하는 상담

해설
① · ② · ③ 모두 구매 후 상담이다.

09 주로 검색엔진의 웹 로봇을 이용하여 SNS, 뉴스, 웹 정보 등의 조직 외부, 즉 인터넷에 공개되어 있는 웹 문서를 수집하는 방법은?

① 데이터 웨어하우스(Data warehouse)

② 센싱(Sensing)

③ 클라우드(Cloud)

④ 크롤링(Crawling)

해설
크롤링(Crawling)
주로 검색엔진의 웹 로봇을 이용하여 SNS, 뉴스, 웹 정보 등의 조직 외부, 즉 인터넷에 공개되어 있는 웹 문서 정보를 수집한다.

10 불만족한 고객을 응대하기 위한 상담원의 상담 기법으로 틀린 것은?

① 인내심을 갖고 공감적 경청을 한다.

② 항상 목소리를 높이며 소비자의 의견에 동조한다.

③ 실현 가능한 문제 해결방법으로 최선을 다하고 있음을 전달한다.

④ 문제 해결이 만족스러웠는가를 확인한다.

> **해설**
>
> 불만족한 고객 대응자세 및 상담 기법
> • 고객이 만족할 수 있는 방법을 제시한다.
> • 전문기관을 알선한다.
> • 개방형 질문을 한다.
> • 충분히 배려한다.
> • 보상받기를 원하는 것이 무엇인지 질문한다(즉, 대안으로 A안, B안을 제시한다).
> • 공감을 하면서 경청한다(상대방의 화난 상태를 공감하고 이해하는 마음으로 듣는다).
> • 긍정하면서 상담원 측의 이야기를 한다(Yes, But 화법. 꼭 미소를 지으며 목소리를 낮춘다).

11 고객 불만 및 VOC를 효과적으로 처리하였을 때 얻을 수 있는 이점으로 볼 수 없는 것은?

① 고객 유지율 증가

② 제품 마케팅 비용 감소

③ 신뢰성 상승으로 인한 홍보효과

④ 법적 처리비용 등 사후처리 비용 감소

> **해설**
>
> 기업은 고객의 불만을 효과적으로 해결하는 과정에서 좋은 기업이라는 이미지를 구축할 수 있으며 고객 유지율이 향상될 수 있다. 하지만 이는 마케팅 비용의 감소와는 관련이 없다.

12 다음 중 텔레마케터의 고객상담 전략으로 가장 부적절한 것은?

① 고객이 말할 기회를 충분히 제공한다.

② 직접적, 사실적인 질문을 한다.

③ 상황의 해결을 위한 구체적인 질문을 한다.

④ 고객이 직접 회사로 오도록 유도한다.

> **해설**
>
> 텔레마케터의 고객상담 목적에 따라 상황이 다를 수 있으나 일반적으로 텔레마케터는 원스톱 서비스를 지향하므로 전화상으로 모든 업무 처리가 될 수 있도록 노력한다.

13 다음 중 고객유지의 필요성에 대한 설명으로 틀린 것은?

① 기존고객을 잘 관리하는 것이 신규고객을 유치하는 것보다 효율적이다.

② 기존고객의 유지를 통해 고객 충성도를 증진시키고 고객 점유율을 유지할 수 있다.

③ 회사와의 지속적인 거래 관계를 유도하여 매출액을 향상시킬 수 있다.

④ 새로운 고객을 지속적으로 유치하여 단골고객화할 수 있다.

해설

새로운 고객을 지속적으로 유치하기는 어려우므로 기존고객을 유지하여 단골고객화하는 것이 효율적이다.

14 마케팅에서 판매촉진 비중이 증가하게 된 주요 원인이 아닌 것은?

① 광고노출 효과

② 소비자 가격 민감도

③ 기업 간 경쟁의 완화

④ 기업 내 판매성과 측정

해설

판매촉진 비중의 증가 요인
- 광고 혼잡 현상으로 인한 광고 효과의 감소로 소비자에게 직접적인 자극을 제공하는 판매촉진으로 전환되었다.
- 소비자의 상표 충성도가 감소하고 가격 민감도가 증가하였다.
- 판매촉진 활동과 관련된 경쟁이 심화되었다.
- 마케팅 성과를 측정하기 용이하고, 단기지향적이므로 단기간에 가시적 결과물이 있는 판매촉진이 선호되었다.
- 유통업자들의 교섭력 강화로 제조업체들이 다양한 인센티브를 제시하였다.

15 마케팅 커뮤니케이션의 변화 트렌드로 옳지 않은 것은?

① 시장이 세분화되어 가고 있다.

② 상품이나 서비스에 대한 차별화된 광고 메시지를 선별하는 것이 필요하다.

③ 불특정 다수에게 광고하는 매스 마케팅을 확대한다.

④ 고객과의 장기적 관점에서의 통합적 마케팅 커뮤니케이션이 필요하다.

해설

기존의 매스 마케팅 방식은 고객의 이질성 및 시장의 세분화에 대해 차별화하지 않은 획일적 메시지를 불특정 다수에게 반복하여 뿌리는 식으로 진행되었으나 최근에는 이러한 방식이 효과적이지 않다.

16 고객 상담의 필요성이 증가하는 요인으로 거리가 먼 것은?

① 고객 욕구의 복잡화와 다양화

② 소비자 불만과 소비자 피해의 양적 증가

③ 소비자 권리에 대한 소비자 의식 향상

④ 제품 공급 부족 현상의 심화

해설

1990년대 후반 이후 시장 규제의 완화, 경쟁사의 증가, 시장의 성숙 등으로 시장의 수요보다 공급이 증가하면서 시장은 생산자가 아닌 소비자가 중심이 되는 구매자 중심의 시장으로 변화하였다.

17 대인 커뮤니케이션의 방향에서 미디어 이용의 진행 방향으로 옳은 것은?

① 욕구 → 동기 → 미디어 선택 → 충족

② 동기 → 욕구 → 미디어 선택 → 충족

③ 욕구 → 미디어 선택 → 동기 → 충족

④ 미디어 선택 → 동기 → 욕구 → 충족

해설

대인 커뮤니케이션 방향에서 미디어 이용의 진행 방향은 '욕구 → 동기 → 미디어 선택 → 충족'이다.

18 일반적인 고객 욕구에 대한 설명으로 옳지 않은 것은?

① 개인적으로 알아주고 관심과 정성이 담긴 서비스를 제공받기를 원한다.

② 소비자가 원할 때 적시에 서비스를 제공받기를 원한다.

③ 책임 당사자인 제삼자에게 업무를 넘겨서 처리해 주기를 원한다.

④ 자신의 문제에 대해 공감을 얻고 공정하게 처리되기를 원한다.

해설

고객은 유능하고 책임감 있는 일 처리를 기대하지 제삼자에게 업무를 넘기는 것을 원하지는 않는다.

19 고객서비스의 등장배경과 가장 거리가 먼 것은?

① 공급이 수요보다 초과되어 기업의 고객중심적 마케팅 활동의 확산

② 소비자 불만 및 피해 급증으로 인한 소비자 문제의 심화

③ 소비자보호원의 설립, 기업의 고객 센터 및 상담 센터 설립의 확산

④ 소비자 권익 실현에 대한 소비자의 기대 수준 증가 등 소비자 의식 고조

해설
고객서비스에 대한 관심이 높아진 후에 소비자보호원과 기업의 고객 센터 및 상담 센터의 설립이 확산되기 시작했다.

20 고객으로부터 중대한 불만 상황이 발생하였을 때 고객관리 방법으로 옳지 않은 것은?

① 고객의 불만 정도나 깊이를 파악한다.

② 상급자나 불만사항과 관련된 부서에 연락하여 고객 불만을 최소화시킨다.

③ 처리하기 어려운 불만이나 긴박한 상황이 발생하더라도 직접 방문은 되도록 피한다.

④ 추후 전화를 걸어 그 당시의 불만을 다시 사과한다.

해설
필요시 고객의 양해를 구한 후 직접 방문할 수 있다.

21 고객과 친근감을 형성하기 위한 분위기 조성 방법과 가장 거리가 먼 것은?

① 고객의 감정을 잘 수용하여 공감을 표하고 우호적인 분위기를 조성한다.

② 본론부터 언급한 후에 친근감을 형성한다.

③ 처음 대할 때에는 먼저 긴장된 분위기부터 완화시킨다.

④ 공통 주제를 찾아 대화한다.

해설
친근감을 형성하기 위해서는 본론보다는 일상적인 대화나 공통 주제로 분위기를 우호적으로 형성한 후 본론을 이야기해야 한다.

22 다음 중 상담자의 효과적인 커뮤니케이션 방법으로 가장 옳은 것은?

① 전문화된 약어를 사용한다.

② 전문지식을 화제로 선택한다.

③ 개인의 주관적인 생각과 감정을 전달한다.

④ 적극적 경청을 통하여 고객의 욕구를 파악한다.

> **해설**
> ① 일반화되어 있는 표준말을 사용한다.
> ② 알기 쉬운 주제를 화제로 선택한다.
> ③ 상담자는 객관적인 자료에 근거하여 말을 하고 개인의 주관적인 생각과 감정을 표출하여서는 안 된다.

23 고객의 경계심과 망설임을 없애는 방법과 가장 거리가 먼 것은?

① 고객의 참여 유도

② 철저히 업무적인 응대

③ 상담원의 편으로 만들기

④ 데이터의 제시와 비교판단

> **해설**
> 전체 상담의 원활한 진행과 분위기를 위해 고객의 말에 적극적인 동감 표현을 하고, 긍정적인 관심을 갖는 것이 중요하다.

24 고객상담 처리 기술에 대한 설명으로 틀린 것은?

① 고객에 대한 다양한 정보를 얻기 위해서는 폐쇄형 질문을 한다.

② 고객이 말하기를 시작하면 경청하도록 한다.

③ 고객에게 상품의 특징과 이점에 대해 설명한다.

④ 고객의 반론에 대해서는 먼저 공감하는 자세를 취한다.

> **해설**
> 다양한 정보를 얻기 위해서는 개방형 질문을 해야 한다. 폐쇄형 질문은 단답(예/아니요)을 이끌어내는 질문이기 때문에 다양한 정보를 얻기는 어렵다.

25 고객의 구체적 욕구를 알아내기 위한 질문기법으로 가장 거리가 먼 것은?

① 고객이 쉽게 이해할 수 있도록 질문한다.

② 가급적이면 긍정적으로 질문을 한다.

③ 질문을 구체화, 명료화시킨다.

④ 다양하고 방대한 양의 질문을 한다.

> **해설**
>
> 고객의 구체적 욕구를 파악하기 위한 질문기법
> • 상대방의 말을 비판하지 않는다.
> • 가능하면 긍정적인 질문을 한다.
> • 구체적으로 질문한다.
> • 더 좋은 서비스를 제공하기 위해 소비자가 확실히 원하는 것을 찾아내는 질문을 한다.

제2과목 시장환경조사

26 시장조사의 중요성으로 옳지 않은 것은?

① 고객의 특성, 욕구, 그리고 행동에 대한 정확한 이해를 통해 고객지향적인 마케팅 활동을 가능케 해 준다.

② 마케팅 전략 수립 및 집행에 필요한 모든 정보를 적절한 시기에 입수할 수 있다.

③ 시장조사는 타당성과 신뢰성 높은 정보의 제공을 통해 의사결정의 기대가치를 높일 수 있는 수단이 된다.

④ 정확한 시장정보와 경영활동에 대한 효과 분석은 기업목표의 달성에 공헌할 수 있는 자원의 배분과 한정된 자원의 효율적인 활용을 가능케 한다.

> **해설**
>
> 마케팅 전략 수립 및 집행에 필요한 다양한 정보를 얻을 수는 있지만 필요한 모든 정보를 시장조사를 통해 얻는 것은 아니다.
>
> 시장조사의 역할 및 중요성
> • 고객의 특성, 욕구나 행동적 특성 간파를 통한 고객지향적 마케팅 활동에 도움을 준다.
> • 타당성과 신뢰성 높은 정보의 제공으로, 의사결정 기대치를 제고하고 기업의 전략 경영 실행에 공헌한다.
> • 기업의 문제 해결 및 목표 달성에 도움을 주는 정확한 시장정보를 통해 자원의 배분과 효율적 활용 가능성을 제공한다.

27 다음은 마케팅정보시스템 중 무엇에 관한 설명인가?

> 마케팅 환경으로부터 수집된 정보를 해석하고 마케팅 의사결정의 결과를 예측하기 위해 사용되는 관련 자료, 소프트웨어, 분석도구 등을 통합한 것

① 내부정보시스템
② 마케팅의사결정지원시스템
③ 고객정보시스템
④ 마케팅인텔리전스시스템

해설

마케팅의사결정지원시스템
• 최고경영자의 의사결정을 도와주는 시스템으로, 정형적인 문제는 의사결정 규칙에 의해 자동으로 해결 방법을 제시하고, 비정형적인 문제는 문제를 분석하여 최종 결정에 도움이 되는 정보를 제공한다.
• 각종 요인 변화에 대해 결과를 즉시 요약 · 제시하는 정보시스템으로, 의사결정에 대해 지원한다.

28 표본조사 시 발생할 수 있는 불포함 오류의 설명으로 가장 적합한 것은?

① 표본조사 시 표본체계가 완전하지 않아서 생기는 오류
② 표본추출과정에서 선정된 표본 중에서 응답을 얻어내지 못하여 생기는 오류
③ 면접이나 관찰과정에서 응답자나 조사자 자체의 특성에서 생기는 오류
④ 정확한 응답이나 행동을 한 결과를 조사자가 잘못 기록하거나, 기록된 설문지나 면접지가 분석을 위하여 처리되는 과정에서 달라지는 오류

해설

불포함 오류란 조사 대상이 되는 모집단의 일부를 표본 추출 대상에서 제외함으로써 발생하는 오류이다.

29 의사소통 방법을 이용하여 자료를 수집할 때 의사소통 수단에 의한 분류 중 체계적 의사소통 방법에 해당하는 것은?

① 인터넷조사법
② 심층면접법
③ 표적집단면접법
④ 그림묘사법

해설

의사소통 수단에 의한 면접법으로는 대인면접법, 전화면접법, 우편면접법, 인터넷조사법이 있다.
② · ③ · ④의 자료 수집은 피조사자의 내적 심리 상태를 포함하여, 정성적이고 심도 있는 의견을 파악하고자 할 때 활용하는 조사 방법으로 체계적 의사소통이라고 보기 어렵다.

정답 25 ④ 26 ② 27 ② 28 ① 29 ①

30 다음 중 시장조사를 통해 수집된 자료의 처리 순서를 바르게 나열한 것은?

① 편집(Editing) → 입력(Key-in) → 코딩(Coding)

② 코딩(Coding) → 편집(Editing) → 입력(Key-in)

③ 편집(Editing) → 코딩(Coding) → 입력(Key-in)

④ 입력(Key-in) → 코딩(Coding) → 편집(Editing)

해설

자료의 처리 순서
편집(Editing) → 코딩(Coding) → 입력(Key-in)
· 편집: 조사를 끝내고 채택된 설문지에 대해 각 항목의 응답이 정확한 것인가를 파악하는 과정이다.
· 코딩: 조사 항목별로 전산 처리에 의한 분석을 편리하게 처리하기 위해 각 항목에 대한 응답을 숫자나 기호로 부여하는 과정이다.
· 입력: 부호화된 내용을 전산에 입력하는 작업이다.

31 다음 중 탐색적 조사 방법에 해당하지 않는 것은?

① 전문가 의견조사　　　　　　　② 문헌조사

③ 실험연구　　　　　　　　　　④ 사례연구

해설

탐색조사
마케팅 문제의 정의와 관련 변수의 규명 및 가설을 설정하기 위한 조사이다. **예** 전문가 의견조사, 문헌조사, 사례조사, 심층면접법, 표적집단면접법 등

실험조사
주제에 대해 서로 비교되는 두 집단을 선별하여 각각 다른 변수를 주고, 관련 변수들을 통제한 후 집단 간 반응의 차이를 조사하여 자료를 수집하는 조사이다.

32 시장조사를 위한 조사 설계 시 고려해야 할 사항으로 거리가 먼 것은?

① 향후 고객들의 기대 예측

② 예산의 편성과 조사일정 계획 수립

③ 규정된 문제에 대한 종합적인 검토

④ 자료 수집절차와 자료 분석기법 결정

해설

향후 고객들의 기대 예측은 조사 설계 시 고려사항이 아니다. 오히려 고객들의 기대를 예측하고 조사 설계를 하면 객관적 조사가 어려울 수 있다.

33 신뢰도를 측정하는 방법에 대한 설명 중 틀린 것은?

① 재검사법: 동일한 상황에 상이한 측정 도구를 사용하여 일정 간격을 두고 두 번 측정한 후 결과를 비교한다.

② 복수양식법: 최대한 비슷한 두 가지 형태의 측정 도구를 이용해 동시에 측정하고 측정값 간 상관관계를 분석한다.

③ 반분법: 측정 도구를 임의로 반으로 나누어 독립된 두 개의 척도로 사용한다.

④ 내적 일관성: 동일한 개념의 측정을 위해 여러 항목을 이용할 경우 크론바흐 알파계수를 통해 신뢰도를 저해하는 항목을 측정 도구에서 제외한다.

해설

재검사법
조사의 신뢰성을 높이기 위해 일정한 시간을 두고 동일한 측정 도구로 반복 측정해 그 결과를 비교하는 방법이다.

34 세탁기 회사에서 가족 규모와 세탁기 크기의 관련성을 알아보기 위하여 세탁기 사용자들을 대상으로 다음과 같이 설문조사를 하였다. 다음의 조사와 관련 있는 검정 방법은?

> 1. 귀하의 가족 구성원은 모두 몇 명입니까?
> ① 1~2명   ② 3~4명   ③ 5~6명   ④ 7~8명
> 2. 귀하가 사용하시는 세탁기의 크기는 다음 중 어디에 해당합니까?
> ① 소형   ② 중형   ③ 대형

① Z test

② χ^2 test

③ Anova test

④ T test

해설

χ^2 test(카이제곱 검정)
관찰된 빈도가 기대되는 빈도와 의미 있게 다른지의 여부를 검증하기 위해 사용되는 검증 방법으로 한 모집단 안에 하나의 명목척도를 가진 자료분석에 이용되며 두 변수 간의 관련성을 분석하는 방법이다.

35 설문지를 통해 자료를 수집하는 방법으로 조사 상황에 따라 신속하게 질문방법, 절차, 순서, 내용 등을 바꿀 수 있는 자료 수집방법은?

① 개인면접법

② 전화조사

③ 우편조사

④ 인터넷조사

> **해설**
>
> 개인면접법
> 조사자가 추출된 피조사자들을 일일이 만나서 미리 준비된 질문지를 내주고 기입하도록 하는 방법이다. 다른 자료 수집방법과 달리 면접 과정에서 면접자가 직접 참여하며 이로 인해 조사 과정에서 조사원이 응답자에게 가장 많은 영향을 미칠 수 있는 조사 방법이다.

36 조사 대상이 표본으로 추출될 확률이 알려져 있지 않아 인위적인 표본추출을 해야 하는 경우, 시간과 비용의 절감 효과는 있으나 표본오차의 추정이 불가능한 표본추출방법은?

① 비확률표본추출방법

② 확률표본추출방법

③ 집락표본추출방법

④ 계통표본추출방법

> **해설**
>
> ② 확률표본추출방법: 모집단에 속한 모든 요소가 표출됨에 있어 같은 확률을 가진다는 것이 전제되며, 비용이 많이 들고 불편하지만 표본오차의 추정이 가능하다.
> ③ 집락표본추출방법: 확률표본추출방법의 하나로 표본(추출) 단위를 집단(일정한 지역)으로 하여 무작위로 표출한다.
> ④ 계통표본추출방법: 확률표본추출방법의 하나로 모집단 추출 틀에서 단순 무작위로 하나의 단위를 선택하고 그다음 k 번째 간격마다 하나씩 표본으로 추출한다.

37 표본추출에 관한 설명으로 옳지 않은 것은?

① 개인과 집단은 물론 조직도 표본추출의 요소가 될 수 있다.

② 표본추출단위와 분석단위가 일치하지 않을 수 있다.

③ 전수조사에서는 모수와 통계치 구분이 불필요하다.

④ 표본의 대표성은 표본오차와 정비례한다.

> **해설**
>
> 표본의 대표성은 표본오차와 반비례한다.

38 종단조사와 횡단조사의 설명으로 옳지 않은 것은?

① 동일한 현상을 동일한 대상에 대해 반복적으로 측정하는 것은 종단조사에 해당한다.

② 횡단조사는 특정 시점에서의 집단 간 차이를 연구하는 방법이다.

③ 종단조사는 동태적인 성격이라 할 수 있고, 횡단조사는 정태적인 성격이라 할 수 있다.

④ 종단조사는 조사 대상의 특성에 따라 집단을 나누어 비교 분석하기 때문에 횡단조사에 비해 표본의 크기가 상대적으로 크다.

> **해설**
>
> 종단조사와 횡단조사의 비교
>
> | 종단조사 | 횡단조사 |
> | --- | --- |
> | 동일한 모집단에 대해 동일한 현상을 반복적으로 조사하는 방법이다. | 특정 시점에서의 집단 간의 차이를 조사하는 방법이다. |
> | 동태적 성격을 갖는다고 할 수 있다. | 정태적 성격을 갖는다고 할 수 있다. |
> | 횡단조사보다 표본의 크기가 상대적으로 작다. | 조사 대상의 특성에 따라 집단을 나누어 비교·분석하기 때문에 종단조사보다 표본의 크기가 상대적으로 크다. |

39 전수조사와 비교하여 표본조사가 가지는 이점으로 볼 수 없는 것은?

① 시간과 비용, 인력을 절약할 수 있다.

② 조사 대상자가 적기 때문에 조사 과정을 보다 잘 통제할 수 있다.

③ 통계자료로부터 올바른 모수추정이 어려운 경우에 더 효율적이다.

④ 비표본오류를 상대적으로 더 많이 줄일 수 있기 때문에 정확도를 높일 수 있다.

> **해설**
>
> 표본조사의 이점
> • 조사 기간이 짧아서 인력과 시간 및 비용이 적게 든다.
> • 조사 과정을 보다 잘 통제할 수 있어서 정확한 자료를 얻을 수 있다.
> • 전수조사 과정에서 발생하는 비표본오류 때문에 전수조사가 표본조사보다 부정확할 가능성이 있다.

40 표본의 대표성에 관한 설명으로 틀린 것은?

① 무작위로 추출된 표본의 크기는 표본의 대표성과 관계가 없다.

② 표본의 대표성은 표본의 질을 판단하는 주요 기준이다.

③ 동일확률선정법으로 추출된 표본이 모집단을 완벽하게 대표하는 경우는 없다.

④ 모집단의 동일성은 표본의 대표성과 관계가 있다.

해설

표본의 크기가 커질수록 표본의 대표성은 커진다.

41 측정의 신뢰성을 향상시킬 수 있는 방법으로 옳지 않은 것은?

① 설문지의 문항별 설명을 명확히 하여 응답자별로 해석상의 차이가 발생하지 않도록 한다.

② 조사원들에 대한 교육을 강화하여 설문을 명확히 이해하도록 하고, 질문 방식 등을 표준화시킨다.

③ 성의가 없거나 일관성 없게 응답한 경우 설문지 자체를 폐기시킴으로써 위험요소를 없앤다.

④ 중요한 질문의 경우 반복 질문을 피함으로써 혼선을 피한다.

해설

측정의 신뢰성을 향상시킬 수 있는 방법
• 설문지의 문항별 설명을 명확히 하여 응답자별로 해석상의 차이가 발생하지 않도록 한다.
• 조사원들에 대한 교육을 강화하여 설문을 명확히 이해하도록 하고, 질문 방식 등을 표준화한다.
• 성의가 없거나 일관성 없게 응답한 경우 설문지 자체를 폐기하여 위험요소를 없앤다.
• 중요한 질문의 경우 동일하거나 유사한 질문을 2회 이상 한다.

42 질문의 순서와 배치에 관한 설명으로 옳지 않은 것은?

① 응답자의 인적사항에 대한 질문은 가능한 한 앞부분에 구성한다.

② 질문내용은 자연스럽고 논리적인 순서로 구성한다.

③ 일반적인 질문내용에서 구체적인 내용순으로 구성한다.

④ 민감한 질문내용들은 마지막으로 구성한다.

해설

응답자의 인적사항에 대한 질문은 뒤쪽에 배치한다.

설문지 구성요소의 순서
응답자에 대한 협조 요청문 → 필요한 정보획득을 위한 문항 → 응답자 분류를 위한 문항 → 응답자의 신상기록 항목

43 다음 중 내적 타당도를 저해하는 요인이 아닌 것은?

① 특정 사건의 영향

② 사전검사의 영향

③ 조사 대상자의 차별적 선정

④ 반작용 효과(Reactive effects)

해설

반작용 효과(Reactive effects)는 외적 타당도를 저해하는 요인에 해당된다.

44 시장조사의 과정을 순서대로 나열한 것은?

A. 자료 분석	B. 조사 설계
C. 실사와 자료 수집	D. 문제 정의
E. 보고서	

① D → B → C → A → E

② A → B → C → D → E

③ B → C → A → D → E

④ D → A → B → C → E

해설

시장조사는 마케팅 문제 해결을 위한 정보의 제공이 주된 목적이므로 가장 먼저 의사결정 문제를 규명하는 것으로부터 시작된다. 문제가 규명되고 나면 문제 해결을 위해 요구되는 정보를 규명한다. 만약 문제와 관련된 변수가 명확하지 못하면 이를 명확히 하기 위한 사전조사를 실시한다. 사전조사에 의해 문제와 조사해야 할 변수 및 정보가 명확해지면 본조사 계획을 수립하고 정보를 수집하는 실사를 하게 된다. 실사에 의해 자료가 수집되면 이를 분석·정리·보고하는 과정으로 종결된다.

45 일반적으로 알려진 네 가지의 척도 중 절대적인 기준인 영점이 존재하고, 모든 사칙연산이 가능한 척도는?

① 명목 척도

② 서열 척도

③ 등간 척도

④ 비율 척도

해설

비율 척도

척도를 나타내는 수가 등간일 뿐만 아니라 의미 있는 절대 영점을 가지고 있는 경우에 이용되며 모든 사칙연산이 가능하다.

정답 40 ① 41 ④ 42 ① 43 ④ 44 ① 45 ④

46 사회조사의 유형에 관한 설명으로 옳은 것은?

① 횡단조사는 탐색, 기술, 설명의 목적을 갖는다.

② 종단조사는 장기간에 걸쳐 조사하는 연구로 질적 연구는 이루어지지 않는다.

③ 패널조사는 새로운 경향을 확인하기 위해 해마다 다른 표본을 선정한다.

④ 추이조사는 패널조사보다 개인의 변화에 대해 더 명확한 자료를 제공한다.

해설

② 종단조사는 동일 모집단에 대해 일정한 시간 간격을 두고 반복적으로 조사하는 방법으로, 질적 연구도 이루어진다.

③ 패널조사는 종단조사 중 하나로서 동일 표본에 대해 반복적으로 조사하는 방법이다.

④ 추이조사는 조사 대상들을 선정해 놓고, 시간 간격을 두고 반복적 조사를 통해 마케팅 변수에 대한 반응을 측정하는 조사 방법인 반면 패널조사는 사전에 선정한 비교적 소수의 특정 조사 대상자들을 일정 기간 동안 반복적으로 조사하는 방법이므로 패널조사가 개인의 변화에 대해 더 명확한 자료를 제공한다.

47 동일한 실험 대상자들에게 일정한 시간적 간격을 두고 반복적으로 조사하는 방법은?

① 연속조사

② 횡단조사

③ 코호트조사

④ 패널조사

해설

패널조사

• 고정된 일정 수의 표본가구나 개인을 선정하여 반복적으로 조사에 활용한다.

• 일정 기간 동안 구체적인 간격을 두고 정보를 제공하는 데 동의한 응답자들에게 조사에 응답하는 대가로 현금이나 선물, 쿠폰 등을 제공하며, 이들은 최근 온라인 전문 조사기관들을 통해 대규모로 구성된다.

• 동일 샘플에서 동일 변수를 반복적으로 측정함으로써 조사 대상의 변화를 추적할 수 있다.

48 단일차원적(Unidimensional)인 특성, 태도, 현상 등을 측정하기 위해 마련된 누적 척도의 한 방법으로서, 척도 도식법 또는 척도 분석법으로도 불리는 척도법은?

① 리커트 척도법

② 거트만 척도법

③ 평정 척도법

④ 사회적 거리 척도법

해설

거트만 척도법은 거트만에 의해 개발된 것으로 태도의 강도에 대한 연속적 증가유형을 측정하고자 하는 척도이다. 초기에는 질문지의 심리적 검사를 위해 고안된 것이었으나, 이제는 사회과학의 제 분야에 널리 사용되고 있다.

① 리커트 척도법: 인간의 태도를 측정하는 태도 척도로, 서열적 수준의 변수를 측정한다.

③ 평정 척도법: 관찰자 또는 평가자가 평가대상 또는 조사대상을 한 연속체에 입각해서 평가함으로써 그 대상에 등급별로 일정한 수를 부가하든가 또는 그들을 몇 개의 카테고리로 구별하여 측정한다.

④ 사회적 거리 척도법: 집단뿐만 아니라 개인 또는 추상적인 가치에 관해서 상호 간의 사회적 거리를 측정한다.

49 한 시점에서 다양한 대상과 변수에 대해 측정하는 조사 설계로 적은 비용과 짧은 시간을 들여서 많은 대상에 대해 많은 변수를 측정할 수 있는 조사는?

① 인과조사

② 횡단조사

③ 종단조사

④ 사후측정설계

해설

종단조사와 횡단조사의 비교

종단조사	횡단조사
두 번 이상에 걸쳐 연구	한 번 연구
코호트조사, 패널조사	표본조사
시간의 흐름에 따른 조사대상이나 상황의 변화를 측정해 의미를 찾고자 함	일정 시점에서 특정 표본이 가지고 있는 특성을 파악
동태적	정태적
표본이 작음	표본이 크고 반복하지 않음
주로 탐색적 연구나 설명적 연구	주로 기술적 연구

50 일반적으로 기업에서 수행하는 마케팅조사의 목적과 가장 거리가 먼 것은?

① 소비자의 특성과 행동을 파악하기 위한 조사

② 신제품에 관한 소비자의 반응을 파악하기 위한 조사

③ 시장 점유율을 파악하기 위한 조사

④ 고객에게 새로운 사업이나 기존 사업에 대한 새로운 인상을 심어주기 위한 조사

해설

마케팅조사만으로는 고객에게 기업에 대한 새로운 인상을 심어줄 수 없다.

제3과목 마케팅관리

51 아웃바운드 텔레마케팅의 특성으로 틀린 것은?

① 아웃바운드에서는 고객리스트가 반응률을 결정하며 기본적으로 고객주도형이다.

② 아웃바운드는 무차별적 전화 세일즈와는 달리 전화를 걸기 위한 사전준비가 필요하다.

③ 고정고객 관리는 신규고객 획득에 비해 시간과 비용면에서 경제적이고 효과도 크다.

④ 아웃바운드가 인바운드보다 상대적으로 고도의 기술을 요하며 마케팅 전략, 통합기법 등의 노하우, 상담원의 역량 등에 큰 영향을 받는다.

해설

아웃바운드 텔레마케팅
텔레마케팅 운용주체가 외부의 잠재고객 및 기존의 고객에게 전화를 거는 것으로 기업주도형이고 능동적이며 목표지향적인 마케팅이다.

52 아웃바운드 텔레마케팅 시 고객에게 전화를 할 때 유의할 사항과 거리가 먼 것은?

① 고객에게 전화를 건 목적과 이유를 먼저 설명한다.

② 상품의 기본적인 강점을 먼저 설명하고 부가적인 내용을 설명한다.

③ 고객이 구매할 수 있도록 동기부여를 시킬 수 있어야 한다.

④ 고객이 구매 결정을 하면 즉시 전화를 끊고 다음 고객정보를 모니터링하며 상담을 준비한다.

해설

구매 결정이 이루어졌더라도 고객이 분명하게 이해하였는지 확인하여야 한다.

53 인바운드 텔레마케팅에 관한 설명으로 옳지 않은 것은?

① 각종 광고 활동의 결과로 외부(고객)로부터 걸려 오는 전화를 받는 것으로 마케팅 활동이 일어나는 것이다.

② 고객데이터베이스에 의존하여 제품이나 서비스를 판매하고 고객을 설득하는 적극적인 마케팅 기법이다.

③ 고객이 전화를 거는 고객주도형이기 때문에 판매나 주문으로 연결시키기가 비교적 용이하다.

④ ARS 시스템 또한 인바운드 텔레마케팅의 한 분야이다.

> 해설
>
> 인바운드 텔레마케팅의 개념
> • 고객이 기업의 광고나 우편에 직접 반응하여 기업에 전화하는 등 고객의 능동적인 활동이 일어난다.
> • 텔레마케팅의 초보적인 단계로 기업의 영업 효율성을 높이기 위한 고객주도형의 마케팅 활동이다.

54 인바운드 텔레마케팅 업무의 중요사항과 가장 거리가 먼 것은?

① 신속한 전화응대

② 통화량 증감에 따른 대책

③ 통화 종료 후 적절한 사후처리

④ 주목성을 고려한 카탈로그 선정

> 해설
>
> 인바운드 텔레마케팅은 고객에게서 오는 전화를 받아 응대를 하는 것이므로 카탈로그 선정은 인바운드 텔레마케팅의 업무와 무관한 내용이다.

55 인바운드 텔레마케팅 수행 시 특정 상담원에게 콜(Call)이 집중되지 않고 균등하게 처리될 수 있도록 하는 시스템은?

① ACD

② ANI

③ IVR

④ VMS

> 해설
>
> ACD(Automatic Call Distributor, 자동호 분배시스템)
> 고객으로부터 걸려 오는 전화를 해당 시점에서 전화를 받고 있지 않은 상담원에게 순차적으로 균등하게 자동 분배해 주는 시스템이다.

56 기업의 내적 강점과 약점, 그리고 외부 위협과 기회를 자세히 평가하는 데 사용할 수 있는 기법은?

① SWOT 분석

② 시장세분화

③ 전략적 관리

④ 수익성 분석

해설

SWOT 분석

자사 및 경쟁사의 강점(Strength)과 약점(Weakness)을 분석하고, 기업 외부에서 일어나고 있는 환경변화를 종합적으로 정리하여 자사가 처한 기회(Opportunity)와 위협(Threat) 요인들을 파악하는 것으로, 기업의 내·외부 환경 분석으로 가장 많이 사용되는 분석 방법이다.

57 인바운드 상담 시 요구되는 스킬과 거리가 먼 것은?

① 오감의 능력을 총동원하여 고객의 소리를 경청한다.

② 상품은 비교적 길고, 장황하게 설명해야 한다.

③ 고객의 입장에서 말하고 듣는다.

④ 자사 상품이 가지고 있는 장점을 강조한다.

해설

성공적인 인바운드 상담이 되려면 간결하고 알아듣기 쉽게 말해야 하며, 예절을 지켜야 한다.

58 소비자의 구매의사결정 과정으로 맞는 것은?

① 정보 탐색 → 문제 인식 → 대안의 평가 및 선택 → 구매 → 구매 후 행동

② 대안의 평가 및 선택 → 문제 인식 → 정보 탐색 → 구매 → 구매 후 행동

③ 문제 인식 → 대안의 평가 및 선택 → 정보 탐색 → 구매 → 구매 후 행동

④ 문제 인식 → 정보 탐색 → 대안의 평가 및 선택 → 구매 → 구매 후 행동

해설

소비자의 구매의사결정 과정

문제 인식 → 정보 탐색 → 대안의 평가 및 선택 → 구매 → 구매 후 행동(평가)

59 텔레마케팅 시장 현황의 거시적 환경 중 금융, 보험, 여행, 레저 등 서비스 산업의 발달로 소득 증가에 따른 지출 내용이 다양화되는 환경은?

① 인구통계적 환경

② 경제적 환경

③ 기술적 환경

④ 사회문화적 환경

> **해설**
> 서비스 산업의 발달은 경제적 환경에 속한다.

텔레마케팅 개념의 발전환경

사회적 · 문화적 환경	경제적 환경
• 고객 욕구의 다양화, 개성화, 고급화 • 편의성 추구 • 맞벌이 부부 및 독신자의 급속한 증가 • 시간의 가치 증가 • 교통체증 및 주차난 • 노령인구의 증가	• 정보의 경제적 가치 증가 • 시장 개방에 따른 경쟁의 심화 • 서비스 산업의 발달 • 신용카드의 사용 확대 • 상품권의 사용 확대

60 고객리스트의 효율적인 관리 방법으로 거리가 먼 것은?

① 고객데이터 속성의 질 개선

② 고객리스트 데이터베이스화

③ 고객리스트의 지속적 갱신

④ 고객속성에 따른 일률적 대응

> **해설**
> 고객속성에 따라 상황별로 적합한 대응을 해야 한다.

61 RFM 모델에 대한 내용이 아닌 것은?

① Recency: 얼마나 최근에 자사 제품을 구입했는가?

② Frequency: 얼마나 자주 자사 제품을 구입하는가?

③ Reflection: 얼마나 자사 제품생산에 영향을 끼치는가?

④ Monetary: 제품 구입에 어느 정도의 돈을 쓰고 있는가?

> **해설**
>
> RFM
> 고객의 성향을 분석하여 고객의 등급을 계산하고 기존고객의 가치를 평가하는 방법으로 주로 고객로열티 관리의 전략으로 활용한다.
>
> | R(Recency) | 최근 구매일 | 가장 최근에 구매한 시점을 말한다(얼마나 최근에 자사 제품을 구매했는가?). |
> |---|---|---|
> | F(Frequency) | 구매 빈도 | 일정 기간 동안 구매한 빈도수를 말한다(일정 기간 동안 얼마나 자주 자사 제품을 구매했는가?). |
> | M(Monetary) | 구매 금액 | 일정 기간 동안 구매한 총금액을 말한다(일정 기간 동안 얼마나 많은 액수의 자사 제품을 구매했는가?). |

62 자사의 제품이나 서비스를 알고는 있으나, 아직 구매행동으로까지 연결되지 않았고 마케팅이나 접촉활동을 전개하면 실질적인 고객으로 가능하다고 예상되는 고객을 무엇이라고 하는가?

① 비활동고객

② 로열티고객

③ 단골고객

④ 가망고객

> **해설**
>
> ① 활동하고 있지 않은 고객이다.
> ② 지속적으로 자사의 상품을 구입할 뿐만 아니라 다른 사람에게 적극적으로 사용을 권유하여 간접적인 효과를 발생시키는 핵심고객이다.
> ③ 자사의 상품이나 서비스를 반복적으로 구입하는 고객이다.

63 마케팅정보시스템의 종류와 가장 관련이 없는 것은?

① 내부정보시스템

② 차별화 시스템

③ 고객정보시스템

④ 마케팅인텔리전스시스템

해설

마케팅정보시스템은 경영정보시스템의 하위시스템으로서, 마케팅 경영자가 마케팅 관리를 보다 효율적으로 수행하기 위해 의사결정 시 사용할 수 있도록 만들어진 것이다. 정확한 정보를 적시에 수집, 분류, 분석, 평가, 배분하도록 기획, 설계되어 지속적으로 상호작용하며 내부정보시스템, 고객정보시스템, 마케팅인텔리전스시스템, 마케팅의사결정지원시스템, 마케팅조사시스템으로 구성된다.

① 내부정보시스템: 기업의 판매상황, 원가, 재고수준, 현금 흐름, 외상매출금이나 외상매입금의 거래 현황 등에 관한 내부 보고서를 정기적으로 작성하고 이 정보를 경영의 모든 부문에 전달, 보고하는 시스템이다.

③ 고객정보시스템: 고객에 대한 인구통계적 특성, 라이프스타일, 고객이 추구하는 혜택, 구매행동 등의 정보를 포함하는 시스템이다.

④ 마케팅인텔리전스시스템: 마케팅 관리자가 마케팅 계획을 수립하고 기존의 마케팅 계획을 조정하기 위하여 마케팅 환경에서 일어나고 있는 여러 가지 변화와 추세에 관한 일상적인 정보를 체계적으로 수집하는 시스템이다.

64 기업과 고객의 만남과 상호작용을 통한 고객 변화의 단계에 관한 설명으로 틀린 것은?

① 예상고객 단계 - 개인적 접촉, 우편, 텔레마케팅 등을 통해 첫 거래를 성사시킬 수 있는 상태이다.

② 고객 단계 - 금전적 인센티브 등에 의해 재구매 동기를 갖게 된다.

③ 단골단계 - 제품 또는 서비스에 불만이 생겨도 동일한 점포나 동일한 브랜드를 이용하는 성향을 보인다.

④ 기업의 옹호자 단계 - 좋은 구전을 전파함으로써 간접적인 광고 역할을 하며 고객을 끌어오기도 한다.

해설

단골고객은 불만족이 생기지 않는 한, 한 점포 또는 한 브랜드만을 구매하는 성향을 갖는다. 단골고객이라도 불만이 생기면 다른 브랜드로 옮겨갈 수 있으므로 계속해서 좋은 제품 또는 서비스를 제공해야 한다.

65 고객데이터베이스 분석기법에 대한 설명으로 틀린 것은?

① 회귀 분석: 영향을 주는 변수와 영향을 받는 변수가 서로 선형관계가 있다고 가정하여 이루어지는 분석 방법

② 판별 분석: 집단 간의 차이가 어떠한 변수에 의해 영향을 받는가를 분석하는 방법

③ 군집 분석: 몇 개의 변수를 기초로 여러 대상을 서로 비슷한 것끼리 묶어 주는 분석 방법

④ RFM(Recency, Frequency, Monetary): 제품에 대한 특성을 중심으로 분석하는 방법

해설

RFM은 고객이 얼마나 최근에, 얼마나 자주, 얼마만큼의 금액을 구매하는가를 통해 고객가치를 측정하는 기법이다.

66 기업에서 활용하는 마케팅믹스(4P)의 구성요소가 아닌 것은?

① 제품

② 정보

③ 판매촉진

④ 유통

해설

마케팅믹스의 구성요소(4P)

Place(유통)	유통경로 · 유통업자 파악 및 결정
Price(가격)	가격 설정
Product(제품)	소비자 조사, 제품 개발, 디자인 · 포장 및 A/S 결정
Promotion(촉진)	광고 기획의 책정, 광고 매체의 선정, 홍보 방법의 결정, 판매원 관리

67 대형 가전제품, 의류, 가구류 등에 해당하는 소비재 유형은?

① 편의품

② 선매품

③ 전문품

④ 비탐색품

`해설`

소비재의 분류

편의품	– 소비자가 자주, 최소한의 노력으로 구입하는 제품 – 소비자들은 상표에 대해서 강한 애호도를 가짐 – 가장 편리한 위치에 있는 점포를 선택하는 경우가 많으며, 이를 위한 개방적인 유통이 일반적
선매품	– 소비자가 품질, 가격, 색깔, 크기, 스타일, 디자인 등을 중심으로 여러 유통채널을 통하여 대체상품과 비교한 후 선택하는 성향의 제품 – 선택 기준은 제품속성과 가격 – 겉옷, 주요 가전제품, 가구 등이 이에 해당
전문품	– 제품이 지니고 있는 전문성이나 독특한 성격 때문에 대체품이 존재하지 않으며 브랜드 인지도가 높은 것이 특징 – 일반적으로 전문품은 고가격 정책을 유지
비탐색품	– 소비자에게 완전히 새롭거나 소비자가 잘 알고 있지만 평상 시 구매 욕구를 느끼지 않으므로 탐색 노력을 하지 않는 제품 – 수요 수준이 낮아 대체로 높은 이윤 폭, 낮은 회전율, 높은 가격 특성을 보이므로 공격적 인적 판매 노력이 효과적

68 시장세분화의 변수 중 고객의 나이, 직업, 성별로 구분하는 것은?

① 인구통계학적 변수

② 사회심리학적 변수

③ 제품사용 빈도 변수

④ 지리적 변수

`해설`

시장세분화의 변수
• 지리적 변수: 지역, 인구밀도, 도시의 규모, 기후 등
• 인구통계적 변수: 나이, 성별, 가족 규모, 가족생활주기, 소득, 직업, 학력, 종교 등
• 심리분석적 변수: 라이프스타일, 사회 계층, 개성, 관심, 활동 등
• 행동분석적 변수: 추구하는 편익, 구매 준비 단계, 사용 경험, 가격민감도, 사용량 등

`정답` 65 ④ 66 ② 67 ② 68 ①

69 스키밍(Skimming) 가격의 고려사항 중 관련성이 적은 것은?

① 한계원가
② 경쟁품의 가격
③ 시장수요
④ 구매자의 지불 능력

> **해설**
>
> 스키밍(Skimming) 가격은 초기에 고가격을 설정하는 것이므로, 한계원가는 관련성이 적다.
>
> 상층흡수가격정책(초기고가격정책, 스키밍 가격)
> 상층흡수가격정책(스키밍 가격)은 신제품을 시장에 도입하는 초기에 고가격을 설정함으로써 가격에 대하여 민감한 반응을 보이지 않는 고소득계층을 흡수한 후 연속적으로 가격을 인하시켜 저소득계층에게도 침투하고자 하는 가격정책이다.

70 세분시장의 평가에 대한 설명으로 틀린 것은?

① 세분시장이 기업의 목표와 일치한다면 그 세분시장에서 성공하는 데 필요한 기술과 자원을 보유한 것으로 본다.
② 세분시장을 평가하기 위하여 가장 먼저 각각의 세분시장의 매출액, 성장률 그리고 기대수익률을 조사하여야 한다.
③ 세분시장 내에 강력하고 공격적인 경쟁자가 다수 포진하고 있다면 그 세분시장의 매력성은 크게 떨어진다.
④ 세분시장 내에 다양한 대체 상품이 존재하는 경우에는 당해 상품의 가격이나 이익에도 많은 영향을 미친다.

> **해설**
>
> 세분시장이 기업의 목표와 일치한다고 해서 기업이 그 세분시장에서 필요한 기술과 자원을 보유한 것은 아니다. 세분시장이 기업의 목표와 일치한다면 그 세분시장에서 필요한 인적·물적·기술적 자원을 가지고 있는지 검토해 보아야 한다.
>
> 세분시장(Segment market)
> 주어진 마케팅 자극에 대해서 유사한 반응을 보이는 소비자들로 구성되어 있는 시장을 의미한다.

71 어떤 기업이나 그 기업의 제품에 관한 각종 정보를 고객에게 제공하면 그 고객이 또 다른 사람에게 제공하는 방식으로, 소비자들의 힘을 빌려 홍보하는 마케팅 기법은?

① 니치 마케팅(Niche marketing)

② 에어리어 마케팅(Area marketing)

③ 마이크로 마케팅(Micro marketing)

④ 바이럴 마케팅(Viral marketing)

해설

① 니치 마케팅(Niche marketing): 니치란 틈새를 의미하는 말로, 남이 모르는 좋은 낚시터라는 뜻을 가지고 있다. 기존 시장에 진입하기 어렵거나 수익성을 개선하기 위하여 기존의 시장과는 다른 시장에 진입하는 것을 말한다.

② 에어리어 마케팅(Area marketing): 점포 계획을 하는 경우의 사전조사로, 그 입지를 중심으로 한 일정 지역의 구매력 조사를 말한다.

③ 마이크로 마케팅(Micro marketing): 상역권(商域圈) 내 소비자들의 통계적 속성과 주민들의 라이프스타일에 관한 종합적 자료를 활용하여 지역 소비자의 욕구를 충족시켜 나가는 마케팅 기법이다.

72 제품 포지셔닝(Positioning)에 대한 설명으로 틀린 것은?

① 한번 정한 포지셔닝은 바꿀 수 없다.

② 포지셔닝 맵을 사용하여 분석할 수 있다.

③ 경영자에게 신제품 개발이나 광고활동에서의 방향성을 제시해 줄 수 있다.

④ 기업이 시장세분화를 기초로 정해진 표적시장 내 고객들의 마음속에 전략적 위치를 계획하는 것을 말한다.

해설

포지셔닝을 정했더라도 여러 상황의 변화에 따라 포지셔닝을 바꿀 수 있다.

재포지셔닝(Repositioning)

소비자 욕구의 변화, 상권 내 역학구조의 변화, 소매기업 내 각종 상황의 변화 등의 요인에 의하여 그동안 유지해 왔던 포지셔닝을 바꿈으로써 상권의 범위와 내용, 목표 소비자를 새롭게 조정하는 활동이다.

73 재포지셔닝(Repositioning)에 관한 설명으로 틀린 것은?

① 지금까지 유지되어 온 현재의 위치를 버리고 새로운 포지션을 찾아가는 방법이다.

② 경쟁자의 진입으로 시장 내의 차별적 우위 유지가 힘들어진 경우 재포지셔닝이 필요하다.

③ 기존의 포지션이 진부해져 매력이 상실되었을 경우에 재포지셔닝으로 고려한다.

④ 소비자의 인식과 기업이 바라는 포지션이 같은 경우 기존의 포지션을 바꿀 필요성이 생길 수 있다.

해설

소비자 인식과 기업이 바라는 포지션이 같은 경우는 기존 포지션을 유지하여야 한다.

정답 69 ① 70 ① 71 ④ 72 ① 73 ④

74 상담원 통화가 끝나는 시간을 예측하여 고객에게 전화를 걸어서 응답된 고객만을 연결시켜 주는 기능은?

① Preview dialing

② Progressive dialing

③ Predictive dialing

④ Proactive dialing

`해설`

Predictive dialing은 전화 발신을 상담원이 통화가 끝나는 시기를 예측하여 Dialing 후 응답된 고객만을 연결하여 주는 기능이다.
① Preview dialing: 상담원과 고객의 전화가 연결되기 전 상담원의 컴퓨터 화면에 고객정보를 미리 보여주는 기능이다.
② Progressive dialing: 응대할 상담원이 있을 때 전화 발신을 하여 통화된 전화만 상담원에게 연결하는 기능이다.

75 다음 중 서비스 품질 평가 요인(SERVQUAL)의 특성이 아닌 것은?

① 유형성(Tangibility)

② 분리성(Separability)

③ 신뢰성(Reliability)

④ 대응성(Responsiveness)

`해설`

서비스 평가의 측정 요소
• 유형성(Tangibility): 외형 · 물리적인 시설, 장비, 사람, 그리고 커뮤니케이션 도구
• 신뢰성(Reliability): 약속한 서비스를 믿게 하며 정확하게 제공하는 능력
• 대응성(Responsiveness): 기꺼이 고객을 돕고 신속한 서비스를 제공하는 능력, 자발성
• 확신성(Assurance): 서비스 제공자들의 지식, 정중, 믿음, 신뢰를 전달하는 능력
• 공감성(Empathy): 고객에게 개인적인 배려를 제공하는 능력, 관심 및 친절

76 콜센터의 생산성을 향상시킬 수 있는 방안과 가장 거리가 먼 것은?

① 전반적인 업무 환경(콜센터 환경)을 개선한다.

② 콜센터 인력을 신규인력으로 대폭 교체한다.

③ 텔레마케터 성과에 대한 인센티브를 강화한다.

④ 콜센터의 인력(리더 및 상담원 등)에 대한 교육을 강화한다.

해설

인건비는 콜센터 운영비용에서 가장 많은 부분을 차지하는 항목이다. 인력을 신규인력으로 대폭 교체하는 것은 채용비용과 교육 및 재교육비용 등 인건비 또한 증가시키므로 생산성 향상에 도움이 되지 않는다.

콜센터 생산성 향상 방안

• 콜센터 인력(리더 및 상담원 등)에 대한 교육을 강화한다.
• 전반적인 업무 환경(콜센터 환경)을 개선한다.
• 텔레마케터 성과에 대한 인센티브를 강화한다.
• 성과에 대한 평가와 보상을 공정하게 한다.
• 관련 부서와 긴밀하게 협조한다.
• 콜센터 조직 구성원 간에 신뢰가 쌓일 수 있도록 한다.

77 다음 중 텔레마케팅 고객응대의 특징이 아닌 것은?

① 일방 간 커뮤니케이션이 필요하다.

② 전화장치를 활용한 비대면 중심의 커뮤니케이션 행위이다.

③ 언어적인 메시지와 비언어적인 메시지를 동시에 사용한다.

④ 상호 거래적이다.

해설

텔레마케팅은 1:1로 이루어지는 쌍방향 커뮤니케이션이다.

정답 74 ③ 75 ② 76 ② 77 ①

78 인바운드 콜센터의 운영 성과측정지표에 관한 설명으로 옳지 않은 것은?

① 품질평가는 '목표 서비스 기간 내에 총 인입된 콜의 몇 %를 응답했는가?'를 측정하는 항목이다.

② CPH(Call Per Hour)는 '텔레마케터가 시간당 인입콜을 얼마나 많이 처리하였는가?'를 측정하는 항목이다.

③ 스케줄 고수율은 '(콜 처리시간+콜 처리준비가 되어 있는 시간)/업무를 하도록 스케줄된 시간'을 측정하는 항목이다.

④ 고객만족도는 고객이 콜센터에 대해 느끼는 만족도를 측정하는 항목이다.

해설

'목표 서비스 기간 내에 총 인입된 콜의 몇 %를 응답했는가?'를 측정하는 항목은 서비스 레벨이다.

79 인사고과 과정에서 발생하는 오류로서 평가자가 가진 고정관념으로 피평가자에 대한 편견에 근거하여 개인을 평가하는 오류는?

① 항상 오류   ② 후광 효과

③ 상동 오류   ④ 대비 오류

해설

① 항상 오류: 특정 고과자가 다른 고과자들에 비해 피고과자들에게 언제나 높은 점수 혹은 언제나 낮은 점수를 주는 평가 오류이다.

② 후광 효과: 피고과자의 어떤 특성에 대해 우수하다는 인상을 가지게 되면 다른 특성 역시 우수한 것으로 평가해 버리는 경향이다.

④ 대비 오류: 고과자가 자신이 지닌 특성과 비교하여 피고과자를 평가하는 경향이다.

80 아웃바운드 텔레마케팅의 성과지표가 아닌 것은?

① 콜 접촉률   ② 콜 응답률

③ 평균 포기 콜   ④ 건당 평균 매출금액

해설

아웃바운드 콜센터의 성과지표

콜 응답률, 시간당 판매량, 평균 판매가치, 시간당 접촉 횟수, 판매 건당 비용, 고객 DB 소진율, 고객 DB 사용 대비 고객 획득률, 1콜당 평균 전화비용, 총매출액, 콜 접촉률, 건당 평균 매출금액

인바운드 콜센터의 성과지표

콜 처리율, 스케줄 준수율, 품질 평가, 평균 후처리시간, 서비스 레벨, 고객만족도, 통화품질평가점수, 첫 통화 해결률, 상담원 착석률, 평균 통화시간

81 OJT에 관한 설명으로 틀린 것은?

① 많은 종업원에게 통일된 훈련을 시킬 수 있다.

② 상사와 동료 간에 이해와 협동정신을 강화시킨다.

③ 종업원의 개인적 능력에 따른 훈련이 가능하다.

④ 실시가 용이하며, 훈련비용이 적게 든다.

> **해설**
>
> OJT는 많은 종업원을 동시에 교육하기 어렵고, 업무와 교육훈련에 모두 철저할 수도 없으며, 교육훈련 내용의 체계화가 쉽지 않다는 단점이 있다.

82 텔레마케팅의 성장 배경에 관한 설명 중 '데이터베이스의 발달로 고객정보의 취득과 수요 창출의 효과'를 고려한 측면은?

① 기술적 측면

② 사회적 측면

③ 소비자 측면

④ 생산자 측면

> **해설**
>
> 기술적 측면
> • 정보처리기술의 발달: 컴퓨터 보급의 확대로 고객 데이터베이스 구축 및 접근이 용이해져, 보다 정밀한 시장세분화로 전략적 활용이 가능해졌다.
> • 정보통신기술의 발달: 정보통신기술의 발달로 소비자와의 접촉이 용이해졌고, 다양한 방법으로 소비자와 접촉할 수 있게 됐다.

83 직장 내 교육훈련(OJT; On the Job Training)의 장점이 아닌 것은?

① 종업원의 동기부여에 기여할 수 있다.

② 상사와 부하 간의 이해와 협동심을 촉진시킬 수 있다.

③ 많은 종업원을 대상으로 동시에 체계적인 교육훈련이 가능하다.

④ 별도의 시설 없이 적은 비용으로 경제적인 교육훈련의 실시가 가능하다.

> **해설**
>
> OJT는 많은 종업원을 동시에 교육하기 어렵다.

84 C 통신사에서는 신규제품의 홍보를 위한 DM 2,000건을 발송하여 주문 32건, 문의 58건을 접수하였다. 이 경우 아웃바운드 콜센터의 CRR은 얼마인가?

① 1.6%

② 2.9%

③ 3.2%

④ 4.5%

해설

CRR(Call Response Rate)은 콜 반응률로 '수신콜÷발신 건×100'으로 계산한다. 이때, 수신콜은 주문과 문의 건수 모두를 포함한다. 따라서 (32＋58)÷2,000×100＝4.5의 방법으로 CRR을 구할 수 있다.

85 OJT(On the Job Training)를 실시할 때 지켜야 할 원칙이 아닌 것은?

① 업무와 직접 관련된 교육을 실시한다.

② 신입 사원 입사 시에만 활용하는 교육이다.

③ 체계적이고 지속적이어야 한다.

④ 상담원의 능력을 극대화할 수 있는 방향으로 실시한다.

해설

OJT 실시가 적절한 시기로는 신입 사원이 입사했을 때, 기존 사원이 다른 팀에서 전보 왔을 때, 기존 사원의 실적이 떨어졌을 때 등이 있다.

86 전통적인 마케팅과 비교하여 텔레마케팅이 지향하는 마케팅 전략으로 가장 적합한 것은?

① 판매중심적 마케팅 전략

② 고객중심적 마케팅 전략

③ 제품중심적 마케팅 전략

④ 기업중심적 마케팅 전략

해설

전통적인 마케팅은 생산지향적 마케팅으로 제품·서비스의 생산과 유통을 강조하는 형태였으나 현재 텔레마케팅은 고객욕구 이해에 초점을 맞춰 고객중심적 마케팅 전략을 수립하고 있다.

87 효과적으로 모니터링을 실행하는 방법으로 틀린 것은?

① 모니터링 평가 결과에 따른 개별 코칭이 필요하다.

② 모니터링 평가기준은 정기적으로 수정·보완해야 한다.

③ 모니터링의 평가기준을 텔레마케터가 충분히 숙지할 수 있도록 한다.

④ 모니터링의 평가기준은 기업의 서비스 레벨과 고객 요구수준보다 텔레마케터의 수준이 우선으로 고려되어야 한다.

해설

모니터링의 평가기준은 기업의 서비스 레벨과 고객 요구수준을 우선적으로 고려해야 하며, 텔레마케터의 장단점을 발견하고 능력을 향상시킬 수 있는 수단으로 활용해야 한다.

88 텔레마케터의 상담품질 관리를 위해 모니터링 평가와 코칭 업무를 담당하는 사람을 표현하는 용어는?

① QC(Quality Control)

② ATT(Average Talk Time)

③ CMS(Call Management System)

④ QAA(Quality Assurance Analyst)

해설

QAA(Quality Assurance Analyst)
• 텔레마케터의 상담내용을 모니터링한 뒤 상담원을 평가하여 상담품질을 향상시키는 업무 및 교육지원을 담당한다.
• 텔레마케터들의 통화내용을 평가하고 개선점을 찾아내 개선할 수 있도록 도와주는 역할을 한다.
• 기본적인 자격요건에는 업무지식, 뛰어난 경청능력, 태도, 기술 등이 있다.

89 다음에서 설명하는 것은?

고객과의 질문사항과 답변사항을 모아 놓은 응답집

① 질의응답지(Q&A)

② 스크립트(Script)

③ 데이터시트(Data sheet)

④ 데이터베이스(Database)

해설

② 스크립트(Script): 고객과의 원활한 대화를 위한 대화대본이다.
③ 데이터시트(Data sheet): 고객들과의 통화내용 및 상담내용을 기록한 노트이다.
④ 데이터베이스(Database): 조직의 업무를 수행하는 데 필요한 상호 관련된 데이터들의 모임이다.

정답 84 ④ 85 ② 86 ② 87 ④ 88 ④ 89 ①

90 서비스 품질 성과지표가 아닌 것은?

① 포기율

② 콜 전환율

③ 모니터링 점수

④ 첫 번째 콜 해결율

해설

포기율은 고객이 전화를 끊은 콜의 비율을 말하므로 서비스 품질 성과지표에 해당하지 않는다.

포기율

인입콜 중 상담사가 응답하기 전에 고객이 전화를 끊은 콜의 비율이다.

91 콜량 예측 시 필요한 데이터와 가장 관련이 없는 것은?

① 대화시간

② 마무리시간

③ 콜량 예측시간

④ 평균 처리시간

해설

콜량 예측 시 필요한 데이터

대화시간(Talk time), 마무리시간(Wrap-up), 평균 처리시간(AHT; Average Handling Time)

92 콜센터 상담원의 보상계획 수립 시 고려해야 할 사항으로 가장 거리가 먼 것은?

① 동종업계 벤치마킹 및 산업평균을 최우선으로 반영한다.

② 급여계획과 인센티브 정책 마련 시 직원을 참여시킨다.

③ 금전적 보상과 비금전적 보상을 적절한 비율로 설정한다.

④ 정확하고 객관적으로 측정된 성과분석 자료를 활용한다.

해설

임금관리 시에는 직원 생활의 안정을 보장하고, 필요한 경우 동종업계보다 임금수준을 선도할 수 있어야 한다.

콜센터 성과 향상을 위한 보상계획을 수립할 때 주의사항
- 지속적이고 일관성 있는 보상계획을 수립해야 한다.
- 달성 가능한 목표 수준을 고려해야 한다.
- 계획 수립 과정에 직원을 참여시켜야 한다.

93 다음 중 CTI(Computer Telephony Intergration)의 기능으로 옳지 않은 것은?

① CTI는 콜센터의 생산성 및 효율성을 향상시킬 수 있는 근원적 장치라고 할 수 있다.

② CTI는 콜센터에서 사용하는 많은 데이터 및 음성 시스템들을 통합하는 데 핵심적인 시스템이다.

③ CTI는 음성시스템(교환기, IVR 등)과 데이터시스템(고객정보, 제품정보 등)을 각각 분리할 수 있는 솔루션이다.

④ CTI는 콜센터로 고객의 콜이 인바운드될 때 발생되는 고객정보를 상담원에게 전달하여 정확한 정보를 고객에게 빠르게 제공할 수 있게 한다.

> **해설**
> CTI는 음성시스템(교환기, IVR 등)과 데이터시스템(고객정보, 제품정보 등)을 분리하는 것이 아니라 통합하는 솔루션이다.

94 콜센터에 대한 설명으로 틀린 것은?

① 콜센터는 기업과 고객 간에 정보통신수단을 통한 커뮤니케이션적인 접촉이 이루어지는 곳이다.

② 콜센터는 기업의 제품기획과 개발, 광고전략 수립, 행정업무 등이 이루어지는 곳이다.

③ 콜센터는 크게 인바운드형 콜 처리 업무와 아웃바운드형 콜 처리 업무로 이루어진다.

④ 텔레마케팅과 커뮤니케이션이 결합되어 전문상담이 이루어지는 고객지향적 조직이라고 볼 수 있다.

> **해설**
> 기업의 제품기획과 개발, 광고전략 수립, 행정업무 등은 마케팅 관련 부서에서 하는 업무 내용이다.

95 조직의 성과관리를 위한 개인평가 방법을 상사평가 방식과 다면평가 방식으로 구분할 때 상사평가 방식의 특징으로 볼 수 없는 것은?

① 상사의 책임감 강화

② 간편한 작업 난이도

③ 평가 결과의 공정성 확보

④ 중심화, 관대화 오류발생 가능성

> **해설**
> 상사평가 방식은 한 명의 상사가 부하직원을 평가하는 것으로 다수의 평가자가 여러 각도에서 부하직원을 평가하는 다면평가제에 비해 공정성을 보장하기 어렵다.

96 다음 중 보상을 통한 동기부여 방안으로 옳지 않은 것은?

① 급여 차등 지급

② 진급 우선 혜택

③ 근태 불량자 중점 관리

④ 유급 휴가 및 조기 퇴근 등 복무규정의 차등

해설

근태 불량자 중점 관리는 보상을 위한 동기부여 방안이 아니라 처벌을 통한 관리 방안이다.

보상을 통한 동기부여 방안
- 급여 차등지급
- 유급 휴가 및 조기 퇴근 등 복무규정의 차등
- 진급 우선 혜택

97 다음 중 텔레마케팅의 분류가 아닌 것은?

① 착 · 발신 주체에 따른 분류

② 대상에 따른 분류

③ 고객 니즈에 따른 분류

④ 운영 방법에 따른 분류

해설

① 인 · 아웃바운드 Telemarketing
② B to C · B to B Telemarketing
④ In– house · Agency Telemarketing

98 조직 내의 직원의 직무만족은 심리적인 측면과 보상적인 측면으로 나눌 수 있는데, 다음 중 심리적인 측면에 해당하는 것은?

① 임금

② 승진기회

③ 신념

④ 성과급

해설

심리적인 측면에는 개인의 감정, 신념, 태도, 성취감 등이 있으며, 보상적인 측면에는 임금, 승진기회, 성과급 등이 있다.

99 일반적으로 고객은 어떤 상품이나 서비스에 대해 의문이나 불만사항이 있을 경우, 고객상담실로 전화를 걸어 물어본다. 이런 경우 일반적으로 고객이 가장 중요하게 생각하는 것은?

① 응답의 신속성

② 상담의 효율성

③ 상담원의 전문성

④ 고객접촉채널의 다양성

해설

고객이 의문이나 불만사항으로 전화를 거는 것은 빠른 답변을 받고 싶어서인 경우가 많다.

100 콜센터의 인적자원관리 방안으로 옳지 않은 것은?

① 다양한 동기부여 프로그램

② 콜센터 리더 육성 프로그램

③ 상담원 수준별 교육훈련 프로그램

④ 상담원의 심리적 안정을 위한 일정한 성과급의 지급체계

해설

성과급을 차등적으로 지급해야 한다.

핵심 내용
제1과목: VOC, 비지시적 상담, CRM, 데이터마이닝 기법, 상담 화법, 하둡(HADOOP)
제2과목: 척도, 사전조사, 설문지 작성, 측정, 표본조사, 인터넷조사, 표적집단면접법
제3과목: CTI, 데이터마이닝, STP, 가격결정방법, 마케팅 촉진, BCG 매트릭스
제4과목: 텔레마케팅, 스크립트, 인하우스 텔레마케팅, 콜센터의 기대 효과

제1과목 고객관리

01 효과적으로 고객 불만 및 VOC를 처리하였을 때 얻을 수 있는 이점으로 볼 수 없는 것은?

① 고객 유지율 증가

② 제품 마케팅 비용 감소

③ 신뢰성 상승으로 인한 홍보효과

④ 법적 처리비용 등 사후처리 비용 감소

해설

기업은 고객의 불만을 효과적으로 해결하는 과정에서 좋은 기업이라는 이미지를 구축할 수 있으며 고객 유지율도 향상될 수 있다. 하지만 이는 마케팅 비용의 감소와는 관련이 없다.

02 VOC 관리로 확보할 수 있는 정보의 특징으로 옳은 것은?

① 정보 제공자의 관여도가 낮다.

② 대화 내용이 사전에 정해지지 않으므로 비정형적이다.

③ 특정 시기의 고객 불만을 알려 주는 횡단면적 데이터이다.

④ 고객의 반응을 비교적 느리더라도 정확하게 파악할 수 있다.

VOC 관리를 통해 확보된 정보

- 정보 제공자의 관여도가 높다.
- 기업의 다양한 활동에 대한 고객의 반응을 매우 신속하게 파악할 수 있다.
- 기업은 생생하고 현장지향적인 정보를 확보할 수 있다.
- 내용이 매우 다양하며 풍부하다.
- 시계열적인 데이터이다.
- 비정형적이다.

① 정보 제공자의 관여도가 높다.
③ 시계열적인 데이터로 종단면적 데이터이다.
④ 고객의 반응을 매우 신속하게 파악할 수 있다.

03 마케팅 커뮤니케이션의 변화 트렌드로 옳지 않은 것은?

① 시장이 세분화되어 가고 있다.
② 불특정 다수에게 광고하는 매스 마케팅을 확대한다.
③ 고객과의 장기적 관점에서의 통합적 마케팅 커뮤니케이션이 필요하다.
④ 상품이나 서비스에 대한 차별화된 광고 메시지를 선별하는 것이 필요하다.

기존의 매스 마케팅 방식은 고객의 이질성 및 시장의 세분화에 대해 차별화되지 못한 획일적 메시지를 불특정 다수에게 반복하여 뿌리는 식으로 진행되었으나 최근에는 이러한 방식이 효과적이지 않다.

04 텔레마케터의 올바른 태도로 옳지 않은 것은?

① 말의 높낮이를 활용한다.
② 자신감 있는 미소로 응대한다.
③ 고객의 눈높이에 맞춰 상담한다.
④ 안정감 있게 항상 일정한 톤으로 말한다.

텔레마케터는 대화의 내용에 따라 음성의 강약, 고저를 다르게 하여 말해야 한다.

정답 01 ② 02 ② 03 ② 04 ④

05 고객상담의 필요성이 증가하는 요인으로 거리가 먼 것은?

① 제품 공급 부족 현상의 심화

② 고객 욕구의 복잡화와 다양화

③ 소비자 권리에 대한 소비자 의식 향상

④ 소비자 불만과 소비자 피해의 양적 증가

> **해설**
>
> 1990년대 후반 이후 시장 규제의 완화, 경쟁사의 증가, 시장의 성숙 등으로 시장의 수요보다 공급이 증가하면서 시장은 생산자가 아닌 소비자가 중심이 되는 구매자 중심의 시장으로 변화하였다.

06 고객과의 관계 개선을 위한 방법 중 자기 노출에 관한 설명으로 옳지 않은 것은?

① 자기 노출은 상호적인 경향이 있다.

② 자기 노출은 보상이 따를 때 감소한다.

③ 자기 노출이 증가하면 관계의 친밀감이 커진다.

④ 여성은 남성보다 자기 노출을 잘하는 경향이 있다.

> **해설**
>
> 자기 노출은 상담자가 고객을 돕기 위한 기대를 가지고 의도적으로 개인적인 정보를 고객에게 밝히는 것이다. 고객 자신의 경험, 생각, 감정, 행동에 대한 이해를 촉진하기 위해 사용되며, 관계상의 친밀감을 증가시키고, 보상을 받을 때 증가한다.

07 인바운드 텔레커뮤니케이션의 중요요소가 아닌 것은?

① 듣기(Listening)

② 말하기(Speaking)

③ 판매하기(Selling)

④ 생각하기(Thinking)

> **해설**
>
> 인바운드는 고객이 필요에 의해 인입된 상황으로 판매보다는 고객의 말을 들어주거나 정보를 제공해 주는 부분이 더 중요한 요소라 할 수 있다.

08 MOT(Moments of truth)의 의미로 적절하지 않은 것은?

① 기업의 생존이 결정되는 순간

② 고객이 제품이나 서비스를 꾸준히 경험한 후 솔직한 감정을 가지게 되는 시점

③ 고객과 기업이 접촉하여 제공된 서비스에 대해 느낌을 갖는 15초간의 진실한 순간

④ 우리 회사를 선택한 것이 가장 현명한 선택이었다는 사실을 고객에게 입증해야 할 소중한 시간

> **해설**
>
> 제품이나 서비스를 꾸준히 경험한 후 솔직한 감정을 가지는 시점을 말하는 것이 아니라 고객이 기업을 접하여 느낌을 가지는 순간을 말한다.

09 소비자 상담사의 접근 방법 중 비지시적 상담에 대한 설명으로 옳은 것은?

① 문제 상황에 대해 토론하며 정보를 제공한다.

② 소비자에게 행위를 제안하고 실행하도록 설득한다.

③ 대화의 주제를 제시하되 전개는 소비자에게 맡긴다.

④ 대화의 주제를 제한하고 전개를 상담사가 안내한다.

> **해설**
>
> 비지시적 상담은 상담기술보다는 수용적 관계에서 내담자의 주체성과 책임감을 강조하여 소비자 스스로 문제를 해결하도록 도와주는 민주적 상담이론이다. 수용적 분위기를 형성하면서 소비자가 주체적으로 문제를 해결해 나가는 과정으로 이루어진다.

10 고객의 재구매 의사결정에 대한 설명으로 옳지 않은 것은?

① 서비스가 마음에 들면 고객은 지인 9~12명에게 제품을 추천한다.

② 불만 처리 서비스가 마음에 들면 고객의 80% 이상은 재구매를 한다.

③ 서비스가 마음에 들어도 제품의 가격이 비싸면 절대 구매하지 않는다.

④ 서비스가 마음에 들지 않으면 고객의 90% 이상은 재구매를 하지 않는다.

> **해설**
>
> 고객은 서비스가 마음에 든다면 제품의 가격이 비싸더라도 구매한다.

11 블랙컨슈머(Black consumer) 대처방안 중 다음 설명에 해당하는 기법은?

> 흥분한 고객을 일단 진정시키고 잘못된 정보에 대해 바르게 안내하여 효과적으로 대응하는 방법이다.

① IMC 기법
② E.A.R 기법
③ B.I.F.F 기법
④ Roll-out 기법

해설

B.I.F.F 기법
고객을 진정시키고 잘못된 정보를 바르게 안내하여 효과적으로 대응하는 기법으로, 과도하게 감정적으로 흥분한 고객을 다루는 데 효과적이다. 흥분한 고객에게 간결하고 짧게 응대하고(Brief), 사실에 기반하여 정보 위주로 대응하며 (Informative), 친근하게 응대하고(Friendly), 확고하고 단호한 자세를 유지하는(Firm) 것이다.
② E.A.R 기법 – 'Empathy, Attention, Respect'의 앞글자를 따서 만든 것으로 감정 조절이 되지 않거나 매우 흥분한 고객을 진정시키고 차분하게 응대하는 기법이다. 고객의 감정과 상황을 이해하려는 공감을 하고, 주의를 기울이고, 존중하는 태도를 보여 흥분한 고객을 진정시키는 것이다.

12 일반적인 인바운드 텔레마케팅의 상담 과정을 순서대로 올바르게 나열한 것은?

> A. 첫인사
> B. 경청
> C. 공감 표현
> D. 고객 니즈 파악
> E. 문제 해결
> F. 성과 요약

① A → B → C → D → E → F
② A → C → D → B → E → F
③ A → B → D → C → E → F
④ A → D → C → B → E → F

해설

인바운드 텔레마케팅의 상담 과정
첫인사 → 경청 → 공감 표현 → 고객 니즈 파악 → 문제 해결 → 성과 요약

13 빅데이터 분석도구인 'R'의 대표적인 특징이 아닌 것은?

① 윈도우, 유닉스, 리눅스, 맥OS 등 다양한 플랫폼에서 작동이 가능한 멀티 운영 환경을 지원한다.

② 텍스트, 엑셀, DBMS 등 다양한 종류의 정형·비정형 데이터를 이용할 수 있는 포괄적인 통계 플랫폼이다.

③ 유사데이터에 대한 분석 작업을 기존 스크립트를 재사용하면서 처리할 수 있는 작업의 재현성을 제공한다.

④ 데이터 입력 및 편집을 위한 DATA STEP과 본격적인 데이터 분석이 이루어지는 PROC STEP 두 가지 단계를 거쳐 진행된다.

해설

DATA STEP과 PROC STEP 두 가지 단계를 거쳐 진행되는 것은 SAS에 대한 설명이다.

R
오픈소스 프로그램으로, 통계, 데이터마이닝, 그래프를 위한 언어이다. 특히 빅데이터 분석을 목적으로 주목받고 있으며, 5,000개가 넘는 패키지들이 다양한 기능을 지원하며 수시로 업데이트되고 있다.

14 제품이용도를 제고하고자 이탈고객을 대상으로 거래단절의 원인을 조사하여 이에 대한 대책을 수립하는 마케팅 전략은?

① 내부 마케팅(Internal marketing)

② 유지 마케팅(Retention marketing)

③ 관계 마케팅(Relationship marketing)

④ 데이터베이스 마케팅(Database marketing)

해설

기존고객의 이탈을 방지하고 제품이용도를 제고하고자 이탈고객을 대상으로 거래단절의 원인을 조사하여 이에 대한 대책을 수립하는 마케팅은 유지 마케팅이다.

① 내부 마케팅: 고객을 넓은 의미에서 해석하여 회사의 종업원도 내부고객으로 분류, 종업원에게 마케팅을 전개하여 종업원들의 요구와 욕구를 충족시킴으로써 종업원의 의욕과 애사심을 고취시켜 기업의 목표가 효과적으로 달성될 수 있고 이로 인해 외부고객인 일반 소비자의 만족으로 이어질 수 있도록 하는 마케팅이다.

③ 관계 마케팅: 기업이 고객과 접촉하는 모든 과정, 즉 판매 전·판매 중·판매 후에 고객과 협조하거나 고객에게 지원적 경험을 제공함으로써 신뢰를 가지게 하고 결국에는 기업이 제공하는 제품이나 서비스로부터 충분한 대가를 받고 있다고 느끼게 하여 지속적인 호혜관계가 이루어지게 하는 마케팅으로 한 번의 거래로 끝나는 거래 마케팅과는 구분된다.

④ 데이터베이스 마케팅: 발달된 정보기술을 이용하여 다양한 고객정보를 효과적으로 획득하고 분석하며 신규고객의 확보보다는 이탈방지, 즉 고객유지에 비중을 두는 마케팅이다. 이때 데이터베이스는 고객의 개인별 특성을 담고 있어야 한다.

15 참여 관점에 따른 고객의 유형 중 회사 내부의 종업원 및 회사 주주나 종업원의 가족은 어디에 해당하는가?

① 내부고객
② 법률규제자
③ 의견선도고객
④ 의사결정고객

해설

내부고객
고객의 범위를 확대하면서 도입된 개념으로, 자신이 속해 있는 기업의 재화를 구매하거나 서비스를 이용하는 회사 주주나 종업원 및 종업원의 가족 등을 말한다.

16 CRM에 대한 설명으로 옳지 않은 것은?

① 고객과의 관계관리에 초점을 맞춘 고객지향적 경영방식이다.
② 고객의 생애 전체에 걸친 장기적이고 지속적인 이윤을 추구하는 동적인 경영방식이다.
③ 고객관리를 위한 고객데이터 분석과 같은 정보기술에 기반을 둔 효율적 활용을 요구한다.
④ 고객과의 직접적인 접촉을 통해 한 방향 커뮤니케이션을 지속하면서 고객과의 관계를 강화시킨다.

해설

CRM은 쌍방향 커뮤니케이션을 지속하면서 고객과의 관계를 강화시킨다.

17 CRM 연구에서 신뢰성 있는 척도로 사용되는 메타 그룹(Meta group)에 의한 CRM 유형분류에 해당되지 않는 것은?

① 운영 CRM
② 분석 CRM
③ 협업 CRM
④ 전략 CRM

해설

프로세스 관점에 따른 CRM 분류
• 운영 CRM: CRM의 구체적인 실행을 지원하는 시스템
• 분석 CRM: 영업 · 마케팅 · 서비스 측면에서 고객정보를 활용하기 위해 고객데이터를 추출 · 분석하는 시스템
• 협업 CRM: e-CRM이라고도 하며, 분석과 운영을 통합하는 시스템

18 고객가치를 측정하기 위한 데이터마이닝 기법 중 기술모형 기법에 해당하지 않는 것은?

① 의사결정나무 분석
② 장바구니 분석
③ 계층적 군집 분석
④ 순차적 패턴 분석

> **해설**
>
> 의사결정나무 분석은 예측모형에 해당한다.
>
> 데이터마이닝 기법

예측모형(Predictive modeling)	기술/탐색/설명모형(Descriptive modeling)
• 의사결정나무 • 인공신경망 • 회귀 분석, 로지스틱 회귀 분석 • 사례기반 추론	• 연관규칙 탐사(장바구니 분석) • 군집 분석 • 순차 패턴 탐사

19 상담 화법에 대한 설명으로 옳지 않은 것은?

① 아이 메시지(I-Message)는 대화 시 상대방에게 내 입장을 설명하는 화법이다.
② 유 메시지(You-Message)는 대화 시 결과에 대해 상대방에게 핑계를 돌리는 화법이다.
③ 비 메시지(Be-Message)는 잘못에 대한 결과를 서로 의논하여 합의점을 찾는 화법이다.
④ 두 메시지(Do-Message)는 어떤 잘못된 행동 결과에 대해 그 사람의 행동과정을 잘 조사하여 설명하고 잘못에 대하여 스스로 반성을 구하는 화법이다.

> **해설**
>
> 비 메시지(Be-message)는 잘못에 대한 결과를 일방적으로 단정함으로써 상대방으로 하여금 반감을 불러일으키게 하는 화법이다.

20 기업이 고객 중심의 패러다임 전환으로 집중적인 투자를 확대하고 있는 고객서비스와 관계가 없는 것은?

① 수신자부담 서비스(080)의 제공
② 고객안내센터(Help desk)의 운영
③ 대규모 영역, 제품 이윤에 대한 서비스
④ 컴퓨터와 통신 기술을 통합한 콜 센터 운영

> **해설**
>
> 고객 중심의 패러다임으로 전환되면서, 기업은 고객의 전 생애에 걸쳐 관계를 구축하고 강화시켜 장기적인 이윤을 추구하고자 한다. 대규모 영역, 제품 이윤에 대한 서비스는 이러한 고객 중심과는 거리가 멀다.

21 인터넷 고객상담의 일반적인 원칙과 가장 거리가 먼 것은?

① 고객지향적 마인드를 제고한다.

② 사이버상에서 One-stop service를 제공한다.

③ 개인적 의견과 감정에 최대한 충실히 상담한다.

④ 게시판 정보를 업데이트하고, FAQ 역시 신속하게 데이터베이스화한다.

해설

인터넷 고객상담의 원칙
- 고객지향적 마인드를 제고한다.
- 사이버상에서 One-stop service를 제공한다.
- 게시판 정보를 업데이트하고, FAQ 역시 신속하게 데이터베이스화한다.

22 고객의 이야기를 효율적으로 듣는 것을 방해하는 개인적인 장애 요인이 아닌 것은?

① 편견

② 청각 장애

③ 정보 과잉

④ 사고의 속도

해설

정보 과잉은 상황에 따른 커뮤니케이션 장애 요인이다.
상담원 개인적 요인에 의한 경청의 방해 요인
나쁜 건강 상태, 잡념, 심리적 혼란 상태, 청각 능력의 감소, 편견, 잘못된 추측, 너무 빠르거나 느린 말의 속도

23 다음 중 비언어적 의사소통 도구에 해당하지 않는 것은?

① 미소

② 대화

③ 목소리

④ 얼굴 표정

해설

대화는 언어적 의사소통 도구이다.

24 잠재고객과 접촉할 때 적절한 행위가 아닌 것은?

① 잠재고객의 가족 관계에 대해 미리 알아둔다.

② 잠재고객의 이름, 나이, 직업 등을 미리 알아둔다.

③ 잠재고객과 접촉하는 시간은 판매원이 편한 시간으로 정한다.

④ 잠재고객이 제품을 구입할 능력이 있는지 접촉하기 전에 미리 알아본다.

해설

잠재고객과 접촉하는 시간은 고객이 편한 시간으로 정해야 한다.

25 하둡(HADOOP)에 대한 설명으로 틀린 것은?

① 하둡 시스템은 마스터 노드와 슬레이브 노드들을 하나의 클러스터로 묶어 이뤄져 있다.

② 신뢰할 수 있고 확장이 용이하며 분산 컴퓨팅 환경을 지원하는 오픈소스 소프트웨어이다.

③ 분산 시스템에서 방대한 데이터를 처리할 수 있도록 고안된 오픈소스 데이터베이스 관리 시스템이다.

④ 대용량 데이터의 분산 저장 및 신속한 처리를 위해 다수의 컴퓨터를 네트워크로 연결하여 하나의 시스템과 같이 사용할 수 있도록 구성한 시스템이다.

해설

분산 시스템에서 방대한 데이터를 처리할 수 있도록 고안된 오픈소스 데이터베이스 관리 시스템은 카산드라(Cassandra)이다.

제2과목 시장환경조사

26 설문지 작성 시 질문의 순서를 결정하기 위한 일반적인 사항으로 옳지 않은 것은?

① 첫 번째 질문은 응답자의 부담감을 덜어줄 수 있도록 쉽고 재미있으며 응답자가 관심을 가질 수 있는 내용이면 좋다.

② 문항이 담고 있는 내용의 범위가 좁은 것에서부터 점차 넓어지도록 문항들을 배열하는 것이 좋다.

③ 응답자들은 일반적으로 인구통계학적인 질문(직업, 성별, 연령 등)에 대해 응답을 회피하므로, 가능한 한 설문지의 마지막 부분에 배치하는 것이 좋다.

④ 갑작스러운 논리의 전환이 이루어지지 않도록 질문의 순서를 정하여야 한다.

질문을 배열할 때에는 주어진 조사 주제에 대한 전반적인 질문에서 구체적이거나 특수한 질문으로 옮기는 것이 좋다.

설문지 작성 시 고려사항
- 답변이 쉽고 흥미를 끄는 질문은 설문지의 앞부분에 배치한다.
- 민감한 질문이나 회피 가능성이 있는 인구통계학적인 질문 등은 후반부에 배치한다.
- 갑작스런 논리의 전환이 전개되지 않도록 자연스럽게 질문의 순서를 배치한다.
- 앞의 질문이 뒤에 나올 질문의 대답에 영향을 줄 수 있는 경우 분리하여 배치한다.

27 다음 설문을 보고 연구자가 고려해야 할 사항은?

> Q 당신이 2023년에 방문한 커피숍 브랜드는 몇 개입니까?
>
> ㉠ 1개 ㉡ 3개 ㉢ 5개 ㉣ 10개

① 응답 항목들 간의 내용이 중복되어서는 안 된다.
② 응답자에게 지나치게 자세한 응답을 요구해서는 안 된다.
③ 응답자가 대답하기 곤란할 질문들에 대해서는 직접적인 질문을 피하도록 한다.
④ 응답자가 응답할 수 있는 모든 경우의 수를 고려하여야 한다.

다지선다형 응답에서는 가능한 응답을 모두 제시해 주어야 한다.

28 측정 대상 간의 순서관계를 밝혀주는 척도로서 측정 대상을 특정한 속성으로 판단하여 측정 대상 간의 대소나 높고 낮음 등의 순위를 부여해 주는 척도는?

① 명목 척도
② 서열 척도
③ 등간 척도
④ 비율 척도

서열 척도에 대한 설명이다. 서열 척도는 순위 척도로, 그 측정 대상을 속성에 따라서 서열이나 순서를 매길 수 있도록 수치를 부여한 척도이다. ◙ 순서, 순위, 등급, 상표선호순위, 상품품질순위도, 사회계층, 시장지위 등

29 스타펠 척도에 대한 설명으로 옳은 것은?

① 척도 양극점에 상반되는 표현을 제시하고 소비자의 생각을 측정하는 방법이다.

② 척도를 나타내는 수가 등간일 뿐만 아니라 의미 있는 절대 영점을 가지고 있는 경우에 이용되는 방법이다.

③ 어의차이 척도법의 한 변형으로서 양극단의 수식어 대신에 하나의 수식어만을 평가 기준으로 측정하는 방법이다.

④ 어의차이 척도법의 확장으로서 각 질문에 대한 동의 또는 반대의 정도를 표시하도록 하는 방법이다.

해설

① 어의차이 척도법
② 비율 척도
④ 리커트형 척도

30 설문지를 작성한 후에, 예정 응답자 중에서 일부를 선정하여 예정된 본조사와 동일한 절차와 방법으로 질문서를 시험하여 질문의 타당성을 높이는 조사절차를 무엇이라고 하는가?

① 예비조사

② 사전조사

③ 기초조사

④ 마무리조사

해설

사전조사(Pretest)
질문지가 완성되면 본조사를 실시하기 전에 질문지 내용의 실용성, 조사의 문제점 등을 검토해 보기 위하여 소수의 표본을 대상으로 실시하는 시험적인 조사이다.

① 예비조사: 효과적인 표본 설계를 위해서 사전정보와 실제 조사의 조사 비용에 대한 정보를 얻기 위한 것으로, 자료 수집을 하는 현장의 특성 및 표본에 대한 기초적인 지식을 습득한다.

31 표본조사 시 발생할 수 있는 불포함 오류의 설명으로 가장 적합한 것은?

① 표본조사 시 표본체계가 완전하지 않아서 생기는 오류

② 표본추출과정에서 선정된 표본 중에서 응답을 얻어내지 못하여 생기는 오류

③ 면접이나 관찰과정에서 응답자나 조사자 자체의 특성에서 생기는 오류

④ 정확한 응답이나 행동을 한 결과를 조사자가 잘못 기록하거나, 기록된 설문지나 면접지가 분석을 위하여 처리되는 과정에서 달라지는 오류

> **해설**
> 불포함 오류란 조사 대상이 되는 모집단의 일부를 표본 추출 대상에서 제외함으로써 발생하는 오류이다.

32 설문지를 작성할 때 반드시 지켜져야 할 사항이 아닌 것은?

① 가능한 한 쉽고 명료한 단어를 이용한다.

② 응답 항목들 간의 내용이 중복되어서는 안 된다.

③ 조사자의 가치판단 기준이 포함되어야 한다.

④ 대답을 유도하는 질문을 해서는 안 된다.

> **해설**
> 조사자의 가치판단을 배제하고 중립적인 질문이 되도록 한다.

33 모집단을 동질적인 여러 소그룹으로 나눈 후 특정 소그룹을 표본으로 추출하고 선택된 전체를 조사대상으로 삼아 조사하는 표본추출방법은?

① 군집표본추출방법   ② 층화표본추출방법

③ 체계적 표본추출방법   ④ 단순무작위표본추출방법

> **해설**
> 군집(집락)표본추출방법(Cluster sampling)
> 모집단 목록에서 구성요소에 대해 여러 가지 이질적인 구성요소를 포함하는 여러 개의 집락 또는 집단으로 구분한 후 집락(소그룹)을 표집단위로 하여, 무작위로 몇 개의 집락을 표본으로 추출한 다음, 표본으로 추출된 집락에 대해 그 구성요소를 전수조사하는 방법이다.
> ② 층화표본추출방법(Stratified sampling): 일정한 특성에 의해 모집단을 층화하고 각 층에서 일정 수를 무작위 표출하는 방법이다.
> ③ 체계(계통)적 표본추출방법(Systematic sampling) : 집단 목록에서 구성요소에 대해 일정한 순서에 따라 매 K 번째 요소를 추출하는 방법이다.
> ④ 단순무작위표본추출방법(Simple random sampling): 가장 기본적인 확률표본추출방법으로서, 표본 요소들이 표출될 확률이 동일하다.

34 2차 자료에 해당하지 않는 것은?

① 조직 내부에 보유하고 있는 각종 자료

② 실태조사를 통하여 수집한 자료

③ 통계청에서 발간하는 각종 통계 자료집

④ 각종 연구소에서 발표한 연구 보고서

해설

실태조사를 통하여 수집한 자료는 1차 자료이다.

35 확률표본추출방법에 해당하지 않는 것은?

① 편의표본추출방법

② 단순무작위표본추출방법

③ 층화표본추출방법

④ 군집표본추출방법

해설

• 확률표본추출방법: 단순무작위표본추출방법, 층화표본추출방법, 군집표본추출방법, 계통표본추출방법
• 비확률표본추출방법: 편의표본추출방법, 판단표본추출방법, 할당표본추출방법, 눈덩이표본추출방법

36 표본의 크기를 결정하는 데 고려해야 하는 요소로 적절하지 않은 것은?

① 비표집 오차

② 모집단 요소의 동질성

③ 조사의 목적

④ 모집단의 크기

해설

표본의 크기를 결정하는 데 고려해야 할 요인
• 조사의 목적
• 모집단의 크기
• 모집단의 동질성
• 유의수준
• 표집방법 및 조사 방법의 유형

정답 31 ① 32 ③ 33 ① 34 ② 35 ① 36 ①

37 검정 요인 중 총체적 개념과 다른 변수와의 관계에 있어서, 총체적 개념을 구성하는 요소들 중 어떤 것이 관찰된 결과에 결정적인 영향을 미치는지 파악하는 데 사용되는 것은?

① 외생 변수
② 억제 변수
③ 매개 변수
④ 구성 변수

해설

① 외생 변수: 실험 변수 밖에서 결과에 영향을 미치는 변수이다.
② 억제 변수: 두 변수가 상관관계가 있는데도 없는 것으로 나타나게 하는 제3의 변수로, 독립 변수와 종속 변수 간의 관계를 약화시키거나 아예 소멸시키는 변수이다.
③ 매개 변수: 독립 변수와 종속 변수의 사이에서 독립 변수의 결과인 동시에 종속 변수의 원인이 되는 변수이다.

38 비확률표본추출방법에 해당하는 것은?

① 군집표본추출방법
② 체계적 표본추출방법
③ 판단표본추출방법
④ 층화표본추출방법

해설

비확률표본추출법의 종류
• 편의(임의)표본추출방법(Convenience sampling): 조사자가 편리한 대로 표출하며 우연적 표집이라고도 한다.
• 판단(목적)표본추출방법(Judgement sampling): 조사 목적에 적합하다고 판단되는 소수의 인원을 조사자가 선택하며 유의 표집이라고도 한다.
• 할당표본추출방법(Quota sampling): 일정한 특성을 기준으로 모집단의 구성비에 맞춰 편의 표출한다.
• 눈덩이(누적)표본추출방법(Snowball sampling): 특정 집단에 대한 조사를 위해 조사자가 적절하다고 판단하는 조사대상자들을 선정한 다음, 그들로 하여금 또 다른 대상자들을 추천하도록 하는 표본추출방법이다.

39 1차 자료수집 계획이라고 할 수 없는 것은?

① 관찰조사
② 전화조사
③ 실험조사
④ 역할조사

해설

1차 자료의 수집방법에는 관찰조사, 전화조사, 실험조사, 질문조사 등이 있다.

40 독립 변수와 종속 변수의 사이에서 독립 변수의 결과인 동시에 종속 변수의 원인이 되는 변수는?

① 외생 변수

② 억압 변수

③ 선행 변수

④ 매개 변수

> **해설**
>
> ① 외생 변수: 실험 변수 밖에서 결과에 영향을 미치는 변수이다.
> ② 억압 변수: 두 변수가 상관관계가 있는데도 없는 것으로 나타나게 하는 제3의 변수로, 독립 변수와 종속 변수 간의 관계를 약화시키거나 아예 소멸시킨다.
> ③ 선행 변수: 독립 변수보다 먼저 발생된 변수이다.

41 다음 중 신디케이트조사 유형과 가장 거리가 먼 것은?

① 국가인구조사

② TV 시청률조사

③ 소비자패널조사

④ 미디어조사

> **해설**
>
> 신디케이트조사는 시장조사 전문기관이나 전문회사에서 다양한 제품에 대한 동향, 고객반응, 경쟁사에 관한 정보, 온라인 설문조사, 고객만족도조사 등 마케팅의 의사결정에 필요한 자료를 수집 · 정리 · 분석하여 정보를 필요로 하는 기업에 판매하기 위한 조사이다.

42 다음 중 전화조사를 위한 표본추출방법에 대한 설명으로 틀린 것은?

① 지역적 표본 추출 시 전화번호부에 표기된 지역번호 구분으로 표본단위를 정할 수 있다.

② 전화번호부를 활용할 때에는 맨 앞과 맨 끝은 배제하는 것이 좋다.

③ 최초의 목적대로 그리고 하나의 규정이 있으면 그에 따라 계속한다.

④ 가나다순으로 된 전화번호부에서 표본 추출을 하는 것은 체계적이기보다는 임의적이다.

> **해설**
>
> 가나다순으로 된 전화번호부에서 표본 추출을 하는 것은 체계적이다.

43 다음 중 의사소통의 수단에 의하여 분류되지 않는 면접법은?

① 대인면접법
② 전화면접법
③ 우편면접법
④ 역할면접법

해설

자료 수집방법의 분류

의사소통에 의한 방법	설문지나 직접 응답자에게 질문하여 자료를 얻는 방법으로, 전화 · 우편 · 대인 면접법 등이 있다.
관찰에 의한 방법	관심 있는 어떤 상황을 측정하든가, 또는 응답자의 특정 행동이나 사건 등을 기록하는 방법이다.

44 자료를 수집하고 처리하는 과정에서 코딩이나 입력을 하지 않아도 되므로 시간을 절약할 수 있는 조사는?

① 방문조사
② 우편조사
③ 전화조사
④ 인터넷조사

해설

인터넷조사의 장단점
- 장점
  - 자료처리과정에서 코딩이나 입력을 하지 않아도 되므로 시간이 절약된다.
  - 신속하고 비용이 저렴하다.
  - 대규모 조사가 가능하다.
  - 컴퓨터처리에 따라 오류를 줄일 수 있다.
- 단점
  - 인터넷 사용자로 표본이 편중되는 측면이 있다.
  - 조사에 능동적으로 응대하는 사람만 조사가 가능하며 대표성이 상실될 가능성이 있다.
  - 응답자를 정확하게 통제 · 확인할 수 없다.

45 10명 내외의 사람들을 한곳에 모아 놓고 특정 주제에 대해 심층적인 논의를 진행하여 자료를 수집하는 집단면접법은?

① 패널집단면접법
② 표적집단면접법
③ 동질집단면접법
④ 관심집단면접법

해설

표적집단면접법은 훈련된 면접진행자가 소수의 응답자들을 일정한 장소에 모이게 한 후, 비체계적이고 자연스러운 분위기 속에서 조사 목적과 관련된 대화를 유도하여 응답자들이 자유롭게 의사를 표시하도록 하는 면접 방식이다.

46 측정에 관한 설명으로 틀린 것은?

① 어떤 변수의 개념을 설명할 때 다른 개념을 사용해서 설명하는 것이 변수의 개념적 정의이다.

② 정확하고 측정 가능한 용어로 설명하는 것이 조작적 정의이다.

③ 조작적 정의는 조사자의 판단과 마케팅 관리자의 정보 요구에 따라 달라지지 않는다.

④ 측정은 조작적 정의에 따라 사전에 정해진 일정한 규칙에 의해 체계적으로 숫자를 부여하는 행위이다.

> **해설**
>
> 조작적 정의(Operational definition)
> 어떤 개념에 대해 응답자가 구체적인 수치를 부여할 수 있는 형태로 상세하게 정의를 내린 것으로, 추상적인 개념을 측정 가능한 구체적인 현상과 연결시키는 과정이다. 조작적 정의는 개념적 정의를 특정한 연구 목적에 적합하도록 관찰 가능한 일정한 기준으로 변환시킨 것이다.

47 시장조사를 활용한 활동으로 볼 수 있는 것은?

① 회사의 매출을 파악하기 위하여 회계자료를 분석한다.

② 회사의 규모를 파악하기 위하여 직원현황을 분석한다.

③ 광고의 인지도를 파악하기 위해 전화조사를 실시한다.

④ 새로 만든 다리의 이름을 짓기 위해 주민들에게 다리 이름을 공모한다.

> **해설**
>
> 기업이 마케팅 의사결정에 필요한 정보를 입수하기 위해 목표시장, 경쟁사 등에 대한 각종 자료를 수집하고 분석하는 활동이다.
> ① · ②는 기존 자료를 분석한 2차 자료 활용, ④는 공모전에 해당한다.

48 전수조사와 비교하여 표본조사가 가지는 이점으로 볼 수 없는 것은?

① 시간과 비용, 인력을 절약할 수 있다.

② 조사 대상자가 적기 때문에 조사 과정을 보다 잘 통제할 수 있다.

③ 통계자료로부터 올바른 모수추정이 어려운 경우에 더 효율적이다.

④ 비표본 오류를 상대적으로 더 많이 줄일 수 있기 때문에 정확도를 높일 수 있다.

> **해설**
>
> 표본조사의 이점
> • 조사 기간이 짧아서 인력과 시간 및 비용이 적게 든다.
> • 조사 과정을 보다 잘 통제할 수 있어서 정확한 자료를 얻을 수 있다.
> • 전수조사 과정에서 발생하는 비표본 오류 때문에 전수조사가 표본조사보다 부정확할 가능성이 있다.

49 측정의 신뢰성을 높이는 방법에 대한 설명 중 틀린 것은?

① 측정 항목의 모호성을 제거한다.

② 동일한 개념이나 속성의 측정 항목 수를 줄인다.

③ 중요한 질문은 동일하거나 유사한 질문을 통해 2회 이상 한다.

④ 조사 대상자가 잘 모르거나 전혀 관심이 없는 내용은 측정하지 않는다.

> **해설**
> 측정의 신뢰성을 높이는 방법
> • 측정 항목의 모호성을 제거한다.
> • 중요한 질문의 경우 동일하거나 유사한 질문을 2회 이상 한다.
> • 조사 대상자가 잘 모르거나 전혀 관심이 없는 내용은 측정하지 않는다.
> • 측정 항목의 수를 늘린다.
> • 설문지의 문항별 설명을 명확히 하여 응답자별로 해석상의 차이가 발생하지 않도록 한다.
> • 조사원들에 대한 교육을 강화하여 설문을 명확히 이해하도록 하고, 질문 방식 등을 표준화한다.
> • 성의가 없거나 일관성 없게 응답한 경우 설문지 자체를 폐기하여 위험 요소를 없앤다.
> • 측정 방식을 일관성 있게 한다.
> • 측정 시의 날씨, 분위기, 기분에 따라 신뢰성이 달라지지 않도록 유의한다.

50 마케팅조사와 마케팅정보시스템의 비교 설명으로 옳지 않은 것은?

① 마케팅조사는 문제 해결에 초점을 맞추고, 마케팅정보시스템은 문제 해결 및 문제 예방에도 초점을 맞춘다.

② 정보와 자료에 있어서 마케팅조사는 미래지향적이고, 마케팅정보시스템은 과거중심적이다.

③ 마케팅조사는 마케팅 정보 시스템에 정보를 제공하는 하나의 자료원이다.

④ 마케팅정보시스템은 경영정보시스템 개념을 도입하여 마케팅 분야에 적합하도록 수정하였다.

> **해설**
> 마케팅조사는 소비자의 과거 경험에서 결과를 얻고자 하므로 과거중심적이고, 마케팅정보시스템은 의사결정을 지원하기 위한 정보 수집이므로 미래지향적이다.

제3과목 마케팅관리

51 아웃바운드 텔레마케팅의 특성으로 옳지 않은 것은?

① 고객주도형의 마케팅 유형이다.

② 고객접촉률과 고객반응률을 중시한다.

③ 대상고객의 명단이나 데이터가 있어야 한다.

④ 고객에게 전화를 거는 능동적, 공격적, 성과지향적인 마케팅이다.

해설

아웃바운드 텔레마케팅은 텔레마케팅 운용 주체인 기업에서 외부의 잠재고객, 기존고객에게 전화를 거는 기업주도형 마케팅 유형이다.

52 다음 (   )에 알맞은 유통경로는?

(   )란 취급점포의 수를 최대한으로 높이는 유통경로를 뜻하며, 이것의 이점으로는 충동구매의 증가, 상품에 대한 소비자 인식의 고취, 소비자의 편의성 제고 등을 들 수 있다.

① 통제적 유통경로

② 개방적 유통경로

③ 선택적 유통경로

④ 전속적 유통경로

해설

개방적(집중적) 유통경로는 가능한 한 많은 소매점이 자사의 제품을 취급하도록 하는 전략을 취한다. 그래서 소비자들에게 제품의 노출을 최대화시킴으로써 매출은 증가하지만, 유통비용 또한 증가하고 통제가 어렵다는 단점이 있다. 식품, 일용품 등의 편의품에 적합한 유통경로이다.

53 인바운드 마케팅에 활용되는 기술 중에서 다음 설명에 해당하는 것은?

> 콜센터의 핵심요소인 컴퓨터와 전화 시스템을 통합하는 것이다.

① VOC(Voice Of Customer)
② CTI(Computer Telephony Integration)
③ CRM(Customer Relationship Management)
④ DMB(Digital Multimedia Broadcasting)

해설

CTI
컴퓨터와 텔레포니(교환기, IVR · FAX, 전화기 및 관련 소프트웨어)가 서로 연결 · 통합되도록 하는 정보기술과 이를 통해 업무에서 활용할 수 있는 솔루션을 의미한다.

54 재포지셔닝(Repositioning)에 관한 설명으로 틀린 것은?

① 지금까지 유지되어 온 현재의 위치를 버리고 새로운 포지션을 찾아가는 방법이다.
② 경쟁자의 진입으로 시장 내의 차별적 우위 유지가 힘들어진 경우 재포지셔닝이 필요하다.
③ 기존의 포지션이 진부해져 매력이 상실되었을 경우에 재포지셔닝으로 고려한다.
④ 소비자의 인식과 기업이 바라는 포지션이 같은 경우 기존의 포지션을 바꿀 필요성이 생길 수 있다.

해설

소비자 인식과 기업이 바라는 포지션이 같은 경우는 기존 포지션을 유지하여야 한다.

55 고객총생애가치(LTV)에 대한 설명으로 옳은 것은?

① 고객이 처음으로 자사 제품을 구입한 시기를 말한다.
② 고객이 특정 회사의 제품이나 서비스를 처음 구매했을 때부터 시작해서 사망하는 시점까지의 기간을 의미한다.
③ 고객이 특정 회사의 제품이나 서비스를 처음 구매했을 때부터 현재까지 구입한 서비스 누계를 말한다.
④ 고객이 특정 회사의 제품이나 서비스를 처음 구매했을 때부터 시작해서 마지막으로 구매할 것이라고 판단되는 시점까지 구매가 가능한 제품이나 서비스의 누계액을 의미한다.

해설

고객총생애가치(LTV)란 특정 고객이 어떤 기업에 최초로 가입한 날(최초거래일)로부터 마지막으로 구매할 것이라고 판단되는 시점까지 구매가 가능한 제품이나 서비스의 누계액을 의미한다.

56 '중간상'이 생산자와 구매자 사이에서 창출하는 각각의 효용에 대한 설명 중 틀린 것은?

① 소유 효용(Possession utility): 생산자가 원하는 상품과 서비스를 생산할 수 있도록 도와주는 활동

② 시간 효용(Time utility): 소비자가 원하는 시기에 언제든지 상품을 구매할 수 있는 편의를 제공하는 것

③ 장소 효용(Place utility): 소비자가 원하는 장소에서 상품이나 서비스를 구입할 수 있게 해 주는 것

④ 형태 효용(Form utility): 상품과 서비스를 고객에게 조금 더 매력 있게 보이게 하기 위해 그 형태 및 모양을 변경시키는 모든 활동

> **해설**
>
> 유통경로의 효용
>
> | 소유 효용
(Possession utility) | 재화나 서비스가 거래되어 생산자로부터 소비자에게 소유권이 이전되는 과정에서 발생되는 효용이다. **예** 제조업체를 대신해서 신용판매나 할부판매를 제공함 |
> |---|---|
> | 시간 효용
(Time utility) | 재화나 서비스의 생산과 소비 간의 시차를 극복하여 소비자가 재화나 서비스를 필요로 할 때 이용할 수 있도록 해 주는 효용이다.
예 24시간 영업을 하는 편의점은 소비자가 원하는 시점 어느 때나 제품을 구매할 수 있도록 함 |
> | 장소 효용
(Place utility) | 지역적으로 분산되어 생산되는 재화나 서비스가 소비자가 구매하기 용이한 장소로 전달될 때 창출되는 효용이다. |
> | 형태 효용
(Form utility) | 제품과 서비스를 고객에게 좀 더 매력적으로 보이기 위하여 그 형태 및 모양을 변경시킴으로써 발생되는 효용이다. |

57 STP 전략의 절차를 바르게 나열한 것은?

① 표적시장 선정 → 포지셔닝 → 시장세분화

② 포지셔닝 → 표적시장 선정 → 시장세분화

③ 시장세분화 → 표적시장 선정 → 포지셔닝

④ 시장세분화 → 포지셔닝 → 표적시장 선정

> **해설**
>
> STP 전략의 절차는 시장세분화(Segmentation) → 목표(표적)시장 선정(Targeting) → 시장위치 선정(Positioning)이다.

58 다음은 제품의 수명주기 중 어떤 시기에 대한 설명인가?

> – 많은 잠재고객 혹은 참가자들이 이미 그 제품이나 프로그램을 구매했을 뿐 아니라 경쟁이 높아져서 판매 증가율이 떨어지는 시기
> – 표적으로 하는 시장을 수정하거나 새로운 제품을 개발하는 마케팅믹스 전략이 요구되는 시기

① 도입기
② 성장기
③ 성숙기
④ 쇠퇴기

해설

성숙기는 판매가 절정에 이르렀다가 감소하기 시작하는 시기로, 기존 점유율 유지와 이익의 극대화를 위한 전략을 사용한다. 이때 기업은 시장점유율 방어와 이윤 유지, 상표재활성화(시장확대 전략, 제품수정 전략, 상표 재포지셔닝 전략), 경쟁사 대응의 방어적 가격, 광범위한 유통망 구축 전략을 사용한다.

59 다음 중 인바운드 텔레마케팅의 활용범위에 속하지 않는 것은?

① 수용예측조사
② 이용문의 상담
③ 부가서비스 혜택 여부 상담
④ 분실, 습득, 가입 해지 접수

해설

수용예측조사를 위한 시장조사 업무는 아웃바운드 텔레마케팅 업무에 속한다.

60 아웃바운드 텔레마케팅의 성과지표가 아닌 것은?

① 콜 접촉률
② 콜 응답률
③ 평균 포기 콜
④ 건당 평균 매출금액

해설

인바운드 콜센터의 성과지표
콜 처리율, 스케줄 준수율, 품질 평가, 평균 후처리시간, 서비스 레벨, 고객만족도, 통화품질평가점수, 첫 통화 해결률, 상담원 착석률, 평균 통화시간, 평균 포기율
아웃바운드 콜센터의 성과지표
콜 응답률, 시간당 판매량, 평균 판매가치, 시간당 접촉 횟수, 판매 건당 비용, 고객 DB 소진율, 고객 DB 사용 대비 고객 획득률, 1콜당 평균 전화비용, 총매출액, 콜 접촉률, 건당 평균 매출금액

61 다음 시장세분화의 기준 중 행동분석적 변수에 해당하지 않는 것은?

① 가격민감도

② 브랜드선호도

③ 소득

④ 사용량

> **해설**
>
> 소득은 인구통계적 변수에 해당한다.
>
> 시장세분화 변수
> - 지리적 변수: 국가, 지역, 인구밀도, 도시의 규모, 기후 등
> - 인구통계적 변수: 연령, 성별, 가족 수, 가족생활주기, 소득, 직업, 학력, 종교, 인종, 국적 등
> - 심리분석적 변수: 라이프스타일, 사회 계층, 개성, 관심, 활동 등
> - 행동분석적 변수: 추구하는 편익, 구매 준비 단계, 사용 경험, 사용량, 가격민감도, 브랜드선호도 등

62 축적된 고객관련 데이터에서 의미 있는 규칙이나 패턴을 찾아내는 것은?

① Data cleansing

② Data mining

③ Data filtering

④ Data screening

> **해설**
>
> 데이터마이닝(Data mining)
> 데이터 웨어하우스를 구축한 다음 정보 분석과정을 거쳐 경영전략을 지원하는 정보를 추출하는 일종의 데이터 분석기법이다.

63 아웃바운드 텔레마케팅의 특성으로 틀린 것은?

① 아웃바운드에서는 고객리스트가 반응률을 결정하며 수동적인 마케팅이다.

② 아웃바운드는 무차별적 전화 세일즈와는 달리 전화를 걸기 위한 사전준비가 필요하다.

③ 고정고객 관리는 신규고객 획득에 비해 시간과 비용면에서 경제적이고 효과도 크다.

④ 아웃바운드가 인바운드보다 상대적으로 고도의 기술을 요하며 마케팅 전략, 통합기법 등의 노하우, 상담원의 역량 등에 큰 영향을 받는다.

> **해설**
>
> 아웃바운드 텔레마케팅은 텔레마케팅 운용주체가 외부의 잠재고객 및 기존의 고객에게 전화를 거는 것으로 기업주도형이고 능동적이며 목표지향적인 마케팅이다.

정답 58 ③ 59 ① 60 ③ 61 ③ 62 ② 63 ①

64 다음은 어떤 가격조정 전략에 해당하는가?

A 대형마트에서는 B사의 오디오 제품가격을 300,000원에서 299,000원으로 조정하였다.

① 세분화 가격결정   ② 지리적 가격결정
③ 촉진적 가격결정   ④ 심리적 가격결정

해설

심리적 가격결정방법 중 단수가격결정법에 해당한다.

심리적 가격결정방법
단순히 경제성이 아니라 가격의 심리적 측면을 고려하여 가격을 책정하는 방법으로 단수가격과 관습가격, 명성가격이 심리적 가격결정방법에 해당한다.

단수 가격결정법
가능한 가격 중 가장 낮은 가격으로 결정되었다는 인상을 구매자에게 주기 위하여 고의로 단수를 붙여 가격을 결정하는 방법이다.

65 다음 중 마케팅 촉진(Promotion) 전략에 대한 설명으로 옳은 것은?

① 제품계열(Product line)과 품목(Item)으로 구성된다.
② 기업이 제공하는 효용에 대해 소비자가 지불하는 대가인 것이다.
③ 기업이 고객과 의사소통을 할 때 사용하는 수단인 광고, 홍보, 판매촉진 그리고 인적 판매를 말한다.
④ 소비자가 원하는 제품을 원하는 장소와 원하는 시간에 구매할 수 있도록 해 주는 것이다.

해설

마케팅 촉진(Promotion)이란 상품이나 서비스 등을 판매하거나 아이디어를 촉진하기 위해 정보의 전달과 설득의 경로를 시스템화하는 것으로 전략으로는 광고(Advertising), 홍보(Public relations), 판매촉진(Sales promotion), 인적 판매(Personal selling)가 있다.

66 촉진수단에 관한 설명으로 옳지 않은 것은?

① 광고는 비대면 커뮤니케이션이기 때문에 인적 판매에 비해 세부 정보를 전달하는 기능이 떨어진다.

② 인적 판매는 소비자의 욕구를 보다 직접적으로 알 수 있으며 또한 그에 대한 즉각적인 반응이 가능하다.

③ 판매촉진은 인지도 제고, 기업이나 제품 이미지 제고 등 장기적인 목표를 달성하기 위한 투자가 대부분이다.

④ 홍보는 촉진수단으로서 뉴스, 행사 등을 활용하기 때문에 일반적으로 광고보다 더 믿을 만하다고 여기는 것으로 알려져 있다.

`해설`

판매촉진
· 매출증가에 직접적인 영향을 끼친다.
· 주목률이 높아 단기적인 매출증가에 효과적이다.
· 망각률이 높아 장기적인 효과가 거의 없어 단기적으로 실시한다.

67 마케팅믹스에서 4P에 해당하지 않는 것은?

① 유통
② 고객
③ 가격
④ 제품

`해설`

마케팅믹스의 구성요소(4P)

Product(제품)	상품의 종류, 품질보증, 디자인, 포장, 규격, A/S 서비스 등
Price(가격)	할인, 가격 유연성, 고가화, 지급 기간, 중개수수료 등
Place(유통)	유통채널, 이동지역, 재고, 배송, 물류, 간접판매 등
Promotion(촉진)	홍보, 광고, 판매촉진, DM, 웹 프로모션 등

`정답` 64 ④ 65 ③ 66 ③ 67 ②

68 포지셔닝(Positioning)에 관한 설명 중 틀린 것은?

① 제품 위주의 포지셔닝 맵, 소비자의 지각을 통해 작성하는 인지도 등이 있다.

② 소비자의 마음속에 내재되어 있는 자사 제품과 경쟁회사 제품들의 위치를 2차원이나 3차원의 도면에 작성한 것이다.

③ 기업이 시장세분화를 기초로 한 시장 분석, 고객 분석, 경쟁 분석 등을 바탕으로 전략적 위치를 계획하는 것이다.

④ 전략 수립의 절차는 '자사 제품의 포지셔닝 개발 → 재포지셔닝 → 자사와 경쟁사의 제품포지션 분석'이다.

해설

포지셔닝

의의	기업이 시장세분화를 기초로 정해진 목표시장 내의 고객들의 마음속에 시장 분석, 고객 분석, 경쟁 분석 등을 기초로 하여 전략적 위치를 계획하는 것이다.
포지셔닝 맵	• 소비자의 마음속에 있는 자사 제품과 경쟁 회사 제품들의 위치를 2차원 또는 3차원의 도면으로 작성한 것이다. • 크게 제품 위주의 포지셔닝 맵과 소비자의 지각을 통해 작성하는 인지도가 있다.
절차	시장 분석(소비자 분석 및 경쟁자 확인) → 자사와 경쟁사의 제품 포지션 분석 → 자사 제품의 포지셔닝 개발 및 실행 → 포지셔닝의 확인 및 재포지셔닝

69 인바운드 스크립트에 대한 설명으로 가장 거리가 먼 것은?

① 고객주도형으로 정형적인 스크립트를 작성하는 것이 비교적 쉽다.

② 상품의 판매나 주문으로 결부시켜 가는 것이 비교적 쉽다.

③ 기업의 이미지 형성 및 고객만족 향상에 크게 공헌할 수 있다.

④ 인바운드 스크립트는 주어진 상황을 잘 반영해야 한다.

해설

인바운드 텔레마케팅은 전화를 걸어 온 고객이 무엇을 말할 것인가를 예상할 수 없는 고객주도형으로 정형적인 스크립트를 작성하는 것이 매우 어렵다.

70 생산과 수요의 조건에 따른 가격 전략의 형태 중 고가격 정책에 해당하는 것은?

① 수요의 가격탄력성이 작고, 소량다품종생산인 경우

② 수요의 가격탄력성이 크고, 소량다품종생산인 경우

③ 수요의 가격탄력성이 작고, 대량생산으로 생산비용이 절감될 수 있는 경우

④ 수요의 가격탄력성이 크고, 대량생산으로 생산비용이 절감될 수 있는 경우

해설
고가격 정책은 수요의 가격탄력성이 작고, 진입장벽이 높아 경쟁기업의 진입이 어렵고, 소량다품종생산인 경우에 채택된다.

71 기업의 전략적 사업 단위를 분석하는 데 이용되는 BCG(Boston Consulting Group) 매트릭스에서 시장점유율은 높으나, 시장성장률이 낮은 유형은?

① Star

② Cash cow

③ Dog

④ Question mark

해설
Cash cow 사업은 기존의 투자에 의해 수익이 계속적으로 실현되므로 자금의 원천사업이 된다. 시장성장률이 낮으므로 투자금액이 유지·보수 차원에서 머물게 되어 자금투입보다 자금산출이 많은 유형이다.

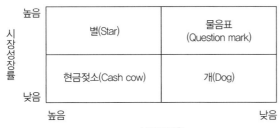

BCG 매트릭스

72 어느 특정 기업이 소비자의 마음속에 자사 상품을 원하는 위치로 부각시키려는 노력은?

① 이미테이션

② 포지셔닝

③ 시장의 표적화

④ 독점시장화

해설

포지셔닝

기업이 시장세분화를 기초로 한 목표시장 내 고객들의 마음속에 시장 분석, 고객 분석, 경쟁 분석 등을 통해 전략적 위치를 계획하는 것이다.

73 라인 확장에 대한 설명으로 적절한 것은?

① 생산된 제품에 각각 다른 브랜드명을 사용하는 전략

② 기존 브랜드명을 다른 제품 범주의 신제품에도 사용하는 전략

③ 기업이 동일한 제품 범주 내에서 두 개 이상의 다른 브랜드명을 사용하는 전략

④ 동일한 제품 범주 내에서 새로운 특성을 추가로 도입하면서 기존의 브랜드명을 사용하는 전략

해설

① 개별 브랜드 전략: 생산된 제품에 각각 다른 브랜드명을 사용하는 전략
② 브랜드 확장 전략: 한 제품 시장에서 성공을 거둔 기존 브랜드명을 다른 제품 범주의 신제품에도 사용하는 브랜드 전략
③ 복수 브랜드 전략: 기업이 동일한 제품 범주 내에서 두 개 이상의 다른 브랜드명을 사용하는 전략

74 상품의 판매에 있어서 고객이 동시에 구매할 가능성이 높은 상품들을 찾아내어 함께 판매한다는 것을 뜻하는 것은?

① 교차판매

② 인적판매

③ 상승판매

④ 순차적판매

해설

교차판매(크로스 셀링)

상품이나 서비스 판매에서 한 상품에 관련되는 비슷한 상품군이나 서비스에 대해 추가로 판매를 유도하는 마케팅 기법으로, 인바운드 고객 상담 시 많이 실행되는 판매 전략이다.

75 다음은 마케팅정보시스템 중 무엇에 관한 설명인가?

> 마케팅 환경으로부터 수집된 정보를 해석하고 마케팅 의사결정의 결과를 예측하기 위해 사용되는 관련 자료, 소프트웨어, 분석도구 등을 통합한 것

① 내부정보 시스템
② 마케팅의사결정지원시스템
③ 고객정보시스템
④ 마케팅인텔리전스시스템

해설

마케팅의사결정지원시스템
• 최고경영자의 의사결정을 도와주는 시스템으로, 정형적인 문제는 의사결정 규칙에 의해 자동으로 해결 방법을 제시하고, 비정형적인 문제는 문제를 분석하여 최종 결정에 도움이 되는 정보를 제공한다.
• 각종 요인 변화에 대해 결과를 즉시 요약 · 제시하는 정보 시스템으로, 의사결정에 대해 지원한다.

제4과목 조직운영 및 성과관리

76 콜센터의 생산성 향상을 위한 방법으로 가장 효과적인 것은?

① 모니터링은 내부에서만 실시한다.
② 업무 시간대별로 근무인력을 획일화한다.
③ 개인별, 팀별로 역할 학습(Role playing)을 하고 코칭을 한다.
④ 언제나 기본 스크립트를 지속적으로 사용한다.

해설

콜센터 생산성 향상 방안
• 콜센터 인력(리더 및 상담사 등)에 대한 교육을 강화한다.
• 전반적인 업무 환경(콜센터 환경)을 개선한다.
• 텔레마케터 성과에 대한 인센티브를 강화한다.

정답 72 ② 73 ④ 74 ① 75 ② 76 ③

77 텔레마케팅에 대한 설명으로 옳은 것은?

① 방문상담을 통한 수익창출 형태의 마케팅 기법이다.

② 전용 교환기 및 CTI 장비를 갖춘 콜센터가 반드시 필요하다.

③ 웹사이트상으로 상품 판매나 고객지원이 가능한 경우에는 별도로 전화 상담원을 둘 필요가 없다.

④ 홈쇼핑 광고를 통해 소비자에게 주문 전화를 유도하여 상품을 판매하는 것도 텔레마케팅의 기법 중 하나이다.

해설

인바운드 텔레마케팅은 고객이나 잠재고객으로부터 걸려 오는 전화를 응대하는 것으로 카탈로그 또는 홈쇼핑 광고 등을 통한 통신 판매의 전화 접수, 광고의 반응, 각종 문의, 불만사항 대응 등이 주된 업무이다.

78 텔레마케터에게 실시하는 교육훈련이 아닌 것은?

① 회사 상품 및 서비스 교육

② 텔레마케팅 실무 교육

③ 교육훈련기법 교육

④ 스크립트 작성 및 역할연기

해설

교육훈련기법 교육은 사내 강사에게 제공하는 교육이다.

79 효과적으로 모니터링을 실행하는 방법으로 틀린 것은?

① 모니터링 평가 결과에 따른 개별 코칭이 필요하다.

② 모니터링 평가기준은 정기적으로 수정 · 보완해야 한다.

③ 모니터링의 평가기준을 텔레마케터가 충분히 숙지할 수 있도록 한다.

④ 모니터링의 평가기준은 기업의 서비스 레벨과 고객 요구수준보다 텔레마케터의 수준이 우선으로 고려되어야 한다.

해설

모니터링의 평가기준은 기업의 서비스 레벨과 고객 요구수준을 우선적으로 고려해야 하며, 텔레마케터의 장단점을 발견하고 능력을 향상시킬 수 있는 수단으로 활용해야 한다.

80 텔레마케팅에 관한 설명 중 틀린 것은?

① 통신 수단을 활용한 마케팅이다.

② 고객밀착형의 쌍방향 커뮤니케이션이다.

③ 대중매체를 통하여 정보를 보내는 것이다.

④ 효과적인 다이렉트 마케팅 매체이다.

해설

텔레마케팅은 대중매체를 통하여 정보를 일방적으로 보내는 것이 아니라, 컴퓨터를 이용하여 데이터베이스를 구축하고, 전화와 인터넷 등의 통신 수단을 이용하여 고객과 직접 접촉하는 쌍방향적 마케팅 기법이다.

81 텔레마케팅의 분류에 관한 설명으로 적합하지 않은 것은?

① 발신주체에 따라 인바운드와 아웃바운드 텔레마케팅으로 구분할 수 있다.

② 운영주체에 따라 인하우스와 에이전시 텔레마케팅으로 구분할 수 있다.

③ 활동장소에 따라 기업 간과 소비자 텔레마케팅으로 구분할 수 있다.

④ 고객유형에 따라 B2B와 B2C 텔레마케팅으로 구분할 수 있다.

해설

기업 간(B2B)과 소비자(B2C) 텔레마케팅은 고객유형에 따른 분류이다.

82 스크립트를 작성하는 목적으로 틀린 것은?

① 텔레마케터가 주관적으로 상담하기 위해서 작성한다.

② 상담원의 능력과 수준을 일정수준 이상으로 유지시켜 준다.

③ 통화의 목적과 어떻게 대화를 이끌어 갈 것인가의 방향을 잡아준다.

④ 균등한 대화를 사용하여 정확한 효과를 측정하고 효율적인 운영체제를 구축한다.

해설

스크립트는 표준화된 언어 표현과 상담 방법을 제공하여 모든 상담원들이 일관성 있게 업무를 수행하도록 해 주는 것이다.

83 텔레마케팅의 개념에 대한 설명 중 옳지 않은 것은?

① 텔레마케팅은 고객과 1:1 커뮤니케이션을 통해 이루어진다.

② 텔레마케팅은 각종 통신수단을 활용한 적극적이고 역동적인 마케팅이다.

③ 텔레마케팅은 데이터베이스 마케팅 기법을 응용하여 마케팅을 전략적으로 활용할 수 있다.

④ 텔레마케팅은 기업이나 조직의 마케팅 활동이므로 사회적 · 서비스적 기능을 갖고 있지 않다.

해설

텔레마케팅은 기업이나 조직의 마케팅 활동의 하나로, 사회적이고 서비스적인 기능을 하는 마케팅 기법이다.

84 텔레마케팅의 성장 배경에 관한 설명 중 '데이터베이스의 발달로 고객정보의 취득과 수요창출의 효과'를 고려한 측면은?

① 기술적 측면

② 기업적 측면

③ 소비자 측면

④ 생산자 측면

해설

데이터베이스의 발달로 '고객정보의 취득과 수요창출의 효과'라는 기술적 측면에서 텔레마케팅의 성장에 크게 기여하였다.

85 콜센터 상담원의 보상계획 수립 시 고려해야 할 사항으로 가장 거리가 먼 것은?

① 동종업계 벤치마킹 및 산업평균을 최우선으로 반영한다.

② 급여계획과 인센티브 정책 마련 시 직원을 참여시킨다.

③ 금전적 보상과 비금전적 보상을 적절한 비율로 설정한다.

④ 정확하고 객관적으로 측정된 성과분석 자료를 활용한다.

해설

임금관리 시에는 직원 생활의 안정을 보장하고, 필요한 경우 동종업계보다 임금수준을 선도할 수 있어야 한다.

콜센터 성과 향상을 위한 보상계획을 수립할 때 주의사항

• 지속적이고 일관성 있는 보상계획을 수립해야 한다.

• 달성 가능한 목표 수준을 고려해야 한다.

• 직원을 참여시켜야 한다.

86 House의 경로-목표 이론(Path-goal model)이 제시하는 리더십 유형 중 다음에서 설명하는 것은?

> 부하의 복지와 안락에 관심을 두며 지원적 분위기 조성에 노력하고, 구성원 간의 만족스러운 인간관계 발전을 강조한다.

① 지시적 리더십(Directive leadership)

② 참여적 리더십(Participative leadership)

③ 지원적 리더십(Supportive leadership)

④ 성취지향적 리더십(Achievement oriented leadership)

해설

지원적(후원적) 리더십에 대한 내용이다.

① 지시적 리더십 : 추진하는 일의 목표가 무엇인지, 목표 달성의 스케줄은 어떻게 되는지, 특정 업무를 어떤 방식으로 시행해야 하는지를 명확히 한다. 조직화, 통제, 감독과 관련된 행위, 규정, 작업 일정을 수립하고 직무 명확화를 기한다.

② 참여적 리더십 : 의사결정과정에 조직구성원들의 의견을 적극적으로 반영하고, 하급자들을 의사결정에 참여시키고 팀워크를 강조한다.

④ 성취지향적 리더십 : 도전적인 목표를 설정하고 직원들이 능력의 최대치를 발휘할 수 있도록 독려한다. 도전적 목표를 가지고 잠재력을 개발하며 높은 성과를 지향하도록 유도한다.

87 인하우스 텔레마케팅(In-house telemarketing) 도입에 따른 장점이 아닌 것은?

① 고정비 부담을 줄일 수 있다.

② 고객을 리드하며 마케팅 활동을 수행할 수 있다.

③ 기업의 환경 변화에 따라 마케팅 활동을 바로 통제할 수 있다.

④ 고객이나 잠재고객이 요구하는 정보나 질문에 즉시 응답할 수 있다.

해설

인하우스 텔레마케팅이란 기업에서 자체적으로 TM센터를 설치하여 텔레마케팅 활동을 실시하는 것이기 때문에 고정비 감소와는 상관이 없다.

인하우스 텔레마케팅(In-house telemarketing)

기업 내에 텔레마케팅 센터를 설치하여 기업의 모든 텔레마케팅 활동을 계획 · 실행 · 통제하는 것으로 주로 통신판매회사, 백화점, 소비재 제조회사, 은행, 보험사 등의 업종에서 도입한다.

88 다음 중 콜센터의 특징이 아닌 것은?

① 고객 접촉이 용이하다.

② 신규고객을 중심으로 관계개선 센터 역할을 한다.

③ 주로 전화 중심으로 업무를 수행한다.

④ 고객의 니즈를 파악하고 대응하는 고객 상황 대응센터이다.

해설

콜센터에서는 신규고객 획득보다 기존고객의 관리와 이탈 방지의 역할에 중점을 두며 기존고객을 중심으로 관계개선을 하고자 한다.

89 텔레마케팅이 활용되는 분야가 아닌 것은?

① 주문접수

② 고객서비스

③ 제품시연

④ 판매리드선정

해설

텔레마케팅의 활용 분야

고객서비스 관리, 고객관리, 휴면고객 활성화, 판매 · 주문접수, 예약, 정보 전달 및 상담 서비스, 판매 지원, 연체 · 채권 회수, 마케팅 리서치, 기금모집, 선거 홍보 등

90 텔레마케팅이 마케팅 전략 수행의 중요한 도구로 대두된 요인으로 보기 어려운 것은?

① 소비자 니즈의 다양화

② 마케팅 개념의 변화

③ 기업 간 경쟁 약화

④ 정보처리기술의 발달

해설

기업 간 국제적인 경쟁의 확대로 인해 경쟁 우위 확보를 위한 차별적인 마케팅 방법이 필요하게 되었고, 이를 배경으로 텔레마케팅이 마케팅 전략 수행의 중요한 도구로 대두되었다.

91 텔레마케팅의 성장 배경 요인 중 소비자 측면에 해당하지 않는 것은?

① 정보통신 기술의 발달

② 소비자 니즈의 개성화, 다양화

③ 여성의 사회진출 증가

④ 레저활동, 휴식시간에 관한 관심 증대

해설

정보통신 기술의 발달은 기술적 환경의 변화이다.

92 텔레마케터의 교육, 훈련, 개발에 대한 설명으로 틀린 것은?

① 교육은 기초적인 직무 지식(Knowledge) 배양에 초점을 두고 이론적이고 개념적인 내용으로 구성한다.

② 훈련은 직무의 업무 기술(Skill) 배양에 초점을 두고 실무적인 내용으로 현재 업무기술의 결점보완 및 향상을 위해 구성한다.

③ 개발은 현재와 미래의 직무수행 능력(Ability) 배양을 위해 이론과 실무를 조화시켜 미래의 직무능력 향상에 이바지할 수 있도록 한다.

④ 교육과 훈련은 개별적으로 텔레마케터의 부족한 직무관련 지식과 기술 습득에 초점을 두는 것이며 장기적이며 간접적인 효과를 볼 수 있다.

해설

교육과 훈련은 단기적이며 직접적인 효과를 볼 수 있다.

인적자원의 교육, 훈련, 개발

구분	교육	훈련	개발
초점	기초적인 직무 지식 (Knowledge)	현재 직무의 업무기술 (Skill)	현재와 미래의 직무수행 능력 (Ability)
대상	개별	개별, 집단	개별, 집단, 경영자
내용	이론적, 개념적	실무적, 기능적	이론과 실무
시간	직접적, (장)단기적	직접적, 단기간	간접적, 장기간

93 텔레마케터 모니터링의 평가 항목에 포함되지 않는 것은?

① 텔레마케터의 음성

② 텔레마케터의 표현 및 구술 능력

③ 텔레마케터의 전문성

④ 텔레마케터의 주관적인 사고

해설

모니터링의 평가 항목으로는 고객과의 친밀감 형성, 스크립트의 효과적 사용, 발음의 명확성, 업무의 정확성, 응대의 친절성 및 신속성 등이 있다. 텔레마케터의 주관적인 사고는 평가 항목과는 관련이 없다.

94 콜센터의 생산성을 평가하기 위한 핵심요소로 적절하지 않은 것은?

① 매출 · 이익률

② 모니터링 횟수

③ 실시간 성과분석

④ 콜센터 시스템 접근 및 생산성

해설

콜센터 생산성 평가를 위한 핵심요소

매출 · 이익률, 인적자원 생산성, 콜 생산성 관리, 콜센터 근무환경 생산성, 콜 품질관리 생산성, 콜센터 시스템 접근 및 생산성, 고객데이터 생산성, 실시간 성과분석과 모니터링, 수시 및 정기 미팅을 통한 커뮤니케이션 차이 조정, 사후관리 등

95 텔레마케터의 능력 계발을 위한 교육 방법으로 적절하지 않은 것은?

① 교수자 지향적인 교육이 이루어지게 한다.

② 실제 작업 환경과 같은 교육 환경을 제공한다.

③ 신상품이 출시될 경우 스크립트를 개발하여 제공한다.

④ 교육 결과에 대한 피드백을 주며 개인별 코칭을 실시한다.

해설

효과적인 교육을 위해서는 학습자 지향적 교육이 이루어져야 한다.

96 콜센터 업무의 세분화 · 전문화로 인해 전체 과업이 분화되면 능률을 도모하기 위해 관련된 과업을 모아 수평적으로 그룹을 형성하는 과정을 무엇이라고 하는가?

① 일반화
② 부문화
③ 조직도
④ 콜센터

해설

분화된 과업들을 관련된 것끼리 모아 수평적으로 그룹을 형성하는 과정을 부문화라고 한다.

97 효율적인 콜센터 운영을 위한 고려사항으로 가장 적절하지 않은 것은?

① 관련 부서와의 긴밀한 협조
② 콜센터 조직구성원 간의 신뢰
③ 고객의 요구수준에 부합한 서비스 제공
④ 동료 간의 철저한 경쟁을 통한 성과급 지급 체계

해설

성과급은 철저한 경쟁을 통해 지급하는 것이 아니라 성과에 따라야 하며, 그 보상은 공정하고 차등이 명확하여야 한다.

98 CTI(Computer Telephony Integration) 추가 기능 중 다음이 설명하고 있는 다이얼링 시스템은?

> 고객리스트가 데이터베이스로 형성되어 있어 상담원이 고객을 선택하면 자동적으로 전화를 걸어주는 기능이다. 이 기능은 전화통화를 하기 전에 고객의 전화번호뿐만 아니라 고객에 관련되는 고객속성, 이력정보 등을 컴퓨터 화면에 나타내어 준다.

① 프리딕티브 다이얼링(Predictive dialing)
② 프로그레시브 다이얼링(Progressive dialing)
③ 프리뷰 다이얼링(Preview dialing)
④ 트랜스퍼 다이얼링(Transfer dialing)

해설

프리뷰 다이얼링(Preview dialing)
• 의의: 전화 발신을 상담원이 직접 모니터상에서 조회하여 처리한다.
• 적용: 기존의 수동으로 처리하던 전화업무를 자동으로 처리한다.

99 콜센터의 기대 효과로 볼 수 없는 것은?

① 업무 통계 처리로 인건비, 부대 비용 증가

② 고객 요구 사항의 신속한 처리

③ 기업의 서비스에 대한 고객의 호감도 상승

④ 데이터베이스 마케팅을 통한 잠재 고객 창출

해설

인건비와 부대 비용을 절감할 수 있다.

100 전통적인 마케팅과 비교하여 텔레마케팅이 지향하는 마케팅 전략으로 가장 적합한 것은?

① 판매중심적 마케팅 전략

② 고객중심적 마케팅 전략

③ 제품중심적 마케팅 전략

④ 기업중심적 마케팅 전략

해설

전통적인 마케팅은 생산지향적 마케팅으로 제품 · 서비스의 생산과 유통을 강조하는 형태였으나 현재 텔레마케팅은 고객 욕구 이해에 초점을 맞춰 고객중심적 마케팅 전략을 수립하고 있다.

2022년

최신 기출문제

※ 2022년 제3회는 시대에듀에서 기출복원한 문제입니다.
  저작권법에 의해 보호를 받는 저작물이므로 무단전재나 복제를 금합니다.

제 1 회	기출문제해설
제 2 회	기출문제해설
제 3 회	기출복원문제해설

우리 인생의 가장 큰 영광은

결코 넘어지지 않는 데 있는 것이 아니라

넘어질 때마다 일어서는 데 있다.

– 넬슨 만델라 –

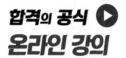

2022 텔레마케팅관리사

제**1**회 기출문제해설

핵심 내용
제1과목: 제품수명주기, 인·아웃바운드 텔레마케팅, 시장세분화, 코틀러의 제품 세 가지 수준, 교차판매, 포지셔닝
제2과목: 면접조사, 전화조사, 우편조사, 계통표본추출방법, 할당표본추출방법, 타당도 저해요소, 응답자의 권리, 설문지 작성, 1차 자료와 2차 자료
제3과목: 콜센터의 특징, 리더십 상황이론, 경로―목표 이론, 인하우스 텔레마케팅, 콜센터 조직
제4과목: CRM의 등장원인과 개념, MOT, 언어적 의사소통, 감정노동, 빅데이터의 종류, 고객상담 기술

제1과목 판매관리

01 다음에서 설명하는 전략은?

> 고객이 기업과 기업의 브랜드를 만날 수 있는 모든 접점을 통해 일관되고 설득력 있는 메시지를 전달하고
> 자 한다.

① 통합 판매(Integrated selling)
② 통합 광고(Integrated advertising)
③ 통합 판매 믹스(Integrated sales mix)
④ 통합 마케팅 커뮤니케이션(Integrated marketing communication)

해설

통합 마케팅 커뮤니케이션(IMC)
고객이 기업과 기업의 브랜드를 만날 수 있는 모든 접점을 통해 기업이 고객에게 일관적이고 설득력 있는 메시지를 전달하기 위한 전략이다. 커뮤니케이션 요소들을 모두 통합하여 일관성 있게 관리함으로써 시너지 효과를 기대할 수 있다.

정답 01 ④

02 다음에서 설명하는 시장진출 형태는?

> – 시장세분화 후 모든 세분시장에 모든 제품을 제공하여 완전 진출을 하려는 전략
> – 소비자의 기호가 분산되어 있을 경우와 제품수명주기의 성숙기에 주로 사용
> – 각각의 마케팅믹스 개발 및 관리 등에 비용 증가 초래

① 단일제품 전체시장 도달 전략
② 제품전문화 전략
③ 선택적 전문화 전략
④ 다수제품 전체시장 도달 전략

해설

전체시장 도달 전략

단일제품 (비차별적 마케팅)	• 기업이 하나의 제품이나 서비스를 가지고 시장 전체에 진출하여 가능한 한 다수의 고객을 유치 하려는 전략 • 시장세분화 불필요
다수제품 (차별적 마케팅)	• 시장을 세분화한 후 모든 세분시장을 목표시장으로 선정하여 각 부문에 적합한 제품과 마케팅 믹스를 투입하여 완전 장악하려는 전략 • 소비자의 기호가 분산되어 있을 경우, 제품수명주기의 성장기 후기나 성숙기에 주로 사용 • 제품개발비, 생산 · 관리비, 촉진비용 등의 비용 증가 초래

03 다음에서 설명하는 제품수명주기(PLC)의 단계는?

> – 브랜드 구축 전략 설정
> – 소비자의 시용구매 유도를 위한 판매촉진
> – 초기 채택자(Early adopter) 규명과 브랜드 인지도 구축 광고 전략 등을 설정

① 도입기
② 성장기
③ 성숙기
④ 쇠퇴기

제품수명주기(PLC; Product Life Cycle)
신제품이 시장에 도입되어 쇠퇴할 때까지의 기간

주기	기업 전략
도입기(Introduction)	• 상표 구축 전략 설정 • 소비자의 시용구매를 유도하기 위한 강력한 판매촉진 • 얼리어답터 규명과 브랜드 인지도 구축을 위한 광고 전략 설정 • 기본적인 형태의 제품 제공 • 고가격 또는 저가격 전략
성장기(Growth)	• 상표 강화를 통해 시장점유율을 급속히 확대하는 전략 • 저가격 전략(시장침투가격) • 자사 제품을 취급하는 점포의 수를 대폭 확대 • 브랜드 선호 개발
성숙기(Maturity)	• 시장점유율 방어와 이윤 유지 • 상표 재활성화(시장확대 · 제품수정 · 상표 재포지셔닝 전략) • 경쟁사 대응의 방어적 가격 • 광범위한 유통망 구축
쇠퇴기(Decline)	• 투자를 줄이고 현금 흐름을 증대 • 단계적 철수와 최소한의 이익을 유지하는 수준의 저가격 • 선택적 유통 전략을 통해 적정 점포만을 유지

04 다음 중 인바운드 상담의 활용 분야가 아닌 것은?

① 긴급구조 요청
② 예약 및 예매 접수
③ 각종 불평, 불만 접수 처리
④ 경품 · 이벤트 당첨자에 대한 해피콜

인바운드 상담은 고객으로부터 걸려 오는 전화를 처리하는 것이므로 기업에서 고객에게 전화를 거는 해피콜은 아웃바운드 상담의 활용 분야이다.

05 데이터베이스 마케팅에서 사용되는 고객속성 데이터가 아닌 것은?

① 성별

② 연령

③ 상품명

④ 직업

해설

상품명은 거래속성 데이터에 해당한다.

고객속성 데이터
고객이 가지고 있는 고유한 성질의 데이터로 성명, 성별, 연령, 직업, 주민등록번호, 주소, 전화번호, 신용카드 보유 현황, 가구 소득, 가족 수, 거주 형태 등

06 포지셔닝(Positioning) 전략 수립절차로 옳은 것은?

> A. 소비자 분석 및 경쟁자 확인
>
> B. 자사 제품의 포지셔닝 개발
>
> C. 경쟁 제품의 포지션 분석
>
> D. 포지셔닝 확인
>
> E. 재포지셔닝

① A → C → B → D → E

② D → B → A → C → E

③ A → D → C → B → E

④ D → A → B → C → E

해설

포지셔닝(Positioning) 전략 수립절차
시장 분석(소비자 분석 및 경쟁자 확인) → 경쟁 제품의 포지션 분석 → 자사 제품의 포지셔닝 개발 → 포지셔닝의 확인 → 재포지셔닝

07 다음 중 마케팅 촉진(Promotion) 전략에 대한 설명으로 옳은 것은?

① 제품계열(Product line)과 품목(Item)으로 구성된다.

② 기업이 제공하는 효용에 대해 소비자가 지불하는 대가인 것이다.

③ 기업이 고객과 의사소통을 할 때 사용하는 수단인 광고, 홍보, 판매촉진 그리고 인적 판매를 말한다.

④ 소비자가 원하는 제품을 원하는 장소와 원하는 시간에 구매할 수 있도록 해 주는 것이다.

> **해설**
>
> **마케팅 촉진(Promotion) 전략**
> • 광고(Advertising)
> • 홍보(Public relations)
> • 판매촉진(Sales promotion)
> • 인적 판매(Personal selling)

08 다음 중 아웃바운드 텔레마케팅의 성공요소로 볼 수 없는 것은?

① 정확한 대상고객 선정

② 아웃바운드 텔레마케팅 시스템 구축

③ 텔레마케팅 전용 상품과 서비스 개발

④ 새로운 인력 선발을 통한 지속적인 업무 교체

> **해설**
>
> 새로운 인력을 선발하여 지속적으로 업무 교체를 하면 텔레마케터가 업무에 숙달하기가 힘들기 때문에 적절하지 않다.
>
> **성공적인 아웃바운드 텔레마케팅을 위한 준비요소**
> • 명확한 대상고객 데이터베이스와 고객 맞춤의 구매 제안이 중요
> • 아웃바운드 텔레마케팅을 하기 위한 전화 장치 및 콜센터 장비 등 인프라 구축
> • 결과 데이터 측정 및 관리가 가능한 효율적인 정보 시스템 구축과 적절한 시간 선택
> • 아웃바운드 텔레마케팅에 적합한 전용 상품 및 특화된 서비스 준비
> • 아웃바운드 텔레마케팅은 인바운드 텔레마케팅보다 텔레마케터의 자질에 많은 영향을 받으므로 전문적이고 유능한 텔레마케터를 선발·교육하여 지속적인 업무환경 조성
> • 효과적이고 신뢰감을 줄 수 있는 화법과 고객의 니즈별 접근 및 응대가 가능한 잘 짜인 스크립트
> • 프로모션을 동반하거나 타 매체와 믹스하는 등 효과적인 전략 모색

정답 05 ③ 06 ① 07 ③ 08 ④

09 가격 할인 형태 중에서 신모델 구입 시 구모델을 반환하면 그만큼의 가격을 할인해 주는 방법은?

① 공제(Allowance)

② 현금 할인(Cash discount)

③ 수량 할인(Quantity discount)

④ 계절 할인(Seasonal discount)

해설

가격 할인

공제	거래 공제	구매자가 중고품을 반환하고 신제품을 구입하는 경우 가격의 일부를 할인해 주는 것
	촉진 공제	제조업자의 광고와 판매 지원 프로그램에 참여하는 중간 상인들에게 보상의 일환으로 일정액을 지불하거나 할인해 주는 것
현금 할인		대금을 즉시 지급하는 구매자에게 할인해 주는 것
수량 할인		일정량 이상 구입하는 구매자에게 할인해 주는 것
계절 할인		비수기에 구매자에게 할인해 주는 것

10 다음 중 가격의 특징이 아닌 것은?

① 정형화된 일정한 체계를 구축하기가 쉽다.

② 예기치 않은 상황에 의해 가격이 결정될 수도 있다.

③ 마케팅믹스 중에서 가장 강력한 경쟁도구이다.

④ 수요가 탄력적인 시장 상황에서 매우 쉽게 변경될 수 있는 요인이다.

해설

가격

의의	자사의 제품이나 서비스가 가지는 효용에 대해 소비자가 부여하는 가치이다.
역할	기업 이익이나 소비자의 구매행위, 정부의 경제정책 결정에 중요한 역할을 한다.
특징	• 정형화된 일정한 체계를 구축하기가 어렵다. • 예기치 않은 상황에 의해 가격이 결정될 수도 있다. • 마케팅믹스 중에서 가장 강력한 경쟁도구이다. • 수요가 탄력적인 시장 상황에서 매우 쉽게 변경될 수 있는 요인이다.

11 소비재의 유통경로 구조에 관한 설명 중 틀린 것은?

① 유통경로가 길어질수록 각 중간상들이 수행하는 마케팅 기능이 더욱 전문화된다.

② 제조업자가 직접 소비자에게 판매하는 형태를 직접 마케팅 경로라고 부른다.

③ 잡지, 육류 등의 제품은 주로 직접 마케팅 경로를 통해 판매된다.

④ 보다 많은 중간상이 개입될수록 제조업자의 통제력이 약해진다.

해설

잡지, 육류 등의 제품은 도매상과 소매상 사이에 중간 도매상이 존재하므로 간접 마케팅 경로를 통해 판매된다.

소비재 유통경로

특징		• 유통경로가 길어지면 각 중간상들이 수행하는 마케팅 기능은 더욱 전문화된다. • 제조업자와 소비자 사이에 보다 많은 중간상이 개입될수록, 제조업자의 통제력이 약해진다.
종류	직접 마케팅 경로	제조업자가 소비자에게 직접 판매하는 학습지 판매회사나 정수기 제조업체 등의 경우이다. … ⓐ
	간접 마케팅 경로	제조업자와 소비자 사이에 소매상을 경로로 하는 경우이다. … ⓑ
		제조업자와 소비자 사이에 도매상과 소매상이 있는 경우이다. … ⓒ
		도매상, 중간 도매상, 소매상을 사용하는 경우이다. 잡지, 육류, 우유 등의 상품에서는 대형 도매상들이 소매상들에게 직접 공급하기 어려우므로 중간 도매상이 중간에서 상품을 공급한다. … ⓓ

12 시장세분화의 전제조건이 아닌 것은?

① 각각의 시장을 세분할 수 있어야 한다.

② 각각의 세분시장은 수요탄력성이 달라야 한다.

③ 각각의 세분시장 내에 소비자군이 달라야 한다.

④ 시장세분화의 비용보다 이익이 더 커야 한다.

해설

각각의 세분시장 내의 소비자군은 동질성을 유지하고 세분시장 간의 소비자군은 다른 차별성이 있어야 한다.

시장세분화 전제조건

수행(행동)가능성	시장을 세분화하고 효과적인 프로그램을 만들어 영업 활동을 할 수 있어야 한다.
유효정당성	세분화된 시장 사이에 수요탄력성이 달라야 한다.
차별성	동일한 세분시장에 속하는 소비자들은 어떤 마케팅 프로그램을 시행했을 때 동질성을 유지하고 다른 세분시장에 속하는 소비자들은 이질성을 갖도록 각 세분시장마다 차별적인 특성이 있게 세분해야 한다.
실질성	세분시장의 규모가 충분히 크고 이익발생 가능성이 있어야 한다.
측정가능성	규모와 구매력 등을 측정하여 입수할 수 있어야 한다.
접근가능성	세분시장에 접근하기 쉽고 마케팅믹스 전략을 수행할 수 있어야 한다.

13 제품 포지셔닝(Positioning)에 대한 설명으로 틀린 것은?

① 한번 정한 포지셔닝은 바꿀 수 없다.

② 포지셔닝 맵을 사용하여 분석할 수 있다.

③ 경영자에게 신제품 개발이나 광고활동에서의 방향성을 제시해 줄 수 있다.

④ 기업이 시장세분화를 기초로 정해진 표적시장 내 고객들의 마음속에 전략적 위치를 계획하는 것을 말한다.

해설

포지셔닝을 정했더라도 여러 상황의 변화에 따라 포지셔닝을 바꿀 수 있다.

재포지셔닝(Repositioning)

소비자 욕구의 변화, 상권 내 역학구조의 변화, 소매기업 내 각종 상황의 변화 등의 요인에 의하여 그동안 유지해 왔던 포지셔닝을 바꿈으로써 상권의 범위와 내용, 목표 소비자를 새롭게 조정하는 활동이다.

14 기업에서 활용하는 마케팅믹스(4P)의 구성요소가 아닌 것은?

① 제품   ② 정보

③ 유통   ④ 가격

`해설`

마케팅믹스의 구성요소(4P)

Product(제품)	소비자 조사, 제품 개발, 디자인 · 포장 및 애프터서비스 결정
Price(가격)	가격 설정
Place(유통)	유통경로 · 유통업자 파악 및 결정
Promotion(촉진)	광고 기획의 책정, 광고 매체의 선정, 홍보 방법의 결정, 판매원 관리

15 '중간상'이 생산자와 구매자 사이에서 창출하는 각각의 효용에 대한 설명 중 틀린 것은?

① 소유 효용(Possession utility): 생산자가 원하는 상품과 서비스를 생산할 수 있도록 도와주는 활동

② 시간 효용(Time utility): 소비자가 원하는 시기에 언제든지 상품을 구매할 수 있는 편의를 제공하는 것

③ 장소 효용(Place utility): 소비자가 원하는 장소에서 상품이나 서비스를 구입할 수 있게 해 주는 것

④ 형태 효용(Form utility): 상품과 서비스를 고객에게 조금 더 매력 있게 보이게 하기 위해 그 형태 및 모양을 변경시키는 모든 활동

`해설`

유통경로의 효용

소유 효용 (Possession utility)	재화나 서비스가 거래되어 생산자로부터 소비자에게 소유권이 이전되는 과정에서 발생되는 효용이다. **예** 제조업체를 대신해서 신용판매나 할부판매를 제공함
시간 효용 (Time utility)	재화나 서비스의 생산과 소비 간의 시차를 극복하여 소비자가 재화나 서비스를 필요로 할 때 이용할 수 있도록 해 주는 효용이다. **예** 24시간 영업을 하는 편의점은 소비자가 원하는 시점 어느 때나 제품을 구매할 수 있도록 함
장소 효용 (Place utility)	지역적으로 분산되어 생산되는 재화나 서비스가 소비자가 구매하기 용이한 장소로 전달될 때 창출되는 효용이다.
형태 효용 (Form utility)	제품과 서비스를 고객에게 좀 더 매력적으로 보이기 위하여 그 형태 및 모양을 변경시킴으로써 발생되는 효용이다.

16 다음 중 마케팅정보시스템에 관한 설명으로 옳지 않은 것은?

① 마케팅정보시스템은 경영정보시스템의 상위 시스템이다.

② 기업 내부 자료, 외부 자료와 정보를 체계적으로 관리한다.

③ 경영자의 마케팅 의사결정에 사용할 수 있도록 하는 정보관리 시스템이다.

④ 마케팅을 보다 효과적으로 수행하기 위하여 관련된 사람, 고객의 정보, 기구 및 절차, 보고서 등을 관리하는 시스템을 말한다.

해설

마케팅정보시스템(MIS; Marketing Information System)

경영정보시스템(Management Information System)의 하위 시스템으로서, 마케팅 경영자가 마케팅 관리를 보다 효율적으로 수행하기 위해 의사결정 시 사용할 수 있도록 정확한 정보를 적시에 수집, 분류, 분석, 평가, 배분하도록 기획, 설계되어 지속적으로 상호 작용하는 것을 말한다.

17 보스턴 컨설팅 그룹(BCG)의 매트릭스에 관한 설명 중 틀린 것은?

① 현금젖소(Cash cow)는 투자를 확대하여 별(Star)의 범주로 이동시키는 것이 바람직하다.

② 개(Dog)는 부진제품을 폐기하고 적극적으로 자금을 회수하는 전략을 취하는 것이 바람직하다.

③ 물음표(Question)에 속하는 사업 단위들은 시장점유율을 높이기 위해 많은 자금을 필요로 한다.

④ 별(Star)에 속한 사업 단위들은 높은 시장점유율로 인해 마진이 증대되므로 연구 개발, 새로운 시설 투자를 위한 자금을 늘려야 한다.

해설

투자를 확대하여 별(Star)의 범주로 이동시키는 것이 바람직한 것은 물음표(Question)이다. 물음표(Question)는 차후에 별(Star) 사업이 되거나, 개(Dog) 사업으로 전락할 수 있는 위치에 있으므로, 시장점유율을 높이기 위해 투자를 확대하여 별(Star)의 범주로 이동시키는 것이 바람직하다.

BCG 매트릭스

X축(수평축)을 시장점유율로 하고, Y축(수직축)을 시장성장률로 하여, 미래가 불투명한 사업을 물음표(Question), 점유율과 성장성이 모두 좋은 사업을 별(Star), 투자에 비해 수익이 월등한 사업을 현금젖소(Cash cow), 점유율과 성장률이 둘 다 낮은 사업을 개(Dog)로 구분한다.

18 텔레마케팅의 판매 단계를 순서대로 올바르게 나열한 것은?

① 대상자 선정 → 텔레마케팅 전개 · 정보 제공 → 고객 니즈 파악 → 상담 종료 → 분석과 데이터베이스화

② 대상자 선정 → 고객 니즈 파악 → 텔레마케팅 전개 · 정보 제공 → 상담 종료 → 분석과 데이터베이스화

③ 분석과 데이터베이스화 → 대상자 선정 → 고객 니즈 파악 → 텔레마케팅 전개 · 정보 제공 → 상담 종료

④ 대상자 선정 → 분석과 데이터베이스화 → 고객 니즈 파악 → 상담 종료 → 텔레마케팅 전개 · 정보 제공

텔레마케팅의 판매 단계

준비 및 대상자 선정 → 고객 니즈 파악 → 텔레마케팅 전개 및 정보 제공 → 상담 종료 → 분석과 데이터베이스화

19 다음에서 설명하는 시장세분화의 분류 기준은?

> – 특정 제품이나 서비스의 구매 여부와 관계없는 일반적 변수
>
> – 응답자의 주관이 배제된 객관적 변수

① 라이프스타일 ② 심리 및 태도
③ 인구통계학 ④ 제품 편익

인구통계학적 변수

응답자에 대한 연령, 인종, 국적, 성별, 소득, 학력, 종교, 결혼 여부 등 일반적이고 객관적인 정보를 찾아 통계를 통해 응답자가 어느 세분된 시장에 가장 잘 맞는지를 파악한다.

20 다음 (   )에 해당하는 시장공략 전략을 올바르게 나열한 것은?

(ㄱ) 마케팅	마케팅믹스 → 시장
(ㄴ) 마케팅	마케팅믹스1 → 세분시장1 마케팅믹스2 → 세분시장2 마케팅믹스3 → 세분시장3
(ㄷ) 마케팅	세분시장1 마케팅믹스 → 세분시장2 세분시장3

	ㄱ	ㄴ	ㄷ
①	무차별적	차별적	집중
②	집중	차별적	무차별적
③	집중	무차별적	차별적
④	무차별적	집중	차별적

시장공략 전략

무차별적 마케팅 전략	기업이 하나의 제품이나 서비스를 가지고 시장 전체에 진출하여 가능한 한 다수의 고객을 유치하려는 전략으로, 시장세분화가 필요하지 않다. 과일이나 쌀 등과 같이 제품의 질이 어느 정도 균일한 제품의 경우에 적합하다.
차별적 마케팅 전략	두 개 혹은 그 이상의 시장 부문에 진출할 것을 결정하고 각 시장 부문별로 별개의 제품 또는 마케팅 프로그램을 세우는 것이다.
집중 마케팅 전략	한 개 또는 몇 개의 시장 부문에서 집중적으로 시장을 점유하려는 전략으로, 기업의 자원이 한정되어 있을 때 이용하는 전략이다.

21 소비자의 구매과정을 중심으로 소비재를 분류하였을 때, 선매품에 해당하는 것은?

① 라면
② 철강
③ 명품 의류
④ 신발

신발은 편의품에 비해서 구매 빈도가 그리 높지 않고, 소비자들이 제품 특성을 토대로 제품 대안들을 비교 평가한 다음 구매하므로 선매품에 해당한다.

선매품
• 제품을 구매하기 전에 가격, 품질, 형태, 욕구 등에 대한 적합성을 충분히 비교하여 선별적으로 구매하는 제품
• 제품에 대한 지식이 부족하여 여러 상품을 비교하기 위하여 구매 전에 많이 탐색함
• 소비자가 품질, 가격, 디자인 등을 중심으로 여러 유통채널을 통해 대체 상품을 비교한 후에 그중 어느 하나를 선택하는 성향의 제품
• 일반적으로 선매품은 편의품에 비해 소비자가 자신의 사회적 · 재정적 측면을 나타낼 수 있는 상품을 구매하는 경향이 있음
• 편의품에 비해 구매 단가가 높고 구매 횟수가 적음
• 생산자의 이름보다는 소매점의 명성이 중요하여 생산자와 소매상의 직결된 유통경로를 가지는 것과 점포 내 판매원의 역할이 중요함
• 선매품을 취급하는 상점들이 서로 인접해 하나의 상가를 형성하는 경우가 많고 선택적 유통 정책을 주로 이용함
• 예 겉옷, 주요 가전제품, 가구 등의 소비용품(Consumer products)

①은 편의품, ②는 비탐색품, ③은 전문품에 해당한다.

22 다음 중 인바운드 텔레마케팅의 역할이 아닌 것은?

① 전화 판매
② A/S 접수
③ 주문접수
④ 예약 및 신청

전화 판매는 아웃바운드 텔레마케팅의 역할이다.

텔레마케터의 역할

인바운드	비판매	• A/S 접수 • 고객의 문의 · 불만사항 접수 및 대응 • 광고문의에 대한 설명 • 재고 확인, 기술 지원, 캠페인 지원 • 메시지 전달(상담), 정보 제공 • 고객 정보 수집, 관리
	판매	• 통신판매의 전화 주문접수 • 예약 및 신청
아웃바운드	비판매	• 연체대금 회수 촉진 • 고객 관리: 해피콜 • 서베이(조사) 업무 • 판매 지원 업무
	판매	• 전화 판매 • 휴면고객의 활성화 • 신상품 정보 제공 및 구입 권유 • DM(Direct Mail) follow up call

23 제품의 설치, 배달, 대금 결제방식, 보증, 애프터서비스 등이 포함된 제품의 유형으로 옳은 것은?

① 확장제품(Augmented product)
② 서비스제품(Service product)
③ 유형제품(Tangible product)
④ 핵심제품(Core product)

제품의 세 가지 수준

핵심제품	소비자들이 제품을 구입할 경우 그들이 실제로 구입하고자 하는 핵심적인 이익(Benefit)이나 문제를 해결해 주는 서비스
실체(유형)제품	소비자들에게 핵심제품의 이익을 전달할 수 있도록 결합되는 제품의 부품, 스타일, 특성, 상표명 및 포장 등의 기타 속성
확장(포괄)제품	핵심제품과 실체제품에 추가적으로 있는 서비스와 이익들로서 설치, 배달, 대금 결제방식, 품질보증, 애프터서비스 등

24 다음에서 아웃바운드 판매에 해당하는 사항을 모두 골라 나열한 것은?

> a. 고객이 상담을 요청해야 의미 있다.
>
> b. DB 마케팅 기법을 활용하면 효과가 증대된다.
>
> c. 판매지향적이다.
>
> d. 클레임 해결을 중심으로 한다.

① a, b   ② b, c

③ c, d   ④ a, d

해설

a, d는 인바운드 판매의 특징에 해당한다.

25 제품의 판매나 서비스 제공 과정에서 관련되는 다른 제품이나 서비스에 대한 판매를 유도하고 촉진시키는 마케팅 기법으로, 인바운드 고객 상담 시 많이 실행되는 판매 전략은?

① 플러스 셀링(Plus selling)

② 크로스 셀링(Cross selling)

③ 추가 셀링(Additional selling)

④ 협력 셀링(Cooperative selling)

해설

크로스 셀링(교차판매)

상품이나 서비스 판매에서 한 상품에 관련되는 비슷한 상품군이나 서비스에 대해 추가 판매를 유도하는 마케팅 기법으로, 인바운드 고객 상담 시 많이 실행되는 판매 전략이다.

제2과목 시장조사

26 다음 중 의사소통의 수단에 의하여 분류되지 않는 면접법은?

① 대인면접법   ② 전화면접법

③ 우편면접법   ④ 역할면접법

해설
자료 수집 방법의 분류

의사소통에 의한 방법	설문지나 직접 응답자에게 질문하여 자료를 얻는 방법으로, 전화·우편·대인 면접법 등이 있다.
관찰에 의한 방법	관심 있는 어떤 상황을 측정하거나 응답자의 특정 행동이나 사건 등을 기록하는 방법이다.

27 전화조사에 대한 설명 중 틀린 것은?

① 질문의 문항 수가 적고 간단한 것이 적당하다.

② 전화번호부를 이용하여 비교적 쉽고 정확하게 모집단의 표본을 추출할 수 있다.

③ 비교적 쉽게 응답자와 접촉할 수 있다.

④ 어떤 특정 현상이나 사물에 대한 조사에 특히 효과가 있다.

해설

전화조사의 특징
• 모집단의 표본 추출 및 응답자와의 접촉이 쉽게 이루어진다.
• 질문을 명확하고 단순하게 구성하고, 질문의 수를 줄이는 것이 좋다.
• 특정 현상보다는 특정 시점인 현재에 일어나는 일에 대한 조사에 효과적이다.

28 우편조사의 단점이 아닌 것은?

① 질문에 대한 답변 회수율이 저조하다.

② 상세한 보기나 내용을 관찰하기 어렵다.

③ 조사자의 통제나 조정이 불가능하다.

④ 사전조사 대상자가 극히 한정적이다.

해설

상세한 보기나 내용을 관찰하기 어려운 것은 전화조사의 단점이다.

우편조사법

장점	단점
• 시간의 유연성 • 시간과 비용의 절약 • 편견적 오류의 감소 • 익명성 보장	• 낮은 응답률 • 조사자의 통제나 조정 불가능 • 한정적인 사전조사 대상자 • 해명 기회의 부재

29 모집단으로부터 매 k 번째 추출해 내는 표본추출방법은?

① 군집표본추출방법(Cluster sampling)

② 편의표본추출방법(Convenience sampling)

③ 계통표본추출방법(Systematic sampling)

④ 단순무작위표본추출방법(Simple random sampling)

해설

확률표본추출방법의 하나로 모집단 추출 틀에서 단순 무작위로 하나의 단위를 선택하고 그다음 k 번째 간격마다 하나씩 표본으로 추출하는 표본추출방법은 계통표본추출방법이다.

① 군집표본추출방법: 모집단을 여러 소그룹으로 나눈 후 특정 소그룹을 표본으로 추출하고, 일부 집락을 선택한 뒤 (일부 또는 전부를) 조사 대상으로 삼아 조사하는 방법이다.

② 편의표본추출방법: 우연적 표집(Accidental sampling)이라고도 하며, 조사자가 편리한 방법으로 표본을 선택하는 방법이다.

④ 단순무작위표본추출방법: 표본 요소들이 표출될 확률이 동일한 방법이다.

30 비확률표본추출방법 중에서 다음 설명에 적합한 것은?

> 인구통계적 요인, 경제적 요인, 사회 · 문화 · 환경적 요인 등의 분류기준에 의해 전체 표본을 여러 집단으로 구분하고, 각 집단별로 필요한 대상을 사전에 정해진 비율로 추출한다.

① 할당표본추출방법(Quota sampling)

② 판단표본추출방법(Judgement sampling)

③ 편의표본추출방법(Convenience sampling)

④ 층화표본추출방법(Stratified sampling)

해설

할당표본추출방법은 모집단을 일정한 카테고리로 나눈 다음, 이들 카테고리에서 필요한 만큼의 조사 대상을 작위적으로 추출하는 방법으로, 표본의 규모가 비교적 큰 상업적 조사에서 가장 보편적으로 사용된다.

② 판단표본추출방법: 유의 표집(Purposive sampling)이라고도 하며, 조사 목적에 맞다고 판단되는 소수의 인원을 조사자가 선택하는 방법이다.

③ 편의표본추출방법: 우연적 표집(Accidental sampling)이라고도 하며, 조사자가 편리한 대로 추출하는 방법이다.

④ 층화표본추출방법: 일정한 특성에 의해 모집단을 층화하고 각 층에서 일정 수를 무작위 표집하는 방법이다.

31 마케팅 조사에서 외적 타당도를 저해하는 요인이 아닌 것은?

① 반작용 효과
② 실험 대상자 선정에서 오는 편향
③ 독립 변수 간의 상호작용
④ 피실험자의 변화에 따른 영향

해설

피실험자의 변화에 따른 영향은 내적 타당도 저해 요인이다.

외적 타당도를 저해하는 요인
• 반작용 효과(Reactive effects)
• 실험 대상자 선정에서 오는 편향
• 독립 변수 간의 상호 작용

32 설문조사 시 응답자가 보호받아야 할 권리에 대한 다음 설명 중 (   )에 공통적으로 적합한 것은?

(   )는 응답자가 응답한 정보에 관하여 조사 기업(조사자)은 함부로 사용하거나 공개해서는 안 된다는 것을 뜻하며, 지나치게 민감한 질문도 응답자의 (   )를 침해하는 것으로 볼 수 있다.

① 안전할 권리
② 참여를 선택할 권리
③ 조사에 대해 알 권리
④ 사생활을 보호받을 권리

해설

응답자는 사생활을 보호받을 권리가 있기 때문에 직접 혹은 우편으로 권유되는 질문지에 답하지 않거나 폐기할 수 있는 권리가 있으며, 설문지 등에서 자신이 노출될 수 있는 질문 항목에는 답을 하지 않을 권리가 있다.

33 자료의 성격에 따라 1차 자료와 2차 자료로 구분할 때, 2차 자료에 해당하는 것은?

① 원 자료(Raw data)
② 현장 자료(Field data)
③ 실사 자료(Survey data)
④ 신디케이트 자료(Syndicated data)

해설

2차 자료
어떤 조사 프로젝트의 다른 조사 목적과 관련하여 조사 내부 혹은 외부의 특정한 조사 주체에 의해 기존에 이미 작성된 자료이다. 대표적으로 외부의 독립적인 조사 기관들이 영리를 목적으로 특정한 자료를 수집·가공하여 특정 기업이나 기관에 판매하는 상업용 자료인 신디케이트 자료가 있다.

34 측정의 신뢰성을 높이는 방법에 대한 설명 중 틀린 것은?

① 측정 항목의 모호성을 제거한다.

② 동일한 개념이나 속성의 측정 항목 수를 줄인다.

③ 중요한 질문은 동일하거나 유사한 질문을 통해 2회 이상 한다.

④ 조사 대상자가 잘 모르거나 전혀 관심이 없는 내용은 측정하지 않는다.

해설

측정의 신뢰성을 높이는 방법
- 측정 항목의 모호성을 제거한다.
- 중요한 질문의 경우 동일하거나 유사한 질문을 2회 이상 한다.
- 조사 대상자가 잘 모르거나 전혀 관심이 없는 내용은 측정하지 않는다.
- 측정 항목의 수를 늘린다.
- 설문지의 문항별 설명을 명확히 하여 응답자별로 해석상의 차이가 발생하지 않도록 한다.
- 조사원들에 대한 교육을 강화하여 설문을 명확히 이해하도록 하고, 질문 방식 등을 표준화한다.
- 성의가 없거나 일관성 없게 응답한 경우 설문지 자체를 폐기하여 위험 요소를 없앤다.
- 측정 방식을 일관성 있게 한다.
- 측정 시의 날씨, 분위기, 기분에 따라 신뢰성이 달라지지 않도록 유의한다.

35 다음과 같이 시장 내 여러 경쟁상표를 분석하여 하나의 도표로 나타낸 것은?

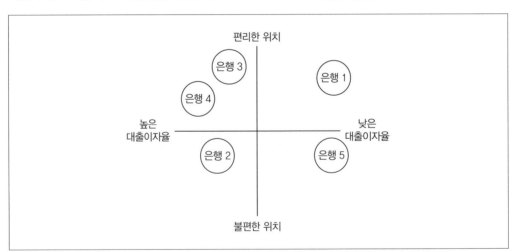

① 로드맵

② 횡단 조사표

③ 종단 조사표

④ 포지셔닝 맵

해설

포지셔닝 맵
- 기업이 시장세분화를 기초로 한 시장 분석, 고객 분석, 경쟁 분석 등을 바탕으로 전략적 위치를 계획하는 것이다.
- 타깃으로 정한 고객이 제품을 구입할 때 무엇을 중요시하는지 두 가지를 선정하여, 그것을 축으로 각 제품의 시장 위치나 기업의 영역을 도면으로 작성한 것이다.

36 조사 대상이 되는 사람들의 태도, 감정, 동기, 욕망 등을 알고자 모호한 자극을 제시 후 이에 대한 응답을 얻어서 연구에 필요한 자료를 수집하는 방법은?

① 사회성측정법   ② 투사법
③ 유도법   ④ 실험법

해설

투사법은 응답자의 심리적 저항을 줄이기 위해 주로 쓰이는 간접질문법 중 하나로, 모호하고 비조직화된 자극을 제시하여 그에 대한 응답을 얻어내는 질적 자료이자 정성적 조사이다.

④ 실험법: 한 개 이상의 독립 변수와 한 개 이상의 종속 변수 간의 인과 관계를 밝히는 고도의 연구 방법으로, 독립 변수를 조작하여 종속 변수에 대한 조작의 효과를 관찰하고 측정하는 방법이다.

37 신뢰도를 측정하는 방법에 대한 설명 중 틀린 것은?

① 재검사법: 동일한 상황에 상이한 측정 도구를 사용하여 일정 간격을 두고 두 번 측정 후 결과를 비교한다.

② 복수양식법: 대등한 두 개 형태의 측정 도구를 이용해 동시에 측정하고 측정값 간 상관관계를 분석한다.

③ 반분법: 측정 도구를 임의로 반으로 나누어 독립된 두 개의 척도로 사용한다.

④ 내적 일관성: 동일한 개념의 측정을 위해 여러 항목을 이용할 경우 크론바흐 알파계수를 통해 신뢰도를 저해하는 항목을 측정 도구에서 제외한다.

해설

재검사법은 조사의 신뢰성을 높이기 위해 대상을 일정한 시간을 두고 동일한 측정도구로 반복 측정해 그 결과를 비교하는 방법이다.

38 다음 중 자료 처리를 위한 코딩이 어려운 질문 형식은?

① 다지선다형   ② 양자택일형
③ 대인 면접형   ④ 자유응답형

해설

자유응답형은 응답 형태에 제약 없이 자유롭게 표현하도록 한다. 탐색조사에 유용하지만 자료 처리를 위한 코딩이 어렵다.

① 다지선다형: 응답 내용을 몇 가지로 제약하는 방법으로, 응답 항목은 서로 배타적이고 모든 응답을 포괄할 수 있도록 구성하여야 한다.

② 양자택일형: 두 가지 중 하나를 선택하게 하는 방법으로, 분석과 자료 처리가 편리하고 조사자의 영향을 배제할 수 있다.

정답 34 ② 35 ④ 36 ② 37 ① 38 ④

39 자료 수집을 위한 조사에서 폐쇄형 질문을 사용할 때의 장점이 아닌 것은?

① 부호화(Coding)와 분석이 용이하다.

② 측정에 통일성을 기할 수 있어 신뢰성을 높일 수 있다.

③ 응답의 처리가 간편하고 신속해 질문지 완성이 용이하다.

④ 한정된 응답지에서 선택하도록 되어 있어 응답자의 의견을 충분히 반영시킬 수 있다.

해설

응답자의 의견을 충분히 반영시킬 경우에는 개방형 질문을 선택하는 것이 좋다.

40 비표준화 면접에 비해 표준화 면접이 가지는 장점이 아닌 것은?

① 반복적인 면접이 가능하다.　　　② 면접 상황에 대한 적응도가 높다.

③ 면접결과의 숫자화 측정이 용이하다.　　　④ 조사자의 행동이 통일성을 갖게 된다.

해설

표준화 면접과 비표준화 면접의 장점

종류	표준화 면접	비표준화 면접
장점	• 반복적인 면접이 가능 • 면접결과의 숫자화 측정 용이 • 통일성 있는 조사자의 행동 • 면접 결과의 높은 신뢰도	• 면접 상황에 대한 높은 적응도 • 면접 결과의 높은 타당도 • 새로운 사실 및 아이디어의 높은 발견 가능성 • 융통성 있게 질문 변경이 가능

41 2차 자료에 관한 설명 중 틀린 것은?

① 단기간에 자료를 쉽게 획득할 수 있다.

② 1차 자료에 비해 상대적으로 비용이 적게 든다.

③ 당면한 조사문제를 해결하기 위하여 직접 수집된 자료이다.

④ 1차 자료를 수집하기 전에 주로 예비조사로 사용된다.

해설

1차 자료와 2차 자료의 비교

1차 자료	2차 자료
문제 해결을 위해 조사자가 조사 설계와 자료 수집 계획을 수립하여 직접 수집하는 자료이다.	특정한 조사 주체가 기존에 이미 작성한 자료로, 시간과 비용을 절약할 수 있고 수집 과정이 용이하다.

42 비확률표본추출방법과 비교한 확률표본추출방법의 특징으로 틀린 것은?

① 표본추출이 무작위적이다.

② 시간과 비용이 많이 든다.

③ 표본오차의 추정이 불가능하다.

④ 표본분석결과의 일반화가 용이하다.

해설

확률표본추출방법의 특징
- 표본추출이 무작위적으로 선택할 때마다 독립적으로 모집단의 각 요소가 표본으로 선택될 기회(확률)가 동등하다.
- 시간과 비용이 많이 든다.
- 표본오차의 추정이 가능하다.
- 표본의 대표성이 있으며, 표본분석결과의 일반화가 용이하다.

43 마케팅조사에 대한 설명 중 틀린 것은?

① 주관적이고 체계적인 방법으로 자료를 수집한다.

② 문제 해결을 위해서 공식적으로 이루어진다.

③ 의사결정에 사용될 수 있도록 적기에 이루어져야 한다.

④ 과학적 방법론을 적용해야 한다.

해설

마케팅조사 시 유의 사항
- 객관적인 방법으로 자료를 수집해야 한다.
- 문제 해결을 위해서 공식적으로 이루어져야 한다.
- 의사결정에 사용될 수 있도록 적기에 이루어져야 한다.
- 과학적 방법론을 적용해야 한다.

44 자료 수집을 위한 설문지 작성 시 가장 먼저 고려해야 하는 사항은?

① 조사 목적   ② 예산 범위

③ 예측 판매금액   ④ 질문 순서

해설

설문지 작성 시 가장 먼저 고려해야 하는 사항
설문지를 작성하는 목적과 주제는 무엇인지, 대상은 누구인지 등을 명확하게 규정하여 조사의 방향성을 수립해야 한다.

정답 39 ④ 40 ② 41 ③ 42 ③ 43 ① 44 ①

45 다음 설문을 통해 연구자가 고려해야 할 사항은?

> Q. 당신이 2019년에 방문한 커피숍 브랜드는 몇 개입니까?
>
>   ㉠ 1개   ㉡ 3개   ㉢ 5개   ㉣ 10개

① 응답 항목들 간의 내용이 중복되어서는 안 된다.
② 응답자에게 지나치게 자세한 응답을 요구해서는 안 된다.
③ 응답자가 대답하기 곤란할 질문들에 대해서는 직접적인 질문을 피하도록 한다.
④ 응답자가 응답할 수 있는 모든 경우의 수를 고려하여야 한다.

해설
다지선다형 응답에서는 가능한 응답을 모두 제시해 주어야 한다.

46 다음에서 설명하는 의사소통방법은?

> 조사자는 토론할 주제나 문제에 대해 설명하고, 토론 및 면접의 형식을 통하여 주제에 대한 질문이나 토론을 이끌어가며 응답자의 반응을 기록한다.

① 대인면접법
② 전화면접법
③ 우편면접법
④ 인터넷면접법

해설
대인면접법
조사자가 응답자와 직접 질의·응답을 하여 필요한 정보를 얻는 방법으로, 많은 질문을 통하여 심층적이거나 민감한 정보를 얻을 수 있고, 태도·행동 따위를 관찰할 수 있는 정성적인 조사 기법이다. 모든 응답환경의 구조화가 가능하며, 개별면접과 집단면접의 두 가지 형태가 있다.

47 의사소통방법에 의한 자료 수집 시 발생할 수 있는 다음 문제점에 대한 설명으로 옳은 것은?

> 주부들에게 가계부를 쓰느냐고 물을 경우 거의 모든 주부가 가계부를 쓰는 것이 주부로서의 역할을 충실히 하는 것이라고 믿고 있기 때문에 가계부를 안 쓰고 있는 주부들도 가계부를 쓴다고 대답한다.

① 응답하는 방법을 모르는 경우이다.
② 응답자가 정보를 고의로 왜곡되게 제공하는 경우이다.
③ 응답자가 자료를 제공할 능력이 없는 경우이다.
④ 조사자가 필요로 하는 정보를 응답자가 기억하지 못하는 경우이다.

해설

의사소통방법에 의한 자료 수집 시 응답자는 바람직한 응답을 지향하는 경향이 있으므로 고의로 자료를 왜곡하여 제공할 수 있다는 점을 염두에 두어야 한다.

48 우리나라 주부들이 가장 선호하는 김치냉장고 브랜드를 알아보기 위하여 주부들을 대상으로 연구를 진행하려고 한다. 다음 중 현실성, 시간, 비용 등을 고려할 때 선택할 수 있는 조사 방법으로 적합하지 않은 것은?

① 관찰법
② 실험실 실험법
③ 면접법
④ 설문조사법

해설

실험실 실험법은 시장조사 방법 중 가장 정확도가 우수하지만 제시된 상황의 현실성이나 시간, 비용을 고려할 때 조사 방법으로 적합하지 못하다.

49 척도에 관한 설명 중 틀린 것은?

① 척도의 수준이 올라갈수록 변수가 내포하고 있는 정보의 양이 증가한다.

② 척도의 수준이 올라갈수록 자료 수집에 필요한 비용과 노력이 많이 소요된다.

③ 척도의 수준이 올라갈수록 자료 분석 방법은 간단해진다.

④ 변수 측정에 필요한 비용이나 노력과 변수가 갖는 정보량은 서로 비례한다.

해설

척도

의의	측정을 위한 도구로 변수들의 값을 부여하는 방법이며 정성적(질적)인 것과 정량적(양적)인 것이 있다.
특성	• 척도의 수준이 올라갈수록 변수가 내포하고 있는 정보의 양이 증가한다. • 척도의 수준이 올라갈수록 자료 수집에 필요한 비용과 노력이 많이 소요된다. • 변수 측정에 필요한 비용 및 노력과 변수가 갖는 정보량은 서로 비례한다.

50 설문지 작성 원칙과 거리가 먼 것은?

① 직접적, 간접적 질문을 혼용하여 작성한다.

② 조사 목적 이외에도 기타 문항을 삽입하여 응답자를 지루하지 않게 배려한다.

③ 편견이나 편의가 발생하지 않도록 작성한다.

④ 유도 질문을 회피하고 객관적인 시각에서 문항을 작성한다.

해설

설문지 작성 원칙

• 응답자의 심리적 저항을 줄이기 위해 간접적 질문도 유의하며 직접적 질문과 혼용하여 작성한다.
• 편견이나 편의(Bias)가 섞인 용어를 피해야 하며 질문은 가치중립적이어야 한다.
• 유도 질문과 위협적 질문의 사용에 유의한다.
• 개방형 질문과 폐쇄형 질문은 상호보완적이기 때문에 조사의 상황과 내용에 따라 혼용하는 것이 좋다.
• 질문은 간결하고 명료해야 한다.
• 질문은 응답자의 교육 수준을 고려하여 사용하되 쉬운 단어를 사용한다.
• 폐쇄형 질문의 경우 응답 범주 간의 거리가 동일하도록 한다.
• 다지선다형 응답에서는 가능한 응답을 모두 제시해 주어야 한다.

제3과목 텔레마케팅관리

51 아웃바운드 텔레마케팅의 성과지표가 아닌 것은?

① 콜 접촉률　　　　　　　　　　② 콜 응답률

③ 평균 포기 콜　　　　　　　　　④ 건당 평균 매출금액

해설

인바운드 콜센터의 성과지표
콜 처리율, 스케줄 준수율, 품질 평가, 평균 후처리시간, 서비스 레벨, 고객만족도, 통화품질평가점수, 첫 통화 해결률, 상담원 착석률, 평균 통화시간

아웃바운드 콜센터의 성과지표
콜 응답률, 시간당 판매량, 평균 판매가치, 시간당 접촉 횟수, 판매 건당 비용, 고객 DB 소진율, 고객 DB 사용 대비 고객 획득률, 1콜당 평균 전화비용, 총매출액, 콜 접촉률, 건당 평균 매출금액

52 Erlang C 공식에 필요한 변수가 아닌 것은?

① 평균 통화시간　　　　　　　　② 예상 인입콜 수

③ 지연 시간　　　　　　　　　　④ 목표 서비스 레벨

해설

Erlang C의 4가지 변수
• 목표 서비스 레벨
• 예상 인입콜 수
• 평균 통화시간
• 평균 마무리시간

53 다음 중 콜센터의 특징이 아닌 것은?

① 고객접촉이 용이하다.

② 고객의 니즈를 파악하고 대응하는 고객 상황 대응센터이다.

③ 주로 전화 중심으로 업무를 수행한다.

④ 신규고객을 중심으로 관계개선 센터 역할을 한다.

해설

콜센터에서는 신규고객 획득보다 기존고객의 관리와 이탈 방지의 역할에 중점을 두며 기존고객을 중심으로 관계개선을 하고자 한다.

54 텔레마케팅에 관한 설명 중 틀린 것은?

① 통신 수단을 활용한 마케팅이다.

② 고객밀착형의 쌍방향 커뮤니케이션이다.

③ 대중매체를 통하여 정보를 보내는 것이다.

④ 효과적인 다이렉트 마케팅 매체이다.

해설

텔레마케팅은 대중매체를 통하여 정보를 일방적으로 보내는 것이 아니라, 컴퓨터를 이용하여 데이터베이스를 구축하고, 전화와 인터넷 등의 통신 수단을 이용하여 고객과 직접 접촉하는 쌍방향적 마케팅 기법이다.

55 허시-블랜차드(P. Hersey-K. Blanchard)의 리더십 상황 이론 중 리더의 행동유형에 해당하지 않는 것은?

① 지시형 리더 　　　　　　　② 위계형 리더

③ 설득형 리더 　　　　　　　④ 참가형 리더

해설

허시-블랜차드(P. Hersey-K. Blanchard)의 리더십 상황 이론

• 지시형: 대부분의 의사소통의 초점이 목표 달성에 맞춰져 있으며, 상급자가 하급자의 역할을 결정하고 과업의 종류나 과업수행의 시기 및 방법을 지시한다.

• 위임형(위양형): 리더는 통제 · 계획 등의 활동을 줄이고, 수행업무에 대한 합의가 이루어지면 그 수행방법의 결정과 직무책임을 부하에게 위양하며 영향력을 거의 행사하지 않는다.

• 지원형(설득형): 리더는 구성원 간 상호협력이 필요하면 협조하여 문제를 해결하기 위해 이해관계자들을 모이게 하고, 협력하기 쉬운 문화를 만들어낸다.

• 참가형(코치형): 리더는 목표 달성에만 초점을 맞추지 않고 구성원들의 지원적 행동을 통해 과업달성을 하도록 능력발휘의 동기유발을 시도한다.

56 콜센터 조직의 특성 중 콜센터만의 조직문화로 볼 수 없는 것은?

① 콜센터의 근로조건은 평준화되어 있다.

② 상담원은 비정규직, 관리자는 정규직인 경우가 많다.

③ 파견근무 형태에 따라 상담원들의 소속감 결여가 많다.

④ 상담원 개인에 따라 직업에 대한 직무만족도 편차가 심하다.

해설

콜센터의 근로조건은 콜센터마다 다르다.

57 다음 중 조직의 목표 달성을 위하여 구성원의 역량을 개발하는 조직 활동인 '인적자원관리'에 대하여 설명하는 것은?

① 인적자원 활용활동은 인적자원의 수요와 공급분석, 직무분석, 핵심역량의 파악을 통한 인재상의 설정 등이 포함된다.

② 인적자원 육성활동은 인적자원의 모집과 선발 같은 확보활동, 교육훈련과 같은 개발활동, 평가활동 등이 포함된다.

③ 인적자원 계획활동은 직접적인 임금과 간접적인 복지와 같은 보상활동, 생산성 향상활동, 유지활동 등이 포함된다.

④ 인적자원 향상활동은 노동시간을 비롯한 작업조건 관리와 안전보건관리를 통해 노동력의 재생산과 안정적 유지가 포함된다.

> **해설**

인적자원관리 활동

활동		내용
인적자원 육성활동	**확보활동**	적절한 선발기법의 적용과 평가를 통해 인적자원을 모집, 선발, 배치
	개발활동	• 훈련학습: 현재의 업무 수행 능력 향상을 위한 교육훈련 • 개발학습: 미래 직무에 초점을 맞춘 지식과 기술 습득
	평가활동	직무수행의 적절성 여부 평가(인사고과) 및 피드백를 통한 개선, 승진, 보상 등의 자료로 활용
인적자원 활용활동	**보상활동**	조직의 지불능력 고려한 임금 및 복지
	생산성 향상활동	성과향상에 대한 금전 · 비금전적 대가 지급
	유지활동	작업조건과 안전보건을 관리하여 노동력을 안정적으로 유지
인적자원 계획활동	**계획활동**	• 직무분석, 핵심역량 파악을 통한 인적자원 활용에 대한 전망과 대책 강구 • 전략적 계획에 기초한 인적자원의 수요와 공급 전망의 수립

58 콜센터 상담원의 보상계획 수립 시 고려해야 할 사항으로 가장 거리가 먼 것은?

① 동종업계 벤치마킹 및 산업평균을 최우선으로 반영한다.

② 급여계획과 인센티브 정책 마련 시 직원을 참여시킨다.

③ 금전적 보상과 비금전적 보상을 적절한 비율로 설정한다.

④ 정확하고 객관적으로 측정된 성과분석 자료를 활용한다.

> **해설**
>
> 임금관리 시에는 직원 생활의 안정을 보장하고, 필요한 경우 동종업계보다 임금수준을 선도할 수 있어야 한다.
>
> 콜센터 성과 향상을 위한 보상계획을 수립할 때 주의사항
> • 지속적이고 일관성 있는 보상계획을 수립해야 한다.
> • 달성 가능한 목표 수준을 고려해야 한다.
> • 직원을 참여시켜야 한다.

59 콜센터의 생산성을 평가하기 위한 핵심요소로 적절하지 않은 것은?

① 매출 · 이익률　　　　　　　　　② 모니터링 횟수

③ 실시간 성과분석　　　　　　　　④ 콜센터 시스템 접근 및 생산성

> **해설**
>
> 콜센터 생산성 평가를 위한 핵심요소
> 매출 · 이익률, 인적자원 생산성, 콜 생산성 관리, 콜센터 근무환경 생산성, 콜 품질관리 생산성, 콜센터 시스템 접근 및 생산성, 고객데이터 생산성, 실시간 성과분석과 모니터링, 수시 및 정기 미팅을 통한 커뮤니케이션 차이 조정, 사후관리 등

60 다음 상황에 맞는 리더십의 유형은?

> 모호한 과업(Ambiguous task)을 수행하는 하급자들에게는 긍정적으로 작용하여 만족도를 높여 주고 동기를 유발시킨다. 그러나 명확한 과업을 수행하는 하급자들에게는 부정적으로 작용하여 만족도와 동기를 저하시킨다.

① 지시적 리더십　　　　　　　　　② 후원적 리더십

③ 참여적 리더십　　　　　　　　　④ 위임적 리더십

> **해설**
>
> 지시적 리더십은 추진하는 일의 목표가 무엇인지, 목표 달성의 스케줄은 어떻게 되는지, 특정 업무를 어떤 방식으로 시행해야 하는지를 명확히 하는 것으로, 모호한 과업을 수행하는 하급자들에게 긍정적으로 작용하여 만족도를 높여 준다.

61 인력 채용 시 사외 모집을 할 경우 얻을 수 있는 효과로 가장 적절한 것은?

① 승진기회 확대로 종업원 모티베이션 향상

② 조직 분위기 쇄신 가능

③ 모집에 소요되는 시간, 비용 단축

④ 조직 적응 실패 및 기술 및 지식의 차이 등 리스크 제거

> **해설**
>
> 사외 모집은 모집 범위가 넓어 유능한 인재의 획득이 가능하며, 새로운 정보 · 지식을 제공받고 경쟁할 수 있다. 또한 조직 분위기에 활력을 불어넣을 수 있으며 기업을 홍보하는 효과도 얻을 수 있다.
> ① · ③ · ④는 사내 모집(내부 모집)을 할 경우에 얻을 수 있는 긍정적인 효과에 해당한다.

62 콜센터 조직이 갖추어야 할 조직의 특성에 대한 설명 중 틀린 것은?

① 고객지향성: 콜센터는 고객을 중심으로 고객에게 편리함, 신뢰성, 편익을 제공할 수 있는 조직체이다.

② 유연성: 고객과의 커뮤니케이션이 빈번하게 일어나는 공간이므로 조직구성원의 사고와 상황대응능력이 유연해야 한다.

③ 고품질성: 고객의 정보는 곧 자산이며 관리와 보호의 책임성이 있으므로 이러한 관리를 통해 서비스 품질을 높여야 한다.

④ 신속성: 콜센터의 생명은 고객 니즈에 부응하되 신속하게 대응하는 것이 중요한 요소이다.

> **해설**
>
> 고품질성의 내용은 고객의 품질 관리 개선 요구에 대응할 수 있도록 고품질의 통화 품질을 구축해야 한다는 것이다.
>
> **콜센터 조직이 갖추어야 할 조직의 특성**
> 고객지향성, 유연성, 고품질성, 신속성, 민첩성, 상황대응성, 서비스성, 고객지식(고객정보) 활용, 성과 측정, 고객정보 관리 능력

63 다음 요인들의 상호작용을 통해서 나타날 수 있는 리더십 이론은?

> – 리더와 구성원 관계가 좋거나 나쁘다.
> – 과업구조가 높거나 낮다.
> – 직위 권력이 강하거나 약하다.

① 리더십 특성이론   ② 리더십 관계이론
③ 리더십 상황이론   ④ 리더−구성원 상호작용이론

해설

피들러(Fiedler)의 상황이론(유관이론)은 리더와 구성원의 관계, 구성원들의 업무 구조화, 리더의 직위 권력(지위 권력)의 세 가지 요인에 따라 여덟 가지 상황을 설정하여 그에 적합한 리더십 유형(업무중심적, 인간중심적)을 제시한다.

64 텔레마케터를 위해 필요한 교육 프로그램이 아닌 것은?

① 커뮤니케이션   ② 판매스킬
③ 전산시스템 개발   ④ 스트레스 관리

해설

텔레마케터에게는 전화응대 커뮤니케이션, 판매스킬을 위한 질문 기법, 스트레스 관리 등의 다양한 교육이 필요하다. 전산시스템 개발은 교육 프로그램과 거리가 멀다.

65 텔레마케팅을 통한 판매에서 염두에 둬야 하는 '80:20의 법칙'이란?

① 20%의 고객이 80%의 수익을 창출한다.
② 전화를 걸면 20%는 응답을 하고 80%는 거절을 한다.
③ 통화가 이루어진 고객 중 20%는 구매를 하고 80%는 구매를 하지 않는다.
④ 전체 판매비용의 20%가 전화통화 비용의 80%를 차지한다.

해설

80:20의 법칙(V. Pareto's law, 파레토 법칙)
이탈리아의 경제학자 파레토가 발견한 법칙으로 전체 결과의 80%는 20%의 원인에서 비롯된다는 의미이다. 구성원의 20%가 80%의 업무를 하고 있으며, 상위 20%가 전체 80%의 부를 축적하고 있고, 기업의 상품 중 20%의 대표 상품이 전체의 80%에 해당하는 매출을 올리고, 20%의 소비자가 전체 매출의 80%를 차지하는 현상 등을 의미한다.

66 콜센터 조직에서 상담사에게 필요한 동기부여 조건이 아닌 것은?

① 칭찬과 인정

② 자부심과 소속감

③ 상사의 권위적 리더십

④ 업무에 몰입할 수 있는 분위기

해설

상사의 권위적 · 독재적인 리더십은 단기적인 효과는 있을지 모르지만, 장기적으로는 오히려 생산성에 역효과를 가져올 수 있다.

텔레마케팅 전문 인력의 동기부여 방안
- 칭찬과 인정
- 자부심과 소속감
- 업무에 몰입할 수 있는 분위기 조성

67 인하우스 텔레마케팅(In-house telemarketing) 도입에 따른 장점이 아닌 것은?

① 고정비 부담을 줄일 수 있다.

② 고객을 리드하며 마케팅 활동을 수행할 수 있다.

③ 기업의 환경 변화에 따라 마케팅 활동을 바로 통제할 수 있다.

④ 고객이나 잠재고객이 요구하는 정보나 질문에 즉시 응답할 수 있다.

해설

인하우스 텔레마케팅이란 기업에서 자체적으로 TM센터를 설치하여 텔레마케팅 활동을 실시하는 것이다. 따라서 회사 내에 고정 인력 배치 및 정기적인 교육훈련에 따른 고정비의 부담이 증가할 수 있다.

인하우스 텔레마케팅(In-house telemarketing)
기업 내에 텔레마케팅 센터를 설치하여 기업의 모든 텔레마케팅 활동을 계획 · 실행 · 통제하는 것으로 주로 통신판매회사, 백화점, 소비재 제조회사, 은행, 보험사 등의 업종에서 도입한다.

정답 63 ③ 64 ③ 65 ① 66 ③ 67 ①

68 임금의 계산 및 지불방법을 의미하는 '임금형태'에 대한 설명 중 틀린 것은?

① 변동급제에는 성과급제, 상여급제가 있다.

② 고정급제에는 시간급제, 일급제, 주급제, 월급제, 연봉제가 있다.

③ 일을 기준으로 직무급과 성과급으로 분류할 수 있다.

④ 경영이 안정지향적인지 성장지향적인지에 따라 고정급과 성과급으로 구분된다.

해설

임금형태는 경영이 안정지향적인지 성장지향적인지에 따라 고정급과 성과급으로 구분된다.

고정급제	시간급제, 일급제, 주급제, 월급제, 연봉제
변동급제	성과급제, 할증급제, 상여급제
특수임금제	집단자극임금제, 순응임금제, 이윤분배제, 성과분배제 등

69 콜센터 상담원의 역할 스트레스에서 역할 모호성의 영향 요인 중 개인적 요인에 해당하는 것은?

① 피드백(Feedback)

② 고려(Consideration)

③ 권한위임(Empowerment)

④ 직무경험(Duty experience)

해설

개인의 직무경험에 따라 담당하는 역할이 모호해질 수 있다.

역할 스트레스

• 역할 갈등: 한 사람이 여러 지위를 동시에 갖거나 한 가지 지위를 가지며 동시에 여러 가지 역할이 기대될 때 나타나는 역할 모순이다.

• 역할 모호성: 역할 기대가 모호하고 역할 담당자의 직무 경험에 따라 자신의 의무, 권한 및 책임에 대한 이해가 부족하여 담당하는 역할이 모호해지는 상태이다.

70 직무정보의 수집 방법에 대한 설명으로 옳은 것은?

① 중요사건 기록법은 구성원의 작업일지 기록에서 직무에 관한 정보를 얻는 방법이다.

② 경험법은 직무분석자가 직접 경험하여 직무에 대한 생생한 정보를 수집하는 방법이다.

③ 관찰법은 이전의 직무기술서에 담긴 직무정보에서 분석대상 직무에 대한 기초정보를 확보하는 방법이다.

④ 종업원 기록법은 직무성과에 효과적인 행동패턴을 추출하여 정보를 수집하는 방법이다.

해설

직무정보의 수집 방법
- 면접법: 직무담당자를 개별 또는 집단적으로 면접하여 필요한 직무분석 항목의 정보를 수집하는 방법
- 관찰법: 훈련된 직무분석자가 직무수행자의 직무수행을 직접 관찰함으로써 정보를 수집하는 방법
- 경험법: 직무분석자가 직무를 직접 수행한 후 자신의 체험에 의하여 직무를 분석하는 방법
- 질문지법: 직무에 대한 설문지를 작성하도록 하여 직무분석에 필요한 자료를 수집하는 방법
- 중요사건 기록법: 직무수행에 결정적인 역할을 한 사건이나 사례를 수집하고 이러한 사례들로부터 직무성과에 효과적인 행동패턴을 추출하여 정보를 수집하는 방법
- 작업기록법(종업원 기록법): 직무수행자가 작성하는 작업일지를 참고하여 정보를 수집하는 방법

71 수평축을 생산에 대한 관심, 수직축을 인간에 대한 관심으로 나누고, 이를 척도화하여 리더의 행동유형을 평가한 리더십 이론은?

① 상황적합성 이론 　　　　　　　② 수명주기 이론

③ 관리격자 이론 　　　　　　　　④ 경로 · 목표 이론

해설

블레이크와 머튼(Blake & Mouton)의 관리격자 이론

리더십을 두 가지 차원(인간관계에 대한 관심과 생산에 대한 관심)으로 생각한 관리망 개념으로, 리더의 행동 유형을 무관심형(방임형), 컨트리클럽형(인간중심형), 과업형(일중심형), 중도형(절충형), 팀형(이상형)으로 나누었으며, 이 중 팀형을 가장 이상적인 리더십 모형으로 보았다.

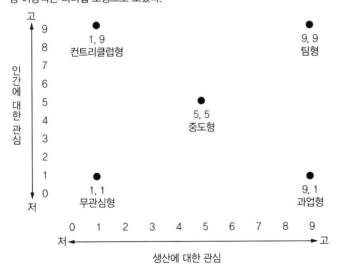

72 경영진이 조직의 목표와 성과향상을 이루고 비전을 달성하기 위한 활동으로 볼 수 없는 것은?

① 비전과 목표를 전파할 수 있는 설명회 등을 개최한다.

② 전략 수립 단계에서 설정된 중장기 성과 목표와 전략 및 세부활동 등을 주기적으로 점검한다.

③ 기업의 경영방침과 본부, 부서, 팀 등과 같은 단위조직의 중장기, 단기 경영계획을 분리하여 수립한다.

④ 주주, 고객, 종업원, 파트너 등의 제반 이해 관계자들과 접촉하는 시간을 마련하고 이해관계를 균형 있게 조절한다.

> **해설**
> 기업의 경영방침과 단위조직의 경영계획은 긴밀히 연결되어야 한다.

73 다음 중 콜센터 조직의 안정화를 도모하기 위한 방안이 아닌 것은?

① 인력의 교체를 자주하여 전문화를 도모한다.

② 각 계층(상담원, 슈퍼바이저, 매니저 등) 간의 소통장벽을 제거한다.

③ 텔레마케터의 현실적인 능력을 감안한 단계적인 생산지표를 설정하고 관리한다.

④ 보다 안정적인 근로조건을 갖추어 텔레마케터의 의욕을 고취시킨다.

> **해설**
> 텔레마케터의 잦은 이직은 채용공고와 채용과정에서의 비용발생, 기존인력을 대체한 신입인력의 생산성 감소, 신입인력 교육기간 동안의 수입 감소 등으로 이어져 질적인 부분의 증대를 기대하기 어려우므로 이직률을 낮출 수 있도록 해야 한다.

74 일반적으로 콜센터는 회사 내 타부서와의 긴밀한 업무 협조가 필요하다. 그중에서 콜센터 업무와 상대적으로 가장 관련이 적은 기업 내 부서는?

① 마케팅 부서

② 콜 품질관리 부서

③ 전산 시스템 부서

④ 연구 개발 부서

> **해설**
> 콜센터는 텔레마케팅을 수행하는 곳으로 마케팅과 직접적인 관련이 있고, 전화를 이용하므로 콜 품질관리 부서와도 관련이 있으며, 컴퓨터와 전화 등의 전산기기를 사용하기 때문에 전산 시스템 부서와도 관련이 깊다. 연구 개발 부서는 고객 접점 의견이 반영되기는 하나 긴밀한 업무협조가 이루진다고 보기는 어렵다.

75 텔레마케터의 교육, 훈련, 개발에 대한 설명으로 틀린 것은?

① 교육은 기초적인 직무 지식(Knowledge) 배양에 초점을 두고 이론적이고 개념적인 내용으로 구성한다.

② 훈련은 직무의 업무 기술(Skill) 배양에 초점을 두고 실무적인 내용으로 현재 업무기술의 결점보완 및 향상을 위해 구성한다.

③ 개발은 현재와 미래의 직무수행 능력(Ability) 배양을 위해 이론과 실무를 조화시켜 미래의 직무능력 향상에 이바지할 수 있도록 한다.

④ 교육과 훈련은 개별적으로 텔레마케터의 부족한 직무관련 지식과 기술 습득에 초점을 두는 것이며 장기적이며 간접적인 효과를 볼 수 있다.

해설

교육과 훈련은 단기적이며 직접적인 효과를 볼 수 있다.

인적자원의 교육, 훈련, 개발

구분	교육	훈련	개발
초점	기초적인 직무 지식 (Knowledge)	현재 직무의 업무기술 (Skill)	현재와 미래의 직무수행 능력 (Ability)
대상	개별	개별, 집단	개별, 집단, 경영자
내용	이론적, 개념적	실무적, 기능적	이론과 실무
시간	직접적, (장)단기적	직접적, 단기간	간접적, 장기간

제4과목 고객관리

76 CRM이 등장하게 된 원인과 가장 거리가 먼 것은?

① 고객 니즈 다각화　　　　　　　　② 정보기술의 변화

③ 기업들의 지속적인 성장 유지 노력　　④ 상품의 차별성 확보

해설

CRM이 등장하게 된 원인
• 고객의 개성화 및 고객 니즈 다각화
• 정보기술의 변화
• 기업들의 지속적인 성장 유지 노력
• 매스 마케팅의 비효율성

정답　72 ③　73 ①　74 ④　75 ④　76 ④

77 다음 빅데이터 분석기법 중에서 정형 데이터 분석기법에 해당하지 않는 것은?

① 연관관계 분석

② 인공신경망

③ 소셜 네트워크 분석

④ 사례기반 추론

> **해설**
> 정형 데이터 분석기법

연관관계 분석	상품이나 서비스 간의 관계를 살펴보고 이로부터 유용한 규칙을 찾아내고자 할 때 이용될 수 있는 기법으로 동시 구매될 가능성이 큰 상품들을 찾아내는 기법
인공신경망	생물의 신경망 형태를 토대로 만든 모형으로, 분류와 수치 예측을 할 때 사용하는 분석법
사례기반 추론	과거에 발생한 유사 사례를 이용하여 새로운 문제를 해결하는 방법

78 CRM의 개념적 특성에 관한 설명 중 틀린 것은?

① 고객 획득 · 유지 · 강화 등의 진화단계 전체에 적용되어야 한다.

② 고객에게 직 · 간접적으로 영향을 미칠 수 있는 모든 활동을 포함한다.

③ 관계 마케팅을 근본적인 배경이론으로 한다.

④ 단기적인 관점으로 접근한다.

> **해설**
> CRM은 장기적인 관점으로 접근한다.
>
> CRM(Customer Relationship Management)
> 고객 관리에 필수적인 요소들(기술 인프라, 시스템 기능, 사업 전략, 영업 프로세스, 조직의 경영 능력, 고객과 시장에 관련된 영업 정보 등)을 고객 중심으로 종합, 통합하여 고객 활동을 개선함으로써, 고객과의 장기적인 관계를 구축하고 기업의 경영 성과를 개선하기 위한 새로운 경영 방식이다.

79 이탈고객과 잠재고객을 대상으로 표적집단면접(FGI)조사를 실시하고자 한다. 이때 진행자의 자세로 적합하지 않은 것은?

① 토론 참여자를 편안하게 한다.

② 토론 참여자에게 조사 목적을 설명한다.

③ 사전에 준비한 가이드라인을 참고하여 질문하고, 필요시 새로운 질문을 할 수 있다.

④ 보다 많은 정보를 얻기 위하여 참가자에게 응답을 강요한다.

표적집단면접 진행자의 자세
표적집단면접은 면접 진행자가 개입하여 동질의 소수의 집단을 대상으로 특정 주제에 대해 조사 목적을 설명하고 질문하여 자유롭게 토론하도록 한 후 필요한 정보를 얻는 방법으로, 참가자들에게 응답을 강요하지 않고 분위기를 편안하게 이끌어야 한다.

80 다음 CRM을 기반한 콜센터의 내부적인 효과는?

① 고객 맞춤서비스 제공 용이
② 고객의 기업 접근 용이
③ 기업 이미지 제고
④ 고객만족도 향상

CRM을 기반한 콜센터의 내부적인 효과는 산재되어 있는 고객 DB의 통합으로 고객 서비스 프로세스 개선 및 다양한 고객 요구에 대한 차별화된 맞춤서비스 제공이 용이하다는 것이다.

81 다음 중 고객상담을 통해 구매를 유도할 수 있는 적극적인 질문 기법으로 가장 적절하지 않은 것은?

① 상담사의 전문성을 강조한다.
② 고객이 원하는 것을 확실하게 찾을 수 있도록 질문한다.
③ 제품과 서비스에 관한 세부사항 등을 구체적으로 말한다.
④ 편견을 갖지 않고 상대방과 대화한다.

고객상담 시 구매로 유도할 수 있는 적극적인 질문 기법
고객이 원하는 것을 확실하게 찾을 수 있도록 질문하여 제품과 서비스에 관한 세부사항 등을 구체적이고 편견 없이 설명한다.

정답   77 ③   78 ④   79 ④   80 ①   81 ①

82 영업사원이 다음 응대기법을 통해 충족시키고자 하는 고객의 욕구는?

> – 고객님께서 얼마나 실망하셨을지 잘 알겠습니다.
> – 그 당시 어떤 느낌을 갖게 되셨는지 이야기하고 싶습니다.
> – 고객님 요구가 무리한 것이 아니었습니다.

① 존경받고자 하는 욕구

② 공평하게 대접받고자 하는 욕구

③ 적시에 신속한 서비스를 받고자 하는 욕구

④ 자신의 문제에 대해 공감해 주기를 바라는 욕구

해설

영업사원은 고객의 감정을 알고 이해하려는 공감적 응대기법을 보이고 있다.

83 커뮤니케이션 활동을 저해하는 요인이 아닌 것은?

① 왜곡 및 생략

② 준거 틀의 차이

③ 적절한 양

④ 선입견

해설

커뮤니케이션 활동을 저해하는 요인

발신자에 의한 장애 요인	왜곡 및 생략, 준거 틀의 차이, 커뮤니케이션의 기술 부족, 발신자의 신뢰성 부족, 발신자의 목표의식 결여, 매체의 부정확한 선택
수신자에 의한 장애 요인	선입견, 반응과 피드백 부족, 속단적인 평가, 선택적 청취, 정신적 능력, 발신자나 메시지에 대한 자아몰입, 수용성 부족
발신자와 수신자 차이에서 발생되는 장애 요인	선택지각의 차이, 전달하는 의미와 지위의 차이, 언어상의 장애
상황에 따른 장애 요인	잡음, 과중한 정보, 시간의 압박, 커뮤니케이션의 분위기

84 다음 중 고객이 기업과 만나는 모든 장면에서의 결정적인 순간을 의미하는 것은?

① MOT(Moment Of Truth)

② STP(Segmentation Targeting Positioning)

③ CAT(Computer Assisted Telemarketing)

④ LTV(Life Time Value)

> **해설**
>
> MOT
> - SAS(스칸디나비아항공)사 얀 칼슨이 주장한 것으로 고객 접점의 중요성을 뜻하는 용어이다.
> - 고객이 기업과 만나는 모든 장면에서 기업에 대한 고객의 경험과 인지에 영향을 미치는 결정적인 순간을 의미한다.
> - 고객과 기업이 접촉하여 그 제공된 서비스에 대해 느낌을 갖는 15초간의 진실된 순간이다.
> - 우리 회사를 선택한 것이 가장 현명한 선택이었다는 사실을 고객에게 입증시켜야 할 소중한 시간이다.

85 커뮤니케이션에 영향을 미치는 요인 중에서 '상황적 측면'에 대하여 설명하는 것은?

① 전달경로의 특성: 커뮤니케이션의 통로를 의미하며 대면, 문서, 통화 상징물 등이 포함된다.

② 메시지 명확화 능력: 전달하고자 하는 정보를 얼마나 명확하게 할 수 있는가 하는 능력이다.

③ 전달 능력: 자신의 메시지를 정확하고 신속하게 전달할 수 있는 매체를 선정하고 이를 활용할 수 있는 능력이다.

④ 개인적 특성: 전달자의 감정과 태도 및 가치관이나 기질과 관련되는 인격이 내향성인가 외향성인가, 지배성향이 강한가 약한가 등에 따라 커뮤니케이션의 효과가 달라질 수 있다.

> **해설**
>
> ②·③·④는 커뮤니케이션에 영향을 미치는 전달자 측면에서의 요인이다.

86 다음 중 예일대학교 심리학자인 스턴버그(Sternberg)가 주장한 감성지능이 아닌 것은?

① 심리적 안전
② 감정관리
③ 동기부여
④ 타인의 감정 이해

해설

감성지능은 자신과 타인의 감정을 정확히 인식, 평가, 표현하는 능력이다.

감성지능

개인내적지능	자신의 감정 이해
	감정조절 및 관리
	동기부여 능력
대인관계지능	타인의 감정 이해
	대인관계관리 능력

87 다음 중 감정노동 해결을 위하여 개인이 직접적으로 참여하는 방법은?

① 감정노동 수행에 따른 고충 및 애로사항에 대한 표출
② 감정노동에 대응하기 위한 관리자의 역할부여 및 시스템 마련
③ 감정노동 문제예방 및 해결을 위한 법제화 노력
④ 소비주체로서의 잘못된 인식 개선 및 소비윤리 함양

해설

감정노동으로 인한 스트레스 증상 완화법
• 자신의 감정 털어놓기
• 자기주장 훈련
• 복식 호흡과 근육 이완법 훈련
• 긍정적으로 생각하기
• 생활 습관 개선

88 다음 중 불만족한 고객을 대상으로 상담할 때의 응대 요령으로 적합하지 않은 것은?

① 고객이 만족할 수 있는 방법을 제시한다.

② 고객의 기분을 충분히 배려한다.

③ 고객과 상담 시 폐쇄형 질문을 한다.

④ 고객의 말에 공감을 하면서 적극적인 경청을 한다.

해설

불만족한 고객을 대상으로 상담할 때의 응대 요령

• 고객이 만족할 수 있는 방법을 제시한다.
• 고객의 기분을 충분히 배려한다.
• 개방형 질문을 한다.
• 고객의 말에 공감을 하면서 적극적으로 경청한다.
• 전문 기관을 알선한다.
• 보상받기를 원하는 것이 무엇인지 질문한다.

89 다음 중 고객 유형에 따른 상담기법으로 가장 올바른 것은?

① 우유부단한 고객: 의사결정 과정을 조금 앞서서 안내하되, 최종 결정을 스스로 했다는 인식을 갖도록 한다.

② 무례한 고객: 목소리 크기를 약간 높여 말함으로서 상대방의 태도를 제압한다.

③ 유아독존 고객: 질문 형식으로 대안이나 반대 의견을 명확하게 제시한다.

④ 오만한 고객: 고객이 표현한 내용을 알기 쉽게 다시 말한다.

해설

② 무례한 고객: 고객의 감정에 휘말리지 말고 공정성·침착함을 유지하며 전문적으로 대한다.
③ 유아독존 고객: 묻는 말에 대답하고 의사를 존중한다.
④ 오만한 고객: 전문성을 가지고 고객을 존중하며 대한다.

90 다음 중 언어적 성격을 가진 의사소통은?

① 눈 맞춤

② 얼굴 표정

③ 말의 인용

④ 음조의 음색

해설

의사소통의 종류

언어적 의사소통	말, 글
비언어적 의사소통	눈 맞춤, 표정, 음색, 음성의 고저, 몸짓, 자세, 눈치 등

91 빅데이터를 수집하기 위한 수집 시스템의 요건으로 적합하지 않은 것은?

① 데이터 수집 대상이 되는 서버 대수는 무한히 확장 가능해야 한다.

② 수집된 데이터는 단일해야 한다.

③ 수집된 데이터가 유실되지 않고 안정적으로 저장되어야 한다.

④ 수집된 데이터를 실시간으로 반영해야 한다.

해설

빅데이터를 수집하기 위한 수집 시스템의 요건

확장성, 안정성, 실시간성, 유연성

92 CRM 등장의 배경이 되는 '시장의 변화'에 대한 설명으로 틀린 것은?

① 제품 품질만으로 기업의 경쟁력을 확보할 수 없게 되었다.

② 공급이 수요를 초과하면서 수요자 중심의 시장이 형성되었다.

③ 고객의 개별 욕구를 충족하기 위해서 시장은 더욱 세분화될 수밖에 없다.

④ 기존고객 유지비용이 신규고객 확보비용의 세 배 이상 소요된다.

해설

시장의 변화

• 시장의 수요보다 공급이 증가하면서 시장은 생산자가 아닌 소비자가 중심이 되는 구매자 중심의 시장(Buyer's market)으로 변화하였다.

• 고객은 각자의 선호와 욕구에 맞는 상품과 서비스를 찾기 때문에, 기업은 제품 품질만으로 기업의 경쟁력을 확보할 수 없게 되었고, 고객정보를 바탕으로 한 전략적인 고객세분화를 통해 목표고객을 설정하고, 적절한 마케팅믹스를 실행하는 고객 마케팅 접근 전략인 CRM을 도입하게 되었다.

93 효과적인 대화를 이끌어 내기 위한 '공감적 관계'에 대한 설명으로 가장 적합한 것은?

① 전달자는 자신의 메시지가 잘 전해지고 있는지 확인해야 한다.

② 상대방이 잘 이해할 수 있는 방법을 선택한다.

③ 정확한 이해를 위한 시각적 자료를 함께 준비한다.

④ 상대방에게 그가 표현한 외형적 의미를 넘어 내면적 의미까지 읽고 이해하고 있다는 것을 전달한다.

해설

공감적 관계는 상대가 표현한 외형적 의미뿐만 아니라 내면적 의미까지 이해하는 관계이다.

94 빅데이터를 이용한 고객관계관리를 하고자 한다. 다음에서 설명하는 빅데이터의 종류는?

> – 스마트 기기를 통해서 형성되는 데이터
> – 페이스북, 트위터, 카카오톡 등으로 상호교류가 되는 정보

① 정형화 데이터(Structured data)

② 비정형화 데이터(Unstructured data)

③ 사례 데이터(Case data)

④ 반정형화 데이터(Semi-structured data)

해설

빅데이터의 종류

정형화 데이터	구조화된 양적 데이터이다.
반정형화 데이터	형태는 있으나, 연산이 불가능한 데이터이다.
비정형화 데이터	형태가 없으며, 연산도 불가능한 질적 데이터로 상호교류가 되는 정보인 소셜 데이터, 영상, 이미지, 음성, 텍스트 등이 있다.

95 e-커뮤니케이션에 대한 설명으로 옳지 않은 것은?

① 온라인 상에서 비대면 접촉 중심으로 생성되는 여러 유형의 커뮤니케이션과 그 행위를 하도록 하는 솔루션을 말한다.

② 비대면 접촉의 특성상 수신자-발신자 간의 상호교감적 커뮤니케이션 및 정보교환에 어려움이 있다.

③ e-커뮤니케이션 전개 시에는 고객접촉의 용이성, 편리성, 신뢰성, 다채널성 등을 중시한다.

④ e-커뮤니케이션 채널로는 전자우편, VoIP, PDA 등이 있다.

해설

e-커뮤니케이션은 비대면 접촉의 특성상 상호교감적 커뮤니케이션 및 정보교환이 쉽다.

e-커뮤니케이션 채널의 종류
- 전자우편(e-mail): 인터넷을 통해 편지를 주고받을 수 있는 시스템
- VoIP(Voice-over-Internet Protocol; 인터넷을 통한 음성 전송 프로토콜): 음성을 패킷으로 분할해서 수신지점에서 다시 복원하는 기술
- PDA(Personal Digital Assistant; 개인용 디지털 단말기): 터치스크린을 주 입력장치로 사용하는 작고 가벼운 컴퓨터

96 고객 불만 처리의 중요성에 대한 설명으로 적절하지 않은 것은?

① 기업의 좋은 이미지를 구축할 수 있다.

② 경영에 대한 유용한 정보를 얻게 된다.

③ 고객 불만의 해결은 장기적으로 기업이윤을 감소시킨다.

④ 고객 불만을 잘 처리하면 고객 유지율이 향상된다.

해설

고객 불만 처리의 중요성
- 효과적인 고객 불만 처리를 통해 기업의 대외 이미지를 향상시킬 수 있다.
- 마케팅 및 경영 활동에 유용한 정보를 얻게 된다.
- 고객 불만을 효과적으로 처리하면 고객 유지율이 향상되어 장기적이고 지속적으로 이윤을 증대시킬 수 있다.
- 고객의 요구를 적극적으로 수용하고 관리함으로써 불만 고객을 충성 고객으로 만들 수 있다.
- 고객으로부터 신뢰를 얻음으로써 구전 효과를 꾀할 수 있다.
- 소송 등으로 인한 법적 비용을 줄일 수 있다.
- 좋지 않은 평판을 미리 막을 수 있다.

97 CRM 전략의 세부내용 중에서 관계 마케팅의 전술에 포함되지 않는 것은?

① 다이렉트 메일   ② 차별적 대우

③ 대인 커뮤니케이션   ④ 무형적 보상

> **해설**
>
> 관계 마케팅의 전술적 CRM
> 기업은 추출된 정보를 이용하여 상품 판매를 촉진하고, 고객을 만족시킴으로써 고객으로 하여금 지속적으로 기업의 충성스러운 고객이 되도록 유도하며 다이렉트 메일, 차등적 대우, 대인 커뮤니케이션 등이 포함된다.

98 인바운드 상담절차 중 상대방의 용건 파악 이전 단계에서 이루어져야 하는 과정은?

① 문의사항 해결   ② 상담내용 재확인

③ 첫인사와 자기소개   ④ 콜센터 시스템 이상 유무 확인

> **해설**
>
> 인바운드 텔레마케팅의 상담절차
> 상담 준비 → 첫인사와 자기소개 → 상대방의 용건 파악 → 문의사항 해결 → 동의와 상담내용 재확인 → 종결

99 다음 중 단호한 성향을 가진 고객의 특징이 아닌 것은?

① 매우 구체적이고 직접적으로 질의한다.

② 인내를 할 수 있는 마음가짐을 갖고 있다.

③ 듣기보다는 말하기를 많이 한다.

④ 권력 등을 상징적으로 사용하기도 한다.

> **해설**
>
> 인내를 할 수 있는 마음가짐을 갖고 있는 것은 합리적인 성향을 가진 고객의 특징이다.
>
> 단호한 성향을 가진 고객의 특징
> • 구체적 · 직접적으로 질문한다.
> • 듣기보다 말을 많이 한다.
> • 자신의 위세를 강조하려고 권력 등을 상징적으로 사용한다.
> • 신속하게 움직인다.
> • 즉각적인 결과나 욕구 충족을 추구한다.
> • 적극적으로 일한다.
> • 경쟁적인 성격이 많다.
> • 자신만만하고 거만한 태도를 보이기도 한다.
> • 자기주장이 강하다.
> • 시간과 돈을 절약하길 원한다.
> • 글로 쓰기보다는 토론을 좋아하여 불만에 대해 전화를 하거나 방문하여 따진다.

100 다음과 같은 특징의 고객에게 적합한 고객상담 전략이 아닌 것은?

> – 친근감 있고 긍정적인 태도를 보임
> – 개방적인 신체언어를 사용함
> – 열정적이며 활발하게 말함

① 개방형 질문을 하고 친숙하게 접근하여야 한다.
② 고객의 생각을 공감하면서 긍정적인 피드백을 주어야 한다.
③ 고객의 질문에 직접적이고, 간결하며 사실적인 대답만 하여야 한다.
④ 제품이나 서비스가 어떻게 고객의 욕구를 충족시켜 줄 수 있는지 설명하여야 한다.

해설

고객의 질문에 직접적이고, 간결하며 사실적인 대답만 하여야 하는 것은 단호한 유형의 고객에게 적절한 대응 방법이다.

표현적인 유형의 고객과 상담 시 전략
• 개방형 질문을 하면서 고객의 요구를 파악한다.
• 긍정적인 피드백을 제공하고 고객의 감정에 호소하는 상담기법이 효과적이다.
• 제품이나 서비스가 어떻게 고객의 목표나 욕구를 충족시켜 줄 수 있는지 이해시킨다.
• 의사결정을 촉진할 인센티브를 제공한다.

제2회 기출문제해설

핵심 내용
제1과목: CTI, 소매상의 유형, 전문품, 제품수명주기, RFM 분석, 포지셔닝, 상대적 저가 전략, 마케팅믹스 구성요소
제2과목: 타당성 향상 방법, 종단조사, 전수조사, 웹조사, 눈덩이표본추출법, 서열 척도, 어의차이 척도, 의뢰인이 지켜야 할 윤리, 무응답 오류
제3과목: 상사평가 방식, 조직구조의 유형, 모니터링, 리더십 상황이론, 콜센터 성과지표, 서비스 레벨, 변혁적 리더십
제4과목: 커뮤니케이션의 특징, 크롤링, 라포, 커뮤니케이션 장애 요인, 고객만족도조사, 고객상담 기술

제1과목 판매관리

01 포지셔닝(Positioning)에 관한 설명 중 틀린 것은?

① 제품 위주의 포지셔닝 맵, 소비자의 지각을 통해 작성하는 인지도 등이 있다.

② 소비자의 마음속에 내재되어 있는 자사 제품과 경쟁회사 제품들의 위치를 2차원이나 3차원의 도면에 작성한 것이다.

③ 기업이 시장세분화를 기초로 한 시장 분석, 고객 분석, 경쟁 분석 등을 바탕으로 전략적 위치를 계획하는 것이다.

④ 전략 수립의 절차는 '자사 제품의 포지셔닝 개발 → 재포지셔닝 → 자사와 경쟁사의 제품 포지션 분석'이다.

해설

포지셔닝

의의	기업이 시장세분화를 기초로 정해진 목표시장 내에 고객들의 마음속에 시장 분석, 고객 분석, 경쟁 분석 등을 기초로 하여 전략적 위치를 계획하는 것이다.
맵	• 소비자의 마음속에 있는 자사 제품과 경쟁 회사 제품들의 위치를 2차원 또는 3차원의 도면으로 작성한 것이다. • 크게 제품 위주의 포지셔닝 맵과 소비자의 지각을 통해 작성하는 인지도가 있다.
절차	시장 분석(소비자 분석 및 경쟁자 확인) → 자사와 경쟁사의 제품 포지션 분석 → 자사 제품의 포지셔닝 개발 → 포지셔닝의 확인 및 재포지셔닝

02 인바운드 마케팅에 활용되는 기술 중에서 다음 설명에 해당하는 것은?

> 콜센터의 핵심요소인 컴퓨터와 전화 시스템을 통합하는 것이다.

① VOC(Voice Of Customer)
② CTI(Computer Telephony Integration)
③ CRM(Customer Relationship Management)
④ DMB(Digital Multimedia Broadcasting)

해설

CTI
컴퓨터와 텔레포니(교환기, IVR · FAX, 전화기 및 관련 소프트웨어)가 서로 연결 · 통합되도록 하는 정보기술과 이를 통해 업무에서 활용할 수 있는 솔루션을 의미한다.

03 다음 중 무점포 소매점의 형태로 볼 수 없는 것은?

① 홈쇼핑
② 편의점
③ 방문판매
④ 텔레마케팅

해설

편의점은 점포형 소매점이다.

점포형 소매점
편의점, 슈퍼마켓, 전문점, 백화점, 할인점, 회원제 도매클럽, 상설할인매장, 드러그스토어, 전문할인점 등

04 마케팅에서 판매촉진 비중이 증가하게 된 주요 원인이 아닌 것은?

① 광고노출 효과
② 소비자 가격 민감도
③ 기업 간 경쟁의 완화
④ 기업 내 판매성과 측정

해설

판매촉진 비중의 증가 요인
• 광고 혼잡 현상으로 인한 광고 효과의 감소로 소비자에게 직접적인 자극을 제공하는 판매촉진으로 전환
• 소비자의 상표 충성도 감소와 가격 민감도의 증가
• 판매촉진 활동과 관련된 경쟁의 심화
• 마케팅 성과를 측정하기 용이하고, 단기지향적이므로 단기간에 가시적 결과물이 있는 판매촉진 선호
• 유통업자들의 교섭력 강화로 제조업체들이 다양한 인센티브를 제시

05 다음 중 시장세분화의 지리적 변수가 아닌 것은?

① 가족의 규모

② 거주 지역

③ 인구 밀도

④ 기후

해설

가족의 규모는 인구통계적 변수이다.

시장세분화 변수

지리적 변수	지역, 인구 밀도, 도시 규모, 기후 등
인구통계적 변수	나이, 성별, 가족 규모, 가족생활주기, 소득, 직업, 학력, 종교 등
심리분석적 변수	라이프스타일, 사회 계층, 개성, 관심, 활동 등
행동분석적 변수	추구하는 편익, 구매 준비 단계, 사용 경험, 가격 민감도, 사용량, 상표 충성도 등

06 다음 중 전체시장을 대상으로 하지 않고 소비자 특성에 맞게 세분화한 소비자 집단만의 욕구에 대응하는 마케팅 방법은?

① 대중 마케팅(Mass marketing)

② 표적 마케팅(Target marketing)

③ 일반 마케팅(General marketing)

④ 스폰서십 마케팅(Sponsorship marketing)

해설

표적(타깃) 마케팅은 불특정 다수가 아닌 특정 고객을 대상으로 마케팅 활동을 벌이는 방법이다.

① 대중(매스) 마케팅 : 판매업자가 모든 구매자를 대상으로 하나의 제품을 대량 생산하여 대량 유통하고, 대량 촉진하는 형태이다. 하나의 회사가 한 제품에 대하여 전체 시장을 대상으로 매스 마케팅을 주장하는 이유는 최소의 원가와 가격으로 최대의 잠재 시장을 창출해 낼 수 있기 때문이다.

07 코틀러(Kotler)가 제시한 제품의 세 가지 수준에 해당하지 않는 것은?

① 핵심제품(Core product)

② 유형제품(Tangible product)

③ 확장제품(Augmented product)

④ 소비제품(Consumer product)

해설

코틀러(Kotler, P)가 제시한 제품의 세 가지 수준

핵심제품	소비자들이 제품을 구입할 경우 그들이 실제로 구입하고자 하는 핵심적인 이익(Benefit)이나 문제를 해결해 주는 서비스
실체(유형)제품	소비자들에게 핵심제품의 이익을 전달할 수 있도록 결합되는 제품의 부품, 스타일, 특성, 상표명 및 포장 등의 기타 속성
확장(포괄)제품	핵심제품과 실체제품에 추가적으로 있는 서비스와 이익들로서 품질 보증, 애프터서비스, 설치 등

08 소비재 중 전문품의 특성이 아닌 것은?

① 제품이 가지는 전문성이나 독특한 성격이 있고 브랜드 인지도가 높다.

② 소비자는 자기가 원하는 상표를 찾아내기 위해 쇼핑에 많은 노력을 기울인다.

③ 생산자가 대부분의 촉진부담을 가진다.

④ 가격에 대해서 탄력적이며 구매 전 지식이 적다.

해설

전문품(Specialty goods)

• 제품이 지니고 있는 전문성이나 독특한 성격 때문에 대체품이 존재하지 않으며 브랜드 인지도가 높다.

• 가격탄력성이 낮으며, 소비자는 자기가 원하는 상표를 찾아내기 위해 상당한 노력을 들여 예산 및 계획을 세우고 정보를 수집한다.

• 생산자는 소매점의 광고비를 분담해 주거나 광고 속에 자사의 제품을 취급하는 소매점을 소개하는 협동 광고를 실시한다.

• 상표나 제품의 특징이 뚜렷하여 구매자가 상표 또는 점포의 신용과 명성에 따라 구매하는 제품이다.

• 전문품의 마케팅에서는 상표가 중요하고 제품을 취급하는 점포의 수도 적으므로 생산자와 소매점 모두 광고를 광범위하게 사용한다.

• 전문품으로는 자동차, 피아노, 카메라, 전자 제품, 독점성이 강한 디자이너가 만든 고가의 의류 등이 있다.

• 유통 방식은 각 시장 지역에 한두 개의 판매점이 독점하는 형태이다.

09 다음 중 가격을 결정할 때 비교적 고가의 가격이 적합한 경우가 아닌 것은?

① 수요의 가격탄력성이 높을 때   ② 진입장벽이 높아 경쟁기업의 진입이 어려울 때

③ 규모의 경제효과를 통한 이득이 미미할 때   ④ 높은 품질로 새로운 소비자층을 유인하고자 할 때

해설

고가 전략과 저가 전략의 조건

고가 전략의 조건	• 시장수요의 가격탄력성이 낮을 때 • 시장에 경쟁자의 수가 적을 것으로 예상될 때 • 규모의 경제 효과를 통한 이득이 미미할 때 • 진입 장벽이 높아 경쟁기업의 진입이 어려울 때 • 높은 품질로 새로운 소비자층을 유인하고자 할 때 • 품질 경쟁력이 있을 때
저가 전략의 조건	• 시장 수요의 가격탄력성이 높을 때 • 시장에 경쟁자의 수가 많을 것으로 예상될 때 • 소비자의 본원적인 수요를 자극하고자 할 때 • 원가우위를 확보하고 있어 경쟁기업이 자사 제품의 가격만큼 낮추기 힘들 때 • 가격 경쟁력이 있을 때

10 제품수명주기의 단계별 특징과 마케팅 전략에 관한 설명으로 틀린 것은?

① 도입기: 판매가 완만하게 상승하나 수요가 적고 제품의 원가 또한 높다.

② 성장기: 경쟁 제품과 모방 제품 및 개량 제품 등이 나타난다.

③ 성숙기: 이미지 광고를 통한 제품의 차별화를 시도한다.

④ 쇠퇴기: 제품의 수를 확대하거나 재활성화(Revitalization)를 시도한다.

해설

제품 수 확대나 재활성화는 성숙기에 해당하는 마케팅 전략이다.

제품수명주기

주기	제품수명주기의 단계별 특징
도입기(Introduction)	• 제품이 처음으로 시장에 도입되는 기간으로 원가가 높다. • 판매의 성장이 완만하고 이익이 거의 발생하지 않거나 부(負)를 나타낸다. • 혁신적인 고객위주로 제품을 사며 경쟁자가 거의 없다.
성장기(Growth)	• 모방 제품을 가지고 새로운 경쟁자들이 시장에 진입하므로 제품선호형 광고가 중요해진다. • 시장 수용이 급속하게 이루어져 판매와 이익이 현저히 증가하며 판매촉진의 비중이 감소한다.
성숙기(Maturity)	• 도입기나 성장기보다 오랜 기간 지속되며, 제품 원가가 가장 낮다. • 판매가 절정에 이르렀다가 감소하며, 재포지셔닝 전략이 필요하다. • 이미지 광고 등을 통한 차별적 마케팅을 한다.
쇠퇴기(Decline)	• 판매가 급격히 감소하고 이익이 제로(0)에 가까워지면서 시장으로부터 철수하는 단계이다.

11 다음 중 시장세분화의 장점이 아닌 것은?

① 마케팅믹스를 효과적으로 조합하여 활용할 수 있다.

② 시장수요의 변화에 신속하게 대처할 수 있다.

③ 다양한 특성을 지닌 전체 시장의 욕구를 모두 충족시킬 수 있다.

④ 세분시장의 욕구에 맞는 시장 기회를 비교적 쉽게 찾아낼 수 있다.

> **해설**
>
> 시장세분화는 고객 집단별로 고객의 욕구에 알맞게 차별화된 마케팅을 하기 위한 것이다. 시장 전체의 욕구를 충족시키는 것은 시장세분화의 목적이 아니다.

12 다음 중 아웃바운드 텔레마케팅에 해당되지 않는 것은?

① 대금 회수

② 고객의 불만접수

③ 해피콜

④ 계약 갱신

> **해설**
>
> 텔레마케팅 활용 분야(텔레마케터 역할)

아웃바운드	비판매	• 연체 대금 회수 촉진 • 고객 관리: 해피콜 • 서베이(조사) 업무 • 판매 지원 업무
	판매	• 신규고객을 개척하거나 잠재고객을 발굴 • 만기 고객의 재유치(계약 갱신) • 기존고객에 대한 추가 판매 • 휴면 고객의 활성화 • 신상품 정보 제공 및 구입 권유 • DM(Direct Mail) follow up call
인바운드	비판매	• 고객의 문의 · 불만사항 접수 및 대응 • A/S 처리 • 광고문의에 대한 설명 • 재고 확인, 기술 지원, 캠페인 지원 • 메시지 전달(상담), 정보 제공 • 고객정보 수집, 관리
	판매	• 통신판매의 전화 주문접수 • 예약업무

13 시장세분화를 위하여 고객을 분류하는 방법으로 옳은 것은?

① 소득수준으로 분류해야 하며, 그 외의 다른 분류는 유용하지 않다.

② 나이, 성별에 따라 분류해야 하며, 그 외의 다른 분류는 유용하지 않다.

③ 과거의 구매성향(구매 시기, 구매량, 구매 빈도)으로 분류해야 하며, 그 외의 다른 분류는 유용하지 않다.

④ 인구통계, 생활 양식(Life style), 제품의 혜택추구 선호 등 다양한 방법으로 고객을 분류할 수 있다.

> **해설**
>
> 기업은 고객을 지리적, 인구통계적, 심리분석적, 행동분석적 변수 등으로 분류하여 세분된 시장의 특성 모두를 설명할 수 있도록 여러 변수를 조합하여 사용하는 것이 유용하다.

14 RFM 모델에 대한 내용이 아닌 것은?

① Recency : 얼마나 최근에 자사 제품을 구입했는가?

② Frequency : 얼마나 자주 자사 제품을 구입하는가?

③ Reflection : 얼마나 자사 제품생산에 영향을 끼치는가?

④ Monetary : 제품구입에 어느 정도의 돈을 쓰고 있는가?

> **해설**
>
> RFM
>
> 고객의 성향을 분석하여 고객의 등급을 계산하고 기존고객의 가치를 평가하는 방법으로 주로 고객로열티 관리의 전략으로 활용한다.
>
> | R(Recency) | 최근 구매일 | 가장 최근에 구매한 시점을 말한다(얼마나 최근에 자사 제품을 구매했는가?). |
> | --- | --- | --- |
> | F(Frequency) | 구매 빈도 | 일정 기간 동안 구매한 빈도수를 말한다(일정 기간 동안 얼마나 자주 자사 제품을 구매했는가?). |
> | M(Monetary) | 구매 금액 | 일정 기간 동안 구매한 총금액을 말한다(일정 기간 동안 얼마나 많은 액수의 자사 제품을 구매했는가?). |

15 CRM 고객데이터 중에서 회사에 리스크를 초래하였거나 신용 상태, 가입 자격 등이 미달되는 고객을 의미하는 것은?

① 비활동고객

② 로열티고객

③ 잠재고객

④ 부적격고객

해설

CRM과 관련된 고객의 성향

비활동고객, 로열티고객, 잠재고객, 부적격고객, 구매 용의자, 구매 비의사자, 최초구매 고객, 반복구매 고객, 단골고객, 옹호고객, 이탈고객 등으로 세분화할 수 있다.

① 비활동고객: 기업이 정하는 기간범위 내에 구매활동이 없는 고객

② 로열티(충성)고객 또는 옹호자(Advocate): 지속적으로 자사의 상품을 구입할 뿐만 아니라 다른 사람에게 적극적으로 사용을 권유하여 간접적인 광고 효과를 발생시키는 핵심고객

③ 잠재(예상)고객: 아직 첫 거래는 하지 않은 상태이나 상품 구입 가능성이 높거나 스스로 정보를 요구하는 유망고객

16 일반적인 아웃바운드 텔레마케팅 도입절차를 순서대로 올바르게 나열한 것은?

A. 표준 스크립트 작성 및 교육훈련 개시

B. 목표고객 확보 및 리스트 준비

C. 효과 측정 및 데이터베이스 기록, 유지

D. 텔레마케터 선발 또는 대행 계약 체결

E. 아웃바운드 업무 개시

① B → D → A → E → C

② D → E → A → B → C

③ A → B → C → D → E

④ E → B → D → A → C

해설

아웃바운드 텔레마케팅의 도입절차

적정고객 데이터베이스를 준비 · 분석 및 전략 수립 → 유능한 텔레마케터 선발 또는 위탁 업체 선정 및 계약 → 표준 스크립트 작성 및 교육 → 아웃바운드 업무 개시 → 결과 데이터 측정 및 데이터베이스 기록

17 포지셔닝에 대한 설명 중 틀린 것은?

① 표적시장에서 차별적 위치를 차지하기 위해 자사 제품이나 기업의 이미지를 설계하는 행위이다.

② 포지셔닝에서 활용되는 '차별점(POD)'은 소비자들이 특정 브랜드와 관련하여 연상하는 차별적인 긍정적 속성이나 편익을 말한다.

③ 기업이 브랜드에 대한 다양한 주장을 할수록 확실한 포지션을 얻기 유리하다.

④ 성공적 차별화를 위해서는 전달성, 선점성, 가격 적절성, 수익성 등을 고려해야 한다.

> **해설**
>
> 기업이 브랜드에 대한 다양한 주장을 할수록 소비자들은 기업에 대해 명확하게 지각하기 어려워져서 확실한 포지션을 얻기 불리하다.
>
> 포지셔닝(Positioning)
> • 소비자가 특정 기업에 대해 가지고 있는 여러 측면에서의 인식이다.
> • 기업이 표적시장에서 고객들의 마음속에 시장분석, 고객분석, 경쟁분석 등을 기초로 하여 차별적인 위치를 계획하는 것이다.
> • 포지셔닝에서 활용되는 차별점(POD; Point Of Difference)은 소비자들이 특정 브랜드와 관련하여 연상하는 차별적인 긍정적 속성이나 편익을 말한다.
> • 성공적 차별화를 위해서 전달성, 선점성, 가격 적절성, 수익성, 중요성, 우수성 등을 고려해야 한다.

18 아웃바운드 텔레마케터의 판매관리 범위에 대한 설명으로 틀린 것은?

① 판매촉진: 카탈로그, DM 발송, e-mail 마케팅 등의 활동

② 시스템관리: 컴퓨터, 전화, 전산시스템관리 등의 활동

③ 고객관리: 고객 분류, 고객 니즈별 구매행위 분석, 고객상담 관리 등의 활동

④ 판매준비: 판매전략 수립, 고객데이터 준비, 상담원 교육, 광고, 안내 준비 등의 활동

> **해설**
>
> 아웃바운드 텔레마케터의 판매관리 범위
>
> | 판매촉진 | 고객의 니즈 자극 영역으로 카탈로그, DM 발송, e-mail 마케팅 등의 활동 |
> |---|---|
> | 고객관리 | 고객 분류, 고객 니즈별 구매행위 분석, 고객상담 관리 등의 활동 |
> | 판매준비 | 판매전략 수립, 고객데이터 준비, 상담원 교육, 광고, 안내 준비 등의 활동 |
> | B to B | 기업체를 대상으로 제품서비스를 효율적으로 판매하거나 판매경로와 상권 확대를 도모하고, 기업 간의 수 · 발주 업무의 원활한 처리를 위해 전화를 조직적으로 이용하는 것 |

19 일반적으로 가장 많이 사용되며, 제품 원재료 가격에 일정 이익을 가산하여 제품의 가격을 결정하는 것은?

① 관습적 가격결정법

② 원가가산 가격결정법

③ 경쟁입찰 가격결정법

④ 투자수익률기준 가격결정법

> **해설**
>
> 원가기준 가격결정법
>
> | 원가가산 가격결정법 | 제품의 단위 원가에 일정한 고정 비율에 따른 금액을 가산하여 가격을 결정하는 방법 |
> |---|---|
> | 목표 가격결정법 | 예측된 표준 생산량을 전제로 한 총원가에 대하여 목표 이익률을 실현할 수 있도록 가격을 결정하는 방법 |

20 다음에서 설명하는 점포 형태는?

> 한정된 상품군을 깊게 취급하고 저렴한 가격으로 판매하며, 전문할인점이라고도 한다.

① Category killer

② Department store

③ Supermarket

④ Drug store

> **해설**
>
> Category killer는 가전제품 전문매장 등 상품을 체인화를 통한 현금 대량매입으로 저렴하게 판매하고 분야별로 특화한 소매점이다.
>
> ② Department store: 한 건물 안에 의식주에 관련된 광범위한 상품을 부문별로 진열하고 판매하는 대규모 소매점이다.
>
> ③ Supermarket: 식료품을 중심으로 잡화류 등을 판매하는 대규모 소매점이다.
>
> ④ Drug store: 의사의 처방전 없이 살 수 있는 약이나 화장품, 잡지, 잡화, 스낵 따위를 파는 상점이다.

21 고객서비스 지향적 인바운드 텔레마케팅 도입 시의 점검사항이 아닌 것은?

① 목표고객의 리스트

② 고객정보의 활용 수준

③ 성과 분석과 피드백

④ 소비자 상담창구 운영 능력

해설

인바운드 텔레마케팅은 고객으로부터 걸려 오는 전화를 처리하는 것으로, 고객의 전화 용건을 통해 니즈를 파악하는 것이 중요하며 목표고객의 리스트는 아웃바운드 텔레마케팅의 필수사항이다.

22 판매촉진 전략에 대한 설명 중 틀린 것은?

① 상품에 따라 촉진믹스의 성격이 달라진다.

② 광고는 비인적 대중매체를 활용하는 촉진수단이다.

③ 불황기에는 촉진 활동의 효과가 없다.

④ 촉진의 본질은 소비자에 대한 정보 전달에 있다.

해설

판매촉진 전략은 단기적으로 직접적인 효과가 있으므로 불황기에 더욱 중요하다.

23 다음 중 인바운드 텔레마케팅 업무가 아닌 것은?

① 신속한 전화응대

② 통화량 증감에 따른 대책

③ 통화 종료 후 적절한 사후처리

④ 주목성을 고려한 카탈로그 선정

해설

카탈로그 발송은 아웃바운드 텔레마케팅의 업무이다.

인바운드 텔레마케팅의 업무

• 고객이나 잠재고객으로부터 걸려 오는 전화를 응대한다.
• 시간대별 통화량에 따른 인력배치로 신속하게 전화를 응대한다.
• 불만사항 대응 및 통화 종료 후 적절한 사후처리를 한다.
• 카탈로그를 통한 통신 판매의 전화접수를 받는다.
• 광고나 각종 문의에 응대한다.

24 제품이나 서비스의 가격을 결정할 때 상대적인 저가 전략이 적합하지 않은 경우는?

① 시장수요의 가격탄력성이 높을 때

② 소비자들의 본원적인 수요를 자극하고자 할 때

③ 가격에 민감하지 않은 혁신 소비자층을 대상으로 할 때

④ 원가우위를 확보하고 있어 경쟁기업이 자사 제품의 가격만큼 낮추기 힘들 때

해설

가격에 민감하지 않은 혁신 소비자층을 대상으로 할 때는 상대적 고가 전략이 적합한 경우이다.

상대적 저가(격) 전략

의의	경쟁자보다 낮게 가격을 설정해서 시장 점유율을 높이기 위한 공격적 마케팅 전략
조건	• 수요의 가격탄력성이 클 때 • 소비자의 본원적인 수요를 자극하고자 할 때 • 대량생산으로 생산비용이 절감되어 원가우위를 확보할 수 있는 경우 • 경쟁사가 많고, 후발주자가 저가격으로 상품을 출시할 때

25 다음 중 마케팅믹스의 구성요소(4P)에 해당하지 않는 것은?

① 유통   ② 가격

③ 제품   ④ 고객

해설

마케팅믹스의 구성요소(4P)

Place(유통)	유통경로 · 유통업자 파악 및 결정
Price(가격)	가격 설정
Product(제품)	소비자 조사, 제품 개발, 디자인 · 포장 및 A/S 결정
Promotion(촉진)	광고 기획의 책정, 광고 매체의 선정, 홍보 방법의 결정, 판매원 관리

26 다음 중 자료 측정 시 타당성을 향상시키는 방법이 아닌 것은?

① 엄격한 개념정의를 하고 대상을 정확히 측정한다.

② 항목들의 의미가 조사자와 응답자 간에 정확한 의사소통이 되도록 신중을 기한다.

③ 전문적인 한 개의 척도만을 사용하여 측정 대상의 집중타당성을 평가한다.

④ 척도 개발 시 측정 대상을 명확히 이해하는 사람에게 맡겨서 내용타당성을 높인다.

해설

동일한 개념을 서로 상이한 측정 도구를 이용해서 측정한 결과값들 간의 상관관계가 높을수록 집중타당성이 높다고 평가한다.

27 다음 중 전화 조사자로 가장 적합하지 못한 유형은?

① 자발적인 사람

② 배타적이고 비판적인 사람

③ 친근하고 지식이 풍부한 사람

④ 겸손하며 신뢰할 수 있는 영리한 사람

해설

배타적이고 비판적인 전화 조사자는 조사 대상자와의 친밀감(Rapport)을 형성하여 신뢰감을 느끼도록 하기 어려우므로 적합하지 못하다.

28 응답자들이 전화조사에 응대하는 심리적인 동기 요인이 아닌 것은?

① 자신의 의견이나 식견을 표현하고 싶은 욕망

② 사람들과 주고받는 교섭을 즐기는 심리

③ 면접자를 돕고 싶은 이타적인 심리

④ 사생활 침해에 대한 오인과 자기방어 욕구

해설

사생활 침해에 대한 오인과 자기방어 욕구는 전화조사에 대한 응답률을 떨어뜨리는 요인이다.

전화조사에 응대하는 심리적인 동기 요인
• 자신의 의견이나 식견을 표현하고 싶은 욕망
• 사람들과 주고받는 교섭을 즐기는 심리
• 면접자를 돕고 싶은 이타적인 심리

정답 24 ③ 25 ④ 26 ③ 27 ② 28 ④

29 다음 중 우편조사의 응답률에 미치는 영향이 가장 미미한 것은?

① 응답집단의 동질성

② 응답자의 거주 지역

③ 응답에 대한 동기부여

④ 연구 주관기관 및 지원단체의 성격

해설

우편조사는 저렴한 비용으로 광범위한 조사가 가능하므로 지역적 범위에 영향을 받지 않는다.

우편조사의 응답률에 영향을 미치는 요인
- 응답집단의 동질성
- 응답에 대한 동기부여
- 연구 주관기관 및 지원단체의 성격
- 질문지의 양식 및 우송 방법

30 IMF 이전 특정 의류브랜드 구매액수에 대한 조사, IMF 이후 특정 의류브랜드 구매액수에 대한 조사를 통해 변화를 분석하고자 할 때 가장 적합한 조사 방법은?

① 실험조사 방법

② 종단적 조사 방법

③ 횡단적 조사 방법

④ 시장조사 방법

해설

IMF라는 시간 간격을 두고 특정 의류브랜드 구매액수에 대한 반복된 조사로 변화를 분석하고자 하므로, 시간 흐름에 따른 변화 및 추세를 분석하는 종단적 조사 방법이 적합하다.

① 실험조사: 주제에 대해 서로 비교되는 두 집단을 선별하여 각각 다른 변수를 주고 관련 변수들을 통제한 후, 집단 간 반응의 차이를 조사하여 자료를 수집한다.

③ 횡단적 조사: 모집단에서 추출된 표본으로부터 단 한 번 조사하여 상이한 특성을 가지고 있는 집단들 사이의 측정치를 비교함으로써 차이를 규명한다.

④ 시장조사: 과거와 현재의 시장 및 경쟁 상황을 조사·분석하여 미래를 예측함으로써 시장 전략 수립의 지침을 제공하고자 하는 미래지향적인 활동이다.

31 시장조사를 하고자 할 때 모집단으로부터 직접적으로 정보를 입수하는 조사 방법은?

① 부분조사   ② 전수조사

③ 표본조사   ④ 층별조사

해설

전수조사(Complete survey)
- 조사 대상 전체를 빠짐없이 직접적으로 조사하기 때문에 원칙적으로 바람직하며, 모집단의 규모가 작고 추정의 정밀도가 높아야 하는 경우 이용된다.
- 전체오차를 최소한으로 줄인 조사가 필요한 경우 이용된다.
- 특정 목적을 위한 표본조사는 다른 목적으로 이용하고자 할 경우 정밀도가 떨어지기 때문에 조사 결과의 다면적 이용이 필요한 경우 이용된다.
- 조사 연구원의 전문적 지식과 숙련성이 구비될 수 없는 경우 전수조사가 유리하다.
- 모집단 전체를 조사하기 때문에 표본오차는 작으나, 조사 대상자가 많아 시간과 비용이 증가하고, 조사 시행 과정에서 발생하는 비표본 오류가 증가한다.

32 다음 1차 자료와 2차 자료를 비교한 표에서 ( )에 모두 적합한 것끼리 짝지어진 것은?

구분	1차 자료	2차 자료
수집목적	당면한 조사문제 해결	다른 조사문제 해결
수집과정	(A)	(B)
수집비용	고비용	저비용
수집기간	(C)	(D)

① A: 저관여, B: 고관여, C: 장기, D: 단기

② A: 고관여, B: 저관여, C: 장기, D: 단기

③ A: 저관여, B: 저관여, C: 단기, D: 장기

④ A: 고관여, B: 고관여, C: 단기, D: 장기

해설

1차 자료와 2차 자료의 비교

구분	1차 자료	2차 자료
수집목적	당면한 조사문제 해결	다른 조사문제 해결
수집과정	고관여	저관여
수집비용	고비용	저비용
수집기간	장기	단기

29 ② 30 ② 31 ② 32 ②

33 인터넷의 장점을 활용한 온라인 여론조사 방법의 특징이 아닌 것은?

① 전화조사보다 대규모 표본추출이 용이하다.

② 전화조사보다 저렴한 비용으로 신속하게 조사할 수 있다.

③ 통계처리 프로그램과 연결하여 실시하는 경우 결과분석이 용이하다.

④ 전화조사보다 표본의 대표성이 보장된다.

해설

온라인(인터넷) 여론조사 방법

장점	단점
• 단시간 내에 대규모 표본추출이 용이하다. • 시간과 비용이 절약된다. • 컴퓨터 처리에 따른 오류 회피 및 통계처리 프로그램에 의한 집계 분석의 처리가 용이하다. • 구조화된 설문지 작성이 용이함으로 비표본오차가 감소한다.	• 인터넷 사용자로 표본이 편중되는 측면이 있다. • 조사에 능동적으로 응대하는 사람만 조사가 가능하여 대표성이 상실될 수 있다. • 응답자에 대한 통제가 쉽지 않으며, 응답률과 회수율이 낮게 나타날 수 있다.

34 인과관계를 설정하는 기준으로 적절하지 않은 것은?

① 변인의 중요도

② 연구범위의 제한

③ 결정적 원인

④ 인과관계의 순환

해설

인과관계 성립요건

• 변인의 공변 관계: 원인 변수와 결과 변수가 상호관련을 맺고 공변해야 한다.

• 외생 변수 통제 조건(연구범위의 제한): 결과 변수는 원인 변수를 제외한 다른 변수로부터 영향을 받지 않아야 한다.

• 결정적 원인: 결과 변수를 일으키는 결정적인 원인 변수가 항상 같이 존재해야 한다.

• 시간적 우선순위(인과관계의 순환): 원인 변수가 결과 변수보다 시간적으로 앞서서 발생해야 한다.

35 텔레마케터가 전화조사를 할 때 응답자가 대답을 회피하거나 답하기 곤란해 할 수 있는 경우가 아닌 것은?

① 응답자가 경험한 적 없거나 오래되어 기억하기 어려운 경우

② 텔레마케터가 너무 사무적이거나 불친절한 경우

③ 합법적인 목적이나 취지가 담긴 경우

④ 사회적으로 무리가 있는 민감한 정보를 질문하는 경우

해설

조사 주관기관 및 지원 단체의 성격 등이 합법적인 경우 응답자들의 응답률에 긍정적 영향을 미치는 요인이 된다.

36 다항선택식 질문(복수응답)의 설문조사 작성 시 주의할 점이 아닌 것은?

① 선택 항목은 논리적이어야 한다.

② 선택 항목은 하나의 차원에서 제시되어야 한다.

③ 각각의 선택 항목이 너무 유사하거나 같으면 좋지 않다.

④ 선택 항목은 서로 배타적이지 않으며 구체적이어야 한다.

> **해설**
>
> 다항선택식(Multiple choice) 질문
> 응답범주들 중에서 하나 또는 그 이상을 선택하도록 하는 질문으로, 선택 항목들은 상호 배타적이고 모든 응답을 포괄할 수 있어야 한다.

37 다음 2차 자료의 종류 중에서 외부 자료에 해당하는 것만을 모두 고른 것은?

> ㄱ. 정기 간행물
> ㄴ. 정부기관 간행물
> ㄷ. 산업협회 간행물

① ㄱ

② ㄴ

③ ㄱ, ㄴ

④ ㄱ, ㄴ, ㄷ

> **해설**
>
> 2차 자료의 외부 자료
> • 타 기관에서 생성된 모든 자료
> • 정부기관 및 공공기관 또는 사설 단체 등의 보고서나 간행물, 타(他) 기업 내부자료, 연구문헌 및 논문, 학문 분야의 전문 서적, 각종 학술 연구지, 상업 잡지, 통계 자료 등

38 다음에서 설명하는 표본추출방법은?

> 조사에 참여한 응답자들이 그 조사에 참여할 가능성이 있는 잠재적 응답자들을 추천하도록 함으로써 표본을 추출하는 방법이다.

① 할당표본추출방법(Quota sampling)
② 판단표본추출방법(Judgment sampling)
③ 눈덩이표본추출방법(Snowball sampling)
④ 편의표본추출방법(Convenience sampling)

해설

눈덩이(누적)표본추출방법(Snowball sampling)은 특정 집단에 대한 조사를 위해 조사자가 적절하다고 판단하는 조사 대상자들을 선정한 다음 그들로 하여금 또 다른 대상자들을 추천하도록 하는 표본추출방법이다.
① 할당표본추출방법: 모집단을 일정한 카테고리로 나눈 다음, 이들 카테고리에서 필요한 만큼의 조사 대상을 작위적으로 추출하는 방법으로, 표본의 규모가 비교적 큰 상업적 조사에서 가장 보편적으로 사용된다.
② 판단표본추출방법: 유의 표집이라고도 하며, 조사 목적에 적합하다고 판단되는 소수의 인원을 조사자가 선택하는 방법이다.
④ 편의표본추출방법: 우연적 표집이라고도 하며, 조사자가 편리한 대로 추출하는 방법이다.

39 다음 문항에 대한 측정 방법은?

> [질의]
> 뱅킹 서비스 방식에 대한 당신의 선호도를 알기 위한 질문입니다. 가장 선호하는 방식은 1을, 다음으로 선호하는 방식은 2로 표시함으로써 각각의 서비스 방식에 대한 순위를 정해주시기 바랍니다.
> [답변]
> 은행 창구 (　　　)　　　　　　　　　　ATM (　　　)
> 온라인뱅킹 (　　　)　　　　　　　　　　우편뱅킹 (　　　)
> 텔레폰뱅킹 (　　　)

① 비율수준의 측정
② 등간수준의 측정
③ 명목수준의 측정
④ 서열수준의 측정

해설

서열수준의 측정은 순위 척도로 순서에 대한 값을 부여하여 각 카테고리 간의 대소 관계를 판단한다.
① 비율수준의 측정: 가감승제를 포함한 모든 수학적 조작이 가능하다.
② 등간수준의 측정: 구간 척도로 분류된 범주 간의 간격까지도 측정할 수 있다.
③ 명목수준의 측정: 측정 대상을 상호 배타적인 카테고리로 분할하는 단순한 분류에 불과하다.

40 다음과 같이 척도의 양 극점에 서로 상반되는 형용사나 표현을 붙이고, 요인 분석 등과 같은 다변량 분석에 적용이 용이하도록 자료를 이용하는 척도법은?

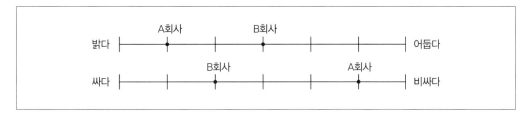

① 거트만 척도법

② 어의차이 척도법

③ 리커트 척도법

④ 서스톤 척도법

> **해설**
>
> 어의차이 척도법(의미분화 척도법)
> • 척도 양극점에 상반되는 표현을 제시하고 소비자의 생각을 측정하는 방법이다.
> • 요인 분석 등과 같은 다변량 분석에 적용이 용이하도록 자료를 이용하는 척도법이다.
> • 개념이 갖는 본질적인 뜻을 몇 개의 차원에 따라 측정함으로써 태도의 변화를 좀 더 정확하게 파악하는 척도이자 방법이다.
>
> ① 거트만(누적) 척도법: 태도의 강도에 대한 연속적 증가 유형을 측정하고자 하는 척도이다.
> ③ 리커트(총화평정) 척도법: 주로 인간의 태도를 측정하는 서열적 수준의 변수를 측정한다.
> ④ 서스톤(등현등간) 척도법: 각 문항이 척도상의 어디에 위치할 것인가를 전문 평가자들로 하여금 판단케 한 다음 조사자가 이를 바탕으로 하여 대표적인 문항들을 선정하여 척도를 구성하는 방법으로, 어떤 사실에 대해 가장 긍정적인 태도와 가장 부정적인 태도를 나타내는 태도의 양극단을 등간적으로 구분하여 여기에 수치를 부여함으로써 척도를 구성한다.

41 사용하고자 하는 표본추출법을 결정한 후 표본크기를 결정할 때의 고려사항 중 틀린 것은?

① 조사자가 표본을 통해 얻은 통계량에 대한 표본 오류가 적은 것을 원한다면 표본의 크기를 크게 해야 한다.

② 조사자가 통계량을 바탕으로 추정한 신뢰구간에 더욱 확신과 신뢰를 갖고자 한다면 표본의 크기를 크게 해야 한다.

③ 표본의 크기가 커질수록 시간과 비용이 상승하므로 조사에서 사용 가능한 예산 범위를 고려하여 표본의 크기를 정해야 한다.

④ 조사자가 밝히고자 하는 모수에 대한 모집단 내 차이가 미비하고 유사한 특징을 보인다면 표본의 크기를 더욱 크게 하여 정확성을 높여야 한다.

> **해설**
>
> 모집단 내 차이가 미비한 문제점은 표본의 크기를 확대한다고 해서 해결할 수 없다.

42 조사 의뢰인(Client)이 지켜야 할 윤리에 대한 설명 중 틀린 것은?

① 조사는 의사결정을 위한 정보를 추출하기 위해 실시되어야 한다.

② 실제 조사를 의뢰할 생각 없이 단지 조사회사의 제안서를 보기 위해 제안서를 요구해서는 안 된다.

③ 의사결정을 이미 내린 상태에서 그 결정이 올바름을 확인하기 위한 증거를 확보하고자 조사가 실시되어야 한다.

④ 특정 회사를 미리 정해놓은 후 요건을 갖추기 위해 다른 회사에게 제안서를 제출하라고 요구해서는 안 된다.

> **해설**
>
> 조사를 의뢰한 Client가 지켜야 할 사항
> - 조사 업체들이 형식적인 조사 계획서나 제안서를 제출하지 않도록 한다.
> - 개인이나 기업에 행해진 업무 및 의사결정 등의 정당화 수단으로 사용하면 안 된다.
> - 연구 목적이나 조사 목적을 의도적으로 숨기지 않는다.
> - 조사 결과를 왜곡하거나 축소해서는 안 된다.
> - 법과 규칙에 부합되는 조사를 의뢰한다.
> - 계약 이외의 것을 요구하는 행동은 바람직하지 못하다.
> - 조사 결과가 일관성이 없는 경우에는 자료를 이용해서는 안 된다.

43 질문지를 구성하는 일반적인 방법이 아닌 것은?

① 첫 번째 질문은 쉽게 응답할 수 있고 흥미를 유발할 수 있는 것으로 한다.

② 응답자에게 인적사항 질문을 우선적으로 하여 긴장을 풀도록 유도하는 것이 좋다.

③ 질문 항목 간의 연계 및 관계를 고려하여 질문한다.

④ 응답자가 심사숙고를 해야 하는 질문은 가능하면 뒤쪽에 하는 것이 좋다.

> **해설**
>
> 질문지를 구성하는 일반적인 방법
> - 질문을 배열할 때는 응답자의 흥미를 유발하거나 쉽게 대답할 수 있는 질문을 질문지의 앞부분에 놓는 것이 좋다.
> - 나이, 성별, 출신지, 교육 수준, 직업, 소득 등 인구사회학적 특성에 대한 질문이나 개인의 사생활에 대한 질문, 또는 민감한 질문은 가급적 질문지의 끝으로 보내는 것이 좋다.
> - 질문 항목 간의 연계 및 관계를 고려하여 질문하는 것이 좋다.
> - 응답자가 심사숙고해야 하는 질문은 가능한 한 뒤에 배치하는 것이 좋다.
> - 질문은 주어진 조사 주제에 대한 전반적인 질문에서 구체적이거나 특수한 질문으로 옮기는 것이 좋다.
> - 질문들을 내용별로 묶어 주어야 하며, 자연스러우면서 논리적인 순서에 따라 이어지게 하는 것이 좋다.

44 조사자가 응답자에 대해 지켜야 할 사항으로 틀린 것은?

① 조사를 통해 모아진 응답자들의 개인 자료를 함부로 사용하거나 공개해서는 안 된다.

② 응답자가 조사에 참여하는 동안 신체적, 심리적으로 해로운 상황이 없도록 해야 한다.

③ 조사자는 응답자에게 조사의 참여 여부를 강요하지 않고 응답자가 스스로 결정하도록 해야 한다.

④ 특수성이 있는 경우에는 응답자가 참여하는 조사의 목적과 정보를 제공받는 곳 등을 알려주지 않아도 된다.

해설

조사자는 응답자에게 조사 목적과 정보를 제공받는 곳 등의 내용을 고지해야 한다.

조사자가 지켜야 할 사항
- 정보 제공자의 익명성을 보장하여야 한다.
- 자료의 신뢰성과 객관성을 확보하기 위해 자료원을 반드시 보호해야 하며 조사가 끝난 후에도 입수한 자료의 비밀을 유지할 필요가 있다.
- 고객에 관한 정보를 경쟁기업에게 누설하지 않는다.
- 조사자는 응답자에게 불이익이나 해로운 상황이 없도록 필요한 내용을 고지해야 한다.
- 조사 대상자가 자유의사로 조사를 거절하거나 도중에 중단할 수 있는 권리를 존중한다.
- 조사 대상자의 존엄성과 사적인 권리를 존중해야 한다.

45 확률표본추출방법과 비교한 비확률표본추출방법의 특징이 아닌 것은?

① 시간과 비용이 적게 든다.

② 표본오차의 추정이 가능하다.

③ 인위적 표본추출이 가능하다.

④ 연구대상이 표본으로 추출될 확률이 알려져 있지 않다.

해설

비확률표본추출방법의 특징
- 시간과 비용의 절감 효과가 있다.
- 표본오차 추정이 불가능하기 때문에 표본오차가 큰 문제가 되지 않을 경우에 유용하다.
- 인위적인 표본추출이 가능하다.
- 표본추출 시 연구대상이 표본으로 추출될 확률을 알기 어려울 때 유용하다.

46 다음 중 마케팅조사 과정이 순서대로 올바르게 나열된 것은?

> ⓐ 문제의 제기   ⓑ 자료 수집
> ⓒ 마케팅 조사설계   ⓓ 자료 분석
> ⓔ 결과 발표

① ⓐ → ⓒ → ⓑ → ⓓ → ⓔ

② ⓐ → ⓒ → ⓓ → ⓑ → ⓔ

③ ⓐ → ⓑ → ⓓ → ⓒ → ⓔ

④ ⓐ → ⓑ → ⓒ → ⓓ → ⓔ

해설

마케팅조사는 마케팅 문제 해결을 위한 정보 수집을 목적으로 하기 때문에 현재 당면한 문제가 무엇인지 파악하는 것에서부터 출발해야 한다.

마케팅조사의 과정
문제 제기 → 조사설계 → 자료 수집 → 자료 분석·해석 → 보고서 작성 및 결과 발표

47 마케팅믹스 전략 중에서 '제품 전략'과 관련된 시장조사의 역할과 목적으로 가장 거리가 먼 것은?

① 타깃 소비자가 제품으로부터 기대하는 편익이 무엇인지 알 수 있다.

② 제품 판매에 적합한 유통경로 및 범위를 파악할 수 있다.

③ 기존 제품에 새로 추가하거나 변경해야 할 속성을 파악할 수 있다.

④ 브랜드명 결정, 패키지나 로고 대안들에 대한 테스트를 할 수 있다.

해설

유통경로 및 범위 파악은 '유통 전략'과 관련된 시장조사의 역할과 목적이다.

마케팅믹스 전략
기업이 제품을 개발하고, 가격을 설정하여 판매하며, 판매 채널을 개발하고, 판촉 활동을 전개하는 것이다.

Product(제품)	소비자조사, 제품 개발, 디자인·포장 및 A/S 결정
Price(가격)	가격 설정
Place(유통)	유통경로·유통업자 파악 및 결정
Promotion(판촉)	광고 기획의 책정, 광고 매체의 선정, 홍보 방법의 결정, 판매원 관리

48 전화조사에서 발생될 수 있는 무응답 오류를 의미하는 것은?

① 데이터 분석 시 나타나는 오류

② 적합하지 않은 질문으로 인하여 나타나는 오류

③ 조사와 관련 없는 응답자를 선정하여 나타나는 오류

④ 응답자의 전화 거부로 나타나는 오류

> **해설**
>
> 무응답 오류
> 표본으로 선정하였지만, 응답자의 거절이나 비접촉으로 데이터를 조사할 수 없어서 발생하는 관찰 불능에 의한 오류로, 전화조사에서는 응답자의 전화 거부로 나타나는 오류이다.

49 사전조사에 대한 설명 중 틀린 것은?

① 본조사에 앞서 조사 방법과 조사 과정이 적절한지 등을 검토하기 위하여 실시한다.

② 마케팅 문제에 대한 사전정보가 적은 경우에 전반적인 환경을 파악하기 위한 탐색 방법이다.

③ 사전조사는 본조사에서 오차를 줄일 수 있도록 본조사의 50% 정도의 규모로 실시하는 경우가 많다.

④ 표본설계에서 표본크기를 정하고자 할 때 모분산을 모르는 경우에 이를 추정하기 위해서 실시한다.

> **해설**
>
> 사전조사(Pretest)
> 설문지 초안이 완성된 후 본조사를 실시하기 전에 질문지 내용의 실용성 및 객관적인 타당성, 조사의 문제점 등을 검토해보기 위해 소수의 표본을 대상으로 실시하는 시험적인 조사로, 보통 본조사의 10% 정도의 규모로 실시하는 경우가 많다.

50 마케팅성과지표의 설계 및 운영을 위한 조작적(Operational) 정의에 대한 설명으로 가장 적절한 것은?

① 연구하고자 하는 문제를 진술하기 위한 구성개념을 정의한다.

② 구성개념을 측정 가능한 상태가 되도록 정의한다.

③ 현상을 설명하는 구성개념을 정의한다.

④ 분석대상에 대한 통계적 방법을 정의한다.

> **해설**
>
> 조작적 정의(Operational definition)
> • 어떤 개념에 대해 응답자가 구체적인 수치를 부여할 수 있는 형태로 상세하게 정의를 내린 것으로, 추상적인 개념을 측정 가능한 구체적인 현상과 연결시키는 과정이다.
> • 개념적 정의를 특정한 연구 목적에 적합하게 관찰 가능한 일정한 기준으로 변환하는 것이다. 즉, 구성 개념을 측정 가능한 상태가 되도록 정의하는 것이다.
> • 추상적인 개념만으로는 실제 현상 속에서 관찰하거나 측정할 수 없으므로, 실제 관찰 가능한(측정 가능한, 숫자를 부여할 수 있는) 상태로 정의하는 것이다.

51 조직의 성과관리를 위한 개인평가 방법을 상사평가 방식과 다면평가 방식으로 구분할 때, 상사평가 방식의 특징이 아닌 것은?

① 상사의 책임감 상실
② 간편한 작업 난이도
③ 평가결과의 공정성 미흡
④ 중심화, 관대화 오류 발생의 가능성

해설

상사평가 방식은 한 명의 상사가 부하직원을 평가하는 것으로, 상사의 책임감이 강화되고 작업 난이도가 비교적 간편하지만, 다면평가 방식에 비해 공정성을 보장하기 어렵고 중심화·관대화의 오류 발생 가능성이 있다.

52 콜센터 문화에 영향을 미치는 개인적 요인과 가장 거리가 먼 것은?

① 직업관
② 사명감
③ 근무만족도
④ 근로 급여조건

해설

근로 급여조건은 기업적 요인에 해당한다.

콜센터 문화에 영향을 미치는 요인
• 개인적 요인: 직업관, 사명감, 근무만족도 등
• 기업적 요인: 근로 급여조건, 기업의 지명도, 상담원과 슈퍼바이저의 인간적 친밀감 등
• 사회적 요인: 관련 행정 당국의 제도적·비즈니스적 지원 정도, 취업 정보 개방에 따른 근로 선택 및 이직의 자유로움, 콜센터 근무자에 대한 직업의 매력도 및 인식 정도 등

53 아이오와 대학 모형에 대한 설명으로 옳은 것은?

① 리더십 특성이론에 따른다.
② 20대 여성들을 대상으로 연구한 결과이다.
③ 리커트(Likert)의 연구 결과이다.
④ 전제적, 민주적, 방임형 리더십으로 분류한다.

리더십 이론 중 행동주의 이론은 효과적인 리더는 타고나는 것이 아니라 만들어지는 것이라고 본다. 그 대표 연구로는 아이오와 대학 모형, 오하이오 주립대학 모형, 관리격자 모형 등이 있다.

행동주의 이론의 리더십 행동 유형

권위형(전제적) 리더십	조직의 목표와 계획 수립 및 모든 경영 활동에서 조직구성원의 의견을 수렴하지 않고, 리더가 독단적으로 의사결정을 하며, 조직의 모든 기능을 독점하려는 형태
민주형 리더십	중요한 의사결정 시 조직구성원의 조언과 협의 과정을 거치며, 객관적이고 타당한 기준을 설정하여 업적이나 상벌 등의 규정을 수립하는 형태
자유방임형 리더십	조직의 계획이나 의사결정에 거의 관여하지 않고 수동적인 입장에서 행동하며 모든 일을 조직 구성원에게 방임하고 책임을 전가하는 형태

54 다음과 같은 조직설계 방식을 주장한 인물은?

> 구성원들의 기능과 역할에 따라 전략 · 기술구조 · 지원 스태프 · 중간라인 · 핵심운영 각각의 부문에 세력이 있고, 각 기본 부문은 조직을 둘러싼 다양한 상황에 따라 조직에서 요구하는 힘이 달라지며, 이 힘의 정도와 조합에 따라 조직 유형이 달라진다.

① 톰슨(Thompson)
② 챈들러(Alfred Chandler)
③ 마일즈(Miles)와 스노우(Snow)
④ 민츠버그(Mintzberg)

민츠버그(Mintzberg)의 조직구조론
• 최고 경영층: 조직의 상부에 위치하며 조직의 목표를 설정하고 전략을 제시한다.
• 중간 관리층: 핵심 운영층을 감독 · 통제하고 자원을 제공한다.
• 핵심 운영층: 조직의 실무를 담당하는 직원이나 전문가로 구성된다.
• 기술 전문가: 조직의 생산과정을 검사하는 분석가들로서 조직의 업무를 계획 · 분석 · 훈련하는 업무를 담당한다.
• 지원 스태프: 핵심 운영층의 업무를 간접적으로 지원한다.

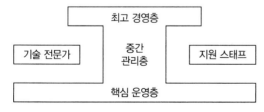

조직 구성 요인

55 텔레마케터의 업무 능력을 향상시키기 위한 훈련 프로그램으로 가장 적절하지 않은 것은?

① 표현능력 개발

② 코칭능력 개발

③ 판매능력 개발

④ 정보활용능력의 개발

> **해설**
> 코칭능력 개발은 관리자에게 필요한 훈련 프로그램이다.
> 텔레마케팅 센터의 훈련 프로그램 개발
> • 표현능력 개발, 판매능력 개발, 정보활용능력 개발 등이 필요하다.
> • 문제 해결 중심의 훈련 프로그램을 개발한다.
> • 학습자의 경험과 사례를 이용한다.
> • 멀티미디어 등 다양한 전달 방법을 이용한다.

56 콜센터의 생산성 향상을 위한 방법으로 가장 효과적인 것은?

① 모니터링은 내부에서만 실시한다.

② 업무 시간대별로 근무인력을 획일화한다.

③ 개인별, 팀별로 역할 학습(Role playing)을 하고 코칭을 한다.

④ 언제나 기본 스크립트를 지속적으로 사용한다.

> **해설**
> 콜센터 생산성 향상 방안
> • 콜센터 인력(리더 및 상담사 등)에 대한 교육을 강화한다.
> • 전반적인 업무 환경(콜센터 환경)을 개선한다.
> • 텔레마케터 성과에 대한 인센티브를 강화한다.

57 조직의 성과에 영향을 미치는 채용, 성과평가, 임금, 교육훈련 등 인적자원관리 기능에 대한 설명 중 틀린 것은?

① 성과평가는 구성원의 보상, 동기부여, 능력개발에 결정적인 역할을 한다.

② 시간급제는 성과에 상관없이 일정 시간에 따라서 구성원들에게 임금을 지급하는 방식이다.

③ 감수성 훈련은 구성원의 과업수행 과정에서 성과를 높이기 위한 지식과 기술, 기법에 관한 교육훈련이다.

④ 조직의 경영혁신과 관련하여 우수한 인력을 채용하기 위해 모집과 선발의 과정에서 지원자의 능력이 강조되고 있다.

> **해설**
> 감수성 훈련은 주변 상황을 잘 파악하고 타인의 심리를 읽어내 알맞은 반응을 할 수 있는 능력에 관한 교육훈련이다.

58 직무중심(Job-based) 보상과 역량중심(Competency-based) 보상의 장점에 대한 설명으로 옳은 것은?

① 직무중심 보상은 지속적인 학습과 개발을 유도한다.

② 역량중심 보상은 인력운영에서 수평적 인력 이동과 같은 유연성이 있다.

③ 직무중심 보상은 동일 직무에서도 차별적 보상이 가능하다.

④ 역량중심 보상은 직무가치에 대한 보상을 의미하며, 객관성 확보가 상대적으로 용이하다.

> **해설**
>
> ① · ② · ③은 역량중심 보상에 대한 설명이며, ④는 직무중심 보상에 대한 설명이다.

59 콜센터 상담원 모니터링의 목적과 가장 거리가 먼 것은?

① 상담원의 통화품질 평가

② 상담원의 스킬 향상

③ 고객만족과 로열티, 수익성 향상을 위한 관리

④ 상담원의 실적 관리 및 통제

> **해설**
>
> 모니터링이란 상담원의 서비스 전달 능력을 확인하여 고객 관리 능력을 개선 · 지도하기 위한 의도적인 업무 절차로 상담원의 실적을 관리하거나 통제하는 것과는 관련이 없다.
>
> 모니터링의 목적
> - 상담원의 통화품질 평가
> - 개별 코칭을 통한 상담원의 스킬 향상
> - 고객만족과 로열티 · 수익성 향상을 위한 관리 수단
> - 교육을 통해 텔레마케터의 고객 관리 능력을 지도 · 개선 · 보완 · 수정
> - 모니터링 평가 결과를 활용하여 상담원에게 보상과 인정 제공

60 텔레마케팅을 통해 얻을 수 있는 기업의 혜택이 아닌 것은?

① 효율적 비용관리

② 현금 흐름의 통제

③ 효율적 시간관리

④ 시장 확대

> **해설**
>
> 텔레마케팅은 기업이 주문에 대한 즉시 대응을 통해 적정한 재고를 유지하고, 현금 흐름을 개선할 수 있도록 한다.

정답 55 ② 56 ③ 57 ③ 58 ② 59 ④ 60 ②

61 허시와 블랜차드(Hersey & Blanchard)에 의해 분석된 리더십 스타일 중 다음에서 설명하는 리더의 유형은?

> – 텔레마케터와 충분한 신뢰관계가 형성되어 있다.
> – 텔레마케터의 자발적인 활동을 허용하고, 중요 역할을 책임지도록 해서 더 많은 경험의 축적을 이끌어 간다.

① 지시형
② 위양형
③ 자유형
④ 참가형

해설

위임형(위양형) 리더에 대한 설명이다.
① 지시형: 의사소통의 초점이 목표 달성에 맞춰져 있고 상급자가 하급자의 역할을 결정하며 과업의 종류나 과업수행의 시기 및 방법을 지시한다.
④ 참가형: 리더는 목표 달성에만 초점을 맞추지 않고 구성원들의 지원적 행동을 통해 과업 달성을 하도록 능력발휘의 동기유발을 시도한다.

62 다음과 같이 담당하는 업무의 성격에 따라 팀이 구분되는 조직의 명칭은?

> 직접 고객을 상담하는 상담팀, 교육을 담당하는 교육팀, 모니터링을 담당하는 QA팀, 각종 통계 관리를 담당하는 운영지원팀, 그리고 시스템 관리를 담당하는 시스템 관리팀으로 구분되어 있다.

① 기능별 조직
② 피라미드 조직
③ 라인별 조직
④ 매트릭스 조직

해설

조직구성원의 수행 기능을 중심으로 조직이 형성되는 기능별 조직에 대한 설명이다.
② 피라미드 조직: 위에서 아래로의 통제와 지시를 중심으로 운영되며, 계층별로 명확한 책임과 권한이 있다.
③ 라인별 조직: 명령 일원화의 원칙이 중심이 되며, 명령 권한의 라인으로 구성원이 연결되어 있다.
④ 매트릭스 조직: 구성원이 두 개 부문에 동시에 속하며, 두 명 이상의 상관에게 지시 · 명령을 받게 된다.

63 인사이동의 유형 중에서 연공주의 승진의 요소가 아닌 것은?

① 근속연수

② 연령

③ 학력

④ 직무수행능력

해설

연공승진제도란 근무 연수, 학력, 경력, 연령 등 종업원의 개인적인 연공과 신분에 따라 자동적으로 승진시키는 연공주의에 의한 승진 유형이다.

64 텔레마케터에 대한 코칭을 통해 얻고자 하는 효과가 아닌 것은?

① 모니터링 결과에 대한 커뮤니케이션

② 텔레마케터의 업무수행능력 강화

③ 특정 부문에 대한 피드백 제공과 지도 및 교정

④ 특정 행동에 대한 감시와 감독

해설

코칭의 목적

• 모니터링 결과에 대한 커뮤니케이션

• 상담원의 역할 인식과 업무수행능력 강화 과정

• 특정 부문에 대한 피드백 제공 및 지도 · 교정의 과정

• 목표 부여와 관리

• 집중적인 학습과 자기 계발

65 다음 중 텔레마케팅 활동으로 볼 수 없는 것은?

① 백화점에서 생일고객에게 축하 전화를 한다.

② 여행사에서 팩스를 이용하여 새로운 여행상품을 소개한다.

③ 이동통신사에서 전화로 신상품에 대한 고객 반응을 조사한다.

④ 우연히 길에서 마주친 동창생에게 상품을 소개하였다.

해설

텔레마케팅이란 기업이나 그 밖의 이용 주체의 마케팅 활동 시(판매 전, 판매, 판매 후 활동 시) 컴퓨터를 이용하여 데이터 베이스를 구축하고, 전화와 인터넷 중심의 정보통신시스템을 효과적으로 활용하여 비용 절약, 매출 증대, 기업 이미지 제고를 이루고자 하는 총체적인 활동이다.

66 House의 경로-목표 이론(Path-goal model)이 제시하는 리더십 유형 중 다음에서 설명하는 것은?

> 부하의 복지와 안락에 관심을 두며 지원적 분위기 조성에 노력하고, 구성원 간의 만족스러운 인간관계 발전을 강조한다.

① 지시적 리더십(Directive leadership)
② 참여적 리더십(Participative leadership)
③ 지원적 리더십(Supportive leadership)
④ 성취지향적 리더십(Achievement oriented leadership)

해설

지원적(후원적) 리더십에 대한 내용이다.
① 지시적 리더십: 추진하는 일의 목표가 무엇인지, 목표 달성의 스케줄은 어떻게 되는지, 특정 업무를 어떤 방식으로 시행해야 하는지를 명확히 한다. 조직화, 통제, 감독과 관련된 행위, 규정, 작업 일정을 수립하고 직무 명확화를 기한다.
② 참여적 리더십: 의사결정과정에 조직구성원들의 의견을 적극적으로 반영하고, 하급자들을 의사결정에 참여시키고 팀워크를 강조한다.
④ 성취지향적 리더십: 도전적인 목표를 설정하고 직원들이 능력의 최대치를 발휘할 수 있도록 독려한다. 도전적 목표를 가지고 잠재력을 개발하며 높은 성과를 지향하도록 유도한다.

67 콜센터의 성과지표에 관한 설명 중 틀린 것은?

① 포기율은 콜센터 구성원의 성과지표에 사용할 수 있는 척도이다.
② 평균 처리시간은 평균 통화시간과 평균 후처리시간을 합산한 것이다.
③ 응답시간은 즉시 처리할 필요가 없는 상담에서 성과지표로 사용된다.
④ 업무프로세스상 반드시 전환되어야 하는 콜이라 해도 FCR에는 포함하지 않는다.

해설

포기율은 인입콜 중 상담사가 응답하기 전에 고객이 전화를 끊은 콜의 비율을 말하므로 콜센터의 성과지표로 사용할 수 없다.

68 텔레마케팅에 대한 설명으로 옳은 것은?

① 방문상담을 통한 수익창출 형태의 마케팅 기법이다.

② 전용 교환기 및 CTI 장비를 갖춘 콜센터가 반드시 필요하다.

③ 웹사이트상으로 상품판매나 고객지원이 가능한 경우에는 별도로 전화 상담원을 둘 필요가 없다.

④ 홈쇼핑 광고를 통해 소비자에게 주문 전화를 유도하여 상품을 판매하는 것도 텔레마케팅의 기법 중 하나이다.

해설

인바운드 텔레마케팅은 고객이나 잠재고객으로부터 걸려 오는 전화를 응대하는 것으로 카탈로그 또는 홈쇼핑 광고 등을 통한 통신 판매의 전화 접수, 광고의 반응, 각종 문의, 불만사항 대응 등이 주된 업무이다.

69 조직개발 제도의 종류 중에서 다음과 같은 기법이 사용되는 것은?

> – 팀 구축
> – 집단 간
> – 관리 그리드 2, 3단계
> – 과정자문
> – 설문조사 피드백
> – 교육훈련(집단 문제 해결 · 의사결정 · 목표 설정)

① 집단행동 개발

② 개인행동 개발

③ 조직체 행동 개발

④ 감수성 훈련

해설

①·②·③ 그리드 훈련은 블레이크와 머튼(Blake & Mouton)이 개발한 기법으로 1단계는 개인행동 개발, 2·3단계는 집단행동 개발, 4·5·6단계는 조직행동 개발의 총 6단계로 나누어져 있다.

④ 감수성 훈련은 10~20명 규모의 소집단과 함께 생활하는 것으로 T-Group 훈련이라고도 한다.

70 효율적인 콜센터 운영을 위한 고려 사항으로 가장 적절하지 않은 것은?

① 관련 부서와의 긴밀한 협조

② 콜센터 조직 구성원 간의 신뢰

③ 고객의 요구수준에 부합한 서비스 제공

④ 동료 간의 철저한 경쟁을 통한 성과급 지급 체계

해설

성과급은 철저한 경쟁을 통해 지급하는 것이 아니라 성과에 따라야 하며, 그 보상은 공정하고 차등이 명확하여야 한다.

71 인력의 수요를 예측하는 방법 중에서 질적 방법에 해당하지 않는 것은?

① 시나리오 분석

② 자격요건 분석

③ 델파이법

④ 회귀 분석

해설

회귀 분석은 양적 인적 자원 수요의 예측기법에 해당한다.

인적 자원의 수요 예측
• 양적 방법: 생산비율 분석, 추세 분석, 회귀 분석, 노동과학적 기법, 화폐적 접근법
• 질적 방법: 자격요건 분석법, 시나리오 기법, 명목집단법, 델파이법

72 역량관리를 위한 직무 분석에 대한 내용 중 틀린 것은?

① 직무를 수행할 종업원을 분석하는 것이 아니라 직무를 분석하는 것이다.

② 개인의 역량과 조직의 목표 간 직접적인 연결 관계가 있다.

③ 성공적 직무수행에 반드시 필요한 것이라고 규명된 일련의 역량세트로 구성된다.

④ 직무 담당자가 성공적으로 일을 수행할 수 있는 역량을 갖는 것에 초점을 맞춘다.

해설

직무 분석은 조직에서 특정 직무에 관한 정보를 체계적으로 수집하는 것으로, 특정 직무의 책임과 의무를 기술 · 분석해 종업원이 그 직무를 수행하는 데에 필요한 지식 · 기술 · 능력을 결정하는 것이다.

73 콜센터의 정량적 평가지표인 서비스 레벨에 대한 설명 중 틀린 것은?

① 전화응대 스크립트의 품질수준을 나타내는 지표이다.

② 'X%의 콜을 Y시간 내에 응대'와 같은 형식으로 표시한다.

③ 고객들의 통화대기시간에 대한 평균적인 수준을 가장 잘 나타내는 지표이다.

④ 인바운드 콜센터의 대표적인 관리지표 중 하나이다.

> **해설**
>
> 서비스 레벨은 목표로 하는 시간 내에 응대가 이루어지는 콜의 비율을 의미하는 것으로, 고객들의 통화대기시간에 대한 평균적인 수준을 가장 잘 나타내는 지표이다.

74 조직변화에 따른 저항이 발생하였을 때의 관리방법으로 옳은 것은?

① 정보가 부족하거나 분석이 부정확한 상황에서는 참여와 몰입을 통해 관리한다.

② 두려움이나 의구심으로 인해 저항할 때에는 촉진과 지원을 통해 관리한다.

③ 변화에 실패하거나 저항세력이 클 때는 조직과 호선을 통해 관리한다.

④ 신속성이 필요하고 변화 담당자가 힘이 있을 때에는 명시적·묵시적 압력을 통해 관리한다.

> **해설**
>
> 조직변화에 대한 저항의 관리방법

방법	적용 상황
교육과 의사소통	정보가 전혀 없거나, 정보와 분석이 부정확한 경우
참여와 몰입	• 변화의 주도자가 변화에 필요한 정보를 가지고 있지 않은 경우 • 다른 구성원이 저항할 수 있는 상당한 힘을 갖고 있는 경우
촉진과 지원	적응문제로 사람들이 저항하는 경우
협상과 동의	• 특정 사람이나 집단이 변화로 인해 손해를 볼 것이 분명한 경우 • 그 집단이 상당한 저항의 힘을 갖고 있는 경우
조작과 호선	다른 전술이 전혀 안 듣거나 비용이 지나치게 많이 소요되는 경우
명시적·묵시적 강압	• 신속한 변화가 필요한 경우 • 변화의 주도자가 상당한 권력을 갖고 있는 경우

75 변혁적 리더십(Transforming leadership)의 예로 적절하지 않은 것은?

① A는 어떤 장애물도 스스로의 능력으로 극복할 수 있다고 나를 신뢰한다.

② B는 내가 고민해 온 고질적인 문제를 새로운 관점에서 생각해 볼 수 있게 해 준다.

③ C는 내가 필요한 경우 나를 코치해 준다.

④ D는 내가 실수를 저질렀을 때에만 관여한다.

해설

변화적 리더십은 리더가 부하들로 하여금 신뢰와 존경, 충성심을 느끼도록 하여 부하들이 기대한 것 이상의 능력을 발휘할 수 있도록 동기화시키는 지도력을 가진다.

제4과목 고객관리

76 효과적인 CRM을 위한 방법 및 수단이 아닌 것은?

① 고객 통합 데이터베이스 구축

② 데이터베이스 마케팅의 기능 축소

③ 고객 특성 분석을 위한 데이터마이닝 도구 준비

④ 마케팅 활동 대비를 위한 캠페인 관리용 도구

해설

CRM의 전제 조건 수단
• 고객 통합 데이터베이스의 구축
• 고객 특성을 분석하기 위한 데이터마이닝 도구의 준비
• 마케팅 활동을 대비하기 위한 캠페인 관리용 도구

77 고객이 텔레마케터에게 가지는 '인정, 존중, 수용'의 욕구를 충족시킬 수 있는 고객응대 방법은?

① 고객의 사소한 질문을 지적한다.

② 고객의 이름을 부르며 의견을 경청한다.

③ 텔레마케터의 생각을 일방적으로 이야기한다.

④ 항상 반론을 제기한다.

해설

고객의 이름을 부르는 등 고객이 친밀도와 편안함을 느끼도록 하고 의견을 경청하여 라포를 형성한다.

78 다음 중 텔레마케터의 의사소통방법으로 가장 올바른 것은?

① 고객에 따라 경어, 겸양어, 호칭의 사용에 유의한다.

② 음성의 강약, 고저, 발음을 일정하게 유지한다.

③ 신속한 응대를 위해 말의 속도를 빠르게 한다.

④ 고객과 친밀감을 형성하기 위해 호응어와 맞장구를 빈번하게 사용한다.

해설

경어에는 상대를 높이는 존경어와 자신을 상대방보다 낮추어 간접적으로 상대방을 높이는 겸양어가 있다. 텔레마케터는 고객에 따라 경어나 호칭의 사용에 유의하여야 하며 어린 고객이라 해서 반말을 사용해서는 안 된다.

79 커뮤니케이션의 장애 요인에 해당되지 않는 것은?

① 고정관념을 가지고 상황을 판단한다.

② 수신자의 반응과 피드백이 부족하다.

③ 발신자의 목표의식이 부족하다.

④ 커뮤니케이션에 대한 지식과 기술의 수준이 높다.

해설

커뮤니케이션에 대한 지식과 기술의 수준이 높으면 커뮤니케이션에 도움이 된다.

커뮤니케이션의 장애 요인

수신자에 의한 장애 요인	선입견에 의한 속단적인 평가 및 판단, 반응과 피드백 부족, 선택적 청취, 정신적 능력, 발신자나 메시지에 대한 자아몰입, 수용성 부족
발신자에 의한 장애 요인	발신자의 목표의식 결여, 왜곡 및 생략, 준거 틀의 차이, 커뮤니케이션의 기술 부족, 발신자의 신뢰성 부족, 매체의 부정확한 선택
발신자와 수신자 차이에서 발생되는 장애 요인	선택지각의 차이, 전달하는 의미와 지위의 차이, 언어상의 장애
상황에 따른 장애 요인	잡음, 과중한 정보, 시간의 압박, 커뮤니케이션의 분위기

정답 75 ④ 76 ② 77 ② 78 ① 79 ④

80 다음 중 커뮤니케이션의 특징이 아닌 것은?

① 의사소통수단의 고정화

② 정보 교환과 의미 부여

③ 순기능과 역기능이 존재

④ 오류와 장애의 발생 가능성

해설

커뮤니케이션의 특징

• 정보를 교환하고 의미를 부여한다.

• 순기능과 역기능이 존재한다.

• 오류와 장애가 발생할 수 있다.

• 서로의 행동에 영향을 미친다.

• 수단과 형식은 매우 유동적이다.

81 다음 중 제품에 불만족한 소비자를 상담할 때 필요한 상담처리 기술로 적절하지 않은 것은?

① 참을성 있게 공감적 경청을 한다.

② 차분하게 목소리를 낮추어 응대한다.

③ 문제 해결을 위해 최선을 다하고 있음을 전한다.

④ 고객사의 민·형사상 처리절차 등 법적 대응 방안 정책에 대하여 신속하게 알려 준다.

해설

불만족한 고객에 대한 상담기법

• 참을성 있게 공감을 하면서 경청한다.

• 차분하게 목소리를 낮추어 응대한다.

• 문제 해결을 위해 최선을 다하고 있음을 전하며 고객이 만족할 수 있는 방법을 제시한다.

• 전문기관을 알선한다.

• 개방형 질문을 한다.

• 충분히 배려한다.

82 시대 흐름에 따라 변화하는 고객 트렌드의 특징으로 옳은 것은?

① 고객의 구매 영향력이 감소하였다.

② 시대의 변화에 따라 고객의 욕구가 점차 통일되는 추세이다.

③ 고객의 권위의식이 낮아졌다.

④ 고객 니즈가 다각화되고 있다.

> 해설
>
> ① 고객들의 구매 영향력이 증가하고 있다.
> ② 고객들의 욕구가 다양해졌다.
> ③ 고객들의 권위의식이 높아졌다.

83 다음 빅데이터 수집 방법 중에서 크롤링(Crawling)과 가장 관련이 있는 것은?

① 웹 로봇(Web robot)

② 웹 로딩(Web loading)

③ 웹 블로그(Web blog)

④ 웹 로그 데이터(Web log data)

> 해설
>
> 크롤링은 SNS, 뉴스, 웹 정보 등 인터넷에서 제공되는 웹 문서 정보를 수집하는 방법이다. 웹 로봇은 검색엔진에서 주로 사용되고 있으며, 웹 문서를 돌아다니면서 필요한 정보를 수집하고 이를 색인해 정리하는 기능을 수행한다.

84 상담원이 올바른 상담처리를 할 수 있도록 마인드 컨트롤을 통해 업무능력을 향상시킬 수 있는 방법이 아닌 것은?

① C-마인드 맵(Counselor mind map program)

② C-NLP(Counselor Neuro Linguistic Programing)

③ 감수성 훈련(Counselor sensitive training)

④ 콜센터 바이탈 사인(Call center vital signs)

> 해설
>
> 콜센터 바이탈 사인
> 반복적인 상담 업무에서 비롯되는 권태감, 자책감, 음성 피로와 장애 등으로 인한 정신적 · 육체적인 이상 현상으로, 콜센터에서의 심리적 장애 요인이다.

85 악덕 소비자나 문제행동 소비자가 증가하는 사업자 측면의 원인이 아닌 것은?

① 사업자의 부정확한 정보 제공

② 지나친 판매중시 경영 태도

③ 악의적 불평행동을 보이는 소비자에게 과다한 보상 제공

④ 고객만족 경영을 과도한 소비자의 권리로 오인

> **해설**
>
> 문제행동 소비자 증가 원인
> - 사업자 측면
>   - 사업자의 부정확한 정보 제공
>   - 지나친 판매중시 경영 태도
>   - 불평행동을 보이는 소비자에게 과한 보상 제공
> - 소비자 측면
>   - 소비자의 높은 기대수준
>   - 왜곡된 소비자 권리 의식
>   - 소비자 지식 부족
> - 정부 측변
>   - 정부정책 및 법·규정 미비
>   - 정부 상담기관의 일관되지 않은 태도

86 감정노동 종사자의 건강보호 조치방법이 아닌 것은?

① 고충처리 위원 배치 및 건의제도 운영

② 고객과의 갈등 최소화를 위한 업무처리 재량권 축소

③ 사업장 특성에 맞는 고객응대 업무 매뉴얼 마련

④ 휴식시간 제공 및 휴게시설 설치

> **해설**
>
> 감정노동 종사자의 건강보호 조치방법
> - 고충처리 위원 배치 및 건의제도 운영
> - 고객과의 갈등을 최소화하기 위한 업무처리 재량권 부여
> - 사업장 특성에 맞는 고객응대 업무 매뉴얼 마련
> - 휴식시간 제공 및 휴게시설 설치
> - 감정노동 종사자 보호를 경영 방침으로 설정
> - 감정노동 실태 파악 후 스트레스 완화 방안 마련
> - 부당한 요구 시 서비스가 중단될 수 있음을 안내
> - 감정노동 종사자 지원 체계 마련 등 협력적 직장 문화 조성
> - 폭력 등 발생 시 업무 중단권 부여 및 상담·치료 지원

87 고객이 문제를 제기했을 때의 처리절차가 순서대로 올바르게 나열된 것은?

> ⓐ 문제 파악   ⓑ 대안 탐색   ⓒ 결정   ⓓ 대안 평가   ⓔ 자료 수집 · 분석

① ⓐ → ⓔ → ⓑ → ⓓ → ⓒ
② ⓔ → ⓐ → ⓑ → ⓒ → ⓓ
③ ⓑ → ⓓ → ⓐ → ⓔ → ⓒ
④ ⓐ → ⓑ → ⓔ → ⓓ → ⓒ

해설

고객이 문제를 제기했을 때의 처리절차
문제 파악 → 자료 수집 및 분석 → 대안 탐색 → 대안 평가 → 결정

88 메타그룹의 산업보고서에 처음 제안된 CRM 시스템 아키텍처의 세 가지 구성요소가 아닌 것은?

① 통합 CRM
② 운영 CRM
③ 협업 CRM
④ 분석 CRM

해설

CRM 시스템 아키텍처

운영 CRM	CRM의 구체적 실행을 지원하는 시스템이다. 조직과 고객 간의 관계 향상, 기존의 전사적 자원관리시스템의 고객접촉과 관련된 기능을 강화해 조직의 전방위 업무를 지원하는 시스템이다.
분석 CRM	데이터 웨어하우스나 데이터마트에서 나온 유용한 CRM 자료를 토대로 고객정보를 추출해서 고객의 움직임이나 향후 동향을 모델링하고 분석하는 부문이다.
협업 CRM	운영적 CRM, 분석적 CRM의 통합을 의미하며 고객과 기업 간의 상호작용 촉진을 위해 고안된 메일링, 전자커뮤니티, 개인화된 인쇄 등이 포함된다.

89 CRM 전략의 수행을 위한 활동 중 고객유치, 고객유지, 교차판매 등 구체적인 마케팅 활동에 필요한 운영상의 의사결정을 목표로 하는 것은?

① 차별적 세분화

② 전술적 세분화

③ 혼합형 세분화

④ 실행적 세분화

해설

가치 기반 고객세분화

전략적 세분화	• 거시적(Vacro) 세분화라고도 하며, 기업의 경영 전략에 기반을 둔 4~5년 이상의 장기적인 고객 전략이다. • 새로운 조직이나 프로세스, 상품 및 정보 시스템에 관한 투자를 필요로 한다.
전술적 세분화	• 미시적(Micro) 세분화라고도 하며, 6개월~1년의 단기간 내에 효과가 나타나기를 기대하면서 수행한다. • 고객이탈 방지, 교차판매 등 구체적 마케팅 활동의 대상을 선별하고 선별된 집단 중 일부의 특성을 구분해서 활동을 전개하기 위한 것이다.

90 다음 중 의사소통과정에서의 친밀감(Rapport) 형성에 관한 설명으로 옳은 것은?

① 고객에게 슬픈 감정을 유도하는 기법이다.

② 가망고객을 진찰하듯 탐색하는 기법이다.

③ 품위를 지키는 프로다운 자세를 느끼도록 하는 기법이다.

④ 고객에게 신뢰감을 느끼도록 하는 기법이다.

해설

라포(Rapport)
인간 사이에서 마음이 통하고, 따뜻한 공감과 감정 교류가 잘되어 서로 친밀감과 신뢰관계가 맺어지는 것을 말한다. 이를 위해서는 고객에게 공감하며 관심을 갖고 고객의 욕구를 파악해야 한다.

91 고객응대에 대한 설명 중 틀린 것은?

① 고객과 커뮤니케이션을 하는 활동이다.

② 고객에게 필요한 정보를 제공한다.

③ 고객의 요구를 미리 판단하여 답을 제시한다.

④ 고객의 입장에서 판단한다.

해설

고객을 응대할 때에는 선입관을 갖고 고객의 요구를 미리 판단하여 답을 제시하지 말고 적극적 경청을 통해 고객이 원하는 것이 무엇인지 정확히 파악해서 문제를 해결해야 한다.

92 CRM의 활용 목적에 대한 설명으로 가장 적합한 것은?

① 새로운 고객의 다수 확보에 용이하다.

② 내부고객의 상담을 목적으로 한다.

③ 기존고객을 단골고객으로 계속 유지하고자 한다.

④ 고속도로 휴게소 식당과 같은 곳에서 고객을 유인할 때 효과적이다.

해설

CRM의 활용 목적
- 기존고객 유지 및 신규고객 확보를 통한 고객 수 증대
- 고객 가치 증진을 통한 매출 및 고객 충성도 향상
- 고객 운영비용 효율화를 통한 비용 절감
- 고객 유지비용의 최적화를 통한 마케팅 비용 효율화 등으로 기업의 수익 증대
- 차별화된 맞춤 서비스를 제공함으로써 고객만족도 향상

93 다음 중 빅데이터의 분석을 위해 활용하며, 표본집단의 특성을 나타내는 통계량이 아닌 것은?

① 중앙값　　　　　　　　　　　　② 최빈값

③ 전수　　　　　　　　　　　　　④ 분산

해설

① 중앙값: 통계집단의 측정값을 크기순으로 배열했을 때 중앙에 위치한 수치
② 최빈값: 통계집단에서 가장 많이 나타나는 변량의 값
④ 분산: 변량들이 퍼져있는 정도를 나타내는 값

정답　89 ②　90 ④　91 ③　92 ③　93 ③

94 고객만족도조사가 필요한 이유로 가장 적절하지 않은 것은?

① 마케팅 실무자들의 의사결정에 대한 효과성을 높여준다.

② 고객의 니즈를 규정하고, 고객을 만족시키는 마케팅 활동을 할 수 있도록 도와준다.

③ 기업에 대한 고객의 기대를 향상시킨다.

④ 고객의 심리적, 행동적 특성 파악에 도움을 준다.

> **해설**
> 고객만족도조사가 필요한 이유
> • 마케팅 실무자들의 의사결정 효율성을 높인다.
> • 고객의 니즈를 규정하고, 고객을 만족시키는 마케팅 활동을 할 수 있도록 도와준다.
> • 고객의 심리적, 행동적 특성 파악에 도움을 준다.

95 전화를 거는 방법 중에서 가장 좋은 통화예절은?

① 전화가 연결되더라도 자신이 누구인지는 나중에 밝힌다.

② 통화가 연결되는 즉시 담당자만 바꿔달라고 말한다.

③ 얼굴에 미소를 띠며 밝은 목소리로 전화 인사한다.

④ 통화가 끝나면 끝인사 없이 수화기를 먼저 내려놓는다.

> **해설**
> 상담사는 전화를 받으면서 미소를 띠며 밝은 목소리로 고객에게 인사말, 소속, 이름의 순서대로 첫인사를 하며 통화가 끝나면 고객이 먼저 끊은 후 수화기를 내려놓는다.

96 CRM의 등장배경에 관한 설명 중 틀린 것은?

① 산업 사회에서 정보화 사회로 변화되고 있다.

② 마케팅 전문부서에서 소수 전문가의 책임이 더욱 커지고 있다.

③ 기업의 경쟁력은 규모의 경제에서 가치의 경제로 변화되고 있다.

④ 소비자들에게 제품구입에 대한 인식이 소유개념에서 공유개념으로 전환되고 있다.

> **해설**
> CRM의 등장배경
> • 정보기술의 발전
> • 기업들의 지속적인 성장 유지 노력 및 가치 경제로의 변화
> • 소비자의 소유개념 전환 및 니즈 다각화

97 화난 소비자를 대하는 상담전략에 대한 설명으로 옳은 것은?

① '죄송하다'는 말 한마디가 중요하다.

② 고객에게 부당성을 지적하는 응대가 기본전략이다.

③ 화난 소비자의 감정 상태를 인정하면 안 된다.

④ 문제 해결에 소비자의 화난 감정은 중요하지 않다고 유도하는 방향으로 상담을 진행해야 한다.

해설

화난 소비자를 대하는 상담전략
• 불만사항을 끝까지 참고 들으며 변명하지 않고 정중히 사과한다.
• 음성을 낮추면서 대응한다.
• 공감하면서 주의 깊게 경청하여 메모하고 확인시킨다.
• 소비자의 동의를 구해 가며 함께 해결 방법을 협의한다.

98 고객에게 자신의 의도를 적극적으로 전달하는 방법으로 가장 적절하지 않은 것은?

① 자신의 의도를 강력하고 직설적으로 표현한다.

② 상대방이 듣기 좋은 음성과 언어로 대답한다.

③ 호감이 가도록 메시지를 표현한다.

④ 효과적으로 말하는 방법을 익혀서 전달한다.

해설

고객에게 자신의 의도를 적극적으로 전달하려고 강력하고 직설적으로 표현하다가는 고객의 반감을 살 수 있으므로 부드럽고 정중하게 표현해야 한다.

99 고객이 기업과 만나는 모든 때에 기업에 대한 고객의 경험과 인지에 영향을 미치는 '결정적인 순간'을 의미하는 것은?

① CRM(Customer Relationship Management)

② MOT(Moments Of Truth)

③ MIS(Marketing Information System)

④ CSM(Customer Satisfaction Management)

해설

MOT
• SAS(스칸디나비아항공)사 얀 칼슨이 주장한 것으로 고객 접점의 중요성을 뜻하는 용어이다.
• 고객이 기업과 만나는 모든 장면에서 기업에 대한 고객의 경험과 인지에 영향을 미치는 결정적인 순간을 의미한다.
• 고객과 기업이 접촉하여 그 제공된 서비스에 대해 느낌을 갖는 15초간의 진실된 순간이다.
• 우리 회사를 선택한 것이 가장 현명한 선택이었다는 사실을 고객에게 입증시켜야 할 소중한 시간이다.

100 다음 중 CRM을 통해 기업 측면에서 얻을 수 있는 직접적 이익만을 모두 고른 것은?

> ㄱ. 판매 증진
> ㄴ. 서비스 품질 개선
> ㄷ. 비용 감소
> ㄹ. 종업원 확보

① ㄱ

② ㄱ, ㄴ

③ ㄷ, ㄹ

④ ㄱ, ㄷ, ㄹ

해설

CRM을 통해 기업이 얻을 수 있는 직접적 이익
- 고객 가치 증진을 통한 교차판매 등으로 판매 증진
- 고품질의 차별화된 맞춤 서비스 등으로 인한 우수고객 유지
- 고객 운영비용 효율화를 통한 비용 절감
- 기업 이미지와 브랜드 제고

100 ④ 정답

핵심 내용
제1과목: 니치 마케팅, 고정비, 인·아웃바운드 텔레마케팅, 단수가격, 시장세분화, 라인 확장, 가격세분화
제2과목: 표본크기, 2차 자료, 우편조사, 생태주의 오류, 서스톤 척도, 조작적 정의, 조사자가 지켜야 할 사항
제3과목: QAA, 콜센터 생산성 향상 방안, 리더십 행위이론, 콜센터 리더의 역할, OJT, 라포, 파레토 법칙, 인적자원관리 방안
제4과목: CRM 구축 시 고려사항, B2B CRM, 의사결정나무, 개인정보 노출방지, 고객상담 기술

▌제1과목 판매관리

01 세분시장을 더욱 작게 세분화함으로써 다른 제품들로는 그 욕구가 충족되지 않은 소수의 소비자들을 표적으로 하는 마케팅은?

① 대량 마케팅(Mass marketing)

② 니치 마케팅(Niche marketing)

③ 블루오션 마케팅(Blue ocean marketing)

④ 관계 마케팅(Relationship marketing)

> **해설**
>
> 니치 마케팅에서 니치란 틈새를 의미하는 말로, 남이 모르는 좋은 낚시터라는 뜻을 가지고 있다. 기존 시장에 진입하기 어렵거나 수익성을 개선하기 위하여 기존의 시장과는 다른 시장에 진입하는 것을 말한다.

02 코틀러(Kotler)가 제시한 제품의 세 가지 수준에 해당하지 않는 것은?

① 핵심제품(Core product)

② 유형제품(Tangible product)

③ 확장제품(Augmented product)

④ 소비제품(Consumer product)

> **해설**
>
> 코틀러의 제품 세 가지 수준
> • 핵심제품(Core product): 소비자들이 제품을 구입할 경우 그들이 실제로 구입하고자 하는 핵심적인 이익(Benefit)이나 문제를 해결해 주는 서비스
> • 실체(유형)제품(Tangible product): 소비자들에게 핵심제품의 이익을 전달할 수 있도록 결합되는 제품의 부품, 스타일, 특성, 상표명 및 포장 등의 기타 속성
> • 확장(포괄)제품(Augmented product): 핵심제품과 실체제품에 추가적으로 있는 서비스와 이익들로서 품질보증, 애프터 서비스, 설치 등

정답 | 01 ② 02 ④

03 가격결정의 다양한 주요 원인 중 고정비에 해당하는 것은?

① 조립 작업비
② 판매 수수료
③ 재료비
④ 빌딩 임대료

> **해설**
>
> 제조경비 중 고정비 성격이 강한 건물 임차료, 기계장치의 임차료, 그리고 감가상각비는 고정비로 분류한다.
>
> 고정비와 변동비
> • 고정비: 매출액이나 생산량의 증감에 관계없이 일정하게 고정적으로 발생하는 비용으로, 감가상각비, 사무직원의 급여, 고정자산의 보험료, 부동산 임차료, 차입금의 지급이자, 재산세와 종합토지세 등이 이에 속한다. 고정비는 기간 총액으로는 고정적인 비용이나 제품단위당으로는 매출액 규모에 따라 변동한다.
> • 변동비: 제품의 생산량 증감에 따라 원가가 증감하는 비용으로, 재료비, 외주가공비, 판매 수수료, 포장비 등이 이에 속한다. 변동비는 기간총액으로는 매출액의 증감에 비례하여 증감하는 비용이지만 제품단위당으로는 변동하지 않는다.

04 경쟁사와 대비하여 차별적인 우위를 누릴 수 있는 포지셔닝 전략으로 적합하지 않은 것은?

① 제품차별화
② 서비스차별화
③ 인적차별화
④ 기업환경차별화

> **해설**
>
> 적절한 포지셔닝 전략이 수립되어야 소비자들에게 경쟁사들보다 높은 가치를 제공할 수 있고 이에 따라 시장에서 차별적인 우위를 누릴 수 있다. 차별화 가능 요인으로는 제품차별화, 서비스차별화, 인적차별화, 이미지차별화가 있다. 기업환경은 차별화가 어려운 영역이다.

05 아웃바운드 텔레마케팅의 특성으로 옳지 않은 것은?

① 고객주도형의 마케팅 유형이다.
② 고객접촉률과 고객반응률을 중시한다.
③ 대상고객의 명단이나 데이터가 있어야 한다.
④ 고객에게 전화를 거는 능동적, 공격적, 성과지향적인 마케팅이다.

> **해설**
>
> 아웃바운드 텔레마케팅은 텔레마케팅 운용 주체인 기업에서 외부의 잠재고객, 기존고객에게 전화를 거는 기업주도형 마케팅 유형이다.

06 포지셔닝(Positioning) 전략 수립절차로 옳은 것은?

A. 소비자 분석 및 경쟁자 확인
B. 자사 제품과 포지셔닝 개발
C. 경쟁 제품의 포지션 분석
D. 포지셔닝 확인
E. 재포지셔닝

① A → C → B → D → E
② D → B → A → C → E
③ A → D → C → B → E
④ D → A → B → C → E

해설

포지셔닝(Positioning) 전략 수립절차
시장 분석(소비자 분석 및 경쟁자 확인) → 경쟁 제품의 포지션 분석 → 자사 제품과 포지셔닝 개발 → 포지셔닝의 확인 →
재포지셔닝

07 텔레마케팅 용어에 대한 설명이 옳은 것은?

① VMS – 상담사에게 업무별 특성에 맞도록 콜을 라우팅하는 기능
② ANI – 외부에서 걸려 온 전화를 일시 거부하는 기능
③ ARS – 외부에서 전화가 걸려 오면 자동으로 응답하는 기능
④ ACD – 텔레마케터와 고객의 통화내용을 모니터할 수 있는 기능

해설

ARS는 자동응답시스템으로서 24시간 연중 고객서비스가 가능하다는 이점이 있다.
① VMS(Voice Mail System): 상담원에게 음성 메시지를 남기는 기능
② ANI(Automatic Number Identification): 외부에서 걸려 온 전화번호를 추적하는 기능
④ ACD(Automatic Call Distribution): 상담원에게 Call을 균등하게 배분하는 기능

08 다음은 마케팅 커뮤니케이션 목표와 판매촉진 방안 활용에 관한 장단점을 요약한 표이다. 빈칸 안에 들어갈 알맞은 것은?

구분	쿠폰	프리미엄	가격 할인
지각된 위험 감소	(㉠)	미약	뛰어남
기업 이미지 개발	없음	(㉡)	미약
긍정적 구전 자극	미약	좋음	(㉢)

	㉠	㉡	㉢
①	뛰어남	좋음	미약
②	없음	뛰어남	뛰어남
③	미약	미약	뛰어남
④	미약	좋음	뛰어남

해설

판매촉진 방법
• 쿠폰: 직접적으로 가격을 인하해 주는 방법
• 프리미엄: 구매자에게 염가 또는 무료로 품목을 제공하는 방법
• 가격 할인: 제품의 가격을 할인하여 소비자가 제품을 구매하도록 촉진하는 방법

09 인바운드 텔레마케팅의 중요성에 대한 설명으로 거리가 가장 먼 것은?

① 거래 마케팅에서 관계 마케팅으로의 변화에 대응
② 서비스 및 상품 이용고객의 만족 여부의 정확한 확인
③ 광고, 경험, 구전 등에 의한 고객 기대가치의 대응
④ 기업 서비스 향상으로 고객 요구에 대한 신속한 대응

해설

이용고객의 만족 여부 확인(고객만족도조사)은 아웃바운드 텔레마케팅 업무에 해당한다.

10 제조업자가 중간상들로 하여금 제품을 최종사용자에게 전달, 촉진, 판매하도록 권유하기 위해 자사의 판매원을 이용하는 유통경로 전략은?

① 푸시(Push) 전략

② 풀(Pull) 전략

③ 집중적 경로 전략

④ 전속적 경로 전략

해설

푸시 전략(Push strategy, 밀기 전략)

중간상들이 자사 제품을 취급하도록 하고, 나아가서는 최종소비자에게 자사 제품의 구매를 권장하도록 하는 전략이다.

11 다음 중 촉진 수단에 관한 설명으로 틀린 것은?

① 광고는 비인적 커뮤니케이션 방법이기 때문에 판매 사원들을 사용하는 방법만큼 설득적이지 못하다.

② 인적 판매는 소비자의 욕구를 보다 직접적으로 알 수 있으며 또한 그에 대한 즉각적인 반응이 가능하다.

③ 판매촉진은 기업이나 제품 이미지 제고 등 장기적인 목표를 달성하기 위한 투자가 대부분이다.

④ PR은 촉진 수단으로서 뉴스, 행사 등을 활용하기 때문에 일반적으로 소비자들은 PR이 광고보다 더 믿을 만하다고 여기는 것으로 알려져 있다.

해설

판매촉진은 단기적이고, 직접적인 판매를 목적으로 한다.

12 다음 중 인바운드 텔레마케팅 활용사례에 해당하지 않는 것은?

① TV 홈쇼핑

② 고객지원센터

③ 정부의 민원상담

④ 시장조사

해설

시장조사는 아웃바운드 텔레마케팅의 비판매 분야 중에서 조사업무(고객만족도조사, 시장조사, 소비자조사, 여론조사 등)에 해당된다.

정답 08 ① 09 ② 10 ① 11 ③ 12 ④

13 자사 브랜드를 명시적 혹은 묵시적으로 타사 브랜드와 비교하는 비교 광고를 함으로써 자사의 브랜드를 부각시키는 포지셔닝 방법은?

① 사용자 포지셔닝

② 가격 포지셔닝

③ 경쟁적 포지셔닝

④ 이미지 포지셔닝

> **해설**
> 경쟁적 포지셔닝은 소비자의 지각 속에 자리 잡고 있는 경쟁 제품과 묵시적으로 비교함으로써 자사 제품의 편익을 부각하려는 포지셔닝 방법이다.

14 아웃바운드 텔레마케팅의 전략적 활용방안 중 판매촉진의 방법으로 볼 수 있는 것은?

① 소비동향 조사

② 수요예측 조사

③ 대금, 미수금 독촉

④ 신상품 정보제공 및 구입 권유

> **해설**
> 판매촉진은 기업이 제품이나 서비스의 판매를 증가시키기 위해 단기간에 직접적으로 중간상이나 최종소비자를 대상으로 벌이는 광고, 홍보, 인적 판매 외의 모든 촉진활동을 의미한다. 그러한 활동 중 하나인 아웃바운드 텔레마케팅은 미리 선정된 고객의 DB를 갖추고 고객에게 전화를 걸어 기업의 상품이나 서비스를 적극적으로 안내ㆍ판매하는 마케팅 기법으로, 신상품 정보제공 및 구입 권유 등의 촉진방법을 통해 판매율을 높일 수 있다.

15 아웃바운드 텔레마케터가 가져야 할 자질로서 적합하지 않은 것은?

① 밝고 생동감 있는 목소리

② 목표의식과 달성능력

③ 수동적인 상담자세

④ 인내심과 냉철한 판단력

> **해설**
> 아웃바운드는 목적을 가지고 하는 능동적인 마케팅이므로 적극적인 자세가 필요하다. 또한, 고객으로부터 거절당하더라도 받아들일 수 있는 긍정적인 자세가 필요하다.

16 효과적인 시장세분화 조건에 해당하지 않는 것은?

① 제품 및 서비스의 품질과 양을 감소시키거나 가격을 통제할 수 있는 강력한 공급업자가 반드시 있어야 한다.

② 세분시장의 규모, 구매력 등이 측정 가능해야 한다.

③ 세분시장에 접근할 수 있어야 하고, 그 시장에서 어느 정도 효과적으로 활동할 수 있느냐를 고려해야 한다.

④ 세분시장을 유인하여 서브할 수 있도록 효과적인 마케팅 프로그램을 입안하여 활동할 수 있어야 한다.

해설

시장세분화 조건
• 측정가능성: 세분시장의 규모와 구매력을 측정할 수 있는 정도
• 접근가능성: 세분시장에 접근할 수 있고 그 시장에서 활동할 수 있는 정도
• 행동가능성: 특정한 세분시장을 유인하고 그 세분시장에서 효과적인 프로그램을 설계하여 영업활동을 할 수 있는 정도

17 아웃바운드 텔레마케팅의 특성으로 틀린 것은?

① 아웃바운드에서는 고객리스트가 반응률을 결정하며 기본적으로 고객주도형이다.

② 아웃바운드는 무차별적 전화 세일즈와는 달리 전화를 걸기 위한 사전준비가 필요하다.

③ 고정고객 관리는 신규고객 획득에 비해 시간과 비용면에서 경제적이고 효과도 크다.

④ 아웃바운드가 인바운드보다 상대적으로 고도의 기술을 요하며 마케팅 전략, 통합기법 등의 노하우, 상담원의 역량 등에 큰 영향을 받는다.

해설

아웃바운드 텔레마케팅
텔레마케팅 운용주체가 외부의 잠재고객 및 기존의 고객에게 전화를 거는 것으로 기업주도형이고 능동적이며 목표지향적인 마케팅이다.

18 광고보다 인적 판매가 더 유리한 경우는?

① 고객의 수가 많음

② 기능 설명이 필요한 고가의 제품

③ 고객이 지역적으로 분산되어 있음

④ 표준화된 제품

인적 판매는 판매원이 고객과 직접 대면하여 쌍방향 대화에 의해 자사의 제품이나 서비스의 구매를 설득하는 커뮤니케이션 활동으로, 고객의 요구에 즉각적으로 대처가 가능하므로, 기능 설명이 필요한 고가의 제품 판매에 유리하다. ① · ③ · ④는 광고가 더 유리한 경우에 해당된다.

19 다음은 어떤 가격조정 전략에 해당하는가?

> A 대형마트에서는 B사의 오디오 제품가격을 300,000원에서 299,000원으로 조정하였다.

① 세분화 가격결정   ② 지리적 가격결정
③ 촉진적 가격결정   ④ 심리적 가격결정

심리적 가격결정방법 중 단수가격결정법에 해당한다.

심리적 가격결정방법
단순히 경제성이 아니라 가격의 심리적 측면을 고려하여 가격을 책정하는 방법으로 단수가격과 관습가격, 명성가격이 심리적 가격결정방법에 해당한다.

단수가격결정법
가격이 가능한 가격 중 가장 낮은 가격으로 결정되었다는 인상을 구매자에게 주기 위하여 고의로 단수를 붙여 가격을 결정하는 방법이다.

20 고객에 대한 구매 제안 유형 중 고객의 구매 이력 등의 관리를 통해 기존에 구매한 고객에게 다른 상품을 구입하도록 하는 제안은?

① Cross selling

② Positive option

③ Negative option

④ Up selling

Cross selling은 하나의 제품이나 서비스 제공 과정에서 다른 제품이나 서비스에 대해 판매를 촉진하는 방법으로, 교차판매라고도 한다.
② Positive option: 고객이 상품 안내서를 보고 상품을 직접 주문하는 방식이다.
③ Negative option: 계약 기간이 경과한 이후에 고객이 계약의 연장이나 변경을 승인하지 않았는데도 판매자가 상품을 배달하고 그 대금을 청구하는 방식이다.
④ Up selling: 특정한 상품 범주 내에서 상품 구매액을 늘리도록 업그레이드된 상품의 구매를 유도하는 방법으로, 격상판매라고도 한다.

21 서비스의 특성에 관한 설명으로 옳지 않은 것은?

① 소멸성 – 서비스는 저장하거나, 재판매하거나 돌려받을 수 없다.

② 비분리성 – 서비스는 제품의 특성과 분리되지 않고 동일하게 생산 후 소비가 된다.

③ 무형성 – 서비스는 객체라기보다 행위이고 성과이기 때문에 유형적 제품처럼 보거나 느낄 수 없다.

④ 이질성 – 서비스를 제공하는 행위자에 따라 오늘과 내일이 다르고 시간마다 달라질 수 있다.

> **해설**
> 서비스의 비분리성은 서비스와 생산자, 서비스의 생산과 소비를 분리할 수 없다는 것을 의미한다.

22 라인 확장에 대한 설명으로 적절한 것은?

① 생산된 제품에 각각 다른 브랜드명을 사용하는 전략

② 기존 브랜드명을 다른 제품 범주의 신제품에도 사용하는 전략

③ 기업이 동일한 제품 범주 내에서 두 개 이상의 다른 브랜드명을 사용하는 전략

④ 동일한 제품 범주 내에서 새로운 특성을 추가로 도입하면서 기존의 브랜드명을 사용하는 전략

> **해설**
> ① 개별 브랜드 전략: 생산된 제품에 각각 다른 브랜드명을 사용하는 전략
> ② 브랜드 확장 전략: 한 제품 시장에서 성공을 거둔 기존 브랜드명을 다른 제품 범주의 신제품에도 사용하는 브랜드 전략
> ③ 복수 브랜드 전략: 기업이 동일한 제품 범주 내에서 두 개 이상의 다른 브랜드명을 사용하는 전략

23 시장세분화의 이점으로 볼 수 없는 것은?

① 마케팅믹스를 보다 효과적으로 조합할 수 있다.

② 시장수요의 변화에 보다 신속하게 대처할 수 있다.

③ 다양한 특성을 지닌 전체 시장의 욕구를 모두 충족시킬 수 있다.

④ 세분시장의 욕구에 맞는 시장 기회를 보다 쉽게 찾아낼 수 있다.

> **해설**
> 시장세분화는 고객 집단별로 고객의 욕구에 알맞게 차별화된 마케팅을 하기 위한 것이다. 시장 전체의 욕구를 충족시키는 것은 시장세분화의 목적이 아니다.

24 로지스틱스(Logistics) 시스템의 주요 기능 중 다음 설명에 해당되는 것은?

> 많은 기업이 효율적인 로지스틱스 시스템을 통해서 재고량과 관련된 비용을 크게 절감하고자 한다. 이에 생산업자와 소매상은 며칠분에 불과한 매우 적은 양의 부품 재고 또는 상품 재고만을 유지한다. 새로운 재고는 사용할 때까지 창고에 보관되는 것이 아니라 필요한 때에 정확하게 도착한다. 이것은 정확한 예측과 함께 신속하고, 빈번하고, 유연성 있는 배달이 필요하다.

① 공급망 관리(SCM)
② 적시 생산 시스템(JIT)
③ 전자 태그(RFID)
④ 고객 관계 관리(CRM)

해설

JIT 재고 모형은 생산 과정에서 필요한 양의 부품이 즉시 도착하기 때문에 재고를 유지할 필요가 아예 없거나 필요하다면 극소량의 재고만을 유지함으로써 재고 관리 비용을 최소화하는 방법이다.

25 제품 또는 서비스의 가격세분화 기준에 관한 설명으로 틀린 것은?

① 세분시장이 충분히 커야 한다.
② 상이한 세분시장의 고객들은 가격의 변화에 대해 동일하게 반응해야 한다.
③ 세분시장을 확인할 수 있어야 하고, 차별적으로 가격을 책정할 수 있는 수단이 마련되어야 한다.
④ 특정 세분시장에서 저가격에 상품 또는 서비스를 구매한 고객이 다른 세분시장의 고객에게 동일한 서비스를 판매할 기회를 주어서는 안 된다.

해설

효과적인 시장세분화의 요건으로는 세분한 시장 간에 어떤 마케팅 프로그램을 시행했을 때 서로 다르게 반응하는 정도인 차별성이 있다. 그러므로 상이한 세분시장의 고객들은 가격 변화에 상이한 반응을 보여야 한다.

26 자료의 신뢰성을 확보하기 위한 방법과 가장 거리가 먼 것은?

① 측정 항목을 늘린다.

② 설문지의 모호성을 제거한다.

③ 동일한 질문이나 유사한 질문을 2회 이상 한다.

④ 면접자들의 면접 방식과 태도를 피면접자에 따라 다양하게 진행한다.

해설

신뢰성을 확보하기 위해서는 자료나 현상을 일관성 있게 측정해야 한다.

27 다음 중 종속 변수를 선행하면서 영향을 미치는 변수는?

① 잔여 변수

② 외생 변수

③ 독립 변수

④ 통제 변수

해설

종속 변수에 선행하며 영향을 미치는 변수는 독립 변수이다.

독립 변수

마케팅 조사설계의 기본 요소로서 일반적으로 마케팅 관리자가 통제하는 변수이다. 관찰하고자 하는 현상의 원인이라고 가정한 변수로 다른 변수의 값에 영향을 미친다.

28 시장조사에 관한 설명으로 옳지 않은 것은?

① 시장조사는 매출과 이익을 증가시키도록 도와주는 질적 기법들의 집합이다.

② 시장조사는 제품을 공급하는 공급자의 요구를 정확히 파악하는 것이다.

③ 시장조사는 경쟁자들의 매출 및 시장 점유율에 대한 정보를 수집하는 것이다.

④ 시장조사는 자료의 수집과 기록을 위한 도구의 집합체이다.

해설

시장조사는 공급자가 아닌 소비자의 니즈와 특성을 정확히 파악하는 활동이다.

정답 24 ② 25 ② 26 ④ 27 ③ 28 ②

29 다음 내용이 설명하는 것은?

> 조사자가 추론하고자 하는 모든 자료의 집합, 즉 조사의 전체 대상을 말한다.

① 모집단
② 표본
③ 모분산
④ 표집

해설

② 표본: 전체 응답 대상 중 특성이 있는 적절한 소수로 뽑은 대상이다.
③ 모분산: 모집단의 분산을 가리키는 말로, 주어진 모집단의 특성을 나타내는 모수의 하나이며, 모집단 분포의 산포도를 나타내는 척도이다.
④ 표집: 표본을 선택하는 과정으로 표본추출이라고 한다.

30 전수조사와 비교하여 표본조사가 가지는 이점으로 볼 수 없는 것은?

① 시간과 비용, 인력을 절약할 수 있다.
② 조사 대상자가 적기 때문에 조사 과정을 보다 잘 통제할 수 있다.
③ 통계자료로부터 올바른 모수추정이 어려운 경우에 더 효율적이다.
④ 비표본오류를 상대적으로 더 많이 줄일 수 있기 때문에 정확도를 높일 수 있다.

해설

통계량으로부터 올바른 모수추정이 어려운 경우에는 전수조사를 실시해야 한다.

표본조사의 이점
• 조사 기간이 짧아서 인력과 시간 및 비용이 적게 든다.
• 조사 과정을 보다 잘 통제할 수 있어서 정확한 자료를 얻을 수 있다.
• 전수조사 과정에서 발생하는 비표본오류 때문에 전수조사가 표본조사보다 부정확할 가능성이 있다.

31 표본의 크기를 결정하는 데 고려해야 하는 요소로 적절하지 않은 것은?

① 비표집오차
② 모집단 요소의 동질성
③ 조사의 목적
④ 모집단의 크기

해설

비표집오차(비표본오차)는 표본추출 이외의 과정에서 발생하는 오차로서 조사에서의 무응답, 잘못된 표본추출틀의 사용, 조사원의 미숙한 진행, 응답자의 거짓말 등에서 발생하므로 표본의 크기와는 관련이 없다.

표본의 크기를 결정하는 데 고려해야 할 요인
• 조사의 목적
• 모집단의 크기
• 모집단의 동질성
• 유의수준
• 표집 방법 및 조사 방법의 유형

32 확률표본추출방법의 특징으로 옳지 않은 것은?

① 시간과 비용이 많이 든다.

② 표본오차의 추정이 불가능하다.

③ 표본분석결과의 일반화가 가능하다.

④ 연구대상이 표본으로 추출될 확률이 알려져 있다.

> **해설**
> 확률표본추출방법은 모집단에 속한 모든 요소가 표출됨에 있어 같은 확률을 가진다는 것이 전제되며, 비용이 많이 들고 불편하지만 표본오차의 추정이 가능하다.

33 2차 자료에 해당하지 않는 것은?

① 조직 내부에 보유하고 있는 각종 자료

② 실태조사를 통하여 수집한 자료

③ 통계청에서 발간하는 각종 통계자료집

④ 각종 연구소에서 발표한 연구 보고서

> **해설**
> 실태조사를 통하여 수집한 자료는 1차 자료이다.

34 측정하고자 하는 개념을 어느 정도로 정확하게 측정하였는가를 나타내는 타당성에 대한 설명과 거리가 먼 것은?

① 타당성은 동일한 측정을 위하여 항목 간의 평균적인 관계에 근거하여 내적인 일관성을 구할 수 있다.

② 타당성의 종류에는 내용타당성, 기준타당성, 구성타당성 등이 있다.

③ 내용타당성은 연구자가 의도한 내용대로 실제로 측정하고 있는가 하는 것이다.

④ 기준타당성은 측정도구에 의하여 나타난 결과와 다른 변수 간의 관계를 측정하는 것이다.

> **해설**
> 동일한 측정을 위하여 항목 간의 평균적인 관계에 근거하여 내적인 일관성을 구할 수 있는 것은 신뢰도에 대한 설명으로, 신뢰도란 시간적 간격을 두고 동일한 조건 아래에 있는 측정 대상을 반복하여 측정하였을 때 각 반복측정치들 사이에 나타나는 일관성의 정도를 말한다.
>
> 타당도
> 연구자가 측정하고자 하는 개념이나 속성을 정확히 측정했는지를 나타내는 개념으로, 검사점수가 검사의 사용 목적에 얼마나 부합하느냐로 적합성과 관련된 문제이다.

35 2차 자료 수집 시 고려해야 할 사항과 가장 거리가 먼 것은?

① 조사 목적의 적합성

② 자료의 신뢰성

③ 자료의 편견

④ 자료의 편집

> **해설**
> 2차 자료는 다른 목적으로 이미 만들어져 있는 자료이므로 편집을 고려할 필요는 없으며 자료의 적합성, 타당성, 신뢰성
> 등을 신중하게 검토해야 한다.

36 전화 설문조사 후 진행되는 편집 작업에 대한 설명으로 틀린 것은?

① 일반적으로 자료 처리의 첫 단계라고 한다.

② 수집된 설문 응답의 오기, 누락, 착오 등을 교정하는 단계이다.

③ 수집된 설문 응답을 애매하고 모호한 점이 없도록 일정한 기준에 따라 체계적으로 검토하는 일이다.

④ 각 응답 항목에 계통적 번호를 매기는 작업이다.

> **해설**
> 각 응답 항목에 번호를 매기는 작업은 코딩(부호화) 작업이다.
> 편집
> 조사를 끝내고 채택된 설문지에 대해 각 항목의 응답이 정확한 것인가를 파악하는 첫 교정단계로, 일정한 기준에 따라 체
> 계적으로 검토하는 일이다.

37 시장조사 시 조사자가 지켜야 할 사항과 가장 거리가 먼 것은?

① 조사 대상자의 존엄성과 사적인 권리를 존중해야 한다.

② 조사 결과는 성실하고 정확하게 보고하여야 한다.

③ 자료의 신뢰성과 객관성을 확보하기 위해 자료원 보호는 반드시 배제해야 한다.

④ 조사의 목적을 성실히 수행하여야 하며 조사 결과의 왜곡, 축소 등은 피하여야 한다.

> **해설**
> 자료의 신뢰성과 객관성을 확보하기 위해 자료원 보호가 필요하다.

38 다음 중 우편조사 시 설문지의 회수율을 높일 수 있는 방법과 거리가 먼 것은?

① 설문조사에 대한 참여를 극대화하기 위해 대중매체를 이용하여 홍보를 지속적으로 한다.

② 설문지 응답자 중 추첨을 통해 선물을 보내드린다는 사실을 적어서 설문지와 함께 보낸다.

③ 설문 내용에 하나라도 체크가 되지 않은 부분이 있다면 응답자에게 다시 발송됨을 설문지에 명기한다.

④ 설문지를 다 작성하여 우편을 보낸 모든 응답자에게 관할 지역에서 제공하는 편의시설 이용권을 발송해 준다.

해설

우편조사의 경우 설문지 회수율이 낮기 때문에 응답자들이 겪을 불이익을 명기할 경우 높은 회수율을 기대하기 더 어려워진다.

39 다음 중 설문지 작성 원칙으로 틀린 것은?

① 이중질문을 지양한다.

② 질문은 가치중립적이어야 한다.

③ 규범적인 응답을 자아내도록 한다.

④ 응답자의 수준에 맞는 언어를 사용한다.

해설

조사자의 가치 판단을 배제하고 중립적인 질문이 되도록 하며 유도 질문을 하지 않아야 한다.

40 전화 면접법에 대한 설명으로 옳지 않은 것은?

① 통화시간상 제약이 존재한다.

② 전화번호부를 표본프레임으로 선정하여 사용한다.

③ 전화 면접법은 링크 서베이(Link survey)라고도 한다.

④ 무작위로 전화번호를 추출(Random-digit dialing)하는 방법이 사용된다.

해설

전화 면접법은 Telephone survey라고도 한다.

41 설문지 작성 절차에 대한 설명으로 거리가 먼 것은?

① 얻고자 하는 내용에 따라 질문의 내용을 결정한다.

② 응답자의 사생활에 대한 질문은 제일 앞부분에 배치한다.

③ 구체적인 질문 문항들을 배열하여 질문지 초안을 만든다.

④ 부호화를 위한 지침이나 사전에 부호화의 틀을 마련하는 것이 좋다.

해설

응답자의 사생활에 대한 질문은 어느 정도 대화 분위기가 조성된 이후에 하는 것이 좋다.

42 다음 내용에서 설명하는 오류를 무엇이라고 하는가?

> 어떤 연구에서 "65세 이상의 노년층 인구가 많은 도시가 65세 이상의 노년층 인구가 적은 도시보다 1인
> 당 여가활동에 지출하는 액수가 많다."는 결과를 얻었을 때, 이러한 연구결과로부터 "67세의 노인이 63세
> 의 노인보다 여가활동에 더 많은 비용을 지출한다."고 결론을 내렸다.

① 조건화 오류   ② 생태학적 오류

③ 개인주의적 오류   ④ 일반화 오류

해설

생태주의(생태학적) 오류
실제 분석단위는 개인이 아니라 집단임에도 불구하고, 개인에 대해서도 똑같을 것이라고 가정할 때 발생하는 오류이다.

43 다음 내용이 설명하는 척도는?

> 척도에 포함될 문항들이 11개의 평가 범주 중 어느 위치에 속할 것인가를 판단하여 이를 바탕으로 척도에
> 포함될 적절한 문항들을 선정하여 척도를 구성한다.

① 서스톤 척도   ② 리커트 척도

③ 거트만 척도   ④ 평정 척도

해설

서스톤 척도
한 집단의 평가자로 하여금 척도에 포함될 문항들이 척도상의 어느 위치에 속할 것인가를 판단하게 한 다음, 조사자가 이를 바탕으로 척도에 포함될 적절한 문장들을 선정하여 척도를 구성하는 방법이다.

44 개방형 질문의 장점에 해당하지 않는 것은?

① 응답자로 하여금 그가 원하는 방향으로 자세히 응답하게 함으로써 창의적인 자기표현의 기회를 줄 수 있다.

② 질문지에 열거하기에는 응답 범주가 너무 많을 경우에 사용하면 좋다.

③ 몇 개의 범주로 압축할 수 없을 정도로 쟁점이 복합적일 때 적합하다.

④ 질문에 대한 대답이 표준화되어 있기 때문에 비교가 가능하다.

> **해설**
>
> 질문에 대한 대답이 표준화되어 있어 비교가 가능한 것은 폐쇄형 질문의 장점이다.

45 측정에 관한 설명으로 틀린 것은?

① 어떤 변수의 개념을 설명할 때 다른 개념을 사용해서 설명하는 것이 변수의 개념적 정의이다.

② 정확하고 측정 가능한 용어로 설명하는 것이 조작적 정의이다.

③ 조작적 정의는 조사자의 판단과 마케팅 관리자의 정보 요구에 따라 달라지지 않는다.

④ 측정은 조작적 정의에 따라 사전에 정해진 일정한 규칙에 의해 체계적으로 숫자를 부여하는 행위이다.

> **해설**
>
> 조작적 정의(Operational definition)
>
> 어떤 개념에 대해 응답자가 구체적인 수치를 부여할 수 있는 형태로 상세하게 정의를 내린 것으로, 추상적인 개념을 측정 가능한 구체적인 현상과 연결시키는 과정이다. 조작적 정의는 개념적 정의를 특정한 연구 목적에 적합하도록 관찰 가능한 일정한 기준으로 변환시킨 것이다.

46 시장조사에 활용되는 측정 척도에 대한 설명으로 옳지 않은 것은?

① 서열 척도는 순서(순위, 등급)에 대한 정보를 포함하는 자료이다.

② 비율 척도는 모든 산술계산이 가능하며 절대 영점이 존재하지 않는 유일한 척도이다.

③ 등간 척도는 명목자료와 서열자료에 포함된 정보와 측정값 간의 양적 차이에 관한 정보를 포함한다.

④ 명목 척도는 숫자에 의해 양적인 개념이 전혀 내포되어 있지 않으며 단지 확인과 분류에 관한 정보만을 내포한다.

> **해설**
>
> 비율 척도는 척도를 나타내는 수가 등간일 뿐만 아니라 의미 있는 절대 영점을 가지고 있는 경우에 이용된다.

47 의사소통방법에 의한 자료 수집 시 발생할 수 있는 다음 문제점에 대한 설명으로 옳은 것은?

> 주부들에게 가계부를 쓰느냐고 물을 경우 거의 모든 주부가 가계부를 쓰는 것이 주부로서의 역할을 충실히 하는 것이라고 믿고 있기 때문에 가계부를 안 쓰고 있는 주부들도 가계부를 쓴다고 대답한다.

① 응답하는 방법을 모르는 경우이다.
② 응답자가 정보를 고의로 왜곡되게 제공하는 경우이다.
③ 응답자가 자료를 제공할 능력이 없는 경우이다.
④ 조사자가 필요로 하는 정보를 응답자가 기억하지 못하는 경우이다.

해설

응답자가 질문에 사실대로 답하지 않는 사례이다.

48 다음 중 전화조사를 위한 표본추출방법에 대한 설명으로 틀린 것은?

① 지역적 표본추출 시 전화번호부에 표기된 지역번호 구분으로 표본단위를 정할 수 있다.
② 전화번호부를 활용할 때에는 맨 앞과 맨 끝은 배제하는 것이 좋다.
③ 최초의 목적대로 그리고 하나의 규정이 있으면 그에 따라 계속한다.
④ 가나다순으로 된 전화번호부에서 표본추출을 하는 것은 체계적이기보다는 임의적이다.

해설

가나다순으로 된 전화번호부에서 표본추출을 하는 것은 체계적이다.

49 웹(Web)조사의 특징이 아닌 것은?

① 응답자에 대한 익명성이 보장된다.
② 표본 수가 많아져도 추가비용이 적다.
③ 음악, 사진 또는 영상 등의 멀티미디어 보조 자료를 활용할 수 있다.
④ 양방향 커뮤니케이션이 가능하고 설문의 빠른 회수와 실시간 분석이 가능하다.

해설

웹조사에서도 응답자의 정보를 수집할 수 있다. 회원조사의 경우, 회원정보를 바탕으로 이루어지기 때문에 익명성이 보장되지 않는다.

50 마케팅조사를 실시할 필요가 없는 경우는?

① 마케팅조사를 통해 얻을 수 있는 정보가 이미 존재하는 경우

② 시장 내에서 자사의 경쟁우위를 누릴 타이밍이 도래한 경우

③ 시장의 변화가 빨라 제품(서비스 등) 판매 전략의 변화가 필요한 경우

④ 마케팅조사를 수행하는 데 소요되는 비용보다 조사를 통해 얻을 수 있는 가치가 큰 경우

해설
마케팅조사에서 얻을 수 있는 정보를 이미 확보한 경우 마케팅조사를 실시하는 것은 경제적이지 않다.

제3과목 텔레마케팅관리

51 모니터링의 목적으로 적절하지 않은 것은?

① 텔레마케터의 교육

② 서비스 품질 관리

③ 평과 결과에 따른 인사 조치

④ 고객 욕구 파악

해설
모니터링은 서비스 사항을 정확히 준수하는지를 확인·평가하는 활동으로, 평가 결과를 인사관리에 반영하여 그에 상응하는 인사 조치를 취하는 것은 목적에 해당하지 않는다.

52 텔레마케팅의 특성으로 옳지 않은 것은?

① 고객의 현재가치를 중점으로 둔다.

② 시간, 공간, 거리의 장벽을 극복한다.

③ 기업을 정보창조 조직으로 변모시킨다.

④ 구성요소가 유기적으로 결합된 시스템에 의해 움직인다.

해설
텔레마케팅은 고객의 생애가치를 존중하며, 고객의 미래가치까지 고려한다.

53 텔레마케터의 상담품질 관리를 위해 모니터링 평가와 코칭 업무를 담당하는 사람을 표현하는 용어는?

① ATT(Average Talk Time)

② QC(Quality Control)

③ QAA(Quality Assurance Analyst)

④ CMS(Call Management System)

`해설`

QAA(통화품질 관리자, Quality Assurance Analyst)
- 텔레마케터의 상담내용을 모니터링 · 평가하여 상담품질을 향상시키는 업무를 한다.
- 업무지식, 뛰어난 경청능력, 태도, 기술 등이 자격요건이다.

ATT(Average Talk Time)
일정 시간 동안에 모든 상담요원이 모든 호에 통화하는 데 소요되는 평균 통화시간이다.

54 인사관리에 대한 설명으로 틀린 것은?

① 사람의 일을 효과적으로 관리하는 것이다.

② 기업의 경우 종업원이 그 대상이 된다.

③ 개인과 조직의 목표가 성취될 수 있도록 인력의 확보로부터 이직까지의 과정을 계획하나 통제하지는 않는다.

④ 사용자와 근로자의 협력체계가 이루어지도록 하는 관리활동이다.

`해설`

인사관리는 인력의 확보로부터 이직까지의 과정을 계획 및 통제한다.

55 콜센터의 생산성을 향상시킬 수 있는 방안과 가장 거리가 먼 것은?

① 전반적인 업무 환경(콜센터 환경)을 개선한다.

② 콜센터 인력을 신규 인력으로 대폭 교체한다.

③ 텔레마케터 성과에 대한 인센티브를 강화한다.

④ 콜센터의 인력(리더 및 상담원 등)에 대한 교육을 강화한다.

인건비는 콜센터 운영비용에서 가장 많은 부분을 차지하는 항목이다. 인력을 신규 인력으로 대폭 교체하는 것은 채용비용과 교육 및 재교육비용 등 인건비 또한 증가시키므로 생산성 향상에 도움이 되지 않는다.

콜센터 생산성 향상 방안
- 콜센터 인력(리더 및 상담사 등)에 대한 교육 강화
- 전반적인 업무 환경(콜센터 환경) 개선
- 텔레마케터 성과에 대한 인센티브 강화
- 공정한 성과 평가와 보상
- 관련 부서와의 긴밀한 협조
- 콜센터 조직구성원 간 신뢰 강화

56 리더십 이론 중 행위이론으로 볼 수 없는 것은?

① 아이오와 대학 모형
② 오하이오 주립대학 모형
③ 관리격자 모형
④ Vroom & Yetton의 의사결정 상황이론

리더십 이론 중 행위이론에는 아이오와 대학 모형, 오하이오 주립대학 모형, 관리격자 모형 등이 있다. Vroom & Yetton의 의사결정 상황이론은 상황이론에 해당한다.

57 다음과 같은 조직설계 방식을 주장한 인물은?

구성원들의 기능과 역할에 따라 전략 · 기술구조 · 지원 스태프 · 중간라인 · 핵심 운영 각각의 부문에 세력이 있고, 각 기본 부문은 조직을 둘러싼 다양한 상황에 따라 조직에서 요구하는 힘이 달라지며, 이 힘의 정도와 조합에 따라 조직 유형이 달라진다.

① 톰슨(Thompson)
② 챈들러(Alfred Chandler)
③ 민츠버그(Mintzberg)
④ 마일즈(Miles)와 스노우(Snow)

민츠버그의 조직구조론에 대한 설명이다. 민츠버그는 조직은 전략 부문, 기술구조 부문, 지원 부문, 중간계층 부문, 핵심 운영층 부문으로 구성되며, 어느 부문에 중심을 두느냐에 따라 조직의 유형이 달라진다고 보았다.

정답 53 ③ 54 ③ 55 ② 56 ④ 57 ③

58 다음은 허시와 블랜차드의 상황이론 중 어떤 유형에 관한 설명인가?

> - 자신들이 책임을 지고 의사결정을 행하지만, 부하들에게 확신을 심어 주고 동기를 부여하는 쌍방적 대화를 행하는 경우에 적합하다.
> - 이 유형은 부하들에게 높은 확신감을 부여하여 더욱 열정적으로 일을 하게 하는 분위기의 유지가 필요할 때 유용하다.

① 지시형　　　　　　　　　　② 참가형
③ 지원형　　　　　　　　　　④ 위양형

해설

참가형에 대한 설명이다.
① 지시형: 대부분의 의사소통의 초점이 목표 달성에 맞춰져 있으며, 상급자가 하급자의 역할을 결정하고 과업의 종류나 과업수행 시기 및 방법을 지시한다.
③ 지원형
　• 리더는 구성원 간 상호협력이 필요하면 협조를 통해 이해관계자를 모이게 하고, 협력하기 쉬운 문화를 만들어 낸다.
　• 리더는 하급자의 자주성과 주체성을 인정하고 배려하며, 어려움이나 불편함을 찾아서 해결한다.
④ 위양형
　• 리더는 통제·계획 등의 활동을 줄이고, 수행업무에 대한 합의가 이루어지면 수행방법의 결정과 직무책임을 부하에게 위양하며 영향력을 거의 행사하지 않는다.
　• 구성원 자신의 자율적인 행동과 자기 통제에 의존한다.
　• 하급자와 충분한 신뢰관계가 형성되어 있고, 자발적인 활동을 허용하며 중요역할을 책임지도록 하여 더 많은 경험을 축적하도록 이끌어 간다.

59 리더십 유형을 의사결정 방식과 태도에 따라 구분할 때 의사결정 태도에 따른 구분에 속하는 것은?

① 독재형 리더십
② 민주형 리더십
③ 직무 중심형 리더십
④ 자유방임형 리더십

해설

리더십의 유형

의사결정 방식에 따른 구분	의사결정 태도에 따른 구분
• 독재형 리더십 • 민주형 리더십 • 자유방임형 리더십	• 직무 중심형 리더십 • 인간관계 중심형 리더십

60 콜센터 업무의 세분화 · 전문화로 인해 전체 과업이 분화되면 능률을 도모하기 위해 관련된 과업을 모아 수평적으로 그룹을 형성하는 과정을 무엇이라고 하는가?

① 일반화   ② 부문화

③ 조직도   ④ 콜센터

> **해설**
> 분화된 과업들을 관련된 것끼리 모아 수평적으로 그룹을 형성하는 과정을 부문화라고 한다.

61 콜센터 리더의 역할에 관한 설명으로 틀린 것은?

① 상담원의 업무성과를 높이기 위해서는 잘하는 점에 대한 칭찬보다는 잘못에 대한 호된 질책이 더 중요하다.

② 단순히 상담원의 부족한 면을 지적해 주는 것이 아니라 상담원이 그것을 넘어설 수 있도록 스킬을 가르쳐 주고 훈련시켜 주어야 한다.

③ 상담원이 교육받은 내용대로 업무를 하지 않고 적절하지 않은 행동을 했다면 즉시 원인 파악을 해야 한다.

④ 가장 좋은 코칭의 방법은 강압적인 자세로 대하지 말고 상담원 스스로 이해할 수 있도록 결론을 이끌어 주는 것이다.

> **해설**
> 상담원의 업무성과를 높이기 위해서는 잘못에 대한 호된 질책보다는 잘하는 점에 대한 칭찬이 더 중요하다.

62 조직 내 갈등 관리에 대한 설명으로 알맞지 않은 것은?

① 조직구성원들을 갈등 상황에 적응시키기도 한다.

② 갈등 관리와 갈등 해소는 같은 의미로 볼 수 있다.

③ 조직 내 또는 직위 간 관계를 재설정하기도 한다.

④ 조직 변동 등을 통해 갈등 상황을 제거할 수 있다.

> **해설**
> 갈등 관리는 여러 방법을 통해 갈등 상황을 제거하거나 순기능적인 갈등을 유발하는 등의 활동을 말하므로 단순히 갈등을 해소하는 것만을 뜻하지는 않는다.

63 인력 과잉으로 인한 감축의 방법으로 적절하지 않은 것은?

① 직무분할제

② 조기퇴직제도

③ 다운사이징

④ 파견근로 활용

해설

파견근로 활용은 인적자원이 부족할 때의 방법이다.

① 직무분할제: 하나의 풀타임 업무를 둘 이상의 파트타임 업무로 전환하는 것. 인건비 절감의 효과가 있으며 근로자의 개인시간 활용이 가능하다.

② 조기퇴직제도: 일정 연령에 도달한 구성원이 조기 퇴직하는 것. 조직 내 인력 과잉과 이에 따른 경력 정체현상을 완화할 수 있다.

③ 다운사이징: 조직의 경쟁력 제고를 위하여 다수의 인력을 감축하는 것. 현재의 손실을 줄이기보다 미래의 경쟁력을 높이기 위하여 실시한다.

64 리더십의 정의에 있어서 전제적 가정이 잘못된 것은?

① 지도자(Leader)는 추종자(Follower)가 있어야 한다.

② 지도자(Leader)는 추종자(Follower)보다 많은 권력을 가진다.

③ 리더십은 추종자의 행동에 영향을 미치기 위하여 상이한 권력 형태를 이용한다.

④ 지휘는 조직의 관리 기능 중의 하나이며 조직구성원의 비행동적 측면을 다룬다.

해설

지휘는 직원들로 하여금 목표를 달성하기 위한 책임을 받아들이고 필요한 활용을 수행하도록 동기를 부여하고 지도하는 관리 기능으로서, 조직구성원의 행동적 측면을 다룬다.

65 텔레마케터에 대한 OJT 실시시기로 적합하지 않은 것은?

① 신입 상담원이 처음 입사했을 때

② 기존 상담원이 다른 팀에서 전보왔을 때

③ 기존 상담원의 실적이 떨어졌을 때

④ 우수 상담원이 감독자로 승진하였을 때

해설

OJT는 사내직업훈련으로 현장적응이 필요할 때 실시한다. 따라서 우수 상담원이 감독자로 승진하는 경우 그 상담원은 모든 부분에 대하여 이미 숙지가 된 상태이므로 OJT가 필요하지 않다.

66 조직의 성과관리를 위한 개인평가 방법을 상사평가 방식과 다면평가 방식으로 구분할 때 상사평가 방식의 특징으로 볼 수 없는 것은?

① 상사의 책임감 강화
② 간편한 작업 난이도
③ 평가결과의 공정성 확보
④ 중심화, 관대화 오류 발생 가능성

해설
상사평가 방식은 한 명의 상사가 부하직원을 평가하는 것으로 다수의 평가자가 여러 각도에서 부하직원을 평가하는 다면평가제에 비해 공정성을 보장하기 어렵다.

67 조직변화에 관한 설명으로 옳지 않은 것은?

① 조직변화의 내부 요인으로는 법적 규제의 강화, 급속한 기술발전 등이 있다.
② 조직변화란 조직유효성과 능률 극대화, 구성원의 만족도 향상을 위해 조직의 구성요소를 변화시키는 것을 말한다.
③ 조직변화는 자연적 변화와 계획적 변화로 구분할 수 있다.
④ 조직변화 시 저항하는 구성원들의 협조가 필요할 때에는 교육과 원활한 의사소통을 통해 저항을 조정할 수 있다.

해설
법적 규제의 강화, 급속한 기술발전 등은 조직변화의 외부 요인이다.

68 콜센터 조직의 안정화와 거리가 먼 것은?

① 콜센터 상담원과 매니저 사이의 장벽 제거
② 안정된 근로조건의 필요성
③ 단계적인 생산지표관리의 필요성
④ 콜센터 심리공황의 임시적 방지책 강구

해설
콜센터 조직을 안정화시키기 위해서는 콜센터 심리공황이 발생했을 때 임시적인 방지책이 아니라 콜센터 심리공황을 제거할 수 있는 장기적인 방지책이 필요하다.

정답 63 ④ 64 ④ 65 ④ 66 ③ 67 ① 68 ④

69 고객과 상담원 간의 공감대 형성을 위한 라포 형성기법에 관한 설명으로 옳은 것은?

① 고객의 적극적인 의사결정을 도우려는 것이다.

② 고객과 상담원 간의 친밀감 형성을 위해 고객의 커뮤니케이션 특성에 맞추어 진행하는 것이다.

③ 고객의 불만 해소나 문제 해결을 위한 방법을 제안하여 현재 요구를 확인시켜 주는 질문기법이다.

④ 판매종결에 필요한 정보를 파악할 수 있으며 가장 강조해야 할 상품의 특성파악을 할 수 있도록 하는 것이다.

> **해설**
>
> 라포(Rapport)는 고객에게 관심을 갖고 고객의 욕구를 파악함으로써, 고객이 친밀감을 형성하여 신뢰감을 느끼도록 하는 기법이다.
>
> 라포(Rapport)
> • 고객과 응대자 사이에 형성되는 공감대를 의미한다.
> • 상품 또는 서비스의 판매에 대한 긍정적이고 호의적인 감정을 형성하여 판매체결 및 지속적인 거래관계를 쉽게 유도하는 연결고리이다.
> • 고객의 말을 긍정적으로 받아들이고 자신의 개성을 이용하여 성의 있는 관심을 표출했을 때 극대화할 수 있다.

70 다음 중 인하우스 텔레마케팅(In-house telemarketing)에 대한 설명으로 가장 옳은 것은?

① 소비자를 대상으로 텔레마케팅 활동을 하는 것이다.

② 기업을 소구대상으로 하여 텔레마케팅 활동을 하는 것이다.

③ 자체적으로 텔레마케팅센터를 설치하여 텔레마케팅 활동을 하는 것이다.

④ 텔레마케팅 경험이 없는 경우에 외부에 위탁하여 텔레마케팅 활동을 하는 것이다.

> **해설**
>
> 인하우스 텔레마케팅(In-house telemarketing)
> • 기업 내에 콜센터 설비를 직접 구축하고 인원을 배치하여 기업의 모든 텔레마케팅 활동을 계획하고 실행하는 기법이다.
> • 기업의 자체 제품을 판매하거나 마케팅을 하기 위하여 특별히 훈련된 기업 내부 인력에 의해서 수행되는 텔레마케팅이다.

71 인적자원관리의 특징 중 개인의 욕구와 조직의 목표를 함께 관리하는 방식은 어느 것인가?

① 전략지향적 관리

② 행동지향적 관리

③ 통합적 관리

④ 인간중심적 관리

인적자원관리의 특징
- 인간중심적 관리: 종업원을 기계적·몰인간적으로 간주하는 데서 벗어나 하나의 인격적 주체로 인식하고, 질적 경영·인간중심적 경영을 꾀한다.
- 행동지향적 관리: 종래의 기록 정리, 문서 보관, 규칙 확립 등의 문제보다는 인적자원의 능력 계발과 만족감 증진에 관심을 두는 실천적 경영을 중시한다.
- 전략지향적 관리: 경영자는 종업원들의 잠재능력 계발에 주력하여야 한다.
- 통합적 관리: 조직 목표만 중시하던 종래와 달리 현대에는 개인 목표와 조직 목표가 통합될 수 있는 관리 방식을 실시한다.

72 콜센터의 서비스 레벨(Service level)에 대한 설명으로 옳지 않은 것은?

① 서비스 레벨은 ACD 시스템상의 보고서를 통해 알 수 있다.
② 상품의 질만을 측정하기 위한 성과지표라 할 수 있다.
③ 목표로 하는 시간 내에 응대가 이루어지는 콜의 비율이다.
④ 30분, 15분 등 적절한 시간 간격으로 분석해야 한다.

서비스 레벨은 인입된 콜 중에서 정해진 시간 내에 받아서 처리한 달성 내용을 나타낸 백분율로 고객들의 통화대기시간에 대한 평균적인 수준을 가장 잘 나타내 주는 지표이다.

73 다음 중 콜센터의 인적자원관리 방안으로 적합하지 않은 것은?

① 동기부여 프로그램 실시
② 콜센터 리더 육성 프로그램 실시
③ 상담원 수준별 교육훈련 프로그램 실시
④ 상담원의 안정을 위한 고정급의 급여 체계 실시

상담원의 능력과 성과에 따른 성과급을 차등적으로 지급하는 것이 동기부여에 도움이 된다.

74 텔레마케팅을 통한 판매 시 염두에 두어야 할 '80:20의 법칙'이란?

① 20%의 고객이 80%의 수익을 창출한다.

② 전화를 걸면 20%는 응답을 하고 80%는 거절을 한다.

③ 통화가 이루어진 고객 중 20%는 구매를 하고 80%는 구매를 하지 않는다.

④ 전체 판매용의 20%가 전화통화 비용의 80%를 차지한다.

해설

80:20의 법칙(V. Pareto's law, 파레토 법칙)
이탈리아의 경제학자 파레토가 발견한 법칙으로 전체 결과의 80%는 20%의 원인에서 비롯된다는 의미이다. 구성원의 20%가 80%의 업무를 하고 있으며, 상위 20%가 전체 80%의 부를 축적하고 있고, 기업의 상품 중 20%의 대표 상품이 전체의 80%에 해당하는 매출을 올리고, 20%의 소비자가 전체 매출의 80%를 차지하는 현상 등을 의미한다.

75 인적자원계획의 과정이 아닌 것은?

① 인력 예측   ② 원가절감

③ 목표설정 및 전략계획   ④ 프로그램 실행 및 평가

해설

인적자원계획을 포함하는 인사관리는 인재 확보, 인재 육성, 근로조건 정비 등에 목적이 있으며 사람을 대상으로 하는 것이므로 인적자원계획의 과정에 원가절감은 포함되지 않는다.

제4과목 고객관리

76 고객관계관리(CRM; Customer Relationship Management)를 위한 필요사항이 아닌 것은?

① 고객 통합 데이터베이스 구축

② 데이터베이스 마케팅의 기능 축소

③ 고객 특성 분석을 위한 데이터마이닝 도구 준비

④ 마케팅 활동 대비를 위한 캠페인 관리용 도구 필요

해설

CRM은 데이터베이스에 저장된 고객의 정보를 분석 · 활용하므로, 데이터베이스 마케팅의 기능이 확대된다. CRM을 위해서는 고객 통합 데이터베이스 구축, 고객 특성 분석을 위한 데이터마이닝 도구, 마케팅 활동 대비를 위한 캠페인 관리용 도구가 필요하다.

77 일반적인 인바운드 텔레마케팅의 상담절차로 옳은 것은?

① 상담 준비 → 고객 니즈 파악 → 전화응답 → 문제 해결 → 동의와 확인 → 종결

② 상담 준비 → 전화응답 → 고객 니즈 파악 → 문제 해결 → 동의와 확인 → 종결

③ 상담 준비 → 전화응답 → 동의와 확인 → 문제 해결 → 종결 → 고객 니즈 파악

④ 상담 준비 → 동의와 확인 → 전화응답 → 문제 해결 → 종결 → 고객 니즈 파악

해설
인바운드 상담절차
상담 준비 → 전화응답(+자기소개) → 고객 니즈 파악 → 문제 해결 → 동의와 확인 → 종결

78 텔레마케팅을 통한 고객상담에 대한 설명으로 옳지 않은 것은?

① 통신장비를 활용한 비대면 중심의 커뮤니케이션이다.

② 언어적인 메시지와 비언어적인 메시지를 동시에 사용할 수 있다.

③ 고객을 직접 만나는 것이 아니기 때문에 응대의 결과와 반응은 그다지 중요하지 않다.

④ 고객과 텔레마케터 간에 제품구매 또는 서비스거래 등의 커뮤니케이션 행위가 일어난다.

해설
고객을 직접 만나는 면대면 방식은 아니지만 응대의 결과와 반응은 즉각적으로 나타난다.

79 CRM 구축 시 고려할 사항이 아닌 것은?

① 새로운 접촉 채널이 요구하는 기술 수준에 대한 투자가 필수적이다.

② 서비스의 질과 내용은 동일한 수준으로 관리한다.

③ 고객의 유형이나 선호도와 상관없이 동일한 서비스를 제공한다.

④ 고객 데이터를 유용한 정보로 바꿔야 한다.

해설
상담원의 업무 지식 수준과 관계없이 서비스 프로세스를 표준화하고 고객의 유형과 선호도에 따라 개별화된 서비스가 제공되어야 한다.

80 콜센터의 고객응대에 대한 설명으로 옳지 않은 것은?

① 상담사가 비대면 방식으로 하는 커뮤니케이션이다.

② 고객의 욕구 파악을 위해서는 부정적인 질문과 비판도 중요하다.

③ 고객응대 시 성의, 창의, 열의 등 기본적인 마음가짐이 있어야 한다.

④ 대화예절이 수반되며 각종 정보 숙지, 애로사항, 불만사항의 문제 해결 관련 상담 전문성이 중요하다.

해설

상대방의 말을 비판하지 않고, 가능하면 긍정적인 질문을 해야 한다.

81 CRM의 업무적 특성에 대한 설명이 아닌 것은?

① 고객과의 일대일 마케팅지향적 수단이다.

② 정보기술 관련 부서의 지원이 필수적이다.

③ CRM 부서 위주의 활동으로 실적을 올리는 것이 가장 바람직하다.

④ 고객접점 부서 직원들의 고객지향적 마인드가 요구된다.

해설

CRM은 마케팅에만 역점을 두는 것이 아니라 기업의 모든 내부 프로세스를 통합하는 것으로 마케팅, 세일즈, 고객지원 등 다양한 업무를 통합화한다.

82 텔레마케터의 고객상담 전략으로 적절하지 않은 것은?

① 고객이 말할 기회를 충분히 제공한다.

② 직접적, 사실적, 간결한 질문을 한다.

③ 상황의 해결을 위한 구체적인 질문을 한다.

④ 고객이 직접 회사로 오도록 유도한다.

해설

텔레마케터의 고객상담 목적에 따라 상황이 다를 수 있으나 일반적으로 텔레마케터는 원스톱 서비스를 지향하므로 전화상으로 모든 업무처리가 될 수 있도록 한다.

83 B2B(Business to Business) CRM의 설명으로 틀린 것은?

① 기업 대 기업의 판매는 본질적으로 기업이 아닌 실체적인 개별 인간과의 거래이므로 실체적 인간이 바라는 요구에 대응하는 것이 B2B CRM의 핵심이다.

② B2B 고객과의 관계 관리는 기업의 특성을 고려한 가치 있는 해법을 찾는 것이 과제이다.

③ B2B 프로그램의 경우 기업과 소비자 모두를 대상으로 하기 때문에 개별 소비자 프로그램에 비해 범위가 넓다.

④ B2B CRM은 B2C(Business to Consumer) CRM에 비해서 고려해야 할 범위가 일반적으로 좁다고 할 수 있다.

> **해설**
>
> B2B CRM(기업 고객관계관리)는 기업체를 대상으로 제품서비스를 효율적으로 판매하거나 판매경로와 상권확대를 도모하고 기업 간의 여러 가지 수·발주 업무의 원활한 처리를 위해 전화를 조직적으로 이용하는 것으로, 고려해야 할 범위가 B2C와 다를 바 없다.

84 CRM을 위한 기업의 마케팅 커뮤니케이션 방식으로 적절하지 않은 것은?

① 통합적 마케팅 커뮤니케이션

② 매스 미디어상의 브로드캐스팅 광고

③ 광고와 실판매의 기능을 포괄하는 커뮤니케이션

④ 프로모션의 효율성과 효과성을 제고할 수 있는 커뮤니케이션

> **해설**
>
> CRM
>
> 기업의 마케팅 커뮤니케이션 방식은 매스 미디어 같은 생산자의 일방적 전달이 아닌 소비자와 상호작용하는 커뮤니케이션 활동으로 전환되고 있다. 무엇보다도 효과적인 마케팅 커뮤니케이션을 수행하기 위해서는 촉진 활동뿐만 아니라 다양한 커뮤니케이션 수단들을 비교·검토하고, 모든 마케팅 믹스 요소를 조정·통합하여 유기적으로 연계하는 전략이 필요하다.

85 빅데이터에 대한 설명으로 옳지 않은 것은?

① 기존 분석 체계로는 감당할 수 없을 만큼 거대한 데이터의 집합이다.

② 빅데이터의 공통 특성으로 규모(Volume), 속도(Velocity), 다양성(Variety)을 들 수 있다.

③ 인스타그램이나 페이스북은 빅데이터에 포함되지 않는다.

④ 대용량 데이터와 관계된 기술 및 도구도 빅데이터 범주에 포함된다.

> **해설**
>
> 빅데이터는 정형 데이터, 반정형 데이터, 비정형 데이터로 분류되는데, 인스타그램이나 페이스북은 비정형 데이터에 해당한다.

86 다음 중 경청을 방해하는 요인이 아닌 것은?

① 자신의 생각을 주장하기

② 상대방의 이야기와 비교하기

③ 상대의 대화내용을 인식하기

④ 상대의 반응을 미리 판단하기

해설

상대의 대화내용을 인식하는 것은 효과적인 경청 기법에 해당한다.

경청을 방해하는 요인
내담자의 마음을 미리 짐작하거나 읽기, 다른 사람과 비교하기, 자신이 말할 내용 준비하기, 걸러 듣기, 미리 판단하기, 공상하기, 자기 경험과 관련짓기, 충고하기, 언쟁하기, 자기만 옳다고 주장하기, 주제 이탈하기 등

87 빅데이터 자동 수집 방법이 아닌 것은?

① Python

② RSS 리더

③ 크롤링

④ 로그 수집기

해설

Python은 빅데이터 분석도구이다.

88 소비자 욕구를 파악하기 위해 고객조사를 할 때 폐쇄형 질문이 적절한 경우는?

① 문제의 원인이나 배경에 대해 새로운 정보를 얻어야 할 때

② 편견 없이 가능한 한 다양하고 많은 정보를 모아야 할 때

③ 여러 대안 중 소비자의 최종 결정 사항을 확인하고자 할 때

④ 소비자들의 보편적인 사고방식에 대한 기존 정보가 없을 때

해설

① · ② · ④ 개방형 질문에 대한 내용이다.

89 고객의 이야기를 효율적으로 듣는 것을 방해하는 개인적인 장애 요인이 아닌 것은?

① 편견

② 청각장애

③ 사고의 속도

④ 정보 과잉

해설

상담원 개인적 요인에 의한 경청의 방해 요인
나쁜 건강 상태, 잡념, 심리적 혼란 상태, 청각 능력의 감소, 편견, 잘못된 추측, 너무 빠르거나 느린 말의 속도

90 라포(Rapport)에 대한 설명으로 옳지 않은 것은?

① 상대방에 대한 관심을 가짐으로서 형성될 수 있다.

② 성공적인 상담을 이끌어 가기 위하여 라포형성은 매우 중요하다.

③ 상담 시 고객마다 응대하는 방법이 다르므로 항상 중요하게 생각하지 않아도 무방하다.

④ 상담사가 따뜻한 관심을 가지고 상대방을 대할 때 라포가 형성될 수 있다.

해설

라포(Rapport)
고객과 응대자 사이에 형성되는 공감대를 의미하며, 인바운드 상담에서 고객이 전화한 용건을 말하고 텔레마케터가 고객의 문의내용을 파악하는 과정에서 감사인사 또는 칭찬을 하는 것을 말한다. CRM에서 고객과의 공감대를 형성하는 것은 중요하다.

91 수다쟁이형 고객과의 상담기법으로 적절한 것은?

① 근거가 되는 구체적 자료를 제시한다.

② 맞장구와 함께 천천히 용건에 접근한다.

③ 묻는 말에 대답하고 의사표현은 하지 않는다.

④ 한 가지 상품을 제시하고, 고객을 대신하여 결정을 내린다.

해설

수다쟁이형 고객과 상담할 때에는 맞장구와 함께 천천히 용건에 접근하는 방법이 적절하다.

92 의사소통(Communication)에 대한 설명으로 틀린 것은?

① 욕구 충족을 위한 인간의 행동이다.

② 특정 대상에게 구체적인 정보나 감정을 전달하는 것이다.

③ 의사소통의 방법에는 언어적 방법과 비언어적 방법이 있다.

④ 의사소통의 과정은 '의사표현 → 반응 → 부호화 → 해독'의 순서로 이루어진다.

해설

의사소통은 '발신자 → 부호화 → 메시지 → 해독 → 수신자 → 반응 → 피드백 → 발신자'의 과정이 순환적으로 일어난다.

93 고객의사결정 단계별 상담에서 구매 전 상담에 해당하는 것은?

① 상품 유통 후 혹시 발생할지도 모르는 고객의 불만을 사전에 예방하는 차원에서의 상담

② 소비자가 재화와 서비스를 사용하고 이용하는 과정에서 고객의 욕구와 기대에 어긋났을 때 발생하는 모든 일을 도와주는 상담

③ 재화와 서비스의 사용에 관한 정보 제공, 소비자의 불만 및 피해구제, 이를 통한 소비자의 의견 반영 등에 관한 상담

④ 제품이나 서비스의 매출 증대를 위해 텔레마케팅 시스템을 도입하여 소비자에게 구매에 관한 정보와 조언을 제공하는 상담

해설

① · ② · ③ 모두 구매 후 상담에 해당한다.

94 의사결정나무에 대한 설명으로 옳지 않은 것은?

① 이해하기 쉽고, 독립 변수 파악이 쉽다.

② 분석용 자료에 의존하므로 새로운 자료의 예측에서도 안정적이다.

③ 의사결정규칙을 나무 구조로 도표화하여 분류와 추정을 수행하는 분석 방법이다.

④ 입력된 변수(X)를 바탕으로 목표 변수(Y)의 값을 예측하는 모델을 생성하는 것이 목적이다.

해설

의사결정나무

데이터 마이닝에서 대중적으로 사용하며, 의사결정규칙(Decision rule)을 나무 구조로 도표화하여 분류와 예측을 분석하는 방법이다. 입력된 변수(X)를 바탕으로 목표 변수(Y)의 값을 예측하는 모델을 생성하는 것을 목적으로 한다.

의사결정나무의 특징
- 장점
  - 해석의 용이성: 이해하기 쉽고, 독립 변수 파악이 쉽다.
  - 교호작용 효과의 해석: 변수 간의 영향력을 해석할 수 있다.
  - 비모수적 모형: 선형성, 정규성, 등분산성 등의 가정을 필요로 하지 않으며, 이상치에 민감하지 않다.
- 단점
  - 비연속성: 연속형 변수를 비연속적인 값으로 취급하기 때문에 분리의 경계점 근방에서는 예측 오류가 클 수 있다.
  - 선형성 또는 주효과의 결여: 각 변수들의 독립적 영향력을 해석할 수 없다.
  - 비안정성: 분석용 자료에만 의존하므로 새로운 자료의 예측에서는 불안정할 수 있다.

95 불만족한 고객의 심리 상태에 대한 설명으로 옳지 않은 것은?

① 자신의 말을 들어주길 원한다.
② 감정적이고 분노하고 있다.
③ 모든 것에 대해 수용적이다.
④ 심리적으로 보상받기를 원한다.

해설

불만족한 고객은 감정적이고 분노하고 있으므로 모든 것에 비수용적이다.

96 소비자의 의사결정단계가 순서에 맞게 구성된 것은?

① 정보 탐색 → 문제 인식 → 대안 평가 → 구매 → 구매 후 행동
② 정보 탐색 → 대안 평가 → 문제 인식 → 구매 → 구매 후 행동
③ 문제 인식 → 정보 탐색 → 대안 평가 → 구매 → 구매 후 행동
④ 문제 인식 → 구매 → 정보 탐색 → 대안 평가 → 구매 후 행동

해설

소비자의 의사결정단계
문제 인식 → 정보 탐색 → 대안 제시 및 평가 → 구매 → 구매 후 평가

정답 92 ④ 93 ④ 94 ② 95 ③ 96 ③

97 홈페이지 개인정보 노출방지대책으로 틀린 것은?

① 기관에서 운영 중인 홈페이지는 주기적으로 현황조사를 실시하여 관리할 수 있도록 해야 한다.

② 로그인은 하지 않는 페이지더라도 소스코드, 파일, URL에 개인정보 포함 여부를 점검한다.

③ 관리자 페이지는 기본적으로 외부에서 접근이 용이하도록 운영한다.

④ 노출 발생 시 원인 분석 및 외부 유출 여부 확인을 위해 웹 서버 로그를 일정 기간 동안 보관한다.

> **해설**
>
> 관리자는 개인정보를 포함해 민감한 정보들을 관리하므로 관리자 페이지는 보안 유지가 중요하다. 관리자 페이지를 외부에서 접근 용이하게 운영하는 것은 개인정보 보호와 거리가 멀다.

98 인바운드 상담 중 고객의 욕구를 파악하기 위한 방법으로 가장 거리가 먼 것은?

① 고객정보 활용

② 적극적 경청

③ 이점 제안

④ 효과적인 질문 활용

> **해설**
>
> 상품에 대한 이점을 제안하는 것은 고객의 욕구를 파악하기 위한 방법과는 거리가 멀다.

99 고객응대 시 효과적인 경청(Listening) 방법으로 볼 수 없는 것은?

① 반대의견을 제시하고 조목조목 따진다.

② 고객과의 공통 관심 영역을 찾는다.

③ 고객의 대화상 실수를 너그럽게 이해한다.

④ 고객에게 적극적인 호응을 한다.

> **해설**
>
> 고객응대 시 비판하거나 평가하지 않는다.

100 다음 중 고객 니즈 파악 과정에 대한 설명으로 가장 거리가 먼 것은?

① 상담 코드 및 VOC 코드 등을 세분화하는 것보다는 통합하여 고객의 니즈를 파악한다.

② 자사의 상품 및 서비스를 제공받을 고객을 사전에 정의한다.

③ 고객 접점 분석을 통해 업무 단위 및 고객 동선 등 서비스 프로세스를 분석한다.

④ 각 접점 단위별로 고객의 요구 품질 VOC 등을 통해 조사한다.

해설

고객 니즈 기반 세분화는 고객의 숨어 있는 니즈나 고객들의 주요 생활 양식을 포착하여 고객을 분류하는 것을 말한다. 현대 사회는 하나의 거시 트렌드 속에서도 수많은 마이크로 트렌드가 존재하며 다양한 성향과 니즈를 가진 세분 집단이 존재한다. 또한 소수의 세분 집단이 거대한 시장을 창출할 수도 있기 때문에 니즈별로 구분되는 소규모 집단에도 주목할 필요가 있다. 최근 자기중심적 소비, 가치 소비의 부상으로 고객 니즈에 기반을 둔, 보다 정교한 고객세분화의 중요성이 증대되고 있다.

2021년

최신 기출문제

얼마나 많은 사람들이

책 한 권을 읽음으로써

인생에 새로운 전기를 맞이했던가.

– 헨리 데이비드 소로 –

제1회 기출문제해설

핵심 내용

제1과목: 인·아웃바운드 텔레마케팅, 소비재의 종류, 시장세분화, 포지셔닝, 가격결정법, 유통경로의 종류

제2과목: 1·2차 자료, 자료 수집 방법, 표본조사, 척도, 조사응답자의 권리, 전화조사

제3과목: 콜센터 리더의 역할, 텔레마케팅, 콜센터의 특성, 리더십, 인적자원관리

제4과목: 데이터 웨어하우스, 데이터마이닝, 빅데이터 처리, CRM, 고객상담 기술

제1과목 판매관리

01 광고보다 인적 판매가 더 유리한 경우는?

① 기능 설명이 필요한 고가의 제품

② 고객의 수가 많음

③ 고객이 지역적으로 분산되어 있음

④ 표준화된 제품

> **해설**
>
> 인적 판매는 판매원이 고객과 직접 대면하여 쌍방향 대화에 의해 자사의 제품이나 서비스의 구매를 설득하는 커뮤니케이션 활동으로, 고객의 요구에 즉각적으로 대처가 가능하므로, 기능 설명이 필요한 고가의 제품 판매에 유리하다. ②·③·④는 광고가 더 유리한 경우이다.

02 인바운드 고객상담은 신속한 고객응대를 위해 다양한 기술을 많이 활용하게 된다. 인바운드 고객상담을 위해 사용되는 CTI(Computer Telephony Integration) 기술이 현재 제공하는 기능이 아닌 것은?

① 고객의 성향에 대한 분석

② 컴퓨터를 통한 전화 걸기

③ 전화 건 사람의 전화번호 인식

④ 고객에 대한 정보를 불러 와서 스크린에 보여주기

> **해설**
>
> CTI(컴퓨터통신통합시스템)는 컴퓨터를 통한 전화 걸기가 가능하다. 또한, 기업으로 들어오는 다양한 콜을 분류할 수 있고, 처리할 수 있다. 걸려 온 전화에 대한 분석 및 고객의 개인정보 입력을 통해서 콜센터 상담원은 전화를 건 고객의 모든 정보를 실시간으로 볼 수 있으며, 통화시간의 단축 및 정보열람을 통한 실시간 고객응대도 가능하다. 그러나 고객의 정보가 아닌 성향을 분석할 수는 없다.

정답 01 ① 02 ①

03 효과적인 시장세분화의 조건으로 틀린 것은?

① 세분시장은 정보의 측정 및 획득이 용이해야 한다.

② 세분시장에 효과적으로 접근할 수 있는 적절한 수단이 존재해야 한다.

③ 세분시장 사이에 차별적인 반응(Differentiability)이 나오지 않도록 주의해야 한다.

④ 각 세분시장은 기업이 개별적인 마케팅 프로그램을 실행할 수 있을 정도로 충분한 규모를 지니고 있어야 한다.

> **해설**
>
> 세분시장 사이에 어떤 마케팅 프로그램을 시행했을 때 서로 다른 반응이 나와야 한다.
>
> 효과적인 시장세분화 조건
> • 세분한 시장 간에 어떤 마케팅 프로그램을 시행했을 때 서로 다르게 반응하는 정도인 차별성
> • 규모와 구매력 등을 측정할 수 있는 측정가능성
> • 세분시장에 접근하기 쉽고 활동할 수 있는 접근가능성
> • 세분시장의 규모가 충분히 크고 이익 발생 가능성이 있는 실질성
> • 시장을 세분화하고 효과적인 프로그램을 만들어 영업 활동을 할 수 있는 수행가능성

04 제품에 관한 설명 중 틀린 것은?

① 편의품은 포장이 중요하다.

② 전문품이 편의품보다 점포수가 더 필요하다.

③ 전문품의 이익 폭은 편의품보다 높다.

④ 전문품은 제한적인 유통경로를 택하는 경우가 많다.

> **해설**
>
> 전문품
> 상표나 제품의 특징이 뚜렷하여 구매자가 상표 또는 점포의 신용과 명성에 따라 구매하는 제품으로, 제품이 지니고 있는 전문성이나 독특한 성격 때문에 대체품이 존재하지 않으며 브랜드 인지도가 높다. 구매자가 기술적으로 상품의 질을 판단하기 어려우며, 적은 수의 판매점을 통해 유통되어 제한적인 유통경로를 택하는 경우가 많다.

05 특정 계층의 시청자들이 자주 보는 케이블 TV를 이용하여 광고했을 때 가장 효과를 볼 수 있는 제품의 종류는?

① 전문품

② 편의품

③ 선매품

④ 비탐색품

> **해설**
>
> 전문품의 마케팅에서는 상표가 중요하고 제품을 취급하는 점포의 수도 적으므로 생산자와 소매점 모두 광고를 광범위하게 사용한다. 전문품은 일반적으로 고가 제품으로, 소비자들이 구매를 위해 많은 노력을 기울이기 때문에 제조업자나 소매업자 등은 구매력이 있는 소비자들만 표적시장으로 선정해서 이들을 겨냥한 광고나 판촉활동을 실시한다.

06 다음 (   )에 알맞은 유통경로는?

> (   )란 취급점포의 수를 최대한으로 높이는 유통경로를 뜻하며, 이것의 이점으로는 충동구매의 증가,
> 상품에 대한 소비자 인식의 고취, 소비자의 편의성 제고 등을 들 수 있다.

① 통제적 유통경로
② 개방적 유통경로
③ 선택적 유통경로
④ 전속적 유통경로

해설
개방적(집중적) 유통경로는 가능한 한 많은 소매점이 자사의 제품을 취급하도록 하는 전략을 취한다. 그래서 소비자들에게
제품의 노출을 최대화시킴으로써 매출은 증가하지만, 유통비용 또한 증가하고 통제가 어렵다는 단점이 있다. 식품, 일용품
등의 편의품에 적합한 유통경로이다.

07 인바운드 상담절차를 바르게 나열한 것은?

> A. 상담 준비
> B. 전화응답과 자신소개
> C. 문제 해결
> D. 고객 니즈 간파
> E. 동의와 확인
> F. 종결

① A → C → D → B → E → F
② D → A → C → B → E → F
③ A → B → D → C → E → F
④ A → D → B → C → E → F

해설
인바운드 상담절차
착신 통화의 준비(상담 준비) → 전화응답과 자신소개 → 용건 파악(고객 니즈 파악) → 상담(해결책 제시) → 동의와 확인
→ 사후 처리와 피드백(종결)

08 광고 효과의 측정 방법이 아닌 것은?

① 식별 측정(Recognition measure)

② 과업기준 측정(Task-based measure)

③ 기억 측정(Recall measure)

④ 구매행위 측정(Purchase measure)

해설

광고의 영향이 있는지는 소비자가 광고와 관련한 정보를 확인할 수 있는지(식별 측정), 소비자가 광고와 관련해 학습한 정보를 스스로 인출해 낼 수 있는지(기억 측정), 기회가 생겼을 때 그 상표를 구매할 의사가 있는지(구매행위 측정)를 통해 측정할 수 있다.

09 텔레마케팅을 통한 고객의 구매 만족도 및 구매 성공 가능성에 영향을 미치는 요인 중 배송과 관련된 마케팅믹스는?

① 제품

② 가격

③ 유통

④ 촉진

해설

마케팅믹스 4P는 제품(Product), 가격(Price), 유통(Place), 촉진(Promotion)으로, 배송과 관련된 마케팅믹스는 유통이다.

10 다음이 설명하고 있는 마케팅 분석 방법은?

어떠한 제품이나 서비스, 매장 등에 대해서 여러 가지 대안을 만들었을 때 그 대안들에 부여한 소비자들의 선호도를 측정하여 소비자가 각 속성(Attribute)에 부여하는 상대적 중요도와 각 속성 수준의 효용을 추정하는 분석 방법

① 군집 분석

② 요인 분석

③ 컨조인트 분석

④ 판별 분석

해설

컨조인트 분석은 제품의 각 속성에 부여하는 효용(Utility)을 추정하여 소비자의 효용 분석을 통해 고객이 선택할 제품을 예측하는 방법이다. 시장에 출시된 제품의 속성에 대한 소비자의 선호도에 근거하여 하나의 속성이 미치는 영향을 추정할 수 있고, 신제품이나 재포지셔닝할 제품을 위한 잠재 시장 평가에 유용하게 사용할 수 있다.

11 인구통계학적 변수로 거리가 먼 것은?

① 연령   ② 성격

③ 성별   ④ 소득

> **해설**
> 시장세분화 변수 중 인구통계학적 변수에는 나이, 성별, 가족 규모, 가족생활주기, 소득, 직업, 학력, 종교 등이 해당된다.
> 라이프스타일은 심리분석적 변수에 해당하며 성격, 자아개념, 개성, 가치, 신념, 태도 등과 같은 심리적 변수를 포함한다.

12 포지셔닝 전략의 유형에 관한 설명으로 옳지 않은 것은?

① 제품 속성에 의한 포지셔닝은 자사 브랜드를 주요 제품 속성이나 편익과 연계하는 것이다.

② 제품군에 의한 포지셔닝은 자사 제품을 대체 가능한 다른 제품군과 연계하여 소비자의 제품전환을 유도하는 것이다.

③ 제품 사용자에 의한 포지셔닝은 제품을 특정 사용자나 사용자 계층과 연계하는 것이다.

④ 범주 포지셔닝은 제품을 그 사용 상황에 연계하는 것이다.

> **해설**
> 제품을 그 사용 상황에 연계하는 것은 사용 목적(기능)에 의한 포지셔닝 유형이다.
>
> 범주 포지셔닝
> 기업이 자사나 자사 브랜드를 해당 제품 범주의 선도자(Leader)라고 주장함으로 소비자에게 어필하는 것이다. 예를 들어,
> 코크(Coke)는 하나의 브랜드라기보다 콜라를 의미하며, 제록스(Xerox)는 복사기를, IBM은 컴퓨터를 의미하는 경우이다.
> 제품 범주 포지셔닝은 최초의 브랜드가 주로 사용한다.

13 상황분석의 일반적인 외적 요인으로 옳지 않은 것은?

① 경쟁상태   ② 기술의 진보

③ 소비자의 수요   ④ 부서의 목표

> **해설**
> 부서의 목표는 상황분석의 내적 요인에 해당한다.

내적 환경 요인	• 기업과 마케팅 업체들이 주도할 수 있으며, 통제할 수 있는 요인 • 사업 영역, 기업의 목표, 기업 문화(분위기), 부서들의 역할
외적 환경 요인	• 기업이 통제할 수 없는 요인 • 소비자, 경쟁자, 공급업자, 기타 여러 가지 환경(기술적, 경제적, 사회문화적, 법적 · 정치적 환경)

14 소비자의 구매과정에서 욕구 발생에 영향을 주는 내적 변수가 아닌 것은?

① 소비자의 동기
② 소비자의 특성
③ 소비자의 과거 경험
④ 과거의 마케팅 자극

해설

구매 행동 결정 요인 중 개인적·심리적 요인은 내부적 변수(결정 요인)이며, 문화적·사회적·마케팅 요인은 외부적 변수(결정 요인)로 분류할 수 있다.

15 잠재시장을 평가할 때 마케팅 관리자가 체크해야 할 사항으로 거리가 가장 먼 것은?

① 시장의 규모
② 시장의 위치
③ 2차 자료 수집방법
④ 시장세분화의 적합한 기준

해설

잠재시장을 평가할 때 마케팅 관리자가 체크할 사항은 시장의 크기와 구매력(시장의 규모)이 얼마나 되는지, 그 시장에 접근(시장의 위치)할 수 있는지, 수익을 내는 마케팅 프로그램이 먹힐 수 있는지(시장세분화의 적합한 기준) 등이다. 2차 자료 수집방법은 마케팅 관리자가 체크해야 할 사항이 아니다.

16 마케팅조사시스템에 관한 설명으로 옳지 않은 것은?

① 마케팅조사는 당면한 마케팅 문제의 해결에 직접적으로 관련된 1차 자료를 수집하기 위해 주로 도입된다.
② 마케팅 의사결정에 유용한 정보의 수집은 체계적, 객관적으로 수집되어야 한다.
③ 마케팅조사는 마케팅 의사결정에 유용한 정보만을 제공하여 마케팅 문제의 해결에 도움을 주어야 한다.
④ 마케팅조사 과정은 '조사 설계 → 조사 목적의 결정 → 자료 수집과 수집된 자료의 분석 → 보고서 작성'의 순서로 구성된다.

해설

마케팅조사 과정
조사문제의 목적 결정 → 마케팅 조사 설계 → 자료 수집 → 자료 분석 및 해설 → 보고서 작성

17 아웃바운드 텔레마케팅의 성공 요인과 거리가 가장 먼 것은?

① 브랜드 품질의 확보와 신뢰성

② 탄력적인 인력 배치

③ 정확한 대상고객의 선정

④ 고객 니즈에 맞는 전용상품과 특화된 서비스 발굴

해설

탄력적인 인력 배치는 인바운드 텔레마케팅에 관한 내용이다. 아웃바운드 텔레마케팅과 거리가 먼 것을 묻는 문제는 대개 인바운드 텔레마케팅과 관련되는 선택지를 고르면 된다.

18 아웃바운드 텔레마케팅을 활용하는 마케팅 전략이라고 볼 수 없는 것은?

① 매스 마케팅   ② 1:1 마케팅

③ 다이렉트 마케팅   ④ 데이터베이스 마케팅

해설

아웃바운드 텔레마케팅을 활용하는 마케팅 전략은 1:1 마케팅, 다이렉트 마케팅, 데이터베이스 마케팅이다.

매스 마케팅의 특징
• 고객을 동일한 집단으로 대우한다.
• 적당한 가격으로 고품질의 상품과 서비스를 제공함으로써 수익을 창출한다.
• 신속한 배달 등의 서비스로 경쟁력을 확보하여 많은 고객을 유치한다.
• 할인 쿠폰을 제공한다.
• 광고를 실시한다.

19 다음 ( )에 알맞은 것은?

> 가격결정 정책을 수립할 때 판매자는 반드시 활용 가능한 가격책정의 조건들을 모두 고려해야만 한다. 공급자의 비용에 대한 고려는 ( )이/가 된다.

① 가격의 하한선   ② 가격의 범위

③ 원가경쟁   ④ 변동비

해설

가격결정 정책을 수립할 때 판매자는 반드시 활용 가능한 가격책정의 조건들을 모두 고려해야만 하는데, 공급자의 비용에 대한 고려는 가격 하한선이 되고 고객의 수요에 대한 고려는 가격 상한선이 된다.

20 인바운드 텔레마케팅의 중요성에 대한 설명으로 거리가 가장 먼 것은?

① 거래 마케팅에서 관계 마케팅으로의 변화에 대응

② 서비스 및 상품 이용고객의 만족 여부의 정확한 확인

③ 광고, 경험, 구전 등에 의한 고객 기대가치의 대응

④ 기업 서비스 향상으로 고객 요구에 대한 신속한 대응

해설

이용고객의 만족 여부 확인(고객만족도조사)은 아웃바운드 텔레마케팅 업무에 해당한다.

아웃바운드 텔레마케팅의 업무

판매 분야	• 신규고객을 개척하거나 잠재고객을 발굴 • 만기고객의 재유치 • 휴면고객의 활성화
비판매 분야	• 서베이(조사 업무): 고객만족도조사, 시장조사, 소비자조사, 여론조사 등 • 판매 지원 업무: 방문 약속, 리드 발굴 • 연체 대금 회수 촉진 • 고객관리: 해피콜, 정보 서비스 등 • 리스트 정비: 리스트 클리닝, 리스트 스크리닝

21 가격결정에서 인플레율을 고려한 것으로 계약판매 및 신용판매에서 특히 고려해야 할 기준은?

① 가격 탄력성

② 가격 표시제

③ 가격 체인

④ 가격 에스컬레이션

해설

가격 에스컬레이션

인플레율을 고려한 가격결정 기준이다. 즉, 인플레율이 높을 때는 화폐가 평가 절하되어 원가를 상승시키고, 이는 가격을 인상해야 하는 압력으로 작용하게 된다.

가격 탄력성

가격에 대한 수요의 탄력성. 가격이 1% 변화하였을 때 수요량은 몇 % 변화하는가를 절대치로 나타낸 크기이다.

가격 표시제

소비자에게 정확한 가격을 제공하고 업체 간 경쟁을 촉진·도모하기 위해 사업자가 생산·판매하는 물품에 가격을 표시하도록 하는 제도이다.

22 다음 (　　)에 들어갈 시장공략 전략을 순서대로 나열한 것은?

> 기업의 자원이 매우 제한적일 경우에는 (　　) 마케팅 전략을 구사하는 것이 적합하다. 과일이나 쌀 등과 같이 제품의 질이 어느 정도 균일한 제품의 경우에는 (　　) 마케팅 전략이 보다 적합하다.

① 무차별적, 집중
② 무차별적, 차별적
③ 집중, 무차별적
④ 집중, 차별적

해설

집중 마케팅 전략은 한 개 또는 몇 개의 시장 부문에서 집중적으로 시장을 점유하려는 전략으로, 기업의 자원이 한정되어 있을 때 이용하는 전략이다. 무차별적 마케팅 전략은 기업이 하나의 제품이나 서비스를 가지고 시장 전체에 진출하여 가능한 한 다수의 고객을 유치하려는 전략으로 시장세분화가 필요하지 않게 된다. 과일이나 쌀 등과 같이 제품의 질이 어느 정도 균일한 제품의 경우에 적합하다.

23 다음에서 설명하고 있는 가격결정 방법은?

> 과점산업인 경우에는 가격 및 산업을 이끄는 기업이 있어 경쟁자의 가격을 평가하기가 비교적 용이하다. 이러한 산업에서는 시장에서 가장 유리한 위치에 있는 선도 기업이 가격을 결정하면 나머지 기업들도 이에 따라서 가격을 결정하는 형태를 보인다.

① 가격선도제
② 원가가산 가격결정법
③ 투자수익률 가격결정법
④ 관습적 가격결정법

해설

가격선도제는 시장점유율이 높은 상위의 기업체들이 제품의 가격을 올리거나 내리게 되면 다른 기업체들도 이에 따라 가격을 결정하는 가격결정 방법이다.

24 다음 설명에 해당하는 것은?

> 소비자 욕구의 변화, 상권 내 역학구조의 변화, 소매기업 내 각종 상황의 변화 등에 의하여 그동안 유지해
> 왔던 영업 방법상의 특징을 본질적으로 변화시킴으로써 상권의 범위와 내용, 그리고 목표 소비자를 새롭
> 게 조정하는 활동이다.

① 재포지셔닝
② 타깃 마케팅
③ 시장세분화
④ 제품차별화

해설

재포지셔닝을 검토하는 경우
• 판매 침체로 기존 제품의 매출이 감소되었을 경우
• 경쟁자의 진입으로 시장 내의 차별적 우위 유지가 힘들어진 경우
• 기존의 포지션이 진부해져 매력을 상실했을 경우
• 소비자의 취향이나 욕구가 변화한 경우
• 시장에서의 위치 등 경쟁 상황의 변화로 전략의 수정이 필요한 경우
• 유망한 새로운 시장 적소나 기회가 발견되었을 경우

25 다음 설명에 해당하는 용어는?

> 하나의 제품이나 서비스 제공 과정에서 다른 제품이나 서비스에 대해 판매를 촉진시키는 마케팅 기법

① 리피팅(Repeating)
② 업 셀링(Up selling)
③ 크로스 셀링(Cross selling)
④ 경쟁광고(Pioneering advertising)

해설

교차판매(Cross selling)는 하나의 제품이나 서비스를 제공하는 과정에서 고객에게 비슷한 상품군이나 서비스에 대해 추가
판매를 유도하는 마케팅 기법이다.
① 리피팅(Repeating)은 고객에게 할인쿠폰과 같은 혜택을 제공하여 재방문 및 재구매를 유도하는 마케팅 기법이다.
② 업 셀링(Up selling)은 판매액을 증가시키기 위하여 고객에게 상품이나 서비스를 더 권유하여 판매하는 마케팅 기법이다.

26 종단조사와 횡단조사의 설명으로 옳지 않은 것은?

① 동일한 현상을 동일한 대상에 대해 반복적으로 측정하는 것은 종단조사에 해당한다.

② 횡단조사는 특정시점에서의 집단 간 차이를 연구하는 방법이다.

③ 종단조사는 동태적인 성격이라 할 수 있고, 횡단조사는 정태적인 성격이라 할 수 있다.

④ 종단조사는 조사 대상의 특성에 따라 집단을 나누어 비교 분석하기 때문에 횡단조사에 비해 표본의 크기가 상대적으로 크다.

해설

종단조사와 횡단조사의 비교

종단조사	횡단조사
동일한 모집단에 대해 동일한 현상을 반복적으로 조사하는 방법이다.	특정 시점에서의 집단 간의 차이를 조사하는 방법이다.
동태적 성격을 갖는다고 할 수 있다.	정태적 성격을 갖는다고 할 수 있다.
횡단조사보다 표본의 크기가 상대적으로 작다.	조사대상의 특성에 따라 집단을 나누어 비교 분석하기 때문에 종단조사보다 표본의 크기가 상대적으로 크다.

27 시장조사를 통해 수집한 자료는 크게 1차 자료와 2차 자료로 구분할 수 있는데, 2차 자료를 통해 시장조사를 진행했을 경우에 나타나는 일반적인 문제점은?

① 자료의 시효성이 보장되지 못한다.

② 자료 수집의 경제성이 떨어진다.

③ 자료 수집의 신속성이 떨어진다.

④ 자료의 공공성이 없다.

해설

2차 자료의 한계
- 해결해야 할 과학적 문제가 무엇인지를 알기 전에 사실을 수집해야 하는 경향을 피하기 어렵다.
- 자료의 유용성 및 시효성이 제한을 받는 경우가 많다.
- 자료 형태가 의사결정에서 요구하는 대로 정리되지 않은 경우가 많으므로, 자료의 적합성, 타당성, 신뢰성 등을 신중하게 검토해야 한다.

1차 자료의 한계
- 1차 자료의 수집에는 많은 시간과 비용이 소요된다.
- 조사 방법에 관한 지식과 기술도 필요하다.

28 표본추출방법에 관한 설명으로 옳지 않은 것은?

① 층화표본추출은 단순무작위표본추출에 비해 표본오차가 줄고 대표성이 높아진다.

② 체계적 표본추출은 목록 자체가 일정한 주기성을 가질 경우에 바람직하다.

③ 군집표본추출에서는 군집이 표본추출단위가 된다.

④ 체계적 표본추출의 경우 첫 번째 표본은 반드시 무작위로 선정하여야 한다.

해설

체계적 표본추출방법

모집단 추출 틀에서 단순 무작위로 하나의 단위를 선택하고 그다음 k 번째 간격마다 하나씩의 단위를 표본으로 추출하는 방법이다. 모집단의 배열이 일정한 주기성과 특정 경향성을 보일 경우 편견이 개입되기 때문에 대표성이 문제된다.

① 층화표본추출방법은 모집단을 기존 지식을 활용하여 동질적인 몇 개의 층으로 층화하고 각 층에서 일정 수를 무작위 추출하는 방법으로 표본의 크기가 같다면 표본오차의 크기는 '군집표본 → 단순무작위표본 → 층화표본'의 순이다.

③ 군집표본추출방법은 표본추출단위를 군집(집단)으로 하여 무작위 추출하는 방법이다.

29 인터넷조사의 단점으로 거리가 먼 것은?

① 인터넷 사용자로 표본이 편중되는 측면이 있다.

② 조사자에 대한 관리비용이 상승한다.

③ 조사에 능동적으로 응대하는 사람만 조사가 가능하여 대표성이 상실될 수 있다.

④ 응답자를 정확하게 통제, 확인할 수 없다.

해설

인터넷조사의 단점

• 인터넷 사용자로 표본이 편중되는 측면이 있어서 표본의 대표성 문제가 제기될 수 있다.

• 조사에 능동적으로 응대하는 사람만 조사가 가능하며 대표성이 상실될 가능성이 있다.

• 응답자에 대한 통제가 쉽지 않으며, 응답률과 회수율이 낮게 나타날 수 있다.

30 일반적으로 알려진 네 가지의 척도 중 절대적인 기준인 영점이 존재하고, 모든 사칙연산이 가능한 척도는?

① 명목 척도　　　　　　　　　　② 서열 척도

③ 등간 척도　　　　　　　　　　④ 비율 척도

해설

비율 척도

척도를 나타내는 수가 등간일 뿐만 아니라 의미 있는 절대 영점을 가지고 있는 경우에 이용되며 모든 사칙연산이 가능하다.

31 효과적인 전화조사를 위해 고려해야 할 사항이 아닌 것은?

① 응답자가 불편을 느끼지 않는 시간대를 선택한다.

② 전화조사 시에는 경제성을 고려하여 다양한 주제의 질문을 통하여 많은 내용을 조사한다.

③ 전화조사 시 적당한 통화시간은 5분 정도이며, 10개 전후의 문항이 적당하다.

④ 전화조사는 중간에 전화가 끊어지거나 소음 등에 방해를 받지 않도록 한다.

해설

효과적인 전화조사를 위하여 고려해야 할 사항
- 응답자가 불편을 느끼지 않는 시간대를 선택한다.
- 전화조사 시 질문은 짧고 단순하게 구성하고 질문의 수를 줄인다.
- 전화조사는 중간에 전화가 끊기거나 소음 등에 방해를 받지 않도록 한다.

32 조사 결과를 이용하는 사람이 지켜야 할 윤리로 옳은 것을 모두 고른 것은?

> ㄱ. 조사 결과 자료와 일관성이 없는 결과를 이용해서는 안 된다.
> ㄴ. 조사 결과를 개인이나 조직에서 수행한 업무나 결정을 정당화시키는 데 사용해서는 안 된다.
> ㄷ. 연구자의 허락 없이 고유한 특성이 있는 자료를 사용할 경우 참고문헌을 표시하면 괜찮다.
> ㄹ. 정당화될 수 없는 결과라도 조사 자료와 연관 짓는 것은 상관이 없다.

① ㄱ

② ㄱ, ㄴ

③ ㄴ, ㄷ

④ ㄱ, ㄴ, ㄷ, ㄹ

해설

조사 결과 이용자가 지켜야 할 윤리
- 응답자의 개인적인 응답은 공개하지 않는다.
- 조사 결과 자료가 일관성이 없는 경우 이용해서는 안 된다.
- 개인이나 기업에 행해진 업무 및 의사결정 등의 정당화 수단으로 사용하면 안 된다.

33 시장조사를 활용한 활동으로 볼 수 있는 것은?

① 회사의 매출을 파악하기 위하여 회계자료를 분석한다.

② 회사의 규모를 파악하기 위하여 직원 현황을 분석한다.

③ 새로 만든 다리의 이름을 짓기 위해 주민들에게 다리 이름을 공모한다.

④ 광고의 인지도를 파악하기 위해 전화조사를 실시한다.

해설

전화조사는 시장조사를 하는 활동에 해당한다.
① · ② 기존 2차 자료를 활용하여 분석한 활동이다.
③ 공모전 활동이다.

---

34 조사의 초기단계에서 조사에 대한 아이디어와 통찰력을 얻기 위하여 사용되는 조사로, 주로 조사문제가 명확하지 않거나 분석대상에 대한 아이디어나 가설을 얻기 위해 사용되는 조사는?

① 탐색조사

② 기술조사

③ 인과관계조사

④ 정량적 조사

해설

탐색조사는 마케팅 문제의 정의와 관련 변수의 규명 및 가설을 설정하기 위한 조사이다.

---

35 자료 수집을 위하여 사용하는 척도 중에서 다음의 특징을 가진 척도는?

- 인종집단 간의 태도를 측정하는 데 사용된다.
- 7점 척도로 구성되어 있다.

① 리커트의 척도

② 오스굿의 척도

③ 보가더스의 척도

④ 서스톤의 척도

해설

보가더스 척도
다른 민족이나 인종집단 간의 태도나 친밀도인 사회적 거리를 수량적으로 측정하는 데 쓰인다. 적용 범위가 비교적 넓고 예비조사에 적합한 면이 있다.

36 다음 중 실험연구의 장점과 거리가 가장 먼 것은?

① 변인 간의 인과관계를 증명할 수 있다.

② 연구의 결과를 일반화할 수 있다.

③ 피실험자들의 개인차를 통제할 수 있다.

④ 내적 타당성을 확보할 수 있다.

해설

실험연구

- 독립 변수의 효과를 측정하거나, 독립 변수가 종속 변수에 영향을 미치는 인과관계에 대한 가설을 검증하는 방법이다.
- 실험조사를 위해 외부 요인들을 의도적으로 통제하고 관찰조건을 조성해야 한다.
- 변수의 조작이 가능할 때만 연구가 가능하고, 현장조사 연구에 비해 연구 결과의 일반화가 어려워 실제 상황에 적용하는 데 제한이 있다.
- 인과관계 파악이 용이하고 가외 변수의 통제가 쉬우며, 변수의 조작적 정의를 정확하게 내리기 쉬워서 내적 타당도에서 유리하다.

37 다음 설문지 내용 분석 시 설문지 작성원칙에 가장 위배되는 사항은?

> [귀하가 공중목욕탕에서 사용하는 물의 사용량은 어떻다고 생각하십니까?]
> ① 매우 많이 씀
> ② 많이 쓰는 편
> ③ 보통
> ④ 적게 쓰는 편
> ⑤ 매우 적게 씀

① 응답자를 비하하거나 무시하는 표현의 금지

② 응답하기 곤란한 질문을 간접적으로 질문

③ 특정 사실을 가정한 질문 금지

④ 유도 또는 강요하는 표현 금지

해설

설문지 작성 시 고려사항

- 응답자가 대답하기 곤란한 질문들에 대해서는 직접적인 질문을 피하도록 한다.
- 응답 항목들 간에 내용이 중복되지 않으면서 가능한 응답을 모두 제시해 주어야 한다.
- 이중 질문을 지양한다.
- 조사자의 가치 판단을 배제하고 중립적인 질문이 되도록 한다.
- 유도 질문과 위협적 질문의 사용에 유의한다.
- 질문이 너무 길지 않도록 하고 복잡하거나 전문용어를 사용하지 말고 응답자의 수준에 맞는 언어를 사용한다.
- 개념이 오해를 불러일으키지 않도록 명확한 것을 사용해야 한다.
- 사전에 각 응답지에 번호를 부여해 놓는 것이 조사 결과 처리 시 편리하다.

정답 33 ④ 34 ① 35 ③ 36 ② 37 ②

38 시장조사에서 2차 자료에 관한 설명으로 틀린 것은?

① 시간과 비용이 절약된다.

② 2차 자료의 유형으로는 내부자료와 외부자료로 구분된다.

③ 2차 자료 수집방법으로는 서베이 조사법과 관찰법이 사용된다.

④ 2차 자료를 활용할 경우에는 신뢰도와 타당도에 주의해야 한다.

> **해설**
> 서베이 조사법과 관찰법은 1차 자료 수집방법이다.
>
> **2차 자료**
> • 조사자가 현재의 조사 프로젝트를 위해 직접 수집한 자료가 아니라 어떤 조사 프로젝트의 다른 조사 목적과 관련하여 조직 내부 혹은 외부의 특정한 조사 주체가 이미 작성한 자료를 말한다.
> • 시간과 비용을 절약할 수 있고, 수집 과정이 용이하다.
> • 조사자는 기록자들의 표현 등에 조심하며 신뢰도와 타당도에 세심하게 주의해야 한다.

39 다음 척도의 종류는?

[제품 디자인에 대한 평가]

① 서스톤 척도　　　　　　　　　② 리커트 척도

③ 거트만 척도　　　　　　　　　④ 의미분화 척도

> **해설**
> **의미분화(어의차이) 척도**
> 하나의 개념을 여러 의미의 차원에서 평가하는 것으로, 응답자에게 반대되는 두 개의 입장을 주고 그 사이에서 보통 5~7점 척도를 사용하여 선택하도록 한다.
> ① 서스톤(등현등간) 척도 : 각 문항이 척도상의 어디에 위치할 것인가를 전문 평가자들로 하여금 판단케 한 다음 조사자가 이를 바탕으로 하여 대표적인 문항들을 선정하여 척도를 구성하는 방법으로, 어떤 사실에 대해 가장 긍정적인 태도와 가장 부정적인 태도를 나타내는 태도의 양극단을 등간적으로 구분하여 여기에 수치를 부여함으로써 척도를 구성한다.
> ② 리커트(총화평정) 척도 : 주로 인간의 태도를 측정하는 서열적 수준의 변수를 측정한다.
> ③ 거트만(누적) 척도 : 태도의 강도에 대한 연속적 증가 유형을 측정하고자 하는 척도이다.

40 다음 ( )에 들어갈 조사응답자의 권리는?

> ( )란 조사응답자가 강요에 의하지 않고 특정 마케팅조사에 참여할지 안 할지를 스스로 결정할 수 있다는 것으로, 조사에 참여하는 것은 자발적이어야 하며 조사를 진행하는 동안 언제라도 응답자가 원하면 조사를 중간에 그만둘 수 있어야 한다.

① 안전할 권리
② 참여를 선택할 권리
③ 조사에 대해 알 권리
④ 사생활을 보호받을 권리

해설

조사응답자의 권리
• 사생활을 보호받을 권리
• 마케팅조사에 참여를 선택할 권리
• 안전할 권리
• 마케팅조사에 대해 알 권리

41 특정 상품에 대한 만족도를 측정하기 위하여 정확성이 공인된 체중계를 사용하여 체중계에 표시된 몸무게로 만족도를 측정하였다. 이러한 측정에 관하여 올바르게 나타낸 것은?

① 신뢰도는 높지만 타당도가 낮다.
② 신뢰도는 낮지만 타당도는 높다.
③ 신뢰도와 타당도가 모두 낮다.
④ 신뢰도와 타당도가 모두 높다.

해설

정확성이 공인된 체중계를 사용하여 몸무게를 측정하였으므로 신뢰도는 높다고 할 수 있다. 그러나 특정 상품에 대한 만족도를 측정하는 데 상품과 별 상관없는 몸무게를 측정하였기 때문에 측정 점수가 측정 목적에 부합하지 않으므로 타당도가 낮다.

42 우편조사의 특징에 대한 설명으로 틀린 것은?

> 우편조사의 장점으로는 ㉮ 응답자가 편리한 시간에 응답자의 속도로 관련 응답을 할 수 있다는 점과 ㉯ 면접원의 편견의 염려가 없으며, 주소 목록이 있는 경우에는 ㉰ 표본추출이 용이하다는 점이 있다. 하지만 단점으로는 ㉱ 익명성이 보장되지 않으며, 탐사질문이 불가능하고 응답을 얻으려고 했던 목표응답자 대신 다른 사람이 응답하더라도 확인이 불가능하다는 점이 있다.

① ㉮   ② ㉯

③ ㉰   ④ ㉱

> **해설**
>
> 우편조사의 장단점

장점	단점
• 시간의 유연성 • 면접원의 편견적 오류 감소 • 주소 목록이 있는 경우 표본추출이 용이 • 익명성 보장 • 사려 깊은 응답성 • 비용 절감 • 조사 대상의 다양성	• 탐사나 추가 질문의 어려움 • 무자격자의 응답에 대한 통제 불능 • 낮은 응답률

43 비확률표본추출방법에 해당하는 것은?

① 군집표본추출

② 체계적 표본추출

③ 판단표본추출

④ 층화표본추출

> **해설**
>
> 비확률표본추출방법의 종류
> • 편의(임의)표본추출방법(Convenience sampling): 조사자가 편리한 대로 표출하며 우연적 표집이라고도 한다.
> • 판단(목적)표본추출방법(Judgement sampling): 조사 목적에 적합하다고 판단되는 소수의 인원을 조사자가 선택하며 유의 표집이라고도 한다.
> • 할당표본추출방법(Quota sampling): 일정한 특성을 기준으로 모집단의 구성비에 맞춰 표본을 선택한다.
> • 눈덩이(누적)표본추출방법(Snowball sampling): 특정 집단에 대한 조사를 위해 조사자가 적절하다고 판단하는 조사 대상자들을 선정한 다음, 그들로 하여금 또 다른 대상자들을 추천하도록 하는 표본추출방법이다.

44 다음 중 예비조사(Pilot test)가 필요한 경우가 아닌 것은?

① 설문 문항의 구성과 배열, 문맥상의 오류를 파악하여 설문지의 객관적인 타당성을 높이기 위한 경우

② 소비자가 진정으로 원하는 속성이나 편익을 제공해 주고 있어 경쟁상대가 없다고 여겨질 경우

③ 제품이나 서비스 콘셉트(Concept)에 대하여 소비자로부터 정확하고 객관적인 평가를 실시하여 포지셔닝을 재설정하는 경우

④ 크리에이티브와 구매제안에 대한 대안을 평가하고자 할 경우

해설

설문지의 객관적인 타당성을 높이기 위한 경우에는 사전조사가 필요하다.

예비조사(Pilot test)

조사 설계를 확정하기 전에 예비적으로 실시하는 조사 방법으로 사전 지식이 부족할 때, 가설을 정립할 때, 조사표 작성의 사전 단계에서 주로 사용되며, 융통성 있는 운영과 수정이 가능하다.

45 표본의 크기를 결정하는 요소와 가장 거리가 먼 것은?

① 모집단의 동질성   ② 조사비용의 한도

③ 연구자의 수   ④ 조사가설의 내용

해설

표본의 크기를 결정하는 요소

- 모집단 요소의 동질성
- 조사시간과 비용(가용한 자원)의 한도
- 조사가설의 내용(이론) · 신뢰도 · 표본추출방법
- 조사의 목적
- 모집단의 크기

※ 정답은 ①로 발표되었으나 ③ 연구자의 수를 표본의 크기를 결정하는 요소로 보는 것에는 논란의 여지가 있습니다. 정확한 내용은 한국산업인력공단으로 문의하시기 바랍니다.

46 시장조사에 있어서 조사자가 지켜야 할 윤리에 대한 설명으로 옳지 않은 것은?

① 고객에 관한 정보를 경쟁기업에게 누설하지 않는다.

② 부적절한 방법으로 조사를 진행하지 않는다.

③ 정보제공자의 익명성을 보장하여야 한다.

④ 조사가 끝난 후에는 입수한 자료의 비밀을 유지할 필요가 없다.

조사자가 지켜야 할 윤리
- 고객에 관한 정보를 경쟁기업에게 누설하지 않는다.
- 부적절한 방법으로 조사를 진행하지 않는다.
- 정보제공자의 익명성을 보장하여야 한다.
- 조사가 끝난 후에도 입수한 자료의 비밀을 유지할 필요가 있다.
- 조사의 목적을 성실히 수행하여야 하며 조사 결과의 왜곡, 축소 등은 피해야 한다.
- 조사 결과는 성실하고 정확하게 보고하여야 한다.

47 시장조사의 과학적 연구의 특징에 해당되지 않는 것은?

① 과학은 논리적인 것이어야 한다.
② 과학은 경험적으로 검증이 가능해야 한다.
③ 과학은 일반적인 이해를 추구하기 보다는 개별적인 현상을 설명하는 것이다.
④ 과학은 구체적인 것이어야 한다.

해설
과학적 연구는 연구결과의 일반화를 목적으로 한다.

48 다음 자료 수집방법 중 응답 정보를 가장 빨리 얻을 수 있는 것은?

① 우편조사
② 전화조사
③ 심층면접조사
④ 대리질문조사

해설
전화조사의 장점
- 신속성 · 효율성
- 경제성 · 편리성
- 획일성 · 솔직성

49 장난감 회사에서는 얼마나 많은 장난감을 바꾸거나 개선할 필요가 있는지를 알아보기 위해 실제 어린이들이 장난감을 가지고 노는 것을 살펴본다고 한다. 이러한 방법으로 수집된 자료는?

① 관찰 자료
② 설문지 자료
③ 인터뷰 자료
④ 인구통계적 자료

해설
관찰 자료
조사하고자 하는 대상물이나 행동, 상황 등을 계속해서 추적하고 관찰하여 얻은 자료이다.

50 시장조사를 위한 면접조사의 장점이 아닌 것은?

① 조사자가 필요에 따라 질문을 수정할 수 있다.

② 모호한 응답에는 재질문을 통해 명료화할 수 있다.

③ 질문을 반복하거나 변경함으로써 응답자의 반응을 적절히 이해할 수 있다.

④ 짧은 시간 내에 여러 사람에게 접근할 수 있는 편리함이 있다.

> **해설**
>
> 면접조사의 장점
> • 조사자가 모호한 응답에는 질문을 반복하거나 변경 · 수정하여 명료한 답변을 얻을 수 있다.
> • 문맹자인 경우에도 조사가 가능하다.
> • 필요한 정보를 더 빨리 수집할 수 있으며 질문지에 비해 자료 회수율이 좋다.

제3과목 텔레마케팅관리

51 텔레마케팅 특성으로 옳지 않은 것은?

① 고객의 현재가치를 중점으로 둔다.

② 시간, 공간, 거리의 장벽을 극복한다.

③ 기업을 정보창조 조직으로 변모시킨다.

④ 구성요소가 유기적으로 결합된 시스템에 의해 움직인다.

> **해설**
>
> 텔레마케팅은 고객의 생애가치를 존중하며, 고객의 미래가치까지 고려한다.

52 콜센터 리더가 갖추어야 할 리더십으로 거리가 가장 먼 것은?

① 경험적 리더십　　　　　　　　② 코칭적 리더십

③ 지시적 리더십　　　　　　　　④ 학습적 리더십

> **해설**
>
> 콜센터 리더가 갖추어야 할 리더십에는 경험적 리더십, 코칭적 리더십, 학습적 리더십 등이 있다. 지시적 리더십은 콜센터에서 단기적 성과는 발생시킬 수 있으나 장기적으로는 조직의 와해를 가져올 수 있다.

53 텔레마케팅의 특성을 가장 잘 설명한 것은?

① 다양한 정보를 효과적으로 제공할 수는 있으나 고객정보 수집은 불가능하다.

② 텔레마케팅은 전화매체를 통한 커뮤니케이션 활동이므로 상담보다 시스템이 더욱 중요하다.

③ 즉시성과 인격성이 있으며, 효과적인 정보제공, 고객관계 구축이 가능하다.

④ 텔레마케팅은 데이터베이스 마케팅을 지향하므로 시·공간적 제약이 많다.

> 해설
>
> 텔레마케팅은 즉시성과 인격성이 있으며, 효과적인 정보제공, 고객관계 구축이 가능하다.
> ① 텔레마케팅을 통해 고객정보를 수집할 수 있다.
> ② 텔레마케팅에 있어서 가장 중요한 요소는 상담원이다.
> ④ 텔레마케팅은 정보통신 기술 및 각종 통신수단을 활용하여 시간, 공간의 장벽을 해소할 수 있다.

54 인바운드 콜센터에서 콜 폭주 시 대처방안으로 바람직하지 않은 것은?

① 통화는 가능한 한 짧게 하고 통화 후 정리작업을 생략하여 통화처리시간을 줄인다.

② 상담원들의 이석을 최소화하고 착석률을 높인다.

③ 아웃바운드나 e-mail 응대 업무 등을 일시적으로 미루고 인바운드 응대 인원을 늘린다.

④ 여유가 있는 상담원 그룹이나 아웃소싱업체와 콜 블렌딩을 한다.

> 해설
>
> 인바운드 콜센터에서 콜 폭주 시에는 아웃바운드나 e-mail 응대 업무 등을 일시적으로 미루고 콜 블렌딩을 하여 인바운드 응대 인원을 늘리고, 상담원들의 이석을 최소화하여 착석률을 높인다.

55 스크립트를 작성하는 목적으로 틀린 것은?

① 텔레마케터가 주관적으로 상담하기 위해서 작성한다.

② 상담원의 능력과 수준을 일정 수준 이상으로 유지시켜 준다.

③ 통화의 목적과 어떻게 대화를 이끌어 갈 것인가의 방향을 잡아준다.

④ 균등한 대화를 사용하여 정확한 효과를 측정하고 효율적인 운영체제를 구축한다.

> 해설
>
> 스크립트는 표준화된 언어 표현과 상담 방법을 제공하여 모든 상담원이 일관성 있게 업무를 수행하도록 해 준다. 주관적으로 상담해서는 안 된다.

56 리더십 역량 측정에 관한 용어의 설명으로 옳지 않은 것은?

① 명확성: 의사소통 시 자신의 의사를 분명히 전달하여 직원이 혼란스러워하거나 추측하지 않도록 하는 역할
② 신뢰성: 리더의 권력을 인정함으로써 그들이 리더와 자신의 일에 대해 신뢰하게 하는 역할
③ 균형 잡힌 시각: 전체 업무에 대한 왜곡되지 않은 시각을 견지하는 역할
④ 참여: 직원들이 그들의 일을 스스로 판단해서 할 수 있도록 허락하는 역할

해설

신뢰성은 리더의 권력이 아닌 책임감을 인정함으로써 직원들이 리더와 자신의 일에 대해 신뢰하게 하는 역할을 말한다.

57 다음에서 설명하는 리더십 이론은?

> 하급자들을 스스로 판단하고 행동하며 그 결과를 책임질 수 있는 셀프리더로 키우는 리더십

① 서번트 리더십　　　　　　　② 변혁적 리더십
③ 슈퍼 리더십　　　　　　　　④ 지시적 리더십

해설

① 서번트(Servant) 리더십: 타인을 위한 봉사에 초점을 두고 자신보다 구성원들의 이익을 우선시하는 리더십
② 변혁적 리더십(변화적 리더십): 부하들에게 장기적 비전을 제시하고, 비전 성취에 대한 자신감을 고취시킴으로써 조직에 대한 몰입을 강조하며 부하를 성장시키는 리더십
④ 지시적 리더십: 추진하는 일의 목표 및 목표 달성의 스케줄은 어떻게 되는지, 특정 업무를 어떤 방식으로 시행해야 하는지 명확히 하는 리더십

58 콜센터 성과평가에 관한 설명으로 옳지 않은 것은?

① 회사 전체의 목표, 성과체계와 긴밀히 연관되어 있다.
② 회사별 특성을 고려하기보다는 다른 콜센터의 평가 항목을 벤치마킹하여 적용하는 것이 좋다.
③ 인바운드 콜센터에서 사용되는 성과평가 항목은 CPH(Call Per Hour), 서비스 레벨, 고객만족도 등으로 설정할 수 있다.
④ 균형 있는 성과평가를 위해서는 양적 평가 항목과 질적 평가 항목 모두 필요하다.

해설

다른 콜센터의 평가 항목을 그대로 벤치마킹하여 적용하는 것이 아니라 회사별 특성을 고려하여야 한다.

59 인사선발도구 중 면접의 방식에 관한 설명으로 옳은 것은?

① 구조적인 면접은 면접자에게 폭넓은 권한을 부여하여 특별한 형식 없이 면접자가 원하는 질문을 하는 방식이다.

② 순차적인 면접은 여러 계층에 있는 관리자들이 피면접자를 면접하는 방식이다.

③ 집단면접은 다수의 면접자가 한 명의 피면접자에게 질문을 하면서 진행되는 방법이다.

④ 스트레스면접은 면접자에게 스트레스를 주어 스트레스 상황하에서 면접자의 반응을 살펴보면서 면접을 하는 방식이다.

해설

① 구조적인 면접: 직무 명세서를 기초로 하여 미리 질문 목록을 준비해 면접관이 피면접자에게 차례로 질문하면서 준비한 내용에서 벗어나는 질문은 하지 않는 방법이다.

③ 집단면접: 각 집단 단위별로 특정 문제에 따라 자유 토론을 할 수 있는 기회를 부여하고, 토론 과정에서 개별적으로 적격 여부를 심사·판정하는 방법이다.

④ 스트레스면접: 면접관이 매우 공격적인 태도를 취하거나 피면접자를 무시하는 태도를 보이는 등 피면접자를 방어적이고 좌절하게 만들어 스트레스 상황에서 피면접자의 감정적 안정성과 인내도 등을 관찰하는 방법이다.

60 효과적인 교육방안이 아닌 것은?

① 실제 작업환경과 같은 교육환경

② OJT 교육 활성화

③ 교육결과에 대한 피드백

④ 교수자지향적 교육

해설

효과적인 교육을 위해서는 학습자지향적 교육이 이루어져야 한다.

61 콜센터에 대한 설명으로 틀린 것은?

① 콜센터는 기업과 고객 간에 정보통신 수단을 통한 커뮤니케이션적인 접촉이 이루어지는 곳이다.

② 콜센터는 기업의 제품기획과 개발, 광고전략 수립, 행정업무 등이 이루어지는 곳이다.

③ 콜센터는 크게 인바운드형 콜 처리 업무와 아웃바운드형 콜 처리 업무로 이루어진다.

④ 텔레마케팅과 커뮤니케이션이 결합되어 전문상담이 이루어지는 고객지향적 조직이라고 볼 수 있다.

해설

기업의 제품기획과 개발, 광고전략 수립, 행정업무 등은 마케팅 관련 부서에서 하는 업무 내용이다.

62 콜센터 리더의 역할에 관한 설명으로 틀린 것은?

① 상담원의 업무성과를 높이기 위해서는 잘하는 점에 대한 칭찬보다는 잘못에 대한 호된 질책이 더 중요하다.

② 단순히 상담원의 부족한 면을 지적해 주는 것이 아니라 상담원이 그것을 넘어설 수 있도록 스킬을 가르쳐 주고 훈련시켜 주어야 한다.

③ 상담원이 교육받은 내용대로 업무를 하지 않고 적절하지 않은 행동을 했다면 즉시 원인 파악을 해야 한다.

④ 가장 좋은 코칭의 방법은 강압적인 자세로 대하지 말고 상담원 스스로 이해할 수 있도록 결론을 이끌어 주는 것이다.

해설

상담원의 업무성과를 높이기 위해서는 잘못에 대한 호된 질책보다는 잘하는 점에 대한 칭찬이 더 중요하다.

63 인적자원관리의 목적이 아닌 것은?

① 인재 확보 　　　　　　　　　　② 인재 육성

③ 근로조건 정비 　　　　　　　　④ 종업원의 경영참가 배제

해설

인적자원관리는 기업의 종업원을 기업의 자원으로 인식하여 인재 확보 및 육성을 통해 기업의 자원 가치를 증대시키고자 하는 것이므로 종업원의 경영참가 배제는 목적과 무관하다.

64 직무만족(Job satisfaction)에 관한 설명으로 옳은 것은?

① 직무만족은 다차원이 아닌 단일차원의 개념이다.

② 직무만족이란 개인이 직무나 직무경험에 대한 평가의 결과로 얻게 되는 즐겁고 긍정적인 느낌을 의미한다.

③ 직무에 만족하면 반드시 생산성과 같은 양적 성과가 높아진다.

④ 조직원의 불만족이 높아지면 조직에 여러 가지 부정적 결과를 가져오며 불만족이 모두 행동으로 표출되어 사전에 파악할 수 있다.

해설

① 직무만족은 다차원적인 개념이다.
③ 직무만족이 반드시 생산성과 같은 양적 성과로 이어지는 것은 아니다.
④ 조직원의 불만족은 행동으로 표출되지 않는 경우도 있다.

65 콜센터 상담원의 정성적인 평가 기준 마련 시, 고려해야 할 사항으로 거리가 가장 먼 것은?

① 정성적인 평가는 추상적이거나 모호하지 않게 구체화한다.

② 너무 많은 항목은 콜센터 상담원의 역량을 분산시키므로 단순화한다.

③ 업무분장에 맞는 상담원 개인의 역량지표를 제시하고 평가 기준을 마련한다.

④ 상담원의 목표관리와 연결시켜 매출 기여도를 중요하게 생각한다.

해설

정성적인 평가는 질적인 부분을 평가하는 것으로, 추상적이거나 모호하지 않게 구체화해야 하며, 업무분장에 맞는 상담원 개인의 역량지표를 제시하고 평가 기준을 마련해야 한다. 그러므로 매출 기여도와는 관련이 없다.

66 다음 중 인적자원관리의 주체가 아닌 것은?

① 최고경영자   ② 인사전담자

③ 각 부서의 장   ④ 노동조합위원장

해설

인적자원관리의 대상
- 주체: 경영자, 인사관리자, 감독자(각 부서의 장)
- 객체: 고용근로자

67 브룸(Vroom)과 예튼(Yetton)의 의사결정 상황이론과 관련된 설명 중 옳지 않은 것은?

① 상황 변수로 의사결정의 중요성과 관련된 속성과 의사결정의 수용도와 관련된 속성들을 제시하였다.

② 리더십의 유형을 리더의 의사결정 형태에 따라 A I, A II, C I, C II의 네 가지로 구분하였다.

③ 각 상황별로 가장 적합한 리더십의 구분을 하지 못하였다는 한계점이 있다.

④ 상황속성을 yes와 no의 2분법으로 구분하였다는 한계점이 있다.

해설

브룸과 예튼의 의사결정 상황이론에서 리더십의 유형
- 전제적 A I(Autocratic I): 독단적 의사결정
- 전제적 A II(Autocratic II): 부하의 정보획득, 독단적 의사결정
- 협의적 C I(Consultative I): 부하와 문제공유 및 제안, 혼자 결정
- 협의적 C II(Consultative II): 부하와 문제공유 및 제안, 부하 의견 반영
- 집단적 G II(Group II): 집단 의사결정(위임형)

68 다음 중 보상을 통한 동기부여 방안으로 옳지 않은 것은?

① 급여 차등 지급

② 진급 우선 혜택

③ 근태 불량자 중점 관리

④ 유급 휴가 및 조기 퇴근 등 복무규정의 차등

해설

근태 불량자 중점 관리는 보상을 위한 동기부여 방안이 아니라 처벌을 통한 관리이다.

69 조직화의 원칙에 대한 설명 중 거리가 먼 것은?

① 비계층의 원칙

② 명령일원화의 원칙

③ 목표단일성의 원칙

④ 분업 및 전문화 원칙

해설

계층의 원칙

기업은 최고경영자로부터 최하위 감독자와 작업원에 이르기까지 상호 관계의 직위로 계층을 이루고 있는데, 이렇게 구성된 계층은 가급적 단축시켜야 한다는 측면에서 계층 단축화의 원칙이라고도 한다.

70 다음 중 훈련의 효과성 평가에 관한 설명으로 틀린 것은?

① 반응평가는 주로 훈련 프로그램이 끝났을 때 강사의 평가로 이루어진다.

② 학습평가는 학습자의 학습내용 숙지 여부를 평가하는 것이다.

③ 적용평가를 통해 응용을 촉진 또는 방해하는 요인에 대한 규명이 이루어진다.

④ ROI 평가를 통해 훈련 투자에 대한 수익에 대해 평가한다.

해설

반응평가는 피교육자들의 설문으로 이루어지며, 설문을 통해 피교육자가 교육을 어떻게 생각하는지 조사한다.

정답   65 ④   66 ④   67 ②   68 ③   69 ①   70 ①

71 막스 베버(Max Weber)가 주장한 이상적인 관료조직(Bureaucracy)의 특징을 올바르게 설명한 것은?

① 과업의 성과가 일정하도록 다양한 규칙이 있어야 한다.

② 경영자는 개인적인 방법과 생각으로 조직을 이끌어야 한다.

③ 조직구성원의 채용과 승진은 경영자의 지식과 경험에 기초한다.

④ 조직의 각 부서 관리는 해당 업무의 전문가에 의해 이루어져야 한다.

> **해설**
> **관료제**
> 대규모 조직의 업무를 효율적으로 수행하기 위해 정해진 규칙과 절차에 의해 처리하는 서열화되어 있는 권위 구조이다. 업무의 전문화, 권한과 책임의 서열화, 일의 절차와 규칙의 문서화, 연공서열 중시 등이 특징이다.

72 성과 측정을 위한 인터뷰 시 발생하는 오류 중 한 가지 측면에서 뒤떨어질 경우 나머지 모두를 나쁘게 평가하는 것을 무슨 효과라 하는가?

① Horn effect

② Halo effect

③ Contrast effect

④ Stereotype effect

> **해설**
> 각인효과/뿔효과(Horn effect)는 피고과자가 한 가지 측면에서 뒤떨어지면 나머지 모두를 나쁘게 평가하는 경향이다.
> ② 후광효과/현혹효과(Halo effect): 어느 한 평가요소가 피고과자의 다른 평가에 영향을 미치는 오류로, 피고과자의 어떤 특성에 대해 우수하다는 인상을 가지게 되면 다른 특성 역시 우수한 것으로 평가해 버리는 경향이다.
> ③ 대조효과(Contrast effect): 고과자가 자신이 지닌 특성과 비교하여 피고과자를 평가하는 경향이다.
> ④ 상동효과(Stereotype effect): 고과자가 가진 고정관념으로 피고과자에 대한 편견에 근거하여 개인을 평가하는 경향이다.

73 콜센터의 심리적 장애 요인 중 소속감의 부재로 인하여 급여조건의 변동 또는 이점이 있으면 쉽게 근무지를 이동하여 높은 이직률이 나타나는 현상은?

① 유리벽

② 뜨내기 문화

③ 끼리끼리 문화

④ 콜센터 심리공황

> **해설**
> ① 유리벽: 조직 구성원이 비핵심 부서에서 핵심 부서로의 수평적 이동을 방해받는 현상으로 특히 여성 차별과 관련하여 많이 인용된다. 수직적 이동을 방해받는 현상은 유리 천장(Glass Ceiling)이라고 한다.
> ③ 끼리끼리 문화: 평소 친한 사람들과만 어울리고 그 외 사람들을 배타적으로 보는 집단 심리를 나타낸다.
> ④ 콜센터 심리공황: 조직이 점차 커지고 활성화됨에 따라, 상담원들이 기피하는 업종이나 기업의 콜센터는 집단 이탈, 인력 채용·운영 효율의 저하 등이 나타나고, 급기야는 콜센터의 관리직도 자기 역할의 한계를 느껴 콜센터 조직이 와해되는 현상이다.

74 텔레마케팅이 마케팅 전략 수행의 중요한 도구로 대두된 요인으로 보기 어려운 것은?

① 소비자 니즈의 다양화   ② 마케팅 개념의 변화

③ 기업 간 경쟁 약화   ④ 정보처리 기술의 발달

> **해설**
>
> 기업 간 국제적인 경쟁의 확대로 인해 경쟁 우위 확보를 위한 차별적인 마케팅 방법이 필요하게 되었고, 이를 배경으로 텔레마케팅이 마케팅 전략 수행의 중요한 도구로 대두되게 되었다.

75 콜센터 조직의 특성으로 거리가 먼 것은?

① 초기 조직 적응이 중시되는 조직이다.

② 고객과 대면 접촉이 일반화된 조직이다.

③ 아웃소싱 활용의 보편화로 인해 이직률이 높은 조직이다.

④ 작업에 대한 만족감, 적극성, 고객응대 수준 등 상담원 개인 차이가 있는 조직이다.

> **해설**
>
> 콜센터 조직은 고객과의 1:1 비대면 접촉이 일반화된 조직이다.

제4과목 고객관리

76 다음 ( ) 안에 들어갈 알맞은 것은?

> 컴퓨터의 저장 용량 및 데이터 처리 성능이 발전하면서 기업은 방대한 양의 고객 관련 데이터를 (ㄱ)에 저장하고 (ㄴ)과(와) 같은 통계 프로그램을 활용하는 고객 분석이 가능해짐에 따라 CRM이 등장할 수 있었다.

	ㄱ	ㄴ
①	데이터 웨어하우스	데이터베이스
②	데이터마이닝	데이터 웨어하우스
③	데이터베이스	데이터마이닝
④	데이터 웨어하우스	데이터마이닝

데이터 웨어하우스(Data Warehouse)
기업 내 의사결정 지원 애플리케이션들을 위해 정보 기반을 제공하는 하나의 통합된 데이터 저장 공간이다.
데이터마이닝(Data Mining)
일종의 데이터 분석 기법으로 축적된 고객 관련 데이터에 숨겨진 규칙이나 패턴을 찾아낸다.

77 소비자의 구매과정 중 구매 전 단계에서의 커뮤니케이션 목표와 거리가 가장 먼 것은?

① 구매 위험의 감소

② 상표 인지의 증대

③ 반복 구매 행동의 증대

④ 구매 가능성의 증대

반복 구매 행동의 증대는 구매 후 단계에서의 커뮤니케이션 목표이다.

78 경어법에 대한 설명으로 옳지 않은 것은?

① 텔레마케터의 말은 그의 인격과 회사의 품격을 나타내므로 품위 있는 표현을 하도록 습관화한다.

② 합쇼체(높임말씨)와 해요체(반 높임말씨)의 비율을 4:6으로 하는 것이 적당하다.

③ 경어에는 상대를 높이는 존경어와 자신을 상대방보다 낮추어 간접적으로 상대방을 높이는 겸양어가 있다.

④ 사물 존칭은 고객에게 거부감을 줄 수 있어 주의가 필요하다.

텔레마케팅을 할 때에는 해요체보다는 합쇼체를 사용해야 한다.

79 일반적인 고객 욕구에 대한 설명으로 옳지 않은 것은?

① 개인적으로 알아주고 관심과 정성이 담긴 서비스를 제공받기를 원한다.

② 소비자가 원할 때 적시에 서비스를 제공받기를 원한다.

③ 책임 당사자인 제삼자에게 업무를 넘겨서 처리해 주기를 원한다.

④ 자신의 문제에 대해 공감을 얻고 공정하게 처리되기를 원한다.

고객은 유능하고 책임감 있는 일 처리를 기대하지 제삼자에게 업무를 넘기는 것을 원하지는 않는다.

80 고객의 구체적 욕구를 알아내기 위한 질문 기법으로 거리가 가장 먼 것은?

① 다양하고 방대한 양의 질문을 한다.

② 고객이 쉽게 이해할 수 있도록 질문한다.

③ 가급적이면 긍정적으로 질문을 한다.

④ 질문을 구체화, 명료화시킨다.

해설

방대한 양의 질문은 고객을 지치고 지루하게 만들 수 있으므로, 더 좋은 서비스를 제공하기 위해 소비자가 확실히 원하는 것을 찾아내는 질문을 한다.

81 CRM을 위한 고객정보를 분류한 것 중 정보의 원천이 다른 것은?

① 접촉 데이터

② 조사, 분석 데이터

③ 직접 입수 데이터

④ 제휴 데이터

해설

접촉 데이터는 반응고객 정보로 분류할 수 있으며, ② · ③ · ④는 내부고객 정보의 원천으로 분류한 정보이다.

82 고객과의 관계 개선을 위한 방법 중 자기 노출에 관한 설명으로 옳지 않은 것은?

① 자기 노출이 증가하면 관계의 친밀감이 커진다.

② 자기 노출은 상호적인 경향이 있다.

③ 여성은 남성보다 자기 노출을 잘하는 경향이 있다.

④ 자기 노출은 보상이 따를 때 감소한다.

해설

자기 노출은 상담자가 고객을 돕기 위한 기대를 가지고 의도적으로 개인적인 정보를 고객에게 밝히는 것이다. 또한, 고객 자신의 경험, 생각, 감정, 행동에 대한 이해를 촉진하기 위해 사용되며, 관계상의 친밀감을 높이고, 보상을 받을 경우 증가한다.

83 CRM을 구현하기 위한 아웃바운드 텔레마케팅의 활용으로서 옳지 않은 것은?

① 우수고객에게 새로운 서비스를 홍보하기 위하여 전화를 한다.

② 고객의 불만사항을 접수하고 원인을 분석한다.

③ A/S 후 불편한 사항이 없는지 확인 전화를 한다.

④ 고객의 기념일에 사은품을 보내기 위해 고객정보를 확인하고자 전화를 한다.

해설

고객의 불만사항을 접수하는 것은 인바운드 텔레마케팅의 업무이다.

아웃바운드 텔레마케팅

텔레마케팅 운용 주체가 외부의 잠재고객 및 기존의 고객에게 전화를 거는 것으로 기업주도형이고 능동적이며 목표지향적인 마케팅이다.

84 빅데이터 수집 방법 중 웹 로봇을 이용하여 조직 외부에 존재하는 소셜 데이터 등 인터넷에 공개되어 있는 자료를 수집하는 것은?

① 크롤링(Crawling)

② 센싱(Sensing)

③ 로그 수집기

④ RSS

해설

크롤링(Crawling)

주로 검색 엔진의 웹 로봇(Web robot)을 이용하여 SNS, 뉴스, 웹 정보 등의 조직 외부, 즉 인터넷에서 제공되는 웹 문서 정보를 수집한다.

85 다음 중 언어적 메시지에 해당하지 않는 것은?

① 서류   ② 편지

③ 음성   ④ 보고서

해설

음성의 고저, 표정, 몸짓, 자세, 눈치 등은 비언어적 메시지에 해당한다.

86 감정노동 직업군 분류 중 간접 대면에 해당하는 것은?

① 콜센터 상담원

② 마트 판매원

③ 호텔 직원

④ 골프장 경기 보조원

해설

백화점 · 마트 판매원, 미용사, 항공사 승무원, 호텔 직원, 골프장 경기 보조원 등이 직접적으로 고객을 대면하는 반면, 콜센터 상담원은 전화기를 통해 간접적으로 대면한다.

87 다음 중 빅데이터 처리의 순환과정을 바르게 표현한 것은?

① 저장 → 추출 → 시각화 → 분석 → 예측 → 적용

② 저장 → 시각화 → 적용 → 추출 → 분석 → 예측

③ 추출 → 저장 → 분석 → 시각화 → 예측 → 적용

④ 추출 → 분석 → 예측 → 저장 → 시각화 → 적용

해설

빅데이터 처리의 순환과정
데이터 추출 → 데이터 저장 → 데이터 분석 → 분석 결과의 시각화 → 미래 행동의 예측 → 결과의 적용

88 다음 중 클레임을 처리하는 기본 원칙으로 바람직하지 않은 것은?

① 고객의 입장에서 고객을 위한 방향으로 상담한다.

② 고객의 감정을 극대화시켜 전화를 먼저 끊게 한다.

③ 고객의 입장에 대해 공감을 표시하여 불만스러운 마음을 풀어 준다.

④ 고객의 반말이나 높은 언성, 행동 등에 화를 내거나 개인적인 말을 하지 않는다.

해설

고객과의 감정적인 논쟁을 피해야 한다.

89 CRM의 등장배경이 되는 마케팅 패러다임의 변화로 틀린 것은?

① 생산자 중심에서 고객 중심으로의 변화

② One-to-one 마케팅에서 Mass 마케팅으로의 변화

③ 양적 사고에서 질적 사고로의 변화

④ 10인 1색에서 1인 10색으로의 변화

해설

대량(Mass) 마케팅의 비효율성을 극복하기 위하여 고객의 특성과 요구에 맞는 개별화된 마케팅, One-to-one 마케팅이 등장하였다.

90 다음 중 효과적인 대화 방법으로 거리가 먼 것은?

① 전문용어를 사용하여 전문성을 높이도록 한다.

② 상대와 장소를 고려하여 그에 맞는 존댓말을 쓴다.

③ 애매한 표현, 위압감을 주는 표현은 사용하지 않는다.

④ 비언어적 요소도 고려하여 대화한다.

해설

전문용어 사용은 최대한 줄이고 고객 수준에 맞는 어휘를 사용해야 한다.

91 불만을 제기한 고객에 대한 응대 원칙이 아닌 것은?

① 우선 사과를 한다.

② 신속하게 해결을 한다.

③ 불만 원인을 파악한다.

④ 고객이 틀린 부분은 논쟁한다.

해설

고객 불만 처리의 원칙
- 우선 사과의 원칙: 고객이 화가 나 있는 상태이므로 우선 고객의 불편에 대해 사과를 한다.
- 원인 파악의 원칙: 고객이 불만을 제기한 원인을 파악한다.
- 신속 해결의 원칙: 불만에 신속하게 응대하여 해결한다.
- 비논쟁의 원칙: 불만을 제기한 고객과 논쟁을 하지 말아야 한다. 자칫하면 문제를 키울 수 있는 소지가 많다.

92 조직 측면에서의 CRM 성공 요인에 해당되지 않는 것은?

① 최고경영자의 관심과 지원
② 고객 및 정보지향적 기업 문화
③ 전문 인력 확보
④ 데이터 통합 수준

해설

데이터 통합 수준은 시스템 측면에서의 CRM 성공 요인에 해당한다.

조직 측면의 CRM 성공 요인
• 최고경영자의 관심과 지원
• 고객 및 정보지향적 기업 문화
• 전문 인력 확보
• 평가 및 보상

93 다음은 무엇에 관한 설명인가?

구매 - 제조 - 유통 - 판매 - 서비스로 이어지는 비즈니스 프로세스에 전사적 네트워크와 정보기술을 적용하여 경영 활동의 효율성을 높이고 새로운 사업 기회를 창출하는 활동

① Electronic-Commerce
② OFF-Line Business
③ B2B
④ E-Business

해설

전자 비즈니스(Electronic Business)는 기업에서 주요한 비즈니스 프로세스들을 수행하려고 인터넷과 디지털 기술을 이용하는 것을 의미한다. 전자 비즈니스는 기업 내부 관리 및 공급업체나 협력업체와의 협력을 위한 활동들과 전자상거래를 포함한다.

94 고객 유형별 상담 스킬에 대한 설명으로 옳지 않은 것은?

① 주도형 고객은 결과보다 과정을 중요시하는 만큼 과정에 대한 상세한 설명이 필요하다.
② 사교형 고객은 일의 심각성을 느낄 수 있도록 문제의 심각성에 대해 주의를 환기시켜 줄 필요가 있다.
③ 온화형 고객은 의사결정을 주도적으로 하지 못하는 만큼 의사결정을 위한 촉진이 필요하다.
④ 분석형 고객은 구체적인 데이터를 요구하는 만큼 정확한 정보 제공이 필요하다.

해설

주도형은 결과 중심적이므로 과정보다는 결론을 먼저 말한다.

95 CRM에 대한 설명으로 옳지 않은 것은?

① 고객 관계 관리를 의미한다.

② 고객 통합 DB를 구축하고 분석 · 활용한다.

③ 고객지향적인 경영 기법의 하나이다.

④ 단기적인 신뢰 구축에 의미를 부여한다.

해설

CRM은 고객의 전 생애(Life Time)에 걸쳐 관계를 구축하고 강화시켜 장기적인 이윤을 추구한다.

96 다음 중 의사소통의 장애 요인이 아닌 것은?

① 지위의 현격

② 비공식 조직

③ 언어상의 장애

④ 시간상의 압박

해설

의사소통의 장애 요인

- 일반적 커뮤니케이션 장애 요인: 언어상의 장애, 특정인 · 전문가의 편견, 지위 차이, 지리적 차이, 다른 직무로 인한 압박감, 발언자의 자기 옹호
- 발신자에 의한 커뮤니케이션 장애 요인: 목적 · 목표 의식 부족, 커뮤니케이션 스킬 부족, 발신자의 신뢰성 부족, 준거의 틀 차이, 타인에 대한 민감성 부족, 왜곡과 생략
- 수신자에 의한 커뮤니케이션 장애 요인: 선입견, 평가적인 경향, 선택적인 청취, 반응과 피드백의 부족, 수용성 부족
- 상황에 따른 커뮤니케이션 장애 요인: 비언어적인 메시지의 오용, 과중한 정보, 시간의 압박
- 여과(Filtering): 발신자가 의도적으로 정보를 조작하여 수신자에게 회의적으로 보이게 하려는 것
- 텔레커뮤니케이션의 심리적 장애 요인: 목소리 느낌만으로 상대방을 판단하려는 선입관, 자신의 상품에 대한 확신감 결여, 똑같은 내용 반복에 대한 권태감

97 고객상담의 필요성이 증가하는 요인으로 거리가 먼 것은?

① 고객 욕구의 복잡화와 다양화

② 소비자 불만과 소비자 피해의 양적 증가

③ 소비자 권리에 대한 소비자 의식 향상

④ 제품 공급 부족 현상의 심화

해설

1990년대 후반 이후 시장 규제의 완화, 경쟁사의 증가, 시장의 성숙 등으로 시장의 수요보다 공급이 증가하면서 시장은 생산자가 아닌 소비자가 중심이 되는 구매자 중심의 시장으로 변화하였다.

98 개인정보노출 방지 대책 중 관리적 측면에 해당하지 않는 것은?

① 홈페이지 개인정보노출 예방 관련 매뉴얼 수립

② 홈페이지 개인정보노출 예방 교육 실시

③ 업무용 파일 암호화 및 업로드 시 새 파일 작성

④ 홈페이지 및 웹 서버 취약점 점검

해설

홈페이지 및 웹 서버 취약점 점검은 개인정보노출 방지 대책 중 기술적 측면에 해당한다.

99 SAS사 얀 칼슨이 주장한 것으로 고객 접점의 중요성을 뜻하는 용어는?

① CSP(Customer Situation Performance)

② MOT(Moments Of Truth)

③ POCS(Point Of Customer Services)

④ CRM(Customer Relationship Management)

해설

MOT(Moments Of Truth)
• 스칸디나비아항공사의 얀 칼슨 사장이 주장한 것으로 고객이 직원들과 접하는 결정적인 순간이다.
• 처음 접하는 15초 동안이라는 비교적 짧은 순간이 회사의 이미지뿐만 아니라 비즈니스의 성공을 좌우한다는 개념이다.

100 미래 사회의 특징과 빅데이터의 역할이 바르게 짝지어진 것은?

① 불확실성: 트렌드 분석을 통한 제품 경쟁력 확보

② 리스크: 인간관계, 상관관계가 복잡한 컨버전스 분야의 데이터 분석으로 안정성 향상 및 시행 착오 최소화

③ 스마트: 개인화, 지능화 서비스 제공 확대

④ 융합: 사회현상, 현실세계의 데이터를 기반으로 한 패턴 분석과 미래 전망

해설

① 불확실성: 사회현상, 현실 데이터를 기반으로 한 패턴 분석과 미래 전망 – 통찰력
② 리스크: 패턴 분석을 통한 위험 징후, 이상 신호 포착 – 대응력
④ 융합: 타 분야와의 융합을 통합 새로운 가치 창출 – 창조력

제**2**회 기출문제해설

핵심 내용

제1과목: 인 · 아웃바운드 텔레마케팅, 포지셔닝, 고가 전략, AIDA, 소비재의 종류, 촉진 전략, 표적시장

제2과목: 표본조사, 전화조사, 면접조사, 설문지, 시장조사, 2차 자료

제3과목: 슈퍼 리더십, 인사관리, 콜센터 문화, 리더십, 인사제도, 인바운드 스크립트

제4과목: CRM, 개인정보 보호법, 고객상담 기술, 빅데이터, 개방형 질문

제1과목 판매관리

01 심리적 기능을 고려한 가격책정 방법 중 구매자가 어떤 상품에 대해 지불할 용의가 있는 최고가격은?

① 유보가격

② 명성가격

③ 단수가격

④ 최저수용가격

해설

유보가격

어떤 상품에 대해 지불할 용의가 있는 최고가격으로, 상품 가격이 유보가격 이하이면 구매를 하지만 유보가격을 넘어가면 가격이 너무 비싸다고 판단하여 구매를 유보하게 된다.

② 명성가격: 구매자가 가격에 의하여 품질을 평가하는 경향이 강한, 비교적 고급품목에 대하여 가격을 결정하는 전략이다.

③ 단수가격: 가능한 가격 중 가장 낮은 가격으로 결정되었다는 인상을 구매자에게 주기 위하여 고의로 단수를 붙여 가격을 결정하는 방법이다.

④ 최저수용가격: 수용 가능 가격 범위 안에서 소비자가 제품의 질을 의심하지 않는 최소한의 가격이다.

02 촉진믹스에 해당하는 것을 모두 고른 것은?

ㄱ. 제품	ㄴ. 가격	ㄷ. 광고	ㄹ. 인적 판매

① ㄱ, ㄴ

② ㄴ, ㄷ

③ ㄷ, ㄹ

④ ㄱ, ㄴ, ㄷ, ㄹ

해설

판매활동을 원활하게 하며, 매출액을 증대하기 위해 실시하는 모든 마케팅 활동을 통틀어 촉진이라 할 수 있으며, 촉진믹스에는 광고, 판매촉진, 인적 판매, 홍보가 해당된다.

03 항공사들은 자사의 비행기를 반복해서 이용하도록 장려하기 위해 상용고객 프로그램을 개발하였다. 이러한 세분화 기법은 다음 중 어떤 측면을 기반으로 설정한 것인가?

① 추구편익

② 구매의도

③ 구매조건

④ 서비스 이용률

> **해설**
>
> 항공사의 상용고객 우대제도는 기존고객 유지 및 고객 충성도 증진을 목적으로 하는 프로그램으로, 가장 대표적인 단골고객제도이다. 이 제도의 회원으로 가입하면 고객은 특별관리가 되며, 항공사는 고객의 서비스 이용률에 따라 마일리지를 부여하고 일정 수준의 마일리지가 적립되면 기준에 따라 다양한 보상을 제공한다. 이 제도는 고객의 항공사에 대한 충성도 증진을 목적으로 판매촉진 역할을 하도록 하는 마케팅믹스 가운데 촉진 전략에 해당한다.

04 인바운드 텔레마케팅이 지향하는 목표와 가장 거리가 먼 것은?

① 공격적이며 수익지향적인 마케팅

② 기존고객과의 지속적 관계 유지

③ 빈번한 질문에 대한 예상 답변준비

④ 우수고객에 대한 서비스 차별화

> **해설**
>
> 공격적이며 수익지향적인 마케팅은 아웃바운드 텔레마케팅이 지향하는 목표에 해당한다.

05 유통경로의 설계과정이 맞는 것은?

① 고객 욕구의 분석 → 주요 경로대안의 식별 → 경로대안의 평가 → 유통경로의 목표 설정

② 유통경로의 목표 설정 → 고객 욕구의 분석 → 주요 경로대안의 식별 → 경로대안의 평가

③ 유통경로의 목표 설정 → 주요 경로대안의 식별 → 경로대안의 평가 → 고객 욕구의 분석

④ 고객 욕구의 분석 → 유통경로의 목표 설정 → 주요 경로대안의 식별 → 경로대안의 평가

> **해설**
>
> 유통경로의 설계과정
> 고객 욕구의 분석 → 유통경로의 목표 설정 → 주요 경로대안의 식별 → 경로대안의 평가

정답 01 ① 02 ③ 03 ④ 04 ① 05 ④

06 인바운드 상담절차로 옳은 것은?

① 상담 준비 → 전화응답과 자신의 소개 → 문제 해결 → 동의와 확인 → 고객 니즈 간파 → 종결

② 전화응답과 자신의 소개 → 상담 준비 → 고객 니즈 간파 → 동의와 확인 → 문제 해결 → 종결

③ 상담 준비 → 전화응답과 자신의 소개 → 고객 니즈 간파 → 문제 해결 → 동의와 확인 → 종결

④ 상담 준비 → 고객 니즈 간파 → 문제 해결 → 동의와 확인 → 전화응답과 자신의 소개 → 종결

> **해설**
>
> 인바운드 상담절차
> 상담 준비(착신 통화의 준비) → 전화응답과 자신의 소개 → 용건 파악(고객 니즈 간파) → 상담(문제 해결) → 동의와 확인 → 종결(사후처리와 피드백)

07 다음 중 표적시장의 마케팅 방법에 관한 설명으로 옳은 것은?

① 시장의 이질성이 클수록 비차별적인 마케팅이 적합하다.

② 경쟁자의 수가 적어 경쟁 정도가 약할수록 차별적인 마케팅이 적합하다.

③ 기업의 기존 마케팅 및 조직문화와의 이질성이 큰 시장을 표적시장으로 선택하는 것이 좋다.

④ 설탕, 벽돌, 철강 등의 제품은 비차별적인 마케팅이 적합하다.

> **해설**
>
> 설탕, 벽돌, 철강 등의 제품은 제품 품질이 어느 정도 균일한 제품이므로, 비차별적인 마케팅이 적합하다. 비차별화 마케팅은 무차별적 마케팅이라고도 하며, 기업이 하나의 제품이나 서비스를 가지고 시장 전체에 진출하여 가능한 한 다수의 고객을 유치하려는 전략으로 시장세분화가 필요하지 않다.
> ① 시장의 이질성이 클수록 차별적인 마케팅이 적합하다.
> ② 경쟁자의 수가 적어 경쟁 정도가 약할수록 비차별적인 마케팅이 적합하다.
> ③ 기업의 기존 마케팅 및 조직문화와의 동질성이 큰 시장을 표적시장으로 선택하는 것이 좋다.

08 가장 일반적인 소비자의 반응 순서는?

① 흥미 유발(I) → 주목(A) → 욕구(D) → 행동(A)

② 주목(A) → 흥미 유발(I) → 욕구(D) → 행동(A)

③ 욕구(D) → 흥미 유발(I) → 주목(A) → 행동(A)

④ 주목(A) → 욕구(D) → 흥미 유발(I) → 행동(A)

> **해설**
>
> AIDA 이론
> • 고객이 구매를 결정하기까지의 심리 과정 분석
> • 주목(Attention) → 흥미 유발(Interest) → 욕구(Desire) → 행동(Action)

09 인바운드 고객상담의 설명으로 옳은 것은?

① 각종 광고 활동의 결과로 외부로부터 걸려 오는 전화를 받는 것으로 소비자의 불만이나 의견, 문의 접수부터 주문, 예약 등을 체계적으로 처리하는 활동이다.

② 상담원 중심의 서비스가 제공되어진다.

③ 상담원이 무작위로 전화해서 상품을 판매한다.

④ 홍보 활동이 전혀 필요하지 않다.

해설

인바운드 고객상담 업무는 각종 문의 · 불만사항 대응과 통신판매의 전화 접수, 광고 문의에 대한 설명을 담당한다.

10 자사 브랜드를 명시적 혹은 묵시적으로 타사 브랜드와 비교하는 비교 광고를 함으로써 자사의 브랜드를 부각시키는 포지셔닝 방법은?

① 사용자 포지셔닝

② 가격 포지셔닝

③ 경쟁적 포지셔닝

④ 이미지 포지셔닝

해설

경쟁적 포지셔닝은 소비자의 지각 속에 자리 잡고 있는 경쟁 제품과 묵시적으로 비교함으로써 자사 제품의 편익을 부각하려는 포지셔닝 방법이다.

11 상품라인(제품계열)의 깊이가 깊고, 폭이 좁은 상품구색을 지닐 가능성이 높은 소매업 형태는?

① 일반 소매점

② 전문점

③ 슈퍼마켓

④ 할인점

해설

전문점은 한정된 제품계열을 취급하지만 해당 제품계열 내에서는 매우 다양한 품목들을 취급한다. 주로 가전, 오디오, 의류, 운동용품, 가구, 서적 등의 제품계열에서 볼 수 있다.

12 표적시장을 선정하기 위한 세분시장의 평가요소와 가장 거리가 먼 것은?

① 기업의 내부고객
② 기업의 목표와 재원
③ 세분시장의 규모와 성장
④ 세분시장의 구조적 매력성

해설

세분시장의 평가요소
세분시장의 규모와 성장성, 구조적 매력도, 기업의 목표와 재원

13 촉진 전략 중 판매촉진 활동에 해당하지 않는 것은?

① 샘플 제공
② 가격 할인
③ 적극적인 광고 및 홍보
④ 할인권 제공

해설

적극적인 광고 및 홍보는 광고활동에 해당한다.

판매촉진의 유형
• 소비자 판매촉진: 샘플링, 쿠폰, 사은품, 경연과 추첨, 보너스팩, 가격 할인, 환불 등
• 중간상 판매촉진: 중간상 할인(구매 할인, 판매촉진 지원금, 제품 진열 보조금), 협동 광고, 교육훈련 프로그램 등
• 소매상 판매촉진: 가격 할인, 소매점 쿠폰, 특수 진열, 소매점 광고 등

14 이메일을 이용한 마케팅의 특성으로 옳지 않은 것은?

① e-CRM 중심의 접촉경로를 활용한다.
② 많은 비용이 소요된다.
③ 쌍방향 커뮤니케이션을 추구한다.
④ 전달속도가 빠르다.

해설

이메일 마케팅에 필요한 발송비, 시스템비를 제외하고는 별도의 광고비가 필요하지 않으며, 신규고객 획득 비용보다 적은 고객 재방문 비용으로 마케팅 효과를 얻을 수 있다.

이메일을 이용한 마케팅의 특성
• e-CRM 중심의 접촉경로를 활용한다.
• 쌍방향 커뮤니케이션을 추구한다.
• 전달속도가 빠르다.
• 재방문 유도에 효율적이다.
• 별도의 광고비가 필요하지 않다.
• 적은 비용으로 마케팅 효과를 얻을 수 있다.
• 고객의 계정으로 이메일을 직접 발송하기 때문에 도달률이 높다.
• 다양한 콘텐츠와 CTA(클릭투액션)을 통해 클릭을 유도할 수 있다.

15 다음 중 상대적인 고가 전략이 가장 적합한 경우는?

① 시장에서 경쟁자의 수가 많을 것으로 예상될 때

② 소비자의 수요를 자극하고자 할 때

③ 높은 품질로 새로운 소비자층을 유인하고자 할 때

④ 시장의 가격탄력성이 높을 때

> **해설**
>
> 상대적 고가격 전략
>
> • 상대적 고가격 전략 경쟁 상품과 품질이 차별화되어 있거나, 만일 차이가 별로 없더라도 기업의 명성이 높거나 브랜드 인지도와 이미지가 좋은 경우, 경쟁 상품에 비해 높은 가격을 책정하는 경우가 있다.
>
> • 동급 품질의 상품이더라도 고가격에 책정하면 소비자들이 그 상품의 품질을 보다 높게 지각하는 소비자 심리를 가격–품질 연상심리라고 하는데, 이는 소비자가 상품의 품질을 잘 모르는 경우에 흔히 발생한다.

16 아웃바운드 텔레마케터가 가져야 할 자질로서 적합하지 않은 것은?

① 밝고 생동감 있는 목소리

② 목표의식과 달성능력

③ 수동적인 상담자세

④ 인내심과 냉철한 판단력

> **해설**
>
> 아웃바운드는 목적을 가지고 하는 적극적이고 능동적인 마케팅이므로 적극적인 자세가 필요하다. 또한, 고객으로부터 거절당하더라도 받아들일 수 있는 긍정적인 자세가 필요하다.

17 제품을 소비용품(Consumer products)과 산업용품(Industrial products)으로 분류할 때 소비용품에 해당되는 것은?

① 도구

② 설비

③ 선매품

④ 소모품

> **해설**
>
> 제품은 구매목적에 따라 크게 소비재와 산업재로 나눌 수 있으며, 다시 소비재는 편의품, 선매품, 전문품으로 분류하고, 산업재는 설비 · 장치재, 부속 장치품, 구성품, 원재료, 소모품 등으로 분류한다.

18 텔레마케터가 잠재고객에게 판매를 성공시키기 위한 행위로 옳지 않은 것은?

① 현재고객으로부터 잠재고객의 정보를 얻는다.

② 잠재고객의 반대질문이 나오지 않도록 설명을 계속해야 한다.

③ 잠재고객의 기본적인 정보를 숙지하고 난 후 접촉해야 한다.

④ 제품 설명 시에 상품 구입의 합리적 이유뿐만 아니라 어느 정도 극적인 장면을 연출할 필요가 있다.

해설

잠재고객의 반대질문을 예상하고 그에 대한 답변을 미리 준비한다.

19 다음 중 인바운드 텔레마케팅 활용사례에 해당하지 않는 것은?

① TV 홈쇼핑

② 고객지원센터

③ 정부의 민원상담

④ 시장조사

해설

시장조사는 아웃바운드 텔레마케팅의 비판매 분야 중에서 조사업무(고객만족도조사, 시장조사, 소비자조사, 여론조사 등)에 해당된다.

20 다음은 제품의 어떤 가격 정책을 설명하는 것인가?

> A 제품은 모든 연령대가 즐겨 찾는 제품이며, 그 수요가 점차 증가하고 있다. A 제품의 초기 가격은 50만 원대로 형성되었으나 기본 모델의 경우, 현재는 약 30만 원대에 구입이 가능하다. 즉 가격대가 하락하면서 판매는 증가하고 있다.

① 가격 탄력성(Price elasticity)

② 시장침투가격(Penetration pricing)

③ 명예가격(Prestige pricing)

④ 초기 고가격(Skimming pricing)

해설

초기 고가격 정책(Skimming pricing)
신제품을 시장에 도입하는 초기에 고가격을 설정함으로써 가격에 대하여 민감한 반응을 보이지 않는 고소득 계층을 흡수한 후 연속적으로 가격을 인하시킴으로써 저소득 계층에게도 침투하고자 하는 가격 정책이다.

21 마케팅정보시스템의 하위시스템에 해당하지 않는 것은?

① 내부정보시스템

② 마케팅조사시스템

③ 고객정보시스템

④ 경영정보시스템

해설

마케팅정보시스템(MIS; Marketing Information System)은 경영정보시스템(Management Information System)의 하위시스템으로, 마케팅 경영자가 의사결정 시 사용할 수 있도록 정확한 정보를 적시에 수집, 분류, 분석, 평가, 배분하도록 기획, 설계되어 지속적으로 상호작용하는 것을 말한다. 마케팅정보시스템을 통해 마케팅 경영자는 마케팅 관리를 보다 효율적으로 수행할 수 있다.

22 시장–제품 전략 중 상품의 변화를 필요로 하지는 않지만, 기업으로 하여금 새로운 시장에서 새로운 고객을 찾는 활동을 필요로 하는 전략은?

① 시장침투 전략

② 시장개발 전략

③ 제품개발 전략

④ 다각화 전략

해설

시장개발 전략은 기존 제품을 새로운 시장에 판매함으로써 성장을 추구하는 전략이다.

23 어느 특정 기업이 소비자의 마음속에 자사 상품을 원하는 위치로 부각시키려는 노력은?

① 이미테이션

② 포지셔닝

③ 시장의 표적화

④ 독점시장화

해설

포지셔닝

기업이 시장세분화를 기초로 한 목표시장 내 고객들의 마음속에 시장 분석, 고객 분석, 경쟁 분석 등을 통해 전략적 위치를 계획하는 것이다.

24 다음은 마케팅정보시스템 중 무엇에 관한 설명인가?

> 마케팅 환경으로부터 수집된 정보를 해석하고 마케팅 의사결정의 결과를 예측하기 위해 사용되는 관련 자료, 소프트웨어, 분석 도구 등을 통합한 것

① 내부정보시스템
② 마케팅의사결정지원시스템
③ 고객정보시스템
④ 마케팅인텔리전스시스템

해설

마케팅의사결정지원시스템
- 최고경영자의 의사결정을 도와주는 시스템으로, 정형적인 문제는 의사결정 규칙에 의해 자동으로 해결 방법을 제시하고, 비정형적인 문제는 문제를 분석하여 최종 결정에 도움이 되는 정보를 제공한다.
- 각종 요인 변화에 대해 결과를 즉시 요약 · 제시하는 정보시스템으로, 의사결정에 대해 지원한다.

25 시장세분화 시 심리분석적 변수에 해당하지 않는 것은?

① 사회 계층
② 라이프스타일
③ 개성
④ 연령

해설

시장세분화 변수

구분	내용
지리적 변수	지역, 인구 밀도, 도시 규모, 기후 등
인구통계적 변수	나이, 성별, 가족 규모, 가족생활주기, 소득, 직업, 학력, 종교 등
심리분석적 변수	라이프스타일, 사회 계층, 개성, 관심, 활동 등
행동분석적 변수	추구하는 편익, 구매 준비 단계, 사용 경험, 가격 민감도, 사용량, 상표 충성도 등

제2과목 시장조사

26 시장조사의 조사 방법 중 탐색조사의 종류가 아닌 것은?

① 문헌조사

② 표적집단면접법

③ 사례조사

④ 실험조사

> **해설**
>
> 탐색조사(Exploratory research)의 종류
> • 전문가 의견조사
> • 문헌조사
> • 사례조사
> • 심층면접법
> • 표적집단면접법
>
> 실험조사
> 주제에 대해 서로 비교되는 두 집단을 선별하여 각각 다른 변수를 주고, 관련 변수들을 통제한 후 집단 간 반응의 차이를 조사하여 자료를 수집하는 조사이다.

27 마케팅조사 업체들이 조사 업무 수행 시 지켜야 할 사항으로 볼 수 없는 것은?

① 사전에 정한 표본추출대상을 추출하고 정확한 조사를 실시해야 한다.

② 면접원의 교육과 감독을 철저히 하여 올바른 자료가 수집되도록 해야 한다.

③ 조사 자료의 분석과 해석은 조사 의뢰 회사가 원하는 방향으로 맞추어서 해야 한다.

④ 조사실시과정에서 일어난 오류는 조사 의뢰 회사에 보고해야 한다.

> **해설**
>
> 조사 자료의 분석과 해석은 객관적으로 수집된 자료를 바탕으로 과학적 방법론을 통해 이루어져야 하며, 의뢰 회사가 원하는 방향으로 조작하면 안 된다.

28 자료의 신뢰성을 확보하기 위한 방법과 가장 거리가 먼 것은?

① 측정 항목을 늘린다.

② 설문지의 모호성을 제거한다.

③ 동일한 질문이나 유사한 질문을 2회 이상 한다.

④ 면접자들의 면접 방식과 태도를 피면접자에 따라 다양하게 진행한다.

해설

신뢰성을 확보하기 위해서는 측정하고자 하는 현상을 일관성 있게 측정해야 한다.

29 시장조사의 특성에 해당하지 않는 것은?

① 조사 자료는 오직 조사 의뢰자에게 이해됨을 원칙으로 하며, 보편성보다는 특수성에 충실해야 한다.

② 타당성, 신뢰성, 적시성을 갖춘 정보를 과학적 방법으로 수집하고 분석, 해석, 보고해야 한다.

③ 조사 시기와 조사 기간을 고려하여 최적의 시점에 정보가 제공될 수 있도록 함으로써 정보의 가치를 증대시켜야 한다.

④ 체계성, 객관성, 실증성, 간주관성을 유지해야 한다.

해설

시장조사의 특성

• 타당성, 신뢰성, 적시성을 갖춘 정보를 과학적 방법으로 수집하고 분석 · 해석 · 보고해야 한다.

• 조사 시기와 조사 기간을 고려하여 최적의 시점에 정보가 제공될 수 있도록 함으로써 정보의 가치를 증대해야 한다.

• 체계성, 객관성, 실증성, 간주관성을 유지해야 한다.

• 조사된 자료는 조사 의뢰자를 객관적으로 이해시킬 수 있어야 하고, 특수성보다는 보편성에 충실해야 한다.

※ 간주관성(間主觀性): 많은 주관 사이에서 서로 공통적인 것이 인정되는 성질

30 비용 효율화 측면을 고려한 우편조사의 회수율을 높이기 위한 방안으로 거리가 먼 것은?

① 예비조사를 통해 회수율을 사전예측하고 추가 계획을 수립한다.

② 설문지 발송 후 일정 시간이 지나면 설문지와 반송봉투를 다시 발송한다.

③ 응답된 설문지에 대해 각종 이벤트에 참석할 수 있도록 기회를 제공한다.

④ 고객에게 우편을 보냄과 동시에 동일한 내용을 전화상으로 설명하여 고객의 이해를 돕는다.

해설

우편조사의 응답률 및 회수율을 높이는 방법
- 예비조사를 통해 회수율에 대한 사전예측을 하고 응답자에게 조사에 대해 사전예고를 한다.
- 반송주소가 기재되고 반송우표가 부착된 반송봉투를 추가적으로 발송한다.
- 이벤트나 상품권 등의 인센티브를 제공한다.
- 연구 목적 및 연구주관기관과 지원 단체의 성격을 밝히며 응답의 중요성을 인식시킨다.
- 응답내용에 대해 응답자의 이름을 밝히지 않거나 비밀로 한다고 언급한다.
- 질문지를 가급적 간단명료화하며 질문지 종이의 질과 문항의 간격 등의 인쇄술, 종이의 색깔, 표지설명의 길이와 유형 등을 매력적인 형식으로 사용하고 가독성이 높은 서체로 완성한다.
- 응답집단의 동질성을 높인다.

31 웹조사의 문제점으로 볼 수 없는 것은?

① 응답자가 정말로 진실을 말하고 있는 것인지 아닌지를 구분하기가 매우 어렵다.

② 인센티브를 받기 위해서 또는 자신의 의견을 더욱 많이 반영하기 위해서 여러 번 응답할 수도 있다.

③ 타 조사 방식에 비해 응답률이 매우 낮다는 문제가 있다.

④ 조사 주제에 대해 개인적으로 관심이 많은 사람만이 응답을 하게 되는 자기선택편향이 발생할 수 있다.

해설

웹조사의 문제점
- 응답자의 응답에 대한 진실성 확신과 통제가 쉽지 않다.
- 조사에 능동적인 사람만 응답하게 되는 자기선택편향이 발생할 수 있다.
- 인터넷 사용자로 표본이 편중되는 측면이 있어서 표본의 대표성 문제가 제기될 수 있다.

32 자료의 측정에 있어 타당성을 높일 수 있는 방법으로 가장 적절하지 않은 것은?

① 연구 담당자가 마케팅의 전체 영역에 대한 깊은 지식을 습득한다.

② 이미 타당성을 인정받은 측정 방법을 이용한다.

③ 사전조사를 통하여 상관관계가 낮은 항목들을 제거한 후 관계가 높은 변수들만을 개념 측정에 이용한다.

④ 측정 시 문항의 수를 적게 하여 자료의 측정 타당도를 높인다.

해설

측정 타당성을 높이는 방법
- 담당자가 측정 대상의 전체 영역에 대해 충분한 지식을 습득한다.
- 기존 관련 연구에서 사용되어 타당성을 인정받은 측정 방법을 이용한다.
- 사전조사를 통하여 측정 대상과 이를 측정하는 문항들 간의 상호 상관관계가 낮은 문항을 제거한다.

33 다음 중 2차 자료에 관한 설명으로 틀린 것은?

① 2차 자료의 정보는 시간이 경과하더라도 그 효용성이 매우 높다.

② 2차 자료는 다른 조사 목적을 위해 수집된 간접적인 자료이므로 당면 의사결정문제에 적절한 정보를 제공하지 못할 수도 있다.

③ 의사결정에 도움이 되는 2차 자료를 입수할 수 있다면 조사자는 시간과 비용을 절감할 수 있다.

④ 유능한 조사자라면 중요한 2차 자료원과 이를 활용하는 방법을 잘 알아야 한다.

> **해설**
> 2차 자료
> • 기존 자료를 활용하므로 조사 목적과는 일치하지 않을 수 있기에, 유용성과 시효성의 제한을 받을 수 있다.
> • 조사에 필요한 시간과 비용을 절감할 수 있다.
> • 조사자는 자료의 신뢰도와 타당도에 세심하게 주의해야 한다.

34 설문지 작성에서 폐쇄형 질문의 장점으로 가장 거리가 먼 것은?

① 자료의 코딩이 용이하다.

② 응답 관련 오류가 개방형 질문에 비해 적다.

③ 양적 연구에 적합하다.

④ 개방형 질문에 비해 새로운 사실을 발견할 가능성이 크다.

> **해설**
> 폐쇄형 질문
> • 채점과 코딩이 간편하다.
> • 응답 항목이 명확하고 신속한 응답이 가능하여 응답 관련 오류가 적고, 시간이 절감된다.
> • 응답 외에 새로운 정보를 얻기는 어렵다.

35 전수조사와 비교하여 표본조사가 가지는 이점으로 볼 수 없는 것은?

① 시간과 비용, 인력을 절약할 수 있다.

② 조사 대상자가 적기 때문에 조사 과정을 보다 잘 통제할 수 있다.

③ 통계자료로부터 올바른 모수추정이 어려운 경우에 더 효율적이다.

④ 비표본오류를 상대적으로 더 많이 줄일 수 있기 때문에 정확도를 높일 수 있다.

> **해설**
> 표본조사의 이점
> • 조사 기간이 짧아서 인력과 시간 및 비용이 적게 든다.
> • 조사 과정을 보다 잘 통제할 수 있어서 정확한 자료를 얻을 수 있다.
> • 전수조사 과정에서 발생하는 비표본오류 때문에 전수조사가 표본조사보다 부정확할 가능성이 있다.

36 텔레마케터를 활용하여 보험 상품을 판매하는 보험사가 다음과 같은 자료를 확보하였다. 이 자료의 유형은?

> 한국문화조사협회에서 실시한 조사에 따르면 한국인들은 개인 간의 관계를 크게 중시한다고 한다. 이러한 특성은 한국 사람들이 전화를 통해 판매되는 제품의 구매를 상당히 주저하게 한다고 한다.

① 내부 2차 자료
② 외부 2차 자료
③ 내부 자료
④ 1차 자료

해설
2차 자료의 외부 자료
• 타 기관에서 생성된 모든 자료
• 정부 기관 및 공공 기관 또는 사설 단체 등의 보고서, 통계 자료 등

37 전화 설문 조사 후 진행되는 편집 작업에 대한 설명으로 틀린 것은?

① 일반적으로 자료 처리의 첫 단계라고 한다.
② 수집된 설문 응답의 오기, 누락, 착오 등을 교정하는 단계이다.
③ 수집된 설문 응답을 애매하고 모호한 점이 없도록 일정한 기준에 따라 체계적으로 검토하는 일이다.
④ 각 응답 항목에 계통적 번호를 매기는 작업이다.

해설
각 응답 항목에 번호를 매기는 작업은 코딩(부호화) 작업이다.
편집
조사를 끝내고 채택된 설문지에 대해 각 항목의 응답이 정확한 것인가를 파악하는 첫 교정단계로, 일정한 기준에 따라 체계적으로 검토하는 일이다.

38 시장조사를 위한 면접조사 시 발생되는 단점으로 거리가 먼 것은?

① 면접을 적용할 수 있는 지리적인 한계가 있다.

② 비언어적인 커뮤니케이션보다 언어적인 커뮤니케이션만을 통해 자료를 수집한다.

③ 면접자를 훈련하는 데 많은 비용이 소요된다.

④ 응답자들이 자신의 익명성 보장에 대해 염려할 소지가 있다.

> **해설**
> 면접조사에서는 언어적 커뮤니케이션과 비언어적 커뮤니케이션을 함께 사용하여 자료를 수집한다.
>
> 면접조사의 단점
> • 지리적 한계
> • 면접원 훈련비용 발생
> • 익명성 보장 한계

39 자료 수집방법 중 전화조사 특성으로 거리가 먼 것은?

① 비용과 시간이 비교적 적게 든다.

② 전화번호부를 이용하여 비교적 정확하게 모집단을 추출할 수 있다.

③ 대인 면접과 같이 많은 정보를 얻을 수 있다.

④ 시각 자료나 보조도구를 활용할 수 없다.

> **해설**
> 전화가 중간에 끊기기는 상황이나 소음 등으로 인해 방해를 받을 수 있기 때문에 대인 면접과 같이 많은 정보를 얻을 수는 없다.
>
> 전화조사의 특성
> • 비용과 시간이 절감된다.
> • 전화번호부를 이용하여 비교적 정확하게 모집단을 추출할 수 있다.
> • 보조도구 사용이 곤란하다.

40 면접조사의 원활한 자료 수집을 위해 조사자가 응답자와 인간적인 친밀 관계를 형성하는 것은?

① 라포(Rapport)

② 사회화(Socialization)

③ 개념화(Conceptualization)

④ 조작화(Operationalization)

라포(Rapport)

인간 사이에서 마음이 통하고, 따뜻한 공감과 감정 교류가 잘되어 서로 신뢰관계가 맺어지는 것을 말한다. 조사자와 응답자 사이에 라포가 잘 형성되면 원활한 자료 수집이 이루어지기 때문에 조사자는 응답자와 라포 형성에 신경을 써야 한다.

41 연구의 단위(Unit)를 혼동하여 집합단위의 자료를 기반으로 개인의 특성을 추리할 때 발생할 수 있는 오류는?

① 집단주의 오류

② 생태주의 오류

③ 개인주의 오류

④ 환원주의 오류

생태주의 오류

실제 분석 단위는 개인이 아니라 집단임에도 불구하고, 개인에 대해서도 똑같을 것이라고 가정할 때 발생하는 오류

환원주의(축소주의) 오류

개별적인 원인으로 큰 결과를 설명하려는 경향으로, 개인의 특성을 집단에게까지 적용하는 오류

42 시장조사의 주체가 표본추출방법을 결정할 때 반드시 같이 결정해야 할 사항으로 조사비용 및 조사의 정확도와 가장 밀접한 관련성을 가지는 것은?

① 모집단의 대상

② 표본의 크기

③ 면접원의 수

④ 신뢰구간의 크기

표본의 크기는 시장조사의 주체가 표본추출방법을 결정할 때 반드시 같이 결정해야 할 사항으로, 조사비용 및 조사의 정확도와 가장 밀접한 관련성이 있다.

43 다음은 설문지에 작성된 질문내용이다. 이러한 질문이 해당하는 질문유형은?

Q: 당신은 왜 흡연을 하시나요?
   (   )

① 리커트 척도
② 어의차이 척도
③ 폐쇄형 질문
④ 개방형 질문

해설

개방형 질문(주관식)
• 응답자가 생각나는 대로 어떤 형식 없이 응답할 수 있음
• 질문지에 열거하기에 응답 범주가 너무 많을 경우 사용하면 좋음
• 응답자에게 육하원칙의 형식으로 질문함
• 응답의 부호화가 어렵고 세세한 정보는 일부 유실될 가능성이 있음
• 응답의 표현상 차이로 다른 해석이 가능하고 편견이 개입될 수 있음
• 표현 능력이 부족한 응답자에게는 문제가 될 수 있고 무응답률이 높음
• 질문자(조사자)가 의도한 답을 얻기가 어려움

44 4세 미만 여아들을 대상으로 선호하는 장난감 유형에 관한 조사를 시행하려 할 때 가장 적합한 조사 방법은?

① 관찰조사
② 면접조사
③ 전화조사
④ 설문조사

해설

4세 미만의 아동은 행위나 감정을 언어로 잘 표현하지 못하므로 관찰조사가 적합하다.

관찰조사
조사하고자 하는 대상물이나 행동을 계속해서 추적 · 관찰하는 방법이다.

45 마케팅조사의 과학적 특성으로 적절하지 않은 것은?

① 이론적으로 근거가 있는 객관적 사실에 입각하여 자료를 수집한다.

② 현재의 사실에만 국한하여 사실의 원인을 설명해야 한다.

③ 구성요소들의 상관관계, 원인 등을 분석한다.

④ 이론이나 가설이 보편적으로 적용될 수 있어야 한다.

해설
마케팅조사는 현재의 사실에만 국한되지 않고 시장의 문제점을 발견, 원인규명을 통해 시장문제를 예측하는 역할도 한다.

46 표집과 관련된 용어에 대한 설명으로 틀린 것은?

① 모집단이란 우리가 규명하고자 하는 집단의 총체이다.

② 표집단위란 표집과정의 각 단계에서의 표집대상을 지정한다.

③ 관찰단위란 직접적인 조사대상을 의미한다.

④ 표집간격이란 표본을 추출할 때 추출되는 표집단위와 단위간의 간격을 의미한다.

해설
표집간격(Sampling interval)
모집단으로부터 표본을 추출할 때 추출되는 표본 사이의 간격을 의미한다.

47 측정의 수준에 따라 네 가지 종류의 척도로 구분할 때, 가장 적은 정보를 갖는 척도부터 가장 많은 정보를 갖는 척도를 순서대로 나열한 것은?

① 명목 척도, 비율 척도, 등간 척도, 서열 척도

② 서열 척도, 명목 척도, 등간 척도, 비율 척도

③ 명목 척도, 서열 척도, 등간 척도, 비율 척도

④ 명목 척도, 서열 척도, 비율 척도, 등간 척도

해설
척도의 유형

명목 척도	단순한 분류의 목적을 위한 것으로서, 가장 낮은 수준의 측정에 해당한다.
서열 척도	서열이나 순위를 매길 수 있도록 수치를 부여한 척도로서, 서열 간의 간격이 동일하지 않다.
등간 척도	서열을 정할 수 있을 뿐만 아니라 이들 분류된 범주 간의 간격까지도 측정할 수 있는 척도이다.
비율 척도	척도를 나타내는 수가 등간일 뿐만 아니라 의미 있는 절대 영점을 가지고 있는 경우에 이용되며 사칙 연산이 가능하다.

48 시장조사의 중요성으로 옳지 않은 것은?

① 고객의 특성, 욕구, 그리고 행동에 대한 정확한 이해를 통해 고객지향적인 마케팅 활동을 가능케 해준다.

② 마케팅 전략 수립 및 집행에 필요한 모든 정보를 적절한 시기에 입수할 수 있다.

③ 시장조사는 타당성과 신뢰성 높은 정보의 제공을 통해 의사결정의 기대가치를 높일 수 있는 수단이 된다.

④ 정확한 시장정보와 경영 활동에 대한 효과 분석은 기업 목표의 달성에 공헌할 수 있는 자원의 배분과 한정된 자원의 효율적인 활용을 가능케 한다.

> **해설**
>
> 마케팅 전략 수립 및 집행에 필요한 다양한 정보를 얻을 수는 있지만 필요한 모든 정보를 시장조사를 통해 얻는 것은 아니다.
>
> 시장조사의 역할 및 중요성
> • 고객의 특성, 욕구나 행동적 특성 간파를 통한 고객지향적 마케팅 활동에 도움을 준다.
> • 타당성과 신뢰성 높은 정보의 제공으로, 의사결정 기대치를 제고하고 기업의 전략 경영 실행에 공헌한다.
> • 기업의 문제 해결 및 목표 달성에 도움을 주는 정확한 시장정보를 통해 자원의 배분과 효율적 활용 가능성을 제공한다.

49 면접조사 시 면접조사원이 지켜야 할 사항과 가장 거리가 먼 것은?

① 응답자가 불필요한 말을 할 때는 질문에 관련된 화제로 자연스럽게 유도한다.

② 직접 만나서 면접조사를 해야 할 경우에 전화로 조사를 해서는 안 된다.

③ 면접조사를 할 때 친구나 다른 사람을 대동하는 것이 응답자의 어색함을 덜어주므로 가급적 함께 다닌다.

④ 응답결과를 다른 사람에게 자세히 이야기하지 않는다.

> **해설**
>
> 응답자의 지인이 대동되면 조사결과에 영향이 있을 수 있다. 또한, 다른 사람을 대동한다고 해서 응답자의 어색함을 덜어줄 수는 없다.

50 설문지 작성 시 질문의 순서를 결정하기 위한 일반적인 사항으로 옳지 않은 것은?

① 첫 번째 질문은 응답자의 부담감을 덜어줄 수 있도록 쉽고 재미있으며 응답자가 관심을 가질 수 있는 내용이면 좋다.

② 문항이 담고 있는 내용의 범위가 좁은 것에서부터 점차 넓어지도록 문항들을 배열하는 것이 좋다.

③ 응답자들은 일반적으로 인구통계학적인 질문(직업, 성별, 연령 등)에 대해 응답을 회피하므로, 가능한 한 설문지의 마지막 부분에 배치하는 것이 좋다.

④ 갑작스러운 논리의 전환이 이루어지지 않도록 질문의 순서를 정하여야 한다.

질문을 배열할 때에는 주어진 조사 주제에 대한 전반적인 질문에서 구체적이거나 특수한 질문의 순서로 나열하는 것이 좋다.

설문지 작성 시 고려사항
- 답변이 쉽고 흥미를 끄는 질문은 설문지의 앞부분에 배치한다.
- 민감한 질문이나 회피 가능성이 있는 인구통계학적인 질문 등은 후반부에 배치한다.
- 갑작스런 논리의 전환이 전개되지 않도록 자연스럽게 질문의 순서를 배치한다.
- 앞의 질문이 뒷질문의 대답에 영향을 줄 수 있는 경우 분리하여 배치한다.

제3과목 텔레마케팅관리

51 아웃바운드 콜센터의 성과분석 관리지표에 관한 설명으로 옳은 것은?

① 사용 대비 고객획득률은 총 고객 DB 불출건수 대비 고객으로 유지하는 비율을 말한다.

② 아웃바운드 TM의 경우 콜당 평균 전화비용은 1콜당 평균적으로 소요되는 전화비용의 정도를 말한다.

③ 콜 접촉률은 아웃바운드 TM을 실행한 후 고객과 접촉 및 미접촉한 총 건수를 말한다.

④ 총매출액은 일정 기간 동안 아웃바운드 TM을 실행한 결과 발생한 총이익을 말한다.

해설
① 사용 대비 고객획득률은 총 고객 DB 사용건수 대비 고객으로 획득한 비율을 말한다.
③ 콜 접촉률은 아웃바운드 텔레마케팅을 실행한 후 고객과 접촉한 총 건수를 말한다.
④ 총매출액은 일정 기간 동안 아웃바운드 텔레마케팅을 실행한 결과 발생한 총매출액을 말한다.

52 콜센터 조직의 안정화와 거리가 먼 것은?

① 콜센터 상담원과 매니저 사이의 장벽 제거

② 안정된 근로조건의 필요성

③ 단계적인 생산지표관리의 필요성

④ 콜센터 심리공황의 임시적 방지책 강구

해설
콜센터 조직을 안정화시키기 위해서는 콜센터 심리공황이 발생했을 때 임시적인 방지책이 아니라 콜센터 심리공황을 제거할 수 있는 장기적인 방지책이 필요하다.

53 하급자들을 스스로 판단하고 행동하며 그 결과를 책임질 수 있는 셀프리더로 키우는 리더십은?

① 슈퍼 리더십   ② 서번트 리더십

③ 카리스마적 리더십   ④ 거래적 리더십

해설

② 서번트 리더십: 타인을 위한 봉사에 초점을 두고 자신보다 구성원들의 이익을 우선시하는 리더십으로, 봉사자(Servant)
로서 직원과 고객 및 공동체를 우선으로 여기며 그들의 필요를 만족시키고자 헌신하는 리더십이다.

④ 거래적 리더십: 명시적 역할과 요구사항에 따르도록 부하들을 이끌고 동기화시키는 리더십이다. 대부분 지도자와 부하
간의 타협이나 거래적인 활동으로 본다. 일을 잘하면 긍정적 강화, 승진, 금전적 보상 등을 더해주고 양자 간의 협의나
타협과정을 통해 이를 조정하는 관계에 있다고 본다.

54 직무를 분류하고 다수의 평가요소들에 대하여 평가된 점수의 고저에 의해 그 직무가 갖는 상대적 가치
를 결정하는 직무평가방법은?

① 점수법   ② 요소비교법

③ 서열법   ④ 분류법

해설

② 요소비교법(Factor-comparison method): 객관적으로 조직 내의 가장 중심이 되는 기준 직무를 선정하고, 이를 기준
으로 평가 직무를 그것에 비교함으로써 평가하는 방법이다.

③ 서열법(Ranking method): 가장 간단하고 사용하기 쉬운 방법으로, 평가요소를 기준으로 직무의 가치를 비교하여 평가
된 가치의 순서대로 서열을 정하여 평가하는 방법이다.

④ 분류법(Grading method): 직무 등급법이라고도 하며, 직무의 가치를 단계적으로 구분하는 등급표를 만들고 직무 평가
를 그에 맞는 등급으로 분류하는 방법이다.

55 인사평가 오류유형 중 어느 한 평가요소가 피평가자의 다른 평가에 영향을 미치는 오류는?

① 유사오류   ② 대조효과

③ 현혹효과   ④ 논리적 오류

해설

피고과자의 어떤 특성에 대해 우수하다는 인상을 가지게 되면 다른 특성 역시 우수한 것으로 평가해 버리는 오류는 현혹효
과이다.

① 유사오류: 고과자가 자신과 유사한 성향의 피고과자를 그렇지 않은 피고과자에 비해 호의적으로 평가하는 오류이다.

② 대조효과: 고과자가 자신이 지닌 특성과 비교하여 피고과자를 평가하는 경향이다.

④ 논리적 오류: 상관관계가 있는 요소 간에 어느 한쪽이 우수하면 다른 요소도 당연히 그럴 것이라고 판단(속단)하는 경향
이다.

56 직장 외 교육훈련(OFF JT)의 장점에 해당하지 않는 것은?

① 많은 종업원에게 동시적 · 통일적 교육 실시 가능

② 전문가의 지도 아래 교육훈련에 전념 가능

③ 교육훈련과 업무가 직결됨

④ 참가자 간의 선의의 경쟁을 통한 교육효과 증대

해설

직장 외 교육훈련(OFF JT)은 현장 작업과 관계없이 교육훈련이 진행되기 때문에 교육훈련과 업무가 직결되지 않는다.

57 텔레마케팅에 대한 설명으로 가장 거리가 먼 것은?

① 텔레마케팅은 시간, 공간, 거리의 장벽을 해소할 수 있다.

② 1:1 쌍방향 커뮤니케이션으로 인간적 관계형성이 될 수 있다.

③ 타 매체와의 연동이 어렵다.

④ 텔레마케팅은 즉각적인 고객의 반응을 알 수 있다.

해설

텔레마케팅은 다른 매체와의 연동성이 좋다.

58 신뢰성의 측정 도구에 해당하지 않는 것은?

① 시험−재시험방법

② 동시타당성

③ 대체형식법

④ 내적일관성

해설

동시타당성은 타당성 측정 도구로서, 척도가 현재의 어떤 사건을 얼마나 잘 나타내는가를 살펴보는 방법이다.

① 시험−재시험방법: 동일한 사람에게 같은 내용의 시험을 시기를 달리하여 실시하되 각각의 시기에서 얻어진 결과 또는 성적을 비교하는 방법이다.

③ 대체형식법: 특정한 대상자에게 어떠한 한 종류의 항목들로 구성된 시험을 실시한 다음 그와 유사한 항목들로 구성된 다른 형식의 시험을 실시하여 두 형태의 시험에서 얻어진 결과들 간의 상관관계를 살펴보는 방법이다.

④ 내적일관성: 동일한 개념을 측정하기 위해 여러 개의 항목을 이용하는 경우 신뢰도를 저해하는 항목을 찾아내어 측정 도구에서 제외시킴으로써 신뢰도를 높이는 방법이다.

59 통화품질 관리(QA)의 핵심 성공 요인으로 볼 수 없는 것은?

① 통화품질 규정의 마련

② 전문 평가인력의 활용

③ 평가자의 주관이 반영되는 평가표

④ 합리적 평가표 마련

> **해설**
>
> 통화품질 관리(QA; Quality Assurance)는 콜 모니터링과 코칭을 통해 생산성 향상과 고품격 서비스를 제공하기 위한 일련의 과정이다. 평가자의 주관을 반영하여 평가하는 것이 아니라 통화품질에 대한 규정을 마련해 전문 평가인력을 활용하여 합리적인 평가를 한다.

60 인바운드 스크립트에 대한 설명으로 가장 거리가 먼 것은?

① 고객주도형으로 정형적인 스크립트를 작성하는 것이 비교적 쉽다.

② 상품의 판매나 주문으로 결부시켜 가는 것이 비교적 쉽다.

③ 기업의 이미지 형성 및 고객만족 향상에 크게 공헌할 수 있다.

④ 인바운드 스크립트는 주어진 상황을 잘 반영해야 한다.

> **해설**
>
> 인바운드 텔레마케팅은 전화를 걸어 온 고객이 무엇을 말할 것인가를 예상할 수 없는 고객주도형으로 정형적인 스크립트를 작성하는 것이 매우 어렵다.

61 리더십 연구 학자와 그 리더십 이론의 연결이 옳지 않은 것은?

① 피들러(Fiedler) : 상황 이론

② 블레이크와 머튼(Blake & Mouton) : 관리격자 이론

③ 그린리프(Greenleaf) : 서번트(servant) 리더십

④ 허시와 블랜차드(Hersey & Blanchard) : 경로-목표 이론

> **해설**
>
> 허시와 블랜차드(Hersey & Blanchard)는 리더십 상황 이론(부하성숙도 이론)을 연구한 학자이고, 경로-목표 이론을 연구한 학자는 하우스(House)이다.

62 인사고과의 목적에 해당하지 않는 것은?

① 인력배치 및 이동

② 직무의 가치평가

③ 성과측정 및 보상

④ 조직개발 및 근로의욕 증진

> **해설**
>
> 인사고과의 목적은 인력배치 및 이동, 인력개발, 인력계획 및 기타 인사 기능의 타당성 측정, 성과측정 및 보상, 조직개발 및 근로의욕 증진 등을 들 수 있다. 직무의 가치평가는 직무평가의 목적이다.

63 허시와 블랜차드(Hersey & Blanchard)의 리더십 유형 중 과업지향성과 관계지향성이 모두 낮은 상태로 지도자가 거의 영향력을 행사하지 않는 유형은?

① 지시형   ② 지원형

③ 참여형   ④ 위양형

> **해설**
>
> 위양형(위임형, Delegating) 리더십
> - 리더는 통제 · 계획 등의 활동을 줄이고, 수행업무에 대한 합의가 이루어지면 수행 방법의 결정과 직무 책임을 부하에게 위양하며 영향력을 거의 행사하지 않는다.
> - 하급자와 충분한 신뢰 관계가 형성되어 있고, 자발적인 활동을 허용하며 중요한 역할을 책임지도록 하여 더 많은 경험을 축적하도록 이끌어 간다.

64 성과주의 인사제도의 구성요소에 해당되지 않는 것은?

① 선별적 채용

② 성과주의 평가

③ 보상제도

④ 연공서열 위주의 승진

> **해설**
>
> 연공서열이란 근속 연수나 나이가 늘어감에 따라 지위가 올라가는 체계로, 성과주의 인사제도에서는 지양하는 요소이다.

정답   59 ③   60 ①   61 ④   62 ②   63 ④   64 ④

65 상담원들의 고객상담 및 서비스 품질의 강점과 약점을 평가하고 측정하기 위해 고객과의 콜 상담내용을 듣거나 또는 멀티미디어를 통해 접촉내용을 관찰하는 모든 과정은?

① Call taping

② QT(Queue Time)

③ QA(Quality Assurance)

④ QM(Quality Monitoring)

> **해설**
>
> QA(Quality Assurance)
> 상담원들의 고객상담 및 서비스 품질의 강점과 약점을 평가하고 측정하기 위해 고객과의 콜 상담내용을 듣거나 또는 멀티미디어를 통한 접촉내용을 관찰하는 모든 활동 및 과정이다.
>
> QM(Quality Monitoring)
> 통화품질 관리. 콜모니터링과 코칭을 통해 생산성 향상과 고품격 서비스를 제공하기 위한 일련의 과정으로, 통화품질에 대한 규정을 마련해 전문 평가인력을 활용하여 합리적인 평가를 한다.

66 다음 중 수평적 분화를 결정하는 조직화의 원칙은?

① 권한위양의 원칙

② 전문화의 원칙

③ 조정의 원칙

④ 명령일원화의 원칙

> **해설**
>
> 전문화의 원칙은 개개의 구성원이 단일의 전문화된 업무 활동만을 담당한다는 원칙이다.

67 콜센터 시스템의 구성요소에 대한 설명으로 옳은 것은?

① 콜센터는 CTI를 통해 교환기로 전화회선을 수용한다.

② DB 서버는 교환기에 연결되는 모든 콜에 대해 데이터를 저장하고 관리한다.

③ 다이얼러 모듈은 인바운드 서비스를 자동처리하는 시스템이다.

④ ARS는 적정 상담원에게 자동으로 전화를 배분하는 역할을 한다.

> **해설**
>
> ① CTI(Computer Telephony Integration): 컴퓨터와 전화의 통합으로, 전화 기술과 컴퓨터 기술을 통합한 것이다.
> ③ 다이얼러 모듈: 아웃바운드를 자동으로 처리할 수 있는 캠페인관리 기능 및 다이얼러 기능을 수행한다.
> ④ ARS(Automatic Response System): 24시간 연중 고객서비스가 가능한 자동응답 시스템이다.

68 정보화 등 조직의 환경 변화는 인사관리에도 변화를 초래하고 있는데 그 변화 방향에 대한 설명으로 틀린 것은?

① 일상적, 운영적 → 장기적, 전략적
② 기능중심적 → 성과중심적
③ 통제적 → 동반자적
④ 문제 해결지향적 → 활동중심적

해설

인사관리는 활동중심적 인사관리에서 문제 해결지향적 인사관리로 변화하였다.

69 직무분석 및 직무평가를 실시하여 직무의 자격요건에 따라 적격자를 선정하여 승진시키는 제도는?

① 직계승진   ② 대용승진
③ 자격승진   ④ 역직승진

해설

② 대용승진: 승진 대상자는 많으나 담당 직책이 없을 경우, 인사 체증과 사기 저하를 방지하기 위하여 직무 내용상 실질적인 승진 없이 직위 심벌상의 형식적인 승진을 하는 것
③ 자격승진: 연공과 능력, 즉 직무주의와 사람주의를 절충시킨 제도
④ 역직승진: 조직구조의 편성과 조직운영의 원리에 따라 상위의 직책으로 이동하는 것으로, 조직에서는 부장, 과장, 계장과 같은 역직이 발생하면 이에 따라 승진하는 것

70 다음은 어떤 조직구조에 관한 설명인가?

> – 테일러가 창안한 조직구조이다.
> – 수평적 분화에 중점을 두고 있다.
> – 각자의 전문 분야에서 작업능률을 증대시킬 수 있다.

① 네트워크 조직   ② 매트릭스 조직
③ 기능식 조직   ④ 사업부제 조직

해설

기능식 조직은 F. W. 테일러가 라인 조직의 결함을 시정하기 위해 창안한 조직구조로, 관리자가 담당하는 일을 전문화하고, 분야마다 다른 관리자를 두어 작업자를 전문적으로 지휘·감독하는 것이다.

정답   65 ③, ④ (※ 정답 ③, ④ 모두 인정됩니다.)   66 ②   67 ②   68 ④   69 ①   70 ③

71 변혁적 리더십에서 변혁적 리더의 특징이 아닌 것은?

① 예외에 의한 관리

② 카리스마

③ 영감 고취

④ 개별적 배려

해설

변혁적 리더십(변화적 리더십)

부하들에게 장기적 비전을 제시하고, 비전 성취에 대한 자신감을 고취시킴으로서 조직에 대한 몰입을 강조하며 부하를 성장시키는 리더십이다. 리더가 부하들로 하여금 신뢰와 존경, 충성심을 느끼도록 하여 부하들이 기대한 것 이상의 능력을 발휘할 수 있도록 동기화시키는 지도력을 가지며 카리스마, 영감 고취, 개별적 배려 등의 특징을 가진다.

72 인바운드 콜센터의 성과지표가 아닌 것은?

① 평균 후처리시간

② 서비스 레벨

③ 성공 콜

④ 스케줄 준수율

해설

인바운드 콜센터의 성과지표

콜 처리율, 스케줄 준수율, 품질 평가, 평균 후처리시간, 서비스 레벨, 고객만족도, 통화품질평가점수, 첫통화 해결률, 상담원 착석률, 평균 통화시간 등

73 텔레마케팅의 분류에 관한 설명으로 적합하지 않은 것은?

① 발신주체에 따라 인바운드와 아웃바운드 텔레마케팅으로 구분할 수 있다.

② 운영주체에 따라 인하우스와 에이전시 텔레마케팅으로 구분할 수 있다.

③ 활동장소에 따라 기업 간과 소비자 텔레마케팅으로 구분할 수 있다.

④ 고객유형에 따라 B2B와 B2C 텔레마케팅으로 구분할 수 있다.

해설

기업 간(B2B)과 소비자(B2C) 텔레마케팅은 고객유형에 따른 분류이다.

74 콜센터 문화에 영향을 미치는 사회적 요인에 해당되지 않는 것은?

① 행정당국의 제도적 지원   ② 상담원의 근로선택의 자유로움

③ 상담원에 대한 직업의 매력도   ④ 상담원의 콜센터 근무만족도

> **해설**
>
> 콜센터 문화에 영향을 미치는 요인
> - 개인적 요인: 직업관, 사명감, 근무만족도 등
> - 기업적 요인: 근로 급여조건, 기업의 지명도, 상담원과 슈퍼바이저의 인간적 친밀감 등
> - 사회적 요인: 관련 행정당국의 제도적·비즈니스적 지원 정도, 취업 정보 개방에 따른 근로선택 및 이직의 자유로움, 콜센터 근무자에 대한 직업의 매력도 및 인식 정도 등

75 콜센터 시스템 매니저의 역할로 적합하지 않은 것은?

① 콜센터 전반의 시스템을 관리하고, 시스템 업그레이드를 실시한다.

② 시스템의 장애를 예방하고 장애 시 신속히 복구하여야 한다.

③ 보안에 대처하여 서비스 연속성을 관리하여야 한다.

④ 콜센터 서비스 관리지표에 대한 계획과 인력 계획을 수립하여야 한다.

> **해설**
>
> 콜센터 서비스 관리지표에 대한 계획과 인력 계획을 수립하는 것은 슈퍼바이저의 역할이다.

제4과목 고객관리

76 CRM을 통해 고객 기반의 가치를 향상시키기 위한 전략으로 보기 어려운 것은?

① 고가치 고객에 대해 노력을 기울인다.

② 고객 이탈률을 줄인다.

③ 교차판매 및 고가 제품 판매를 통해 각 고객의 성장 잠재력을 높인다.

④ 저수익적 고객의 관계 개선에 집중한다.

저수익적 고객보다는 수익이 높은 고객과의 관계에 집중한다.

고객과의 관계에 따른 CRM의 전략적 활용
• 잠재고객 발굴
• 고객 충성도 향상
• 교차판매와 업 셀링을 통한 수익성의 증대
• 고객 이탈 방지 및 이탈고객 재유치

77 개인정보 보호법령상 개인정보 분쟁조정위원회(이하 '분쟁조정위원회'라 한다)에 관한 설명으로 틀린 것은?

① 분쟁조정위원회는 위원장 1명을 포함한 30명 이내의 위원으로 구성한다.

② 위원장의 임기는 2년으로 하되, 1차에 한하여 연임할 수 있다.

③ 분쟁조정위원회는 출석 위원 과반수의 찬성으로 의결한다.

④ 개인정보 처리자로 구성된 사업자 단체의 임원으로 재직하였던 사람은 위원으로 위촉될 수 없다.

분쟁조정위원회의 위원
• 위원은 다음의 어느 하나에 해당하는 사람 중에서 행정자치부장관이 임명하거나 위촉한다.
 – 개인정보 보호 업무를 관장하는 중앙행정기관의 고위공무원단에 속하는 공무원 또는 이에 상당하는 공공 부문 및 관련 단체의 직에 재직하고 있거나 재직하였던 사람으로서 개인정보 보호 업무의 경험이 있는 사람
 – 대학이나 공인된 연구 기관에서 부교수 이상 또는 이에 상당하는 직에 재직하고 있거나 재직하였던 사람
 – 판사 · 검사 또는 변호사로 재직하고 있거나 재직하였던 사람
 – 개인정보 보호와 관련된 시민사회 단체 또는 소비자 단체로부터 추천을 받은 사람
 – 개인정보 처리자로 구성된 사업자 단체의 임원으로 재직하고 있거나 재직하였던 사람

78 다음 중 소비자의 책임이라 할 수 없는 것은?

① 안전하게 행동해야 할 책임

② 자기가 구입하고자 하는 상품에 대해 정보를 얻으려 노력할 책임

③ 불만을 표현하고 이를 시정할 수 있도록 노력할 책임

④ 소비자 단체에 참여하고 단체의 활동을 지원할 책임

소비자 스스로의 권익을 증진하기 위하여 단체를 조직하고 이를 통하여 활동할 수 있는 것은 소비자의 권리이다.

소비자의 책무(「소비자 기본법」 제5조)
- 소비자는 사업자 등과 더불어 자유 시장 경제를 구성하는 주체임을 인식하여 물품 등을 올바르게 선택하고, 제4조의 규정에 따른 소비자의 기본적 권리를 정당하게 행사하여야 한다.
- 소비자는 스스로의 권익을 증진하기 위하여 필요한 지식과 정보를 습득하도록 노력하여야 한다.
- 소비자는 자주적이고 합리적인 행동과 자원 절약적이고 환경 친화적인 소비 생활을 함으로써 소비 생활의 향상과 국민 경제의 발전에 적극적인 역할을 다하여야 한다.

79 단호한 행동 스타일을 가진 고객과 상담할 때 적합한 상담 기술이 아닌 것은?

① 고객의 이야기를 듣고 자신의 이야기를 재미있게 한다.
② 질문에 직접적이고 간결하며 사실적인 대답을 한다.
③ 상황의 해결을 목표로 한 구체적인 질문을 한다.
④ 고객이 말할 기회를 제공한다.

해설

고객의 이야기를 듣고 자신의 이야기를 재미있게 하는 상담 전략이 필요한 고객은 사람지향적이고 사람들이 찾아오기를 원하는 표현적인 유형이다.

80 개방형 질문에 관한 설명으로 옳은 것은?

① Yes/No 답변을 유도할 수 있다.
② 전체 상담 시간 조절이 가능하다.
③ 고객 상황에 대한 명확한 이해가 용이하다.
④ 상담원이 원하는 방향으로 고객을 리드하는 것이 가능하다.

해설

①·②·④는 폐쇄형 질문에 대한 설명이다.

개방형 질문의 특징
- 응답자의 다양한 의견을 수렴할 수 있다.
- 고객 상황에 대한 명확한 이해가 용이하다.
- 새로운 정보 획득이 가능하다.
- 표현 능력이 부족한 응답자에게는 문제가 될 수 있고 무응답률이 높다.

81 고객과의 관계에 따른 CRM의 전략적 활용으로 가장 거리가 먼 것은?

① 잠재고객 발굴　　　　　　　　　② 고객의 충성도 제고

③ 수익성 증대　　　　　　　　　　④ 고객세분화

> **해설**
>
> 고객과의 관계에 따른 CRM의 전략적 활용
> • 잠재고객 발굴
> • 고객 충성도 향상
> • 교차판매와 업 셀링을 통한 수익성의 증대
> • 고객 이탈 방지 및 이탈 고객 재유치

82 고객의 욕구를 파악하기 위한 질문 방법이 아닌 것은?

① 구체적으로 질문한다.

② 긍정적으로 질문한다.

③ 상대방의 말을 비판하지 않는다.

④ 전달하고 싶은 말을 충분히 한다.

> **해설**
>
> 텔레마케터는 하고 싶은 말을 충분히 하는 것이 아니라 더 좋은 서비스를 제공하기 위해 소비자가 확실히 원하는 것을 찾아내는 질문을 해야 한다.

83 관계 마케팅 전략 개발을 위한 요소와 그에 대한 설명으로 틀린 것은?

① 제품 – 동일한 제품을 가지고 새로운 고객을 찾는 전략이 필요하다.

② 종업원 – 종업원들에 대한 적극적인 인적 관리가 필요하다.

③ 고객 – 모든 고객을 대상으로 관계 구축을 하는 것보다 고객 충성도가 높은 고객을 대상으로 한다.

④ 측정 – 측정 내용을 계량화하여 정확한 마케팅 효과를 측정할 수 있게 한다.

> **해설**
>
> 관계 마케팅에서는 신규고객보다 기존고객과의 관계에 중점을 둔다.

84 CRM의 특징에 관한 설명으로 거리가 먼 것은?

① 고객과의 관계에 있어서 기업의 초점을 맞추는 기업 중심적이다.

② 고객의 생애에 걸친 관계를 구축하고 장기적인 이윤을 추구한다.

③ 고객과의 직접적인 접촉을 통한 쌍방향 커뮤니케이션을 지속한다.

④ 정보기술에 기반을 둔 과학적 제반 환경의 효율적 활용을 요구한다.

해설

CRM은 고객과의 신뢰를 중시하는 고객지향적 경영기법이다.

85 컴퓨터를 인간처럼 학습시켜 스스로 규칙을 형성할 수 있도록 하는 인공 지능 분야는?

① 웹 마이닝

② 인공신경망

③ 머신러닝

④ 클라우드

해설

컴퓨터가 인간처럼 스스로 학습하여 인공 지능의 성능을 향상시키는 기술은 머신러닝이다.
• 인공 지능: 사고나 학습 등 인간이 가진 지적 능력을 컴퓨터를 통해 구현하는 기술
• 딥러닝: 인간의 뉴런과 비슷한 인공신경망 방식으로 정보를 처리하는 것

86 커뮤니케이션의 원칙에 대한 설명으로 틀린 것은?

① 수신자는 발신자를 신뢰하여야 한다.

② 전달되는 메시지는 발신자가 판단하기에 의미 있는 것이어야 한다.

③ 발신자가 전달하는 내용이 일관성이 있어야 한다.

④ 커뮤니케이션은 전달에 의의가 있는 것이 아니라 수신자의 수용 여부에 더 큰 의미가 있다.

해설

전달되는 메시지는 수신자가 판단하기에 의미 있는 것이어야 한다.

정답   81 ④   82 ④   83 ①   84 ①   85 ③   86 ②

87 고객응대 시 필요한 지식과 거리가 먼 것은?

① 고객의 구매 심리 및 고객 시장에 관한 지식

② 제품 및 서비스에 관한 지식

③ 통신 시스템에 대한 전문적 지식

④ 생산, 유통 과정과 품질에 관한 지식

해설

통신 시스템에 대한 전문적 지식은 제품 및 서비스와 큰 관련이 없으므로 고객응대 시 필요하지 않다.

고객응대 시 필요 지식
• 고객의 구매 심리 및 고객 시장에 관한 지식
• 제품 및 서비스에 관한 지식
• 생산, 유통 과정과 품질에 관한 지식

88 고객서비스의 등장배경과 가장 거리가 먼 것은?

① 공급이 수요보다 초과되어 기업의 고객 중심적 마케팅 활동의 확산

② 소비자 불만 및 피해 급증으로 인한 소비자 문제의 심화

③ 소비자보호원의 설립, 기업의 고객 센터 및 상담 센터 설립의 확산

④ 소비자 권익 실현에 대한 소비자의 기대 수준 증가 등 소비자 의식 고조

해설

고객서비스에 대한 관심이 높아진 후에 소비자보호원과 기업의 고객 센터 및 상담 센터의 설립이 확산되기 시작했다.

89 CRM의 목적은 고객의 이익 극대화와 이를 통해 기업의 수익성을 극대화하는 것이다. 다음 중 CRM의 목적 달성을 위한 특성이 아닌 것은?

① 목표시장과 목표고객에 대한 고객 관계의 집중화에 노력한다.

② 고객과 관계를 유지하는 것보다는 다양한 상품 및 할인 정책을 제시하여 보다 더 많은 고객을 획득하는 것을 주목적으로 한다.

③ 고객에 대한 이해와 반응을 분석하고 고객의 욕구를 파악하여 고객이 원하는 상품을 만든다.

④ 기존고객 및 잠재고객을 위한 마케팅 전략을 통해 고객 점유율을 높이는 전략이 필요하다.

해설

CRM은 고객 획득보다 기존고객의 유지에 중점을 둔다.

90 다음 중 빅데이터를 수집할 때 기술적으로 고려해야 할 내용이 아닌 것은?

① 대용량 데이터의 수집 가능
② 실시간 수집 가능
③ 수평적 확장의 용이성
④ 데이터 적재 시간의 증가

해설

데이터 적재 시간은 빅데이터를 수집할 때의 고려사항이 아니다.

빅데이터를 수집할 때 고려할 점
• 확장성: 수집 대상 서버대수를 확장(①)
• 안정성: 안정적으로 저장
• 실시간성: 실시간으로 반영(②)
• 유연성: 다양한 포맷을 지원(③)

91 RFM 분석에 대한 설명으로 적합하지 않은 것은?

① 최근 구매일(Recency): 고객이 최근 구매한 날로부터 얼마나 지났는지 측정하는 항목
② 구매 빈도(Frequency): 정해진 기간 내에 각 고객이 얼마나 많이 구매했는지 측정하는 항목
③ 구입 금액(Monetary): 고객이 구매 시 평균적으로 얼마나 많은 돈을 지불하는지 측정하는 항목
④ 구매 횟수(Recency): 고객이 최근에 몇 번이나 자사의 제품이나 서비스를 구매했는지를 측정하는 항목

해설

RFM(Recency, Frequency, Monetary)
• Recency: 가장 최근에 구매한 시점
• Frequency: 일정 기간 동안 구매한 빈도수
• Monetary: 일정 기간 동안 구매한 금액

92 외부 물리적 환경에 의한 경청의 방해 요인이 아닌 것은?

① 소음 공해
② 전화벨
③ 노크
④ 편견

해설

편견은 상담원 개인적 방해 요인에 해당한다.

93 효과적인 커뮤니케이션을 개발하기 위해서는 체계적인 단계를 거쳐야 한다. 각 단계에 대한 설명 중 잘못된 내용은?

① 표적 확인: 마음속으로 분명하게 정한 표적 청중으로부터 시작해야 한다.

② 목표 설정: 명확한 목표를 설정해야 한다.

③ 메시지 설계: 무엇을 말할 것인지, 어떻게 말할 것인지, 누가 말할 것인지 등의 커뮤니케이션을 설계해야 한다.

④ 매체 믹스 결정: 효과적인 커뮤니케이션을 위해 가장 영향력이 큰 방송 매체를 선정한다.

> **해설**
> 매체 믹스를 결정할 때에는 무조건 영향력이 큰 매체를 선정하는 것이 아니라 목표와 수신자를 고려하여 적절한 매체를 선정해야 한다.

94 잘못된 서비스로 인하여 고객에게 사과를 해야 할 때 취할 자세와 가장 거리가 먼 것은?

① 고객의 기분을 인정하고, 책임을 공유할 것임을 표현한다.

② 고객에 대한 배려와 관심을 보여 주고, 어떻게 해결하면 좋을까를 물어본다.

③ 고객에게 사과하고 응대를 종료한다.

④ 진지하게 사과를 한 후 계속해서 고객과 거래할 기회를 달라고 요청한다.

> **해설**
> 고객에게 잘못된 서비스를 제공했을 경우에는 정중히 사과하고 고객과 협력하여 고객에게 도움이 될 수 있는 최선의 대안을 찾아 문제를 해결해야 한다.

95 기업에서 고객만족을 위해 고객서비스를 중요하게 고려해야 하는 이유로 가장 옳은 것은?

① 전반적인 고객서비스에 대한 고객의 기대가 핵심제품에 대한 기대보다 높기 때문이다.

② 인터넷의 대중화로 판매자와 고객 간의 대면 기회가 감소하고 있기 때문이다.

③ 내부고객에 대한 고객서비스가 외부고객에 대한 고객서비스로 연결되기 때문이다.

④ 제품의 물리적 품질에 큰 차이가 없으면 소비자들은 고객서비스를 통해 전체 품질을 평가하기 때문이다.

> **해설**
> 고객만족의 3요소로는 제품 요소, 서비스 요소, 기업 이미지 및 신뢰성 요소가 있다. 이들 세 가지 요소가 잘 믹스되고 업그레이드될 때 고객이 만족감을 느낄 수 있다. CRM을 통해 고객이 만족감을 느끼면 충성도가 올라가고 이는 기업의 이익으로 이어진다. 다시 말해, 고객의 충성도를 높이면 신규고객은 일반고객으로, 일반고객은 우량고객이 되어 기업의 이익 증대에 큰 영향을 준다. 제품의 물리적 품질에 큰 차이가 없으면 소비자들은 고객서비스를 통해 전체 품질을 평가하므로 기업에서는 고객서비스를 중요하게 고려해야 한다.

96 고객상담의 촉진 관계를 위해 필요한 상담원의 바람직한 태도 및 행동 특징이 아닌 것은?

① 공감적 이해 　　　　　　　　② 감정적 태도

③ 일관적 성실 　　　　　　　　④ 수용적 존중

> **해설**
>
> 고객과 상담을 할 때 상담원이 개인 감정을 표출하는 것은 바람직한 태도가 아니다. 고객의 입장을 존중하고, 고객의 가치관을 바꾸려 하지 않아야 하며, 고객의 문의에 대해서는 적극적인 해결 방안을 모색해야 한다.

97 다음에서 설명하는 것은?

> 콜센터 내에서 통화 회선수 부족, 동시 통화 과다, 근본적인 회선수 부족, 상담원 부족 등으로 고객이 상담원과 통화하기 전 전화를 끊어 버리는 것

① 포기콜 　　　　　　　　　　② 오프콜

③ 인바운드콜 　　　　　　　　④ 콜장애

> **해설**
>
> 포기콜(Abandoned call, 포기호)
> 총 수신된 콜 수 중에서 인입되는 콜 수가 상담원의 현재 시점에서 콜 수의 과다로 고객이 대기 중이거나 통화 접촉 불능 등이 발생하여 상담원이 응대하지 못한 채 중도 포기되는 콜이다.

98 고객 성격의 특성에 따른 상담 요령으로 옳지 않은 것은?

① 급한 성격은 신속하게 행동하고 설명도 핵심만 강조한다.

② 결단성이 없는 성격은 기회를 잡아 빨리 요점만 설명한다.

③ 내성적인 성격은 조용하게 응대하고 상대의 의견을 충분히 들어준다.

④ 흥분을 잘하는 성격은 부드러운 분위기를 유지하며 강압하지 않는다.

> **해설**
>
> 결단성이 없는 고객은 장단점을 구체적으로 알려주어야 한다.
> 우유부단한 고객에 대한 대응 자세와 상담 기법
> • 상담 경험적 통계로 의견을 제시한다.
> • 인내심을 가지고 경청한다.
> • 소비자 스스로 의사결정을 하도록 돕는다.
> • 문제를 분석한 후 선택에 필요한 정보를 제시한다.
> • 상대방을 먼저 칭찬하면서 경청한다.
> • 주의 깊게 경청한다.

99 텔레마케팅 고객응대의 특징으로 틀린 것은?

① 언어적 메시지만을 사용한다.

② 쌍방 간의 커뮤니케이션이 이루어진다.

③ 상호 피드백이 신속히 이루어진다.

④ 고객 반응별 상황대응능력이 중요하다.

해설

텔레마케팅에서는 언어적 메시지와 비언어적 메시지를 동시에 사용한다.

100 효과적인 커뮤니케이션을 위해 메시지 전달자에게 요구되는 사항으로 틀린 것은?

① 전달하는 내용에 대한 명확한 목표 설정이 있어야 한다.

② 적절한 커뮤니케이션 수단을 활용해야 한다.

③ 자신이 원하는 메시지를 전하고 기다리는 소극적인 커뮤니케이션 자세가 필요하다.

④ 상호 간의 공감적인 관계 형성을 위해 노력해야 한다.

해설

효과적인 커뮤니케이션을 위해 메시지 전달자는 적극적인 커뮤니케이션 자세가 필요하다.

99 ① 100 ③ 정답

제3회 기출문제해설

핵심 내용

제1과목: 아웃바운드 텔레마케팅, 시장세분화, 소비자 구매의사결정 과정, 데이터베이스 마케팅, 제품수명주기, 가격결정법
제2과목: 탐색조사, 사전조사, 1차 자료, 연구자 윤리규범, 표본조사, 우편조사, 전화조사
제3과목: 콜센터, 인적자원관리, SMART, 인하우스 텔레마케팅, 리더십
제4과목: 빅데이터, CRM, 고객상담 기술, 폐쇄형 질문, 경청의 장애 요인

제1과목 판매관리

01 다음 중 텔레마케터의 자질에 대한 설명으로 틀린 것은?

① 텔레마케터는 상당한 인내심을 지니고 있어야 한다.
② 텔레마케터의 건전하고 긍정적이며 적극적인 성격은 매우 중요하다.
③ 목소리는 상냥하고 부드러우면서도 힘차고 자신감이 넘쳐 보이도록 해야 한다.
④ 텔레마케터는 콜 시간, 콜 방향을 리드해서는 안 된다.

해설

텔레마케터는 콜 시간, 콜 내용, 콜 방향을 리드해서 적절한 응대로 대화의 방향을 바로잡아야 한다.

02 다음 (   )에 공통으로 들어갈 알맞은 단어는?

> (   )은/는 어떤 제품의 고유의 이름, 상징물, 로고 혹은 이들의 결합을 가리키며, (   )에 의하여 고객들은 그 제품의 생산자(경우에 따라서는 유통업자)를 인식할 수 있으며, 고객과 생산자는 유사하게 보이는 경쟁 제품으로부터 보호받을 수 있다.

① 브랜드
② 패키지
③ 품질
④ 애프터서비스

해설

소비자 측면	• 상품의 본질을 규명함 • 생산자의 책임을 증명함으로써 신뢰감을 줌 • 상품 선택에 있어서 소비자의 위험 부담과 선택 과정에 따른 노력과 비용을 덜어줌 • 쇼핑의 편의를 제공함 • 소비자 자신의 의사를 간접적으로 표출하는 데 활용할 수 있음
기업 측면	• 상품을 법적으로 보호함 • 해당 기업 전체의 이미지를 평가하는 잣대가 됨 • 신상품을 효과적으로 출시할 수 있음 • 효과적인 브랜드 관리는 기업의 마케팅 비용을 절감시킴

03 가격 차별화 전략의 전제 조건과 가장 거리가 먼 것은?

① 각 시장을 세분할 수 있어야 한다.

② 각 세분시장은 수요탄력성이 달라야 한다.

③ 낮은 가격으로 판매하는 시장에서 비싼 가격으로 판매하는 시장으로 제품의 이전이 가능해야 한다.

④ 시장세분화의 비용보다 이익이 더 커야 한다.

해설

가격 차별화 전제 조건
• 경쟁자 상황: 경쟁사들이 더 낮은 가격으로 판매할 수 없어야 한다.
• 수요 상황: 세분된 시장별 수요의 강도가 달라야 한다.
• 원가 구조: 가격세분화로 인한 수익이 비용보다 커야 한다.
• 정부의 규제(법적 · 제도적인 요인): 불법적인 형태가 아니어야 한다.
• 세분시장에서 저가격에 사서 다른 곳에서 고가격에 판매될 수 없어야 한다.
• 가격세분화로 인한 고객의 불만족이 유발되지 않아야 한다.

04 세분시장을 더욱 작게 세분화함으로써 다른 제품들로는 그 욕구가 충족되지 않은 소수의 소비자들을 표적으로 하는 마케팅은?

① 대량 마케팅(Mass marketing)

② 니치 마케팅(Niche marketing)

③ 블루오션 마케팅(Blue ocean marketing)

④ 관계 마케팅(Relationship marketing)

해설

니치 마케팅에서 '니치'란 '틈새'를 의미하는 말로, 남이 모르는 좋은 낚시터라는 뜻을 가지고 있다. 기존 시장에 진입하기 어렵거나 수익성을 개선하기 위하여 기존의 시장과는 다른 시장에 진입하는 것을 말한다.

05 고객총생애가치(LTVt)에 대한 설명으로 옳은 것은?

① 고객이 처음으로 자사 제품을 구입한 시기를 말한다.

② 고객이 특정 회사의 제품이나 서비스를 처음 구매했을 때부터 시작해서 사망하는 시점까지의 기간을 의미한다.

③ 고객이 특정 회사의 제품이나 서비스를 처음 구매했을 때부터 현재까지 구입한 서비스 누계를 말한다.

④ 고객이 특정 회사의 제품이나 서비스를 처음 구매했을 때부터 시작해서 마지막으로 구매할 것이라고 판단되는 시점까지 구매가 가능한 제품이나 서비스의 누계액을 의미한다.

> **해설**
>
> 고객총생애가치(LTVt)는 현재까지의 생애가치(LTVp)와 예상되는 미래의 예측생애가치(LTVf)를 동시에 고려하는 개념이다. 고객총생애가치(LTVt)와 현재까지의 생애가치(LTVp), 미래의 예측생애가치(LTVf)는 'LTVt = LTVp + LTVf'라는 수식으로 정의된다. 이 문제에서 고객총생애가치(LTVt)는 고객생애가치(LTV)와 같은 개념으로 사용되었다.
>
> 고객생애가치(LTV; Life Time Value)
> - 고객이 특정 회사의 제품이나 서비스를 처음 구매했을 때부터 시작해서 마지막으로 구매할 것이라고 판단되는 시점까지 구매가 가능한 제품이나 서비스의 누계액을 의미한다.
> - LTV를 산출함으로써 기업은 어떤 고객이 기업에게 이로운지 판단할 수 있으며, 그 고객과 앞으로 어떤 관계를 갖는 것이 합리적인가를 파악할 수 있다.
> - 고객의 입장에서 보면 자신이 느끼는 가치에서 지불하는 비용을 뺀 차이가 얼마인가가 선택의 척도가 된다.

06 기업이 택할 수 있는 마케팅 전략은 풀(Pull) 전략과 푸시(Push) 전략으로 나눌 수 있다. 다음 중 풀(Pull) 전략의 설명으로 옳지 않은 것은?

① 유통경로 구성원들이 소비자 수요를 창출하여 제품을 찾게 한다.

② 유통경로 구성원들이 제품을 취급하도록 유도한다.

③ 고객이 고객의 욕구를 파악하여 직접 제품을 찾게 하는 것이다.

④ 인적 판매와 판매촉진에 크게 의존하게 된다.

> **해설**
>
> 인적 판매와 판매촉진에 크게 의존하는 것은 푸시(Push) 전략에 대한 설명이다.

07 고객에 대한 구매제안 유형 중 고객 구매이력 등의 관리를 통해 기존에 구매한 고객에게 다른 상품을 구입하도록 하는 제안은?

① Cross selling

② Up selling

③ Negative option

④ Positive option

해설

Cross selling은 하나의 제품이나 서비스 제공 과정에서 다른 제품이나 서비스에 대해 판매를 촉진하는 방법으로, 교차판매라고도 한다.

② Up selling : 특정한 상품 범주 내에서 상품 구매액을 늘리도록 업그레이드된 상품의 구매를 유도하는 방법으로, 격상판매라고도 한다.

③ Negative option : 계약 기간이 경과한 이후에 고객이 계약의 연장이나 변경을 승인하지 않았는데도 판매자가 상품을 배달하고 그 대금을 청구하는 방식이다.

④ Positive option : 고객이 상품 안내서를 보고 상품을 직접 주문하는 방식이다.

08 다음 중 소비자 구매의사결정 과정을 바르게 나열한 것은?

A. 문제 인식

B. 대체안 평가

C. 정보 탐색

D. 구매 결정

E. 구매 후 행동

---

① A → B → C → D → E

② B → A → C → D → E

③ A → C → B → D → E

④ B → C → A → D → E

해설

소비자 구매의사결정 과정
문제 인식 → 정보 탐색 → 대체안 평가 → 구매 결정 → 구매 후 행동

09 제품수명주기(PLC)에 관한 설명 중 옳은 것은?

① 도입기에는 유통 비용, 홍보 비용 등 마케팅 비용이 많이 소요되며, 새로운 경쟁자가 시장에 진입하게 된다.

② 성숙기에는 제품 자체의 인지도 제고가 중요한 이슈가 된다.

③ 성장기에는 자사 브랜드의 차별성을 강조하는 등의 브랜드 광고가 중요해진다.

④ 성장기에는 매출 성장률이 둔화되면서 경쟁사 간 치열한 촉진경쟁이 이루어지는 경우가 많다.

> **해설**
>
> 제품수명주기
> - 도입기: 제품이 처음으로 시장에 도입되는 기간으로 원가가 높고, 경쟁자가 거의 없다.
> - 성장기: 새로운 경쟁자들이 시장에 진입하므로 브랜드 광고가 중요해지며, 수요가 급성장함에 따라 판매촉진의 비중이 감소한다.
> - 성숙기: 판매가 절정에 이르렀다가 감소하며, 재포지셔닝 전략이 필요하다.
> - 쇠퇴기: 대체품의 출현으로 점차 쇠퇴하며, 판매가 급감하고 시장으로부터 철수하는 단계이다.

10 아웃바운드 텔레마케팅의 핵심요소로 볼 수 없는 것은?

① 숙련된 텔레마케터　　　　　　② 대상고객의 데이터 확보

③ 정교한 스크립트와 데이터시트　④ 기업주도형 텔레마케팅 프로모션

> **해설**
>
> 아웃바운드 텔레마케팅의 핵심요소는 명확한 대상고객의 데이터, 유능한 텔레마케터, 텔레마케팅 전용상품의 준비, 잘 짜여진 스크립트이다. 아웃바운드 텔레마케팅이 기업주도형 텔레마케팅인 것은 맞지만, 프로모션이 텔레마케팅의 핵심요소는 아니다.

11 다음 중 아웃바운드 텔레마케팅에 해당하지 않는 것은?

① 기존고객에 대한 추가 판매

② DM(다이렉트 메일) Follow up call

③ DRA(직접반응광고) 응대 call

④ 연체 회수 관리 업무

> **해설**
>
> 직접반응광고(Direct response advertising)
> 광고를 받는 측이 문의나 자료 청구, 판매원의 방문 요구, 할인 쿠폰의 사용 등 직접 주문을 하도록 유도하여 직접 반응을 노리는 광고. 리스폰스 광고(Response advertising), 리절트 광고(Result advertising)라고도 하며, 인바운드 텔레마케팅에 해당한다.

정답 | 07 ① 08 ③ 09 ③ 10 ④ 11 ③

12 **직접 유통경로의 단점이 아닌 것은?**

① 시장의 범위가 한정된다.

② 고객으로의 접근이 어렵다.

③ 판매자에게 업무가 과중된다.

④ 사업확장에 어려움이 따른다.

해설

직접 유통경로는 대규모 소비자가 특정 지역에 집중되어 있는 경우에 선택하는 유통경로이므로, 고객으로의 접근이 용이하다.

직접 유통경로와 간접 유통경로

직접 유통경로	간접 유통경로
• 특정 집단에 상대적으로 집중된 채널을 구축 • 대규모 소비자가 특정 지역에 집중되어 있는 경우 • 시장환경에 불확실성이 거의 없는 경우 • 직접 경로에 대한 투자가 높은 수익으로 이어지는 경우 • 고객들이 제조업자와 직접 거래를 선호하는 경우(높은 신선도 요구 등) • 고객의 개별적 욕구를 맞추어야 하는 경우 • 품질보증이 중요한 경우	• 고객군이 넓게 퍼져 있거나 넓은 지역에 퍼진 고객에 대한 구매접근성 및 사후 관리가 중요한 경우 • 많은 제품을 일괄 구매하는 것이 중요한 경우 • 구매의 용이성이 중요한 경우 • 고객이 여러 지역으로 분산되어 있는 경우 • 판매 후 서비스가 중요한 경우

13 **기존고객을 대상으로 하는 데이터베이스 마케팅 전략으로 거리가 가장 먼 것은?**

① 고객무차별 마케팅 전략

② 고객애호도 제고 전략

③ 고객유지 전략

④ 교차판매 전략

해설

고객무차별 마케팅 전략은 대량 마케팅이라고도 하며, 기업이 하나의 제품이나 서비스를 가지고 시장 전체에 진출하여 가능한 한 다수의 고객을 유치하려는 전략이다.

14 가격결정의 다양한 주요 원인 중 고정비에 해당하는 것은?

① 조립 작업비   ② 판매 수수료

③ 재료비   ④ 빌딩 임대료

해설

제조경비 중 고정비 성격이 강한 건물 임차료, 기계장치의 임차료, 그리고 감가상각비는 고정비로 분류한다.

고정비와 변동비
- 고정비 : 매출액이나 생산량의 증감에 관계없이 일정하게 고정적으로 발생하는 비용으로, 감가상각비, 사무직원의 급여, 고정자산의 보험료, 부동산 임차료, 차입금의 지급이자, 재산세와 종합토지세 등이 이에 속한다. 고정비는 기간 총액으로는 고정적인 비용이나 제품단위당으로는 매출액 규모에 따라 변동한다.
- 변동비 : 제품의 생산량 증감에 따라 원가가 증감하는 비용으로, 재료비, 외주가공비, 판매수수료, 포장비 등이 이에 속한다. 변동비는 기간 총액으로는 매출액의 증감에 비례하여 증감하는 비용이지만 제품단위당으로는 변동하지 않는다.

15 시장세분화에 관한 설명으로 옳지 않은 것은?

① 세분화된 시장 내에서는 이질성이 극대화되도록 해야 한다.

② 효과적인 시장세분화를 위해서는 시장의 규모가 측정 가능해야 한다.

③ 나이, 성별, 소득은 인구통계학적 세분화 기준에 속한다.

④ 라이프스타일, 성격은 심리도식적 세분화 기준에 속한다.

해설

내부적 동질성과 외부적 이질성
세분시장 내부적으로는 일관성 있는 특징을 갖고 있으며, 외부적으로는 어떤 마케팅 프로그램을 시행했을 때 서로 다르게 반응하여야 한다.

16 아웃바운드 텔레마케팅의 전용상품을 개발할 경우 고려해야 할 사항이 아닌 것은?

① 신뢰성

② 사후관리성

③ 상담의 효율성

④ 거래조건 변동의 최대화

해설

텔레마케팅과 같은 비대면 거래는 고객에게 다양한 선택의 폭을 설명하기 어렵고, 고객의 입장에서도 쉽게 결정을 내리지 못하는 요소가 될 수 있으므로 거래조건이 단순해야 한다.

아웃바운드 텔레마케팅의 전용상품 개발 시 고려사항
신뢰성, 사후관리성, 상담의 효율성, 거래조건 변동의 최소화

정답   12 ②   13 ①   14 ④   15 ①   16 ④

17 소비재 시장의 세분화 변수 중 행동분석적 변수에 포함되지 않는 것은?

① 가격 민감도

② 상표 충성도

③ 사용량

④ 교육수준

해설

교육수준은 인구통계적 변수에 포함된다.

시장세분화 변수
- 지리적 변수: 지역, 인구 밀도, 도시 규모, 기후 등
- 인구통계적 변수: 나이, 성별, 가족 규모, 가족생활주기, 소득, 직업, 학력, 종교 등
- 심리분석적 변수: 라이프스타일, 사회 계층, 개성, 관심, 활동 등
- 행동분석적 변수: 추구하는 편익, 구매 준비 단계, 사용 경험, 가격 민감도, 사용량, 상표 충성도 등

18 인바운드 상담 시 요구되는 스킬과 가장 거리가 먼 것은?

① 오감의 능력을 총동원하여 고객의 소리를 경청한다.

② 상품은 비교적 길고, 장황하게 설명해야 한다.

③ 고객의 입장에서 말하고 듣는다.

④ 자사 상품이 가지고 있는 장점을 강조한다.

해설

인바운드 상담을 할 때에는 간결하고 알아듣기 쉽게 말해야 한다.

19 다음 중 유통경로의 설계과정을 바르게 나열한 것은?

① 유통경로의 목표 설정 → 고객 욕구 분석 → 경로대안의 평가 → 주요 경로대안의 식별

② 고객 욕구 분석 → 유통경로의 목표 설정 → 주요 경로대안의 식별 → 경로대안의 평가

③ 고객 욕구 분석 → 주요 경로대안의 식별 → 유통경로의 목표 설정 → 경로대안의 평가

④ 고객 욕구 분석 → 주요 경로대안의 식별 → 경로대안의 평가 → 유통경로의 목표 설정

해설

유통경로의 설계과정
고객 욕구의 분석 → 유통경로의 목표 설정 → 주요 경로대안의 식별 → 경로대안의 평가

20 다음 중 비교적 동질적인 잠재 소비자들의 집합을 가리키는 것은?

① 세분시장

② 인구통계적 군집

③ 조직구매자

④ 최종소비자

해설

시장세분화는 비슷한 성향을 가진 사람들을 하나의 집단으로 묶는 과정으로, 전체 시장을 일정한 기준에 따라서 동질적인 세분시장으로 나누는 것이다. 세분시장 내의 구매자들이 유사하게 반응할 수 있도록 세분한다.

21 다음에서 설명하는 소비재의 유형은?

> – 제품의 질 등과 같은 제품특성을 토대로 제품대안들을 비교 평가한 다음 구매하는 제품
> – 지역별로 소수의 판매점을 통해 유통되는 선택적 유통경로 전략이 유리

① 편의품　　　　　　　　　　　② 선매품

③ 전문품　　　　　　　　　　　④ 산업재

해설

선매품

• 제품을 구매하기 전에 제품의 질 등과 같은 제품특성을 토대로 제품대안들을 비교 평가한 다음 구매하는 제품이다.

• 소비자가 자신의 사회적·재정적 측면을 나타낼 수 있는 상품을 구매하는 경향이 있다.

• 편의품에 비해 구매 단가가 높고 구매 횟수가 적다.

• 소매점의 명성이 중요하여 생산자와 소매상의 직결된 유통경로를 가지는 것과 점포 내 판매원의 역할이 중요하다.

• 지역별로 소수의 판매점을 통해 유통되는 선택적 유통경로 전략이 유리하다.

• 예 겉옷, 주요 가전제품, 가구 등의 소비용품(Consumer products)

22 인바운드 스크립트 구성요소가 아닌 것은?

① 인사/소개

② 탐색질문

③ 가치설득

④ 통화가능 여부 확인

해설

인바운드 통화는 고객이 콜센터로 걸어 오는 콜이므로, 통화가능 여부 확인은 필요하지 않다.

정답　17 ④　18 ②　19 ②　20 ①　21 ②　22 ④

23 다음 설명에 해당하는 가격의 유형은?

> 홈쇼핑이나 인터넷 쇼핑 등에서 주로 볼 수 있는 가격결정 전략으로 9,900원 혹은 99,000원 등 가격상의 실제적인 차이는 크게 없지만 심리적으로 가격이 훨씬 싼 것처럼 느껴지게 하는 전략

① 기점가격
② 위신가격
③ 단수가격
④ 지대가격

해설

단수가격

가격이 최하의 가능한 선에서 결정되었다는 인상을 구매자에게 주기 위하여 고의로 단수를 붙여 가격을 결정하는 방법으로, A 대형마트에서 B사의 오디오 제품 가격을 300,000원에서 299,000원으로 조정하는 경우를 예로 들 수 있다.

24 마케팅의 범위를 대중고객과 개별고객으로 구분할 때, 마케팅 촉진수단별 마케팅 범위의 연결이 옳지 않은 것은?

① 광고 – 대중고객
② 인적 판매 – 대중고객
③ 홍보 – 대중, 개별고객
④ PR(Public Relations) – 대중, 개별고객

해설

인적 판매는 불특정 다수가 아닌 구매가능성을 가진 고객을 선별하여 접근하는 방식으로, 고객에게 직접 권유하는 전략이므로 고객의 요구에 빠르게 대처할 수 있으며, 고객의 상황에 맞는 유연한 판매 전략을 사용할 수 있다.

25 포지셔닝 전략을 개발하기 위해서는 기본적으로 시장분석, 기업 내부분석, 경쟁사 및 제품 분석이 필요하다. 다음 중 경쟁분석정보에 해당하는 것은?

① 시장점유율
② 기술상의 노하우
③ 성장률
④ 인적자원

해설

경쟁 제품의 포지션 분석은 경쟁사의 브랜드 이미지와 상대적인 위치를 파악하는 것이다. ② · ③ · ④는 기업 내부분석에 해당한다.

경쟁분석정보

경쟁상표들의 이미지와 장단점, 경쟁사의 브랜드 이미지, 경쟁사의 상대적인 위치, 시장점유율 등

26 다음 (   )에 알맞은 시장조사 방법은?

> (   )는 조사 의뢰자가 당면하고 있는 상황과 유사한 사례들을 찾아내어 깊이 있는 분석을 하는 조사 방법으로서, 분석하는 사례와 주어진 문제 사이의 유사점과 상이점을 찾아내어 현 상황에 대한 논리적인 유추를 하는 데 도움을 얻는 시장조사 방법이다.

① 문헌조사

② 횡단조사

③ 사례조사

④ 전문가 의견조사

해설

사례조사는 탐색조사의 한 종류로 특정 사례를 조사하여 문제를 종합적으로 파악하고, 그에 대한 실증적인 분석을 실행하는 조사이다.

① 문헌 조사: 조사와 관련된 각종 2차 자료를 이용한 간접경험 조사 방법을 말한다.

② 횡단조사: 상이한 특성을 가진 집단들 사이의 측정치를 비교하여 차이를 규명하는 것이 목적으로, 모집단에서 추출된 표본으로부터 단 한 번 조사한다.

④ 전문가 의견조사: 조사 대상에 대해 통찰력이 있는 경험자 또는 전문가를 대상으로 조사하는 것이다.

27 사전조사에 관한 설명으로 옳지 않은 것은?

① 설문지의 내용이 적절하게 배치되어 있는가를 체크할 수 있다.

② 본조사를 위하여 응답자의 장소, 조사장소의 분위기, 응답에 필요한 시간, 응답자 표본의 크기 등이 적절한가를 검토한다.

③ 사전조사는 가급적 간접조사 방식을 취한다.

④ 사전조사로 파악된 응답자의 의견을 반영하여 조사의 문제점을 보완, 수정한다.

해설

사전조사(Pretest)

질문지가 완성되면 본조사를 실시하기 전에 미리 질문지 내용의 타당성, 조사의 문제점 등을 검토하기 위해 소수의 표본을 대상으로 직접조사를 통하여 실시하는 시험적인 조사이다.

정답 23 ③ 24 ② 25 ① 26 ③ 27 ③

28 시장조사 시 발생할 수 있는 윤리적 문제에 관한 설명으로 옳지 않은 것은?

① 조사내용은 통계법에 의해 지정된 통계 목적 이외에 사용하지 못하도록 규정되어 있다.

② 부작용을 일으킬 수 있는 제품에 대한 제품 테스트를 진행하는 경우 응답자들에게 발생 가능한 문제점을 반드시 설명해 주어야 한다.

③ 조사회사는 한 업종에서 한 업체의 조사만을 실시하는 것이 원칙이나 두 개의 업체에 대한 조사를 실시한다면 특정부서가 전담하도록 해야 한다.

④ 시장조사를 의뢰하는 경우 계약 이외의 것을 요구하는 행동은 바람직하지 못하다.

> **해설**
> 특정부서가 두 개의 업체에 대한 조사를 실시하는 것은 윤리적 문제와 관련이 없다.
> ① 통계법 제33조 2항에 의거해 통계의 작성을 위하여 수집된 개인이나 법인 또는 단체 등의 비밀에 속하는 자료는 통계 작성 외의 목적으로 사용되어서는 아니 된다.
> ② 응답자는 신체적 · 정신적으로 피해를 당하거나 불쾌감을 느끼지 않도록 보호받아야 한다.
> ④ 시장조사를 의뢰한 기업체가 계약 이외의 것을 요구하는 행동은 바람직하지 못하다.

29 질적 조사와 계량적 조사의 비교가 잘못된 것은?

구분		질적 조사	계량적 조사
A	표본	큰 크기의 비대표 표본	큰 크기의 대표 표본
B	자료수집	비구조적	구조적
C	자료분석	비통계적	통계적
D	결과	최초의 이해를 개발	최종 행동방안 권고

① A
② B
③ C
④ D

> **해설**
> 질적 조사는 대부분 계량적 조사에 비해 깊은 연구가 목적이기에, 대체적으로 비확률적 표집방법에 의해 적은 수의 표본으로 조사가 진행된다.

30 조사자가 현재의 조사 프로젝트를 위하여 직접 수집한 자료가 아니라 어떤 조사 프로젝트의 다른 조사 목적과 관련하여 조사 내부 혹은 외부의 특정한 조사 주체에 의해 기존에 이미 작성된 자료는?

① 2차 자료

② 1차 자료

③ 현장 자료

④ 원 자료

해설

2차 자료

- 조사자가 현재의 조사 프로젝트를 위해 직접 수집한 자료가 아니라 어떤 조사 프로젝트의 다른 조사 목적과 관련하여 조직 내부 혹은 외부의 특정한 조사 주체가 기존에 이미 작성한 자료를 말한다.
- 시간과 비용을 절약할 수 있고, 수집 과정이 용이하다.
- 조사자는 기록자들의 표현 등에 조심하여 신뢰도와 타당도에 세심하게 주의해야 한다.

31 모집단을 동질적인 여러 소그룹으로 나눈 후 특정 소그룹을 표본으로 추출하고 선택된 전체를 조사대상으로 삼아 조사하는 표본추출방법은?

① 군집표본추출

② 층화표본추출

③ 체계적 표본추출

④ 단순무작위표본추출

해설

군집(집락)표본추출방법

모집단 목록에서 구성요소에 대해 여러 가지 이질적인 구성요소를 포함하는 여러 개의 집락 또는 집단으로 구분한 후 집락(소그룹)을 표집단위로 하여, 무작위로 몇 개의 집락을 표본으로 추출한 다음, 표본으로 추출된 집락에 대해 그 구성요소를 전수조사하는 방법이다.

② 층화표본추출방법: 일정한 특성에 의해 모집단을 층화하고 각 층에서 일정 수를 무작위 표출하는 방법이다.

③ 체계(계통)적 표본추출방법: 집단 목록에서 구성요소에 대해 일정한 순서에 따라 매 K 번째 요소를 추출하는 방법이다.

④ 단순무작위표본추출방법: 가장 기본적인 확률표본추출방법으로서, 표본 요소들이 표출될 확률이 동일하다.

32 다음 중 시장조사의 역할이 아닌 것은?

① 기업의 의사결정 질을 개선한다.

② 기업의 문제 해결에 도움을 주는 정보를 제공한다.

③ 마케팅을 효과적으로 수행할 수 있도록 도움을 준다.

④ 소비자에 대한 경영자의 영향력을 증대시킨다.

> **해설**
>
> 시장조사의 역할
> - 기업의 의사결정의 질을 개선한다.
> - 기업의 문제 해결에 도움을 주는 정보를 제공한다.
> - 마케팅을 효과적으로 수행할 수 있도록 도움을 준다.
> - 타당성과 신뢰성 높은 정보를 획득하고 의사결정 능력을 제고한다.

33 연구자가 조사 대상자와 관련하여 지켜야 할 윤리규범에 해당하지 않는 것은?

① 익명성

② 사후 동의

③ 비밀성

④ 자발적 참여

> **해설**
>
> 연구자는 조사 대상자의 조사에 대해 알 권리나 참여를 선택할 권리 등이 침해받지 않도록 사전에 조사 대상자에게 조사에 대한 충분한 설명과 그에 따른 동의를 받고 조사를 진행해야 한다.

34 측정 도구의 타당도에 관한 설명으로 옳지 않은 것은?

① 내용타당도(Content validity)는 전문가의 판단에 기초한다.

② 구성타당도(Construct validity)는 예측타당도(Predictive validity)라 한다.

③ 동시타당도(Concurrent validity)는 신뢰할 수 있는 다른 측정 도구와 비교하는 것이다.

④ 기준관련타당도(Criterion-related validity)는 내용타당도보다 경험적 검증이 용이하다.

> **해설**
>
> 구성타당도(개념타당도)
> 구성 또는 변수 간의 관계를 논리적인 근거에 맞추어 예측하는 것으로, 측정값 자체보다는 측정하고자 하는 속성에 초점을 맞춘 타당성이다. 각 구성은 성격에 있어서 정반대의 구성과 상호관계를 파악함으로써 그 특수성을 보다 명백하게 할 수 있다.
>
> 예측타당도
> 기준타당도의 한 종류로서, 어떠한 행위가 일어날 것이라고 예측한 것과 실제 대상자 또는 집단이 나타낸 행위 간의 관계를 측정하는 것이다.

35 시장조사를 위한 자료 수집 중 1차 자료에 해당하지 않는 것은?

① 고객 행동에 대한 관찰

② 실험실 조사에서의 소비자 반응 측정

③ 대학이나 연구소의 일반 소비자 조사 자료

④ 일반 소비자나 유통점 주인들을 대상으로 한 서베이

> **해설**
>
> 대학이나 연구소의 일반 소비자 조사 자료는 조사 설계와 자료 수집계획을 수립하여 직접 자료를 수집한 것이 아니라 다른 집단이나 기관에서 이미 만들어 놓은 방대한 자료이므로 2차 자료에 속한다.
>
> 1차 자료
> • 문제 해결을 위해 조사자가 직접 수집하는 자료이다.
> • 조사자가 1차 자료를 수집하고자 할 때는 조사 설계와 자료 수집 계획을 수립하여 직접 자료를 수집해야 한다.

36 조사 응답자가 가진 네 가지 권리 중 조사 시 성적 선호, 약물 복용 등 개인적으로 민감한 질문을 하지 않도록 하는 것과 관련된 것은?

① 참여를 선택할 권리

② 안전할 권리

③ 조사에 대해 알 권리

④ 사생활을 보호받을 권리

> **해설**
>
> 조사 응답자의 권리
> • 사생활을 보호받을 권리
> • 마케팅조사에 참여를 선택할 권리
> • 안전할 권리
> • 마케팅조사에 대해 알 권리

37 비만아동들의 식습관을 파악하기 위해 실시하는 관찰방법의 유형으로 가장 적합한 것은?

① 참여관찰 ② 준참여관찰

③ 비참여관찰 ④ 실험관찰

> **해설**
>
> 비참여관찰법
> 조사자가 신분을 밝히고 관찰하는 방법으로, 비조직구성원이 객관적인 입장에서 전체를 정확하게 관찰할 수 있다.

38 척도모형은 크게 자극을 변환하는 기법과 응답자를 변환하는 기법으로 나눌 수 있다. 자극을 변환하는 기법으로 나열된 것은?

① 서스톤 척도법, 어의 척도법
② 서스톤 척도법, 리커트합산법
③ 리커트합산법, Q소오트기법
④ Q소오트기법, 어의 척도법

해설

자료 분석적 측면의 척도 구분
• 자극을 분석하는 기법
  – 서스톤 척도법: 각 문항이 척도상의 어디에 위치할 것인가를 전문 평가자들로 하여금 판단케 한 다음 조사자가 이를 바탕으로 하여 대표적인 문항들을 선정하여 척도를 구성하는 방법으로, 어떤 사실에 대해 가장 긍정적인 태도와 가장 부정적인 태도를 나타내는 태도의 양극단을 등간적으로 구분하여 여기에 수치를 부여함으로써 척도를 구성한다.
  – 어의 척도법: 척도의 양극점에 서로 상반되는 형용사나 표현을 붙인 5~7점 척도의 형태이다.
• 응답자를 분석하는 기법
  – 리커트합산법: 해당 항목에 대한 찬성과 반대의 정도를 합산하고 각 항목에 대한 평가를 평균하여, 평가대상 응답자의 전체적인 태도를 측정하는 방법이다.
  – Q소오트기법: 특정 자극에 대해 비슷한 태도를 가진 사람들을 분류하기 위한 방법이다.

39 우편조사의 응답률에 영향을 미치는 요인과 가장 거리가 먼 것은?

① 응답집단의 동질성
② 응답자의 지역적 범위
③ 질문지의 양식 및 우송방법
④ 조사 주관기관 및 지원 단체의 성격

해설

우편조사는 어떤 지역이라도 조사 대상이 되고, 지역적 범위에 영향을 받지 않는다.
우편조사의 응답률에 영향을 미치는 요인
• 응답집단의 동질성
• 질문지의 양식 및 우송방법
• 조사 주관기관 및 지원 단체의 성격

40 표본추출과정을 순서대로 나열한 것은?

> ㄱ. 표본크기의 결정　　　　　　　ㄴ. 모집단의 확정
> ㄷ. 표본추출　　　　　　　　　　　ㄹ. 표본프레임의 선정
> ㅁ. 표본추출방법의 결정

① ㄹ → ㄴ → ㅁ → ㄱ → ㄷ　　　　② ㄱ → ㄷ → ㄴ → ㄹ → ㅁ
③ ㄴ → ㄹ → ㅁ → ㄱ → ㄷ　　　　④ ㅁ → ㄴ → ㄹ → ㄱ → ㄷ

해설
표본추출과정
모집단 확정 → 표본프레임 선정 → 표본추출방법 결정 → 표본크기 결정 → 표본추출

41 다음 중 조사원에 대한 통제가 가능하고, 응답률이 높은 편이며, 시간과 비용이 비교적 적게 드는 조사는?

① 우편조사　　　　　　　　　　　② 방문조사
③ 전화조사　　　　　　　　　　　④ 간접조사

해설
전화조사의 장점
• 경제성 및 신속성
• 편리성 및 효율성
• 획일성 및 솔직성
• 조사원 통제 가능
• 비교적 높은 응답률

42 표본의 규모가 큰 상업적 조사에서 사용할 수 있는 표본추출방법으로 가장 적합한 것은?

① 임의표본추출　　　　　　　　　② 할당표본추출
③ 목적표본추출　　　　　　　　　④ 일반표본추출

해설
할당표본추출방법
모집단을 일정한 카테고리로 나눈 다음, 이들 카테고리에서 필요한 만큼의 조사대상을 작위적으로 추출하는 방법으로, 표본의 규모가 비교적 큰 상업적 조사에서 가장 보편적으로 사용되는 비확률표본추출방법이다.

정답 38 ① 39 ② 40 ③ 41 ③ 42 ②

43 명목 척도의 특성으로 옳지 않은 것은?

① 상호 배타적인 범주로 구분하기 위하여 사용한다.

② 정보의 수준이 가장 높은 척도이다.

③ 우열을 표시하는 것이 아니다.

④ 질적 변수로 구성되어 있다.

해설

척도의 정보수준 서열

비율 척도>등간 척도>서열 척도>명목 척도

44 조사와 관련된 주제나 변수와 관련된 이전의 연구, 보고서, 관련 서적, 각종 2차 자료를 이용하여 사전 지식을 얻고 조사에 대한 간접경험을 하는 조사 방법은?

① 횡단조사

② 문헌조사

③ 전문가 의견조사

④ 사례조사

해설

문헌조사

조사와 관련된 각종 2차 자료를 이용한 간접경험 조사 방법을 말한다.

45 다음 중 무응답 오류의 의미로 옳은 것은?

① 데이터 분석에서 나타나는 오류

② 부적절한 질문으로 인하여 나타나는 오류

③ 응답자의 거절이나 비접촉으로 나타나는 오류

④ 조사와 관련 없는 응답자를 선정하여 나타나는 오류

해설

무응답 오류

표본으로 선정하였지만, 응답자의 거절이나 비접촉으로 데이터를 조사할 수 없어서 발생하는 관찰 불능에 의한 오류이다.

46 다음에 제시되어 있는 설문지 문항 중 잘못 작성된 것은?

① 귀하의 성별은?
    Ⓐ 남자
    Ⓑ 여자

② 귀하의 자녀는 몇 명입니까?
    Ⓐ 없다   Ⓑ 1명   Ⓒ 2명   Ⓓ 3명 이상

③ 귀하의 월평균 수입은 어느 정도입니까?
    Ⓐ 100만 원 미만
    Ⓑ 100만 원 이상~200만 원 미만
    Ⓒ 200만 원 이상~300만 원 미만
    Ⓓ 300만 원 이상

④ 귀하의 월평균 용돈은?
    Ⓐ 20만 원 이하
    Ⓑ 20만 원 이상~30만 원 이하
    Ⓒ 30만 원 이상~40만 원 이하
    Ⓓ 40만 원 이상

해설
응답 항목들 간에 내용이 중복되지 않아야 한다. ④는 각 항목들마다 20만 원, 30만 원, 40만 원이 중복된다.

47 우편조사법의 특징으로 옳지 않은 것은?

① 대인면접법에 비해 비용이 많이 든다.
② 지역에 제한받지 않고 조사가 가능하다.
③ 대인면접법보다 상대적으로 응답률이 낮다.
④ 전화조사법에 비해 자료 수집기간이 길다.

해설
우편조사법의 특징
• 비용과 편견적 오류의 감소
• 조사 대상의 다양성
• 응답의 신뢰성
• 익명성
• 전화조사법에 비해 긴 자료 수집기간
• 낮은 응답률

48 전수조사와 표본조사에 관한 설명으로 옳지 않은 것은?

① 표본조사는 전수조사에 비하여 시간과 비용을 줄일 수 있다.

② 전수조사 자체가 불가능한 경우에는 표본조사를 실시해야 하는 경우가 있다.

③ 비표본오류 때문에 전수조사가 표본조사보다 부정확한 결과를 산출할 가능성이 있다.

④ 일반적으로 표본조사에 비하여 전수조사가 많이 사용된다.

> **해설**
>
> 표본조사의 이점
> - 조사 기간이 짧아서 인력과 시간 및 비용이 적게 든다.
> - 조사 과정을 보다 잘 통제할 수 있어서 정확한 자료를 얻을 수 있다.
> - 전수조사가 불가능한 경우에 대안이 될 수 있다.
> - 전수조사 과정에서 발생하는 비표본오류 때문에 전수조사가 표본조사보다 부정확할 가능성이 있다.

49 효과적인 전화조사를 위한 커뮤니케이션 방법으로 적합하지 않은 것은?

① 질문에 대하여 효과적으로 답변할 수 있도록 조사자가 생각하는 답을 사전에 응답자에게 언급한다.

② 응답자가 질문내용을 명확하게 알아들을 수 있도록 해야 한다.

③ 응답자를 후원하고 격려하여 응답자가 편안한 분위기에서 응답할 수 있도록 한다.

④ 응답자의 대답을 반복하거나 복창하여 답변을 확인한다.

> **해설**
>
> 조사자의 생각이나 의견을 응답자에게 드러내면 응답자의 답변에 영향을 줄 수 있으므로 좋지 않다.
>
> 효과적인 전화조사를 위한 커뮤니케이션 방법
> - 응답자가 알아듣기 쉽도록 단순하고 명확하게 질문한다.
> - 응답자가 친밀감과 편안함을 느끼도록 공감하고 격려한다.
> - 응답자의 답변을 복창하여 재차 확인한다.

50 다음 중 기술적 조사에 해당하지 않는 것은?

① 종단조사   ② 횡단조사

③ 실험조사   ④ 패널조사

> **해설**
>
> 기술적 조사의 종류
> - 서베이(Survey): 연구자가 관심 대상의 사람들에게 설문 문항 내지는, 면접 절차를 사용하여 정보를 수집하는 가장 보편적 · 체계적인 과학적 조사 방법이다.
> - 종단조사: 특정 조사 대상들을 선정하여, 시간 간격을 두고 반복적 조사를 통해 마케팅 변수에 대한 반응을 측정한다.
> - 횡단조사: 모집단에서 추출된 표본으로부터 단 한 번 조사한다.
> - 패널조사: 패널(Panel)이라 불리는 특정 응답자 집단을 정해 놓고 그들로부터 상당히 긴 시간 동안 지속적으로 연구자가 필요로 하는 정보를 획득하는 방법이다.

제3과목 텔레마케팅관리

51 개인 혹은 집단의 조직변화에 대한 거부적 행위를 변화의 저항(Resistance to change)이라고 하는데 이 변수에 속하지 않는 것은?

① 갈등
② 근무의욕 감퇴
③ 조직 내 불신
④ 정시 출퇴근

> **해설**
> 정시 출퇴근은 조직 변화에 대한 거부와 무관한 내용이다. 조직의 변화에 대한 저항은 조직 변화에 따른 불확실성에 대한 공포, 기득권 상실 우려, 기존 기술의 존재 가치 하락, 안정의 욕구 등으로 인해 발생하는 것으로, 이를 해소하기 위해서는 교육, 커뮤니케이션, 참여, 협상·타협 등이 이루어져야 한다.

52 다음 중 콜센터 운영의 원칙으로 가장 옳은 것은?

① 콜센터와 통계화는 거리가 멀다.
② 생산성 측정 단위는 개괄적인 것이어야 한다.
③ 실시간 코칭은 생산성에 악영향을 미친다.
④ 관리자는 현장주의를 원칙으로 해야 한다.

> **해설**
> 관리자는 현장에서 직접 경험하며 업무를 처리해야 하며, 직원들에 대한 실시간 코칭을 통해 생산성 향상을 위해 노력해야 한다.

53 조직변화에 관한 설명으로 옳지 않은 것은?

① 조직변화의 내부 요인으로는 법적 규제의 강화, 급속한 기술발전 등이 있다.
② 조직변화란 조직유효성과 능률 극대화, 구성원의 만족도 향상을 위해 조직의 구성 요소를 변화시키는 것을 말한다.
③ 조직변화는 자연적 변화와 계획적 변화로 구분할 수 있다.
④ 조직변화 시 저항하는 구성원들의 협조가 필요할 때에는 교육과 원활한 의사소통을 통해 저항을 조정할 수 있다.

> **해설**
> 법적 규제의 강화, 급속한 기술발전 등은 조직변화의 외부 요인이다.

정답 48 ④ 49 ① 50 ③ 51 ④ 52 ④ 53 ①

54 바람직한 콜센터 리더의 자세가 아닌 것은?

① 콜센터 내 긍정적인 분위기 활성화를 위해 항상 노력한다.
② 생산성과 통화품질의 목표를 위해 조직적 계획을 세우고 실행한다.
③ 콜센터의 수익성을 높이기 위해 팀 내의 경쟁심을 유발한다.
④ 상담원의 업무능력 향상을 위해 정기적으로 교육훈련을 실시한다.

해설

팀 내의 경쟁심 유발이 과도해질 경우 상담원 간에 갈등이 발생하여 콜센터의 수익성에 악영향을 미칠 수 있다. 바람직한 콜센터 리더는 콜센터의 수익성을 높이기 위해 콜센터 내의 긍정적인 분위기를 활성화하여 상담원 간의 협력과 화합을 이끌어낸다.

55 텔레마케팅 운영 시 상담품질 관리를 통한 장점이 잘못 연결된 것은?

① 고객 – 서비스에 대한 만족 및 불만족 요소를 전달할 수 있다.
② 회사 – 이미지 향상으로 고객확보와 이익이 발생한다.
③ 상담사 – 상담능력이 향상된다.
④ 모니터링 담당자 – 코칭 기술을 향상시킬 수 있다.

해설

상담품질 관리를 통해 고객은 보다 전문화되고 만족스러운 상담을 받을 수 있게 된다. 고객이 서비스에 대한 만족 및 불만족 요소를 전달할 수 있는 것은 고객만족도조사이다.

56 임금체계에 따른 분류방법으로 적절하지 않은 것은?

① 연공급   ② 직무급
③ 직능급   ④ 성과급

해설

성과급은 임금형태에 따른 분류방법이다.
① 연공급 : 근속을 중시하는 것으로 기본적으로는 생활급적 사고 원리에 따른 임금 체계
② 직무급 : 직무의 중요성과 곤란도 등에 따라서 각 직무의 상대적 가치를 평가하고, 그 결과에 의거하여 임금액을 결정하는 체계
③ 직능급 : 연공급과 직무급의 절충 형태로서 직무 수행 능력에 따라 지급하는 체계. 대표적인 능력급 체계

57 피들러(Fidler)의 상황리더십 이론에서 제시한 상황 호의성 변수로 볼 수 없는 것은?

① 과업구조

② 지위권력

③ 구성원의 성숙도

④ 리더와 구성원과의 관계

> **해설**
> 피들러의 상황리더십 이론에서 제시한 상황 호의성 변수
> • 리더와 구성원과의 관계: 구성원들이 리더를 지원하는 정도로 얼마나 관계가 좋은지를 의미함
> • 과업구조(구성원들의 업무 구조화): 업무의 목표나 처리절차 등이 얼마나 체계화되어 있는지의 정도
> • 리더의 지위권력: 보상이나 통제 등의 지위를 행사할 수 있는 재량권의 정도

58 콜센터 상담원 교육 관리에 대한 설명으로 틀린 것은?

① 각 직무별 교육계획안은 부서에서만 작성한다.

② 교육생이 이수하지 못한 교과목은 이수 예정일을 기재한다.

③ 교육생이 이수한 교과목은 이수한 날짜를 양식에 표시한다.

④ 교육과정에 참여하기로 한 직원에게는 정기적(혹은 월별로) 통지서를 보낸다.

> **해설**
> 직무교육 시 해당부서가 아닌 타 부서(유관부서)에서 피교육자나 교육자(강사)가 참여할 경우 교육과정 협의(스케줄)를 위해서 해당 부서에서만 단독으로 기획안이 생성된다면 효율성 및 합리성이 떨어질 수 있다.

59 다음 중 인하우스 텔레마케팅(In-house telemarketing)에 대한 설명으로 가장 옳은 것은?

① 소비자를 대상으로 텔레마케팅 활동을 하는 것이다.

② 기업을 소구대상으로 하여 텔레마케팅 활동을 하는 것이다.

③ 자체적으로 텔레마케팅센터를 설치하여 텔레마케팅 활동을 하는 것이다.

④ 텔레마케팅 경험이 없는 경우에 외부에 위탁하여 텔레마케팅 활동을 하는 것이다.

> **해설**
> 인하우스 텔레마케팅(In-house telemarketing)은 기업 내에 텔레마케팅센터를 설치하여 이곳에서 기업의 모든 텔레마케팅 활동을 계획하고 실행하며 통제하는 것으로, 고객의 반응을 바로 파악하여 융통성을 가지고 대응할 수 있다.
> ①은 B to C telemarketing(소비자 텔레마케팅), ②는 B to B telemarketing(기업 간 텔레마케팅), ④는 에이전시 텔레마케팅(Agency telemarketing)에 대한 설명이다.

60 개인성과 평가의 신뢰성과 공정성을 확보하기 위한 방법으로 틀린 것은?

① 다면 평가를 효율적으로 활용한다.

② 평가자에 대해 평가체계, 평가기법 등의 종합적인 평가관련 교육을 강화한다.

③ 피평가자 보호를 위해 평가결과를 공개하지 않고 평가결과에 대한 면담을 지양한다.

④ 피평가자가 평가결과에 불만이 있는 경우 이의제기를 할 수 있는 소통채널을 운영한다.

해설

평가결과가 공개적으로 이루어져야만 평가의 신뢰성과 공정성을 확보할 수 있다. 평가자와 피평가자는 평가결과에 대한 면담을 통하여 피드백과 코칭을 활성화하도록 해야 한다.

61 다음 중 콜센터 발전방향과 가장 거리가 먼 것은?

① 코스트(Cost) 센터에서 프로핏(Profit) 센터로 변화

② 고객관계 중심에서 생산성 중심으로 운영 관점의 변화

③ 전화 센터에서 멀티미디어 센터로 변화

④ 높은 이직율에서 커리어패스(Career path)의 직업으로 변화

해설

생산성 중심에서 고객관계 중심으로 운영 관점이 변화하고 있다.

62 콜센터 조직의 특성으로 옳은 것은?

① 고객과 비대면 접촉이 일반화된 조직이다.

② 초기 조직 적응이 비교적 덜 중시되는 조직이다.

③ 아웃소싱 활용의 보편화로 인해 이직률이 낮은 조직이다.

④ 직업에 대한 만족감, 적극성, 고객응대 수준 등 상담원의 개인 차이가 별로 나지 않는 조직이다.

해설

콜센터는 고객과 1:1 비대면 접촉이 일반화된 조직이며, 고객지향적이다.

63 모집은 조직이 필요로 하는 인력이 조직에 관심을 갖고 지원하도록 이끄는 과정을 의미하며 내부모집과 외부모집으로 구분된다. 내부모집과 외부모집을 통한 인력활용의 특징으로 옳은 것은?

① 내부인력 활용 시 인력개발 비용을 절감할 수 있다.
② 외부인력 활용 시 안정되기까지 적응기간이 소요된다.
③ 내부인력 활용 시 부적격자가 승진할 위험성이 있다.
④ 외부인력 활용 시 모집범위가 제한적이다.

해설

내부모집(사내모집)과 외부모집(사외모집)의 장단점

구분	장점	단점
내부모집 (사내모집)	• 승진 기회의 향상으로 사기 진작 • 인력 모집 비용 및 시간 절약 • 검증된 인력으로 적합한 인재 선발	• 모집범위가 제한적이며, 폐쇄성 증가 • 승진 욕구로 인한 조직 내 갈등 발생 • 급속한 성장기에 인력 공급 부족 발생
외부모집 (사외모집)	• 모집범위가 넓어 유능한 인재 획득 가능 • 인력 수요가 양적으로 충족 • 새로운 정보 · 지식을 제공받을 기회 • 기업 홍보 효과 및 기업에 활력 제공	• 높은 채용 비용 • 부적격자 채용 위험 • 내부인력의 사기 저하 우려 • 새로운 인력의 적응 기간 소요

64 상담 모니터링 평가결과를 가지고 활용할 수 있는 분야가 아닌 것은?

① 통합 품질측정
② 개별 코칭
③ 보상과 인정
④ 콜 예측

해설

모니터링의 목적
• 상담원의 통화품질평가
• 개별 코칭을 통한 상담원의 스킬 향상
• 고객만족과 로열티 · 수익성 향상을 위한 관리수단
• 교육을 통해 텔레마케터의 고객관리능력을 지도 · 개선 · 보완 · 수정
• 모니터링 평가결과를 활용하여 상담원에게 보상과 인정 제공

65 조직문화에 관한 설명으로 거리가 먼 것은?

① 조직의 전략수행에 영향을 미친다.

② 조직 내 집단 간 갈등에 영향을 미친다.

③ 약한 문화는 기업 내에 가치관의 공유도가 높으나 그 실천에 있어서 일관성과 체계가 미흡한 경우를 말한다.

④ 조직의 합병 등을 시도할 경우 기업 간 조직문화를 고려하여야 한다.

> **해설**
>
> 조직문화란 한 조직 내의 구성원들 대다수가 암묵적으로 공유하는 규범이나 가치, 행동양식 등을 통틀어 이르는 말이다. 조직문화는 조직의 전략수행이나 조직 내 집단 간 갈등에 영향을 미친다.

66 콜센터의 통화품질에 관한 설명이 아닌 것은?

① 콜센터의 통화에 대한 품질과 경쟁력을 동시에 평가한다.

② 기업과 고객 간에 이루어지는 통화에서 느껴지는 품질의 정도이다.

③ 콜센터 내 사적인 통화 방지를 위함이다.

④ 궁극적인 목적은 콜센터 경영의 질을 향상시키는 것이다.

> **해설**
>
> 통화품질은 고객에 대한 서비스를 향상시키는 것이 목적이다.

67 다음 중 콜센터의 인적자원관리 방안으로 적합하지 않은 것은?

① 동기부여 프로그램 운영

② 콜센터 리더 육성 프로그램 운영

③ 상담원 수준별 교육훈련 프로그램 운영

④ 상담원의 안정을 위한 고정급의 급여체계로 개선

> **해설**
>
> 고정급보다는 상담원의 능력과 성과에 따른 성과급을 차등적으로 지급하는 것이 동기부여에 도움이 된다.

68 다음 ( )에 알맞은 용어는?

> 콜센터 조직구성 원칙 중 ( )은 콜센터 매니지먼트에 있어서 정형적 의사결정과 반복적이고 일상적인 업무처리는 하위자에게 권한을 위임하고, 자신은 예외적, 우발적인 사항을 처리해야 함을 말한다.

① 예외의 원칙
② 전문화의 원칙
③ 명령일원화의 원칙
④ 책임과 권한의 원칙

> **해설**
> ② 전문화의 원칙: 개개의 구성원이 단일의 전문화된 업무 활동만을 담당한다.
> ③ 명령일원화의 원칙: 상담원은 라인에 따라 한 사람의 상사로부터 명령이나 지시를 받아야 업무 지침의 혼란과 조직 관리의 혼선을 방지할 수 있다.
> ④ 책임과 권한의 원칙: 콜센터 내 조직원들에게 보다 명확한 업무분장과 업무수행에 따른 적정한 권한의 부여가 이루어져야 한다.

69 다음 중 콜센터 신입 상담원 교육과정의 내용으로 적절하지 않은 것은?

① 기초업무지식
② 콜 분석 및 예측
③ 커뮤니케이션 스킬
④ 회사 전반적인 기초 사항

> **해설**
> 콜 분석 및 예측은 아직 업무에 익숙하지 않은 콜센터 신입 상담원의 교육과정 내용으로 적합하지 않다.

70 인적자원관리의 구체적 기능에 대한 설명으로 옳은 것은?

① 확보관리기능이란 개인, 조직 간의 이해관계를 합리적으로 조정하기 위한 고충을 처리하는 것이다.
② 개발관리기능이란 조직목표 달성에 필요한 적절한 인력의 모집, 선발, 배치를 하는 것이다.
③ 보상관리기능이란 조직목표 달성을 위한 인력의 유능성을 지속하기 위한 교육, 훈련을 하는 것이다.
④ 유지관리기능이란 근로조건의 개선 및 노동질서의 유지 발전 향상을 위한 제반문제를 해결하는 것이다.

> **해설**
> ①은 유지관리기능, ②는 확보관리기능, ③은 개발관리기능에 대한 설명이다.
>
> 인적자원관리의 기능
> • 확보관리기능: 수요예측, 모집, 선발, 배치 등 유능한 인적자원을 확보하는 과정이다.
> • 개발관리기능: 교육, 훈련, 경력개발, 훈육, 직무수행평가 등을 통해 인적자원의 능력을 개발하여 증대시키는 것이다.
> • 보상관리기능: 임금 및 복리후생, 승진 및 이동관리 등이 있다.
> • 유지관리기능: 직원의 문제관리, 이직관리, 노사관리, 협상 등 유능한 인적자원을 조직에 유지하는 것이다.

정답 65 ③ 66 ③ 67 ④ 68 ① 69 ② 70 ④

71 인적자원의 가치를 체계적이고 합리적으로 측정하기 위한 지표에 관한 설명으로 옳지 않은 것은?

① 인적자본 수익성 지표: 종업원 단위당 생산성

② 인적자본 경제적 부가가치 지표: 종업원 단위당 실제 기업 이익

③ 인적자본 투자수익률 지표: 인적자원에 대한 단위당 매출액

④ 인적자본 시장가치 지표: 종업원 단위당 지적자산 크기

> **해설**
> 인적자본 투자수익률 지표는 '종업원에 투자된 금액 단위당 부가가치'를 의미한다.

72 리더십의 효과는 콜센터 리더가 상담사의 특성과 환경적 특성에 따른 상황적 변수를 잘 파악하여 이에 맞는 리더십 유형을 사용할 때 클 수 있다. 리더십 유형 중 참여적 리더십에 대한 설명으로 옳은 것은?

① 도전적 목표 설정과 이를 달성하기 위하여 상담사를 독려하여 업적 향상을 추구하는 유형이다.

② 상담사의 욕구, 작업환경에 관심을 갖고 상담사의 상호 만족스러운 인간관계를 강조하는 유형이다.

③ 상담사는 자신에게 기대되는 것을 정확히 알고, 콜센터 리더는 상담사에게 구체적인 지침을 제공하는 유형이다.

④ 상담사와 정보를 교환하고 공통의 의사결정을 추구하는 유형이다.

> **해설**
> 하우스(House)의 경로-목표 이론
> • 지시적 리더십: 추진하는 일의 목표 및 목표 달성의 스케줄은 어떻게 되는지, 특정 업무를 어떤 방식으로 시행해야 하는지를 명확히 한다. 조직화, 통제, 감독과 관련된 행위, 규정, 작업 일정을 수립하고 직무의 명확화를 기한다.
> • 후원적 리더십: 조직 구성원 개개인에게 관심을 쏟으며 이들의 욕구를 충족시키는 데 집중한다. 부하의 복지와 욕구에 관심을 가지며 배려적이다.
> • 참여적 리더십: 의사결정과정에 조직구성원들의 의견을 적극적으로 반영하고, 하급자들을 의사결정에 참여시키고 팀워크를 강조한다.
> • 성취지향적 리더십: 도전적인 목표를 설정하고 직원들이 능력의 최대치를 발휘할 수 있도록 독려한다. 도전적 목표를 가지고 잠재력을 개발하며 높은 성과를 지향하도록 유도한다.

73 SMART 성과 목표 설정 항목 중 S에 해당하는 것은?

① Specific

② Special

③ Speed

④ Social

> **해설**
> SMART 성과 목표 설정 항목에서 S는 Specific, M은 Measurable, A는 Achievable 또는 Attainable, R은 Result, T는 Timely 또는 Time-bound이다.

74 인사방침이란 인적자원을 어떻게 관리할 것인가에 대한 의사결정이다. 모집을 위한 적절한 인사방침이 아닌 것은?

① 급여수준

② 임의고용정책

③ 이미지 광고

④ 내부 공급원

해설

내부 공급원은 인사방침에 속하는 것이 아니라 모집원에 속한다.

인사방침
• 승진에 대한 기회: 내부 인력이나 외부 지원자들 모두에게 호감을 주는 조건이다.
• 급여수준: 거의 모든 지원자에게 중요한 직무 특성이 된다.
• 고용계약정책
  – 임의고용정책: 특별히 정한 고용계약이 없다면 고용주나 근로자가 원할 때 제한 없이 고용계약을 해지할 수 있다.
    데 비정규직 등
  – 적법절차정책: 해고를 결정하는 고용주에 대해 종업원들이 이의를 제기할 수 있도록 공식적인 단계가 정해져 있다.
    데 정규직 등
• 이미지 광고: 조직에 호의적인 이미지를 갖도록 광고하는 것이다.

모집원
• 내부 공급원
• 외부 공급원
• 신문 및 잡지 광고
• 온라인 모집
• 공공기관 및 사설고용대행기관

75 텔레마케팅 활용 분야 중에서 아웃바운드 텔레마케팅에 해당하는 것은?

① 상품 판매

② 고객 불만 접수

③ A/S 접수

④ 전화번호 안내

해설

고객 불만 접수, A/S 접수, 전화번호 안내는 모두 인바운드 텔레마케팅에 해당한다.

제4과목 고객관리

76 고객의 이야기를 효율적으로 듣는 것을 방해하는 개인적인 장애 요인이 아닌 것은?

① 편견

② 청각장애

③ 사고의 속도

④ 정보과잉

해설

상담원 개인적 요인에 의한 경청의 방해 요인

나쁜 건강 상태, 잡념, 심리적 혼란 상태, 청각 능력의 감소, 편견, 잘못된 추측, 너무 빠르거나 느린 말의 속도

상황에 따른 커뮤니케이션 장애 요인

비언어적인 메시지의 오용, 정보과잉, 시간의 압박

77 텔레마케팅에서 CRM의 성공전략으로 거리가 먼 것은?

① 고객을 중심으로 거래 데이터가 통합되어야 한다.

② 고객 분석 결과를 마케팅에 활용하기 위해 보유상품 및 서비스에 대한 기준을 상담원에게 일임시켜야 한다.

③ 고객 분석을 위한 고객의 상세정보가 수집되어야 한다.

④ 고객 분석 결과를 활용할 수 있도록 제반 업무절차가 정립되고 시행되어야 한다.

해설

고객 분석 결과를 마케팅에 활용하기 위하여 보유상품 및 서비스의 분류에 대한 공통적인 기준을 수립해야 하고, 고객 분류 기준과 대응할 수 있어야 한다.

78 양방향 의사소통의 구성 요건에 해당하지 않는 것은?

① 의사소통을 일으키는 발신자가 있어야 한다.

② 발신된 메시지를 받아들이는 수신자가 있어야 한다.

③ 발신자와 수신자 사이에 의사소통이 일어나는 통로가 있어야 한다.

④ 말하기와 쓰기가 이루어질 수 있는 환경이 필수적이다.

해설

의사소통의 수단과 형식은 유동적이므로 말하기와 쓰기가 필수적인 것은 아니다. 말과 글에 의한 언어적 의사소통뿐만 아니라 음성의 고저, 표정, 몸짓, 자세, 눈치와 같은 비언어적 의사소통과 같은 환경이 있을 수 있다.

79 빅데이터의 세 가지 특징(3V)에 해당하지 않는 것은?

① Virtual(가상성)

② Variety(다양성)

③ Volume(데이터의 양)

④ Velocity(속도)

> **해설**
>
> 빅데이터의 공통 특성으로 규모(Volume), 속도(Velocity), 다양성(Variety)을 들 수 있다.

80 고객과 상담 시 상담사가 가급적 피해야 할 표현은?

① 적절한 경어의 사용

② 표준말

③ 긍정적인 말

④ 단정적인 말

> **해설**
>
> 상담원은 객관적인 자료에 근거하여 말을 하고, 오해를 살 수 있는 용어나 개인의 주관적인 생각과 감정을 표출하여서는 안 된다.

81 마케팅 커뮤니케이션 분류에 속하지 않는 것은?

① 광고 커뮤니케이션

② 인적 판매 커뮤니케이션

③ 감성 커뮤니케이션

④ PR과 퍼블리시티

> **해설**
>
> 마케팅 커뮤티케이션의 수단으로는 광고, 대인 판매, PR, 퍼블리시티, 판매촉진 등이 있다. 감성 커뮤니케이션은 마케팅 커뮤니케이션의 수단이 아니라 소구에 속한다.

82 개인정보보호법령상 다음에 해당할 경우 벌칙규정은?

> 공공기관의 개인정보 처리업무를 방해할 목적으로 공공기관에서 처리하고 있는 개인정보를 변경하거나 말소하여 공공기관의 업무수행의 중단·마비 등 심각한 지장을 초래한 자

① 2년 이하의 징역 또는 2천만 원 이하의 벌금
② 3년 이하의 징역 또는 3천만 원 이하의 벌금
③ 5년 이하의 징역 또는 5천만 원 이하의 벌금
④ 10년 이하의 징역 또는 1억 원 이하의 벌금

해설

벌칙(개인정보보호법 제10장 제70조): 다음 각 호의 어느 하나에 해당하는 자는 10년 이하의 징역 또는 1억 원 이하의 벌금에 처한다.
1. 공공기관의 개인정보 처리업무를 방해할 목적으로 공공기관에서 처리하고 있는 개인정보를 변경하거나 말소하여 공공기관의 업무수행의 중단·마비 등 심각한 지장을 초래한 자
2. 거짓이나 그 밖의 부정한 수단이나 방법으로 다른 사람이 처리하고 있는 개인정보를 취득한 후 이를 영리 또는 부정한 목적으로 제삼자에게 제공한 자와 이를 교사·알선한 자

83 CRM의 중점 사항이 아닌 것은?

① 시장점유율보다는 고객점유율에 비중을 둔다.
② 기존고객 유지보다는 신규고객 획득에 중점을 둔다.
③ 제품판매보다는 고객과의 관계에 중점을 둔다.
④ 목표시장과 목표고객에 대한 고객관계의 집중화에 노력한다.

해설

CRM은 고객 획득보다는 고객 유지에 중점을 둔다.

84 주로 검색엔진의 웹 로봇을 이용하여 SNS, 뉴스, 웹 정보 등의 조직 외부, 즉 인터넷에 공개되어 있는 웹 문서를 수집하는 방법은?

① 데이터 웨어하우스(Data warehouse)
② 센싱(Sensing)
③ 클라우드(Cloud)
④ 크롤링(Crawling)

해설

크롤링(Crawling)
주로 검색엔진의 웹 로봇을 이용하여 SNS, 뉴스, 웹 정보 등의 조직 외부, 즉 인터넷에 공개되어 있는 웹 문서 정보를 수집한다.

85 고객과의 효과적이고 성공적인 커뮤니케이션을 위해 전달자의 장애 요인 개선을 위한 사항으로 틀린 것은?

① 분명하고 적절한 언어를 사용한다.

② 병행 경로와 반복을 이용한다.

③ 전달자의 입장에서 사고한다.

④ 물리적 환경을 효과적으로 활용한다.

해설

고객과의 효율적인 커뮤니케이션을 위해서는 전문적인 용어의 사용은 최대한 줄이고, 고객 수준에 맞는 어휘를 사용하여 고객(수신자)의 입장에서 서비스를 제공해야 한다.

86 다음 중 텔레마케터의 고객상담 전략으로 가장 부적절한 것은?

① 고객이 말할 기회를 충분히 제공한다.

② 직접적, 사실적인 질문을 한다.

③ 상황의 해결을 위한 구체적인 질문을 한다.

④ 고객이 직접 회사로 오도록 유도한다.

해설

텔레마케터의 고객상담 목적에 따라 상황이 다를 수 있으나 일반적으로 텔레마케터는 원스톱 서비스를 지향하므로 전화상으로 모든 업무 처리가 될 수 있도록 노력한다.

87 다음 중 CRM의 효과로 볼 수 없는 것은?

① 대용량 데이터에 신속하게 접근하고 OLAP를 이용하여 데이터 웨어하우스에 저장된 고객의 정보를 쉽게 이용할 수 있다.

② 데이터마이닝을 이용하여 다양한 데이터 분석 능력을 수행할 수 있다.

③ IT부서 관점에서 마케팅 자료가 필요할 때 사용자가 직접 정보 탐색하기가 복잡하게 바뀌었다.

④ 마케팅 프로그램의 실효성 평가가 체계적으로 이루어진다.

해설

마케팅 자료가 데이터 웨어하우스에 저장됨으로써 사용자가 직접 정보 탐색이 가능하다.

88 다음 중 유아독존형 고객의 응대요령으로 가장 옳은 것은?

① 필요한 정보를 제시하고 고객 스스로 결정하도록 돕는다.

② 근거가 되는 구체적 자료를 제시한다.

③ 적극적으로 칭찬하고 호응한다.

④ 묻는 말에 간결하게 대답하고 의사를 존중한다.

해설
유아독존형 고객의 응대요령
묻는 말에 간결하게 대답하고 의사를 존중한다.

89 고객이 가지고 있는 경계심과 망설임을 없애는 방법과 가장 거리가 먼 것은?

① 고객의 자발적인 참여를 유도한다.

② 고객에게 객관적인 자료를 제시한다.

③ 고객에게 업무 중심의 고객응대를 한다.

④ 고객에게 타사와 비교 · 분석한 자료에 대해 설명한다.

해설
고객이 신뢰감을 느끼도록 친밀감(Rapport)을 형성하는 것이 중요한데, 이를 위해서는 고객에게 관심을 갖고 고객의 욕구를 파악해야 한다.

90 다음 중 고객 니즈 파악 과정에 대한 설명으로 가장 거리가 먼 것은?

① 상담 코드 및 VOC 코드 등을 세분화하는 것보다는 통합하여 고객의 니즈를 파악한다.

② 자사의 상품 및 서비스를 제공받을 고객을 사전에 정의한다.

③ 고객 접점 분석을 통해 업무 단위 및 고객 동선 등 서비스 프로세스를 분석한다.

④ 각 접점 단위별로 고객의 요구 품질 VOC 등을 통해 조사한다.

해설
고객 니즈 기반 세분화는 고객의 숨어 있는 니즈나 고객들의 주요 생활 양식을 포착하여 고객을 분류하는 것을 말한다. 현대 사회는 하나의 거시 트렌드 속에서도 수많은 마이크로 트렌드가 존재하며 다양한 성향과 니즈를 가진 세분 집단이 존재한다. 또한 소수의 세분 집단이 거대한 시장을 창출할 수도 있기 때문에 니즈별로 구분되는 소규모 집단에도 주목할 필요가 있다. 최근 자기중심적 소비, 가치 소비의 부상으로 고객 니즈에 기반을 둔, 보다 정교한 고객세분화의 중요성이 증대되고 있다.

91 CRM의 특징에 대한 설명으로 틀린 것은?

① CRM은 고객지향적이다.

② CRM은 고객과의 간접적인 접촉을 통해 커뮤니케이션을 지속한다.

③ CRM은 개별고객의 생애에 걸쳐 거래를 유지하고, 늘려나가고자 하는 것이다.

④ CRM은 정보기술에 기반한 과학적인 제반 환경의 효율적 활용을 요구한다.

> **해설**
>
> CRM은 고객과의 직접적인 접촉을 통하여 쌍방향의 커뮤니케이션을 지속한다.

92 다음 중 표적집단면접조사(FGI)를 이용하여 조사하기에 적합하지 않은 경우는?

① 현 시장 내에서 자사 및 경쟁 사업자의 시장점유율 및 경제적 집중도 정보 수집

② 신상품 개발 기회를 찾기 위한 상세한 시장 정보 수집

③ 새로운 시장의 마케팅이나 광고 전략을 수립하기 위해 정보 수집

④ 향후 시장 변화 예측에 대한 정보 수집

> **해설**
>
> 표적집단면접조사(FGI)
>
> 어떤 장소에 6~12명의 소비자들을 모아 놓고 조사하고자 하는 주제에 대해 서로 토론하도록 하는 정성적 탐사조사 방법이다. 신제품에 대한 아이디어, 소비자의 제품 구매 및 사용 실태에 대한 이해, 제품 사용의 문제점 등을 파악할 수 있고, 소비자의 독창적 아이디어를 이끌어 낼 수 있다.

93 폐쇄형 질문에 대한 설명으로 가장 적합한 것은?

① 응답자의 충분한 의견을 반영할 수 있다.

② 예/아니요 등의 단답을 이끌어 내는 질문 기법이다.

③ 문제 해결에 도움을 줄 수 있는 방법을 구상하면서 고객의 요구 사항을 파악하는 질문 기법이다.

④ 응답자가 주관식으로 답변을 할 수 있는 질문 기법이다.

> **해설**
>
> 폐쇄형 질문은 간단한 답변, 즉 '예/아니요' 등의 단답을 이끌어 내는 질문 기법으로 고객이 말한 것이 무엇이고 무엇에 동의했는지 체크하는 가장 빠른 방법이다.

94 비음성적 단서들 중 신체 언어에 대한 설명으로 거리가 가장 먼 것은?

① 신체 언어는 전체 내용의 50% 이상을 의사소통할 수 있으므로 신체적 언어를 이해하는 것이 필수적이라고 할 수 있다.

② 모든 사람이 동일한 방식으로 비언어적 단서들을 사용하지는 않는다.

③ 언어적 메시지를 강조하기 위한 손동작의 적절한 사용은 의사소통을 촉진시킨다.

④ 팔짱을 끼거나 주먹을 움켜쥐는 등의 행동은 고객에게 관심을 보이는 것으로 보일 수 있다.

> **해설**
> 손가락 또는 물건으로 지적하기, 팔짱을 끼거나 주먹을 움켜쥐기 등은 부정적 행동 단서에 해당한다.

95 빅데이터에서 유용한 정보와 의미 있는 지식을 찾아내기 위해 데이터를 가공하거나 분석을 지원하는 과정은?

① 빅데이터 수집(Big data collection)

② 빅데이터 정제(Big data cleansing)

③ 빅데이터 처리(Big data processing)

④ 빅데이터 저장(Big data storage)

> **해설**
> 빅데이터 처리(Big data processing)는 대용량인 빅데이터를 적시 처리할 수 있도록 지원한다.

96 다음 중 텔레마케팅관리사의 듣기 기법에 관한 설명으로 적합하지 않은 것은?

① 메모할 수 있는 준비를 항상 갖추고 있어야 한다.

② 전화로 받은 용건은 복창하여 확인한다.

③ 전화업무 중에 간단한 다른 작업을 병행하는 것은 일의 효율성을 위해 무방하다.

④ 중요한 숫자를 전할 때에는 읽는 방법을 바꾸어 두 번 말하는 것이 바람직하다.

> **해설**
> 전화를 통해 고객과 커뮤니케이션을 해야 하므로 텔레마케터는 주의를 고객에게 집중하고 경청해야 한다. 아무리 간단한 일이라 해도 전화업무와 병행하게 되면 경청에 방해 요인으로 작용할 수 있다.

97 CRM이 등장하게 된 환경적 요인과 가장 거리가 먼 것은?

① 개별고객정보의 실시간 활용 가능

② 마케팅 활동 및 고객에 대한 중요성 부각

③ 전산시스템의 구축으로 인한 영업비용의 증가

④ 고객정보의 과학적 분석을 통한 데이터 추출 가능

해설

마케팅 자동화, 또는 SFA(Sales Force Automation)를 할 수 있게 되어 영업비용을 줄일 수 있게 되었다.

98 불평하는 고객이 회사에 주는 이익으로 볼 수 없는 것은?

① 새로운 아이디어 창출의 기회이다.

② 미래 매출을 예측할 수 있는 기회이다.

③ 서비스의 문제점을 개선할 수 있는 기회이다.

④ 불평고객을 충성고객으로 전환할 수 있는 기회이다.

해설

불만 고객 요구사항 관리의 중요성
• 정보원으로서의 고객 요구: 제품이나 서비스의 품질 개선을 위한 아이디어나 신제품 개발에 도움을 받을 수 있다.
• 고객 충성도 제고의 수단: 고객의 요구를 적극적으로 수용하고 관리함으로써 불만고객을 충성고객으로 만들 수 있다.
• 부정적 구전의 확산 방지: 기업에 치명적인 타격을 줄 수 있는 부정적 구전의 확산을 막을 수 있다.

99 커뮤니케이션의 장애 요인 중 발신자에 의한 장애 요인이 아닌 것은?

① 커뮤니케이션 스킬 부족

② 준거의 틀

③ 타인에 대한 민감성 부족

④ 선택적인 청취

해설

선택적인 청취는 수신자에 의한 커뮤니케이션 장애 요인이다.

100 e-CRM의 특징으로 거리가 먼 것은?

① 웹 기반의 단일 통합채널을 기본으로 한다.

② 실시간 고객성향 분석이 가능하다.

③ 초기 IT 구축비용과 지속적인 관리 유지비용이 높다.

④ 지역과 시간적 제약을 탈피할 수 있다.

해설

e-CRM(Electronic CRM)
- e-CRM은 인터넷을 이용한 통합 마케팅 기법이다.
- e-마케팅, e-세일즈, e-서비스 등으로 구성되며, 인터넷으로 고객정보를 획득·분석하여 의미 있는 요소들을 찾아내고 마케팅 전략을 수립할 수 있도록 해 준다.
- 실시간 고객성향 분석이 가능하고, 고객의 요청을 실시간 처리할 수 있다.
- 웹 기반 단일 통합채널을 기본으로 하고, 유지·보수비용이 저렴하다.
- 지역과 시간적 제약을 탈피할 수 있다.

100 ③ 정답

2020년

최신 기출문제

지식에 대한 투자가 가장 이윤이 많이 남는 법이다.

– 벤자민 프랭클린 –

제1·2회 기출문제해설

핵심 내용

제1과목: 포지셔닝, 상표전략, 인·아웃바운드 텔레마케팅, 브랜드 충성도, 세분시장, B2B 텔레마케팅, 가격결정, 유지 마케팅, 전환비용, 푸시 전략, 스키밍 가격

제2과목: 코딩, 사회조사, 확률표본추출법, 측정오차, 인과조사, 내적타당도, 개인정보, 조사윤리

제3과목: 콜센터 조직, 통화품질 관리(QA), 역할갈등, 직무평가, SMART 기법, 직무기술서, 콜센터 리더

제4과목: 하둡(HADOOP), 상담화법, 상담기법, 경청, CRM, 빅데이터, MOT, 감정노동, B2B CRM

제1과목 판매관리

01 포지셔닝 전략을 개발하기 위한 경쟁사 및 경쟁제품의 분석 정보에 해당되는 것은?

① 성장률

② 인적자원

③ 시장점유율

④ 기술상의 노하우

> **해설**
>
> 포지셔닝 전략을 개발하기 위해서는 기본적으로 시장 분석, 기업 내부 분석, 경쟁 분석이 필요하다. 시장점유율은 경쟁 분석에 해당하고, 성장률·인적 자원·기술상의 노하우는 기업 내부 분석에 해당한다.

02 제약회사 등에서 많이 사용하는 상표 전략으로 각 제품마다 다른 상표를 적용하는 전략은?

① 가족상표

② 상표확장

③ 복수상표

④ 개별상표

> **해설**
>
> 개별상표(개별 브랜드)에 대한 설명이다. 개별상표 또는 개별 브랜드는 동일한 생산자가 생산 품목에 따라 각각 다르게 적용한 상표를 말한다. 제약회사의 경우 약 이외의 상품에 대하여 약의 이미지를 덧씌우지 않기 위해 개별상표를 적용한다.

정답 01 ③ 02 ④

03 아웃바운드 텔레마케팅의 전략적 활용방안 중 판매촉진의 방법으로 볼 수 있는 것은?

① 소비동향 조사

② 수요예측 조사

③ 대금, 미수금 독촉

④ 신상품 정보제공 및 구입 권유

해설

판매촉진은 기업이 제품이나 서비스의 판매를 증가시키기 위해 단기간에 직접적으로 중간상이나 최종소비자를 대상으로 벌이는 광고, 홍보, 인적 판매 외의 모든 촉진활동을 의미한다. 아웃바운드 텔레마케팅은 미리 선정된 고객의 DB를 갖추고 고객에게 전화를 걸어 기업의 상품이나 서비스를 적극적으로 안내·판매하는 마케팅 기법으로, 신상품 정보제공 및 구입 권유 등의 촉진 방법을 통해 판매율을 높일 수 있다.

04 단일 브랜드에 대한 호의적인 태도와 지속적인 구매를 보이는 소비자의 행동을 의미하는 것은?

① 브랜드 차별(Brand discrimination)

② 행위적 학습(Behavioral learning)

③ 선별적 인식(Selective perception)

④ 브랜드 충성도(Brand loyalty)

해설

브랜드 충성도에 대한 설명으로서 상표 충성도라고도 한다. 제품을 구매할 때 특정한 브랜드를 선호하여 동일한 브랜드를 반복적으로 구매하는 정도를 나타내는 것으로 브랜드 자산의 핵심적인 구성요소이다.

05 다음 중 인바운드 텔레마케팅의 활용사례에 대한 설명으로 옳지 않은 것은?

① 최근 080 서비스가 많이 있는데 이는 '발신자부담서비스'이다.

② 인바운드 텔레마케팅은 고객상담 업무에 사용되기도 한다.

③ 홈쇼핑에서도 인바운드 텔레마케팅이 많이 활용된다.

④ 인바운드 텔레마케팅을 통해 고객의 다양한 욕구도 접수된다.

해설

080 서비스는 '수신자부담서비스'이다.

06 특정 기업이 자사 제품을 경쟁 제품과 비교하여 유리하고 독특한 위치를 차지하도록 하는 마케팅 전략은?

① 관계 마케팅　　　　　　　　　　② 표적시장 선정
③ 1:1 마케팅　　　　　　　　　　　④ 포지셔닝

해설

포지셔닝(Positioning)이란 어떤 제품이 소비자의 마음속에서 경쟁 제품과 비교되어 차지하는 위치이다.

07 세분시장의 평가에 대한 설명으로 틀린 것은?

① 세분시장이 기업의 목표와 일치한다면 그 세분시장에서 성공하는 데 필요한 기술과 자원을 보유한 것으로 본다.
② 세분시장을 평가하기 위하여 가장 먼저 각각의 세분시장의 매출액, 성장률 그리고 기대수익률을 조사하여야 한다.
③ 세분시장 내에 강력하고 공격적인 경쟁자가 다수 포진하고 있다면 그 세분시장의 매력성은 크게 떨어진다.
④ 세분시장 내에 다양한 대체 상품이 존재하는 경우에는 당해 상품의 가격이나 이익에도 많은 영향을 미친다.

해설

세분시장이 기업의 목표와 일치한다면 그 세분시장에서 필요한 인적·물적·기술적 자원을 가지고 있는지 검토해 보아야 한다.
세분시장(Segment market)
주어진 마케팅 자극에 대해서 유사한 반응을 보이는 소비자들로 구성되어 있는 시장을 의미한다.

08 다음 중 인바운드 고객상담의 설명으로 옳은 것은?

① 인바운드 고객상담은 고객밀착형이다.
② 세일즈나 세일즈 리드(Sales leads)를 창출할 수 있다.
③ 인바운드 고객상담은 주로 질문형의 문의상담 기능이 강하다.
④ 고객에게 오는 전화이니 만큼 대기시간을 줄이는 것이 중요하다.

해설

인바운드 고객상담은 고객이 전화를 거는 것이므로 대기시간을 줄여 신속하게 대응하는 것이 중요하다.

09 다음 중 유통경로 설계절차가 바른 것은?

> ㄱ. 유통경로의 목표 설정　　　　　ㄴ. 소비자 욕구 분석
>
> ㄷ. 유통경로의 대안 평가　　　　　ㄹ. 유통경로의 대안 확인

① ㄱ → ㄴ → ㄷ → ㄹ

② ㄱ → ㄴ → ㄹ → ㄷ

③ ㄴ → ㄱ → ㄹ → ㄷ

④ ㄴ → ㄱ → ㄷ → ㄹ

해설

유통경로의 설계과정

소비자 욕구 분석 → 유통경로의 목표 설정 → 유통경로의 대안 확인 → 유통경로의 대안 평가

10 마케팅의 내부 정보로 가장 거리가 먼 것은?

① 매입 · 매출 금액

② 판매상황 정보

③ 수요예측 시장 정보

④ 외상매출금

해설

수요예측 시장 정보는 마케팅 외부 정보이다.

11 효율적인 인바운드 고객응대를 위해서 실시할 수 있는 방법이 아닌 것은?

① 콜센터(Call center)의 설치운영

② 일률적인 성과급제

③ 고객대응창구의 일원화

④ 24시간 전화접수 체제 구축

해설

상담원의 성취동기를 유발하기 위해서는 적정한 보상이 필요하므로, 일률적인 성과급제가 아니라 성과에 따른 차등지급이 이루어져야 한다.

12 텔레마케팅에 대한 설명으로 옳지 않은 것은?

① 고객을 일일이 방문하는 것은 비용이 많이 소요되므로 통신매체를 이용해서 판매하는 것이다.

② 바쁜 고객에게는 전화에 의한 구매가 더 편리할 때가 있다.

③ 고객의 불만사항을 전화로 접수하고 이를 시정하는 것도 텔레마케팅이다.

④ 텔레마케팅은 개인고객에게만 가능하고 기업고객에게는 성립하지 않는다.

해설

B to B telemarketing(기업 텔레마케팅)
• Business to Business telemarketing이다.
• 기업체를 대상으로 한다.
• 제품서비스를 효율적으로 판매하거나 판매경로와 상권 확대를 도모하고 기업 간의 여러 가지 수 · 발주 업무의 원활한 처리를 위해 전화를 조직적으로 이용하는 것이다.

13 텔레마케팅 시장 현황의 거시적 환경 중 금융, 보험, 여행, 레저 등 서비스 산업의 발달로 소득 증가에 따른 지출내용이 다양화되는 환경은?

① 인구통계적 환경

② 경제적 환경

③ 기술적 환경

④ 사회문화적 환경

해설

서비스 산업의 발달은 경제적 환경에 속한다.

텔레마케팅 개념의 발전환경

사회적 · 문화적 환경	경제적 환경
• 고객 욕구의 다양화, 개성화, 고급화 • 편의성 추구 • 맞벌이 부부 및 독신자의 급속한 증가 • 시간의 가치 증가 • 교통체증 및 주차난 • 노령인구의 증가	• 정보의 경제적 가치 증가 • 시장 개방에 따른 경쟁의 심화 • 서비스 산업의 발달 • 신용카드의 사용 확대 • 상품권의 사용 확대

14 포지셔닝 전략의 수립과정에서 가장 먼저 수행하는 시장 분석을 통해 얻을 수 있는 정보가 아닌 것은?

① 현재와 미래의 시장 내의 경쟁 구조

② 시장 내 수요의 전반적인 수준 및 추세

③ 세분시장의 크기와 잠재력

④ 시장 내 소비자의 지리적 분포

해설

시장 분석

• 소비자 분석에서는 목표시장 내 소비자를 분석하고 확인한다.

• 소비자 욕구 및 요구를 파악한다.

• 현재 충족되지 않은 욕구(편익)를 확인한다.

• 시장 내 수요의 전반적인 수준 및 추세를 확인한다.

• 세분시장의 크기와 잠재력을 확인한다.

• 시장 내 소비자의 분포(지리적 특성 등)를 확인한다.

• 경쟁자를 규명한다.

• 직접적인 경쟁 제품과 향후 진입 예정인 경쟁사를 파악한다.

15 다음은 아웃바운드 텔레마케팅의 활용 사례 중 무엇에 관한 설명인가?

> – 목적: 인지도조사 및 상품에 대한 고객 욕구조사
>
> – 효과: 약점의 보완과 강점의 확대로 차별화된 시장 파악 및 경쟁 우위 확보
>
> – 사례: 구매계획조사 등

① 고객정보 정비 및 확장

② Membership marketing

③ Lead qualification

④ 시장조사

해설

시장조사에 대한 설명이다. 시장조사란 마케팅 의사결정을 위한 실행 가능한 정보의 제공을 목적으로 자료를 체계적으로 획득 · 분석 · 해석하는 객관적이고 공식적인 과정이며 마케팅 방법 중 고객의 반응을 가장 먼저 알 수 있는 방법이다. 시장조사를 진행할 때는 합목적성, 적합성, 신뢰성, 객관성, 정밀성이 고려되어야 한다.

16 가격결정에 영향을 미치는 요인 중 내부적 요인에 해당하지 않는 것은?

① 마케팅 목표

② 목표시장점유율

③ 마케팅믹스 전략

④ 경쟁사 가격

해설

가격결정에 영향을 미치는 요인
- 내부적 요인: 마케팅 목표, 마케팅믹스 전략, 목표시장점유율, 원가, 조직 특성
- 외부적 요인: 시장 특성, 수요 상황, 환경적 제약, 경쟁자의 상황, 법적 · 제도적 요인

17 제품이용도를 제고하고자 이탈고객을 대상으로 거래단절의 원인을 조사하여 이에 대한 대책을 수립하는 마케팅 전략은?

① 관계 마케팅(Relationship marketing)

② 유지 마케팅(Retention marketing)

③ 내부 마케팅(Internal marketing)

④ 데이터베이스 마케팅(Database marketing)

해설

유지 마케팅에 대한 설명이다. 유지 마케팅은 기존고객의 이탈을 방지하고 제품이용도를 제고하고자 이탈고객을 대상으로 거래단절의 원인을 조사하여 이에 대한 대책을 수립하는 마케팅이다.
① 관계 마케팅: 기업이 고객과 접촉하는 모든 과정에 고객과 협조하거나 고객에게 지원적 경험을 제공함으로써 고객으로 하여금 기업에 신뢰가 가게 하고 결국에는 기업이 제공하는 제품이나 서비스로부터 충분한 대가를 받고 있다고 느끼게 하여 지속적인 호혜관계가 이루어지게 하는 마케팅이다. 한 번의 거래로 끝나는 거래 마케팅과는 구분된다.
③ 내부 마케팅: 고객을 넓은 의미에서 해석하여 회사의 종업원도 내부고객으로 분류, 종업원에게 마케팅을 전개한다. 종업원들의 요구와 욕구를 충족시킴으로써 종업원의 의욕과 애사심을 고취시켜 기업의 목표가 효과적으로 달성될 수 있고 이로 인해 외부고객인 일반 소비자의 만족으로 이어질 수 있도록 하는 마케팅이다.
④ 데이터베이스 마케팅: 발달된 정보기술을 이용하여 다양한 고객정보를 효과적으로 획득하고 분석하며 신규고객의 확보보다는 이탈방지, 즉 고객유지에 비중을 두는 마케팅이다. 데이터베이스는 고객의 개인별 특성을 담고 있어야 한다.

18 마케팅정보시스템의 특성이 아닌 것은?

① 경영정보시스템의 상위시스템이다.

② 마케팅 경영자의 마케팅 의사결정에 사용할 수 있도록 한 시스템이다.

③ 기업 내 · 외부자료를 체계적으로 관리한다.

④ 정성적 데이터와 정량적 데이터로 구분하여 관리한다.

해설

마케팅정보시스템은 경영정보시스템의 하위시스템이다.

19 다음은 어떤 가격조정전략에 해당하는가?

> A 대형마트에서는 B사의 오디오 제품 가격을 300,000원에서 299,000원으로 조정하였다.

① 세분화 가격결정
② 심리적 가격결정
③ 촉진적 가격결정
④ 지리적 가격결정

해설

심리적 가격결정방법 중 단수가격결정법에 해당한다.

심리적 가격결정방법

단순히 경제성이 아니라 가격의 심리적 측면을 고려하여 가격을 책정하는 방법으로 위 내용은 심리적 가격결정방법 중 단수가격결정법에 해당하는 설명이다. 이외에도 관습가격과 명성가격이 심리적 가격결정법에 해당한다.

단수가격결정법

가능한 가격 중 가장 낮은 가격으로 결정되었다는 인상을 구매자에게 주기 위하여 고의로 단수를 붙여 가격을 결정하는 방법이다.

20 시장세분화의 장점이 아닌 것은?

① 시장 기회의 탐지가 가능하다.
② 보다 명확한 시장목표 설정이 가능하다.
③ 대량생산에 의한 규모의 이익을 향유할 수 있다.
④ 시장의 구매동기, 소비자 욕구 등을 정확하게 파악할 수 있다.

해설

대량생산에 의한 규모의 이익은 시장세분화와는 관계가 없다. 시장세분화는 한정된 시장에서 이루어지기 때문에 시장세분화 시 각 세분시장의 수요는 더 작아지며 규모의 이익은 향유하기 어렵다.

시장세분화의 장점
• 시장의 세분화를 통하여 마케팅 기회를 탐지할 수 있다.
• 제품 및 마케팅 활동을 목표시장의 요구에 적합하도록 조정할 수 있다.
• 시장세분화의 반응도에 근거하여 마케팅 자원을 보다 효율적으로 배분할 수 있다.
• 소비자의 다양한 욕구를 충족시켜 매출액의 증대를 꾀할 수 있다.

21 소비자가 제품 또는 서비스의 공급자를 변경할 때 발생하는 전환비용에 관한 설명으로 틀린 것은?

① 탐색비용: 병원의 초진료와 같이 서비스 개시를 위해 지출하는 비용

② 학습비용: 새로운 시스템에 적응하는 데 드는 비용

③ 감정비용: 공급자와의 장기적 관계가 끊어질 때 경험하는 감정적인 혼란

④ 인지적 비용: 공급자를 바꿀 것인지의 여부를 생각하는 것과 관련된 비용

> 해설
>
> 탐색비용은 고객이 제품을 찾는 데 드는 노력의 비용이다. 병원의 초진료와 같이 서비스 개시를 위해 들여야 하는 비용은 거래비용에 해당한다.

22 제조업자가 중간상들로 하여금 제품을 최종사용자에게 전달, 촉진, 판매하도록 권유하기 위해 자사의 판매원을 이용하는 유통경로 전략은?

① 푸시(Push) 전략   ② 풀(Pull) 전략

③ 집중적 경로 전략   ④ 전속적 경로 전략

> 해설
>
> 푸시 전략(Push strategy, 밀기 전략)
> 중간상들이 자사 제품을 취급하도록, 그리고 나아가서는 최종소비자에게 자사 제품의 구매를 권장하도록 하는 전략이다.

23 시장세분화의 기준에 해당하지 않는 것은?

① 지리적 변수   ② 인구통계학적 변수

③ 유효타당성 변수   ④ 심리형태별 변수

> 해설
>
> 시장세분화 변수

구분	내용
지리적 변수	지역, 인구 밀도, 도시의 규모, 기후 등
인구통계적 변수	나이, 성별, 가족 규모, 가족생활주기, 소득, 직업, 학력, 종교 등
심리분석적 변수 (심리형태별 변수)	라이프스타일, 사회 계층, 개성, 관심, 활동 등
행동분석적 변수	추구하는 편익, 구매 준비 단계, 사용 경험, 가격민감도, 사용량 등

정답   19 ②   20 ③   21 ①   22 ①   23 ③

24 드라마 상에 특정한 상품을 노출시켜 광고 효과를 도모하는 기법은?

① POP ② USP
③ PPL ④ POS

해설
TV광고 중 PPL(Product Placement)에 대한 설명이다.

25 스키밍(Skimming) 가격의 고려사항 중 관련성이 적은 것은?

① 한계원가 ② 경쟁품의 가격
③ 시장수요 ④ 구매자의 지불능력

해설
스키밍(Skimming) 가격은 초기에 고가격을 설정하는 것이므로, 고려사항으로 한계원가는 관련성이 적다.

상층흡수가격정책[초기고가격정책(Skimming pricing)]
상층흡수가격정책(스키밍 가격)은 신제품을 시장에 도입하는 초기에 고가격을 설정함으로써 가격에 대하여 민감한 반응을 보이지 않는 고소득계층을 흡수한 후 연속적으로 가격을 인하시킴으로써 저소득계층에게도 침투하고자 하는 가격정책이다.

제2과목 시장조사

26 시장조사 시 조사자가 지켜야 할 사항과 가장 거리가 먼 것은?

① 조사 대상자의 존엄성과 사적인 권리를 존중해야 한다.
② 조사결과는 성실하고 정확하게 보고하여야 한다.
③ 자료의 신뢰성과 객관성을 확보하기 위해 자료원 보호는 반드시 배제해야 한다.
④ 조사의 목적을 성실히 수행하여야 하며, 조사결과의 왜곡, 축소 등은 회피하여야 한다.

해설
자료의 신뢰성과 객관성을 확보하기 위해 자료원 보호가 필요하다.

27 인과관계를 규명하는 모형이 포함된 변수에 해당하지 않는 것은?

① 독립 변수   ② 종속 변수

③ 대체 변수   ④ 매개 변수

> **해설**
>
> 인과관계를 규명하기에 적절한 모형은 실험법이다. 실험법이 포함된 변수에 대체변수는 해당되지 않는다.
> ① 독립 변수 : 마케팅 조사설계의 기본요소로서 일반적으로 마케팅 관리자가 통제하는 변수이며, 관찰하고자 하는 현상의 원인이라고 가정한 변수이다.
> ② 종속 변수 : 독립 변수의 변화에 따라 값이 결정되는 다른 변수이다.
> ④ 매개 변수 : 독립 변수와 종속 변수의 사이에서 독립 변수의 결과인 동시에 종속 변수의 원인이 되는 변수이다.

28 우편조사의 설명으로 옳지 않은 것은?

① 대인조사법에 비해 조사 방법이 간편하므로 응답률이 높다.

② 전화면접법에 비해 자료 수집기간이 길다.

③ 응답자의 시간적 제한 없이 여유 있게 응답할 수 있다.

④ 응답자의 대표성에 문제가 있다면 신뢰성 있는 자료를 얻기가 힘들다.

> **해설**
>
> 대부분 우편조사의 경우 응답률이 20~40% 정도로 매우 낮다.

29 설문결과를 코딩지에 기록할 때 유의사항이 아닌 것은?

① 한 칸에는 단지 하나의 숫자가 기록되어야 한다.

② 응답의 세분화된 수를 고려하여 항목별 칸의 수를 결정하여야 한다.

③ 항목을 분석 가능한 숫자로 표현한다.

④ 취득하지 못한 자료를 처리할 경우에는 A, B와 같은 알파벳을 이용하여 구분을 명확하게 한다.

> **해설**
>
> 미취득 자료를 처리할 경우에는 일괄적으로 하나의 번호(9나 0 같은 숫자)를 이용한다.

30 사회조사의 유형에 관한 설명으로 옳은 것은?

① 횡단조사는 탐색, 기술, 설명의 목적을 갖는다.

② 종단조사는 장기간에 걸쳐 조사하는 연구로 질적 연구는 이루어지지 않는다.

③ 패널조사는 새로운 경향을 확인하기 위해 해마다 다른 표본을 선정한다.

④ 추이조사는 패널조사보다 개인의 변화에 대해 더 명확한 자료를 제공한다.

해설

② 종단조사는 동일 모집단에 대해 일정한 시간 간격을 두고 반복적으로 조사하는 방법으로, 질적 연구도 이루어진다.

③ 패널조사는 종단조사 중 하나로서 동일 표본에 대해 반복적으로 조사하는 방법이다.

④ 추이조사는 조사 대상들을 선정해 놓고, 시간 간격을 두고 반복적으로 조사하여 마케팅 변수에 대한 반응을 측정하는 방법인 반면 패널조사는 사전에 선정한 비교적 소수의 특정 조사 대상자들을 일정 기간 동안 반복적으로 조사하는 방법이므로 패널조사가 개인의 변화에 대해 더 명확한 자료를 제공한다.

31 설문조사 시 별도로 코딩을 하지 않아도 되기 때문에 시간을 절약할 수 있는 조사는?

① 인터넷조사

② 우편조사

③ 전화조사

④ 방문조사

해설

인터넷조사

• 인터넷을 활용한 마케팅조사기법으로 응답자의 사용이 편리하고 데이터베이스 관리가 용이하다.

• 코딩이나 입력을 하지 않아도 되므로 시간을 절약할 수 있다.

32 표본크기에 관한 설명으로 옳지 않은 것은?

① 모집단의 구성요소가 이질적인 경우 동질적인 경우에 비해 표본크기가 커야 한다.

② 표본크기가 클수록 표본오차는 증가한다.

③ 표본추출방법이 표본크기 결정에 영향을 미친다.

④ 요구되는 신뢰수준이 높을수록 표본크기는 커야 한다.

해설

표본크기가 클수록 표본오차는 감소한다.

33 응답 기업의 연간 매출액을 '원' 단위로 조사하고자 하는 경우에 적합한 척도는?

① 명목 척도　　　　　　　　　　② 등간 척도

③ 비율 척도　　　　　　　　　　④ 서열 척도

해설

비율 척도

척도를 나타내는 수가 등간일 뿐만 아니라 의미 있는 절대 영점을 가지고 있는 경우에 이용된다.

예 투표율, 월 소득액, 매출액, 구매확률, 무게, 소득, 나이, 시장점유율 등

34 확률표본추출법에 해당하지 않는 것은?

① 편의표본추출

② 단순무작위표본추출

③ 층화표본추출

④ 군집표본추출

해설

• 확률표본추출법: 단순무작위표본추출방법, 층화표본추출방법, 군집표본추출방법, 계통표본추출방법
• 비확률표본추출법: 편의표본추출방법, 판단표본추출방법, 할당표본추출방법, 눈덩이표본추출방법

35 측정 오차의 발생원인과 가장 거리가 먼 것은?

① 통계분석기법

② 측정 시점의 환경 요인

③ 측정 방법 자체의 문제

④ 측정 시점에 따른 측정 대상자의 변화

해설

측정 오차 발생원인

• 측정하고자 하는 속성이 아니라, 다른 속성(개념)을 측정하기 때문에 발생한다.
• 응답자가 가지고 있는 독특한 성향, 즉 응답자 특성에 의해 응답의 차이가 발생한다.
• 측정 시점에 따른 측정 대상자의 변화: 응답자의 일시적인 변화로 인하여 오차가 발생한다.
• 측정 시점의 환경 요인: 측정 상황에 따라 응답이 달라져서 오차가 발생한다.
• 측정 도구에 문제가 있을 경우 발생한다.
• 측정 방법 자체의 문제: 측정 방법의 차이로 인하여 발생한다.

36 마케팅조사자가 회사 내의 다른 부서에서 작성한 리포트, 재무보고서, 서베이 자료 등을 활용한다면, 이 조사자는 다음 중 어떤 것을 이용한 것인가?

① 내부 1차 자료
② 내부 2차 자료
③ 외부 1차 자료
④ 외부 2차 자료

해설

2차 자료는 다른 목적으로 이미 만들어져 있는 자료를 의미하며, 그중에서도 조직 내부에서 작성한 자료는 내부 2차 자료라고 한다.

37 비확률표본추출법의 특징이 아닌 것은?

① 인위적 표본추출이다.
② 시간과 비용이 많이 든다.
③ 표본오차 추정이 불가능하다.
④ 표본분석 결과의 일반화에 제약이 있다.

해설

표본추출 시 표본으로 추출될 확률을 알 수 없는 상태여서 인위적인 표본추출을 해야 하는 비확률표본추출법은 시간과 비용의 절감 효과가 있다.

38 우편조사와 전화조사의 공통적인 장점이 아닌 것은?

① 시간을 절약할 수 있다.
② 경비를 절약할 수 있다.
③ 사려 깊은 응답의 가능성이 높다.
④ 직접 면접이 어려운 사람에게 이용할 수 있다.

해설

우편조사는 응답자의 입장에서 자신에게 적당한 시간을 택해 응답할 수 있으므로 질문을 여유 있게 검토해서 대답할 수 있다. 그러나 전화조사는 간단한 질문 및 답변만 가능하므로 상세한 정보 획득이 곤란하다는 점과 전화상으로 질문을 주고받는 도중에 응답자가 전화를 끊어버려 조사가 중단될 수 있는 점, 특정 주제에 대한 응답을 회피할 수 있는 점이 단점으로 꼽힌다.

39 일반적으로 인과조사에 가장 적절한 조사 방법은?

① 관찰조사   ② 전화조사

③ 설문조사   ④ 실험조사

> 해설
>
> 인과조사는 원인과 결과의 관계를 규명하는 조사로, 주로 실험조사가 이용된다.
>
> 조사 설계 시 조사 목적에 따른 조사 종류
> - 탐색조사: 마케팅 문제의 정의와 관련 변수의 규명 및 가설을 설정하기 위한 조사
>   - 예 전문가 의견조사, 문헌조사, 사례조사 등
> - 기술조사: 특정 제품의 잠재 수요, 소비자의 태도와 소비 실태, 소비자의 인구통계적 특성을 조사하기 위한 조사
>   - 예 서베이, 소비자 패널조사, 횡단조사, 종단조사 등
> - 인과조사: 인과관계를 밝히기 위한 조사
>   - 예 실험조사 등

40 다음 중 내적 타당도를 저해하는 요인이 아닌 것은?

① 특정 사건의 영향

② 사전검사의 영향

③ 조사 대상자의 차별적 선정

④ 반작용 효과(Reactive effects)

> 해설
>
> 반작용 효과(Reactive effects)는 외적 타당도를 저해하는 요인에 해당된다.

41 응답자의 권리 보호와 거리가 먼 것은?

① 응답자의 개인정보를 상품판매에 이용해서는 안 된다.

② 응답자의 개인정보를 조사의뢰 회사에 누설해서는 안 된다.

③ 응답자의 개인정보는 보호되어야 한다.

④ 응답자의 개인정보를 임의로 활용하여 재조사를 요구할 수 있다.

> 해설
>
> 응답자의 개인정보를 임의로 활용해서는 안 된다.

42 개방형 질문의 장점에 해당하지 않는 것은?

① 응답자로 하여금 그가 원하는 방향으로 자세히 응답하게 함으로써 창의적인 자기표현의 기회를 줄 수 있다.

② 질문지에 열거하기에는 응답 범주가 너무 많을 경우에 사용하면 좋다.

③ 몇 개의 범주로 압축할 수 없을 정도로 쟁점이 복합적일 때 적합하다.

④ 질문에 대한 대답이 표준화되어 있기 때문에 비교가 가능하다.

> **해설·**
> 질문에 대한 대답이 표준화되어 있어 비교가 가능한 것은 폐쇄형 질문의 장점이다.

43 다음 중 질문의 표준화가 쉽게 이루어질 수 있고 비교적 비용이 저렴하며 신속하게 자료를 얻을 수 있는 조사방법은?

① 전화조사   ② 개인면접법

③ 심층면접법   ④ 우편조사

> **해설**
> ② 개인면접법 : 설문지를 통해 자료를 수집하는 방법 중 조사 상황에 따라 신속하게 질문 방법, 절차, 순서, 내용을 바꿀 수 있는 자료 수집 방법이다.
> ③ 심층면접법 : 진행에 앞서 미리 수집될 정보가 확정된 후 면접의 순서와 내용을 담은 면접지침이 작성되며 이를 통해 정보를 얻어내는 면접법이다.
> ④ 우편조사 : 추출된 피조사자에게 질문지를 우송하여 응답자로 하여금 스스로 응답하게 한 다음 질문지를 다시 우편으로 받아 자료를 수집하는 방법이다.

44 설문지 초안이 완성된 후 본조사가 실행되기 전에 실시하는 조사는?

① 표본조사   ② 기초조사

③ 사전조사   ④ 모의조사

> **해설**
> 설문지의 초안이 완성된 후 조사 대상이 되는 모든 계층의 응답자들에게 본조사가 실행되기 전 우선 간이조사를 실시하여 미리 문제점이 무엇인지 파악해 보는 절차를 사전조사(Pretest)라 한다.

45 조사 방법 중 탐색조사에 해당하지 않는 것은?

① 문헌조사   ② 패널조사

③ 전문가 의견조사   ④ 사례조사

> **해설**
> 탐색조사의 종류: 경험조사(전문가 의견조사), 사례조사, 문헌조사 등

46 다음에서 설명하는 면접기법은?

> 비공개적이며, 설문지를 이용하지 않으면서 소수의 응답자들을 일정한 장소에 모이게 한 후에 자유로운
> 분위기와 상황 속에서 의사를 표시하는 면접기법이다.

① 표준화면접법(Standardized interview)
② 전화면접법(Telephone interview)
③ 개별방문면접법(Face to face interview)
④ 표적집단면접법(Focus group interview)

> **해설**
> 표적집단면접법(Focus group interview)에 대한 설명으로, 어떤 장소에 6~12명의 소비자들을 모아 놓고 조사하고자 하는 주제에 대해 서로 토론하도록 하는 방법이다. 응답자들 간 상호작용을 통해 보다 유익한 정보가 도출된다.

47 마케팅 조사 시 조사자가 지켜야 할 사항과 가장 거리가 먼 것은?

① 조사자의 능력이 부족할 경우 다른 전문기관에게 수행시킬 수 있다.
② 연구조사를 수행하는 과정에서 본 조사에 영향을 미칠 수 있는 기증, 사례, 계약 등은 자제한다.
③ 연구조사를 수행하는 과정에서 조사의 방향이나 내용에 영향을 미칠 수 있는 연구업무의 수행은 자제해야 한다.
④ 자료를 제공해 준 응답자의 자료가 심각한 사적 침해를 하지 않는다고 개인적으로 판단되는 경우 재정적 지원 기관에게 공개할 수 있다.

> **해설**
> 조사 중 알게 된 정보를 임의로 유출시켜서는 안 된다.

48 1차 자료에 대한 설명 중 틀린 것은?

① 문제 해결을 위해 조사자가 직접 수집하는 자료이다.

② 1차 자료의 수집에는 많은 시간과 비용이 소요되며, 조사 방법에 관한 지식과 기술도 필요하다.

③ 조사자가 1차 자료를 수집하고자 할 때는 조사 설계와 자료 수집계획을 수립하여 직접 자료를 수집해야 한다.

④ 이미 존재하는 자료로서 다른 조사자에 의해 수집된 공개 자료를 말한다.

해설

다른 조사자에 의해 수집된 공개 자료는 2차 자료이다.
- 1차 자료 : 연구자가 문제 해결을 위해 조사를 설계하고 그 설계에 근거하여 직접 수집한 자료이다.
- 2차 자료 : 어떤 조사 프로젝트의 다른 조사 목적과 관련하여 조사 내부 혹은 외부의 특정한 조사 주체에 의해 기존에 이미 작성된 자료이다.

49 시장조사를 통해 수집된 자료의 처리순서를 바르게 나열한 것은?

① 편집(Editing) → 입력(Key-in) → 코딩(Coding)

② 코딩(Coding) → 편집(Editing) → 입력(Key-in)

③ 편집(Editing) → 코딩(Coding) → 입력(Key-in)

④ 입력(Key-in) → 코딩(Coding) → 편집(Editing)

해설

시장조사를 통해 수집된 자료의 처리는 '편집(Editing) → 코딩(Coding) → 입력(Key-in)'의 순이다.

50 텔레마케터가 사전조사 시 응답자의 개방적 질문의 응답을 기록할 때 적절하지 않은 것은?

① 응답자가 사용한 어휘를 그대로 적는다.

② 나중에 받아 적는 것이 아니라 전화조사 진행 중에 응답을 기록한다.

③ 응답자의 응답을 요약하거나 의역하고 때로는 부연 설명하여 기록한다.

④ 응답자에게 추가 질문한 것이나 캐묻기와 코멘트도 같이 기록하는 것이 효과적이다.

해설

응답자의 응답을 요약 · 의역하거나 부연 설명하지 않는다.

제3과목 텔레마케팅관리

51 다음 중 고객 상황의 설명으로 틀린 것은?

① 고객 상황이란 고객이 지니고 있는 가치, 신념, 니즈, 행동과 관련한 상황을 말한다.

② 고객의 니즈는 고객의 요구상황과 욕구상황으로 이루어진다.

③ 고객의 욕구상황은 고객입장에서 객관적인 관점이나 행동을 요청하는 것을 말한다.

④ 고객 상황은 생성주체, 우호성 정도, 고객 가치평가, 소속 개체에 따라 분류한다.

> **해설**
> 고객의 욕구상황이란 고객의 주관적인 사항을 요청하는 것을 말한다. 고객의 객관적인 사항을 요청하는 것은 고객의 요구상황에 해당된다.

52 콜센터 조직이 갖추어야 할 조직의 특성과 가장 거리가 먼 것은?

① 엄격성
② 고객정보 활용
③ 성과측정
④ 고객정보 관리 능력

> **해설**
> 콜센터 조직이 갖추어야 할 조직의 특성
> 고객지향성, 유연성, 고품질성, 신속성, 민첩성, 상황대응성, 서비스성, 고객지식(고객정보) 활용, 성과측정, 고객정보 관리 능력

53 다음 (　　　)에 알맞은 용어는?

> (　　　)은/는 상담원들의 고객상담 및 서비스 품질의 강점과 약점을 평가하고 측정하기 위해 고객과의 콜 상담내용을 듣거나 또는 멀티미디어를 통한 접촉 내용을 관찰하는 모든 활동 및 과정이다.

① 코칭
② 스크립트
③ 벤치마킹
④ QA(Quality Assurance) 활동

> **해설**
> 통화품질 관리(QA; Quality Assurance)
> • 통화품질이란 기업과 고객 간에 이루어지는 통화에서 느껴지는 품질의 정도를 말한다.
> • 통화품질은 고객에 대한 서비스를 향상시키는 것을 목적으로 하고, 이를 통해 콜센터 경영의 질을 개선한다.
> • 콜센터의 통화에 대한 품질과 경쟁력을 동시에 평가한다.
> • 고객과의 콜 상담내용을 듣거나 멀티미디어를 통한 접촉 내용을 관찰하는 모든 활동 및 과정이다.
> • 콜 모니터링과 코칭을 통해 생산성 향상과 고품격 서비스를 제공하기 위한 일련의 과정으로, 통화품질에 대한 규정을 마련해 전문평가인력을 활용하여 합리적인 평가를 한다.

54 콜센터 BSC 성과관리 관점과 그 항목의 연결이 틀린 것은?

① 재무적 관점: 원가 및 비용절감

② 고객관점: 생산성 향상

③ 내부 프로세스 관점: 조직구성 및 채널의 다양성

④ 성장과 학습관점: 커뮤니케이션

해설

고객관점은 어떻게 고객의 요구를 충족시킬 수 있을지에 대한 항목이 연결되어야 한다.

55 다음 직무 스트레스 중 역할갈등의 예에 해당되는 것은?

① 상담원 A는 인터넷을 사용할 줄 모르는데 전자우편 상담 업무를 하도록 지시받았다.

② 상담원 A의 상사는 업무 이외의 요소, 예를 들면 복장 등에 대한 지적이 잦다.

③ 상담원 A가 맡은 업무는 야근이 많고 수시로 근무시간이 바뀌는 업무이다.

④ 상담원 A는 동료들과 어울리지 못하여 업무의 활동에 자주 소외된다.

해설

역할갈등이란 한 사람이 여러 지위를 동시에 갖거나, 한 가지 지위에 동시에 여러 가지 역할이 기대될 때 나타나는 역할 모순이다. 그러므로 상담원 A가 전화 상담 외에 전자우편 상담 업무까지 하도록 기대되는 상황은 역할갈등이라 할 수 있다.

56 일반적인 텔레마케팅의 분류에 해당하지 않는 것은?

① 착 · 발신 주체에 따른 분류

② 대상에 따른 분류

③ 고객 니즈에 따른 분류

④ 운영방법에 따른 분류

해설

① 인 · 아웃바운드 telemarketing

② B to C · B to B telemarketing

④ In-house · agency telemarketing

57 텔레마케팅의 종류 중 그 분류기준에 따라 잘못 짝지어진 것은?

① 인바운드 텔레마케팅 – 아웃바운드 텔레마케팅 ② 인하우스 텔레마케팅 – 에이전시 텔레마케팅

③ B to B 텔레마케팅 – B to C 텔레마케팅 ④ 인하우스 텔레마케팅 – 아웃하우스 텔레마케팅

해설

텔레마케팅의 분류

방향의 기능에 따른 분류 (착·발신 주체에 따른 분류)	대상에 따른 분류	수행주체에 따른 분류
• 인바운드 텔레마케팅 • 아웃바운드 텔레마케팅	• B to C 텔레마케팅(소비자 텔레마케팅) • B to B 텔레마케팅(기업 텔레마케팅)	• 인하우스 텔레마케팅(자체운영) • 에이전시 텔레마케팅(대행운영)

58 관리격자 모형 중 리더십 유형에 해당하는 것을 모두 고른 것은?

ㄱ. 방임형	ㄴ. 과업형
ㄷ. 친목형	ㄹ. 절충형

① ㄱ, ㄴ ② ㄱ, ㄷ, ㄹ

③ ㄴ, ㄷ, ㄹ ④ ㄱ, ㄴ, ㄷ, ㄹ

해설

관리격자 모형 중 리더십 유형으로는 방임형, 과업형, 친목형, 절충형, 단합형이 있다.

59 직무평가방법 중 가장 간단하고 사용하기 쉬운 방법으로, 평가요소를 기준으로 직무의 가치를 비교하여 평가된 가치의 순서대로 서열을 정하고 이에 따라 임금을 정하는 방법은?

① 요소비교법 ② 점수법

③ 서열법 ④ 분류법

해설

직무평가의 방법

• 서열법: 직무의 난이도, 책임의 대소, 직무의 중요도, 장점 등의 직무의 상대적 가치를 모두 고려하여 전체적으로 직무의 서열을 평가하는 방법이다.

• 분류법: 직무등급법이라고도 하며 전반적인 직무가치나 난이도 등의 분류기준에 따라 미리 여러 등급을 정하고 여기에 각 직무를 적절히 평가하여 배정하는 방법으로 서열법과 유사한 장단점이 있다.

• 점수법: 각 직무에 공동평가요소를 선정하고 여기에 가중치를 부여한 후 각 직무요소별로 얻은 점수와 가중치를 곱하고 이를 합계하여 그 점수가 가장 높은 직무를 가장 가치 있는 직무로 평가하는 방법이다.

• 요소비교법: 조직 내의 가장 중심이 되는 직무를 선정하고 요소별로 직무를 평가한 후 나머지 평가하고자 하는 모든 직

무를 기준직무의 요소에 결부시켜 서로 비교하여 조직 내에서 이들이 차지하는 상대적 가치를 분석적으로 평가하는 방법이다.

60 의사결정 권한을 기준으로 조직의 인적자원 스태프와 일선관리자 간의 권한관계를 분류할 때 그 유형이 아닌 것은?

① 기능적 권한관계

② 상담관계

③ 지시관계

④ 조언관계

해설

기능적 권한관계, 동의관계, 상담관계, 조언관계로 분류된다.

61 다음은 허시와 블랜차드의 상황이론 중 어떤 유형에 관한 설명인가?

> - 자신들이 책임을 지고 의사결정을 행하지만, 부하들에게 확신을 심어 주고 동기를 부여하는 쌍방적 대화를 행하는 경우에 적합하다.
> - 이 유형은 부하들에게 높은 확신감을 부여하여 더욱 열정적으로 일을 하게 하는 분위기의 유지가 필요할 때 유용하다.

① 지시형   ② 코치형

③ 후원형   ④ 위임형

해설

① 지시형
  • 대부분의 의사소통의 초점이 목표 달성에 맞춰져 있으며, 상급자가 하급자의 역할을 결정하고 과업의 종류나 과업수행 시기 및 방법을 지시한다.
③ 후원형
  • 리더는 구성원 간 상호협력이 필요하면 협조를 통해 이해관계자를 모이게 하고, 협력하기 쉬운 문화를 만들어 낸다.
  • 리더는 하급자의 자주성과 주체성을 인정하고 배려하며, 어려움이나 불편함을 찾아서 해결한다.
④ 위임형
  • 리더는 통제 · 계획 등의 활동을 줄이고, 수행업무에 대한 합의가 이루어지면 수행방법의 결정과 직무책임을 부하에게 위양하며 영향력을 거의 행사하지 않는다.
  • 하급자와 충분한 신뢰관계가 형성되어 있고, 자발적인 활동을 허용하며 중요 역할을 책임지도록 하여 더 많은 경험을 축적하도록 이끌어 간다.

62 달성 가능성이 높은 목표를 세우기 위해 SMART 기법을 사용한다. 'SMART' 용어에 대한 표기가 잘못된 것은?

① S: Special
② M: Measurable
③ A: Achievable
④ T: Timely

> **해설**
> • S: 구체적인 목표 설정(Specific)
> • M: 측정 가능한 목표 설정(Measurable)
> • A: 달성 가능한 목표 설정(Achievable, Attainable)
> • R: 전략 과제를 통해 구체적으로 결과물을 달성해야 함(Result)
> • T: 일정 시간 내에 달성 여부 확인이 가능해야 함(Timely, Time-bound)

63 콜센터의 성과향상을 위한 보상계획을 수립할 때 고려해야 할 사항으로 가장 거리가 먼 것은?

① 지속적이고 일관성 있는 보상계획을 수립해야 한다.
② 달성 가능한 목표 수준을 고려해야 한다.
③ 계획수립 과정에 직원을 참여시켜야 한다.
④ 팀보다 개인의 성과에 초점을 맞추어야 한다.

> **해설**
> 콜센터 성과향상을 위한 보상계획을 수립할 때 주의사항
> • 지속적이고 일관성 있는 보상계획을 수립해야 한다.
> • 달성 가능한 목표 수준을 고려해야 한다.
> • 직원을 참여시켜야 한다.

64 직무분석(Job analysis) 결과 작성되는 직무기술서에 포함되는 내용으로 가장 거리가 먼 것은?

① 직무의 요건
② 직무와 직무의 비교
③ 직무의 내용
④ 직무의 개요

> **해설**
> 직무기술서
> • 개념: 직무의 내용, 직무수행과 관련된 과업, 직무행동, 개선점 요약
> • 강조사항: 직무특성 중점 작성
> • 내용: 직무표식(명칭), 직무개요, 직무내용, 직무요건(고용조건, 임금구조 등)

65 성공하는 텔레마케팅 조직의 특성으로 옳지 않은 것은?

① 공정한 성과평가 및 보상이 이루어진다.
② 직무별 목표와 책임이 분명하다.
③ 인력개발을 위한 교육프로그램이 마련되어 있다.
④ 생산성 향상을 위해 내부 커뮤니케이션은 최대한 제한되어 있다.

해설

생산성 향상을 위한 내부 커뮤니케이션이 적극 권장되어 있다.

66 인적자원개발을 위한 교육훈련 절차로 옳은 것은?

① 목표 설정 → 직무 분석 → 교육 시행 → 성과평가 → 보상과 개선
② 목표 설정 → 교육 시행 → 직무 분석 → 성과평가 → 보상과 개선
③ 직무 분석 → 목표 설정 → 성과 평가 → 교육 시행 → 보상과 개선
④ 직무 분석 → 목표 설정 → 교육 시행 → 성과평가 → 보상과 개선

해설

인적자원개발을 위한 교육훈련 절차
직무 분석 → 목표 설정 → 교육 시행 → 성과평가 → 보상과 개선

67 콜센터 리더의 역할로 옳지 않은 것은?

① 대행자
② 정보제공자
③ 정보수집자
④ 동기부여자

해설

콜센터 리더는 정보를 제공 · 수집하고 상담원에게 동기를 부여해 주지만 대행자로서의 역할은 하지 않는다.

콜센터 리더의 역할
• 단순히 상담원의 부족한 면을 지적해 주는 것이 아니라 상담원이 그것을 넘어설 수 있도록 기술을 가르쳐 주고 훈련시켜 주어야 한다.
• 상담원이 교육받은 내용대로 업무를 하지 않고 적절하지 않은 행동을 했다면 즉시 원인 파악을 해야 한다.
• 좋은 코칭의 방법은 강압적인 자세로 대하는 것이 아니라 상담원 스스로 이해할 수 있도록 결론을 이끌어 주는 것이다.
• 콜센터 내 긍정적인 분위기 활성화를 위해 항상 노력한다.
• 생산성과 통화품질의 목표를 위해 조직적 계획을 세우고 실행한다.
• 상담원의 업무능력 향상을 위해 정기적으로 교육훈련을 실시한다.

68 콜센터 조직 특성으로 적합하지 않은 것은?

① 현재 비정규직 중심의 근무형태가 주종을 이루고 있으며, 타 직종에 비하여 이직률이 높은 편이다.

② 정규직과 비정규직 간 혹은 상담원 간에 보이지 않는 커뮤니케이션 장벽 등이 발생할 확률이 높다.

③ 국내의 콜센터 조직은 점차 대형화, 전문화, 시스템화 되어가는 추세이다.

④ 콜센터 조직의 가장 큰 특징은 다른 어떤 직종보다 인력의 전문성을 크게 요구하지 않는다는 것이다.

해설

콜센터 조직은 인력의 전문성을 요구한다.

69 다음 중 경력관리에 대한 설명으로 틀린 것은?

① 적재적소 배치 및 후진양성에 필요하다.

② 능력주의와 연공주의를 절충한다.

③ 장기계획이다.

④ 조직의 목표와 개인의 목표를 일치시킨다.

해설

경력관리에서는 연공주의를 지양하는 것이 바람직하다.

70 콜센터에 대한 인식 변화에 관한 설명으로 틀린 것은?

① 마케팅 수단에서 고객 불만의 접수창구로의 변화

② 수익성 중심에서 고객과의 관계 중심으로 변화

③ 거래보조 수단에서 세일즈 수단으로 변화

④ 고객서비스 수단에서 고객의견조사의 수단으로 변화

해설

고객 불만 창구에서 텔레마케팅의 수단으로 변화하였다.

71 인바운드 콜센터의 운영 성과측정지표에 관한 설명으로 옳지 않은 것은?

① 품질평가는 '목표 서비스 기간 내에 총 인입된 콜의 몇 %를 응답했는가?'를 측정하는 항목이다.

② CPH(Call Per Hour)는 '텔레마케터가 시간당 인입콜을 얼마나 많이 처리하였는가?'를 측정하는 항목이다.

③ 스케줄 고수율은 '(콜 처리시간＋콜 처리준비가 되어 있는 시간)/업무를 하도록 스케줄된 시간'을 측정하는 항목이다.

④ 고객만족도는 고객이 콜센터에 대해 느끼는 만족도를 측정하는 항목이다.

> 해설
>
> '목표 서비스 기간 내에 총 인입된 콜의 몇 %를 응답했는가'를 측정하는 항목은 서비스 레벨이다.

72 다음 중 우수한 리더의 특성으로 옳지 않은 것은?

① 솔직하고 즉각적인 감정표현　　　② 상호역할에 대한 이해

③ 팀원 행동에 대한 이해　　　　　　④ 성과에 대한 공정한 평가

> 해설
>
> 리더는 즉각적으로 감정을 표현하는 것을 삼가야 한다.

73 인적자원계획의 과정이 아닌 것은?

① 인력 예측　　　　　　　　　　　② 원가절감

③ 목표 설정 및 전략계획　　　　　　④ 프로그램 실행 및 평가

> 해설
>
> 인적자원계획을 포함하는 인사관리는 인재 확보, 인재 육성, 근로조건 정비 등에 목적이 있으며 사람을 대상으로 하는 것이므로 인적자원계획의 과정에 원가절감은 포함되지 않는다.

74 텔레마케팅의 구성요소에 해당하지 않는 것은?

① 스크립트　　　　　　　　　　　② 데이터베이스

③ 텔레마케팅 운용요원　　　　　　④ 헤드세트

> 해설
>
> 텔레마케팅의 구성요소에는 콜센터, 스크립트, 데이터베이스, 텔레마케팅 운용요원이 있다.

75 상담원들의 이직관리에 대한 사항으로 틀린 것은?

① 상담원에게 콜센터의 비전을 제시하고 동기를 부여한다.

② 상담원을 제외한 관리자와 스텝의 말만 충분히 고려한다.

③ 행복한 일터, 즐겁게 일하는 콜센터 분위기를 조성한다.

④ 이직의 원인을 지속적으로 모니터링하고 개선한다.

> 해설
>
> 관리자와 스텝의 의견만 고려해서는 상담원들의 이직을 관리할 수 없다.

제4과목 고객관리

76 올바른 상담태도로 알맞은 것은?

① 상담 시 시청각 자료는 쓰지 않는다.

② 고객의 의견을 진지하게 경청하도록 한다.

③ 텔레마케터의 권위를 높이기 위해 전문적인 용어를 쓴다.

④ 텔레마케터는 전문가이므로 자신의 의견을 일방적으로 설득시키는 것이 좋다.

> 해설
>
> 상담원은 고객의 의견을 진지하게 경청하는 태도를 가져야 한다.

77 홈페이지 개인정보 노출 방지대책으로 틀린 것은?

① 기관에서 운영 중인 홈페이지는 주기적으로 현황조사를 실시하여 관리할 수 있도록 해야 한다.

② 로그인은 하지 않는 페이지더라도 소스코드, 파일, URL에 개인정보 포함 여부를 점검한다.

③ 관리자 페이지는 기본적으로 외부에서 접근이 용이하도록 운영한다.

④ 노출 발생 시 원인 분석 및 외부 유출 여부 확인을 위해 웹 서버 로그를 일정 기간 동안 보관한다.

> 해설
>
> 관리자는 개인정보를 포함해 민감한 정보들을 관리하므로 관리자 페이지는 보안 유지가 중요하다. 관리자 페이지를 외부에서 접근 용이하게 운영하면 개인정보가 노출될 위험이 있다.

정답　71 ①　72 ①　73 ②　74 ④　75 ②　76 ②　77 ③

78 하둡(HADOOP)의 설명으로 틀린 것은?

① 대용량 데이터의 분산 저장 및 신속한 처리를 위해 다수의 컴퓨터를 네트워크로 연결하여 하나의 시스템과 같이 사용할 수 있도록 구성한 시스템이다.

② 신뢰할 수 있고 확장이 용이하며 분산 컴퓨팅 환경을 지원하는 오픈소스 소프트웨어이다.

③ 분산 시스템에서 방대한 데이터를 처리할 수 있도록 고안된 오픈소스 데이터베이스 관리 시스템이다.

④ 하둡 시스템은 마스터 노드와 슬레이브 노드들을 하나의 클러스터로 묶어 이루어져 있다.

해설

분산 시스템에서 방대한 데이터를 처리할 수 있도록 고안된 오픈소스 데이터베이스 관리 시스템은 카산드라(Cassandra)이다.

79 커뮤니케이션의 기본요소에 대한 설명으로 옳지 않은 것은?

① 발신자(Communicator) : 상대방에게 사상, 감정, 정보 등을 전달하고자 하는 사람을 말한다.

② 부호화(Encoding) : 사상, 감정, 정보 등 전달하고자 하는 것을 언어, 몸짓, 기호로 표현한 것을 말한다.

③ 메시지(Message) : 기호화의 결과로 나타난 것이며 언어적인 것과 비언어적인 것으로 구분된다.

④ 해독(Decoding) : 메시지를 받고 나서 어떤 반응을 보일 뿐만 아니라 자신의 반응 일부를 전달자에게 다시 보내는 과정을 말한다.

해설

메시지를 받고 나서 어떤 반응을 보일 뿐만 아니라 자신의 반응 일부를 전달자에게 다시 보내는 과정은 피드백에 대한 설명이다.

피드백
- 통신이론에서 통신활동 중 송신자가 수신자의 반응을 받아들일 때 메시지를 조절하는 행위
- 인간통신에서 상호의존관계에 있는 개인들의 공통적인 의미
- 인간의 자율적인 행위

80 상담 화법에 대한 설명으로 바람직하지 않은 것은?

① 아이 메시지(I-Message)는 대화 시 상대방에게 내 입장을 설명하는 화법

② 유 메시지(You-Message)는 대화 시 결과에 대해 상대방에게 핑계를 돌리는 화법

③ 두 메시지(Do-Message)는 어떤 잘못된 행동 결과에 대해 그 사람의 행동과정을 잘 조사하여 설명하고 잘못에 대하여 스스로 반성을 구하는 화법

④ 비 메시지(Be-Message)는 잘못에 대한 결과를 서로 의논하여 합의점을 찾는 화법

해설

비 메시지(Be-message)는 잘못에 대한 결과를 일방적으로 단정함으로써 상대방으로 하여금 반감을 불러일으키게 하는 화법이다.

81 호기심이 많은 행동 스타일의 소비자상담 전략 중 틀린 것은?

① 감정에 호소하는 의사소통기법을 사용한다.

② 제품에 관련된 고객의 배경이나 경험에 대해 구체적인 개방형 질문을 해야 한다.

③ 고객의 결정을 강요하지 말고 계약을 할 때까지 계속 설득하여야 한다.

④ 미리 세부사항과 정부가 준비되도록 하고 그들과 철저히 친숙하여야 한다.

해설

표현적인 행동 스타일의 소비자상담 전략이다.

82 데이터 분석 결과를 쉽게 이해할 수 있도록 시각적으로 표현하고 전달하는 과정은?

① 데이터 클러스터링

② 데이터 커스터마이징

③ 데이터 시각화

④ 데이터 분류

해설

데이터 시각화에 대한 설명이다. 데이터 시각화는 데이터 분석 결과를 쉽게 이해할 수 있도록 시각적으로 표현하고 전달하는 과정으로서, 도표를 이용하여 정보를 보다 명확하고 효과적으로 전달한다.

83 인바운드 텔레커뮤니케이션의 심리적 장애 요인이 아닌 것은?

① 피면접자에게 자신의 표정이 읽힐 가능성에 대한 두려움

② 자신의 상품에 대한 확신감 결여

③ 똑같은 내용 반복에 대한 권태감

④ 목소리 느낌만으로 상대방을 판단하려는 선입관

해설

통신장비를 활용한 비대면 중심의 커뮤니케이션이므로 서로의 표정을 확인할 수 없다.

텔레커뮤니케이션의 심리적 장애 요인
• 목소리 느낌만으로 상대방을 판단하려는 선입관
• 자신의 상품에 대한 확신감 결여
• 똑같은 내용의 업무 반복으로 인한 권태감

정답 78 ③ 79 ④ 80 ④ 81 ① 82 ③ 83 ①

84 우유부단한 고객에 대한 상담기술로 적합하지 않은 것은?

① 적극적으로 고객의 말을 들어주는 시간만을 가지는 것이 중요하다.

② 개방형 질문을 통하여 그들이 원하는 것이 무엇인지 적절히 표현할 수 있도록 도와준다.

③ 적절한 아이디어를 제공해 줌으로써 고객이 의사결정 하는 데 도움을 준다.

④ 의사결정을 강화시킬 수 있는 다른 대안들을 설명해 주고 적절한 보상기준도 설명하여 문제 해결에 대한 신뢰를 가지도록 해준다.

해설

의사결정과정을 조금 앞서서 안내하되 최종결정은 스스로 했다는 인식을 갖도록 한다.

우유부단한 고객에 대한 상담기술
- 상담 경험적 통계로 더 유리한 안건을 제시한다.
- 인내심을 가지고 경청한다.
- 소비자 스스로 의사결정을 하도록 돕는다.
- 문제를 분석한 후 선택에 필요한 정보를 제시한다.
- 상대방을 먼저 칭찬하면서 경청한다.
- 주의 깊게 경청한다.

85 CRM을 위한 캠페인 평가지표 중 조직의 캠페인 실행역량을 평가하는 지표로 옳은 것은?

① 캠페인 실행률   ② 캠페인 접촉률

③ 캠페인 반응률   ④ 캠페인 성공률

해설

② 캠페인 접촉률: 고객접촉정보에 대한 정확도, 고객접촉방식의 효과성을 평가한다.
③ 캠페인 반응률: 목표고객 추출의 정확도와 제공하는 캠페인 메시지의 고객 적합도를 평가한다.
④ 캠페인 성공률: 캠페인에 대한 총체적인 목적 부합성을 평가한다.

86 대인커뮤니케이션의 방향에서 미디어 이용의 진행 방향으로 옳은 것은?

① 욕구 → 동기 → 미디어 선택 → 충족

② 동기 → 욕구 → 미디어 선택 → 충족

③ 욕구 → 미디어 선택 → 동기 → 충족

④ 미디어 선택 → 동기 → 욕구 → 충족

해설

대인커뮤니케이션 방향에서 미디어 이용의 진행 방향은 '욕구 → 동기 → 미디어 선택 → 충족'이다.

87 전화 상담에서 필요한 말하기 기법에 관한 설명으로 틀린 것은?

① 전화로 이야기할 때에도 미소를 지으며 중요한 단어를 강조하여 말한다.

② 억양에 변화를 주는 것은 소비자의 집중력을 약화시키므로 바람직하지 않다.

③ 소비자가 말하는 속도에 보조를 맞추되, 상담원은 되도록 천천히 말하는 습관을 갖는 것이 좋다.

④ 명확한 발음을 하기 위해 큰 소리로 반복해서 연습하는 것이 필요하다.

해설

전화 상담은 억양에 변화를 주어 소비자의 집중력을 강화시킨다.

88 불만족한 고객을 응대하기 위한 상담기법이라고 볼 수 없는 것은?

① 고객이 만족할 수 있는 최선의 대안을 제시한다.

② 공감하면서 경청한다.

③ 충분히 배려한다.

④ 제품에 대해 고객이 잘못 알고 있는 것을 전문용어를 사용하여 설명한다.

해설

전문용어나 속어는 피한다.

불만족한 고객에 대한 대응자세와 상담기법
• 고객이 만족할 수 있는 방법을 제시한다.
• 전문기관을 알선한다.
• 개방형 질문을 한다.
• 충분히 배려한다.
• 보상받기를 원하는 것이 무엇인지 질문한다(즉, 대체안으로 1안, 2안을 질문한다).
• 공감을 하면서 경청한다(상대방의 화난 상태를 공감하고 이해하는 마음으로 듣는다).
• 긍정하면서 상담원 측의 이야기를 한다(Yes, But 화법. 꼭 미소를 지으며 목소리를 낮춘다).

89 고객응대 시 효과적인 경청(Listening) 방법으로 볼 수 없는 것은?

① 반대의견을 제시하고 조목조목 따진다.

② 고객과의 공통 관심 영역을 찾는다.

③ 고객의 대화상 실수를 너그럽게 이해한다.

④ 고객에게 적극적인 호응을 한다.

해설

비판하거나 평가하지 않는다.

정답 84 ① 85 ① 86 ① 87 ② 88 ④ 89 ①

90 분석 CRM의 본질적인 역할을 수행하기 위해 고려해야 하는 요소가 아닌 것은?

① 데이터마트
② 테이터마이닝
③ 데이터 웨어하우스
④ 데이터베이스 마케팅

해설

데이터베이스 마케팅의 경우는 운영 CRM의 고려요소에 해당한다.

91 CRM에 관한 설명으로 틀린 것은?

① 고객과의 신뢰를 중시한다.
② 고객지향적 경영기법이다.
③ 안정적이고 장기적인 수익을 창출한다.
④ 'Customer Rational Manager'의 약자이다.

해설

'Customer Relationship Management'의 약자이다.

92 빅데이터의 특징이 아닌 것은?

① 방대한 규모(Volume)
② 종류의 다양성(Variety)
③ 데이터 처리 및 분석의 속도(Velocity)
④ 데이터의 미덕(Virtue)

해설

빅데이터의 특징은 규모(Volume), 속도(Velocity), 다양성(Variety)이다. 여기에 가치(Value)나 복잡성 (Complexity) 등이 추가되기도 한다.

93 MOT(Moments Of Truth)와 관계없는 것은?

① 스위스 항공사의 사장 한셀이 주창

② 기업의 생존이 결정되는 순간

③ 고객과 기업이 접촉하여 그 제공된 서비스에 대해 느낌을 갖는 15초간의 진실의 순간

④ 우리 회사를 선택한 것이 가장 현명한 선택이었다는 사실을 고객에게 입증시켜야 할 소중한 시간

해설

MOT(Moments Of Truth)
스칸디나비아 항공사의 얀 칼슨 사장이 주장한 것으로 고객이 직원들과 접하는 결정적인 순간. 처음 접하는 15초 동안이라는 비교적 짧은 순간이 회사의 이미지뿐만 아니라 비즈니스의 성공을 좌우한다는 개념이다.

94 감정노동에 관한 설명으로 틀린 것은?

① 감정노동이란 말투나 표정 등 드러나는 감정 표현을 직무의 한 부분으로 연기하기 위해 자신의 감정을 억누르고 통제하는 일이 수반되는 노동을 의미한다.

② 주로 고객 등을 직접 대면하거나 음성대화매체 등을 통하여 상대하면서 상품을 판매하거나 서비스를 제공하는 고객응대업무 과정에서 발생한다.

③ 최근에는 공공서비스나 민원처리 업무까지 광범위하고 다양한 직업군에서 수행하고 있다.

④ 백화점 · 마트의 판매원, 호텔직원 등은 간접대면 직업군으로 분류된다.

해설

백화점 · 마트의 판매원, 호텔직원 등은 직접대면 직업군으로 분류된다.

95 인바운드 상담 중 고객의 욕구를 파악하기 위한 방법으로 가장 거리가 먼 것은?

① 고객정보 활용

② 적극적 경청

③ 이점 제안

④ 효과적인 질문 활용

해설

상품에 대한 이점을 제안하는 것은 고객의 욕구를 파악하기 위한 방법과는 거리가 멀다.

96 CRM이 등장하게 된 원인과 거리가 먼 것은?

① 업체 간 과다경쟁
② 고객 욕구의 다양화
③ 고객데이터 축적의 어려움
④ 라이프스타일의 다양화

해설

컴퓨터 하드웨어의 저장용량이나 데이터 처리성능이 빠르게 발전하면서 기업은 방대한 양의 고객 관련 데이터를 데이터웨어하우스에 저장하고 데이터마이닝과 같은 통계프로그램을 활용하여 과학적인 고객 분석이 가능하게 되었다.

97 B2B(Business to Business) CRM의 설명으로 틀린 것은?

① 기업 대 기업의 판매는 본질적으로 기업이 아닌 실체적인 개별 인간과의 거래이므로 실체적 인간이 바라는 요구에 대응하는 것이 B2B CRM의 핵심이다.
② B2B 고객과의 관계 관리는 기업의 특성을 고려한 가치 있는 해법을 찾는 것이 과제이다.
③ B2B 프로그램의 경우 기업과 소비자 모두를 대상으로 하기 때문에 개별 소비자 프로그램에 비해 범위가 넓다.
④ B2B CRM은 B2C(Business to Consumer) CRM에 비해서 고려해야 할 범위가 일반적으로 좁다고 할 수 있다.

해설

B2B CRM(기업 고객관계관리)은 기업체를 대상으로 제품서비스를 효율적으로 판매하거나 판매경로와 상권 확대를 도모하고 기업 간의 여러 가지 수·발주 업무의 원활한 처리를 위해 전화를 조직적으로 이용하는 것으로, B2C가 고려해야 할 범위와 다를 바 없다.

98 특정 고객의 주관적인 욕구 사항에 대한 응대요령으로 옳은 것은?

① 수용 가능한지 아닌지 신중하게 판단하여 가능한 한 빠른 시간에 답을 주도록 한다.
② 고객이 원하는 것이므로 모든 내용을 수용하는 것이 원칙이다.
③ 요구를 받아들이기 어려운 상황에서는 거절에 대한 이유를 일일이 설명할 필요가 없다.
④ 무리한 요구를 하는 고객에게는 친절하게 응대하지 않아도 된다.

해설

특정 고객의 주관적 욕구 사항에 대해서는 회사의 입장에서 수용이 가능한 사안인지에 대해 신중하게 판단한 후 신속히 응답해야 한다.

99 고객 유형별 응대 포인트로 옳은 것은?

① 신중형: 잘 경청하고 당당하게 대하며 너무 조르거나 스트레스를 주지 않는다.

② 변덕형: 말씨나 태도를 공손히 하며 동작이나 설명을 천천히 하여 기다리게 한다.

③ 우유부단형: 논리 정연하게 설명하며 요점을 간결하게 근거를 명확히 한다.

④ 이론형: 세일즈 포인트를 비교하여 설득하며 "이것이 좋습니다."라고 조언한다.

해설

② 변덕형: 말씨나 태도를 공손히 하며 동작을 기민하게 하여 기다리지 않도록 한다.

③ 우유부단형: 세일즈 포인트를 비교하여 설득하며 "이것이 좋습니다."라고 조언한다.

④ 이론형: 논리 정연하게 설명하며 요점을 간결하게 근거를 명확히 한다.

100 다음 중 고객유지의 필요성에 대한 설명으로 틀린 것은?

① 기존고객을 잘 관리하는 것이 신규고객을 유치하는 것보다 효율적이다.

② 기존고객의 유지를 통해 고객 충성도를 증진시키고 고객점유율을 유지할 수 있다.

③ 회사와의 지속적인 거래관계를 유도하여 매출액을 향상시킬 수 있다.

④ 새로운 고객을 지속적으로 유치하여 단골고객화할 수 있다.

해설

새로운 고객을 지속적으로 유치할 수 있는 시장상황이 아니므로 기존고객을 유지하여 단골고객화할 수 있다.

제3회 기출문제해설

핵심 내용
제1과목: 고객세분화, 시장전문화, 가격 전략, 제품수명주기(PLC), 고가 전략, 포지셔닝, 바이러스 마케팅, 마케팅정보시스템, 조사윤리
제2과목: 척도, 집단면접법, 마케팅조사, 시장조사, 측정의 신뢰성, 표본추출, 웹(Web)조사법
제3과목: OJT, 리더십 이론, 스크립트, 갈등해결, CRM, 빅데이터 분석 시각화, 고객중심, 개인정보보호법
제4과목: 정보제공자, CRM 전략, 상담기법, 텔레마케터의 자세, 고객중심, 경청

제1과목 판매관리

01 고객세분화의 기준에 해당하지 않는 것은?

① 인구통계적 변수

② 유통경로적 변수

③ 행동분석적 변수

④ 심리분석적 변수

해설

일반적으로 손쉽게 구할 수 있는 인구통계적 변수와 같은 공통적인 변수와 기업의 전략적 요인을 나타내는 변수가 사용되어 전략적 세분화가 이루어지며, 전략적으로 세분화된 고객을 다시 라이프스타일 정보, 심리 정보, 고객의 상품구매 등과 같은 행동분석적 변수 및 심리분석적 변수를 이용해서 세밀한 고객군으로 분류한다. 유통경로적 변수는 고객세분화의 기준에 해당되지 않는다.

02 코틀러(Kotler)가 말하는 제품의 세 가지 구분에 해당하지 않는 것은?

① 핵심제품(Core product)

② 유형제품(Tangible product)

③ 확장제품(Augmented product)

④ 소비제품(Consuming product)

해설

코틀러의 수준별 제품의 분류
핵심제품, 실체(유형)제품, 확장(포괄)제품

03 아웃바운드 텔레마케팅의 특징으로 옳지 않은 것은?

① 공격적이며 성과지향성이 강하다

② 데이터베이스 마케팅 기법을 활용할수록 위력적이다.

③ 스크립트를 활용하는 경향이 높다.

④ 통화 콜 수를 통제하기 어렵다.

아웃바운드 텔레마케팅은 기업이 고객에게 전화를 거는 기업주도적이고 능동적인 마케팅이므로 콜 수를 통제하기 어렵지 않다.

04 다음은 어떤 시장진출형태에 관한 설명인가?

> – 특정 소비자집단의 욕구를 충족시키기 위하여 다양한 제품을 판매하는 전략
> – 특정 고객집단에게 강력한 명성을 확보할 수 있으나 특정 고객집단의 욕구가 갑자기 변하거나 특정 고객집단 내에서 특정 제품에 대한 명성이 나빠졌을 경우 높은 위험에 직면할 수 있음

① 제품전문화 전략

② 시장전문화 전략

③ 선택적 전문화 전략

④ 단일부문 집중 전략

① 제품전문화 전략: 특정 제품에 집중하여 그 제품을 사용하는 다양한 고객 및 시장을 선정하는 마케팅 전략

③ 선택적 전문화 전략: 여러 시장을 세분화한 뒤 선택하여 집중화에 따른 위험을 분산시키는 전략

④ 단일부문 집중 전략: 단일부문에 시장점유율을 높이기 위하여 핵심역량을 한 곳에 집중하는 전략

05 A사가 게임기는 저렴하게 판매한 후, 관련 소프트웨어는 고가에 판매하는 가격 전략은?

① 묶음가격 전략(Bundle pricing)

② 종속제품가격 전략(Captive product pricing)

③ 침투가격 전략(Penetration pricing)

④ 스키밍가격 전략(Skimming pricing)

> **해설**
>
> ① 묶음가격 전략(Bundle pricing): 두 개 이상의 다른 제품을 하나로 묶어서 단일 가격으로 판매하는 가격 전략
>
> ③ 침투가격 전략(Penetration pricing): 신제품을 도입하는 초기에 저가격을 설정함으로써 신속하게 시장에 침투하여 시장을 확보하려는 가격 전략
>
> ④ 스키밍가격 전략(Skimming pricing): 초기고가격전략이라고도 하며, 신제품을 시장에 도입하는 초기에 고가격을 설명함으로써 가격에 대하여 민감한 반응을 보이지 않는 고소득 계층을 흡수한 후 연속적으로 가격을 인하시킴으로써 저소득 계층에게도 침투하고자 하는 가격 전략

06 시장의 특성과 시장진출 대안에 관한 설명으로 옳지 않은 것은?

① 제품의 동질성이 높은 경우 비차별적 마케팅이 유리하다.

② 기업의 자원이 제한되어 있을 경우 집중적 마케팅을 한다.

③ 제품수명주기상 성숙기에는 차별적 마케팅을 한다.

④ 시장크기가 작을 경우 차별적 마케팅을 한다.

> **해설**
>
> 차별적 마케팅이란 두 개 혹은 그 이상의 시장 부문에 진출할 것을 결정하고 시장 부문별로 별개의 제품 또는 마케팅 프로그램을 세우는 전략이다. 즉, 세분화된 여러 시장의 특성에 맞게 다른 마케팅믹스를 만드는 전략을 말하는 것으로 시장크기가 작을 경우에는 적절하지 않다.

07 제품수명주기(PLC)에 관한 설명으로 옳지 않은 것은?

① 도입기에는 제품인지도를 높이기 위해 광고비가 많이 소요된다.

② 성장기에는 제품선호형 광고에서 정보제공형 광고로 전환된다.

③ 성숙기에는 제품의 매출성장률이 점차적으로 둔화되기 시작한다.

④ 쇠퇴기에는 제품에 대해 유지 전략, 수확 전략, 철수 전략 등을 고려할 수 있다.

> **해설**
>
> 성장기에는 정보제공형 광고에서 제품선호형 광고로 전환된다.

08 제품 또는 서비스의 가격결정 시 상대적인 고가 전략이 적합한 경우는?

① 시장수요의 가격탄력성이 높을 때

② 원가우위를 확보하고 있어 경쟁 기업이 자사 상품의 가격만큼 낮추기 힘들 때

③ 시장에 경쟁자의 수가 많을 것으로 예상될 때

④ 진입장벽이 높아 경쟁 기업의 진입이 어려울 때

> **해설**
> 고가 전략의 조건
> • 시장수요의 가격탄력성이 낮을 때
> • 시장에 경쟁자의 수가 적을 것으로 예상될 때
> • 규모의 경제 효과를 통한 이득이 미미할 때
> • 진입장벽이 높아 경쟁 기업의 진입이 어려울 때
> • 높은 품질로 새로운 소비자층을 유인하고자 할 때
> • 품질경쟁력이 있을 때

09 재포지셔닝(Repositioning)에 관한 설명으로 틀린 것은?

① 지금까지 유지되어 온 현재의 위치를 버리고 새로운 포지션을 찾아가는 방법이다.

② 경쟁자의 진입으로 시장 내의 차별적 우위 유지가 힘들어진 경우 재포지셔닝이 필요하다.

③ 기존의 포지션이 진부해져 매력이 상실되었을 경우에 재포지셔닝으로 고려한다.

④ 소비자의 인식과 기업이 바라는 포지션이 같은 경우 기존의 포지션을 바꿀 필요성이 생길 수 있다.

> **해설**
> 소비자 인식과 기업이 바라는 포지션이 같은 경우는 기존 포지션을 유지하여야 한다.

10 다음에서 설명하고 있는 용어는?

> 기업이 시장세분화를 기초로 정해진 표적시장 내 고객들의 마음속에 자사의 제품을 부각시키기 위해 시장 분석, 고객 분석, 경쟁 분석 등을 기초로 하여 전략적 위치를 계획하는 것

① 표적시장   ② 차별화 마케팅

③ 내부시장 분석   ④ 포지셔닝

> **해설**
> 기업이 시장세분화를 기초로 정해진 목표시장 내에 시장 분석, 고객 분석, 경쟁 분석 등을 바탕으로 고객들의 마음속에 전략적 위치를 계획하는 것은 포지셔닝이다.

정답　05 ②　06 ④　07 ②　08 ④　09 ④　10 ④

11 구전효과를 이용한 판촉기법으로 인터넷 이용자들 사이에 확산효과를 노린 마케팅 기법은?

① 제휴 마케팅(Affiliate marketing)

② 바이러스 마케팅(Virus marketing)

③ 데이터베이스 마케팅(Database marketing)

④ 퍼미션 마케팅(Permission marketing)

해설
① 제휴 마케팅(Affiliate marketing): 둘 이상의 회사가 상호 제휴를 통해 역할을 분담하여 판매 실적을 높이는 마케팅이다.
③ 데이터베이스 마케팅(Database marketing): 발달된 정보기술을 이용하여 다양한 고객정보를 효과적으로 획득하고 분석하며 신규고객의 확보보다는 이탈방지, 즉 고객유지에 비중을 두는 마케팅이다.
④ 퍼미션 마케팅(Permission marketing): 고객 자신이 스스로 구매정보를 수집하고자 커뮤니티에 가입하거나 회원으로 가입하여 개인정보를 허락함으로써 관심을 갖게 되는 마케팅이다.

12 제품의 분류에 대한 설명으로 옳지 않은 것은?

① 사용시기가 한 번 내지 몇 번으로 제한된 제품을 비내구재라고 한다.

② 시간이 오랫동안 경과하여도 사용할 수 있는 제품을 내구재라고 한다.

③ 비내구재의 경우는 많은 수의 점포를 이용하여 판매하는 전략이 적합하다.

④ 내구재의 경우는 비내구재에 비해 일반적으로 광고에 비중을 두어 판매목표를 달성하게 된다.

해설
내구재는 오랜 기간 사용하는 유형제품으로서 판매보증이 필요한 반면, 비내구재는 몇 번 사용하면 소모되는 유형제품으로서 광고에 비중을 둔다.

13 자사 제품을 구입함으로 받게 되는 편익이 아니라 소비자가 자사 제품을 구입하지 않아 발생할 수 있는 위험을 알려서 제품의 구입을 촉진시키는 광고촉진전략은?

① 유머소구   ② 온정소구

③ 성적소구   ④ 공포소구

해설
① 유머소구: 농담이나 해학 등을 이용하여 메시지를 전달한다.
② 온정소구: 사람 간 관계에 대한 내용을 중심으로 소비자의 감성을 자극하여 메시지를 전달한다.
③ 성적소구: 성적자극을 이용하여 메시지를 전달한다.

14 마케팅정보시스템의 종류와 가장 관련이 없는 것은?

① 내부정보시스템

② 차별화 시스템

③ 고객정보시스템

④ 마케팅인텔리전스시스템

해설

마케팅정보시스템은 경영정보시스템의 하위시스템으로서, 마케팅 경영자가 마케팅 관리를 보다 효율적으로 수행하기 위해 의사결정 시 사용할 수 있도록 정확한 정보를 적시에 수집, 분류, 분석, 평가, 배분하도록 기획, 설계되어 지속적으로 상호작용하는 것을 말하는 것으로, 내부정보시스템, 고객정보시스템, 마케팅인텔리전스시스템, 마케팅의사결정지원시스템, 마케팅조사시스템으로 구성된다.
① 내부정보시스템: 기업의 판매상황, 원가, 재고수준, 현금 흐름, 외상매출금이나 외상매입금의 거래현황 등에 관한 내부 보고서를 정기적으로 작성하고 이 정보를 경영의 모든 부문에 전달, 보고하는 시스템이다.
③ 고객정보시스템: 고객에 대한 인구통계적 특성, 라이프스타일, 고객이 추구하는 혜택, 구매행동 등의 정보를 포함하는 시스템이다.
④ 마케팅인텔리전스시스템: 마케팅 관리자가 마케팅 계획을 수립하고 기존의 마케팅 계획을 조정하기 위하여 마케팅 환경에서 일어나고 있는 여러 가지 변화와 추세에 관한 일상적인 정보를 체계적으로 수집하는 시스템이다.

15 인바운드 텔레마케팅의 기대효과로 옳지 않은 것은?

① 신속한 고객 문의 답변

② 고객만족 극대화

③ 고객의 불만에 대한 수동적 대처

④ 서비스 품질의 향상

해설

인바운드 텔레마케팅은 고객의 불만에 대하여 능동적이고 신속하게 대응해야 한다.

16 인바운드 텔레마케팅의 통화 후 사후처리 시 업무에 해당하지 않는 것은?

① 배송관리

② 청구 및 대금결제관리

③ 고객 Claim 처리

④ 전화판매

해설

전화판매는 통화 중 이루어지는 업무에 해당한다.

17 유통경로의 설계과정을 바르게 나열한 것은?

> ㄱ. 고객 욕구의 분석   ㄴ. 주요 경로대안의 식별
> ㄷ. 유통경로의 목표 설정   ㄹ. 경로대안의 평가

① ㄱ → ㄷ → ㄴ → ㄹ   ② ㄴ → ㄱ → ㄹ → ㄷ
③ ㄷ → ㄴ → ㄱ → ㄹ   ④ ㄹ → ㄷ → ㄱ → ㄴ

해설

유통경로의 설계과정
고객 욕구의 분석 → 유통경로의 목표 설정 → 주요 경로대안의 식별 → 경로대안의 평가

18 수직적 마케팅 시스템(VMS)에 관한 설명으로 틀린 것은?

① 유통조직의 생산시점과 소비시점을 하나의 고리형태로 유통계열화하는 것이다.
② 유형에는 기업형 VMS, 관리형 VMS, 계약형 VMS 등이 있다.
③ 기업형 VMS는 전방통합이나 후방통합을 통하여 제조업체와 유통업체가 통합된 경로유형이다.
④ 프랜차이즈 시스템은 관리형 VMS의 대표적인 유형이다.

해설

프랜차이즈 시스템은 계약형 VMS의 대표적인 유형이다.

19 잠재고객에 관한 설명으로 옳은 것은?

① 자사에 한 번 이상 방문한 고객
② 상품을 구매하지는 않았으나 상품에 대해 관심을 가지고 있는 고객
③ 자사 제품을 정기적으로 구매하는 고객
④ 자사에서 판매하는 모든 상품을 구매하는 고객

해설

잠재고객
아직 첫 거래는 하지 않은 상태이나 상품 구입 가능성이 높거나 스스로 정보를 요구하는 유망고객. 예상고객(Prospector)이라고도 한다.

20 다음은 어떤 가격 전략에 관한 설명인가?

> – 제조업체가 유통업체와의 계약으로 제조업체가 설정한 가격으로 유통업체가 소비자에게 판매하게끔 유도하는 전략
>
> – 제조업체의 제품이 유통업체의 손실유인제품으로 이용하는 것을 방지하여 제조업체 상표의 명성을 유지하기 위함

① 상대적 저가격 전략
② 상층흡수 가격 전략
③ 재판매가격 유지 전략
④ 상대적 고가격 전략

해설

① 상대적 저가격 전략: 경쟁 기업과 비교하여 가격을 저렴하게 결정하는 전략
② 상층흡수 가격 전략: 신제품을 시장에 도입하는 초기에 고소득층을 대상으로 높은 가격을 받고 차차 가격을 인하하여 저소득층에 침투하는 전략
④ 상대적 고가격 전략: 경쟁 기업의 상품과 품질수준은 비슷하나 상품의 인지도가 높은 경우 가격을 높게 결정하는 전략

21 아웃바운드 텔레마케팅의 업무영역 중 고객 니즈의 자극 영역은?

① 판매촉진
② 벤치마킹
③ 시장조사
④ 상담창구

해설

판매촉진은 고객의 니즈 자극 영역이며, 카탈로그, DM 발송, e-mail 마케팅 등의 활동이 이에 해당된다.

22 인바운드 텔레마케팅에 관한 설명으로 옳지 않은 것은?

① 각종 광고 활동의 결과로 외부(고객)로부터 걸려 오는 전화를 받는 것으로 마케팅 활동이 일어나는 것이다.
② 고객 데이터베이스에 의존하여 제품이나 서비스를 판매하고 가치를 설득시키는 적극적인 마케팅 기법이다.
③ 고객이 전화를 거는 고객주도형이기 때문에 판매나 주문으로 연결시키기가 비교적 용이하다.
④ ARS시스템 또한 인바운드 텔레마케팅의 한 분야이다.

해설

고객 데이터베이스에 의존하여 제품이나 서비스를 판매하고 가치를 설득시키는 적극적인 마케팅 기법은 아웃바운드 텔레마케팅에 대한 설명이다.

정답 17 ① 18 ④ 19 ② 20 ③ 21 ① 22 ②

23 다음은 무엇에 관한 내용인가?

> – 긍정적 답변의 수   – 부재중 반응의 통화 수
>
> – 완결된 통화 수   – 무응답 통화 수
>
> – 통화중 표시 전화 수

① CID(Call Identity Delivery)   ② CL(Compiled List)

③ CCR(Communicator Call Report)   ④ CAT(Computer Assisted Telemarketing)

해설

CCR에 대한 설명이다.

④ CAT(Computer Assisted Telemarketing): 컴퓨터를 활용하여 텔레마케팅 업무를 강력하게 지원하는 체계를 말한다.

24 효과적인 시장세분화의 요건으로 옳지 않은 것은?

① 실행가능성   ② 측정가능성

③ 접근가능성   ④ 세분시장 내의 이질성

해설

세분시장 간에는 이질성을 가져야 하며, 세분시장 내에서는 동질성을 가져야 한다.

25 촉진수단에 관한 설명으로 옳지 않은 것은?

① 광고는 비대면 커뮤니케이션이기 때문에 인적 판매에 비해 세부 정보를 전달하는 기능이 떨어진다.

② 인적 판매는 소비자의 욕구를 보다 직접적으로 알 수 있으며 또한 그에 대한 즉각적인 반응이 가능하다.

③ 판매촉진은 인지도 제고, 기업이나 제품 이미지 제고 등 장기적인 목표를 달성하기 위한 투자가 대부분이다.

④ 홍보는 촉진수단으로서 뉴스, 행사 등을 활용하기 때문에 일반적으로 광고보다 더 믿을 만하다고 여기는 것으로 알려져 있다.

해설

판매촉진

• 매출증가에 직접적인 영향을 끼친다.

• 주목률이 높아 단기적인 매출증가에 효과적이다.

• 망각률이 높아 장기적인 효과는 거의 없다.

제2과목 시장조사

26 시장조사 윤리에 관한 설명으로 옳지 않은 것은?

① 조사 대상자의 사생활을 침해하지 않는다.

② 조사 대상자의 신체적 피해나 정신적 불쾌감이 없도록 해야 한다.

③ 조사 대상자에게 참여를 강요하지 않는다.

④ 조사가 끝난 후에는 입수한 자료의 비밀을 유지할 필요가 없다.

해설

조사 자료와 조사결과를 함부로 누설해서는 안 된다.

27 척도의 종류 중 모든 사칙연산이 가능한 척도는?

① 비율 척도   ② 명목 척도

③ 서열 척도   ④ 등간 척도

해설

비율 척도

척도를 나타내는 수가 등간일 뿐만 아니라 의미 있는 절대 영점을 가지고 있는 경우에 이용된다.

28 기업 내부 자료에 포함되지 않는 2차 자료는?

① 회계 자료   ② 조직현황

③ 경제신문사 자료   ④ 영업 자료

해설

경제신문사 자료는 기업 외부 자료에 해당한다.

• 1차 자료: 문제 해결을 위해 조사를 설계하여 직접 수집한 자료
• 2차 자료: 조사 목적과 관련하여 조사 내부 혹은 외부에서 기존에 이미 작성한 자료

정답   23 ③   24 ④   25 ③   26 ④   27 ①   28 ③

29 집단면접법에 관한 설명으로 틀린 것은?

① 집단의 규모는 8~15명으로 구성한다.

② 집단의 성격은 다양한 의견을 위해 이질적으로 구성한다.

③ 면접은 편안한 분위기로 자발적인 참여를 유도한다.

④ 집단 구성원 간의 자유로운 참여를 유도하는 진행자의 역할이 중요하다.

> **해설**
> 집단의 성격은 조사의 목적에 따라 이질적이 될 수도 있고 동질적이 될 수도 있다.

30 전화조사를 수행할 때 조사자가 지켜야 할 원칙으로 옳은 것은?

① 별도의 지시가 없는 한 모든 질문에 답을 얻어야 한다.

② 면접의 원활한 진행을 위해서 설명을 추가한다.

③ 응답자가 쉽게 답하도록 미리 수용가능한 응답을 지정해 준다.

④ 응답을 잘 받기 위해 질문의 순서는 상황에 따라 조정해도 좋다.

> **해설**
> 내용 및 순서에 있어서 기존의 설문지대로 진행하며, 답을 유도하지 말아야 한다.

31 마케팅조사 절차를 옳게 나열한 것은?

ㄱ. 자료의 수집과 분석	ㄴ. 보고서 작성
ㄷ. 마케팅조사 설계	ㄹ. 조사 문제 정의 및 조사 목적 결정

① ㄱ → ㄴ → ㄷ → ㄹ 　　② ㄱ → ㄷ → ㄹ → ㄴ

③ ㄷ → ㄹ → ㄴ → ㄱ 　　④ ㄹ → ㄷ → ㄱ → ㄴ

> **해설**
> 마케팅조사 절차
> 조사 문제 정의 및 조사 목적 결정 → 마케팅조사 설계 → 자료의 수집과 분석 → 보고서 작성

32 시장조사의 특징으로 옳지 않은 것은?

① 직감을 통한 조사로 이루어진다.

② 마케팅 전략 수립을 위한 과정이다.

③ 현장에서 활용될 수 있는 실용성이 있어야 한다.

④ 기초과학을 근거로 한다.

해설

시장조사를 진행할 때는 합목적성, 적합성, 신뢰성, 객관성, 정밀성이 고려되어야 한다.

33 다음 중 탐색적 조사 방법에 해당하지 않는 것은?

① 전문가 의견조사   ② 문헌조사

③ 실험연구   ④ 사례연구

해설

탐색적 조사 방법
마케팅 문제의 정의와 관련 변수의 규명 및 가설을 설정하기 위한 조사로, 전문가 의견조사, 문헌조사, 사례연구 등이 있다.

실험연구
주제에 대해 서로 비교되는 두 집단을 선별하여 각각 다른 변수를 주고, 관련 변수들을 통제한 후 집단 간 반응의 차이를 조사하여 자료를 수집하는 조사이다.

34 다음 중 서열 척도를 옳게 설명한 것은?

① 상응하는 두 개의 대상을 쌍으로 대비시켜 이중에서 하나를 선택하는 것

② 태도나 정도를 숫자로 표시하여 평가하는 것

③ 중위점 없이 +5점부터 −5점까지의 등급을 구분하는 것

④ 동시에 여러 측정 대상을 놓고 특정한 자극의 기준 혹은 느낌에 따라 순위나 서열을 부여하는 것

해설

서열 척도
서열 척도는 순위 척도로서, 그 측정 대상을 속성에 따라 서열이나 순위를 매길 수 있도록 수치를 부여한 척도이다. 즉, 측정 대상 간에 높고 낮음과 같이 개체나 사람들의 순서에 대한 값을 부여하는 척도이다.

35 설문지조사 시 주의사항으로 옳지 않은 것은?

① 너무 자세한 질문은 피해야 한다.

② 대답하기 곤란한 질문은 간접적으로 물어야 한다.

③ 너무 논리적이거나 질문의 순서를 고려하는 것은 정확한 답변을 방해한다.

④ 유도 질문은 삼가야 한다.

해설

논리적으로 질문의 순서를 고려하여야 한다.

36 다음은 어떤 실험설계에 관한 설명인가?

> 독립 변수 조작이 어렵고, 실험 대상을 무작위화할 수 없는 등 실험적 통제가 거의 불가능하기 때문에 인과관계를 규명하는 데는 취약한 방법

① 순수실험설계   ② 유사실험설계

③ 사전실험설계   ④ 사후실험설계

해설

독립 변수를 조작하기 어렵고, 실험대상을 무작위화할 수 없는 등 실험적 통제가 거의 불가능하기 때문에 인과관계를 규명하는 데 취약한 방법은 사전실험설계이다. 순수실험설계를 하기 전에 문제의 도출을 위하여 시험적으로 실시하는 탐색조사로 쓰인다.
① 순수실험설계: 외생 변수의 통제로 내적타당성이 높고 한 개 이상의 독립 변수의 조작이 가능하며, 대상의 무작위화가 가능한 반면, 인위성으로 외적타당성이 낮고 윤리적인 문제로 실험이 불가능하거나 비용이 많이 든다는 단점이 있다.
② 유사실험설계: 실제 상황에서 이루어져 외적타당성이 높으나 독립 변수 조작이 어렵고 실험 대상을 무작위화하기 어렵다.
④ 사후실험설계: 독립 변수를 조작할 수 없는 상태 또는 이미 노출된 상태에서 변수들 간의 관계를 검증하는 방법이다.

37 2차 자료에 관한 설명으로 틀린 것은?

① 조사자가 당면한 문제를 해결하기 위하여 직접 수집한 자료이다.

② 1차 자료에 비해 시간과 비용이 적게 든다.

③ 조사 목적과 정확하게 부합되지 않을 수 있다.

④ 통계청, 한국은행 등에서 발간한 자료들이 해당한다.

해설

2차 자료는 현재의 조사 목적에 도움을 줄 수 있는 자료로서, 1차 자료를 제외한 기존의 모든 자료를 말하며 기존의 정부 간행물이나 기업에서 수집한 자료, 학술지에 발표된 논문 등도 포함된다.

38 개방형 질문에 관한 설명으로 옳지 않은 것은?

① 모든 가능한 응답의 범주를 모를 때 적합하다.

② 쟁점이 복합적일 때 적합하다.

③ 응답 자료가 표준화되어 있어 통계분석이 용이하다.

④ 예비조사에서 유리하다.

해설

응답 자료가 표준화되어 있어 통계분석이 용이한 것은 폐쇄형 질문이다.

39 전화조사 방법의 특성에 관한 설명으로 옳은 것은?

① 조사자와 응답자 사이에 개인적 교류가 없으므로 면접 도중에 발생할 수 있는 오류를 줄일 수 있다.

② 전화조사는 조사자와 응답자 간에 인간관계가 형성되어 있지 않으므로 마음대로 조사할 수 있다.

③ 비용과 시간이 많이 들며, 조사자와 응답자의 상호이해 부족으로 오류가 개입될 수 있다.

④ 전화조사의 질문지는 길고, 많은 내용을 포함하고 있어 다양한 정보를 얻을 수 있다.

해설

전화조사는 빠른 시간 내에 저렴한 비용으로 조사가 가능하고 응답률을 높일 수 있으나 간단한 질문 및 답변만 할 수 있어서 상세한 정보획득이 곤란하다.

40 비확률표본추출방법에 해당하지 않는 것은?

① 편의표본추출방법

② 층화표본추출방법

③ 판단표본추출방법

④ 할당표본추출방법

해설

비확률표본추출방법에는 편의표본추출방법, 판단표본추출방법, 할당표본추출방법이 있다. 층화표본추출방법은 확률표본추출방법에 해당한다.

41 다음에서 설명하고 있는 조사 방법은?

> – 동일한 현상을 동일한 대상에 대해 반복적으로 측정하는 조사 방법이다.
> – 시간의 흐름에 따른 조사 대상의 특성 변화를 측정하고자 함이 목적이다.
> – 조사 방법에는 패널조사, 추세조사, 코호트조사 등이 있다.

① 종단조사
② 횡단조사
③ 인과조사
④ 문헌조사

해설

② 횡단조사: 상이한 특성을 가진 집단들 사이의 측정치를 비교하여 차이를 규명하는 것이 목적으로, 모집단에서 추출된 표본으로 단 한 번 조사하는 조사를 말한다.
③ 인과조사: 원인과 결과의 관계를 규명하는 조사를 말한다.
④ 문헌조사: 조사와 관련된 주제나 변수와 관련된 이전의 연구, 보고서, 관련 서적, 각종 2차 자료를 이용하여 사전 지식을 얻고 조사에 대한 간접 경험을 하는 조사를 말한다.

42 시장조사를 의뢰한 기업체가 지켜야 할 사항과 가장 거리가 먼 것은?

① 연구 목적이나 조사 목적을 의도적으로 숨기지 않는다.
② 조사업체들로부터 형식적인 조사계획서를 제출하지 않도록 한다.
③ 조사결과를 자사에게 유리한 방향으로 오용한다.
④ 법과 규칙에 부합하는 조사를 의뢰한다.

해설

조사결과를 왜곡하거나 축소해서는 안 된다.

43 시장조사 과정의 마지막 단계에서 이루어지며, 조사 의뢰기업의 최고경영층에 대한 보고용 보고서는?

① 최종보고서
② 중간보고서
③ 절충보고서
④ 요약보고서

해설

시장조사 과정의 마지막 단계에서 조사 의뢰기업이 최고경영층에 보고 시 요약보고서를 작성하여 보고한다.

44 질적 조사의 특징으로 옳지 않은 것은?

① 주관성이 배제된 객관적 사실을 파악하기 어렵다.

② 질적 조사는 연역적 과정을 전제로 이루어진다.

③ 질적 조사에 필요한 단어는 단어(Word)의 형태로 수집된다.

④ 연구 참여자가 처한 상황과 맥락을 총체적으로 파악할 수 있다.

해설
질적 조사는 귀납적 과정을 전제로 이루어진다.

45 측정의 신뢰성에 영향을 주는 요인에 대한 설명으로 옳지 않은 것은?

① 측정 항목에 대해 각 응답자들이 다르게 해석할 경우 측정의 신뢰성이 떨어진다.

② 동일한 개념을 여러 개로 반복 측정할 경우 신뢰성이 떨어진다.

③ 측정할 때의 날씨, 분위기, 기분에 따라 신뢰성이 달라진다.

④ 측정 방식의 일관성으로 신뢰성을 높일 수 있다.

해설
동일한 개념을 반복해서 측정할 경우 신뢰성이 높아진다.

46 개인의 사생활(Privacy) 보호로 면접조사가 어려울 때 실시할 수 있는 조사 방법으로 가장 적합한 것은?

① 조사원을 이용하여 질문지를 배포하고 우편으로 회수한다.

② 조사원을 이용하여 질문지를 배포하고 전화로 조사한다.

③ 우편으로 질문지를 배포하고 전화로 조사한다.

④ 조사 대상자들을 한 자리에 모아 질문지를 배포하고 전화로 조사한다.

해설
우편조사는 익명성이 보장되므로 민감한 조사에 가장 적합하다.

47 표본추출에 관한 설명으로 옳지 않은 것은?

① 개인과 집단은 물론 조직도 표본추출의 요소가 될 수 있다.

② 표본추출단위와 분석단위가 일치하지 않을 수 있다.

③ 전수조사에서는 모수와 통계치 구분이 불필요하다.

④ 표본의 대표성은 표본오차와 정비례한다.

> **해설**
> 표본의 대표성은 표본오차와 반비례한다.

48 다음에서 설명하는 조사법은?

> (　　　)은 기타 조사법과 달리 인터넷이라는 수단으로 사용하며 수거나 코딩 등의 과정이 생략되기 때문에 상대적으로 시간, 비용을 절약할 수 있을 뿐만 아니라 응답자에 대한 접근이 용이하다는 장점이 있다.

① 우편조사법   ② 전화조사법

③ 대인면접법   ④ 웹(Web)조사법

> **해설**
> 웹(Web)조사법
> • 전산망 가입자들을 대상으로 전산망을 통해 직접 질문지 파일을 보내고 응답 파일을 받는 방법이다.
> • 조사 대상이 국내 또는 특정 지역에 제한되지 않으며, 국경이나 공간의 한계를 넘을 수 있는 것이 특징이다.

49 전화조사를 할 때 응답 대상의 전체집단 중 그 특성을 그대로 살리면서 소수의 적절한 응답자를 뽑은 대상을 무엇이라 하는가?

① 표본   ② 표집

③ 모수   ④ 모집단

> **해설**
> ② 표집: 모집단의 특성을 그대로 살리면서 소수의 적절한 수를 뽑는 과정을 말한다.
> ③ 모수: 모집단의 특성을 나타내는 양적인 측도로서, 전수조사를 통해 직접 알아내거나 표본조사를 통해 얻게 되는 표본의 특성이다.
> ④ 모집단: 조사자가 추론하고자 하는 모든 자료의 집합, 즉 조사의 전체 대상을 말한다.

50 확률표본추출방법의 특징으로 옳지 않은 것은?

① 시간과 비용이 많이 든다.

② 표본오차의 추정이 불가능하다.

③ 표본분석결과의 일반화가 가능하다.

④ 연구대상이 표본으로 추출될 확률이 알려져 있다.

해설

확률표본추출방법은 모집단에 속한 모든 요소가 표출됨에 있어 같은 확률을 가진다는 것이 전제되며, 비용이 많이 들고 불편하지만 표본오차의 추정이 가능하다.

제3과목 텔레마케팅관리

51 OJT에 관한 설명으로 틀린 것은?

① 많은 종업원에게 통일된 훈련을 시킬 수 있다.

② 상사와 동료 간에 이해와 협동정신을 강화시킨다.

③ 종업원의 개인적 능력에 따른 훈련이 가능하다.

④ 실시가 용이하며, 훈련비용이 적게 든다.

해설

OJT는 많은 종업원을 동시에 교육하기 어렵고, 업무와 교육훈련에 모두 철저하기 어려우며, 교육훈련 내용의 체계화가 어렵다는 단점이 있다.

---

52 서비스 품질 성과지표가 아닌 것은?

① 포기율

② 콜 전환율

③ 모니터링 점수

④ 첫 번째 콜 해결율

해설

포기율은 고객이 전화를 끊은 콜의 비율을 말하므로 서비스 품질 성과지표에 해당하지 않는다.

포기율

인입콜 중 상담사가 응답하기 전에 고객이 전화를 끊은 콜의 비율이다.

53 피들러(Fiedler)의 리더십 이론에 관한 설명으로 옳은 것은?

① 상황에 따른 리더의 의사결정능력과 비전을 강조하였다.

② 리더십 스타일은 부하의 참여도와 성숙도에 따라 달라진다.

③ 리더십 스타일을 지시형, 위임형, 참여형, 지도형 네 가지 유형으로 구분하였다.

④ 리더에게 유리한 상황부터 불리한 상황까지 여덟 가지 상황으로 분류하였다.

> **해설**
>
> 피들러(Fiedler)의 유관이론(상황이론)
> - 세 가지 요인에 따라 여덟 가지 상황을 설정하여 그에 적합한 리더십 유형을 제시한다.
> - 세 가지 상황 우호성 변수
>   - 리더와 구성원의 관계: 구성원이 리더를 지원하는 정도로 얼마나 관계가 좋은가를 의미한다.
>   - 구성원들의 업무 구조화: 업무의 목표나 처리 절차 등이 얼마나 체계화되어 있는지의 정도를 나타낸다.
>   - 리더의 지위 권력: 보상이나 통제 등 지위를 행사할 수 있는 재량권의 정도이다.
> - 효율적 리더십의 유형
>   - 상황 1번~4번: 업무중심적 리더십이 적합하다.
>   - 상황 5번~8번: 인간중심적 리더십이 적합하다.

54 리더십 이론 중 행위이론으로 볼 수 없는 것은?

① 아이오와 대학 모형   ② 오하이오 주립대학 모형

③ 관리격자 모형   ④ Vroom & Yetton의 의사결정 상황이론

> **해설**
>
> 리더십 이론 중 행위이론에는 아이오와 대학 모형, 오하이오 주립대학 모형, 관리격자 모형 등이 있다. Vroom & Yetton의 의사결정 상황이론은 상황이론에 해당한다.

55 텔레마케터의 업무 수칙과 거리가 먼 것은?

① 고객의 특수한 요구나 고충 등은 스스로 판단하여 해결한다.

② 기업의 이미지 향상을 위해 항상 노력해야 한다.

③ 스크립트에 따라 고객에게 대응하는 것을 원칙으로 하며, 상황변화에 따라 신속하고 유연하게 대응한다.

④ 예기치 않은 상황에 대비하여 임기응변 방안을 준비해 둔다.

> **해설**
>
> 고객이 특수한 요구를 했을 때는 적절한 대응 방법 및 정해진 절차를 이용하여 처리해야 한다.

56 일반적인 직무평가의 방법에 해당하지 않는 것은?

① 대조법　　　　　　　　　　　　　② 서열법
③ 요소비교법　　　　　　　　　　　④ 분류법

해설

직무평가의 방법에는 서열법, 분류법, 점수법, 요소비교법이 있다.

57 텔레마케팅의 전개과정을 바르게 나열한 것은?

① 기획 → 실행 → 반응 → 측정 → 평가　　② 기획 → 실행 → 측정 → 반응 → 평가
③ 기획 → 측정 → 실행 → 평가 → 반응　　④ 기획 → 측정 → 실행 → 반응 → 평가

해설

텔레마케팅의 전개과정
기획 → 실행 → 반응 → 측정 → 평가

58 인바운드 텔레마케팅의 활용 분야가 아닌 것은?

① 주문, 예약 처리　　　　　　　　　② 신규가입 문의 및 상담
③ 고객 불만사항 처리　　　　　　　④ 구매감사, 해피콜

해설

구매감사와 해피콜은 아웃바운드 텔레마케팅의 활용 분야이다.

59 인사관리에 대한 설명으로 틀린 것은?

① 사람의 일을 효과적으로 관리하는 것이다.
② 기업의 경우 종업원이 그 대상이 된다.
③ 개인과 조직의 목표가 성취될 수 있도록 인력의 확보로부터 이직까지의 과정을 계획하나 통제하지는
　 않는다.
④ 사용자와 근로자의 협력체계가 이루어지도록 하는 관리활동이다.

해설

인사관리는 인력의 확보로부터 이직까지의 과정을 계획 및 통제한다.

60 다음 중 콜센터 발전 방향과 가장 거리가 먼 것은?

① 전화 센터에서 멀티미디어 센터로 변화
② 프로핏(Profit) 센터에서 코스트(Cost) 센터로 변화
③ 생산성 중심에서 고객관계 중심으로 운영 관점의 변화
④ 높은 이직률에서 커리어패스(Career path)의 직업으로 변화

해설

콜센터는 코스트 센터에서 프로핏 센터로 변화하고 있다.

61 OJT를 실시할 때 지켜야 할 원칙이 아닌 것은?

① 업무와 직접 관련된 교육을 실시한다.
② 신입사원 입사 시에만 활용하는 교육이다.
③ 체계적이고 지속적이어야 한다.
④ 상담원의 능력을 극대화할 수 있는 방향으로 실시한다.

해설

OJT 시기
• 신입 상담원이 처음 입사했을 때
• 기존 상담원이 다른 업무팀에서 전보 왔을 때
• 기존 상담원의 실적이 떨어졌을 때

62 텔레마케팅을 효율적으로 수행하는 조직의 특성으로 틀린 것은?

① 다양한 기술의 통합을 위한 관리를 효율적으로 시행하고 있다.
② 가치를 극대화하기 위한 고객의 행동분석을 주기적으로 분석하고 있다.
③ 텔레마케터의 성과측정이 효과적으로 이루어지고 있다.
④ 고객의 충성도 제고를 위해 조직의 비용절감을 가장 중요하게 여긴다.

해설

무조건적인 비용절감이 고객의 충성도 제고에 기여하지는 않는다.

63 리더십 특성이론에 관한 설명으로 틀린 것은?

① 리더의 개인적 특성이 존재한다고 보는 입장이다.

② 리더의 선천적 자질을 유능한 리더의 조건으로 파악하기 때문에 자연적 리더십 이론이라고도 한다.

③ 유능한 리더의 개인적 특성으로 지적 능력, 성격, 신체적 조건, 직업의 감독능력 등이 있다.

④ 리더의 특성과 리더십의 유효성 간의 관계에 대해 각 연구자마다 일관성 있는 결과가 나타난다.

해설

리더의 특성 및 리더십의 유효성 간의 관계에 대하여 각 연구자마다 다른 결과가 나타난다.

64 평균처리시간이 길어질 경우 생산성 관리를 위한 조치로 적합하지 않은 것은?

① 모든 상담을 ARS로만 처리한다.

② 근무 집중도가 떨어지는 이유가 있는지를 확인한다.

③ 스크립트가 불충분하거나 부정확한지 확인한다.

④ 적정인력의 투입 여부를 확인한다.

해설

ARS뿐 아니라 다양한 방법을 이용하여 상담할 수 있다.

65 다음은 무엇에 관한 설명인가?

콜센터 상담원을 대상으로 성과측정을 위한 인터뷰를 할 때 평가과정에 영향을 미치는 일반적 오류 중 한 가지 측면에서 뒤떨어질 경우 나머지 모두를 나쁘게 평가하는 것

① 각인효과　　　　　　　　　　　② 후광효과

③ 대조효과　　　　　　　　　　　④ 상동효과

해설

② 후광효과: 현혹효과라고도 하며, 어떤 대상이나 사람에 대한 일반적인 견해가 그 대상이나 사람의 구체적인 특성을 평가하는 데 영향을 미치는 현상. 피고과자의 어떤 특성에 대해 우수하다는 인상을 갖게 되면 다른 특성 역시 우수한 것으로 평가해 버리는 경향이다.

③ 대조효과: 차례로 제시된 두 대상 사이의 차이점을 인식하는 과정에 영향력을 미친다는 현상. 피고과자를 평가함에 있어서 자신이 지닌 특성과 비교해 평가하는 경향이다.

④ 상동효과: 피고과자가 속한 사회적 속성에 대한 편견이 개입되는 경향이다.

66 텔레마케터를 선발할 때 사용하는 텔레마케터 면접기준표에 여러 항목이 포함되어 있다. 이 중 경청, 지식욕, 신뢰성, 유연성을 평가하는 것은?

① 표현 및 구술 능력

② 품성 및 조직적응력

③ 음성적 자질

④ 청취 및 이해력

해설

경청, 지식욕, 신뢰성, 유연성은 청취 및 이해력에 해당된다.

67 특별한 경영활동의 수행과 그 결과에 관하여 경영자의 권위가 미치는 분명한 영역이나 단위 혹은 조직의 하부체계는?

① 조직의 구체화

② 조정화

③ 부문화

④ 조직개발

해설

부문화

콜센터 업무의 세분화, 전문화로 인해 전체 과업이 분화되면 능률 도모를 위해 관련된 과업을 모아 수평적으로 그룹을 형성하는 콜센터 조직설계의 기본과정이다.

68 콜센터 경영 시 가장 큰 문제점인 이직률의 원인으로 틀린 것은?

① 관리자와의 커뮤니케이션 부조화

② 불확실한 비전 및 커리어패스(Career path)

③ 일관되고 투명한 급여기준

④ '끼리끼리' 문화에 익숙한 상담원들의 집단행동

해설

일관되고 투명한 급여기준은 문제점이 아니므로 이직률의 원인에 해당하지 않는다.

69 효과적으로 모니터링을 실행하는 방법으로 틀린 것은?

① 모니터링 평가 결과에 따른 개별 코칭이 필요하다.

② 모니터링 평가기준은 정기적으로 수정 · 보완해야 한다.

③ 모니터링의 평가기준을 텔레마케터가 충분히 숙지할 수 있도록 한다.

④ 모니터링의 평가기준은 기업의 서비스 레벨과 고객 요구수준보다 텔레마케터의 수준이 우선으로 고려되어야 한다.

> **해설**
>
> 모니터링의 평가기준은 기업의 서비스 레벨과 고객 요구수준이 텔레마케터의 수준보다 우선으로 고려되어야 한다.

70 다음에서 설명하는 것은?

> 텔레마케터가 고객과의 대화를 자연스럽게 진행할 수 있도록 미리 준비된 대화지침서 또는 응대문안이다.

① 질의응답지(Q&A) ② 스크립트(Script)
③ 데이터시트(Data sheet) ④ 데이터베이스(Database)

> **해설**
>
> 스크립트의 목적
> - 표준화된 언어표현과 상담방법으로 모든 고객을 대할 수 있도록 도와줄 수 있다.
> - 콜센터 내의 생산성 관리를 도와줄 수 있다.
> - 고객에게 전화 목적에 대한 효율적인 전달과 일관된 흐름에 입각한 논리적인 상담이 진행될 수 있다.
> - 상담원 스킬 향상에도 많은 영향을 미치게 된다.
> - 텔레마케팅 전문가의 경험과 지식을 활용할 수 있다.
> - 텔레마케터 간의 상담 능력 차이를 좁혀 일관성 있는 업무를 수행한다.
> - 텔레마케터의 능력을 일정 수준 이상으로 유지 · 관리한다.

71 콜량 예측 시 필요한 데이터와 가장 거리가 먼 것은?

① 마무리시간 ② 평균 처리시간
③ 텔레마케터의 수 ④ 평균 대화시간(통화시간-초)

> **해설**
>
> 콜량 예측 시 필요한 데이터
> 평균 대화시간(Average talk time), 마무리시간(Wrap-up), 평균 처리시간(AHT; Average Handling Time)

72 콜센터의 인적자원관리 방안으로 옳지 않은 것은?

① 다양한 동기부여 프로그램

② 콜센터 리더 육성 프로그램

③ 상담원 수준별 교육훈련 프로그램

④ 상담원의 심리적 안정을 위한 일정한 성과급의 지급체계

해설

성과급을 차등적으로 지급해야 한다.

73 갈등해결에 대한 설명 중 옳지 않은 것은?

① 갈등해결의 방법 중 무관심, 물리적 분리는 단기적으로 효과가 있는 방법이다.

② 조하리의 창(Johari window)은 대인 간의 스타일이나 개인 간의 갈등의 원인을 설명하는 이론이다.

③ 조하리의 창(Johari window)에 의하면 갈등을 해결하기 위해서는 자기노출과 피드백을 통해 미지영역을 넓혀야 한다.

④ 갈등해결을 위해 권력을 이용하는 방법으로 계층을 통한 개입이나 정치적 타결을 들 수 있다.

해설

조하리의 창에 의하면 갈등해결을 위해서는 공공영역을 넓혀야 한다.

조하리의 창

• 각 개인 간 커뮤니케이션 과정에서 유발되는 갈등의 원인이 어디에 있는지 규명하는 데 유용한 모델

• 조(Joe)와 하리(Hari)가 개발한 네 개의 창(너도 알고 나도 아는 창, 너는 모르지만 내가 아는 창, 너도 모르고 나도 모르는 창, 나는 모르지만 너는 아는 창)

• 사람과의 관계에서 타인에게 투영되는 자신의 모습을 나타냄

	자신이 아는 부분	자신이 모르는 부분
다른 사람이 아는 부분	열린 창 (Open area)	보이지 않는 창 (Blind area)
다른 사람이 모르는 부분	숨겨진 창 (Hidden area)	미지의 창 (Unknown area)

74 상담원이 자신이 맡은 직무를 수행하는 데 한 가지 직무에 수반되는 과업의 수나 종류를 늘리는 것은?

① 직무확대   ② 직무몰입

③ 직무평가   ④ 직무만족

> **해설**
>
> 직무확대(Job enlargement)
> 직무수행자의 직무를 다양화하여 직무의 수평적 범위를 넓히는 것이다.

75 리더십에 대한 설명으로 옳지 않은 것은?

① 그린리프는 새로운 리더십으로 서번트 리더십을 제시하였다.

② 리더십의 특징은 조직구성원들의 행동을 통해 확인할 수 있다.

③ 리더는 자신의 강점보다는 약점을 보완하기 위해 최대한의 시간과 노력을 투자해야 한다.

④ 리더십은 리더의 특성, 상황적 특성, 직원의 특성에 의한 함수관계에 따라 발휘되어야 한다.

> **해설**
>
> 리더는 자신의 강점을 부각시키면서 약점을 보완하기 위한 노력을 투자해야 한다.

제4과목 고객관리

76 다음 중 고객 개인별로 상품설계, 가격체계, 판매채널, 프로모션, 서비스를 제공하는 마케팅은?

① 다품종소량 마케팅   ② 세분화 마케팅

③ 1:1 마케팅   ④ 틈새 마케팅

> **해설**
>
> ① 다품종소량 마케팅 : 다양한 품종을 소량으로 생산하여, 규모의 경제 효과를 통한 이득이 미미한 경우나 높은 품질로 새로운 소비자층을 유인하고자 하는 마케팅 전략
> ② 세분화 마케팅 : 시장을 세분화하여 속성에 따라 나누어 공략하는 마케팅 전략
> ④ 틈새 마케팅 : 남이 아직 모르는 좋은 곳, 빈틈을 찾아 그곳을 공략하는 마케팅 전략

77 화가 많이 난 소비자를 대할 때의 상담기술로 적합한 것은?

① 일단은 소비자를 안심시켜 화난 이유를 정확히 말하도록 유도한다.

② 소비자의 감정상태를 인정하는 것은 무조건 문제를 수용하겠다는 것을 의미하므로 삼가야 한다.

③ 소비자가 이야기할 때 중간에 계속 끼어들어 화를 가라앉히도록 유도한다.

④ 상담 초기에 소비자의 감정적인 표현을 무시하여 객관적인 사실만 말하도록 유도한다.

해설

소비자를 안심시켜 화난 이유를 말하도록 유도하고, 원인을 정확하게 분석 · 규명하고 질문, 불만을 종합적으로 분석하며 원인에 대한 책임을 파악한다.

78 CRM 성공전략 중 시스템 통합수준의 성공 요인이 아닌 것은?

① 후방조직 영역 활동의 종합적 관리

② 전방조직 영역의 CRM 활동의 자동화

③ 조직 내 다른 정보시스템과의 개별화

④ 고객중심 업무처리절차 확립

해설

CRM은 고객과 관련된 기업 내 모든 정보를 통합하여 분석 및 관리하고 이를 전략적으로 활용한다.

79 다음 사례에서 고객의 역할은?

> 콜센터에서 고객으로부터 걸려 오는 전화의 매 12회마다 1회씩 짤막한 조사를 시행하고 있으며, 이때 걸리는 시간은 1분도 채 걸리지 않는다.

① 정보제공자

② 정보소비자

③ 정보이용자

④ 정보관리자

해설

고객을 대상으로 조사를 시행하고 고객은 이에 응답하므로 고객은 정보제공자의 역할을 하고 있다.

80 CRM 전략에 관한 설명으로 틀린 것은?

① 거래고객 활성화 전략은 고객의 구매이력을 지속적으로 기록하여 고객의 구매량에 따라 인센티브를 제공하고 지속적인 재구매를 유도하는 전략이다.

② 거래고객 충성도 전략은 고객과의 관계강화를 통해 거래고객이 경쟁업체로 이탈하지 않도록 하는 전략이다.

③ 거래고객 유지 전략은 고객이 가격이 비싸다고 지각된 위험성이 높은 제품을 구매한 후에 자신의 결정에 대한 불안감을 느끼는 데 이를 제거시켜주는 전략이다.

④ 거래고객 크로스세일 전략은 잠재고객 리스트를 수집하여 다양한 마케팅을 통해 가망고객으로 발굴하여 적절한 오퍼를 제공하는 전략이다.

해설

크로스세일(교차판매) 전략
기존고객이 현재 거래하고 있는 상품, 서비스 이외에도 자사의 여타 상품, 서비스들을 다양하게 이용하도록 함으로써 기존 고객과의 거래량을 늘리고 수익성 높은 상품, 서비스를 순차적으로 제공함으로써 거래량뿐만 아니라 거래기간도 늘려나가는 전략이다.

81 수다스러운 소비자에 대한 상담기법에 관한 설명으로 틀린 것은?

① 가능한 한 따뜻하게 수용한다.

② 가능하다면 가벼운 농담을 주고받으며 될 수 있는 대로 소비자에게 이야기를 시키는 것이 요령이다.

③ 계속 개방형 질문을 통해 소비자의 용건을 해결하고 요구를 결정하도록 한다.

④ 상담원이 주도권을 빼앗기지 않도록 주의한다.

해설

수다스러운 소비자에게는 맞장구와 함께 천천히 용건에 접근한다.

82 CRM 시스템의 구성요소와 그에 대한 설명이 틀린 것은?

① 분석 CRM: 고객정보를 분석하고 고객 개인별로 등급화를 하여 고객응대 전략을 수립

② 운영 CRM: 고객 접점과 관련된 기능을 강화하여 고객응대 프로세스가 원활하게 운영되도록 지원

③ 확보 CRM: 기존고객의 만족 사례를 전파하여 새로운 고객을 확보

④ 협업 CRM: 고객불만 제거를 위하여 부서 간 업무를 협력하여 공동으로 고객과의 상호작용을 관리

해설

CRM 시스템의 구성요소에는 분석 CRM, 운영 CRM, 협업 CRM이 있다.

83 일반적으로 텔레마케터가 고객과의 전화에서 활용할 수 있는 음성 연출로 적합하지 않은 것은?

① 억양의 특이한 엑센트

② 음성의 크고 작음

③ 말의 빠르고 느림

④ 말의 색깔과 느낌

> **해설**
> 텔레마케터는 고객과의 전화에서 사투리나 방언의 사용을 피하고 표준어를 사용하는 것이 좋다.

84 복잡한 빅데이터 속에서 의미 있는 정보와 가치들을 찾아내어 사람들이 쉽게 직관적으로 알 수 있도록 표현하는 기술은?

① 실시간(Real time) 분석

② 준 실시간(Quasi-real time) 분석

③ 텍스트 마이닝(Text mining)

④ 빅데이터 분석 시각화(Visualization)

> **해설**
> 빅데이터 분석 시각화(Visualization)에 대한 설명이다. 데이터 분석 결과를 쉽게 이해할 수 있도록 시각적으로 표현하고 전달하는 과정이며, 도표를 이용하여 정보를 보다 명확하고 효과적으로 전달한다.

85 커뮤니케이션 채널에 대한 설명으로 틀린 것은?

① 커뮤니케이션 채널은 발신자가 수신자에게 메시지를 전달하는 데 사용되는 수단을 말한다.

② 커뮤니케이션 채널은 크게 인적 채널과 비인적 채널로 나누어진다.

③ 인적 채널은 대중매체와 인터넷과 같은 다이렉트 마케팅 도구들이 포함된다.

④ 비인적 채널은 발신자와 수신자 사이의 직접적인 접촉 없이 메시지가 전달되는 방법이다.

> **해설**
> 인적 채널에는 입소문, 영업사원 등이 포함된다. 대중매체는 발신자와 수신자 사이의 직접적인 접촉이 이루어지지 않으므로 비인적 채널에 포함된다.

86 다음은 무엇에 관한 설명인가?

> 사용자가 인터넷을 통해 서비스 제공자에게 접속하여 애플리케이션을 사용하고 사용한 만큼 비용을 지불한다. 서비스가 운용되고 있는 서버에 대해 운영체제, 하드웨어, 네트워크는 제어할 수 없고 오직 소프트웨어만 사용할 수 있다.

① SaaS
② PaaS
③ LaaS
④ KaaS

해설
② PaaS: 서비스 개발을 위한 안정적인 플랫폼과 응용 프로그램을 개발할 수 있는 API를 제공하는 기술
③ LaaS: PaaS, SaaS의 기반이 되는 기술로, 서버 운영을 위한 인프라 구축에 필요한 것들을 편하게 이용할 수 있도록 제공하는 기술

87 인바운드 텔레마케터의 자세로서 옳지 않은 것은?

① 텔레마케터는 고객의 말에 귀를 기울여 대화의 내용과 핵심을 간파해야 한다.
② 텔레마케터는 고객과 직접 대면하는 것이 아니므로 밝고 부드러운 표정은 중요하지 않다.
③ 상담예절을 지키면서 고객의 말을 들으면 공감대도 높고 화제의 집중력도 높아진다.
④ 편안한 말하기 속도를 유지하면서 표준 발음을 구사해야 한다.

해설
전화로 이야기할 때에도 미소를 지으며 필요한 낱말에 강세를 두어 말한다.

88 다음 (   ) 안에 들어갈 가장 알맞은 것은?

> CRM이란 고객관리에 필수적인 요소인 조직의 경영능력 등을 (   )으로 통합하여 고객활동을 개선함으로써, 고객과의 장기적인 관계를 구축하고 기업의 경영성과를 개선하기 위한 새로운 경영방식이다.

① 기업중심
② 고객중심
③ 시장중심
④ 영업중심

해설
CRM은 고객중심의 경영을 의미한다.

89 개인정보보호법령상 개인정보 보호 기본계획의 수립시기는?

① 2년   ② 3년

③ 5년   ④ 10년

해설

제9조(기본계획)
① 보호위원회는 개인정보의 보호와 정보주체의 권익 보장을 위하여 3년마다 개인정보 보호 기본계획을 관계 중앙행정기관의 장과 협의하여 수립한다.

90 감정노동 직업군 분류 중 간접 대면에 해당하는 것은?

① 콜센터 상담원

② 백화점 판매원

③ 미용사

④ 항공사 승무원

해설

백화점 판매원, 미용사, 항공사 승무원이 직접적으로 고객을 대면하는 반면, 콜센터 상담원은 전화기를 통해 간접적으로 대면한다.

91 고객이 제품에 대한 문의를 한 경우 상담처리 기술에 대한 설명으로 옳은 것은?

① 먼저 문의 내용을 명확히 파악한다.

② 문의 내용을 기록하지 않고 경청에 집중한다.

③ 상담원의 수준에 맞는 내용으로 설명한다.

④ 고객이 필요로 하는 정보를 제한적으로 제공한다.

해설

② 문의 내용 중 요점이 되는 부분은 기록하며 경청해야 한다.
③ 상담할 때 전문적인 용어는 피하고 고객 수준에 맞는 말을 사용해야 한다.
④ 고객이 필요로 하는 정보는 충분히 제공되어야 한다.

92 고객으로부터 중대한 불만 상황이 발생하였을 때 고객관리 방법으로 옳지 않은 것은?

① 고객의 불만 정도나 깊이를 파악한다.

② 상급자나 불만사항과 관련된 부서에 연락하여 고객 불만을 최소화시킨다.

③ 처리하기 어려운 불만이나, 긴박한 상황이 발생하더라도 직접 방문은 되도록 피한다.

④ 추후 전화를 걸어 그 당시의 불만을 다시 사과한다.

> **해설**
> 필요시 고객의 양해를 구한 후 직접 방문할 수 있다.

93 빅데이터 분석도구인 'R'의 대표적인 특징이 아닌 것은?

① 데이터 입력 및 편집을 위한 DATA STEP과 본격적인 데이터 분석이 이루어지는 PROC STEP 두 가지 단계를 거쳐 진행된다.

② 텍스트, 엑셀, DBMS 등 다양한 종류의 정형·비정형 데이터를 이용할 수 있는 포괄적인 통계 플랫폼이다.

③ 윈도우, 유닉스, 리눅스, 맥OS 등 다양한 플랫폼에서 작동이 가능한 멀티 운영 환경을 지원한다.

④ 유사 데이터에 대한 분석 작업을 기존 스크립트를 재사용하면서 처리할 수 있는 작업의 재현성을 제공한다.

> **해설**
> DATA STEP과 PROC STEP 두 가지 단계를 거쳐 진행되는 것은 SAS에 대한 설명이다.
> R
> 오픈소스 프로그램으로, 통계, 데이터마이닝, 그래프를 위한 언어이다. 특히 빅데이터 분석을 목적으로 주목받고 있으며, 5,000개가 넘는 패키지들이 다양한 기능을 지원하며 수시로 업데이트되고 있다.

94 상담원의 효과적인 경청으로 가장 거리가 먼 것은?

① 고객의 이야기에 대한 관심을 구체적으로 표현한다.

② 확실하지 않은 내용은 다시 한번 정중하게 물어본다.

③ 고객의 말을 끊지 말고 끝까지 주의 깊게 들어야 한다.

④ 주관적 판단이나 감정을 통하여 이해하려고 노력한다.

> **해설**
> 상담자는 객관적인 자료에 근거하여 말해야 하며 개인의 주관적인 생각과 감정을 표출하여서는 안 된다.

정답 89 ② 90 ① 91 ① 92 ③ 93 ① 94 ④

95 다음 중 표현이 적극적인 행동 스타일을 가진 고객응대 스킬로 가장 거리가 먼 것은?

① 고객의 욕구가 받아들여지고 있다는 것에 초점을 맞추어 상담을 한다.

② 논리적으로 대화를 전개하고 원칙과 사실 중심으로 대화를 전개한다.

③ 이야기에 보조를 맞추며, 필요 시 맞장구를 친다.

④ 고객이 먼저 요청하지 않는 한, 제품의 세부사항은 최소한으로 제공한다.

> **해설**
>
> 논리적으로 대화를 전개하고 원칙과 사실을 중심으로 대화를 전개하는 행동 스타일에 적합한 고객은 합리적인 행동 스타일을 가진 고객이다. 합리적인 행동 스타일을 가진 고객은 질문에 대한 구체적이고 완전한 설명을 추구하므로, 정보를 논리적 연속성을 갖도록 조직화하고 배경 자료를 제공하는 것이 좋다.

96 CRM에 관한 설명으로 틀린 것은?

① CRM은 기업의 장기적인 수익성과 주주 가치를 창출하기 위해 고객관계를 관리한다.

② CRM과 직접적으로 관련된 아이디어는 관계마케팅에서 파생되었다.

③ CRM이라는 용어는 1970년대에 IT 발달에 등장하여 활용되는 것으로 CRM의 핵심적 특징이다.

④ CRM은 고객만족과 고객유지를 목적으로 일대일 마케팅, 대량 고객화 등을 실현하는 솔루션을 공급한다.

> **해설**
>
> CRM이라는 용어는 90년대 후반에 등장하였다.

97 텔레마케터가 고객의 욕구를 정확히 파악하고 고객의 불만사항을 신속하게 해결하기 위한 방법으로 가장 적합한 것은?

① 고객이 사용하는 사투리, 속어 등을 사용함으로써 보다 친근하고 신속하게 응대한다.

② 고객의 욕구를 정확히 파악하기 위해서는 고객의 이야기 도중에 질문한다.

③ 전달력을 높이기 위해 음성의 변화(음성의 고저, 장단, 강약 등) 없이 말한다.

④ 고객의 정확한 이해를 위해 통화의 끝부분에서 중요부분을 요약하여 전달한다.

> **해설**
>
> ① 텔레마케터는 고객과의 전화에서 사투리나 속어의 사용을 피하고 표준어를 사용하는 것이 좋다.
> ② 고객의 욕구를 정확하게 파악하기 위해서는 고객의 이야기를 끊지 말고 경청해야 한다.
> ③ 텔레마케터의 억양 변화는 소비자의 집중력을 강화시키므로 전달력을 높이기 위해서는 음성에 변화를 주어야 한다.

98 대인커뮤니케이션의 구성요소로 옳지 않은 것은?

① 기호화와 해독

② 발신자와 수신자

③ 상품과 유통

④ 메시지와 채널

해설

대인커뮤니케이션은 의사소통능력으로, 구성요소는 메시지와 채널, 발신자와 수신자, 기호화와 해독이 있다.

99 텔레마케터가 고객에게 의사를 전달하는 방법에 대한 설명으로 틀린 것은?

① 어려운 것을 쉽게 전하는 방법: 예시나 표현을 궁리해서 고객을 이해시키고자 한다.

② 어려운 것을 어렵게 전하는 방법: 우선 전하고자 하는 내용의 본질을 파악하고 이를 길고 자세히 설명한다.

③ 쉬운 것을 어렵게 전하는 방법: 이야기가 길어지는 경향이 있고, 고객이 듣기 싫어한다.

④ 쉬운 것을 쉽게 전하는 방법: 전하고자 하는 내용을 간략하게 있는 그대로 설명한다.

해설

어려운 것을 어렵게 설명하면 고객이 이해하기 어려워한다. 전하고자 하는 내용의 본질을 파악하고 쉬운 용어로 간결하게 설명하면 고객이 보다 쉽게 이해할 수 있다.

100 고객응대의 수단인 전자우편을 효과적으로 전달하는 방법이 아닌 것은?

① 간결하고 명료한 문장을 사용한다.

② 메시지를 보내기 전에 철자검색 및 교정을 한다.

③ 청탁받지 않은 광고물이나 홍보자료를 보내는 것을 삼간다.

④ 기업의 이메일과 개인의 이메일은 통합해서 사용한다.

해설

기업의 이메일과 개인의 이메일은 구분해 두는 것이 좋다.

제4회 기출문제해설

핵심 내용

제1과목: RFM 분석, 데이터베이스, 묶음가격, 복수상표화, 온정소구, 표적 마케팅, 제품전문화 전략, 고가전략, 마케팅믹스

제2과목: 눈덩이표본추출, 연구윤리, 2차 자료, 기술적 조사, 사생활 보호, 표본체계, 코딩, 관찰법

제3과목: 자동호분배(ACD), 관리격자 이론, 콜센터 조직, OJT, 대응승진, 직무기술서, 모니터링, 스크립트

제4과목: 상담기법, 감정노동, CRM, 고객평생가치(LTV), 정성적 측면, 경청, 고객관리, 텔레커뮤니케이션

제1과목 판매관리

01 다음 중 소비자들이 필요로 하지만 해당 제품의 구입을 위해 많은 시간을 보내거나 노력을 경주할 의사가 없는 제품은?

① 편의품

② 선매품

③ 전문품

④ 비탐색품

해설

편의품은 최소한의 노력으로 구매의 편의성이 높은 제품을 말한다. 따라서 강한 상표 애호도를 갖는 경우가 많으므로 상품의 광고와 포장이 중요하다.

02 주문접수 처리 업무의 특성에 대한 설명으로 옳은 것은?

① 일반적으로 홈쇼핑, 카탈로그 쇼핑업체에서 많이 이루어진다.

② 주로 상품구매 고객의 불만사항을 접수하는 역할만 한다.

③ 연결된 통화의 품질유지가 우선이며 이를 위해서 때로는 들어오는 통화 중 일부를 포기하는 것이 바람직하다.

④ 고객이 주도하는 전화이므로 초보적인 상담원도 문제없이 처리할 수 있는 업무이다.

해설

주문접수 처리 업무는 목적을 가지고 문의한 고객을 대상으로 하는 인바운드 업무에 해당한다. 신뢰감 있는 목소리와 간결한 말투가 중요하며, 자사 상품의 장점을 강조해 판매를 종결지을 수 있도록 유도하는 능력이 필요하다.

03 주문접수 처리에 요구되는 사항과 가장 거리가 먼 것은?

① 고객번호, 전화번호 등 고객데이터의 정확한 작동과 관리가 이루어져야 한다.

② 고객의 기본이력을 통해 그 고객의 특성을 이해하여 개인신상정보 DB를 상업적으로 이용한다.

③ 문의나 요구사항, 접수에 대해서는 전화를 받는 사람이 즉시 원스톱 중심으로 처리할 수 있어야 한다.

④ 고객관리에서 가장 기초적인 고객정보 화면의 신규입력과 수정입력이 용이하게 이루어져야 한다.

해설

주문접수 처리는 인바운드 업무로, 문의해 온 고객의 목적을 파악하고 처리하는 원스톱 방식이 중요하다. 고객의 정보 DB를 상업적 업무에 이용하는 것은 데이터베이스 마케팅에 해당한다.

04 아웃바운드 텔레마케터에게 요구되는 프로모션 능력이 아닌 것은?

① 상품 및 서비스에 대한 사전 지식 숙지

② 고객에게 호감을 줄 수 있는 경청자세 기법 숙달

③ 고객의 반론이나 거절에 순응하는 자세

④ 고객과의 친밀한 관계형성 자세

해설

아웃바운드 텔레마케팅은 외부의 잠재고객 및 기존의 고객을 대상으로 하는 능동적인 마케팅이다. 따라서 아웃바운드 텔레마케터는 고객과 긍정적인 관계를 형성할 수 있는 능력을 갖춰야 하며, 적절한 응대로 콜 방향을 리드해 나가야 한다.

05 RFM 분석에 관한 설명으로 틀린 것은?

① RFM 분석은 다이렉트 메일이나 카탈로그 우송리스트 추출에 빈번히 사용되고 있다.

② RFM 분석은 원리가 매우 간단하지만 실제로 높은 반응률을 가져오기 때문에 광범위하게 사용되고 있다.

③ RFM 분석을 하기 위해서는 고객과의 거래기록이 전제가 되기 때문에 RFM 분석은 기존고객의 가치를 평가하는 방법이라고 할 수 있다.

④ RFM 분석은 거래관계가 없는 잠재고객에 대해서도 직접 적용이 가능하다.

해설

RFM 분석
고객의 성향을 분석하여 고객의 등급을 계산하는 방법으로, 고객에게 점수를 부여하여 고객 우선순위를 산정하는 공식이다. 주로 고객로열티 관리의 전략으로 활용한다.
• R(Recency): 최근 구매일, 가장 최근에 구매한 시점
• F(Frequency): 구매 빈도, 일정 기간 동안 구매한 빈도수
• M(Monetary): 구매 금액, 일정 기간 동안 구매한 금액

06 고객의 개인속성 DB에 해당하지 않는 것은?

① 연령   ② 주거형태

③ 구매의도   ④ 전화번호

해설

데이터베이스(Database)의 속성
- 개인속성(고객속성): 고객이 가지고 있는 고유한 성질의 데이터이다. 직업, 성명, 연령, 주민등록번호, 주소, 성별, 전화번호, 신용카드 보유현황, 거주형태 등이 해당된다.
- 거래속성: 고객이 자사의 상품이나 서비스를 이용하면서 생긴 데이터이다. 상품내용, 상품명, 상품금액, 상품코드, 구입장소, 구입의도, 클레임 분류, 과거거래 실적 등이 해당된다.

07 제품 구성요소 중 유형제품(Tangible product)에 해당하는 것은?

① 설치   ② 상표

③ 배달   ④ 보증

해설

필립 코틀러(Philip Kotler)의 제품의 개념화(핵심제품 → 유형제품 → 확장제품)
- 핵심제품(Core product): 소비자가 어떤 제품을 구매할 때 추구하는 편익(효용)을 의미하며, 소비자의 욕구를 충족시켜 주는 가장 본질적인 요소를 말한다.
- 유형제품(Tangible product): 유형화(형상화)를 위한 물리적인 요소로서 포장, 상표명, 품질 및 디자인 등과 같은 구체적인 제품을 말한다. 이는 소비자의 감각적 · 상징적 욕구를 충족시켜 준다.
- 확장제품(Augmented product): 물리적인 제품에 대한 추가적 · 부가적 서비스를 말하는 것으로 서비스편익인 운반, 설치, 보증, 사용방법(매뉴얼), 애프터서비스 등이 있다.

08 유통경로의 설계전략에 관한 (　　　) 안의 내용이 옳게 연결된 것은?

> - (ㄱ) 유통은 가능한 한 많은 중간상에게 자사의 제품을 취급하도록 하는 것으로 저가 소비재 등과 같이 소비자들이 구매의 편의성을 중시하는 품목에서 채택하는 방식
> - (ㄴ) 유통은 제품의 이미지를 유지하고 중간상들의 협조를 얻기 위해 일정 지역 내에서의 독점 판매권을 중간상에게 부여하는 방식

① ㄱ: 전속적, ㄴ: 선택적   ② ㄱ: 전속적, ㄴ: 집중적

③ ㄱ: 집중적, ㄴ: 전속적   ④ ㄱ: 선택적, ㄴ: 집중적

유통경로 설계전략
- 개방적(집중적) 유통경로: 가능한 한 많은 소매점이 자사의 제품을 취급하도록 해 소비자들에게 제품의 노출을 최대화시킨다.
- 전속적 유통경로: 일정 지역 내의 소매점에만 자사 제품의 독점 판매권을 부여해 제품의 이미지를 제고하고 유지한다.
- 선택적 유통경로: 개방적 유통경로와 전속적 유통경로의 중간 형태로, 일정 지역에서 일정 수준 이상의 자격요건을 지닌 소매점만 자사 제품을 취급하도록 한다.

09 시장세분화의 변수 중 고객의 나이, 직업, 성별로 구분하는 것은?

① 인구통계학적 변수
② 사회심리학적 변수
③ 제품사용 빈도 변수
④ 지리적 변수

시장세분화의 변수
- 지리적 변수: 지역, 인구밀도, 도시의 규모, 기후 등
- 인구통계적 변수: 나이, 성별, 가족 규모, 가족생활주기, 소득, 직업, 학력, 종교 등
- 심리분석적 변수: 라이프스타일, 사회 계층, 개성, 관심, 활동 등
- 행동분석적 변수: 추구하는 편익, 구매 준비 단계, 사용 경험, 가격민감도, 사용량 등

10 다음 중 묶음 가격의 효과에 관한 설명으로 틀린 것은?

① 기업은 핵심제품 또는 서비스에 대한 수요를 더욱 증대시킬 수 있다.
② 기업은 부수적인 제품 또는 서비스의 수요를 창출할 수 있다.
③ 기업은 묶음 가격을 통한 시너지 효과로 보다 높은 가격으로 제품 또는 서비스를 제공할 수 있다.
④ 소비자는 보다 많은 제품 또는 서비스에 대한 정보를 얻을 수 있다.

제품 묶음 가격결정법을 사용하면 기업은 보다 낮은 가격으로 제품 또는 서비스를 제공할 수 있다.

11 아웃바운드 텔레마케팅의 성공요소가 아닌 것은?

① 명확한 고객데이터의 확보

② 쌍방향 의사소통을 위한 정교한 스크립트

③ 주력상품, 서비스의 개발 및 제공

④ 무차별적 통화를 통한 공격적 영업자세

해설

아웃바운드 텔레마케팅은 긍정적이고 능동적인 자세로 고객에게 호감과 신뢰를 심어주어 상품의 홍보나 판매를 성공시키는 마케팅이다. 따라서 고객에게 불쾌감을 줄 수 있는 무차별적이고 공격적인 영업자세는 지양해야 한다.

12 라인확장(Line extension)과 복수상표화(Multibranding)에 관한 설명으로 틀린 것은?

① 라인확장은 제품범주 내에서 새로운 특성을 추가로 도입하면서 기존 브랜드명을 사용하는 것이다.

② 라인확장은 소매점 진열공간을 더 많이 차지하기 위해 사용할 수 있다.

③ 복수상표화는 라인확장에 비해 마케팅 자원이 더 투입된다.

④ 복수상표화는 한 제품라인에서 문제가 발생될 경우 전체에 타격을 입힐 위험성이 크다.

해설

복수상표화는 동일한 제품범주 내에서 두 개 이상의 다른 브랜드명으로 분산되어 있으므로 문제 발생 시 타격을 최소화할 수 있다.

제품 상표	기존제품	신제품
기존상표	라인확장	상표확장
신상표	복수상표	신상품(개별상표)

13 제품의 가격 변화에 따른 소비자의 수요 변화나 공급 추이에 관한 정도를 의미하는 것은?

① 가격대 성능비

② 가격탄력성

③ 가격 표시제

④ 기회비용

해설

가격탄력성

제품의 가격 변화에 따른 소비자의 수요 변화나 공급 추이에 관한 정도를 말한다.

14 소비자가 사랑, 가족애, 우정 등을 경험하게 함으로써 긍정적이고 온화한 감정을 불러일으키는 광고실행 전략은?

① 증언형 광고

② 비교광고

③ 온정소구 광고

④ 이성적 소구 광고

> **해설**
>
> 온정소구 광고
>
> 현대의 고도화된 산업사회에서 가족 간, 형제간의 우애와 친구와의 우정, 사랑 등을 매개체로 하여 사람들에게 따뜻함을 경험하게 하는 광고 전략이다.

15 경쟁사와 대비하여 차별적인 우위를 누릴 수 있는 포지셔닝 전략으로 적합하지 않은 것은?

① 제품 차별화

② 서비스 차별화

③ 인적 차별화

④ 기업환경 차별화

> **해설**
>
> 적절한 포지셔닝 전략이 수립되어야 소비자들에게 경쟁사들보다 높은 가치를 제공할 수 있고 이에 따라 시장에서 차별적인 우위를 누릴 수 있다. 차별화 가능 요인으로는 제품 차별화, 서비스 차별화, 인적 차별화, 이미지 차별화가 있다.

16 다음은 효과적인 시장세분화의 요건 중 무엇에 관한 설명인가?

> – 시장 부문의 규모가 크고 수익성이 커서 별도의 시장으로 개척할 가치가 있는 정도를 말한다.
> – 세분된 각 시장 부문에 대하여 상이한 마케팅 계획이 필요하고 이에 따라서 많은 비용이 소요되므로 하나의 시장 부문은 가능한 한 동질적 욕구를 지닌 다수의 소비자로 구성되어 이익을 거둘 수 있는 규모가 되어야 한다.

① 측정가능성

② 접근가능성

③ 유지가능성

④ 실행가능성

> **해설**
>
> 시장 부문의 규모가 크고 수익성이 커서 별도의 시장으로 개척할 가치가 있는지를 파악하여 시장을 세분하는 요건은 유지가능성이다. 규모의 경제성으로 부르기도 한다.

정답   11 ④   12 ④   13 ②   14 ③   15 ④   16 ③

17 다음 중 표적 마케팅(Target marketing) 전략의 순서로 옳은 것은?

① 표적시장 계획단계 → 시장보완 전략 개발단계 → 시장목표 실현단계 → 시장세분화 단계 → 시장 차별화 수행단계

② 시장세분화 단계 → 시장보완 전략 개발단계 → 표적시장 계획단계 → 시장 차별화 수행단계 → 시장목표 실현단계

③ 시장보완 전략 개발단계 → 시장세분화 단계 → 표적시장 계획단계 → 시장 차별화 수행단계 → 시장목표 실현단계

④ 시장 차별화 수행단계 → 시장목표 실현단계 → 시장세분화 단계 → 표적시장 계획단계 → 시장보완 전략 개발단계

해설

표적 마케팅(Target marketing) 전략의 순서
시장세분화 단계 → 시장보완 전략 개발단계 → 표적시장 계획단계 → 시장 차별화 수행단계 → 시장목표 실현단계

18 특정 제품으로 다양한 세분시장에 진출하려는 전략으로 제품의 차별성에 자신이 있고 소비자의 선호가 분산되어 있지 않을 경우에 사용하는 것은?

① 단일부문 집중 전략
② 시장전문화 전략
③ 제품전문화 전략
④ 선택적 전문화 전략

해설

필립 코틀러의 시장세분화 전략 다섯 가지 모형
• 단일부문 집중 전략: 기업의 자원이나 역량이 충분하지 않거나 소수의 시장에서 우위를 점하려 할 때 핵심역량을 한 곳에 집중하는 전략이다. 소비자의 특성을 얼마나 잘 파악하는지에 성공여부가 달려있고, 리스크 부담이 큰 것이 단점이다.
• 선택적 전문화 전략: 시장을 여러 부문으로 세분화한 뒤 선택하여 마케팅하는 전략이다. 기업의 자원과 시장의 수익성이 조화를 이뤄야 성공할 수 있으며, 리스크 위험이 분산된다는 장점이 있다.
• 제품전문화 전략: 시장에서 성공을 이룬 단일 제품으로 여러 세분시장에 진출하는 전략이다. 제품의 명성을 이용해 유사한 시장까지 마케팅을 시도할 수 있다.
• 시장전문화 전략: 특정 시장의 특정 소비자집단을 대상으로 하는 마케팅 전략이다. 특정 소비자집단이 갖고 있는 다양한 욕구를 파악하여 여러 상품을 개발한다.
• 전체시장 공략: 제품의 도입기나 성장기에 동일한 제품을 전체시장에 공급하는 전략으로, 규모의 경제를 기반으로 하기 때문에 대량유통과 대량광고를 할 수 있는 기업의 역량이 따라주어야 한다. 제품이 성숙기에 들어섰을 때에는 각각의 목표시장을 대상으로 차별화된 마케팅믹스 전략을 접목시켜 높은 시장점유율과 매출을 구축할 수 있다.

19 현재 보고 있는 인터넷 창에 새로운 창이 나타나면서 행하여지는 온라인 광고 형태는?

① 스팟 광고   ② 팝업 광고

③ PPL 광고   ④ POP 광고

> **해설**
>
> 팝업 광고
> 처음 어떠한 홈페이지에 접속하는 순간에 웹페이지 위로 광고페이지가 독립된 창의 형태로 나타나는 광고

20 인바운드 텔레마케팅에 대한 설명으로 옳지 않은 것은?

① 인바운드 텔레마케팅은 기업주도형 업무처리방식이다.

② 성공적인 인바운드 텔레마케팅을 위해 고객이 기억하기 좋은 전화번호를 선정하는 것이 좋다.

③ 효과적인 인바운드 텔레마케팅은 상품판매로까지 연결되기도 한다.

④ 인바운드 텔레마케팅은 고객의 문의상담 대응에 활용된다.

> **해설**
>
> 인바운드 텔레마케팅은 고객이 걸어 온 전화에 응대하는 고객주도형 마케팅이다.

21 신제품을 통해 시장에 진입할 때 초기 고가 전략을 적용하기에 적절한 경우는?

① 신제품에 대한 규모의 경제가 가능한 경우

② 신제품에 대한 극심한 경쟁이 예상되는 경우

③ 신제품에 대한 대규모의 시장이 존재하는 경우

④ 신제품이 소비자가 원하는 탁월한 특성을 갖고 있는 경우

> **해설**
>
> 고가 전략의 조건
> • 시장수요의 가격탄력성이 낮을 때
> • 시장에 경쟁자의 수가 적을 것으로 예상될 때
> • 규모의 경제효과를 통한 이득이 미미할 때
> • 진입장벽이 높아 경쟁기업의 진입이 어려울 때
> • 높은 품질로 새로운 소비자층을 유인하고자 할 때

22 소매상의 유형 중 점포소매상에 해당하지 않는 것은?

① 재래시장　　　　　　　　　② 다이렉트 마케팅
③ 전문점　　　　　　　　　　④ 양판점

> 해설
> 다이렉트 마케팅
> • 고객에게 직접 접근해 반응을 얻어 판매활동을 일으키는 쌍방향의 마케팅 방법이다.
> • 다이렉트 메일을 포함하여 카탈로그, 텔레마케팅, TV 등 다양한 매체를 이용한 무점포 판매 방식 등을 포함하는 개념이다.
> • 전화, 우편, 방문판매, 인터넷쇼핑몰 등 어느 곳에서나 거래가 가능하다.
> • 광범위하고 풍부한 잠재고객 확보에 용이하며, 고객속성정보와 거래정보, 고객서열과 고객등급 등 다양한 데이터베이스의 축적이 가능하다.

23 다음은 아웃바운드 텔레마케팅 수행 시 발생되는 문제점 중 무엇에 대한 설명인가?

> 텔레마케팅 전담조직, 아웃바운드 접촉경로, 텔레마케팅 전담요원, 판매 및 운영비용, 콜관리 및 판매관리 정보 등의 문제

① 고객정보에 관한 문제　　　　② 프로모션에 관한 문제
③ 판매요소에 관한 문제　　　　④ 상품기획에 관한 문제

> 해설
> 아웃바운드 텔레마케팅의 유의사항
> • 고객정보: 고객의 개인신용정보 보호, 고객과의 접촉 시 정보의 신뢰성, 고객에게 전화한 목적과 이유(고객정보의 적합성 여부) 등
> • 판매요소: 텔레마케팅 전담조직, 고객접촉 경로, 전문 텔레마케팅, 판매 및 운영비용 등
> • 상품기획: 시장조사, 고객의 요구, 상품구성, 판매전략 등
> • 콜센터 조직: 콜센터 조직원의 채용 및 관리, 평가 및 보상 등
> • 판매이윤: 상품정책 및 상품전략, 상품의 기능, 상품의 원가 및 가격변동 등
> • 커뮤니케이션: 고객과의 접촉 및 반응, 텔레마케터의 상담 처리 능력 등

24 마케팅믹스(Marketing mix)에 관한 의사결정 중 촉진계획이 아닌 것은?

① 광고　　　　　　　　　　　② 인적 판매
③ 재고관리　　　　　　　　　④ PR

> 해설
> 마케팅믹스의 촉진계획에는 광고, 판매촉진, 인적 판매, 홍보(PR)가 있다.

25 소비자의 구매의사결정 과정으로 맞는 것은?

① 정보 탐색 → 문제 인식 → 대안의 평가 및 선택 → 구매 → 구매 후 행동

② 대안의 평가 및 선택 → 문제 인식 → 정보 탐색 → 구매 → 구매 후 행동

③ 문제 인식 → 대안의 평가 및 선택 → 정보 탐색 → 구매 → 구매 후 행동

④ 문제 인식 → 정보 탐색 → 대안의 평가 및 선택 → 구매 → 구매 후 행동

해설

소비자의 구매의사결정 과정

문제 인식 → 정보 탐색 → 대안의 평가 및 선택 → 구매 → 구매 후 행동(평가)

제2과목 시장조사

26 다음은 무엇에 관한 설명인가?

> 특정 집단에 대한 조사를 위해 조사자가 적절하다고 판단하는 조사 대상자들을 선정한 다음 그들로 하여
> 금 또 다른 대상자들을 추천하도록 하는 표본추출방법

① 편의표본추출

② 임의표본추출

③ 눈덩이표본추출

④ 층화표본추출

해설

눈덩이표본추출(누적표집)방법

연속적인 추천과정을 통해 표본을 선정하는 방법으로, 일반화의 가능성이 적고 계량화가 곤란하므로 질적 조사에 적합하다.

표본추출방법

• 편의(임의)표본추출방법(Convenience sampling) : 비확률표본추출방법으로, 우연적 표집(Accidental sampling)이라고
도 하며, 조사자가 편리한 대로 표출한다.

• 층화표본추출방법(Stratified sampling) : 확률표본추출방법으로, 일정한 특성에 의해 모집단을 층화하고 각 층에서 일정
수를 무작위 표출한다.

27 면접조사의 장점으로 옳지 않은 것은?

① 면접자가 응답자의 상황에 따라 대화 분위기를 자연스럽게 조절할 수 있다.

② 대화를 통한 응답자의 적극적인 참여 유도가 가능하다.

③ 면접의 오류, 오해를 극소화할 수 있다.

④ 면접의 특성에 따라 즉석에서 대답할 수 없는 경우가 발생될 수 있다.

해설

즉석에서 대답할 수 없는 경우가 발생될 수 있는 것은 면접조사의 단점에 해당한다.

면접조사의 장점
- 신축성: 면접원은 응답자와 자리를 함께 하면서 개인적 접촉을 한다. 판에 박힌 듯한 질문지 내용을 하나하나 체크하는 방식이 아니라 응답자의 상황에 따라 자연스럽게 대화를 이끌어 가기 때문에 응답자의 거부반응을 최소한 줄일 수 있다.
- 동기부여: 면접자가 함께하기 때문에 응답자는 협조하고 싶은 동기가 발생하게 된다.
- 응답자의 교육과 지도: 면접자는 응답자가 질문을 잘 이해하지 못할 때 보조설명을 할 수 있다.
- 응답자의 관찰: 대화한 내용 이외에 응답자의 행동을 관찰할 수 있고 그를 통해 응답자의 사회적 계층, 연령, 인종 등을 분류할 수 있다.

28 설문지를 통해 자료를 수집하는 방법으로 조사 상황에 따라 신속하게 질문방법, 절차, 순서, 내용 등을 바꿀 수 있는 자료 수집방법은?

① 개인면접법　　　　　　　　　② 전화조사

③ 우편조사　　　　　　　　　　④ 인터넷조사

해설

설문지를 통해 자료를 수집하는 방법 중 조사 상황에 따라 신속하게 질문방법, 절차, 순서, 내용을 바꿀 수 있는 자료 수집방법은 개인면접법이다.

29 표본의 대표성에 관한 설명으로 틀린 것은?

① 무작위로 추출된 표본의 크기는 표본의 대표성과 관계가 없다.

② 표본의 대표성은 표본의 질을 판단하는 주요 기준이다.

③ 동일확률선정법으로 추출된 표본이 모집단을 완벽하게 대표하는 경우는 없다.

④ 모집단의 동일성은 표본의 대표성과 관계가 있다.

해설

표본의 크기가 커질수록 표본추출오차는 작아지며 일반적으로 표본의 대표성은 커진다.

30 일반적으로 설문지에서 인구통계학적 변수는 어디에 위치하는 것이 좋은가?

① 설문지의 맨 앞부분

② 설문지의 맨 뒷부분

③ 설문지의 중간 부분

④ 설문지 내용상 지루한 항목과 함께

해설

나이, 성별, 출신지, 교육수준, 직업, 소득 등 인구통계학적 특성에 대한 질문이나 개인의 사생활 또는 민감한 내용의 질문은 가급적 설문지의 끝으로 보내는 것이 좋다.

31 다음 (   ) 안에 들어갈 내용으로 알맞은 것은?

마케팅조사는 단순히 현장조사나 통계에 국한된 것이 아니다. 어떤 조사는 (ㄱ)로서 탐색적이고 예비적일 수 있으며, 이는 문제를 명확히 규명하는 것과 보다 공식적인 실증조사를 준비하는 데 이용된다.

반대로 (ㄴ)는 고객의 특성, 태도 혹은 행동을 명확히 양적으로 규명하는 데 초점을 두고, 특정 가설을 검증하는 데 이용된다.

① ㄱ: 정성적 조사, ㄴ: 정량적 조사

② ㄱ: 정량적 조사, ㄴ: 정성적 조사

③ ㄱ: 실증적 조사, ㄴ: 정량적 조사

④ ㄱ: 정성적 조사, ㄴ: 분석적 조사

해설

정성적 조사
• 형식에 얽매이지 않는 유연한 질문을 할 수 있다.
• 조사 대상 및 내용에 대해 깊은 이해가 가능하다.
• 합리적인 설명이 불가능한 내용에 대하여 답변을 얻을 수 있다.
• 소비자의 독창적 아이디어를 이끌어 낼 수 있다.
• 심층면접조사, 집단심층면접(FGI), 투사법 등이 있다.

정량적 조사
• 정밀하고 통계적이며 수치적인 측정을 한다.
• 통계학적으로 견본이 될 수 있는 표본을 대량으로 사용한다.
• 분석할 수 있는 정보를 제공하여야 한다.
• 일정한 간격을 두고 조사를 반복할 수 있어야 한다.

32 조사의 연구윤리에 관한 설명으로 옳은 것을 모두 고른 것은?

> ㄱ. 연구대상을 관찰하기에 앞서 그들의 동의를 구해야 한다.
>
> ㄴ. 조사 과정에서 드러난 문제점과 실패도 모두 보고해야 한다.
>
> ㄷ. 비밀성이 보장되면 익명성도 보장된다.

① ㄱ, ㄴ

② ㄱ, ㄷ

③ ㄴ, ㄷ

④ ㄱ, ㄴ, ㄷ

해설

조사참가자의 익명성 보장은 개인의 존엄성과 사적인 권리 존중을 위해 비밀성 보장이 선행되지 않아도 당연히 보장되어 야 하며, 조사참가자의 사적인 답변은 공개하지 않는다.

33 윤리적 측면을 고려한 조사자의 행동으로 옳지 않은 것은?

① 응답자를 대상으로 조사에 응하겠다는 동의서를 받아 두어야 한다.

② 응답자 개인의 사생활 보장, 익명 처리 등은 연구 윤리 측면에서 매우 중요하므로 각별히 유의한다.

③ 응답자 또는 조사 참가자를 대상으로 한 연구로 인해 발생할 수 있는 피해 가능성에 대한 충분한 설 명을 해야 한다.

④ 조사 대상자들이 사적인 정보가 공개되거나 피해를 입을 가능성이 높은 경우는 비공식적으로 조사를 할 수 있다.

해설

조사자의 연구윤리
- 조사 참가자의 존엄성과 사적인 권리를 존중해야 하고, 조사 전 그들의 동의를 구해야 한다.
- 자료의 신뢰성과 객관성을 확보하기 위해 자료원은 반드시 보호해야 한다.
- 조사의 목적을 성실히 수행하여야 하며, 조사결과의 왜곡, 축소 등은 지양해야 한다.
- 부적절한 방법으로 조사를 진행하지 않는다.
- 정보 제공자의 익명성을 보장하여야 한다.

34 설문지 구성 시 고려사항으로 적절하지 않은 것은?

① 명확성

② 일련번호 부여

③ 청각적 효과 활용

④ 설문조사 간의 차이 극복

> **해설**
>
> 설문지 구성 시 고려사항
> - 응답자에 대한 협조요청
> - 필요한 정보획득을 위한 문항
> - 응답에 관련된 일반적 사항과 문항별 응답 방법과 순서를 명시
> - 표준화된 질문 방식과 명확한 문항별 설명을 통해 응답자별 해석상의 혼선 감소
> - 응답자 분류를 위한 자료(성별, 이름, 나이, 지역, 연락처, 가족구성, 결혼 여부 등)

35 시장조사에 관한 설명으로 틀린 것은?

① 시장조사의 모든 단계는 체계적인 계획이 요구된다.

② 시장조사는 진실된 정보 수집을 위해 공평하게 수행되어야 한다.

③ 시장조사는 정보를 규명, 수집, 분석, 보급하는 활동이다.

④ 시장조사는 현재를 규명하고 분석하여 미래를 예측하기 때문에 오차가 발생할 수 없다.

> **해설**
>
> 시장조사는 올바른 모집단의 선정과 적절한 표본추출방법으로 높은 신뢰도를 획득할 수 있다. 그러나 오차를 완벽하게 제거하는 것에는 한계가 있으므로 완벽하게 문제를 규명하거나 예측하는 것은 불가능하다.

36 2차 자료를 이용한 탐색적 조사가 아닌 것은?

① 서술조사

② 전문가조사

③ 사례연구

④ 문헌조사

> **해설**
>
> 1차 자료 수집방법
> 관찰조사, 전화조사, 질문조사, 실험조사 등
>
> 2차 자료 수집방법
> 전문가조사, 사례연구, 문헌조사 등

37 할당표본추출에 관한 설명으로 틀린 것은?

① 연구자의 편향적 선정이 이루어질 수 있다.

② 모집단의 구성요소들이 표본으로 선정될 확률이 동일하지 않다.

③ 표본추출 시 할당 틀을 만들어 사용한다.

④ 전체 모집단에서 직접 표본을 추출한다.

> **해설**
>
> 할당표본추출방법은 전체 모집단에서 직접 표본을 추출하는 것이 아니라 연구자가 임의로 만든 할당 틀을 통해 표본을 표출하는 방법이다. 비확률표본추출방법 중 표집오차가 가장 작게 나타나나, 표본 선정 시 연구자의 편향적 선정이 이루어질 수 있다.

38 다음 중 기술적 조사에 해당하는 것은?

① 문헌조사   ② 사례조사

③ 실험조사   ④ 횡단조사

> **해설**
>
> 기술적 조사는 연구과제의 상황을 범주화해 묘사하거나 통계 분석 결과를 기술하는 조사 방법이다. 표본조사를 통해 일정 시점에서 특정 표본이 가지고 있는 특성을 파악하는 횡단조사가 이에 해당한다.

39 조사결과를 이용하는 사람이 지켜야 할 윤리로 옳은 것은?

① 조사결과자료와 일관성이 없는 결과를 이용해서는 안 된다.

② 조사결과를 개인이나 조직에서 수행한 업무나 결정을 정당화하는 데 사용해도 된다.

③ 연구자의 허락 없이 고유한 특성이 있는 자료를 사용할 땐 참고문헌을 표시하면 괜찮다.

④ 정당화될 수 없는 결과라도 조사 자료와 연관 짓는 것은 상관이 없다.

> **해설**
>
> 조사결과 이용자가 지켜야 할 윤리
> - 응답자의 개인적인 응답은 공개하지 않는다.
> - 의뢰자가 동의하지 않는 한, 의뢰자의 이름을 밝혀서는 안 된다.
> - 조사 자료와 조사결과에 대해 함부로 누설해서는 안 된다.
> - 개인이나 기업에 행해진 업무 및 의사결정 등의 정당화 수단으로 사용하면 안 된다.

40 신뢰도의 구체적 평가 방법에 해당하지 않는 것은?

① 복수양식법　　　　　　　　　　② 재조사법
③ 내적 일관성법　　　　　　　　　④ 구성체 타당도법

해설

구성체 타당도법(개념타당도)
조작적으로 정의되지 않은 인간의 심리적 특성이나 성질을 심리적 개념으로 분석하여 조작적 정의를 부여한 후 검사점수
가 조작적 정의에서 규명한 심리적 개념들을 제대로 측정하였는가를 검정하는 타당도 평가 방법이다.

41 응답자의 사생활을 최대한 보호할 수 있는 조사 방법으로 적합한 것은?

① 우편으로 질문지를 배포하고 전화로 조사한다.
② 조사원을 이용하여 질문지를 배포하고 전화로 조사한다.
③ 조사원을 이용하여 질문지를 배포하고 우편으로 회수한다.
④ 조사 대상자들을 한 자리에 모아 질문지를 배포하고 전화로 조사한다.

해설

우편조사는 어느 곳이든 수취인이 누구든 상관없이 배달이 가능하며, 비대면조사이기 때문에 익명성이 높다는 장점을 가
진다. 따라서 응답자로부터 솔직한 답변을 얻어낼 수 있다.

42 다음은 어떤 면접 방법에 관한 설명인가?

> 훈련된 면접진행자가 소수의 응답자들을 일정한 장소에 모이게 한 후, 비체계적이고 자연스러운 분위기
> 속에서 조사 목적과 관련된 대화를 유도하여 응답자들이 자유롭게 의사를 표시하도록 하는 면접 방식

① 표적집단면접　　　　　　　　　② 심층면접
③ 가구방문면접　　　　　　　　　④ 전화면접

해설

표적집단면접법(FGI; Focus Group Interview)
어떤 장소에 6~12명의 소비자들을 모아 놓고 조사하고자 하는 주제에 대해 서로 토론하도록 하는 방법으로 이를 위해서
는 토론 진행 과정을 살필 수 있는 장비(폐쇄회로, 일면 유리창)와 녹음기나 오디오 등이 필요하다.

43 모집단 내의 서로 중복되지 않는 요소들의 집합을 표본단위라 하며 이를 전화번호부와 같이 기록한 리스트는?

① 요소
② 표본체계
③ 체크리스트
④ 표본

표본체계(Sampling frame)
전화번호부나 선거인 명부와 같이 기록한 리스트로서, 표본으로 추출될 가능성이 있는 모든 표본단위만을 기록한 것을 말한다.

44 2차 자료 수집 시 고려해야 할 사항과 가장 거리가 먼 것은?

① 조사 목적의 적합성
② 자료의 신뢰성
③ 자료의 편견
④ 자료의 편집

2차 자료는 다른 목적으로 이미 만들어져 있는 자료이므로 편집을 고려할 필요는 없으며, 자료의 적합성, 타당성, 신뢰성 등을 신중하게 검토해야 한다.

45 측정의 신뢰성을 향상시킬 수 있는 방법으로 옳지 않은 것은?

① 설문지의 문항별 설명을 명확히 하여 응답자별로 해석상의 차이가 발생하지 않도록 한다.
② 조사원들에 대한 교육을 강화하여 설문을 명확히 이해하도록 하고, 질문 방식 등을 표준화시킨다.
③ 성의가 없거나 일관성 없게 응답한 경우 설문지 자체를 폐기시킴으로써 위험요소를 없앤다.
④ 중요한 질문의 경우 반복 질문을 피함으로써 혼선을 피한다.

측정의 신뢰성을 향상시킬 수 있는 방법
• 설문지의 문항별 설명을 명확히 하여 응답자별로 해석상의 차이가 발생하지 않도록 한다.
• 조사원들에 대한 교육을 강화하여 설문을 명확히 이해하도록 하고, 질문 방식 등을 표준화한다.
• 성의가 없거나 일관성 없게 응답한 경우 설문지 자체를 폐기하여 위험요소를 없앤다.
• 중요한 질문의 경우 동일하거나 유사한 질문을 2회 이상 한다.

46 가설에 대한 설명으로 틀린 것은?

① 가설은 문제를 해결해 줄 수 있어야 한다.

② 가설은 변수로 구성되지 않고 그들 간의 관계를 나타내고 있어야 한다.

③ 가설은 논리적으로 간결해야 한다.

④ 가설은 검증될 수 있어야 한다.

해설

가설의 원칙
- 가설은 간단명료해야 한다.
- 가설은 검증이 가능해야 한다.
- 가설에 정의가 포함되어서는 안 된다.
- 가설은 특정 문제에 해답을 주는 것이어야 한다.
- 가설에는 인과관계가 분명한 내용을 포함시킬 수 없다.
- 가설에는 너무나 당연한 것을 그 내용으로 삼을 수 없다.
- 가설은 논의의 여지가 있도록 진술되어야 하며, 반증될 수도 있어야 한다.

47 자료조사 후 코딩과정에 대한 설명으로 틀린 것은?

① 모든 응답이 빠짐없이 범주화되어 코딩되어야 한다.

② 자세한 응답 내용이 파악될 수 있도록 충분한 범주로 나누어 코딩한다.

③ 기타로 응답된 경우에도 범주에 포함되어야 한다.

④ 대체로 응답범주는 광범위하게 나누는 것이 좋다.

해설

코딩(Coding)
- 조사 항목별로 각 응답에 해당하는 숫자나 기호를 부여하는 과정이다.
- 가능하면 사전에 모든 항목을 분석이 가능한 숫자로만 표현해야 전산처리가 편리하다.
- 자유응답형의 경우 편집과정에서 분류한다.
- 전체적으로 볼 때 모든 응답이 포함되어야 하고, 서로 중복되는 부분이 없어야 한다.
- 중요한 항목은 모두 분류하고, 중요하지 않은 항목은 기타로 분류한다.
- 응답들의 분류가 명확하지 않을 경우에는 가능한 한 응답을 세분화하여야 한다.

정답 43 ② 44 ④ 45 ④ 46 ② 47 ④

48 측정의 신뢰도와 타당도에 관한 설명으로 틀린 것은?

① 타당도는 측정하고자 하는 개념이나 속성을 정확히 측정하였는가의 정도를 의미한다.

② 신뢰도는 측정치와 실제치가 얼마나 일관성이 있는지를 나타내는 정도이다.

③ 타당도가 있는 측정은 항상 신뢰도가 있으며, 신뢰도가 없는 측정은 타당도가 보장되지 않는다.

④ 외적 타당도는 측정된 결과가 과연 실험 변수의 변화 때문에 일어난 것인가에 관한 문제이다.

> **해설**
>
> 타당도는 연구자가 측정하고자 하는 개념이나 속성을 정확히 측정했는지를 나타내 주는 개념으로, 검사점수가 검사의 사용목적에 얼마나 부합하느냐 하는 적합성과 관련된 문제이다. 타당도 측정 시 내적 타당도를 중심으로 해야 하며 외적 타당도는 연구결과가 다른 상황에서도 일반적으로 적용될 수 있느냐 하는 문제이다.

49 조사자와 응답자 간의 의사소통방법에 의한 1차 자료 수집방법에 해당하지 않는 것은?

① 관찰법 ② 서베이

③ 심층면접법 ④ 투사법

> **해설**
>
> 1차 자료 수집방법
> - 의사소통방법에 의한 수집: 설문지를 통하거나 응답자에게 직접 질문하여 자료를 얻는 방법으로, 설문조사법, 심층면접법, 표적집단면접법, 투사법 등이 있다.
> - 관찰방법에 의한 수집: 관심 있는 어떤 상황을 측정하거나 응답자의 행동 또는 사건 등을 기록하는 방법으로, 여러 분류의 관찰법이 있다.

50 우편조사에 관한 설명으로 옳은 것은?

① 전화조사법에 비해 경제적이고 신속하다.

② 다른 자료 수집방법에 비해 회수율이 높다.

③ 다른 자료 수집방법에 비해 비용이 가장 많이 든다.

④ 면접조사에 비해 피조사자가 성실하지 못한 응답을 할 가능성이 높다.

> **해설**
>
> 우편조사는 경제적이고, 조사대상을 다양하게 설정할 수 있으며, 응답자의 익명성을 보장할 수 있다는 장점을 가지고 있다. 하지만 질문지의 회수율이 낮고, 다른 조사에 비해 응답자의 답변이 불성실할 수 있다.

51 텔레마케팅의 생산성 관리지표가 아닌 것은?

① 평균처리시간(AHT)　　　　　　② 자동호분배(ACD)

③ 평균통화시간(ATT)　　　　　　④ 평균대기시간(ADH)

해설

ACD(Automatic Call Distribution)
상담원에게 콜(Call)을 균등하게 배분하는 것이다.

52 텔레마케팅의 구성요소에 해당하지 않는 것은?

① 고객(Customer)

② 스크립트(Script)

③ 콜센터(Call center)

④ 데이터베이스(Database)

해설

텔레마케팅의 구성요소
콜센터(Call center), 텔레마케팅 운용요원(텔레마케터, 관리자, 총책임자), 스크립트(Script), 데이터베이스(Database)

53 블레이크와 머튼의 관리격자 모형의 다섯 가지 행동 유형이 아닌 것은?

① 인간중심지향형　　　　　　② 절충형

③ 방임형　　　　　　④ 개인형

해설

관리격자 이론
• 블레이크와 머튼(Blake & Mouton)이 주장한 이론으로, 리더십을 두 가지 차원(인간관계에 대한 관심과 생산에 대한 관심)으로 생각한 관리망 개념을 설정하였다.
• 리더의 행동 유형으로는 무관심형(방임형), 컨트리클럽형(인간중심형), 과업형(일중심형), 절충형(중간형), 이상형(단합형)으로 나누었으며, 이 중 이상형을 가장 이상적인 리더십 모형으로 보았다.

54 텔레마케터의 사기저하 원인이 아닌 것은?

① 적절한 보상이나 교육훈련이 결핍된 채로 장시간 근무

② 근무환경이 열악하여 일할 의욕 상실

③ 텔레마케터 스스로 동기부여 및 애사심을 가질 때

④ 동료 간이나 상사와의 인간관계 갈등이 있을 때

> **해설**
> 콜센터의 생산성을 향상시키기 위해 인력 교육, 전반적 업무환경 개선, 성과에 대한 인센티브 등의 방법으로 텔레마케터의 사기가 저하되지 않도록 동기를 부여해 주는 것이 중요하다.

55 최근 인사평가의 경향에 해당되지 않는 것은?

① 임금관리 중심의 평가에서 능력개발 중심으로 변화

② 연공서열 중심의 평가에서 성과 중심으로 변화

③ 목적별 평가에서 만능형으로 변화

④ 상위자 주체의 평가에서 종업원 참가로 변화

> **해설**
> 최근 인사평가의 경향
> • 임금관리 중심 → 능력개발 중심
> • 연공서열 중심 → 성과 중심
> • 만능형 평가 → 목적별 평가
> • 상위자 주체 → 종업원 참가

56 텔레마케팅에 대한 설명으로 틀린 것은?

① 텔레마케팅은 대중보다 개인에 중심을 둔 마케팅이다.

② 텔레마케팅은 전화 등을 통한 고객과의 일방향 커뮤니케이션이라 할 수 있다.

③ 텔레마케팅은 고객관계관리(CRM), 컴퓨터통신통합 시스템(CTI) 등의 출현으로 그 개념이 더욱 확대되고 있다.

④ 텔레마케팅은 각종 멀티미디어를 활용하여 고객과 직접 관계를 형성하는 종합적 마케팅 활동이다.

> **해설**
> 텔레마케팅은 고객과의 1:1 관계를 기초로 하는 쌍방향 커뮤니케이션 마케팅 수단이다.

57 다음 중 콜센터 조직의 특성이 아닌 것은?

① 고객지향적 조직이다.

② 고객과 간접적으로 접촉하는 조직이다.

③ 정보와 커뮤니케이션을 매개로 하는 조직이다.

④ 상황의 다양성, 집중성, 즉시성을 요구하는 대응조직이다.

해설

콜센터는 고객과 1:1 비대면으로 접촉하는 조직이다.

58 텔레마케터에 대한 OJT 실시시기로 적합하지 않은 것은?

① 신입 상담원이 처음 입사했을 때

② 기존 상담원이 다른 팀에서 전보왔을 때

③ 기존 상담원의 실적이 떨어졌을 때

④ 우수 상담원이 감독자로 승진하였을 때

해설

OJT는 사내직업훈련으로 현장적응이 필요할 때 실시한다. 따라서 우수 상담원이 감독자로 승진하는 경우 그 상담원은 모든 부분에 대하여 이미 숙지가 된 상태이므로 OJT가 필요하지 않다.

59 승진 대상자는 많으나 직위가 없을 경우 인사 체증을 방지하기 위해 명칭만의 형식적인 승진이 이루어지는 제도는?

① 직위승진

② 직계승진

③ 자격승진

④ 대용승진

해설

대용승진제도

승진 대상자는 많으나 담당직책이 없을 경우 인사 체증과 직원의 사기저하를 방지하기 위하여 직무내용상 실질적인 승진은 없이 직위심별상의 형식적인 승진을 하는 것을 말한다.

60 직무기술서에 포함되는 내용에 해당하지 않는 것은?

① 직무와 직무의 비교   ② 직무의 명칭

③ 직무의 내용   ④ 직무의 개요

> **해설**
>
> 직무기술서에는 직무표식(명칭), 직무개요, 직무내용, 직무요건(고용조건, 임금구조 등) 등이 포함된다.

61 최근 텔레마케팅 운영의 변화 추세로 틀린 것은?

① 기업이 고정비 부담을 줄이기 위해 자체적으로 텔레마케팅 운영을 확대하고 있다.

② 데이터베이스 시스템 구축으로 고객정보를 활용하여 적극적인 판촉활동을 전개하여 생산성과 수익실현에 초점을 둔다.

③ 인바운드와 아웃바운드를 동시에 운영하고 실무자의 효율성과 생산성을 높이고 있는 추세이다.

④ 콜센터를 중심으로 전용상품을 개발하여 판매활동을 강화하고 있다.

> **해설**
>
> 최근 기업은 고정비 부담을 줄이기 위해 텔레마케팅을 자체적으로 운영하기보다 전문 업체에 위탁하는 Agency telemarketing 방식을 채택하는 추세이다.

62 다음은 허시와 블랜차드의 네 가지 리더십 유형 중 무엇에 관한 설명인가?

> – 과업지향적인 스타일로 지도자가 일방적으로 부하들의 역할을 결정하고 과업의 종류와 방법, 시기 등을 지시하는 유형
> – 성숙도가 최저인 부하들에게 효과적임

① 지시형   ② 코치형

③ 지원형   ④ 위임형

> **해설**
>
> 허시와 블랜차드의 리더십 유형
> • 지시형(Telling) : 대부분의 의사소통의 초점이 목표 달성에 맞춰져 있으며, 상급자가 하급자의 역할을 결정하고 과업의 종류나 과업수행 시기 및 방법을 지시한다.
> • 위임형(Delegating) : 리더와 하급자 간에 충분한 신뢰가 형성되어 있기 때문에 리더는 통제를 줄이고 하급자의 자율을 우선시하며, 수행업무의 합의가 이루어지면 자신의 영향력을 거의 행사하지 않는다.
> • 지원형(Selling) : 리더는 구성원 간 상호협력이 필요할 때 이해관계자들을 모아 협력하기 쉬운 문화를 형성하고, 하급자의 자주성을 배려하며 그들의 어려움이나 불편함을 해결한다.
> • 참가형(Participating) : 리더는 단순히 목표 달성을 목적으로 하는 것이 아니라 구성원들이 능력을 발휘해 과업을 달성할 수 있도록 하여 사기충전 및 동기유발을 유도한다.

63 조직 내의 직원의 직무만족은 심리적인 측면과 보상적인 측면으로 나눌 수 있는데, 다음 중 심리적인 측면에 해당하는 것은?

① 임금   ② 승진기회

③ 신념   ④ 성과급

해설

심리적인 측면에는 개인의 감정, 신념, 태도, 성취감 등이 있으며, 보상적인 측면에는 임금, 승진기회, 성과급 등이 있다.

64 피들러의 상황적합성이론에서 제시한 상황 변수에 해당하지 않는 것은?

① 리더와 구성원의 관계

② 과업구조

③ 상황의 긴급성

④ 리더의 직위 권한

해설

피들러의 상황이론에서의 세 가지 상황 우호성 변수

• 리더와 구성원의 관계: 구성원들이 리더를 지원하는 정도로 얼마나 관계가 좋은지를 의미함

• 구성원들의 업무 구조화: 업무의 목표나 처리절차 등이 얼마나 체계화되어 있는지 정도

• 리더의 지위 권력: 보상이나 통제 등의 지위를 행사할 수 있는 재량권의 정도

65 모니터링의 성공요소가 아닌 것은?

① 대표성   ② 주관성

③ 신뢰성   ④ 유용성

해설

모니터링의 성공요소에는 대표성, 객관성, 차별성, 신뢰성, 타당성, 유용성 등이 있다. 주관성은 포함되지 않는다.

66 텔레마케터의 잦은 이직이 콜센터 운영에 미치는 요인과 가장 거리가 먼 것은?

① 채용공고와 채용과정에서의 비용발생

② 질적인 부분의 증대효과

③ 기존인력을 대체한 신입인력의 생산성 감소

④ 신입인력 교육기간 동안의 수입 감소

해설

텔레마케터의 잦은 이직은 채용공고와 채용과정에서의 비용발생, 기존인력을 대체한 신입인력의 생산성 감소, 신입인력 교육기간 동안의 수입 감소 등으로 이어져 질적인 부분의 증대를 기대하기 어렵게 된다.

67 텔레마케팅을 실시할 때 고객과의 커뮤니케이션을 원활히 진행시키기 위한 도구는?

① 슈퍼바이저(Supervisor)   ② 모니터링(Monitoring)

③ 스크립트(Script)   ④ 스크리닝(Screening)

해설

스크립트는 텔레마케터가 고객에게 효율적으로 전화 목적을 전달하고, 일관된 흐름에 입각한 논리적인 상담이 진행될 수 있도록 도와주는 역할을 하는 도구이다.

68 조직 내 집단 간의 갈등을 유발하는 원인이 아닌 것은?

① 업무의 상호의존성   ② 상위목표

③ 지각의 불일치   ④ 한정된 자원의 분배

해설

조직화에는 반드시 그 조직이 달성해야 할 상위목표(공동목표)가 있으며, 조직의 존재 이유와 활동은 항상 이러한 상위목표에 기초를 두고 있다. 따라서 상위목표는 조직 내 집단 간의 갈등을 유발하는 원인이라 할 수 없다.

69 인사평가방법 중 절대평가에 해당하지 않는 것은?

① 평정 척도법   ② 강제할당법

③ 대조표법   ④ 서술식고과법

해설

절대평가에는 평정 척도법, 대조표법, 서술식고과법 등이 있으며, 강제할당법은 서열법과 함께 상대평가에 해당한다.

70 모니터링 평가를 위한 대상 콜 선택 시 고려해야 할 요소가 아닌 것은?

① 통화일시

② 문의유형

③ 평균통화시간

④ 상담원의 업무지식 정도

모니터링 평가를 위한 콜을 선택할 때는 대상 콜을 통해 전체 콜센터의 특성과 수준을 추정할 수 있는지, 하루의 모든 시간 대, 요일 등을 대표할 수 있는지를 고려해야 한다. 즉, 대표성을 갖고 있는 요소인지를 고려해야 하므로 상담원의 업무지식 정도는 평가 요소로 적합하지 않다.

71 다음은 어떤 조직형태에 관한 설명인가?

> 가장 기본적인 것으로 내용이 유사하고 관련성이 있는 업무를 결합시켜서 만든 조직형태

① 사업부제 조직

② 기능 조직

③ 매트릭스 조직

④ 네트워크 조직

기능 조직

테일러가 라인 조직의 결함을 시정하기 위해 제창한 조직구조로, 관리자가 담당하는 일을 전문화하고, 분야마다 다른 관리 자를 두어 작업자를 전문적으로 지휘·감독하는 조직형태이다. 수평적 관계에 중점을 두고, 모든 기능 간의 유기적 연결을 목적으로 한다.

72 아웃바운드 텔레마케팅의 성공 요인에 관한 설명으로 옳지 않은 것은?

① 텔레마케팅의 성공 여부는 정확한 데이터와 리스트에 있다.

② 신입사원이나 무경험자가 텔레마케팅 실무경력자보다 유리하다.

③ 대중매체와 결합했을 때 시너지효과를 얻는다.

④ 콜 자동처리 시스템을 구축하는 사무환경이 아웃바운드 텔레마케팅 생산성을 향상시킨다.

아웃바운드 텔레마케팅에서는 숙련된 텔레마케터일수록 텔레마케팅을 성공적인 방향으로 이끌 가능성이 높다.

66 ② 67 ③ 68 ② 69 ② 70 ④ 71 ② 72 ②

73 정보시스템으로 인한 조직변화에 관한 설명으로 옳은 것은?

① 경영자층과 하위층의 의사소통이 더욱 쉬워진다.

② 중간관리자의 역할이 늘어난다.

③ 권위적인 리더십이 필요해진다.

④ 조직계층의 수가 늘어난다.

해설

정보시스템의 발달로 조직 내·외부 환경으로부터 데이터를 수집하는 것이 용이해지고, 조직 상하 간 소통이 원활해졌다. 시스템을 통해 종업원은 업무를 진행하거나 현 상황을 보고하고, 경영자층은 이를 관리하고 조정한다.

74 역할연기에 관한 설명으로 맞는 것은?

① 역할연기 당사자 간 배역은 바꾸지 않는 것이 좋다.

② 스크립트의 내용은 수정 없이 반복 연습한다.

③ 녹음기로 시간을 측정하며 연습한다.

④ 일 대 다수의 방식으로 진행하는 것이 바람직하다.

해설

역할연기법 유의사항
• 역할연기 당사자 간 배역을 바꿔 연습한다.
• 스크립트의 내용을 적절하게 수정하며 반복 연습한다.
• 녹음기로 시간을 측정하며 연습한다.
• 1:1 방식으로 진행하는 것이 바람직하다.

75 콜센터 리더의 3S 조건과 가장 거리가 먼 것은?

① 통솔력(Strength)   ② 미소(Smile)

③ 감수성(Sensitivity)   ④ 완고함(Stubbornness)

해설

콜센터 리더는 최소 10명 이상의 구성원을 이끌어야 하므로 통솔력이 있어야 하며, 구성원들과 소통할 수 있는 감성지능과 우호적 관계 관리를 위한 미소를 갖추어야 한다.

제4과목 고객관리

76 표현적인(Expressive) 유형의 고객상담 전략과 가장 거리가 먼 것은?

① 고객의 생각을 인정하면서 긍정적인 피드백을 준다.

② 고객의 이야기만을 경청하고, 상담자 본인의 이야기는 전혀 하지 않는다.

③ 제품이나 서비스가 어떻게 고객의 목표나 욕구를 충족시켜 줄 수 있는지 설명한다.

④ 의사결정을 촉진할 적정 수준의 인센티브를 제공한다.

> **해설**
>
> 표현적인 고객은 표현하는 것을 좋아하므로 고객에게 개방형 질문을 하면서 상담자 자신의 이야기를 재미있게 덧붙이고, 그 과정에서 고객의 요구를 파악한다. 이 유형의 고객에게는 긍정적인 피드백을 제공하고 고객의 감정에 호소하는 상담기법이 효과적이다.

77 빅데이터 분석도구에 대한 설명으로 옳지 않은 것은?

① 엑셀은 데이터 입력을 하기 위해 복잡한 명령어를 사용해야 하고 다른 분석도구에 비해 적용이 비교적 어렵다.

② 최근에는 오픈소스로서 무료로 이용할 수 있는 R과 파이썬이 각광을 받고 있다.

③ 빅데이터는 가치를 창출하기 위해서 대용량 데이터와 다양한 데이터를 핸들링하고 분석할 수 있는 통계적 방법이 필요하다.

④ 빅데이터의 기초적인 분석도구로 엑셀, SPSS, SAS 등이 일반적으로 사용되고 있다.

> **해설**
>
> 빅데이터 분석도구
> - SAS: 모듈별로 기능이 있어서 다양한 분석을 위해서는 각각 모듈이 필요하다. 핵심 모듈 Base, Stat를 이용하여 기본적인 통계분석을 수행하고, 시계열 분석을 위해서는 ETS가 필요하고, 행렬 처리를 위해서는 IML, 데이터마이닝을 위해서는 E-Miner가 필요하다.
> - SPSS: 데이터 수집에서 통계, 데이터마이닝, 보고서 입수까지 가능하며 학교, 연구소 등 대용량 데이터 처리가 없는 곳에서 주로 사용한다.
> - R: 오픈소스 프로그램으로 통계, 데이터마이닝, 그래프를 위한 언어이다. 특히 빅데이터 분석을 목적으로 주목받고 있다.
> - Python: 같은 오픈소스로 다양한 라이브러리를 지원하고 있고 IT 사용자들이 쉽게 사용하고 있는 언어이다.

정답 73 ① 74 ③ 75 ④ 76 ② 77 ①

78 불만족 고객을 응대하기 위한 상담원의 상담 기법으로 틀린 것은?

① 인내심을 갖고 공감적 경청을 한다.

② 항상 목소리를 높이며 소비자의 의견에 동조한다.

③ 실현 가능한 문제 해결방법으로 최선을 다하고 있음을 전달한다.

④ 문제 해결이 만족스러웠는가를 확인한다.

해설

불만족한 고객 대응자세 및 상담 기법
- 고객이 만족할 수 있는 방법을 제시한다.
- 전문기관을 알선한다.
- 개방형 질문을 한다.
- 충분히 배려한다.
- 보상받기를 원하는 것이 무엇인지 질문한다(즉, 대체 방안으로 1안, 2안을 질문한다).
- 공감을 하면서 경청한다(상대방의 화난 상태를 공감하고 이해하는 마음으로 듣는다).
- 긍정하면서 상담원 측의 이야기를 한다(Yes, But 화법. 꼭 미소를 지으며 목소리를 낮춘다).

79 감정노동에 관한 설명으로 틀린 것은?

① 감정노동이란 말투나 표정, 몸짓 등 드러나는 감정 표현을 직무의 한 부분으로 연기하기 위해 자신의 감정을 억누르고 통제하는 일이 수반되는 노동을 말한다.

② 감정노동은 '주로 고객 및 민원인 등을 직접 대면하거나 음성대화매체 등을 통하여 상대하면서 상품을 판매하거나 서비스를 제공하는 고객응대 업무' 과정에서 발생한다.

③ 최근에는 요양보호사 등 돌봄 서비스를 수행하는 업무, 공공 서비스나 민원 처리를 하는 업무까지 광범위하고 다양한 직업군에서 감정노동을 수행하는 것으로 나타나고 있다.

④ 백화점 · 마트의 판매원, 호텔 직원, 음식업 종사원, 항공사 승무원, 골프장 경기보조원, 미용사, 택시 및 버스기사, 금융기관 종사원 등은 간접대면에 해당한다.

해설

백화점 · 마트의 판매원, 호텔 직원, 음식업 종사원, 항공사 승무원, 골프장 경기보조원, 미용사, 택시 및 버스기사, 금융기관 종사원 등은 고객을 직접대면하며 서비스를 제공하는 감정노동 종사자이다.

80 고객을 효율적으로 설득하기 위해 필요한 전략에 관한 설명으로 옳은 것은?

① 정서적인 호소보다는 논리적인 호소가 더 효과적이라는 실증자료가 많이 있다.

② 고객의 사전정보를 많이 가지고 있으면, 설득자의 양면적 주장이 더 효과적이다.

③ 고객의 사전태도가 설득자의 주장과 반대 방향이면, 설득자의 일면적 주장이 더 효과적이다.

④ 단일 경험의 개인적 실례보다는 논리적이고 일반적인 통계자료가 더 효과적이다.

해설

논리적이고 일반적인 통계자료를 기반으로 한 상담은 상담내용에 대한 신뢰도를 높여 고객을 효율적으로 설득할 수 있다.

81 효과적인 커뮤니케이션을 위한 방안으로 볼 수 없는 것은?

① 방어적 커뮤니케이션

② 메시지 전달자의 감정이입 커뮤니케이션

③ 메시지 수신자의 적극적 경청

④ 수신자 중심의 정서적 화법 사용

해설

효과적인 커뮤니케이션
• 상대방의 본질을 파악하는 경청능력이 필요하다.
• 청각을 통해 상대방의 감정 상태를 파악하고 대처능력을 가져야 한다.
• 자신의 생각과 감정을 체계적으로 전달할 수 있는 능력이 필요하다.
• 적절한 화제의 선택이 필요하다.
• 대화의 효과적인 전개방법을 구상하여야 한다.

82 다음 중 조직 측면의 CRM 성공 요인이 아닌 것은?

① 최고경영자의 관심과 지원

② 고객 및 정보지향적 기업문화

③ 전문인력 확보

④ 데이터 통합수준

해설

데이터 통합수준은 기업의 운영 측면에서 바라본 CRM 성공 요인이다.

83 소비자의 의사결정단계가 순서에 맞게 구성된 것은?

① 정보 탐색 → 문제 인식 → 대안 평가 → 구매 → 구매 후 행동

② 정보 탐색 → 대안 평가 → 문제 인식 → 구매 → 구매 후 행동

③ 문제 인식 → 정보 탐색 → 대안 평가 → 구매 → 구매 후 행동

④ 문제 인식 → 구매 → 정보 탐색 → 대안 평가 → 구매 후 행동

해설

소비자의 의사결정단계
문제 인식 → 정보 탐색 → 대안 제시 및 평가 → 구매 행동 → 구매 후 평가

84 텔레마케팅에서 언어표현은 상대방에 대한 인격을 존중하는 마음을 전하는 도구이기에 매우 중요하다고 할 수 있다. 가장 효과적인 단어 선택이라고 볼 수 없는 것은?

① 고객에게 확신을 줄 수 있는 긍정적인 단어

② 고객과 공감대를 형성할 수 있는 사투리

③ 고객이 받을 수 있는 이점을 위주로 한 단어

④ 칭찬, 감사, 기쁨을 표현할 수 있는 말

해설

상담원은 표준말을 사용해야 하며, 오해받을 수 있는 용어를 사용해서는 안 된다.

85 상품을 구매한 고객대상 응대 유형으로 틀린 것은?

① 구매 행동을 위한 대안제시

② 고객의 불만과 문제접수 및 해결

③ 구매 만족여부 확인 및 해피콜

④ 지불, 환불, 교환에 관한 응대

해설

구매 행동을 위해 대안을 제시하는 것은 아직 상품을 구입하기 전의 고객을 대상으로 하는 응대 유형이다.

86 빅데이터를 수집하기 위한 수집 시스템의 요건으로 옳게 묶인 것은?

① 확장성, 실시간성, 통합성

② 안정성, 유연성, 통합성

③ 확장성, 안정성, 유연성

④ 유연성, 실시간성, 통합성

> **해설**
>
> 빅데이터를 수집하기 위해서는 확장성, 안정성, 실시간성, 유연성을 고려해야 한다.

87 고객지향 마케팅에 대한 설명으로 옳은 것은?

① 상품의 시장점유율을 중심으로 마케팅 전략을 수립한다.

② 상품의 특징 및 장점 등을 중심으로 마케팅 전략을 수립한다.

③ 고객서비스 중심으로 마케팅 전략을 수립한다.

④ 고객이 의사결정의 기준이 되고, 고객 관점에서 마케팅 전략을 수립한다.

> **해설**
>
> 최근 고객을 중심으로 한 마케팅 활동의 중요성이 부각되면서 고객이 의사결정의 기준이 되고, 마케팅 전략의 중심이 되는 고객지향 마케팅이 등장하게 되었다.

88 고객평생가치에 대한 설명으로 틀린 것은?

① 고객평생가치는 실현가치와 잠재가치로 나눌 수 있다.

② 고객별로 일일이 계산하게 되므로 경우에 따라서 과다한 비용이 소요될 가능성이 존재한다.

③ 측정의 결과는 개별고객에게 할당하는 데 수월하다.

④ 이탈고객 방지를 위해 투여할 최대 금액을 미리 산정함으로써 안정적인 재무운영이 가능하다.

> **해설**
>
> 고객평생가치(고객생애가치; Life Time Value)
> - 개별고객이 최초로 기업과의 거래를 시작한 시점부터 거래에 대한 모든 기록의 누계
> - 현재까지 누적된 수익가치뿐만 아니라 미래의 평생가치에 대한 예측 분까지 합산한 고객의 총 평생가치개념
> - 진정한 우량고객을 파악하기 위해서는 수익성 외에도 기업에 대한 적합성과 관계지향에 대한 성향을 현재와 미래를 고려한 고객의 수익기여도와 함께 복합적으로 고려

89 다음 중 고객관계관리(CRM)의 정의로 가장 옳은 것은?

① 신규고객의 획득을 위한 마케팅 전략이다.

② 고객관리에 필수적인 요소들을 고객중심으로 정리 통합하여 개선하고 장기적인 고객관계를 구축한다.

③ 최대한 많은 수의 고객을 확보하고 그를 통해 마케팅 전략을 펼치는 기업의 포괄적인 경영방식이다.

④ 수익성이 아닌 매출액을 기반으로 실적을 평가하고 직감에 의한 마케팅을 펼치는 기업의 경영방식이다.

해설

고객관계관리(CRM)
CRM은 고객과의 관계 관리에 기반하는 고객중심적, 고객지향적 경영방식이다. 고객에 대한 정확한 이해를 바탕으로 고객이 원하는 제품과 서비스를 제공함으로써 신규고객 획득 및 기존고객 유지를 증대시키고 고객의 평생가치를 극대화하기 위해 쌍방향 커뮤니케이션을 지속한다.

90 개인정보 보호규정(GDPR) 중 개인의 직업, 취미, 위치 등이 자동 수집·처리되어 활용되는 경우에 대해 데이터 주체자인 사용자에게 고지, 활용 여부 결정 및 거부할 수 있는 권리에 해당하는 것은?

① 사용자가 본인의 데이터 처리 관련 사항을 제공 받을 권리(The right to be informed)

② 데이터 이동 권리(The right to data portability)

③ 처리 거부 요청 권리(The right to object)

④ 개인정보의 자동 프로파일링 및 활용에 대한 결정 권리(Rights in relation to automated decision making and profiling)

해설

일반 데이터 보호규정(개인정보 보호규정, GDPR; General Data Protecting Regulation)
• 개념 및 특징: 2018년 5월 25일 발효된 EU의 개인정보 보호법으로, 어떤 개인의 정보가 이용될 때 그 정보가 어떤 방식으로 왜 사용되는지 설명을 요청할 수 있다. 정보의 수정이나 삭제를 요구하는 것도 가능하며, 한 업체에 제공했던 정보를 다른 업체로 옮기는 것과 정보가 원치 않는 방식으로 형성되거나 처리될 경우 그 과정 자체를 거부할 수도 있다.
• 주요 항목
  - 사용자가 본인의 데이터 처리 관련 사항을 제공받을 권리(The right to be informed)
  - 열람 요청 권리(The right of access)
  - 정정 요청 권리(The right to rectification)
  - 삭제 요청 권리(The right to erasure)
  - 처리 제한 요청 권리(The right to restrict processing)
  - 데이터 이동 권리(The right to data portability)
  - 처리 거부 요청 권리(The right to object)
  - 개인정보의 자동 프로파일링 및 활용에 대한 결정 권리(Rights in relation to automated decision making and profiling)

91 CRM의 성과를 정량적 측면과 정성적 측면으로 구분할 때 정성적 측면에 해당하는 것은?

① 원가절감

② 고객유지

③ 시장점유율

④ 구전효과

> **해설**
> 정성적인 것은 질적인 부분을 말하고, 정량적인 것은 양적인 부분을 말한다. 원가절감상황, 고객유지현황, 시장점유율 등은 모두 정량적인 수치화가 가능하지만 구전효과는 정성적 측면에 해당한다.

92 다음은 어떠한 고객에 대한 경청 태도의 공통점인가?

> – 상대방의 이야기를 끝까지 모두 들어준다.
> – 사실관계나 내용, 기분상태를 듣는다.
> – 공감하면서 경청한다.
> – 상대방이 이야기한 것을 정리하고 되풀이한다.

① 성격이 급한 고객

② 불만 있는 고객

③ 수다쟁이형 고객

④ 만족하는 고객

> **해설**
> 불만이 있는 고객을 응대할 경우에는 고객의 이야기를 끝까지 경청하고, 고객의 기분을 파악해 공감을 표현하는 것이 중요하다. 고객의 불만에 대한 적절한 응대와 보상은 오히려 기업의 좋은 이미지를 구축할 수 있는 기회가 될 수 있다.

93 구매 후 고객관리에 관한 설명으로 틀린 것은?

① 고객이 구입한 제품이나 서비스를 사용하는 과정 혹은 배달 및 운송에서 발생한 문제 등에 대해 효과적이고 전문적인 상담을 수행한다.

② 고객이 구입한 제품의 결함, 정신적 또는 물질적 피해에 대한 보상을 요구했을 때 이미 판매한 이후의 일이므로 고객의 요구를 무마시킨다.

③ 고객들로부터 제품이나 서비스의 성능, 재질, 가격, 배송, 사후관리 등에 대한 만족도와 상담의 질에 대한 만족도를 측정 · 관리한다.

④ 고객의 정기적 또는 비정기적 온 · 오프라인상의 모니터링 참여를 유도하여 이를 마케팅 정책이나 상담관리에 반영한다.

> **해설**
> 구매 후 고객상담이란 소비자가 재화와 서비스를 사용하고 이용하는 과정에서 고객의 욕구와 기대에 어긋났을 때 발생하는 모든 일을 도와주는 상담을 말한다. 혹시 제품 구매 후에 고객의 불만이 발생했다면 신속히 피해보상을 함으로써 고객과의 더 좋은 관계를 형성할 수 있도록 해야 한다.

94 의사소통의 환경적 상황의 세 가지 측면이 아닌 것은?

① 개인적 환경   ② 물리적 환경
③ 심리적 환경   ④ 사회적 환경

> **해설**
> 의사소통은 개인과 개인이 만나 정보와 사고, 감정을 교환하는 활동이다. 이 때 주어진 상황에 따라 여러 장애가 발생할 수 있다. 소음, 온도 등의 물리적 장애나 상대방과의 관계와 같은 사회 · 심리적 장애는 환경적 상황 측면에서 야기된 것이며, 언어상의 문제, 편견, 신뢰성 부족 등은 발신자나 수신자 사이에 발생한 개인적 환경 측면에 해당한다.

95 커뮤니케이션에 대한 설명으로 가장 적합한 것은?

① 커뮤니케이션을 통해 고객 불만이 증가한다.

② 의사결정을 하는 데 있어 혼란을 초래한다.

③ 고객으로부터 정확한 정보를 얻기 위한 수단이다.

④ 원만하고 친밀한 인간관계의 형성은 커뮤니케이션의 역기능이다.

> **해설**
> 상담원은 고객과의 원활한 커뮤니케이션을 통해 친밀감과 신뢰감을 기반으로 하는 긍정적 관계를 형성한다. 또한 고객으로부터 정확한 정보를 얻어 적절한 응대를 가능하게하여 고객의 불만을 감소시키는 데 기여한다.

96 다음의 설명에 해당하는 고객유형은?

> – 낙관적이며 표현력이 좋다.
> – 외향적이며 다른 사람을 잘 사귄다.
> – 열정적이며 감정이 풍부하다.

① 주도형   ② 사교형

③ 온화형   ④ 분석형

해설

사교형 고객은 외향적이고, 사람들과 관계를 잘 맺는 편이므로 상담원은 응대 시 고객과 친밀감을 형성하여 신뢰 관계를 맺는 것이 중요하다. 그 과정에서 대화가 본래의 주제에서 벗어나지 않도록 주의한다.

97 CRM의 효과에 해당하는 것은?

① 신규고객 확보와 전체 고객 수 증대

② 고객평생가치 감소

③ 고객 확보비용 증대

④ 고객 유지비용 증대

해설

CRM의 효과
- 신규고객 확보 및 전체 고객 수 증대
- 고객가치 증진을 통한 매출 및 고객 충성도 향상
- 고객 운영비용 효율화를 통한 비용 절감
- 고객 유지비용의 최적화를 통해 기업의 수익 증대 및 비용 절감

98 텔레커뮤니케이션의 중요한 세 가지 요소가 아닌 것은?

① 규정   ② 신속

③ 정확   ④ 친절

해설

성공적인 텔레커뮤니케이션의 세 가지 요소는 신속, 정확, 친절이다.

99 빅데이터의 분석 기술에 해당하지 않는 것은?

① 편의(임의) 분석

② 소셜 분석

③ 평판 분석

④ 통계적 분석

해설

빅데이터의 분석 기술에는 데이터마이닝, 소셜 네트워크 분석, 통계적 분석 등이 있다. 편의(임의) 분석은 신뢰도 추정을 위해 전체 데이터에서 동일한 확률 하에 임의로 표본을 추출하는 방법이다.

100 고객관계관리가 기업운영에 있어서 중요하게 등장한 이유로 거리가 먼 것은?

① 시장의 규제완화로 인하여 새로운 시장으로의 진입기회가 늘어남에 따라 동일 업종에서의 경쟁이 치열하게 되었다.

② 컴퓨터 및 IT 기술의 급격한 발전으로 인해 기업의 외적인 환경이 형성되었다.

③ 고객의 기대와 요구가 다양해지고 끊임없이 더 나은 서비스나 차별화된 대우를 요구하게 되었다.

④ 광고를 비롯한 마케팅커뮤니케이션 방식에서 획일적인 매스 마케팅 방식의 요구가 커졌다.

해설

1990년대 후반 이후 시장규제의 완화, 경쟁사의 증가, 시장의 성숙, 경기 침체, 판매채널의 다양화 등으로 시장의 수요보다 공급이 증가하면서 시장은 생산자가 아닌 소비자 중심으로 변화하였다. 따라서 기업은 기존의 매스 마케팅 방식에서 벗어나 고객정보를 바탕으로 전략적인 고객세분화를 통해 목표고객을 설정하고, 적절한 마케팅믹스를 실행하는 고객마케팅 접근 전략인 고객관계관리(CRM)를 도입하게 되었다.

99 ① 100 ④ 정답

좋은 책을 만드는 길, 독자님과 함께하겠습니다.

2025 시대에듀 텔레마케팅관리사 1차 필기 기출문제해설

개정16판1쇄 발행	2025년 01월 15일 (인쇄 2024년 10월 10일)
초 판 발 행	2009년 07월 15일 (인쇄 2009년 05월 20일)
발 행 인	박영일
책 임 편 집	이해욱
편 저	김완중 · 텔레마케팅자격연구소
편 집 진 행	구설희 · 이영주
표지디자인	박수영
편집디자인	조은아 · 채현주
발 행 처	(주)시대고시기획
출 판 등 록	제10-1521호
주 소	서울시 마포구 큰우물로 75 [도화동 538 성지 B/D] 9F
전 화	1600-3600
팩 스	02-701-8823
홈 페 이 지	www.sdedu.co.kr

I S B N	979-11-383-7907-6 (13320)
정 가	26,000원